四

戒律分部

玉清上宮科太真文

白雲霽等《道藏目録詳注・正一部》 亦字號計六卷。《玉清上宮科太真文》。一卷。有符像。言遵戒科條，皆東華隱書，當知九真明科條檢儀式告戒後學者。

易内戒

文廷式《補晉書藝文志・神仙家類》 《易内戒》。《抱朴子・微旨篇》引之。

又《神仙家補》 《易内戒》。見《抱朴子・微旨篇》。

立功益筭經

葛洪《抱朴子・内篇・遐覽》 《立功益筭經》。

道士奪筭律

葛洪《抱朴子・内篇・遐覽》 《道士奪筭律》三卷。

赤松子經

趙希弁《讀書附志・神仙類》 《赤松子中誡經》一卷。右序云軒轅黃帝遇赤松子，授《中誡經》。希弁嘗攷《國朝大詔令》云：「元符三年九月日制云：赤松真君，紀于仙籙，神農之師，可加號赤松凌虛真君。」疑即此也。然張良亦封忠佑凌虛真人云。

尤袤《遂初堂書目・道家類》 《赤松子中誡經》。

陳振孫《直齋書録解題・神仙類》 《中誡經》一卷。稱黃帝、赤松子問答。蓋假託也。

馬端臨《文獻通考・經籍考・神僊類》 《中誡經》一卷。

《宋史・藝文志・神仙類》 赤松子《中誡篇》一卷。

徐𤊹《徐氏家藏書目・諸子類》 《赤松子》一卷。

白雲霽等《道藏目録詳注・洞真部》 雨字號計十二卷。《赤松子中戒經》。一卷。此經乃軒轅黃帝問赤松子律身戒文。

文廷式《補晉書藝文志・神仙類》 《赤松子經》。《抱朴子・微旨篇》引之。

又《神仙家補》 《赤松子經》。並見《抱朴子・微旨篇》 按《抱朴子・釋滯篇》曰道書之出於黃老者少許耳，率多後世之好事者各以所知見而滋長，遂令篇卷至於山積。真西山跋《赤松子經》曰：此經稱赤松子爲黃帝作。世久人遠，不可復攷，後世所傳三皇五帝之書，大抵皆託也。至其言善善惡惡有以深儆於世，未知即抱朴所見否。《西山題跋》卷二。

左慈真人助相見規戒

鄭樵《通志・藝文略・道家類》 《左慈真人助相見規戒》一卷。

佚名《道藏闕經目録》卷下 《左慈真人助相規戒》。

錢東垣等輯《崇文總目・道書類》 《左慈真人助相規戒》一卷。

老子戒經

鄭樵《通志・藝文略・道家類》 《老子戒經》一卷。葛洪撰。

白雲霽等《道藏目録詳注・洞神部》 力字號計九卷。《太上老君戒經》。言上戒、戒頌、三章大戒、五戒律。

老君家令

鄭樵《通志・藝文略・道家類》《老君家令》一卷。

佚名《道藏闕經目録》卷上 《太上混元上德皇帝家令經》。

錢東垣等輯《崇文總目・道書類》《老君家令》一卷。

正一法文天師教戒科經

白雲霽等《道藏目録詳注・洞神部》 力字號計九卷。《正一法文天師教戒科經》。一卷。大道家令戒天師教。

太上高上太真科令

鄭樵《通志・藝文略・道家類》《太上高上太真科令》一卷。

佚名《道藏闕經目録》卷上 《洞玄靈寶太上高上太真科令》。三卷。

太上玄一真人説三途五苦勸戒經

白雲霽等《道藏目録詳注・洞玄部》 陶字號計十卷。《太上玄一真人説三途五苦勸(誡)〔戒〕經》。與《上品》二經同卷。内有上品一百八十戒,中品八十戒,下品四十戒。

太上洞玄靈寶三元品戒功德輕重經

白雲霽等《道藏目録詳注・洞玄部》 陶字號計十卷。《太上洞玄靈寶三元品(誡)〔戒〕功德輕重經》。一卷。

上清高聖太真玉帝四極明科經

佚名《道藏闕經目録》卷上 《上清高聖太真玉帝四極明科經》。

白雲霽等《道藏目録詳注・洞真部》 雨字號計十二卷。《太真玉帝四極明科經》。卷一之五。第五卷有符。太玄下宫女青四極明科律文。

老君音誦戒經

白雲霽等《道藏目録詳注・洞神部》 力字號計九卷。《老君音誦戒經》。一卷。

太上洞真智慧上品大誡

白雲霽等《道藏目録詳注・洞真部》 雨字號計十二卷。《太上洞真智慧上品大誡》。一卷。智慧閉塞六情上品誡六條,十大誡智慧上品誡六條,智慧十善大誡十條,智慧功德報應上誡五條。

太微靈書紫文仙忌真記上經

白雲霽等《道藏目録詳注・洞真部》 雨字號計十二卷。《太微靈書紫文仙忌真記上經》。方諸青童君上清乃鈔傳于朱火丹陵龔仲楊、幼陽,使受南宫諸戒真人者。

太上洞玄靈寶智慧本願大戒上品經

白雲霽等《道藏目録詳注・洞玄部》 字字號計十卷。《太上洞玄靈寶智慧本願大戒上品經》。一卷。此經乃太極仙公啓請太極法師爲説智慧本願大誡文。

太上洞玄靈寶上品戒經

白雲霽等《道藏目録詳注・洞玄部》 陶字號計十卷。《太上洞玄靈寶上品戒經》。有十願文、十戒文。

太上洞玄靈寶智慧罪根上品大戒經

白雲霽等《道藏目録詳注・洞玄部》 陶字號計十卷。《太上洞玄靈寶智慧罪根上品大(誡)〔戒〕經》。二卷。

洞玄靈寶天尊説十戒經

白雲霽等《道藏目録詳注・洞玄部》 陶字號計十卷。《洞玄靈寶天尊説十戒經》。與《德行》二經同卷。

太上洞玄靈寶宣戒首懺衆罪保護經

白雲霽等《道藏目録詳注・洞玄部》 陶字號計十卷。《太上洞玄靈寶宣戒首懺衆罪保護經》。上、中、下三卷。

太上洞玄靈寶中和經

白雲霽等《道藏目録詳注・太平部》 奉字號計九卷。《太上洞玄靈寶中和經》。一卷。體道以中和爲宅，運神以虚無爲家。

太上靈寶升玄内教經中和品述義疏

白雲霽等《道藏目録詳注・太平部》 奉字號計九卷。《太上靈寶升玄内教經中和品述義疏》。一卷。

上清内真智慧觀身大戒文

白雲霽等《道藏目録詳注・正一部》 承字號計十一卷。《上清内真智慧觀身大戒文》。一卷。切近身心要戚。

太上洞玄靈寶誡業本行上品妙經

白雲霽等《道藏目録詳注・洞玄部》 字字號計十卷。《太上洞玄靈寶誡業本行上品妙經》。一卷。

太上三五正一盟威二十四神寶冠禁圖

佚名《道藏闕經目録》卷下 《太上三五正一盟威二十四神寶冠禁圖》。

太清五十八願文

白雲霽等《道藏目録詳注・洞真部》 雨字號計十二卷。《上〔太〕清五十八願文》。與《功過格》同卷。

太上洞玄靈寶出家因緣經

白雲霽等《道藏目録詳注・洞玄部》 字字號計十卷。《太上洞玄靈寶出家因緣經》。一卷。內有初真誡文十欵、發願文十條。

太上洞玄靈寶十師度人妙經

白雲霽等《道藏目録詳注・洞玄部》 字字號計十卷。《太上洞玄靈寶十師度人妙經》。一卷。

太上洞玄靈寶長夜之府九幽玉匱明真科

鄭樵《通志・藝文略・道家類》 《太上洞玄靈寶長夜之府九幽玉匱明真科》一卷。

白雲霽等《道藏目録詳注・正一部》 亦字號計六卷。《洞玄靈寶長夜之府九幽玉匱明真科》。一卷。玉匱明真科格，言生死因緣、罪福善惡。

錢東垣等輯《崇文總目・道書類》 《太上洞靈寶長府之府九幽玉匱明貞科》一卷。

女青鬼律

鄭樵《通志・藝文略・道家類》 《女青鬼律》十卷。

白雲霽等《道藏目録詳注・洞神部》 力字號計九卷。《女青天律》。卷一之六。共三卷。《鬼律》八卷。紀天下鬼神姓名、吉凶之術。

錢東垣等輯《崇文總目・道書類》 《女青神律》十卷。

太上老君經律

白雲霽等《道藏目録詳注・洞神部》 力字號計九卷。《太上老君經律》。一卷。道德尊經誡、九行二十七戒、老君説一百八十戒、長存要律、一百八十戒，又有太清陰戒、女青律戒、道德尊經想爾等戒。

玄都律編

鄭樵《通志・藝文略・道家類》 《玄都律編》八卷。

又 《玄都律》二十五卷。

白雲霽等《道藏目録詳注・洞真部》 雨字號計十二卷。《玄都律文》。一卷。虛無善惡律、戒頌律、百藥律、百病律、制度律、章表等律。

錢東垣等輯《崇文總目・道書類》 《元都律編》八卷。

三洞衆誡文

白雲霽等《道藏目録詳注・洞真部》 雨字號計十二卷。《三洞衆誡文》。上、下同卷。三洞弟子京太清觀道士張萬福編録。始《起心入道三皈戒文》《弟子奉師科戒文》、《閉塞六情戒文》、《三戒文》、《五戒文》、《八戒文》、《三訣文》、《八敗文》、《三要文》、《十三禁文》、《七百二十門要戒》等訣文。

老君科律

《舊唐書・經籍志・道家類》 《老君科律》一卷。

《新唐書・藝文志・神仙類》 《老君科律》一卷。

老子宣時誡

《舊唐書・經籍志・道家類》 《老子宣時誡》一卷。

《新唐書・藝文志・神仙類》 《老子宣時誡》一卷。

虛皇天尊初真十戒文

白雲霽等《道藏目録詳注・洞真部》 雨字號計十二卷。《虛皇天尊初真十戒文》。

楊嗣復九徵心戒

錢東垣等輯《崇文總目・道書類》 《九微心戒》一卷。楊士復撰。

《新唐書・藝文志・神仙類》 楊嗣復《九徵心戒》一卷。

鄭樵《通志・藝文略・道家類》 《九證心戒》一卷。楊嗣復撰。

太上戒經

徐𤊹《徐氏家藏書目・道類》 《太上戒語》一卷。

白雲霽等《道藏目録詳注・洞神部》 力字號計九卷。《太上戒經》。一卷。內《十戒》當終身奉持。《太戒上品》、《太上琅書十善十惡》、《思微定志經十戒》、《妙林經二十七戒》、《老君二十七戒》。

陶隱居立功遠罪訣

佚名《道藏闕經目録》卷上 《陶隱居立功遠罪訣》。

赤松子八誡録

鄭樵《通志・藝文略・道家類》 《赤松子八誡録》一卷。陳摶撰。

顧懷三《補五代史藝文志・道家類》 《赤松子八誡録》一卷。陳希夷撰。

錢東垣等輯《崇文總目・道書類》 《赤松子誡》一卷。陳摶撰。

洞玄靈寶六齋十直聖紀經

白雲霽等《道藏目録詳注・正一部》 滿字號計十卷。《洞玄靈寶六齋十直聖紀經》。與《二景經》同卷。

上清骨髓靈文鬼律

白雲霽等《道藏目録詳注・洞玄部》 陶字號計十卷。《上清骨髓靈文鬼律》。二卷。有符。受上清大洞籙行天心正法臣鄧有功撰。其目有三：曰鬼律，曰玉格，曰行法儀式。合而言之，總謂之《骨髓靈文》也。

太上感應篇

趙希弁《讀書附志・神仙類》 《太上感應篇》八卷。右漢嘉夾江隱者李昌齡所編也。希弁生父師同嘗爲之序。四明史彌忞跋其後曰：「趙公所序，禍福善惡之報爲尤詳，可謂愛人以德者。余嘗守袁，喜袁人之樂於趍善，因閲是序，矍然起敬。」而程公許、湯中繼書之。

《宋史・藝文志・神仙類》 李昌齡《感應篇》一卷。

楊士奇等《文淵閣書目・道書類》 《感應篇》。一部，四册。《感應篇》。一部，一册。《太上感應篇》。一部，二册。

高儒《百川書志・神仙類》 《太上感應編》一卷。

王圻《續文獻通考經籍考・道家類》 《太上感應篇註》。李昌齡著。

徐𤊹《徐氏家藏書目・道類》 《太上感應篇》二卷。蜀李昌齡傳注。閩松金杭補注。

白雲霽等《道藏目録詳注・太清部》 義字號計十一卷。《太上感應篇》。卷一之十一。李昌齡傳。鄭清之贊。廉字號計十二卷。《太上感應篇》。卷十二之二十三。李昌齡傳。鄭清之贊。退字號計十卷。《太上感應篇》。卷二十四之三十。李昌齡傳。鄭清之贊。

劉若愚《内板經書紀略》 《太上感應靈篇》。一本。五十二葉。

錢謙益等《絳雲樓書目・道家類》 《宋刻太上感應篇》。鄭清之。謚忠定。

許旌陽遺教

鄭樵《通志・藝文略・道家類》 《許旌陽遺教》一卷。

遵戒避忌訣

鄭樵《通志・藝文略・道家類》 《遵戒避忌訣》一卷。

錢東垣等輯《崇文總目・道書類》 《遵戍壁忌訣》一卷。

金紐太清陰陽戒文

《宋史・藝文志・神仙類》 《金紐太清陰陽戒文》一卷。

佚名《道藏闕經目録》卷上 《洞玄靈寶五千文金鈕太清陰陽戒文》。

思道誡

《宋史・藝文志・神仙類》 《思道誡》一卷。

佚名《道藏闕經目録》卷上 《思道誡》。

清虚元規九十五條

范邦甸等《天一閣書目・道家類》 《清虚元規九十五條》。無名氏序。云清虚大帝申見碧撰。大晉金門羽客真人蓬陽、羽客真人後裔林安静、金安順脩創闢房於涪山之陽。東華仙翁時有宿緣，廣爲開演元祕，各授門人數人。題門之額曰「清虚」。闢房將齋其心，特令見碧及玉蟾真人爲立元規云。

徐𤊹《徐氏家藏書目・道類》 《清虚元規》一卷。

太微仙君功過格

楊士奇等《文淵閣書目・道書類》 《太微功過格》。一部，一册。

白雲霽等《道藏目録詳注・洞真部》 雨字號計十二卷。《太微仙君功過格》。功格三十六條，過律三十九條。

錢大昕《補元史藝文志・釋道類》 《太微仙君功過格》一卷。又玄子編。大定間人。

孫德謙《金史藝文略・道家類》《太微仙君功過格》。又元子撰。其姓名不可考。

三教集注感應篇

楊士奇等《文淵閣書目・道書類》《三教集注感應篇》。一部，一册。

女青天律

楊士奇等《文淵閣書目・道書類》《女青天律》。一部，一册。

上清洞真要戒

佚名《道藏闕經目録》卷上《上清洞真要戒》。

上清衆真戒

佚名《道藏闕經目録》卷上《上清衆真戒》。

洞玄靈寶天尊説真人戒經

佚名《道藏闕經目録》卷上《洞玄靈寶天尊説真人戒經》。

洞玄靈寶天尊説大乘上真性戒經

佚名《道藏闕經目録》卷上《洞玄靈寶天尊説大乘上真性戒經》。

洞玄靈寶天尊説禁戒經

佚名《道藏闕經目録》卷上《洞玄靈寶天尊説禁戒經》。

洞玄靈寶太上諸籙品戒經

佚名《道藏闕經目録》卷上《洞玄靈寶太上諸籙品戒經》。

太上洞玄靈寶三元修齋戒經

佚名《道藏闕經目録》卷上《太上洞玄靈寶三元修齋戒經》。

洞玄靈寶始起心入道三歸戒文

佚名《道藏闕經目録》卷上《洞玄靈寶始起心入道三歸戒文》。

洞玄靈寶三戒五戒十三戒七百二十戒門文

佚名《道藏闕經目録》卷上《洞玄靈寶三戒五戒十三戒七百二十戒門文》。

洞玄靈寶初盟閉塞六情戒文

佚名《道藏闕經目録》卷上《洞玄靈寶初盟閉塞六情戒文》。

洞玄靈寶三洞經戒法籙甄辯品次

佚名《道藏闕經目録》卷上　《洞玄靈寶三洞經戒法籙甄辯品次》。

太極左仙公演妙門入道齋戒法籙品

佚名《道藏闕經目録》卷上　《太極左仙公演妙門入道齋戒法籙品》。

洞玄靈寶智慧福緣十行大戒

佚名《道藏闕經目録》卷上　《洞玄靈寶智慧福緣十行大戒》。

洞玄靈寶授受上清性戒經威儀法目

佚名《道藏闕經目録》卷上　《洞玄靈寶授受上清性戒經威儀法目》。

上清傳度三清要略抄

佚名《道藏闕經目録》卷上　《上清傳度三清要略抄》。

太上靈寶真文要戒經

佚名《道藏闕經目録》卷上　《太上靈寶真文要戒經》。

洞玄靈寶菁松先生玄都律

佚名《道藏闕經目録》卷上　《洞玄靈寶菁松先生玄都律》。十卷。

太上混元上德皇帝威儀懺罪清戒妙經

佚名《道藏闕經目録》卷上　《太上混元上德皇帝威儀懺罪清戒妙經》。

上清太玄左官女青四極獨元寶經明科律文

佚名《道藏闕經目録》卷上　《上清太玄左官女青四極獨元寶經明科律文》。有符。

太上老君法食禁戒經

佚名《道藏闕經目録》卷下　《太上老君法食禁戒經》。

天皇太一神律經

佚名《道藏闕經目録》卷下　《天皇太一神律經》。

太上三五七九盟威神籙寶圖冠禁訣

佚名《道藏闕經目録》卷下　《太上三五七九盟威神籙寶圖冠禁訣》。

太上九真妙戒金籙度命拔罪妙經

白雲霽等《道藏目録詳注・洞真部》 雨字號計十二卷。《太上九真妙戒金籙度命拔罪妙經》。與《真記》等三經同卷。

太上十二上品飛天法輪觀戒妙經

白雲霽等《道藏目録詳注・洞真部》 雨字號計十二卷。《太上十二上品飛天法輪觀戒妙經》。太極真人傳左仙翁。

太極真人説二十四門戒經

白雲霽等《道藏目録詳注・洞真部》 雨字號計十二卷。《太極真人説二十四門戒經》。與《觀戒》二經同卷。太極真人演説妙戒文。

關西單世感應篇集註

范邦甸等《天一閣書目・道家類》 《感應篇集註》二卷。關西單世校梓。

冒起宗太上感應篇註解

徐𤊹《徐氏家藏書目・道類》 《太上感應篇註解》八卷。冒起宗。

黃虞稷《千頃堂書目・道家類》 冒起宗《太上感應篇增注》十六卷。

太上大道三元品誡謝罪上法

白雲霽等《道藏目録詳注・洞玄部》 位字號計九卷。《太上大道三元品(誠)〔誡〕謝罪上法》。以上三元日謝罪條例。

洞真太上八素真經修習功業妙訣

白雲霽等《道藏目録詳注・正一部》 通字號計十一卷。《洞真太上八素真經脩習功業妙訣》。一卷。内存神禮拜、持戒脩習之法。

水鏡録

張國祥《續道藏經目録・正一部》 冠字號計五卷。《水鏡録》。一卷。

祈嗣真詮

徐𤊹《徐氏家藏書目・道類》 《祈嗣真詮》一卷。袁黄。

黃虞稷《千頃堂書目・道家類》 袁黄《祈嗣真詮》一卷。

劉長春增注感應篇

黃虞稷《千頃堂書目・道家類》 劉長春《增注感應篇》一卷。字淵然。

顧亮注太上感應篇

黄虞稷《千頃堂書目・道家類》 顧亮《注太上感應篇》二十卷。字寅仲，吴縣人，正德間況鍾爲吴郡守，聘爲幕僚師。

陳嘉謨太上感應篇句解

黄虞稷《千頃堂書目・道家類》 陳嘉謨《太上感應篇句解》八卷。

吴應賓感應篇注

黄虞稷《千頃堂書目・道家類》 吴應賓《感應篇注》。

王志堅感應篇續傳

黄虞稷《千頃堂書目・道家類》 王志堅《感應篇續傳》二卷。

爲善陰隲

劉若愚《内板經書紀略》 《爲善陰隲》。一本。三百七十二葉。

科儀分部

玄都九真明科

鄭樵《通志・藝文略・道家類》 《玄都九真明科》一卷。

白雲霽等《道藏目録詳注・正一部》 亦字號計六卷。《太上九真明科》。一卷。凡觀三洞寶章，當依《九真明科》行持儀範。

錢東垣等輯《崇文總目・道書類》 《元都九章明科》一卷。

洞玄靈寶玉籙簡文三元威儀自然真經

白雲霽等《道藏目録詳注・洞玄部》 被字號計十卷。《洞玄靈寶玉籙簡文三元威儀自然真經》。

正一解厄醮儀

白雲霽等《道藏目録詳注・洞神部》 忠字號計十二卷。《正一解厄醮儀》。一卷。凡人算盡陽九陰八、灾憂不寧者，依法禳之，轉禍爲福。

正一敕壇儀

白雲霽等《道藏目録詳注・洞神部》 忠字號計十二卷。《正一勅壇儀》。

上清太上黃素四十四方經

白雲霽等《道藏目録詳注・正一部》 既字號計十卷。《上清太上黃素四十四方經》。一卷。此經係神仙上道科條，凡四十四方，總爲黃素之書。

昇天儀

葛洪《抱朴子・内篇・遐覽》 《昇天儀》。

步三罡六紀經

葛洪《抱朴子・内篇・遐覽》 《步三罡六紀經》。

許真君修九幽立成儀

鄭樵《通志・藝文略・道家類》 《許真君修九幽立成儀》一卷。亦名《旌陽遺教》。

文廷式《補晉書藝文志・神仙家類》 《許真君修九幽立成儀》一卷。是《崇文總目》。金錫鬯云《通志略》亦名《旌陽遺教》。

錢東垣等輯《崇文總目・道書類》 《許真君修九幽立成儀》一卷。

太上洞神三皇儀

佚名《道藏闕經目録》卷上 《太上傳授洞神三皇儀》。三卷。

白雲霽等《道藏目録詳注・洞神部》 忠字號計十二卷。《太上洞神三皇儀》。一卷。度三皇券、契章訣。

許穆步七元星圖

文廷式《補晉書藝文志・神仙家類》 《許穆步七元星圖》。見《真誥・翼真檢第二》。

許穆書飛步經

文廷式《補晉書藝文志・神仙家類》 《許穆書飛步經》一卷。見《真誥・翼真檢第二》。

上清太極真人曲素訣辭玉景内真金章

佚名《道藏闕經目録》卷上 《上清太極真人曲素訣辭玉景内真金章》。

太極真人敷靈寶文齋誡威儀諸要經訣

佚名《道藏闕經目録》卷上 《太極真人敷靈寶文齋誡威儀諸要經訣》。

白雲霽等《道藏目録詳注・洞玄部》 被字號計十卷。《太極真人敷靈寶齋戒威儀諸經要訣》。一卷。

步虚洞章

鄭樵《通志・藝文略・道家類》 《步虚洞章》一卷。陸修静撰。

錢東垣等輯《崇文總目・道書類》 《步虚洞章》一卷。【原釋】陸修静撰，不詳何代人。見《東觀餘論》。

昇元步虛章

鄭樵《通志·藝文略·道家類》《昇元步虛章》一卷。陸修静撰。

錢東垣等輯《崇文總目·道書類》《昇元洞虛章》一卷。

靈寶步虛詞

鄭樵《通志·藝文略·道家類》《靈寶步虛詞》一卷。陸修静撰。

《宋史·藝文志·神仙類》《靈寶步虛詞》一卷。

錢東垣等輯《崇文總目·道書類》《靈寶步虛詞》一卷。陸修静撰。

洞玄靈寶齋説光燭戒罰燈祝願儀

白雲霽等《道藏目録詳注·洞玄部》化字號計九卷。《洞玄靈寶齋説光燭戒罰燈祝願儀》。一卷。

太上洞玄靈寶授度儀

白雲霽等《道藏目録詳注·洞玄部》化字號計九卷。《太上洞玄靈寶授度儀》。一卷。以上諸儀，皆諸真聖師垂科演教之秘範也。

洞玄靈寶五感文

白雲霽等《道藏目録詳注·正一部》笙字號計十一卷。《洞玄靈寶五感文》。内《五感文》乃是道士修六齋之法，皆出三洞大經。

洞玄靈寶道學科儀

白雲霽等《道藏目録詳注·太平部》儀字號計九卷。《洞玄靈寶道學科儀》。二卷。太極太虛真人集。

陸先生道門科略

白雲霽等《道藏目録詳注·太平部》儀字號計九卷。《陸先生道門科略》。

太上正一法文經護國醮海品

白雲霽等《道藏目録詳注·正一部》階字號計十卷。《太上正一法文經護國醮海品》。設大齋醮供品，本命紋繒五方鎮綵，金錢繒絹，香燈、神座之具，羅列敷陳以告洞府羣真。

太上洞玄靈寶法身製論

白雲霽等《道藏目録詳注·洞玄部》陶字號計十卷。《太上洞玄靈寶法身製論》。一卷。論有八條。

正一法文十籙召儀

《宋史·藝文志·神仙類》《正一法〔文〕十籙召儀》一卷。

白雲霽等《道藏目録詳注·正一部》逐字號計九卷。《正一法文十籙召儀》。一卷。

赤松子章歷

白雲霽等《道藏目録詳注・洞玄部》 豈字號計六卷。《赤松子章歷》。卷一之六。内祈禱法，一應章奏文移，選擇範儀。

上清黄書過度儀

《宋史・藝文志・神仙類》 《黄書過度儀》一卷。

白雲霽等《道藏目録詳注・正一部》 階字號計十卷。《上清黄書過度儀》。有圖。科儀。

正一指教齋儀

白雲霽等《道藏目録詳注・洞神部》 忠字號計十二卷。《正一指教齋儀》。内説威儀十二法。

正一指教齋清旦行道儀

白雲霽等《道藏目録詳注・洞神部》 忠字號計十二卷。《正一指教齋清旦行道儀》。與《齋儀》同卷。

太上金書玉牒寶章儀

白雲霽等《道藏目録詳注・洞神部》 則字號計十五卷。《太上金書玉牒寶章儀》。《謝過祈安章》、《言功都章》、《保護嬰兒章》、《斬惡破鬼章》，并科儀法式。

洞玄靈寶三洞奉道科戒營始

白雲霽等《道藏目録詳注・太平部》 儀字號計九卷。《洞玄靈寶三洞奉道科戒營始》。卷一之六。共四卷。造像爲經，度人功德科。

正一法文太上外籙儀

白雲霽等《道藏目録詳注・正一部》 肆字號計九卷。《正一法文太上外籙儀》。内有事籙行戒、立功求進、進賢薦德、褒賞謙讓等則。

太上洞玄靈寶二部傳授儀

白雲霽等《道藏目録詳注・正一部》 階字號計十卷。《太上洞玄靈寶二部傳授儀》。正一教科文。

洞真太上八素真經登壇符札妙訣

白雲霽等《道藏目録詳注・正一部》 通字號計十一卷。《洞真太上八素真經登壇符札妙訣》。一卷。有圖。默運妙法。

上清諸真人授經時頌金真章

白雲霽等《道藏目録詳注・正一部》 明字號計十卷。《上清諸真人授經時頌金真章》。一卷。内有《金章》一十二篇，皆萬靈之内諱，咸宫館之隱名也。

上清無上金元玉清金真飛元步虚玉章

鄭樵《通志・藝文略・道家類》《金真飛元步虚玉章》一卷。

白雲霽等《道藏目録詳注・正一部》明字號計十卷。《上清無上金元玉清金真飛元步虚玉章》。〔一〕卷。

正一修真略儀

白雲霽等《道藏目録詳注・正一部》肆字號計九卷。《正一修真略儀》。言受道經戒、佩服、籙文、行行大旨。

上清太極寶籤上説

佚名《道藏闕經目録》卷上《上清太極寶籤上説》。

正一法文傳都功版儀

佚名《道藏闕經目録》卷下《正一法文傳都功版儀》。

正一威儀經

白雲霽等《道藏目録詳注・洞神部》忠字號計十二卷。《正一威儀〔經〕》。一卷。正一講經受職諸法儀則。

太上三皇寶齋神仙上録經

白雲霽等《道藏目録詳注・洞神部》深字號計九卷。《太上三皇寶齋神仙上録經》。與《養生論》三篇同卷。内神呪齋録、合上元香珠法、作香玄腴法、作雲水等法。

北斗七元金玄羽章

白雲霽等《道藏目録詳注・洞神部》淵字號計六卷。《北斗七元金玄羽章》。與《清静頌》同卷。

正一法文法籙部儀

白雲霽等《道藏目録詳注・正一部》肆字號計九卷。《正一法文法籙部儀》。有符。授籙授法、授識信法儀注。

太上洞神行道授度儀

白雲霽等《道藏目録詳注・正一部》笙字號計十一卷。《太上洞神行道授度儀》。言功等訣。

洞玄靈寶八節齋宿啓儀

白雲霽等《道藏目録詳注・正一部》階字號計十卷。《洞玄靈寶八節齋宿啓儀》。正一教壇登儀。

上清洞天三五金剛玄籙儀經

白雲霽等《道藏目録詳注・正一部》 集字號計九卷。《上清洞天三五金剛玄籙儀經》。一卷。有符。言金剛乘天降魔之法。

太上洞神三皇傳授儀

白雲霽等《道藏目録詳注・正一部》 笙字號計十一卷。《太上洞神三皇傳授儀》。次開真官籙等儀。

上清太極隱注玉經寶訣

白雲霽等《道藏目録詳注・洞玄部》 遜字號計十卷。《上清太極隱注玉經寶訣》。一卷。太上玉經隱注。

玉籙資度宿啓儀

白雲霽等《道藏目録詳注・洞玄部》 率字號計八卷。《玉籙資度宿啓儀》。

傳授經戒儀注訣

白雲霽等《道藏目録詳注・正一部》 楹字號計十一卷。《傳授經戒儀注訣》。一卷。有《序次經法》、《傳授齋法》、《請師保法》、《經書法》、《書表法》、《書三師偉法》、《辯信物法》、《衣服法》、《諸師投詞法》，共一十三欵。

洞玄靈寶千真科

白雲霽等《道藏目録詳注・正一部》 亦字號計六卷。《洞玄靈寶千真科》。一卷。太極左仙公爲諸學人説科戒。

上清合丹齋儀

佚名《道藏闕經目録》卷上 《上清合丹齋儀》。

洞玄靈寶大道義科

佚名《道藏闕經目録》卷上 《洞玄靈寶大道義科》。

洞玄靈寶經教科

佚名《道藏闕經目録》卷上 《洞玄靈寶經教科》。

上清天寶齋初夜儀

白雲霽等《道藏目録詳注・洞真部》 爲字號計十一卷。《上清天寶齋初夜儀》。一卷。

靈寶九幽長夜起尸度亡玄章

白雲霽等《道藏目録詳注・洞玄部》 養字號計八卷。《靈寶九幽長夜起尸度亡玄章》。

洞玄靈寶六甲玉女上宫歌章

白雲霽等《道藏目録詳注・洞玄部》 養字號計八卷。《洞玄靈寶六甲玉女上宫歌章》。與《智慧》等三篇同卷。

諸真歌頌

白雲霽等《道藏目録詳注・洞神部》 淵字號計六卷。《諸真歌頌》。一卷。

高上玉宸憂樂章

張國祥《續道藏經目録・正一部》 漆字號計四卷。《高上玉宸憂樂章》。

太上洞真徊玄章

張國祥《續道藏經目録・正一部》 漆字號計四卷。《太上洞真徊玄章》。

上清金章十二篇

張國祥《續道藏經目録・正一部》 漆字號計四卷。《上清金章十二篇》。

絶玄金章

《宋史・藝文志・神仙類》 《絶玄金章》一卷。

佚名《道藏闕經目録》卷上 《洞真寶洞飛霄絶玄金章》。

洞玄靈寶授真文訣

佚名《道藏闕經目録》卷上 《洞玄靈寶授真文訣》。

洞元靈寶五岳名山朝儀經

《新唐書・藝文志・神仙類》 司馬承禎《洞元靈寶五岳名山朝儀經》一卷。

鄭樵《通志・藝文略・道家類》 《洞玄靈寶五嶽名山朝儀經》一卷。唐司馬子微撰。

佚名《道藏闕經目録》卷上 《洞玄靈寶五嶽名山朝儀經》。

錢東垣等輯《崇文總目・道書類》 《洞元靈官五岳名山朝經》一卷。司馬承禎撰。

五等朝儀

鄭樵《通志・藝文略・道家類》 《五等朝儀》一卷。張萬福撰。

錢東垣等輯《崇文總目・道書類》 《五等朝儀》一卷。【原釋】張萬福撰，不詳何代人。見《東觀餘論》。

靈寶三師名諱形狀居觀方所文

白雲霽等《道藏目録詳注・洞玄部》 有字號計十卷。《靈寶三師名諱形狀居觀方所文》。與《三師記》同卷。三洞弟子京太清觀道士張萬福編録。

要修科儀戒律鈔

白雲霽等《道藏目録詳注・洞玄部》 唐字號計十卷。《要修科儀戒律鈔》。卷一之十。三洞道士朱法滿撰。部秩鈔、傳經鈔、折傳鈔、年限鈔、寫經鈔、存念呪鈔、講説鈔、發心鈔、受持鈔、齋名鈔、齋月鈔、齋日鈔、齋時鈔、法師鈔、都講鈔、監齋鈔、侍香鈔、侍燈鈔、法服鈔、禮拜鈔、坐起鈔、禁忌鈔。衆戒及願念合一千二百條。罪報科三元罪戒品，并拜章治病忌日等條。《要修科儀戒律鈔》。卷十一之十六。《飯賢緣》第一，《造殿堂緣》第二，《念道緣》第三，《殗穢緣》第四，《盗賊緣》第五，《過咎緣》第六，《善功緣》第七，《度人出家緣》第八，又服符水斷穀法，通真等儀。

醮三洞真文五法正一盟威籙立成儀

白雲霽等《道藏目録詳注・正一部》 逐字號計九卷。《醮三洞真文五法正一盟威籙立成儀》。一卷。

唐明皇撰聖祖混元皇帝太清宫祠令

鄭樵《通志・藝文略・道家類》 唐明皇撰《聖祖混元皇帝太清宫祠令》一卷。

張乾森自然券立成儀

《宋史・藝文志・神仙類》 道士張乾森《自然券立成儀》一卷。

張承先度靈寶經表具事

《宋史・藝文志・神仙類》 張承先《度靈寶經表具事》一卷。

太上慈悲道場消災九幽法懺

白雲霽等《道藏目録詳注・洞玄部》 草字號計十卷。《太上慈悲道場消災九幽法懺》。十卷。

太上洞玄靈寶三洞經誡籙擇日曆

白雲霽等《道藏目録詳注・正一部》 肆字號計九卷。《太上洞玄靈寶三洞經誡籙擇日曆》。三洞弟子清都觀道士張萬福譔。

傳授三洞經戒法籙略説

白雲霽等《道藏目録詳注・正一部》 肆字號計九卷。《傳授三洞經戒法籙略説》。二卷。言披持三洞經文，各有規戒條目。

太上濟度章赦

白雲霽等《道藏目録詳注·洞真部》 官字號計九卷。《太上濟度章赦》。三卷。應禱雨祈禳、慶賀章文。

齋戒籙

白雲霽等《道藏目録詳注·洞玄部》 弔字號計七卷。《齋戒籙》。一卷。洞玄靈寶六齋日，十直齋日，午六齋日，月十齋日，六種齋日，二種齋日，十二齋日，八節齋日。直十齋有九食法説，并持各齋陰陽雜齋記日。

洞玄度靈寶自然券儀

白雲霽等《道藏目録詳注·洞玄部》 化字號計九卷。《洞玄度靈寶自然券儀》。一卷。三洞弟子京太清觀道士張萬福編録。

三洞法服科戒文

白雲霽等《道藏目録詳注·洞神部》 力字號計九卷。《三洞法服科戒文》。

河圖上篇三五步綱經

佚名《道藏闕經目録》卷下 《河圖上篇三五步綱經》。一卷。

河圖上篇三五要言

佚名《道藏闕經目録》卷下 《河圖上篇三五要言》。一卷。

河圖上篇三五禮醮儀

佚名《道藏闕經目録》卷下 《河圖上篇三五禮醮儀》。一卷。

修真祕旨朝儀

鄭樵《通志·藝文略·道家類》 《修真祕旨朝儀》一卷。

佚名《道藏闕經目録》卷上 《修真祕旨朝儀》。

玄門十事威儀

白雲霽等《道藏目録詳注·洞神部》 忠字號計十二卷。《玄門十事威儀》。一卷。《執坐壇品》第一，《禮謁品》第二，《出入品》第三，《坐啓品》第四，《執瓶品》第五，《洗漱品》第六，《中器品》第七，《齋食品》第八，《請法品》第九，《護持品》第十。

廣成集

鄭樵《通志·藝文略·道家類》 《廣成集》五十四卷。

范邦甸等《天一閣書目·道家類》 《廣成集》十七卷。藍絲闌鈔本。蜀杜光庭撰。

白雲霽等《道藏目録詳注・洞玄部》 敢字號計十二卷。《廣成集》。卷一之十二。上都太清宮内供奉應制文章大德賜紫杜光庭撰。應青詞表文。毀字號計十一卷。《廣成集》。卷十三之十七。杜光庭撰。一應齋醮青詞文移式。

安鎮城邑宮闕醮儀

鄭樵《通志・藝文略・道家類》《安鎮城邑宮闕醮儀》一卷。杜光庭撰。

錢東垣等輯《崇文總目・道書類》《安鎮城邑宮闕儀》一卷。杜光庭撰。

靈寶明真齋懺燈儀

鄭樵《通志・藝文略・道家類》《靈寶明真齋懺燈儀》一卷。杜光庭撰。

靈寶玉匱明真大齋言功德儀

鄭樵《通志・藝文略・道家類》《靈寶玉匱明真大齋言功德儀》一卷。

白雲霽等《道藏目録詳注・洞玄部》 化字號計九卷。《太上靈寶玉匱明真大齋言功儀》。一卷。

太上河圖内元經禳灾九壇醮儀

鄭樵《通志・藝文略・道家類》《太上河圖内元經禳灾九壇醮儀》一卷。杜光庭撰。

靈寶安宅齋儀

鄭樵《通志・藝文略・道家類》《靈寶安宅齋儀》一卷。杜光庭撰。

靈寶自然行道儀

鄭樵《通志・藝文略・道家類》《靈寶自然行道儀》一卷。杜光庭撰。

金籙齋啓壇儀

白雲霽等《道藏目録詳注・洞玄部》 體字號計十一卷。《金籙齋啓壇儀》。一卷。

金籙齋補職説戒儀

白雲霽等《道藏目録詳注・洞玄部》 體字號計十一卷。《金籙齋補職(設)〔説〕戒儀》。與宿啓、啓盟等儀同卷。

金籙齋懺方儀

白雲霽等《道藏目録詳注・洞玄部》 體字號計十一卷。《金籙齋懺方儀》。一卷。

太上黄籙齋儀

白雲霽等《道藏目録詳注・洞玄部》 賓字號計十二卷。《太上黄籙齋儀》。卷一之十八。歸字號計十卷。《太上黄籙齋儀》。卷十九之三十四。王字號計十四卷。《太上黄籙齋儀》。卷三十五之四十八。鳴字號計十卷。《太上黄籙齋儀》。卷二十九之五十八。

靈寶半景齋儀

白雲霽等《道藏目録詳注・洞玄部》 化字號計九卷。《靈寶半景齋儀》。一卷。

太上靈寶玉匱明真齋懺方儀

白雲霽等《道藏目録詳注・洞玄部》 化字號計九卷。《太上靈寶玉匱明真齋懺方儀》。

太上靈寶玉匱明真大齋懺方儀

白雲霽等《道藏目録詳注・洞玄部》 化字號計九卷。《太上靈寶玉匱明真大齋懺方儀》。與前懺方儀同卷。

太上洞淵三昧神咒齋懺謝儀

白雲霽等《道藏目録詳注・洞玄部》 化字號計九卷。《太上洞淵三昧神咒齋懺謝儀》。一卷。

太上洞淵三昧神咒齋清旦行道儀

白雲霽等《道藏目録詳注・洞玄部》 化字號計九卷。《太上洞淵三昧神咒齋清旦行道儀》。午、晚儀缺。

太上洞淵三昧神咒齋十方懺儀

白雲霽等《道藏目録詳注・洞玄部》 化字號計九卷。《太上洞淵三昧神咒齋十方懺儀》。

太上宣慈助化章

白雲霽等《道藏目録詳注・洞玄部》 毀字號計十一卷。《太上宣慈助化章》。卷一之五。有符。

太上三五正一盟威閱籙醮儀

白雲霽等《道藏目録詳注・洞神部》 忠字號計十二卷。《太上三五正一盟威閱籙醮儀》。一卷。廣成先生杜光庭删定。

太上正一閱籙儀

白雲霽等《道藏目録詳注・洞神部》 忠字號計十二卷。《太上正一閱籙儀》。一卷。廣成先生杜光庭集。

洞神三皇七十二君齋方懺儀

白雲霽等《道藏目録詳注・洞神部》 忠字號計十二卷。《洞神三皇七十二君齋方懺儀》。廣成先生杜光庭集。

太上洞神太元河圖三元仰謝儀

白雲霽等《道藏目録詳注・洞神部》 忠字號計十二卷。《太上洞神太元河圖三元(卬)〔仰〕謝儀》。一卷。廣成先生杜光庭修。

太上三洞傳授道德經紫虛籙拜表儀

白雲霽等《道藏目録詳注・洞神部》 則字號計十五卷。《太上三洞傳授道德經紫虛籙拜表儀》。廣成先生杜光庭集。

靈寶祈五穀醮儀

鄭樵《通志・藝文略・道家類》 《靈寶祈五穀醮儀》一卷。

真壇刊誤論

鄭樵《通志・藝文略・道家類》 《真壇刊誤論》一卷。張若海撰。

白雲霽等《道藏目録詳注・正一部》 笙字號計十一卷。《玄壇刊誤論》。悟微子張若海集。玄壇謬誤有十二品論，論道門昇壇人靖、説戒署職、教法式等論。

錢東垣等輯《崇文總目・道書類》 《真壇刊誤論》一卷。

黃籙靈寶河圖仰謝三十六天齋儀

白雲霽等《道藏目録詳注・洞玄部》 場字號計十二卷。《黃籙靈寶河圖仰謝三十六天齋儀》。四卷。

太上靈寶上元天官消愆滅罪懺

白雲霽等《道藏目録詳注・洞玄部》 被字號計十卷。《太上靈寶上元天官消愆滅罪懺》。

太上靈寶下元水官消愆滅罪懺

白雲霽等《道藏目録詳注・洞玄部》 被字號計十卷。《太上靈寶下元水官消愆滅罪懺》。與《天地官》同卷。

太上玄司滅罪紫府消災法懺

白雲霽等《道藏目録詳注・洞玄部》 被字號計十卷。《太上玄司滅罪紫府消災法懺》。一卷。

太上靈寶十方應號天尊懺

佚名《道藏闕經目録》卷下 《太上靈寶十方應號天尊懺》。十卷。

白雲霽等《道藏目録詳注・洞玄部》　被字號計十卷。《太上靈寶十方應號天尊懺》。二卷。其餘缺。

太上慈悲九幽拔罪懺

白雲霽等《道藏目録詳注・洞玄部》　草字號計十卷。《太上慈悲九幽拔罪懺》。十卷。

太上慈悲道場滅罪水懺

白雲霽等《道藏目録詳注・洞玄部》　木字號計十一卷。《太上慈悲道場滅罪水懺》。上、中、下同卷。

洞玄靈寶自然十方懺謝請福求願上法經

佚名《道藏闕經目録》卷上　《洞玄靈寶自然十方懺謝請福求願上法經》。

太宗御製金籙齋道詞

鄭樵《通志・藝文略・道家類》　太宗御製《金籙齋道詞》一卷。

太上洞玄靈寶智慧禮讚

白雲霽等《道藏目録詳注・洞玄部》　養字號計八卷。《太上洞玄靈寶智慧禮讚》。

真宗御製金籙齋道詞

鄭樵《通志・藝文略・道家類》　真宗御製《金籙齋道詞》一卷。

真宗汴水發願文

《宋史・藝文志・神仙類》　真宗《汴水發願文》一卷。

玉京集

楊士奇等《文淵閣書目・道書類》　《玉京集》。一部，一册。

白雲霽等《道藏目録詳注・洞真部》　官字號計九卷。《宋真宗御制玉京集》。卷一之六。一應祈禱、祥瑞、慶賀、青詞、表文。

錢謙益等《絳雲樓書目・道藏類》　《玉京集》。

劉師培《讀道藏記》　宋真宗御製《玉京集》。官字號一至官字號六。宋真宗御製《玉京集》六卷。上四卷爲表，下二卷爲詞。

羅天大齋早朝儀

白雲霽等《道藏目録詳注・洞玄部》　壹字號計十四卷。《羅天大齋早朝儀》。

羅天大齋午朝儀

白雲霽等《道藏目録詳注・洞玄部》　壹字號計十四卷。《羅天大齋午朝儀》。

羅天大齋晚朝儀

白雲霽等《道藏目録詳注・洞玄部》 壹字號計十四卷。《羅天大齋晚朝儀》。與早、午儀同卷。

羅天大齋設醮儀

白雲霽等《道藏目録詳注・洞玄部》 壹字號計十四卷。《羅天大齋設醮儀》。一卷。

告元圖

鄭樵《通志・藝文略・道家類》 《告元圖》一卷。王欽若等定。

又《通志・圖譜略・記有》 《告元圖》。

錢東垣等輯《崇文總目・道書類》 《告元圖》一卷。王(敬)〔欽〕若等撰。

金籙齋投簡儀

白雲霽等《道藏目録詳注・洞玄部》 體字號計十一卷。《金籙齋(收)〔投〕簡儀》。一卷。

徽宗御製金籙道場詞

鄭樵《通志・藝文略・道家類》 徽宗御製《金籙道場詞》一卷。

太上出家傳度儀

白雲霽等《道藏目録詳注・正一部》 楹字號計十一卷。《太上出家傳度儀》。一卷。崇德悟真大師賈善(淵)〔翔〕集。

金籙齋三洞讚詠儀

《宋史・藝文志・神仙類》 《太宗真宗三朝傳授讚詠儀》二卷。

白雲霽等《道藏目録詳注・洞真部》 鳥字號計十卷。《金籙齋三洞讚詠儀》。三卷。張商英奉勅編。宋太宗皇帝御製。《步虚詞》、《三清樂》等章。

劉師培《讀道藏記》 《金籙齋讚詠儀》。鳥字號二至鳥字號四。《金籙齋讚詠儀》三卷。題通奉大夫守尚書右僕射兼中書侍郎上柱國清河郡開國公張商英奉勅編。

金籙齋宿啓儀

白雲霽等《道藏目録詳注・洞玄部》 體字號計十一卷。《金籙齋宿啓儀》。

金籙齋啓盟儀

白雲霽等《道藏目録詳注・洞玄部》 體字號計十一卷。《金籙齋啓盟儀》。

金籙齋解壇儀

白雲霽等《道藏目録詳注・洞玄部》 體字號計十一卷。《金籙齋解壇儀》。

黄籙十念儀

白雲霽等《道藏目録詳注・洞玄部》 塲字號計十二卷。《黄籙十念儀》。

黄籙五老悼亡儀

白雲霽等《道藏目録詳注・洞玄部》 塲字號計十二卷。《黄籙五老悼亡儀》。與十念二儀同卷。

黄籙十天尊儀

白雲霽等《道藏目録詳注・洞玄部》 塲字號計十二卷。《黄籙十天尊儀》。

黄籙九幽醮無礙夜齋次第儀

白雲霽等《道藏目録詳注・洞玄部》 塲字號計十二卷。《黄籙九幽醮無礙夜齋次第儀》。一卷。

太清道德顯化儀

白雲霽等《道藏目録詳注・洞神部》 忠字號計十二卷。《太清道德顯化儀》。一卷。

三洞修道儀

鄭樵《通志・藝文略・道家類》 《三洞修道儀》一卷。孫夷中撰。

白雲霽等《道藏目録詳注・正一部》 楹字號計十一卷。《三洞修道儀》。一卷。荆南葆光子孫夷中集。言芝壇蕊殿，羅布四裔。蓋三洞科格自正一大洞，凡有七等，籙有一百二十階，科有二千四百則，律有一千二百條，戒有一千二百戒。仍以四輔真經佐之。

天心正法修真道塲設醮儀

白雲霽等《道藏目録詳注・洞神部》 則字號計十五卷。《天心正法脩真道塲設醮儀》。

太上消災祈福醮儀

白雲霽等《道藏目録詳注・洞神部》 則字號計十五卷。《太上消灾祈福醮儀》。

太上金櫃玉鏡延生洞玄燭幽儀

白雲霽等《道藏目録詳注・洞神部》 則字號計十五卷。《太上金櫃玉鏡延生洞玄燭幽儀》。虚一真人序。

太上洞玄靈寶羅天大醮上品妙經

白雲霽等《道藏目録詳注・正一部》 滿字號計十卷。《太上洞玄靈寶羅天大醮上品妙經》。與《五聖》等三經同卷。

玉樞經

徐㶿《徐氏家藏書目・道類》《玉樞經》一卷。

白雲霽等《道藏目録詳注・洞真部》盈字號計十二卷。《九天應元雷聲普化天尊玉樞寶經》。一卷。

玉音法事

白雲霽等《道藏目録詳注・洞玄部》養字號計八卷。《玉音法事》。三卷。步虛詞、白鶴詞、學仙等頌。

錢謙益等《絳雲樓書目・道藏類》《玉音法事》四册。

高上神霄宗師受經式

白雲霽等《道藏目録詳注・正一部》笙字號計十一卷。《高上神霄宗師受經式》。内有受經應佩服冠裳、朱履、瑶珪、玉佩、羽裙等儀。

北極真武佑聖真君禮文

白雲霽等《道藏目録詳注・洞神部》則字號計十五卷。《北極真武佑聖真君禮文》。

玉録判斛儀

白雲霽等《道藏目録詳注・洞玄部》率字號計八卷。《玉籙判斛儀》。一卷。

真武靈應護世消災滅罪寶懺

白雲霽等《道藏目録詳注・洞神部》則字號計十五卷。《真武靈應護世消災滅罪寶懺》。

北極真武普慈度世法懺

白雲霽等《道藏目録詳注・洞神部》則字號計十五卷。《北極真武普慈度世法懺》。卷一之十。共五卷。

太上消滅地獄升陟天堂懺

白雲霽等《道藏目録詳注・洞玄部》被字號計十卷。《太上消滅地獄升陟天堂懺》。一卷。

太乙救苦天尊説拔度血湖寶懺

白雲霽等《道藏目録詳注・洞玄部》被字號計十卷。《太乙救苦天尊説拔度血湖寶懺》。一卷。

無上黃籙大齋立成儀

白雲霽等《道藏目録詳注・洞玄部》 鳳字號計十卷。《無上黃籙大齋立〔成〕儀》。卷一之十。在字號計十卷。《無上黃籙大齋立成儀》。卷十一之二十。竹字號計十卷。《無上黃籙大齋立成儀》。卷二十一之三十。白字號計十卷。《無上黃籙大齋立成儀》。卷三十一之四十。駒字號計十卷。《無上黃籙大齋立成儀》。卷四十一之五十。食字號計七卷。《無上黃籙大齋立成儀》。卷五十一之五十七。

太上靈寶朝天謝罪大懺

白雲霽等《道藏目録詳注・洞真部》 露字號計十卷。《太上靈寶朝天謝罪〔法〕〔大〕懺》。卷一之十。此係謝罪大懺，凡學道之士當恒拜悔罪。

金籙齋三朝儀

白雲霽等《道藏目録詳注・洞玄部》 體字號計十一卷。《金籙齋三朝儀》。一卷。

玉籙生神三朝轉經儀

白雲霽等《道藏目録詳注・洞玄部》 率字號計八卷。《玉籙生神三朝轉經儀》。一卷。

天樞院都司須知格

白雲霽等《道藏目録詳注・洞玄部》 此字號計八卷。《天樞院都司須知格》。天樞院都司黔法格式。

靈寶浄明院行遣式

白雲霽等《道藏目録詳注・洞玄部》 毀字號計十一卷。《靈寶浄明院行遣式》。浄明院嗣演教師周真人編。

天樞院都司須知行遣

白雲霽等《道藏目録詳注・洞玄部》 毀字號計十一卷。《天樞院都司須知行遣》。與《浄明行遣式》同卷。奏章式、表格式、奏狀式、保奏等章式。

道門定制

白雲霽等《道藏目録詳注・正一部》 丙字號計十卷。《道門定制》。卷一之十。道門定制、章奏、表狀、牒文、雲篆、符誥、黃籙、都疏、文移。

《四庫全書總目提要・道家類存目》 《道門定制》十一卷。安徽巡撫採進本。前五卷爲西蜀道士吕元素撰。所載皆齋醮中表狀、文牒之式，兼及符籙。有淳熙戊申自序。後六卷爲元素門人吕太焕所補，兼録《政和玉音》、《長吟法事》、《短吟法事》及道君自製道詞。有嘉泰辛酉自序。皆道流以意爲之，自神其教者也。元素書作於孝宗時，太焕書作於寧宗時。而第五卷中，有「大元國鄉貫」字樣，殆元代刊刻，又有所附益，非復二吕之舊。然本書既純構虛詞，則增竄亦不足詰，同歸於誕而已矣。

道門通教必用集

白雲霽等《道藏目録詳注・正一部》 帳字號計八卷。《道門通教必用集》。卷一之九。《矜式篇》、《詞讚篇》、《讚咏篇》、《步虚篇》、《職佐篇》、《讚導篇》、《威儀篇》、《精思篇》。

太上浄明院補奏職局奏玄都省須知

白雲霽等《道藏目録詳注・洞玄部》 髮字號計七卷。《太上浄明院補奏職局奏玄都省須知》。一卷。高明大使神功玅濟真君許旌陽釋。一論文林，二武林。太玄司局一文職，二武職。入官格，秘字格。字驗出死後超度免入獄格，死後入獄沉滯格，紫庭真律格、鬼格。天樞都司局洞神職制律格，一洞神文郎九品，一洞神武郎九品，一行遣奏格。

文廷式《補晉書藝文志・神仙家類》 《太上浄明院補奏職局奏玄都省(都)〔須〕知》一卷。見《道藏・方法類》「賴」字號。

威儀要訓

鄭樵《通志・藝文略・道家類》 《威儀要訓》二卷。

三洞奉道科誡

鄭樵《通志・藝文略・道家類》 《三洞奉道科誡》二卷。金明七真撰，當攷。

《宋史・藝文志・神仙類》 金明七真人《三洞奉道科誡》三卷。

錢東垣等輯《崇文總目・道書類》 《三洞奉道科誡》二卷。金明七真人撰。

修黄籙齋儀

鄭樵《通志・藝文略・道家類》 《修黄籙齋儀》一卷。

錢東垣等輯《崇文總目・道書類》 《修黄籙齋儀》一卷。

醮靈官位儀

鄭樵《通志・藝文略・道家類》 《醮靈官位儀》一卷。

錢東垣等輯《崇文總目・道書類》 《醮靈官位儀》一卷。

太上黄籙齋壇真文玉訣儀

鄭樵《通志・藝文略・道家類》 《太上黄籙齋壇真文玉訣儀》一卷。杜光庭撰。

錢東垣等輯《崇文總目・道書類》 《太上黄籙齋壇真文玉訣儀》一卷。杜光庭撰。

天經醮儀

鄭樵《通志・藝文略・道家類》 《天經醮儀》一卷。

錢東垣等輯《崇文總目・道書類》 《天經醮儀》一卷。

醮南辰北斗儀

鄭樵《通志・藝文略・道家類》 《醮南辰北斗儀》一卷。

錢東垣等輯《崇文總目・道書類》《醮南辰北斗儀》一卷。

元始靈寶五帝醮祭召真玉訣

鄭樵《通志・藝文略・道家類》《元始靈寶五帝醮祭召真玉訣》一卷。

錢東垣等輯《崇文總目・道書類》《元始靈寶五帝醮祭召真玉訣》一卷。

醮文

鄭樵《通志・藝文略・道家類》《醮文》一卷。

錢東垣等輯《崇文總目・道書類》《醮文》一卷。

醮章奏儀

鄭樵《通志・藝文略・道家類》《醮章奏儀》十八卷。杜光庭撰。

錢東垣等輯《崇文總目・道書類》《醮章奏儀》十八卷。杜光庭撰。

入静儀

鄭樵《通志・藝文略・道家類》《入静儀》一卷。

錢東垣等輯《崇文總目・道書類》《入静儀》一卷。

新修旨要

鄭樵《通志・藝文略・道家類》《新修旨要》三卷。宋同微撰。

錢東垣等輯《崇文總目・道書類》《新修旨要》三卷。宋同微撰。

評刊誤論

鄭樵《通志・藝文略・道家類》《評刊誤論》三卷。商回撰。

錢東垣等輯《崇文總目・道書類》《評刊誤論》三卷。商回撰。

太上三洞度人出家儀

鄭樵《通志・藝文略・道家類》《太上三洞度人出家儀》一卷。

祭玉女神法

鄭樵《通志・藝文略・道家類》《祭玉女神法》一卷。

太上明真救護章儀

鄭樵《通志・藝文略・道家類》《太上明真救護章儀》一卷。

太上三元醮儀

鄭樵《通志・藝文略・道家類》《太上三元醮儀》一卷。

靈寶拜章儀

鄭樵《通志·藝文略·道家類》《靈寶拜章儀》一卷。

靈寶九等齋壇式

鄭樵《通志·藝文略·道家類》《靈寶九等齋壇式》一卷。張先生撰。

靈寶奏醮普天衆真儀

鄭樵《通志·藝文略·道家類》《靈寶奏醮普天衆真儀》一卷。

靈寶祈謝天神儀

鄭樵《通志·藝文略·道家類》《靈寶祈謝天神儀》一卷。

靈寶起土僻神儀

鄭樵《通志·藝文略·道家類》《靈寶起土僻神儀》一卷。「僻」字更攷。

太上二十四化醮儀

鄭樵《通志·藝文略·道家類》《太上二十四化醮儀》一卷。

太上迎送壇儀

鄭樵《通志·藝文略·道家類》《太上迎送壇儀》一卷。

上清露真奏表儀

鄭樵《通志·藝文略·道家類》《上清露真奏表儀》一卷。

太元醮儀

鄭樵《通志·藝文略·道家類》《太元醮儀》一卷。

太上北醮儀

鄭樵《通志·藝文略·道家類》《太上北醮儀》一卷。

紫庭醮科

鄭樵《通志·藝文略·道家類》《紫庭醮科》三卷。

禹步儀訣

鄭樵《通志·藝文略·道家類》《禹步儀訣》一卷。

三洞□□儀

錢東垣等輯《崇文總目・道書類》《三洞□□儀》一卷。

太上靈寶度人消灾禮懺文

錢東垣等輯《崇文總目・道書類》《太上靈寶度人消灾禮懺文》一卷。

醮人神法

《宋史・藝文志・神仙類》《醮人神法》一卷。

錢東垣等輯《崇文總目・道書類》《醮人神法》一卷。

山居道士佩服經符儀

《宋史・藝文志・神仙類》山居道士《佩服經符儀》一卷。不知名。

正一奏章儀

《宋史・藝文志・神仙類》《正一奏章儀》一卷。

正一醮江海龍王神儀都功版儀

《宋史・藝文志・神仙類》《正一醮江海龍王神儀都功版儀》一卷。

度太一玉傳儀

《宋史・藝文志・神仙類》《度太一玉傳儀》一卷。

上清洞真解過訣

白雲霽等《道藏目録詳注・洞玄部》遜字號計十卷。《上清洞真解過訣》一卷。清靈真人裴君按入節之日，依儀行道謝罪等法。

太上玉清謝罪登真寶懺

白雲霽等《道藏目録詳注・洞真部》結字號計十卷。《太上玉清謝罪登真寶懺》。一卷。

太上上清禳災延壽寶懺

白雲霽等《道藏目録詳注・洞真部》結字號計十卷。《太上上清禳災延壽寶懺》。一卷。

太上太清拔罪昇天寶懺

白雲霽等《道藏目録詳注・洞真部》結字號計十卷。《太上太清拔罪昇天寶懺》。一卷。

玉皇宥罪錫福寶懺

白雲霽等《道藏目録詳注・洞真部》 結字號計十卷。《玉皇宥罪錫福寶懺》。一卷。

九天應元雷聲普化天尊玉樞寶懺

白雲霽等《道藏目録詳注・洞真部》 結字號計十卷。《九天應元雷聲普化天尊玉樞寶懺》。

雷霆玉樞宥罪法懺

白雲霽等《道藏目録詳注・洞真部》 結字號計十卷。《雷霆玉樞宥罪法懺》。與《玉樞懺》同卷。

黄籙九陽梵炁燈儀

白雲霽等《道藏目録詳注・洞真部》 爲字號計十一卷。《黄籙九陽梵炁燈儀》。

黄籙九卮燈儀

白雲霽等《道藏目録詳注・洞真部》 爲字號計十一卷。《黄籙九卮燈儀》與《九陽》二儀同卷。

黄籙五苦輪燈儀

白雲霽等《道藏目録詳注・洞真部》 爲字號計十一卷。《黄籙五苦輪燈儀》。與《破獄》二儀同卷。

地府十王拔度儀

白雲霽等《道藏目録詳注・洞真部》 爲字號計十一卷。《地府十王拔度儀》。一卷。

太乙火府奏告祈禳儀

白雲霽等《道藏目録詳注・洞真部》 爲字號計十一卷。《太乙火府奏告祈禳儀》。一卷。

玉籙資度解壇儀

白雲霽等《道藏目録詳注・洞玄部》 率字號計八卷。《玉籙資度解壇儀》。

玉籙資度設醮儀

白雲霽等《道藏目録詳注・洞玄部》 率字號計八卷。《玉籙資度設醮儀》。與宿啓、解壇等儀同卷。

玉籙資度三朝儀

白雲霽等《道藏目録詳注・洞玄部》 率字號計八卷。《玉籙資度三朝儀》。一卷。

黄籙齋十洲三島拔度儀

白雲霽等《道藏目録詳注・洞玄部》 場字號計十二卷。《黄籙齋十洲三島拔度儀》。與十天尊二儀同卷。

青玄救苦寶懺

白雲霽等《道藏目録詳注・洞玄部》 被字號計十卷。《青玄救苦寶懺》。

慈尊昇度寶懺

白雲霽等《道藏目録詳注・洞玄部》 被字號計十卷。《慈尊昇度寶懺》。與《救苦》二懺同卷。

上清弟子詣師請受三洞諸經法辭誓文儀

佚名《道藏闕經目録》卷上 《上清弟子詣師請受三洞諸經法辭誓文儀》。

上清太極授經科

佚名《道藏闕經目録》卷上 《上清太極授經科》。

上清七元點燈法

佚名《道藏闕經目録》卷上 《上清七元點燈法》。有符。

上清醮天皇法文

佚名《道藏闕經目録》卷上 《上清醮天皇法文》。

洞玄靈寶山居道士初佩服經符次第儀

佚名《道藏闕經目録》卷上 《洞玄靈寶山居道士初佩服經符次第儀》。有符。

洞玄靈寶三元威儀境行經

佚名《道藏闕經目録》卷上 《洞玄靈寶三元威儀境行經》。四卷。

洞玄靈寶太上八節諸齋懺謝度命拔罪妙經

佚名《道藏闕經目録》卷上 《洞玄靈寶太上八節諸齋懺謝度命拔罪妙經》。

洞玄靈寶河圖仰謝三十二天齋法

佚名《道藏闕經目録》卷上《洞玄靈寶河圖仰謝三十二天齋法》。

洞玄靈寶三洞道士世所須服器制度儀注

佚名《道藏闕經目録》卷上《洞玄靈寶三洞道士世所須服器制度儀注》。二卷。

洞玄靈寶辯跪禮

佚名《道藏闕經目録》卷上《洞玄靈寶辯跪禮》。

洞玄靈寶仙相行儀

佚名《道藏闕經目録》卷上《洞玄靈寶仙相行義》。

洞玄靈寶指歸事數

佚名《道藏闕經目録》卷上《洞玄靈寶指歸事數》。

洞玄靈寶道要威儀

佚名《道藏闕經目録》卷上《洞玄靈寶道要威儀》。六卷。

太上傳授洞神三皇常朝儀

佚名《道藏闕經目録》卷上《太上傳授洞神三皇常朝儀》。

太上傳授洞神經法登壇告盟立成儀

佚名《道藏闕經目録》卷上《太上傳授洞神經法登壇告盟立成儀》。

太上傳授洞淵神呪儀

佚名《道藏闕經目録》卷上《太上傳授洞淵神呪儀》。

太上傳授洞淵命魔等籙儀

佚名《道藏闕經目録》卷上《太上傳授洞淵命魔等籙儀》。

太上傳授北帝籙儀

佚名《道藏闕經目録》卷上《太上傳授北帝籙儀》。

洞神諸齋立成儀

佚名《道藏闕經目録》卷上《洞神諸齋立成儀》。二卷。

洞神三皇朝儀

佚名《道藏闕經目録》卷上 《洞神三皇朝儀》。

洞神三皇八帝朝儀

佚名《道藏闕經目録》卷上 《洞神三皇八帝朝儀》。

太上洞神三皇寶齋宿啓儀

佚名《道藏闕經目録》卷上 《太上洞神三皇寶齋宿啓儀》。有符。

太上洞神三皇寶齋三時通用行道儀

佚名《道藏闕經目録》卷上 《太上洞神三皇寶齋三時通用行道儀》。

太上洞神三皇寶齋講誦儀

佚名《道藏闕經目録》卷上 《太上洞神三皇寶齋講誦儀》。

太上洞神三皇寶齋懺謝儀

佚名《道藏闕經目録》卷上 《太上洞神三皇寶齋懺謝儀》。

太上洞神三皇寶齋三時行道儀

佚名《道藏闕經目録》卷上 《太上洞神三皇寶齋三時行道儀》。

太上洞神八帝大齋儀

佚名《道藏闕經目録》卷上 《太上洞神八帝大齋儀》。

太上洞神三五大齋儀

佚名《道藏闕經目録》卷上 《太上洞神三五大齋儀》。

太上洞神太玄三元仰謝齋儀

佚名《道藏闕經目録》卷上 《太上洞神太玄三元仰謝齋儀》。二卷。

太上洞神中元祈謝七十二君齋儀

佚名《道藏闕經目録》卷上 《太上洞神中元祈謝七十二君齋儀》。

太上洞神中元祈請七十二君齋懺方儀

佚名《道藏闕經目録》卷上 《太上洞神中元祈請七十二君齋懺方儀》。

太上洞神諸齋言功解壇設醮投簡儀

佚名《道藏闕經目録》卷上《太上洞神諸齋言功解壇設醮投簡儀》。

太上洞神三皇上元六直齋儀

佚名《道藏闕經目録》卷上《太上洞神三皇上元六直齋儀》。

太上三昇玄醮法

佚名《道藏闕經目録》卷下《太上三昇玄醮法》。

拜祝別法

佚名《道藏闕經目録》卷下《拜祝別法》。

三洞道士居山在世所須科

佚名《道藏闕經目録》卷下《三洞道士居山在世所須科》。二卷。

正一法文真科令

佚名《道藏闕經目録》卷下《正一法文真科令》。

正一法文左玄真人奉道科

佚名《道藏闕經目録》卷下《正一法文左玄真人奉道科》。

正一傳治儀

佚名《道藏闕經目録》卷下《正一傳治儀》。

正一法文三師設治職儀

佚名《道藏闕經目録》卷下《正一法文三師設治職儀》。

正一法文修身齋儀

佚名《道藏闕經目録》卷下《正一法文修身齋儀》。

天師永壽科

佚名《道藏闕經目録》卷下《天師永壽科》。

太上七十二符儀

佚名《道藏闕經目録》卷下《太上七十二符儀》。

太上洞玄靈寶飛天大範

佚名《道藏闕經目録》卷下 《太上洞玄靈寶飛天大範》。十卷。

太始天元玉册截法

佚名《道藏闕經目録》卷下 《太始天元玉册截法》。六卷。

真一赤界條檢

佚名《道藏闕經目録》卷下 《真一赤界條檢》。

北帝真君授神氣壇法圖

佚名《道藏闕經目録》卷下 《北帝真君授神氣壇法圖》。

無山黄籙大齋精要

佚名《道藏闕經目録》卷下 《無山黄籙大齋精要》。八卷。

洞玄靈寶道門鍾範

佚名《道藏闕經目録》卷上 《洞玄靈寶道門鍾範》。

重修道藏鍾範

佚名《道藏闕經目録》卷上 《重修道藏鍾範》。

全真坐鉢捷法

白雲霽等《道藏目録詳注·正一部》 楹字號計十一卷。《（金）〔全〕真坐鉢捷法》。與《正一論》同卷，有圖。

錢大昕《補元史藝文志·道家類》 《全真坐鉢捷法》一卷。不著撰人。

陸道和全真清規

白雲霽等《道藏目録詳注·正一部》 楹字號計十一卷。《全真清規》。一卷。姚江春庵清玄子陸道和編集。《指蒙規式》、《簪披次序》、《游方禮師》、《堂門戒臘》、《坐鉢規示》、《祖師則例》、《全真體用》等則。

錢大昕《補元史藝文志·道家類》 陸道和《全真清規》一卷。自號清玄子。

三天讚頌靈章

白雲霽等《道藏目録詳注·洞真部》 爲字號計十卷。《三天讚頌靈章》。三卷。玉清惠命等頌。

黄籙救苦十齋轉經儀

白雲霽等《道藏目録詳注·洞玄部》 場字號計十二卷。《黄籙救苦十齋轉經儀》。一卷。

靈寶五經提綱

白雲霽等《道藏目録詳注・洞玄部》被字號計十卷。《靈寶五經提綱》。

洞玄靈寶鍾磬威儀經

白雲霽等《道藏目録詳注・洞玄部》被字號計十卷。《洞玄靈寶鍾磬威儀經》。與《提綱》等三經同卷。

東嶽大生寶懺

白雲霽等《道藏目録詳注・洞玄部》被字號計十卷。《東嶽大生寶懺》。一卷。

太上正一朝天三八謝罪法懺

白雲霽等《道藏目録詳注・洞神部》則字號計十五卷。《太上正一朝天三八謝罪法懺》。

北帝伏魔經法建壇儀

白雲霽等《道藏目録詳注・正一部》聚字號計十卷。《北帝伏魔經法建壇儀》。一卷。先天太極法師盧中菴編。

高上玉皇滿願寶懺

白雲霽等《道藏目録詳注・洞真部》結字號計十卷。《高上玉皇滿願寶懺》。卷一之十。共五卷。

玉皇十七慈光燈儀

白雲霽等《道藏目録詳注・洞真部》爲字號計十一卷。《玉皇十七慈光燈儀》。一卷。

上清十一大曜燈儀

白雲霽等《道藏目録詳注・洞真部》爲字號計十一卷。《上清十一大曜燈儀》。

南極延壽燈儀

白雲霽等《道藏目録詳注・洞真部》爲字號計十一卷。《南極延壽燈儀》。

北斗七星燈儀

白雲霽等《道藏目録詳注・洞真部》爲字號計十一卷。《北斗七星燈儀》。

北斗本命延壽燈儀

白雲霽等《道藏目録詳注・洞真部》 爲字號計十一卷。《北斗本命延壽燈儀》。與《十一曜》四經同卷。

三官燈儀

白雲霽等《道藏目録詳注・洞真部》 爲字號計十一卷。《三官燈儀》。

玄帝燈儀

白雲霽等《道藏目録詳注・洞真部》 爲字號計十一卷。《玄帝燈儀》。

九天司命三茅真君燈儀

白雲霽等《道藏目録詳注・洞真部》 爲字號計十一卷。《九天司命三茅真君燈儀》。

萬靈燈儀

白雲霽等《道藏目録詳注・洞真部》 爲字號計十一卷。《萬靈燈儀》。

五顯靈官大帝燈儀

白雲霽等《道藏目録詳注・洞真部》 爲字號計十一卷。《五顯靈官大帝燈儀》。與《三官》等五儀同卷。

土司燈儀

白雲霽等《道藏目録詳注・洞真部》 爲字號計十一卷。《土司燈儀》。

東厨司命燈儀

白雲霽等《道藏目録詳注・洞真部》 爲字號計十一卷。《東厨司命燈儀》。與《土司》二命同卷。

黄籙破獄燈儀

白雲霽等《道藏目録詳注・洞真部》 爲字號計十一卷。《黄籙破獄燈儀》。

清微玄樞奏告儀

白雲霽等《道藏目録詳注・洞真部》 爲字號計十一卷。《清微玄樞奏告儀》。一卷。

諸師真誥

白雲霽等《道藏目録詳注・洞真部》鳥字號計十卷。《諸師真誥》。一卷。

金籙齋設醮儀

白雲霽等《道藏目録詳注・洞玄部》體字號計十一卷。《金籙齋設醮儀》。

神功妙濟真君禮文

白雲霽等《道藏目録詳注・洞玄部》化字號計九卷。《神功玅濟真君禮文》。一卷。

大明玄教立成齋醮儀范

白雲霽等《道藏目録詳注・洞玄部》壹字號計十四卷。《大明玄教立（戒）〔成〕齋醮儀〔范〕》。一卷。

諸師聖誕冲舉酌獻儀

白雲霽等《道藏目録詳注・洞玄部》壹字號計十四卷。《諸師聖誕冲舉酌獻儀》。一卷。

萃善録

白雲霽等《道藏目録詳注・洞神部》澄字號計六卷。《萃善録》。二卷。各門青詞。

洪恩靈濟真君自然行道儀

白雲霽等《道藏目録詳注・洞玄部》壹字號計十四卷。《洪恩靈濟真君自然（朝）行道儀》。一卷。

洪恩靈濟真君集福早朝儀

白雲霽等《道藏目録詳注・洞玄部》壹字號計十四卷。《洪恩靈濟真君集福早朝儀》。一卷。

洪恩靈濟真君集福午朝儀

白雲霽等《道藏目録詳注・洞玄部》壹字號計十四卷。《洪恩靈濟真君集福午朝儀》。一卷。

洪恩靈濟真君集福晚朝儀

白雲霽等《道藏目録詳注・洞玄部》壹字號計十四卷。《洪恩靈濟真君集福晚朝儀》。一卷。

洪恩靈濟真君設醮科

白雲霽等《道藏目録詳注・洞玄部》 壹字號計十四卷。《洪恩靈濟真君設醮(儀)〔科〕》。一卷。

洪恩靈濟真君禮願文

白雲霽等《道藏目録詳注・洞玄部》 壹字號計十四卷。《洪恩靈濟真君禮願文》。一卷。

洪恩靈濟真君七政燈儀

白雲霽等《道藏目録詳注・洞玄部》 壹字號計十四卷。《洪恩靈濟真君(旋璣)七政燈儀》。一卷。

金籙齋祈壽三朝儀

白雲霽等《道藏目録詳注・洞玄部》 體字號計十一卷。《金籙齋祈壽三朝儀》。一卷。

金籙齋上壽三獻儀

白雲霽等《道藏目録詳注・洞玄部》 體字號計十一卷。《金籙齋上壽三獻儀》。

道門科範大全集

白雲霽等《道藏目録詳注・正一部》 舍字號計九卷。《道門科範大全集》。卷一之二十四。廣成先生杜光庭删定。《生日本命儀》、《文昌注禄拜章道場儀》、《祈雨祈雪道場科儀》、《消灾星曜儀》、《懺禳疾病儀》。傍字號計十卷。《道門科範大全集》。卷二十五之四十五。《祈嗣拜章大醮儀》、《誓火禳灾説戒儀》、《誓火禳灾儀》、《安宅解犯儀》、《安宅解犯懺》、《方儀謝竈儀》。啓字號計九卷。《道門科範大全集》。卷四十六之六十七。《真武靈應大醮儀》、《南北二斗同壇醮儀》、《解禳星運儀》、《北斗延生清醮儀》、《北斗延生懺燈儀》、《北斗延生道場》等儀。甲字號計十二卷。《道門科儀大全集》。卷六十八之八十七。《道士修真謝罪儀》、《謝罪十方懺儀》、《上清昇化仙度遷神道場儀》、《東嶽濟度拜章大醮儀》、《三時懺方儀》、《靈寶崇神大醮》等儀。

大明御製玄教樂章

白雲霽等《道藏目録詳注・洞神部》 澄字號計六卷。《大明御製玄教樂章》。一卷。《醮壇讚咏樂章》、《迎鳳輦》、《天下樂》、《聖賢記》、《青天歌》、《迎仙客》、《步步高》、《醉仙喜》等章。

立成儀

楊士奇等《文淵閣書目・道書類》 《立成儀》。一部，一册。

使者祈禱行遺

楊士奇等《文淵閣書目・道書類》 《使者祈禱行遺》。一部，一册。

治病移文

楊士奇等《文淵閣書目·道書類》《治病移文》。一部，一册。

符　式

楊士奇等《文淵閣書目·道書類》《符式》。一部，一册。

撥度科文

楊士奇等《文淵閣書目·道書類》《撥度科文》。一部，一册。

靈濟醮原文

楊士奇等《文淵閣書目·道書類》《靈濟醮原文》。一部，一册。

玄帝感應靈籤

楊士奇等《文淵閣書目·道書類》《玄帝靈籤》。一部，一册。

張國祥《續道藏目録·正一部》《玄帝感應靈籤》。一卷。

梓潼籤

楊士奇等《文淵閣書目·道書類》《梓潼籤》。一部，一册。《梓潼籤》。一部，一册。

城隍籤

楊士奇等《文淵閣書目·道書類》《城隍籤》。一部，一册。

靈濟籤

楊士奇等《文淵閣書目·道書類》《靈濟籤》。一部，一册。《靈濟籤》。一部，一册。

施食文

楊士奇等《文淵閣書目·道書類》《施食文》。一部，一册。

香案牘

徐𤊹《徐氏家藏書目·道類》《香案牘》一卷。陳繼儒。

黄虞稷《千頃堂書目·道家類》陳繼儒《香案牘》一卷。

《四庫全書總目提要·道家類存目》《香案牘》一卷。浙江孫仰曾家藏本。明陳繼儒撰。繼儒有《邵康節外紀》，已著録。是書述神仙故事，自軒轅以下凡七十二人，皆自《列仙傳》、《集仙傳》諸書中鈔撮成編，了無義例。末有王衡跋，稱乙未正月繼儒以此書寄衡云云。蓋衡嘗以書抵繼儒，約爲楊許碧落之遊，故繼儒以此相報也。然繼儒聲氣通天下，與棲神山澤、吐納清虚者，其趣固不同矣。

太上琅書瓊文帝君訣

白雲霽等《道藏目録詳注・洞真部》 成字號計十卷。《太上琅書瓊文帝君訣》。一卷。内書經訣啓告等訣。

清微齋法

白雲霽等《道藏目録詳注・洞真部》 闕字號計七卷。《清微齋法》。二卷。登壇儀範。

太上洞玄明燈上經

白雲霽等《道藏目録詳注・洞玄部》 乃字號計十一卷。《太上洞玄明燈(妙)[上]經》。一卷。

玄門報孝追薦儀

白雲霽等《道藏目録詳注・洞玄部》 壹字號計十四卷。《玄門報孝追薦儀》。一卷。

金籙齋放生儀

白雲霽等《道藏目録詳注・洞玄部》 體字號計十一卷。《金籙齋放生儀》。與解壇、設醮等儀同卷。

金籙齋祈壽設醮儀

白雲霽等《道藏目録詳注・洞玄部》 體字號計十一卷。《金籙齋祈壽設醮儀》。與三獻等儀同卷。

金籙齋玄壇轉經三朝儀

白雲霽等《道藏目録詳注・洞玄部》 體字號計十一卷。《金籙齋玄壇轉經三朝儀》。一卷。

金籙十回度人三朝開收儀

白雲霽等《道藏目録詳注・洞玄部》 體字號計十一卷。《金籙十回度人三朝開收儀》。一卷。

金籙十回度人三朝轉經儀

白雲霽等《道藏目録詳注・洞玄部》 體字號計十一卷。《金籙十回度人三朝轉經儀》。一卷。

玉籙生神三朝開收儀

白雲霽等《道藏目録詳注・洞玄部》 率字號計八卷。《玉籙生神三朝開收儀》。一卷。

受籙次第法信儀

白雲霽等《道藏目録詳注・正一部》肆字號計九卷。《受籙次第法信儀》。有符。十三世孫梁武陵王府叅軍張辯撰。内言二十八宿、二十四治。

伏魔經壇謝恩醮儀

白雲霽等《道藏目録詳注・正一部》聚字號計十卷。《伏魔經壇謝恩醮儀》。一卷。白請師文。

玉籙三日九朝儀

白雲霽等《道藏目録詳注・洞玄部》率字號計八卷。《玉籙三日九朝儀》。三卷。

（黄籙）（洞玄）靈寶河圖仰謝三十六土皇儀

白雲霽等《道藏目録詳注・洞玄部》場字號計十二卷。《（黄籙）（洞玄）靈寶河圖仰謝三十六土皇儀》。四卷。

洞玄靈寶自然齋儀

白雲霽等《道藏目録詳注・洞玄部》化字號計九卷。《洞玄靈寶自然齋儀》。與自然券儀同卷。

太上靈寶中元地官消愆滅罪懺

白雲霽等《道藏目録詳注・洞玄部》被字號計十卷。《太上靈寶中元地官消愆滅罪懺》。

上清諸真章頌

白雲霽等《道藏目録詳注・洞玄部》養字號計八卷。《上清諸真章頌》。一卷。

衆仙讚頌靈章

白雲霽等《道藏目録詳注・洞玄部》養字號計八卷。《衆仙讚頌靈章》。一卷。

正一出官章儀

白雲霽等《道藏目録詳注・洞神部》忠字號計十二卷。《正一出官章儀》。一卷。有符。《廻善章》、《出官廻好》等章。

正一醮宅儀

白雲霽等《道藏目録詳注・洞神部》忠字號計十二卷。《正一醮宅儀》。

正一醮墓儀

白雲霽等《道藏目録詳注・洞神部》 忠字號計十二卷。《正一醮墓儀》。與《勑壇》三儀同卷。

太上三五傍救醮五帝斷瘟儀

白雲霽等《道藏目録詳注・洞神部》 則字號計十五卷。《太上三五傍救醮五帝斷瘟儀》。

太上瑶臺益算寶藉延年儀

白雲霽等《道藏目録詳注・洞神部》 則字號計十五卷。《太上瑶臺益算寶藉延年儀》。

太上三洞表文

白雲霽等《道藏目録詳注・洞神部》 澄字號計六卷。《太上三洞表文》。三卷。

元辰章醮立成儀

白雲霽等《道藏目録詳注・正一部》 階字號計十卷。《元辰章醮立成儀》。二卷。有符圖。壇圖法、章信等儀。

中天紫微星真寶懺

張國祥《續道藏經目録・正一部》 隸字號計九卷。《中天紫微星真寶懺》。一卷。

紫皇煉度玄科

張國祥《續道藏經目録・正一部》 漆字號計四卷。《紫皇煉度玄科》。一卷。

先天斗姆奏告玄科

張國祥《續道藏經目録・正一部》 漆字號計四卷。《先天斗姆奏告玄科》。一卷。

朝真發願懺悔文

張國祥《續道藏經目録・正一部》 漆字號計四卷。《朝真發願懺悔文》。一卷。

玉匣記

張國祥《續道藏經目録・正一部》 冠字號計五卷。《玉匣記》。一卷。

玉音內書

錢謙益等《絳雲樓書目・道藏類》《玉音內書》。

靈寶登齋撮要

錢謙益等《絳雲樓書目・道藏類》《靈寶登齋撮要》。

華陽自然齋儀

錢謙益等《絳雲樓書目・道藏類》《華陽自然齋儀》。

華陽洞天樂章

錢謙益等《絳雲樓書目・道藏類》《華陽洞天樂章》。

楊循吉經進華陽求嗣齋儀

黃虞稷《千頃堂書目・道家類》楊循吉《經進華陽求嗣齋儀》十卷。世宗時進。

道論分部

道要雜子

《漢書・藝文志・神僊類》《道要雜子》十八卷。

姚振宗《漢書藝文志條理・神僊類》《道要雜子》十八卷。按道要大抵謂至道之要，無所主名者也。

葛洪抱朴子

《隋書・經籍志・道家類》《抱朴子內篇》二十一卷、《音》一卷。葛洪撰。

又《雜家類》《抱朴子外篇》三十卷。葛洪撰。梁有五十一卷。

《舊唐書・經籍志・道家類》《抱朴子內篇》二十卷。葛洪撰。

又《雜家類》《抱朴子外篇》五十卷。葛洪撰。

《新唐書・藝文志・道家類》《抱朴子內篇》二十卷。葛洪。

又《雜家類》《抱朴子外篇》二十卷。葛洪。

鄭樵《通志・藝文略・道家類》《抱朴子內篇》二十卷。葛洪撰。

又《雜家類》《抱朴子外篇》三十卷。葛洪撰。

晁公武《郡齋讀書志・神仙類》《抱朴子內篇》二十卷。右晉葛洪撰。洪，字稚川，丹陽句容人。元帝時，累召不就，止羅浮山，鍊丹著書，推明飛昇之道，導義之理，黃白之事。二十卷名曰《內篇》，十卷名曰《外篇》，自號抱朴子，因以命書。

尤袤《遂初堂書目・道家類》《抱朴子內外篇》。

陳振孫《直齋書録解題・道家類》《抱朴子》二十卷。晉句漏令丹陽葛洪稚川撰。洪所著書，《內篇》言神仙黃白變化之事，《外篇》駁難通釋。此二十卷者，《內篇》也。《館閣書目》有《外篇》五十卷。

馬端臨《文獻通考・經籍考・神仙類》《抱朴子內篇》二十卷。

又《雜家類》《抱朴子外篇》十卷。

《宋史·藝文·雜家類》 葛洪《抱朴子内篇》二十卷。《抱朴子外篇》五十卷。

楊士奇等《文淵閣書目·子書類》《抱朴子》。一部，三册。闕。

范邦甸等《天一閣書目·道家類》《抱朴子内篇》二十卷。刊本。晉葛洪撰。《抱朴子外篇》五十卷。刊本。晉葛洪撰。《抱朴子》十一篇。藍絲闌鈔本。晉葛洪撰。

徐𤊹《徐氏家藏書目·諸子類》《抱朴子》。葛洪。

白雲霽等《道藏目録詳注·太清部》 疲字號計八卷。《抱朴子内篇》。卷一之六。稚川子葛洪著。守字號計十一卷。《抱朴子内篇》。卷七之二十。《内篇》暢玄、論仙、對俗、金丹、至理、微旨、塞難、釋滯、道意、明本、仙藥、辨問、極言、勤求、雜應、黄白、登涉、地真、遐覽、祛惑等篇，二十篇。皆神仙方藥、鬼怪變化、養生延年、禳邪却禍之道。真字號計十二卷。《抱朴子内篇》。卷一之三十七。志字號計十二卷。《抱朴子外篇》。卷三十八之五十。《外篇》言嘉遁、逸民、勗學、君道、崇教、臣節、良規、時難、官理、務正、貴賢、任能、欽士、用刑、交際、備闕、擢才、任命、名實、清鑒、行品、弭訟、酒誡、疾謬、譏惑、刺驕、百里、接疏、鈞世、省煩、尚博、漢過、吴失、守塉、安貧、仁明、博喻、廣譬、辭義、循本、應嘲、喻蔽、百家、文行、正郭、彈(相)〔禰〕、詰(包)〔鮑〕、知止、窮達、重言、自序等篇，五十卷。

錢謙益等《絳雲樓書目·道家類》《抱朴子》。十卷。《抱朴子外篇》。二十卷。

《四庫全書總目提要·道家類》《抱朴子内外篇》八卷。江蘇巡撫採進本。晉葛洪撰。洪有《肘後備急方》，已著録。是編乃其乞爲句漏令後，退居羅浮山時所作。抱朴子者，洪所自號，因以名書也。自序謂《内篇》二十卷，《外篇》五十卷。《隋志》載《内篇》二十一卷，《音》一卷，入道家。

孫星衍《平津館鑒藏書籍記·明版》《新鐫葛稚川内篇外篇》四卷，即所謂《抱朴子》也，題金陵張可大或題志庵盧舜治評校、慎懋官閲。前有盧舜治序，稱偶得宋本一，王府本一，《藏》本一，殫力磨勘。萬曆己亥歲，古泉氏請付剞劂。每葉廿行，行廿字，每卷下尚有藏本字號，又有舊人硃筆校字。據《意林》、《太平御覽》諸書所引《抱朴子》，補脱正譌處頗多。不題年月名姓，不知何人所書。

黄丕烈《蕘圃藏書題識·子類》《抱朴子内篇》二十卷，《外篇》五十卷。

顧廣圻《思適齋書跋·子部》《抱朴子内篇》二十卷，《外篇》五十卷。傳鈔《道藏》本。此卷有錯簡三段，余讀而正之。《道藏》本，正統十年。瀋藩本，嘉靖乙丑。皆誤也。澗蘋。卷三後。

又《思適齋集外書跋輯存·子類》《抱朴子外篇》五十卷。孫刊本。

錢東垣等輯《崇文總目·道家類》《抱朴子内外篇》二十卷。葛洪撰。

文廷式《補晉書藝文志·神仙家類》 葛洪《抱朴子内篇》二十一卷，《音》一卷。今存二十卷。

抱朴子玉策記

葛洪《抱朴子·内篇·遐覽》《玉策記》。

文廷式《補晉書藝文志·神仙家類》《抱朴子玉策記》。《初學記》二十九引之。《太平御覽》卷八、卷九百六、九百八、九百九。

又 《玉策記》。

葛仙翁序

鄭樵《通志·藝文略·道家類》《葛仙翁序》一卷。葛洪撰。

錢東垣等輯《崇文總目·道書類》《葛仙翁叙》一卷。【原釋】葛洪。見《東觀餘論》。

太上三天内解經

白雲霽等《道藏目録詳注·正一部》 滿字號計十卷。《太上三天内解經》。上、下同卷。三天弟子徐氏撰。經云「怡心恬寂，思真注玄；外若空虚，内若金城；恒作是觀，方造真諦」。

張融理同論

尤袤《遂初堂書目・道家類》 張融《理同論》。

青霞子旨道篇

《宋史・藝文志・神仙類》 青霞子《旨道篇》一卷。

長生正義玄門大論

錢東垣等輯《崇文總目・道書類》 《長生正義元門》二十八卷。

鄭樵《通志・藝文略・道家類》 《長生正義元門大論》三十八卷。

《宋史・藝文志・神仙類》 《玄門大論》一卷。

佚名《道藏闕經目録》卷上 《玄門大論》。二十卷。

畢夷祕照論

鄭樵《通志・藝文略・道家類》 《畢夷祕照論》五卷。李淳風撰。

孫思邈幽傳福壽論

《新唐書・藝文志・神仙類》 孫思邈《幽傳福壽論》一卷。

鄭樵《通志・藝文略・道家類》 《幽傳福壽論》一卷。

陳振孫《直齋書録解題・神仙類》 《幽傳福善論》一卷。唐孫思邈撰。

馬端臨《文獻通考・經籍考・神仙類》 《幽傳福善論》一卷。

《宋史・藝文志・神仙類》 《九幽福壽論》一卷。

白雲霽等《道藏目録詳注・正一部》 《福壽論》。與《靈信經旨》同卷。唐太古妙應孫真人述。

錢東垣等輯《崇文總目・道書類》 《幽傳福壽論》一卷。

孫思邈會三教論

《新唐書・藝文志・神仙類》 孫思邈《會三教論》一卷。

鄭樵《通志・藝文略・道家類》 《會三教論》一卷。

道教義樞

楊士奇等《文淵閣書目・道書類》 《道德義樞》。一部，一册。

白雲霽等《道藏目録詳注・太平部》 諸字號計九卷。《道教義樞》。卷一之十。共六卷。論道德、法身、三寶、位業、三洞、七部、十二部義、兩半義、道意義、十善義、因果義、五因義、六情義、三業、十惡義、三一義、二觀義、三乘義、六通義、四達義、六度義、四等義、三界義、五道義、混元義。

議化胡經狀

《新唐書・藝文志・神仙類》 《議化胡經狀》一卷。萬歲通天元年，僧惠澄上言乞毁《老子化胡經》，敕秋官侍郎劉如璿等議狀。

鄭樵《通志・藝文略・道家類》 《議化胡經狀》一卷。唐武后時，侍郎劉如璿等議狀。

楊士奇等《文淵閣書目・張字號道書》 《化胡經議》。一部，一册。

錢東垣等輯《崇文總目・道書類》 《議化胡經狀》一卷。劉知璿等撰。

元珠録

范邦甸等《天一閣書目・道家類》 《元珠録》二卷。藍絲闌鈔本。王元覽法師口訣。

白雲霽等《道藏目録詳注・太玄部》 別字號計九卷。《玄珠録》。二卷。

一切道經音義序

鄭樵《通志・藝文略・道家類》 《一切道書音義序》一卷。唐道士史崇與學士崔湜、薛稷等撰。

錢東垣等輯《崇文總目・道書類》 《一切道書音義叙》一卷。史崇等撰。

坐忘論

《新唐書・藝文志・神仙類》 道士司馬承禎《坐忘論》一卷。

鄭樵《通志・藝文略・道家類》 《坐忘論》三卷。唐司馬承禎撰。

晁公武《郡齋讀書志・神仙類》 《坐忘論》一卷。右唐司馬承禎子微撰。凡七篇。其後有文元公跋，謂子微之所謂「坐忘」，即釋氏之言「宴坐」也。

陳振孫《直齋書録解題・道家類》 《坐忘論》一卷。唐逸人河内司馬承禎子微撰。言坐忘安心之法凡七條，并《樞翼》一篇，以爲修道階次。其論與釋氏相出入。

馬端臨《文獻通考・經籍考・神僊類》 《坐忘論》一卷。

《宋史・藝文志・道家類》 司馬子微《坐忘論》一卷。

楊士奇等《文淵閣書目・張字號・道書》 《坐忘論》。一部，一册。

范邦甸等《天一閣書目・道家類》 《坐忘論》一卷。朱絲闌鈔本。唐司馬承禎撰。

白雲霽等《道藏目録詳注・太玄部》 去字號計十卷。《坐忘論》。一卷。司馬子微得道之語。

錢東垣等輯《崇文總目・道書類》 《坐忘論》二卷。司馬承禎撰。

白履忠三玄精辨論

《新唐書・藝文志・神仙類》 白履忠《三玄精辨論》一卷。

鄭樵《通志・藝文略・道家類》 《三玄精辨論》一卷。唐白履忠撰。

神仙可學論

《新唐書・藝文志・神仙類》 吴筠《神仙可學論》一卷。

鄭樵《通志・藝文略・道家類》 《神仙可學論》一卷。唐道士吴筠撰。

晁公武《郡齋讀書志・神仙類》 《神仙可學論》一卷。右唐吴筠撰。嵇康謂神仙不可以學致，筠意不以爲然，故演修習之方，以勉學仙之士云。

趙希弁《讀書附志・拾遺》 《神仙可學論》一卷。右唐中嶽嵩陽宫道士宗玄先生吴筠貞節所進修行之要旨也。一曰《明道德》，二曰《辨法教》，三曰《析疑滯》。玄宗批答云：「詞簡旨奥，義博文精，足以弘闡格言，發明幽致。」

馬端臨《文獻通考・經籍考・神僊類》 《神仙可學論》一篇。

《宋史・藝文志・神仙類》 吴筠《神仙可學論》一卷。

楊士奇等《文淵閣書目・張字號・道書》 《神仙可學論》。一部，一册。

錢東垣等輯《崇文總目・道書類》 《神仙可學論》一卷。吴筠撰。

玄綱論

《新唐書・藝文志・神仙類》 吴筠《玄綱論》三卷。

鄭樵《通志・藝文略・道家類》 《玄綱論》三卷。吴筠撰。

趙希弁《讀書附志・拾遺》 《玄綱》三卷。右唐中嶽嵩陽宫道士宗玄先生吴筠貞節所進修行之要旨也。一曰《明道德》，二曰《辨法教》，三曰《析疑滯》。玄宗批答曰：「詞簡旨奧，義博文精，足以弘闡格言，發明幽致。」

尤袤《遂初堂書目・道家類》 唐吴筠《元綱論》。

陳振孫《直齋書録解題・神仙類》 《玄綱論》一卷。唐中岳道士吴筠撰。

馬端臨《文獻通考・經籍考・神僊類》 《玄綱論》一卷。

《宋史・藝文志・道家類》 吴筠《玄綱》一卷。

又《神仙類》 吴筠《元綱論》一卷。

范邦甸等《天一閣書目・道家類》 《元綱論》。緜紙朱絲闌鈔本。唐華陰吴筠撰，禮部侍郎權德輿序。筠字貞節。

白雲霽等《道藏目録詳注・太玄部》 尊字號計八卷。《宗玄先生玄綱論》。奏上唐玄宗。

錢東垣等輯《崇文總目・道書類》 《元綱論》一卷。

吴筠明真辨僞論

《新唐書・藝文志・神仙類》 吴筠《明真辨僞論》一卷。

鄭樵《通志・藝文略・道家類》 《明真辨僞論》一卷。唐吴筠撰，蓋斥釋氏。

《宋史・藝文志・神仙類》 吴筠《明真辨僞論》一卷。

錢東垣等輯《崇文總目・道書類》 《明真辨僞論》一卷。吴筠撰。

吴筠輔正除邪論

《新唐書・藝文志・神仙類》 吴筠《輔正除邪論》一卷。

鄭樵《通志・藝文略・道家類》 《輔正除邪論》一卷。吴筠撰。

佚名《道藏闕經目録》卷上 《輔正除邪論》。三卷。

錢東垣等輯《崇文總目・道書類》 《輔正除非論》一卷。吴筠撰。

吴筠辨方正惑論

《新唐書・藝文志・神仙類》 吴筠《辨方正惑論》一卷。

鄭樵《通志・藝文略・道家類》 《辨方正惑論》一卷。吴筠撰。

《宋史・藝文志・神仙類》 吴筠《辨方正惑論》一卷。

佚名《道藏闕經目録》卷上 《辨方正惑論》。

錢東垣等輯《崇文總目・道書類》 《辨方正感論》一卷。吴筠撰。

吴筠道釋優劣論

《新唐書・藝文志・神仙類》 吴筠《道釋優劣論》一卷。

鄭樵《通志・藝文略・道家類》 《道釋優劣論》一卷。吴筠撰。

錢東垣等輯《崇文總目・道書類》 《優劣論》一卷。吴筠撰。

吴筠復淳化論

《新唐書・藝文志・神仙類》 吴筠《復淳化論》一卷。

鄭樵《通志・藝文略・道家類》 《復淳化論》一卷。吴筠撰。

錢東垣等輯《崇文總目・道書類》 《復淳化論》一卷。吴筠撰。

吴筠著生論

《新唐書・藝文志・神仙類》 吴筠《著生論》一卷。

鄭樵《通志・藝文略・道家類》 《著生論》一卷。吴筠撰。

《宋史・藝文志・神仙類》 吴筠《著生論》一卷。

錢東垣等輯《崇文總目・道書類》 《著生論》一卷。吴筠撰。

吴筠形神可固論

《新唐書・藝文志・神仙類》 吴筠《形神可固論》一卷。

鄭樵《通志・藝文略・道家類》 《形神可固論》一卷。吴筠撰。

趙希弁《讀書附志・拾遺》 《形神可固論》一卷。右唐中嶽嵩陽宫道士宗玄先生吴筠貞節所進修行之要旨也。一曰《明道德》，二曰《辨法教》，三曰《析疑滯》。玄宗批答云：「詞簡旨奥，義博文精，足以弘闡格言，發明幽致。」

《宋史・藝文志・神仙類》 吴筠《形神可固論》一卷。

錢東垣等輯《崇文總目・道書類》 《形神可固論》一卷。吴筠撰。

吴筠契真刊謬論

鄭樵《通志・藝文略・道家類》 《契真刊謬論》一卷。吴筠撰。

錢東垣等輯《崇文總目・道書類》 《契真刊謬論》一卷。吴筠撰。

吴筠玄門論

《宋史・藝文志・神仙類》 吴筠《玄門論》一卷。

吴筠諸家論優劣事

《宋史・藝文志・神仙類》 吴筠《諸家論優劣事》一卷。

佚名《道藏闕經目録》卷上 《諸家優劣論》。

吴筠坐忘論

鄭樵《通志・藝文略・道家類》 《坐忘論》一卷。吴筠撰。

真綱論

錢東垣等輯《崇文總目・道書類》 《真綱論》一卷。吴筠撰。

李少卿十異九迷論

《新唐書・藝文志・神仙類》 道士李少卿《十異九迷論》一卷。

鄭樵《通志・藝文略・道家類》 《十異九迷論》一卷。道士李少卿撰。

佚名《道藏闕經目録》卷上 《十異九迷論》。

顯正論

《新唐書・藝文志・神仙類》 道士劉進喜《顯正論》一卷。

鄭樵《通志・藝文略・道家類》 《顯正論》一卷。道士劉進喜撰。

施肩吾辨疑論

《新唐書・藝文志・神仙類》 施肩吾《辨疑論》一卷。睦州人，元和進士第，隱洪州西山。

鄭樵《通志・藝文略・道家類》 《辨疑論》一卷。唐施肩吾撰。

錢東垣等輯《崇文總目・道書類》 《辨疑論》一卷。施肩吾撰。

施真人銘真論

《宋史・藝文志・神仙類》 施真人《銘真論》一卷。

紇干泉序通解録

《新唐書・藝文志・神仙類》 紇干泉《序通解録》一卷。字咸一，大中江西觀察使。

乾元子三始論

白雲霽等《道藏目録詳注・洞真部》 重字號計九卷。《乾元子三始論》。言太易、太初、太始、太素等論。

錢謙益等《絳雲樓書目・道藏類》 《乾元子三始論》。

道體論

鄭樵《通志・藝文略・道家類》 《道體論》一卷。

《宋史・藝文志・道家類》 《道體論》一卷。不知作者。

白雲霽等《道藏目録詳注・太玄部》 去字號計十卷。《道體論》。一卷。論清净至理。

錢東垣等輯《崇文總目・道書類》 《道體論》一卷。

道門四子治國樞要

鄭樵《通志・藝文略・道家類》 《道門四子治國樞要》二卷。范乾九撰。

晁公武《郡齋讀書志・道家類》 《四子治國樞要》四卷。右唐范乾九集。「四子」謂莊子、文子、列子、亢倉子。其意以爲黄老之道，内足以修身，外足以治國。周王得文子之言，趙王納莊周之論，皆都興邦致治，故采其書有益治道者。分爲二十門。

馬端臨《續文獻通考・經籍考・道家類》 《四子治國樞要》四卷。

《宋史・藝文志・道家類》 范乾元一作「九」《四子樞要》二卷。

佚名《道藏闕經目録》卷上 《道門四子治國樞要》。二卷。

李延章集鄭綽録中元論

《新唐書・藝文志・神仙類》 李延章集《鄭綽録中元論》一卷。大和人。

鄭樵《通志・藝文略・道家類》 《中元論》一卷。李延章集。

《宋史・藝文志・神仙類》 李延章《中元論》一卷。

佚名《道藏闕經目録》卷上 《中元論》。

錢東垣等輯《崇文總目・道書類》 《中元論》一卷。李延章撰。

兩同書

鄭樵《通志・藝文略・道家類》 《兩同書》二卷。羅隱撰。

白雲霽等《道藏目録詳注・太平部》 伯字號計九卷。《太平兩書經》。與《演範經》同卷。言《貴賤》、《柔弱》、《損益》、《敬慢》、《厚薄》、《理亂》、《得失》、《真僞》、《同異》、《愛憎》等篇。

道生旨

鄭樵《通志·藝文略·道家類》《道生旨》一卷。谷神子撰。或云裴鉶。

錢東垣等輯《崇文總目·道書類》《道生旨》一卷。

大道消魔論

佚名《道藏闕經目録》卷上《大道消魔論》。十卷。

正真祛惑論

佚名《道藏闕經目録》卷上《正真祛惑論》。二卷。

淮南王劉安太陽真粹論

《宋史·藝文志·神仙類》淮南王劉安《太陽真粹論》一卷。

襲古書

鄭樵《通志·藝文略·道家類》《襲古書》三卷。僞唐范朝撰。

怡神論

顧櫰三《補五代史藝文志·道家類》《怡神論》一卷。申天師撰。

杜光庭大寶論

尤袤《遂初堂書目·道家類》杜光庭《大寶論》。

顧櫰三《補五代史藝文志·道家類》《大(質)〔寶〕論》一卷。杜光庭。

太玄三教論

鄭樵《通志·藝文略·道家類》《太玄三教論》一卷。

佚名《道藏闕經目録》卷上《三教論》。

顧櫰三《補五代史藝文志·道家類》《三教論》一卷。杜光庭。

玄門樞要

鄭樵《通志·藝文略·道家類》《玄門樞要》一卷。杜光庭撰。

佚名《道藏闕經目録》卷上《妙門樞要》。

顧櫰三《補五代史藝文志·道家類》《元門樞要》一卷。杜光庭。

道門樞要

鄭樵《通志·藝文略·道家類》《道門樞要》一卷。杜光庭撰。

顧櫰三《補五代史藝文志·道家類》《道門樞要》一卷。杜光庭。

通真論

鄭樵《通志·藝文略·道家類》《通真論》一卷。陶植撰。

汪老君説

顧櫰三《補五代史藝文志・道家類》《汪老君説》十卷。

化　書

鄭樵《通志・藝文略・道家類》宋齊邱《化書》六卷。

尤袤《遂初堂書目・道家類》宋齊邱《化書》。

楊士奇等《文淵閣書目・道書類》《譚景昇化書》。一部，一册。

范邦甸等《天一閣書目・道家類》《化書》六卷。南唐紫霄真人譚景昇撰，明翠虚子鄭常清重刊，宏治甲子賜進士奉政大夫抱犢山人李紳縉序。

徐𤊹《徐氏家藏書目・諸子類》《齊丘子》一卷。即《譚子化書》。

又《道書類》《譚子化書》六卷。

白雲霽等《道藏目録詳注・太玄部》別字號計九卷。《化書》。卷一之六。共三卷。譚景昇撰。

張國祥《續道藏目録・正一部》冠字號計五卷。《譚子化書》。一卷。

顧櫰三《補五代史藝文志・道家類》《譚子化書》六卷。譚峭撰。

三教解紛論

鄭樵《通志・藝文略・道家類》《三教解紛論》十五卷。孫夷中撰。

尤袤《遂初堂書目・道家類》《三教解紛論》。

佚名《道藏闕經目録》卷下《三教解紛》。三卷。

明真破妄章頌

白雲霽等《道藏目録詳注・洞神部》淵字號計六卷。《明真破妄章頌》。與《道頌》同卷。虚靖張真君著。

道門三界詠

《宋史・藝文志・神仙類》李思聰《道門三界詠》三卷。

梁日廣釋仙論

《宋史・藝文志・神仙類》梁日廣《釋仙論》一卷。

歸正議

晁公武《郡齋讀書志・神仙類》《歸正議》九卷。右皇朝林靈素撰。駁佛書中非道家者。

馬端臨《文獻通考・經籍考・神仙類》《歸正議》九卷。

大道論

白雲霽等《道藏目録詳注・太玄部》去字號計十卷。《大道論》。一卷。虚玄淵静之論。

三論元旨

白雲霽等《道藏目録詳注・太玄部》 去字號計十卷。《三論元旨》。與《心目論》同卷。

上方大洞真元陰陽陟降圖書後解

白雲霽等《道藏目録詳注・洞玄部》 國字號計十卷。《上方大洞真元陰陽陟降圖書後解》。《四象之圖》、《五行推移之圖》、《八卦六變之圖》、《九宫七元之圖》、《修仙煉真之圖》、《臣朝金闕之圖》。

上方大洞真元圖書繼説終篇

白雲霽等《道藏目録詳注・洞玄部》 國字號計十一卷。《上方大洞真元圖書繼説終篇》。與《陟降圖》同卷。子明告李昉述。

上方大洞真元妙經圖

白雲霽等《道藏目録詳注・洞玄部》 國字號計十一卷。《上方大洞真元妙經圖》。與《真元經品》同卷。《虚無自然之圖》、《二儀冥有之圖》、《道竗恍惚之圖》、《太極先天之圖》、《氣運之圖》。

大道清曠論

鄭樵《通志・藝文略・道家類》 《大道清曠論》一卷。王承祐撰。

錢東垣等輯《崇文總目・道書類》 《大道清曠論》一卷。王承祐撰。

重真記

鄭樵《通志・藝文略・道家類》 《重真記》一卷。藍敏撰。

錢東垣等輯《崇文總目・道書類》 《重真記》一卷。藍敏撰。

學道登真論

鄭樵《通志・藝文略・道家類》 《學道登真論》二卷。

《宋史・藝文志・神仙類》 徐懷遇《學道登真論》一卷。

佚名《道藏闕經目録》卷上 《學道登真論》。

大道形神論

鄭樵《通志・藝文略・道家類》 《大道形神論》一卷。上虞隱士玄黄子述。

錢東垣等輯《崇文總目・道書類》 《大道形神論》一卷。元黄子撰。

太易保生論

鄭樵《通志・藝文略・道家類》 《太易保生論》一卷。鮮遂撰。

沖一迂談

范邦甸等《天一閣書目・道家類》 《沖一迂談》一卷。宋萬安國撰。

上方鈞天演範真經

白雲霽等《道藏目録詳注・太平部》 伯字號計九卷。《上方鈞天演範真經》。言《集德符天》、《體道頤神至德》、《二相昭清理法》等三章。皆以忠孝慈愛爲主。

净土論

鄭樵《通志・藝文略・道家類》 《净土論》一卷。

佚名《道藏闕經目録》卷上 《洞玄靈寶净土論》。

錢東垣等輯《崇文總目・道書類》 《净土論》一卷。

答客論

鄭樵《通志・藝文略・道家類》 《答客論》一卷。

佚名《道藏闕經目録》卷上 《答客論》。

靈寶修真論

鄭樵《通志・藝文略・道家類》 《靈寶修真論》一卷。李道綱撰。

《宋史・藝文志・神仙類》 成都李道士《太上洞玄靈寶修真論》一卷。

佚名《道藏闕經目録》卷上 《靈寶修真論》。

錢東垣等輯《崇文總目・道書類》 《靈寶修真論》一卷。李道綱撰。

陶陸問答

鄭樵《通志・藝文略・道家類》 《陶陸問答》一卷。

《宋史・藝文志・神仙類》 《陶陸問答》一卷。

混元正理論

鄭樵《通志・藝文略・道家類》 《混元正理論》一卷。

人元長生論

鄭樵《通志・藝文略・道家類》 《人元長生論》一卷。朱杍撰。

大道攝生論

鄭樵《通志・藝文略・道家類》 《大道攝生論》一卷。李泳撰。

雲中子論

鄭樵《通志・藝文略・道家類》 《雲中子論》一卷。王鶴撰。

神仙祕論

鄭樵《通志・藝文略・道家類》 《神仙祕論》一卷。

九霄君論

鄭樵《通志・藝文略・道家類》《九霄君論》一卷。

吴天師論

鄭樵《通志・藝文略・道家類》《吴天師論》一卷。

大道感應論

錢東垣等輯《崇文總目・道書類》《大道感應論》三卷。

鄭樵《通志・藝文略・道家類》《大道感應論》三卷。

《宋史・藝文志・神仙類》《大道感應論》一卷。

玉清隱書

鄭樵《通志・藝文略・道家類》《玉清隱書》一卷。尹先注。

潛真祕術

鄭樵《通志・藝文略・道家類》《潛真祕術》一卷。

靈臺祕寶符書

鄭樵《通志・藝文略・道家類》《靈臺祕寶符書》一卷。竇子通撰。

錢東垣等輯《崇文總目・道書類》《靈臺祕寶符書》一卷。竇子通撰。【原釋】以下俱闕。見天一閣鈔本。

太上道鑑

鄭樵《通志・藝文略・道家類》《太上道鑑》四卷。道士張仙庭撰。

道德消魔略例

鄭樵《通志・藝文略・道家類》《道德消魔略例》一卷。

學道要

鄭樵《通志・藝文略・道家類》《學道要》一卷。杜沖和撰。

上清紫書

鄭樵《通志・藝文略・道家類》《上清紫書》二卷。

謫仙心鑑

鄭樵《通志・藝文略・道家類》《謫仙心鑒》二卷。

潘凱二化論

尤袤《遂初堂書目・道家類》潘凱《二化論》。

周朴天道論

尤袤《遂初堂書目・道家類》《周朴天道論》。

正性論

尤袤《遂初堂書目・道家類》《正性論》。

周洎穎陽書

《宋史・藝文志・神仙類》周洎《潁陽書》一卷。

太上老君血脈論

《宋史・藝文志・神仙類》《太上老君血脈論》一卷。

暢元子雜録經訣尊用要事

《宋史・藝文志・神仙類》暢元子《雜録經訣尊用要事》一卷。

太玄部道興論

《宋史・藝文志・神仙類》《太玄部道興論》二十七卷。

富貴日用篇

《宋史・藝文志・神仙類》《富貴日用篇》一卷。

静餘玄問

白雲霽等《道藏目録詳注・正一部》席字號計八卷。《静於玄問》。内有數語可則涕唾精、津氣血液之外，有真身喜怒哀樂愛惡欲之外，有真性冥然無念宴然無思。

上方靈寶無極至道開化真經

白雲霽等《道藏目録詳注・太平部》伯字號計九卷。《上方〔靈寶〕無極至道開化真經》。三卷。言脩齊治化之道。

重陽授丹陽二十四訣

白雲霽等《道藏目録詳注・太平部》 交字號計九卷。《重陽受丹陽二十四訣》。論修養丹法。

錢大昕《補元史藝文志・釋道類》 王嚞《重陽授丹陽二十四訣》一卷。

重陽立教十五論

白雲霽等《道藏目録詳注・正一部》 楹字號計十一卷。《重陽立教十五論》。一卷。第一《論住庵》，二《論雲遊》，三《論學書》，四《論合藥》，五《論蓋造》，六《論道伴》，七《論打坐》，八《論降心》，九《論煉性》，十《論五炁》，十一論缺，十二《論聖道》，十三《論超三界》，十四《論養身之法》，十五《論離凡世》。

錢大昕《補元史藝文志・道家類》 《重陽立教十五論》一卷。不著撰人。

丹陽真人語録

范邦甸等《天一閣書目・道家類》 《丹陽真人語録》一卷。藍絲闌鈔本。靈隱子王頤中撰。

白雲霽等《道藏目録詳注・太玄部》 卑字號計十卷。《丹陽真人語録》。

錢大昕《補元史藝文志・釋道類》 《丹陽真人語録》一卷。

無爲清浄長生真人至真語録

佚名《道藏闕經目録》卷下 《至真語録》。二卷。

范邦甸等《天一閣書目・道家類》 《無爲清浄長生真人至真語録》一卷。藍絲闌鈔本。泰和壬戌雙溪虛白道人韓士倩序。

白雲霽等《道藏目録詳注・太玄部》 卑字號計十卷。《長生真人至真語録》。一卷。

太古集

白雲霽等《道藏目録詳注・太平部》 友字號計十二卷。《太古集》。卷一之四。共三卷。廣寧子郝大通譔。内詩詞歌賦、序文，共一十五卷，分爲三帙。

仙樂集

白雲霽等《道藏目録詳注・太平部》 弟字號計八卷。《仙樂集》。卷一之五。神山無爲應緣長生劉處玄造。詩辭歌頌。

丘長春語録

黄虞稷《千頃堂書目・道家類》 《丘長春語録》一卷。

倪燦《補遼金元藝文志・道家類》 《丘長春語録》一卷。

晉真人語録

范邦甸等《天一閣書目・道家類》 《晉真人語録》一卷。藍絲闌鈔本。

白雲霽等《道藏目録詳注・太玄部》 卑字號計十卷。《晉真人語録》。性命兼通。

緣督子仙佛同源論

徐𤊹《徐氏家藏書目・道類》《緣督子仙佛同源論》一卷。

黃虞稷《千頃堂書目・道家類》 趙友欽《緣督子仙佛同源論》一卷。

倪燦《補遼金元藝文志・道家類》 趙友欽《緣督子仙佛同源論》一卷。

錢大昕《補元史藝文志・釋道類》 趙友欽《仙佛同源》十卷。

盤山棲雲大師語録

高儒《百川書志・神仙類》《盤山棲雲大師語録》一卷。

范邦甸等《天一閣書目・道家類》《盤山棲雲王真人語録》一卷。藍絲闌鈔本。門人論志焕編次。

白雲霽等《道藏目録詳注・太玄部》 卑字號計十卷。《盤山真人語録》。一卷。

黃虞稷《千頃堂書目・道家類》《盤山棲雲大師語録》一卷。

倪燦《補遼金元藝文志・道家類》《盤山棲雲大師語録》一卷。舊俱入道家，今仍之。

錢大昕《補元史藝文志・釋道類》 王志謹《磐山語録》一卷。東明人，號雲棲真人。

三天易髓

范邦甸等《天一閣書目・道家類》《三天易髓》一卷。烏絲闌鈔本。元李道純撰，混然子校正。

白雲霽等《道藏目録詳注・洞真部》 光字號計十卷。《三天易髓》。一卷。李清菴述。

錢大昕《補元史藝文志・釋道類》 李道純《三天易髓》一卷。

李道純全真集玄秘要

白雲霽等《道藏目録詳注・洞真部》 光字號計十卷。《全真集玄秘要》。一卷。瑩蟾子李道純述。計道《周易叅同契》。

錢大昕《補元史藝文志・釋道類》 李道純《全真集元祕要》一卷。

道書援神契

王圻《續文獻通考・經籍考・道家類》《道書(按)〔援〕神契》。吾衍著。

白雲霽等《道藏目録詳注・正一部》 楹字號計十一卷。《道(教)書援神契》。一卷。《援神契》有數條，一宫觀、鐘磬、帳幙、法服、冠裳、圭簡、法尺、法劍、方綵、帝鍾、氣訣、法令、旛幢、雲璈等儀。

錢大昕《補元史藝文志・釋道類》 吾衍《道書援神契》一卷。

鄭源非非懸解篇

錢大昕《補元史藝文志・道家類》 鄭源《非非懸解篇》。浦陽人。

清庵瑩蟾子語録

范邦甸等《天一閣書目・道家類》《清庵瑩蟾子語録》六卷。藍絲闌鈔本。門弟子嘿庵柴元皐、定庵趙道可、實庵苗善時、寧庵鄧德成、蒙庵張應坦、損庵蔡志頤同編，元至元廣蟾子序。

白雲霽等《道藏目録詳注・太玄部》 卑字號計十卷。《瑩蟾子語録》。卷一之六。有圖。

錢大昕《補元史藝文志・釋道類》　《瑩蟾子語録》六卷。

清和真人北游語録

范邦甸等《天一閣書目・道家類》　《清和真人北游語録》四卷。弟子段志堅編。

白雲霽等《道藏目録詳注・正一部》　弁字號計十卷。《清和真人北游語録》。卷一之四。弟子段志堅編。性命雙脩，清浄至言。

錢大昕《補元史藝文志・釋道類》　《清河真人北游語録》四卷。段志堅編，謂尹志平也。

玄教大公案

楊士奇等《文淵閣書目・道書類》　《元教大公案》。一部，一册。

白雲霽等《道藏目録詳注・太玄部》　下字號計九卷。《玄教大公案》。二卷。王志道集。撮《老》、《莊》經中擇粹並須，頗有機鋒。

玄宗直指萬法同歸

楊士奇等《文淵閣書目・道書類》　《萬法同歸》。一部，一册。

白雲霽等《道藏目録詳注・太玄部》　下字號計九卷。《玄宗直指萬法同歸》。卷一之七，有圖。建安仰山道院牧常晁譔。論无極太極、理炁性命之源。萬法歸一圖説、三教合一等論。

妙林真教元符論

佚名《道藏闕經目録》卷上　《妙林真教元符論》。十卷。

洞玄靈寶大道三寶論

佚名《道藏闕經目録》卷上　《洞玄靈寶大道三寶論》。十卷。

洞玄靈寶元始三寶經雜記

佚名《道藏闕經目録》卷上　《洞玄靈寶元始三寶經雜記》。

二聖問答

佚名《道藏闕經目録》卷上　《二聖問答》。

陸先生答問道義

佚名《道藏闕經目録》卷上　《陸先生答問道義》。

陸先生黄順之問答

佚名《道藏闕經目録》卷上　《陸先生黄順之問答》。

道經大義

佚名《道藏闕經目録》卷上　《道經大義》。

明真至録

佚名《道藏闕經目録》卷上　《明真至録》。

齕邪論

佚名《道藏闕經目録》卷上　《齕邪論》。二卷。

明道宗論

佚名《道藏闕經目録》卷上　《明道宗論》。

辨仙論

佚名《道藏闕經目録》卷上　《辨仙論》。

修道論

佚名《道藏闕經目録》卷上　《修道論》。

顯正破邪論

佚名《道藏闕經目録》卷上　《顯正破邪論》。二卷。

大道生引論

佚名《道藏闕經目録》卷上　《大道生引論》。

太玄真隱論

佚名《道藏闕經目録》卷上　《太玄真隱論》。

欽道明證論

佚名《道藏闕經目録》卷上　《欽道明證論》。

太上老君調神論

佚名《道藏闕經目録》卷上　《太上老君調神論》。

日月顯真論

佚名《道藏闕經目録》卷下　《日月顯真論》。二卷。

衆仙論

佚名《道藏闕經目録》卷下　《衆仙論》。二卷。

正一澄心論

佚名《道藏闕經目録》卷下　《正一澄心論》。

紫廓神護論

佚名《道藏闕經目録》卷下　《紫廓神護論》。

道教宗旨元始垂珠無量義論

佚名《道藏闕經目録》卷下　《道教宗旨元始垂珠無量義論》。

辯訛三教摭實根源圖

佚名《道藏闕經目録》卷下　《辯訛三教摭實根源圖》。

道樞極玄論

佚名《道藏闕經目録》卷下　《道樞極玄論》。

諸仙奥旨通玄顯微論

佚名《道藏闕經目録》卷下　《諸仙奥旨通玄顯微論》。

朱懌還丹太一論

佚名《道藏闕經目録》卷下　《朱懌還丹太一論》。

悟塵子還丹精微論

佚名《道藏闕經目録》卷下　《悟塵子還丹精微論》。

張真君五精論

佚名《道藏闕經目録》卷下　《張真君五精論》。

務玄子混成論

佚名《道藏闕經目録》卷下　務玄子《混成論》。

朝元子五太論

佚名《道藏闕經目録》卷下　朝元子《五太論》。

辨道識名論

佚名《道藏闕經目録》卷下　《辨道識名論》。

混元論

佚名《道藏闕經目録》卷下 《混元論》。三卷。

三元内象五行奥旨

佚名《道藏闕經目録》卷下 《三元内象五行奥旨》。

八靈祕訣

佚名《道藏闕經目録》卷下 《八靈祕訣》。

證教集

佚名《道藏闕經目録》卷下 《證教集》。

群仙要語

高儒《百川書志·神仙類》 《羣仙要語》一卷。元還初道人董漢醇編集。

范邦甸等《天一閣書目·道家類》 《《羣仙要語》》一卷。元董漢醇校正、編集并序。明治十七年重刊，馮夔序，翠虚子素庵老人後跋。

徐𤊟《徐氏家藏書目·道類》 《羣仙要語》二卷。

白雲霽等《道藏目録詳注·正一部》 鼓字號計九卷。《羣仙要語纂集》。二卷。大五祖七真之語，皆演性修命要樞。

黄虞稷《千頃堂書目·道家類》 董漢醇《羣仙要語》二卷。

倪燦《補遼金元藝文志·道家類》 董漢醇《羣仙要語》二卷。

錢大昕《補元史藝文志·釋道類》 董漢醇《羣仙要語》二卷。

雲宫法語

范邦甸等《天一閣書目·道家類》 《雲宫法語》二卷。汪可孫纂并序。

白雲霽等《道藏目録詳注·太玄部》 别字號計九卷。《雲宫法語》。二卷。内言萬物化生，昆蟲鳥獸，各有奇偶方隅，氣候剛柔，夭折不等之説。

析疑指迷論

白雲霽等《道藏目録詳注·洞真部》 芥字號計十卷。《析疑指迷論》。一卷。神峰逍遥大師述。《析疑論》、《指迷論》二篇。

道法心傳

白雲霽等《道藏目録詳注·正一部》 席字號計八卷。《道法心傳》。有圖。王景陽述。言先天機竅，道法合一之旨。

真仙直指語録

白雲霽等《道藏目録詳注·正一部》 鼓字號計九卷。《真仙直指語録》。二卷。海天秋月道人玄全子集。盡性至命要語。

道法宗旨圖衍義

范邦甸等《天一閣書目・道家類》《道法宗旨圖衍義》二卷。藍絲闌鈔本。鐵崖鄧枏以正纂圖，元大德己亥養吾章希賢師亮衍義并序。

白雲霽等《道藏目録詳注・正一部》笙字號計十一卷。《道法宗旨圖衍義》。二卷。有圖。鐵崖鄧枏以正篹，篹圖。養吾章希賢師亮衍義。

道玄篇

白雲霽等《道藏目録詳注・太玄部》唱字號計十卷。《道玄篇》。一卷。南昌修江混然子王道淵譔。

劉宋二子

范邦甸等《天一閣書目・道家類》《劉宋二子》四卷。

道門十規

白雲霽等《道藏目録詳注・正一部》楹字號計十一卷。《道門十規》。一卷。正一嗣教道合無爲闡祖光範真人張宇初譔。一曰《道教源派》；二曰《道門經籙》，太上三洞諸品經典；三曰《坐圜守静》，入道之本；四曰《齋法行持》，乃上古籲天禱祭之理；五曰《道法傳緒》；六曰《住持領袖》；七曰《雲水參訪》；八曰《立觀度人》；九曰《金穀田糧》，多累朝給賜田土；十曰《宫觀修葺》等條。

太上九字旁通

楊士奇等《文淵閣書目・道書類》《太上九字旁通》。一部，一册。

左元論

楊士奇等《文淵閣書目・道書類》《左元論》。一部，一册。

白氏雜著

楊士奇等《文淵閣書目・道書類》《白氏雜著》。一部，一册。

尹子論言

楊士奇等《文淵閣書目・道書類》《尹子論言》。一部，一册。

支離子

楊士奇等《文淵閣書目・道書類》《支離子》。一部，一册。

禄嗣奇談

范邦甸等《天一閣書目・道家類》《禄嗣奇談》一卷。泰和沖一真君撰。

徐𤊹《徐氏家藏書目・道類》《禄嗣奇談》一卷。冲一真君。

元靈備要

范邦甸等《天一閣書目・道家類》《元靈備要》二卷。沖虚道人靈陽子撰，棲山道人得陽子註，湘江復陽子曹洞清釋。

錢謙益等《絳雲樓書目・道書類》《元靈祕要》。

丸　經

范邦甸等《天一閣書目・道家類》《丸經》一卷。藍絲闌鈔本。不著撰人名氏。後跋云：予壯遊都邑間，好事者多尚捶丸，攷諸傳記無聞焉。以爲世俗博弈之餘技耳。近得《丸經》二卷，始自戰國見諸《莊子》之書。其文有《承式》、《崇古》、《決勝》、《出奇》、《知幾》、《知人》等章，凡三十有二。措辭簡要，頗類諸子遺書，固非淺陋者之可與同年語也。

九序摘言

徐𤊹《徐氏家藏書目・道類》《九序摘言》一卷。

三峰元談

徐𤊹《徐氏家藏書目・道類》《三峰元談》一卷。

至道會旨

徐𤊹《徐氏家藏書目・道類》《至道會旨》一卷。閔齡。

元門宗旨

徐𤊹《徐氏家藏書目・道類》《元門宗旨》一卷。

考槃瑣語

錢謙益等《絳雲樓書目・道藏類》《考槃瑣語》。

儒門仙教

錢謙益等《絳雲樓書目・道藏類》《儒門仙教》。

元化正典

錢謙益等《絳雲樓書目・道藏類》《元化正典》。

道樞續録

錢謙益等《絳雲樓書目・道書類》《道樞續録》。

無極隱書

錢謙益等《絳雲樓書目·道書類》《無極隱書》。

許祖神機賦

錢謙益等《絳雲樓書目·道書類》《許祖神機賦》。

上乘正宗

錢謙益等《絳雲樓書目·道書類》《上乘正宗》。

寰中祕録

錢謙益等《絳雲樓書目·道書類》《寰中祕録》。

我資法藏

錢謙益等《絳雲樓書目·道書類》《我資法藏》。

靈匧祕要録

錢謙益等《絳雲樓書目·道書類》《靈匧祕要録》。

百鎮祕書

錢謙益等《絳雲樓書目·道書類》《百鎮祕書》。

浮黎鼻祖

錢謙益等《絳雲樓書目·道書類》《浮黎鼻祖》。

九天素書

錢謙益等《絳雲樓書目·道書類》《九天素書》。

二十四治要

錢謙益等《絳雲樓書目·道書類》《二十四治要》。

卓上陽寤言録

黄虞稷《千頃堂書目·道家類》卓上陽《寤言録》。號晚春，莆田人。

俞明時道門微旨

黄虞稷《千頃堂書目·道家類》俞明時《道門微旨》。

含素子塵譚

《四庫全書總目提要・道家類存目》《含素子塵譚》十卷。江西巡撫採進本。明朱清仁撰。清仁號懷白，别號含素子。黄州人，流寓南昌爲道士。此書分條劄記，而以類分爲十篇：曰行品，曰元真，曰聖居，曰佛説，曰審世，曰博論，曰迂言，曰地形，曰雜記，曰疣批。疣批，即諸篇之自評，彙之於末，其實九篇也。其説有頗切事理者，然大旨出於黄老。艾南英序取其闢佛，然清仁爲道士，自争釋老之勝負，非儒者之闢佛。其《地形》一篇，雜採《山海經》、《神異經》及道家附會之説，繪爲地圖，尤爲謬誕。

修煉分部

宓戲雜子道

《漢書・藝文志・神僊類》《宓戲雜子道》二十篇。

姚振宗《漢書藝文志條理・神僊類》《宓戲雜子道》二十篇。嚴可均《全上古文編》「太昊」亦作「太皡」，姓風，號伏戲氏，以木德王，是爲春皇。一云「伏羲氏」，一云「宓戲氏」，一云「包羲氏」，一云「庖犧氏」。都陳，在位百十一年，一云「百六十四年」。《左傳・定四年正義》引《易》云：「伏羲作十言之教，曰乾、坤、震、巽、坎、離、艮、兑、消、息。」按相傳伏羲文字止此。

王氏《考證》：《帝王世紀》：宓戲畫八卦以通神明之德，類萬物之情。所以六氣、六腑、五臟、五行、陰陽水火、升降得以有象，百病之理得以類推。炎黄因斯乃嘗味百藥而制九鍼。《莊子》曰「伏羲得之，以襲氣母」。

按：自來神仙家、道家往往託始黄帝，觀于此，則漢時相傳且有託始神農、伏羲者。王氏摭《世紀》、《莊子》之言以解釋之，其意蓋以爲依託者，大抵緣是以爲之説也。

上聖雜子道

《漢書・藝文志・神僊類》《上聖雜子道》二十六卷。

姚振宗《漢書藝文志條理・神僊類》《上聖雜子道》二十六卷。按上聖者，大抵謂上古聖人，在伏羲氏之後者也。上聖雜子猶言泰壹雜子、黄帝雜子、皇公雜子、淮南雜子、子贛雜子、天老雜子，及後文道要雜子、神農雜子之類，皆所託之人也。

黄帝雜子步引

《漢書・藝文志・神僊類》《黄帝雜子步引》十二卷。

姚振宗《漢書藝文志條理・神僊類》《黄帝雜子步引》十二卷。《後漢書・華佗傳》：佗曰人體欲得勞動，但不當使極耳，動摇則穀氣得銷，血脈流通，病不得生，譬如户樞終不朽也。是以古之仙者，爲導引之事，熊經鴟顧，引挽要體，動諸關節，以求難老。章懷太子曰：熊經，若熊之攀枝自懸也；鴟顧，身不動而回顧也。《莊子》曰吐故納新，熊經鳥伸。此導引之士養形之人也。

《抱朴子・對俗篇》：對上藥之延年，故服其藥以求仙；知龜鶴之遐壽，故效其道引以增年。又《仙藥篇》：禹步法：前舉左，右過左，左就右。次舉右，左過右，右就左。次舉左，右過左，左就右。如此三步，當滿二丈一尺。《登涉篇》云凡作天下百術，皆宜知禹步。又《遐覽篇》云道經中有《道引經》十卷。王氏《考證》：《列子・天瑞篇》引《黄帝書》曰「谷神不死，是謂玄牝」。梁肅《導引圖序》朱少陽得其術于黄帝。《外書》又加以「元禽化禽之説」，乃志其善者演而圖之。《抱朴子》云「黄帝論導養而質玄素二女，著體診則受雷岐」。

嚴可均《全上古文編》曰：「《道藏・盡字號》有《彭祖導引圖》一篇。」

按《隋志・醫方家》有《引氣圖》一卷、《道引圖》三卷。注云「立一、坐一、臥一」。其皆原于是書歟？

黄帝岐伯按摩

《漢書·藝文志·神僊類》《黄帝岐伯按摩》十卷。

姚振宗《漢書藝文志條理·神僊類》《黄帝岐伯按摩》十卷。《史·扁鵲傳》：乃使子豹爲五分之熨，以八減之齊和煑之，以更熨兩脇下。《索隱》案：言五分之熨者，謂熨之令温煖之氣入五分也。八減之齊者，謂藥之齊和所減有八。並越人當時有此方也。《韓詩外傳》云扁鵲使子游按摩。《周禮·疾醫疏》引劉向《説苑》云，使子術按摩。

《抱朴子·遐覽篇》道經中有《按摩經》一卷。

王氏《考證》：《唐六典》按摩博士一人。注崔寔《政論》云：熊經鳥伸，延年之術。故華佗有五禽之戲，魏文有五搥之鍛。《僊經》云，户樞不朽，流水不腐。謂使骨節調利，血脈宣通。按此蓋舉步引、按摩合并言之。

黄帝雜子芝菌

《漢書·藝文志·神僊類》《黄帝雜子芝菌》十八卷。

姚振宗《漢書藝文志條理·神僊類》《黄帝雜子芝菌》十八卷。顔氏《集注》曰服餌芝菌之法也。菌，音求閔反。

《太平御覽·休徵部》徐整長曆曰：黄帝以五芝爲房名。

《抱朴子·仙藥篇》：五芝者，有石芝，有木芝，有草芝，有肉芝，有菌芝，各有百許種也。又曰：菌芝，或生深山之中，或生大木之下，泉水之側，其狀或如宫室，或如車馬，或如龍虎，或如飛鳥，五色無常，亦百二十種，自有圖也。又《遐覽篇》云，道經中有《木芝圖》、《菌芝圖》、《肉芝圖》、《石芝圖》、《大魄雜芝圖》各一卷。又《黄白篇》云：天芝菌者，自然而生，而仙經有以五石、五木種芝，芝生取而服之，亦與自然芝無異，俱令人長生。

王氏《考證》：黄氏曰《神農經》五芝久食輕身，延年不老。《黄帝内傳》：王母授《神芝圖》十二卷。《水經注》黄帝登具次之山，受《神芝圖》于黄蓋童子。

按《抱朴子·仙藥篇》備言菌芝之事，又云事在《太乙玉策》及《昌宇内記》，不可具稱也。葛稚川習于神仙之術，又距漢不遠，或及見是書。其所云云，疑皆出此十八卷中也。

黄帝雜子十九家方

《漢書·藝文志·神僊類》《黄帝雜子十九家方》二十一卷。

姚振宗《漢書藝文志條理·神僊類》《黄帝雜子十九家方》二十一卷。

泰壹雜子十五家方

《漢書·藝文志·神僊類》《泰壹雜子十五家方》二十二卷。

姚振宗《漢書藝文志條理·神僊類》《泰壹雜子十五家方》二十二卷。《抱朴子·釋滯篇》曰：欲求神仙，唯當得其至要，至要者在于寳精行炁，服一大藥便足。然此三事，復有淺深，不值明師，不經勤苦，亦不可倉卒而盡知也。雖云行炁，而行炁有數法焉。雖曰房中，而房中之術，近有百餘事焉。雖云服藥，而服藥之方，略有千條焉。又《金丹篇》有《黄帝九鼎神丹經》、《太乙招魂魄丹法》。

王氏《考證》，羅氏曰：秦猶以博士領其方，而號其人爲列仙之儒，明猶有所本，非若後世夸者之傳也。

按《隋志·醫方家》有《養生服食禁忌》一卷，又有《神仙服食經》、《服食方》數家，《道藏目録·如字號》有《軒轅黄帝水經藥法》一卷，大抵原于是兩書。

神農雜子技道

《漢書·藝文志·神僊類》《神農雜子技道》二十三卷。

姚振宗《漢書藝文志條理·神僊類》《神農雜子技道》二十三卷。《抱朴子·仙藥篇》：《神農四經》曰：上藥令人身安命延，昇爲天神，遨游上下，使役萬靈，體生毛羽，行廚立至。又曰：五芝及餌丹砂、玉札、曾青、雄黄、雌黄、雲母、太乙禹餘糧，各可單服之，皆令人飛行長生。又曰中藥養性，下藥除病，能令毒蟲不加，猛獸不犯，惡氣不行，衆妖併辟。又《對俗篇》曰仙人道術，則變易形皃，吞刀吐火，坐在立亡，興雲起霧，召致蟲蛇，合聚魚鼈，三十六石立化爲水，消玉爲粘，潰金爲漿，入淵不沾，蹴刃不傷，幻化之事，九百有餘。

按葛稚川引《神農四經》。《御覽》九百八十四引無「四」字。疑即此書。技道者，神仙家之言法術者也。《隋志・五行家》引《七録》有《淮南萬畢經》、《淮南變化術》、《陶朱變化術》、《五行變化》、《墨子》之類，皆其流亞也。

泰壹雜子黃治

《漢書・藝文志・神僊類》 《泰壹雜子黃治》三十一卷。

姚振宗《漢書藝文志條理・神僊類》 《泰壹雜子黃治》三十一卷。《史・封禪書》李少君以祠竈、穀道、卻老方見上言： 祠竈則致物，致物而丹砂可化爲黃金，黃金成以爲飲食器則益壽，益壽而海中蓬萊僊者乃可見，見之以封禪則不死，黃帝是也。于是天子始親祠竈，而事化丹砂諸藥齊爲黃金矣。

本書《劉向傳上》復興神僊方術之事，而淮南有《枕中鴻寶苑祕書》。書言神僊使鬼物爲金之術，而更生父德武帝時治淮南獄，得其書。更生幼而讀誦以爲奇，獻之，言黃金可成。上令典尚方鑄作，事費甚多，方不驗。

本書《郊祀志》谷永説上曰：「臣聞明于天地之性，不可惑以神怪；知萬物之情，不可罔以非類。諸背仁義之正道，不遵五經之法，言而盛稱奇怪鬼神，廣崇祭祠之方，求報無福之祠，及言世有仙人服食不終之藥，遙興輕舉登遐，倒景覽觀縣圃，浮游蓬萊，耕耘五德，朝種暮穫，與山石無極，黃冶變化，堅冰淖溺，化色五倉之術者，皆姦人惑衆，挾左道懷詐僞以欺罔世。主聽其言洋洋滿耳若將可遇求之盪盪如係風捕景，終不可得。新垣平、齊人少翁、公孫卿、欒大等，皆以僊人黃冶祭祠，後皆以術窮詐得誅夷伏辜。晉灼曰「黃冶，鑄黃金也」。道家言冶丹砂令變化，可鑄作黃金也。按谷子雲之説，舉技道黃冶，合并言之。

王氏《考證》： 《龜筴傳》褚先生曰： 臣爲郎時，見萬畢石朱方。《隋志》： 金丹玉液長生之事，歷代糜費不可勝紀，竟無效焉。

按《抱朴子・金丹篇》云： 金液太乙所服而仙者也。則神仙家有自名爲「太乙」者，似即此泰壹。又引《務成子丹法》。《黃白篇》又引《務成子作黃金法》、《羨門子丹法》、《韓終丹法》，疑即此泰壹雜子之流。又《遐覽篇》云，道經中有《黃白要經》、《八公黃白經》各一卷，《枕中黃白經》五卷。《隋志・醫方家》有《雜神仙黃白法》十二卷，《陵陽子説黃金祕法》一卷，或皆原于是書。

又按《抱朴子・黃白篇》云： 《神仙經黃白之方》二十五卷，千有餘首。或題篇曰「庚辛」，庚辛亦金也。然率多深微難知，其可解分明者少許爾，似即此書。至葛稚川時存二十五卷，千餘首云。

重道延命方

姚振宗《漢書藝文志拾補・神僊類》 鄒衍《重道延命方》。衍始末具《諸子・小説家・方士傳》。《漢書・劉向傳》： 上復興神僊方術之事，而淮南有《枕中鴻寶苑祕書》及鄒衍《重道延命方》，世人莫見。而更生父德武帝時治淮南獄，得其書。更生幼而讀誦以爲奇，獻之。

按葛洪《抱朴子・遐覽篇》載《鄒生延命經》一卷，似即此書，或實出鄒生，或方士僞託，無以詳知。

陵陽子明經

姚振宗《漢書藝文志拾補・神僊類》 《陵陽子明經》。劉向《列仙傳》曰： 陵陽子明者，銍鄉人也，好釣魚於旋溪，得白龍。子明懼，解釣拜而放之，後得白魚，腹中有書，教子明服食之法。子明遂上黃山采五石脂，沸水而服之三年。龍來迎去，止陵陽山上百餘年。

按王逸《楚辭遠游篇章句》、《文選甘泉賦張揖》注並引《陵陽子明經》。又《思玄賦》、《江賦》、《琴賦》注《張景陽七命》注亦數引之，其言亦近似服氣導引之術。《隋志・醫家》有《陵陽子説黃金祕法》一卷，《新唐志》有《明月公陵陽子祕訣》一卷，其即是書之轉輾傳益者。

又按《抱朴子・黃白篇》云： 凡方書所名藥物，又或與常藥物同而名異者，如河上姹女非婦人也，陵陽子明非男子也，禹餘糧非米也，堯漿非水也，則陵陽子明又似藥物之名，爲神仙家之寓言，莫得而詳矣。

五行變化墨子

《隋書・經籍志・五行家》 《五行變化墨子》五卷。亡。

姚振宗《漢書藝文志拾補・神僊類》 《五行變化墨子》五卷。《抱朴子・遐覽篇》曰：道經有墨子《枕中五行記》五卷。又曰：其變化之術大者唯有墨子《五行記》，本有五卷，昔劉君安未仙去時，鈔取其要以爲一卷。其法用藥用符乃能令人飛行上下、隱淪無方；含笑即爲婦人，蹙面即爲老翁；踞地即爲小兒，執杖即成林木，種物即生瓜果可食；畫地爲河，撮壤爲山；坐致行廚，興雲起火，無所不作也。又曰：余事鄭君弟子五十餘人，唯余見受《金丹之經》及《三皇内文》、《枕中五行記》。

《隋經籍志・五行家》：梁有《五行變化墨子》五卷，亡。

按墨家右鬼神，右鬼神則必重祠祀，重祠祀則必涉神異，涉神異則必兼變化，能變化則以爲神仙術矣。漢之方士類皆以祠祀神仙爲言。《史》、《漢》書志言「如其方」，「如其方」者屢矣。《隋志》既載《五行變化墨子》，而醫方家又有《墨子枕内五行紀要》一卷，蓋一言變化，一言藥物。然葛稚川言變化之術用藥，則又似從五卷中析出，大抵皆方士學墨者之所爲，未必是墨翟也。三墨之徒衆多，非一秦漢方士，蓋其末流之别爲一派者。

方士陷冰丸方

姚振宗《漢書藝文志拾補・神僊類》 《方士陷冰丸方》一卷。《漢書・郊祀志》：成帝末年頗好鬼神，亦以無繼嗣故，多上書言祭祀方術者，皆得待詔，祠祭上林苑中長安城旁，費用甚多。谷永説上曰：臣聞明於天地之性，不可惑以神怪；知萬物之情，不可罔以非類。諸背仁義之正道，不遵五經之法言，而盛稱奇怪鬼神，廣宗祭祀之方，求報無福之祠，及言世有仙人服食不終之藥，黄冶變化，堅冰淖溺，皆姦人惑衆，挾左道，懷詐譌，以欺罔世主。晉灼曰：方士詐以藥石若陷冰丸。投之冰上，冰即消，因假爲神仙道使然也。

按《隋志・醫方家》有《扁鵲陷冰丸方》一卷，據谷疏及晉注，蓋即武宣時方士所作，而託之扁鵲。

淮南中篇

姚振宗《漢書藝文志拾補・神僊類》 《淮南中篇》八卷。淮南王安始末具《詩賦・總集》中。《漢書》本傳：淮南王安招致賓客方術之士數千人，作爲内書二十一篇，外書甚衆，又有《中篇》八卷，言神仙黄白之術，亦二十餘萬言。安入朝，每宴見談説方技。

《漢書・劉向傳》：是時宣帝循武帝故事，復興神仙方術之事。而淮南有《枕中鴻寶苑祕書》，書言神僊，使鬼物爲金之術，世人莫見。更生父德武帝時治淮南獄，得其書。更生幼而讀誦以爲奇，獻之。言黄金可成。上令典尚方鑄作事，費甚多，方不驗，上乃下更生吏。

《漢書・郊祀志》：大夫劉更生獻淮南枕中洪寶苑祕之方，令尚方鑄作事，不驗。更生坐論。

《史龜・策傳》褚少孫曰：臣爲郎時，見萬畢石朱方。

《索隱》曰：按萬畢術中有石朱方。按萬畢石朱，似方士姓名。

《抱朴子・論仙篇》：夫作金皆在《神仙集》中，淮南王鈔出以作《鴻寶枕中書》；又《神仙傳》漢淮南王作《中篇》八章言神仙黄白之事，名爲《鴻寶萬畢》三章，論變化之道，凡十萬言。

《隋志・子部・五行家》梁有墨子《枕中五行要記》、《淮南萬畢經》、《淮南變化術》各一卷，《淮南中經》四卷，亡。

按《抱朴子・遐覽篇》云其變化之術之大者唯有《墨子五行記本》有五卷，昔劉安抄取其要以爲一卷。今考《七録》别有《五行變化墨子》五卷，與《抱朴子》所言合，知此一卷乃淮南王抄入中篇者。《七録》載淮南變化術之後，又有《陶朱變化術》一卷，疑亦在中篇之内，若是則《中篇》八卷全在《七録》，不知阮氏何以分别著録，豈《中經》四卷即《漢書》、《中篇》八卷，其前四種又不在《中篇》之内者歟？《唐經籍志》、《淮南王萬畢術》一卷，劉安撰。《唐藝文志》、《淮南王萬畢術》一卷。

按諸書所引惟萬畢術爲多，高郵茆泮林輯存一卷，在《茆輯十種》中。

張陵道書

姚振宗《後書藝文志・道書類》《張陵道書》。《華陽國志・漢中志》：漢末沛國張陵學道于蜀鶴鳴山，造作道書，自稱太清玄元，以惑百姓。陵死子衡傳其業，衡死子魯傳其業。魯字公祺，以鬼道見信于益州牧劉焉。《太平廣記》引《神仙傳》云：張道陵者，本太學書生，博通《五經》，著作道書二十四篇。

范書《劉焉傳》：焉爲益州牧，沛人。張魯母有姿色，兼挾鬼道，往來焉家，遂任魯以爲督義司馬，遂與別部司馬。張修將兵掩殺漢中，太守蘇固斷絶斜谷殺使者，魯既得漢中，遂復殺張修而并其衆。魯字公旗，初祖父陵，順帝時客于蜀，學道鶴鳴山中，造作符書，以惑百姓。受其道者輒出米五斗，故謂之米賊。按《漢中志》作「米道」，亦稱「五斗米道」。陵傳子衡，衡傳于魯，魯遂自號「師君」。其來學者，初名爲「鬼卒」，後號「祭酒」。祭酒各領部衆，衆多者名曰「理頭」，皆校以誠信，不聽欺妄，有病但令首過而已。諸祭酒各起義舍于路，同亭傳，縣置米肉以給行旅。食者量腹取足，過多則鬼能病之。犯法者三原，然後行刑。不置長吏，以祭酒爲理，民夷信向。朝廷不能討，遂就拜魯鎮夷中郎將，領漢寧太守，通其貢獻。魯自在漢川垂三十年，曹操征之，魯降拜鎮南將軍，封閬中侯，邑萬户，將還中國，待以客禮。封魯五子皆爲列侯。魯卒，謚曰原侯，子富嗣。

神仙得道靈藥經

《新唐書・藝文志・神仙類》《神仙得道靈藥經》一卷。

鄭樵《通志・藝文略・道家類》《神仙得道靈藥經》一卷。漢張道陵撰。

佚名《道藏闕經目録》卷下《神仙得道靈藥經》。

曾樸《補後漢書藝文志考・神仙類》張道陵《神仙得道靈藥經》。《通志》一卷。《神仙傳》：張道陵，沛人也。本太學書生，博通五經。晚乃歎曰：此無益年命，遂學長生之道。乃與弟子入蜀鵠鳴山，著作道書二十四篇。

陶弘景《真誥》：陵字輔，漢肺國豐人也。本大儒，晚學長生之道，得《九鼎丹經》，聞蜀中多名山，乃入鳴鵠山，著道書二十餘篇，仙去。

錢東垣等輯《崇文總目・道書類》《神仙得道靈藥經》一卷。張道陵撰。

中山玉櫃神氣訣

鄭樵《通志・藝文略・道家類》《中山玉櫃神氣訣》一卷。漢張道陵撰。

《宋史・藝文志・神仙類》碧巖張道者《中山玉櫃服神氣經》一卷。

錢東垣等輯《崇文總目・道書類》《中山玉櫃神氣訣》一卷。張道陵撰。

剛子丹訣

鄭樵《通志・藝文略・道家類》《剛子丹訣》一卷。張道陵撰。

錢東垣等輯《崇文總目・道書類》《剛子丹訣》一卷。【原釋】張道陵撰。見天一閣鈔本。《剛子丹訣》一卷。【原釋】不著名氏。見天一閣鈔本。

陰長生書

姚振宗《後漢藝文志・道書類》《陰長生書》九篇。《神仙傳》：陰長生者，新野人也，漢皇后之親屬，聞馬鳴生得度世之道，乃尋求之。鳴生不教其度世之法，但日夕與之高談，論當世之事，治農田之業。如此十餘年，長生不懈。同時共事鳴生者十三人，皆悉歸去，惟長生執禮彌肅。鳴生告之曰：子真能得道矣。乃將入青城山中，煮黄土爲金以示之，立壇西面，乃以《太清神丹經》授之。鳴生別去，長生乃歸。所合之丹成，服半劑不盡即昇天。著書九篇，云上古仙者多矣，不可盡論，但漢興以來得仙者四十五人，連余爲六矣，二十人尸解，餘並白日昇天。《通志藝文略・道家・外丹類》有《赤龍金虎中鉛煉七返丹砂訣》一卷，馬明生撰；又有馬明君

《龍虎傳》一卷，不知是否即此馬鳴生，附識于此不别出。

《太平御覽》六百六十四引陰君自序曰：漢延光元年新野山北之子受仙君神丹要訣，道成去世，付之名山，又著詩三篇，以示將來也。

又九百八十五引《抱朴子》曰：漢末新野陰君合太清丹得仙，其人本儒生，有才思，著詩及丹經讚并序，述初學道陵師本末，引以所知識之得仙者四十餘人，甚分明也。據此所云則葛稚川嘗見其書矣。

陰長生修真君五精論

鄭樵《通志・藝文略・道家類》　《修真君五精論》一卷。陰長生撰。

姚振宗《後漢藝文志・道書類》　《陰長生修真君五精論》一卷。《通志藝文略・道家・内丹類》修《真君五精論》一卷，陰長生撰。

曾樸《補後漢書藝文志考・神仙類》　《陰長生修真君五精論》。《通志・藝文略》一卷。《抱樸子》：漢末新野陰君合此《太清丹》得仙。其人本儒生，有才思，著詩及《丹經讚》并序，述初學道陵師本末，引以所知識之得仙者四十餘人，甚分明也。

案《宋史・志》載《還丹歌》一卷，《金液還丹》一卷。疑即《金丹訣》，後人析爲兩書。靈霄宫《道藏目録》載《金碧五相類參同契》三卷。注言《外丹法》。又《金石五相》一卷。注言藥物所産之源。又《周易參同契注》三卷。三書疑即《五精論》。又紫元君授道傳心法。白雲霽注皆稱長生著道書，名目人人互異，分并竄改，盡失本原，茲著其可信者。

陰長生修三皇經

鄭樵《通志・藝文略・道家類》　《三皇經》一卷。陰長生撰。

《宋史・藝文志・神僊類》　陰長生《三皇經》一卷。

佚名《道藏闕經目録》卷下　《三皇經》。

姚振宗《後漢藝文志・道書類》　《陰長生修三皇經》一卷。《通志藝文略・道家・外丹類》：《三皇經》一卷，陰長生修。《宋史・藝文志》：《陰長生三皇經》一卷。

錢東垣等輯《崇文總目・道書類》　《三皇經》三卷。陰長生撰。

陰長生注金丹訣

鄭樵《通志・藝文略・道家類》　《注金丹訣》一卷。陰長生撰。

姚振宗《後漢藝文志・道書類》　《陰長生注金丹訣》一卷。《通志藝文略・道家・外丹類》：《注金丹訣》一卷，陰長生撰。《宋史藝文志》：《陰真君還丹訣》一卷。

白雲霽《道藏目録・洞神部・衆術類》、《上清金液神丹經》，正一天師張道陵序，上卷言金液神丹，經文本上古書義不可解，陰君作，漢字顯出之，合有五百四字，言神丹；中卷長生陰真人撰，煉各丹法。

錢東垣等輯《崇文總目・道書類》　《注金丹訣》一卷。陰長生撰。

陰長生注金碧五相類參同契

鄭樵《通志・藝文略・道家類》　《金碧五相類參同契》一卷。陰真君撰。

范邦甸等《天一閣書目・道家類》　《金碧五相類參同契》三卷。藍絲闌鈔本。東漢陰長生註并序。

白雲霽等《道藏目録詳注・洞神部》　《金碧五相類叅同契》。陰長生撰，三卷。上卷《叙説》第一，《識藥根苗》第二，《用功》第三，《鉛汞》第四，《日魂月魄》第五，缺六。中卷《金津玉液》第七，《神水曾青》第八，《日精月華》第九，《大小數》第十，《説卦體》第十一，《弦望》第十二。下卷《七寶》第十三，《九轉》十四，《除三蟲》十五，《九域》十六，《嬰兒姹女》第十七，《彩真玉霞出現》十八。

姚振宗《後漢藝文志・道書類》　《陰長生注金碧五相類參同契》三卷。白雲霽《道藏目録・洞神部・衆術類》：《金碧五相類參同契》三卷，陰長生撰。言外丹法，又太元部《周易參同契》三卷，陰真人注。按此蓋即洞神部中所録之三卷。

《通志藝文略》：《陰真君周易參同契》三卷，《金碧五相類參同契》一卷，陰真君撰。

《經義考》曰：羅欽順云：《參同契》有彭曉、陳顯微、儲華谷、陰真人、俞琰、陳致虚六家注，皆能得其微旨。按此敍陰真人于宋人中，豈宋别有陰真人，白雲霽誤爲陰長生歟？抑此注實宋人作，附託陰長生者？今姑録之于此。

陰君金木火丹論

鄭樵《通志・藝文略・道家類》 陰君《金木火丹論》一卷。

錢東垣等輯《崇文總目・道書類》 《陰君金木火丹論》一卷。

忠州仙都觀陰真君金丹訣

鄭樵《通志・藝文略・道家類》 忠州仙都觀陰真君《金丹訣》一卷。

陰長生脩丹祕訣

范邦甸等《天一閣書目・道家類》 《脩丹祕訣》一卷。東漢陰長生撰。

陰真君金石五相類

范邦甸等《天一閣書目・道家類》 《陰真君金石五相類》一卷。

白雲霽等《道藏目録詳注・洞神部》 似字號計十卷。《陰真君金石五相〔類〕》。一卷。《配合金公》第一，《五條配合水銀》第二，《十名配合曾青》第三，《三名配合硫黄》第四，《六名配合雄黄》第五，《十一名配合鉛精》第六，《廿一名配合白丹砂》第七，《六名配金》第八，《四名配合硇砂》第九，《五名配合硝石》第十，《十四名配合空青》第十一，《三名配合黄芽》第十二，《四名配合丹鉛魂》第十三，《配合神丹宫》第十四，《配合胎宫》第十五，《配合神丹》第十六，《配合傳炁》第十七，《配合波斯鉛精》第十八，《十六門傍通氣法》第十九，《配合同炁》第二十。

巫光養性經

姚振宗《後漢藝文志・道家類》 巫光《養性經》。張澍《風俗通・姓氏篇》輯注《氏族略》曰：漢有冀州刺史巫捷，又有巫都著《養性經》。按光武時，淄川巫光字子都，有陰道之術，即此人。

按《抱朴子・遐覽篇》有《按摩經》、《導引經》、《玄女經》、《素女經》、《彭祖經》、《陳赦經》、《子都經》各一卷。觀其類從似《子都經》即此書。

王喬養性治身經

葛洪《抱朴子・内篇・遐覽》 《王喬養性治身經》三卷。

姚振宗《後漢藝文志・道家類》 王喬《養性治身經》三卷。喬始末見《史部・雜傳記類》。《抱朴子・遐覽篇》：王喬《養性治身經》三卷。

《侯志》曰：《御覽》卷九引《養性經》曰：治身之道，春避青風，夏避赤風，秋避白風，冬避黑風。蓋即出此書也。侯氏以其有治身之語，與書名相會，故以爲出此書。其實《御覽》未嘗稱王喬名也。

王充養性書

姚振宗《後漢藝文志・道家類》 王充《養性書》十六篇。范書本傳充字仲任，會稽上虞人也。到京師受業太學，師事扶風班彪。好博覽而不守章句，家貧無書，常游洛陽市肆，閲所賣書，一見輒能誦憶，遂博通衆流百家之言。後歸鄉里，屏居教授。仕郡爲功曹，以數諫争不合去，刺史董勤辟爲從事轉治中，自免還家。友人同郡謝夷吾上書薦充才學。肅宗特詔公車徵，病不行。年漸七十，志力衰耗，乃造《性書》十六篇。按脱養字。裁節嗜慾，頤神自守。

《論衡・自紀篇》曰：充以元和三年徙家辟詣揚州部、丹陽、九江、廬江，後入爲治中。章和二年，罷州家居。年漸七十，時可懸輿。仕路隔絶，志窮無如。事有否然，身有利害。髮白齒落，日月踰邁。儔倫彌索，鮮所恃領。貧無供養，志不娛快。曆數冉冉。庚辛域際，雖懼終徂，愚猶沛沛。乃作《養性》之書，凡十六篇。

樊英石壁文

葛洪《抱朴子・内篇・遐覽》《樊英石壁文》三卷。

姚振宗《後漢藝文志・道書類》《樊英石壁文》三卷。英始末見《經部・易類》。《抱朴子・遐覽篇》曰《樊英石壁文》三卷。白雲霽《道藏目録・洞神部・衆術類》、《太清石壁記》三卷，楚澤先生編，言丹法及丹經祕要口訣。

按英南陽魯陽人，南陽屬荆州刺史部，其地近楚，故稱楚澤先生，其即英之別號歟？

周易參同契

《舊唐書・經籍志・五行類》《周易參同契》二卷。魏伯陽撰。

《新唐書・藝文志・五行類》魏伯陽《周易參同契》三卷。

尤袤《遂初堂書目・道家類》《參同契》。

陳振孫《直齋書録解題・神仙類》《周易參同契》三卷。後漢上虞魏伯陽撰。其書因《易》以言養生。後世言修鍊者祖之。

《宋史・藝文志・道家類》魏伯陽《周易參同契》三卷。

又《神仙類》《參同契》三卷。即魏伯陽書。題九華子編。

楊士奇等《文淵閣書目・道書類》《參同契》。一部，一册。

《參同契》。一部，一册。

范邦甸等《天一閣書目・道家類》《周易參同契》三卷。卷首有「天一閣」、「古司馬氏」二圖章。東漢魏伯陽撰。

錢謙益等《絳雲樓書目・道家類》《周易參同契》。三卷。後漢魏伯陽。

姚振宗《後漢藝文志・道書類》魏伯陽《周易參同契》二卷。

顧櫰三《補後漢書藝文志・道家類》《魏伯陽參同契》。《舊唐書・志》二卷。《館閣書目》：明金丹之訣，篇題蓋仿緯書之目。詞韻皆古奥難通，首言乾、坤、坎、離四卦，槖籥之内外；其次即言屯、蒙六十卦以見一日用功之早晚；又次即言納、甲六卦以見一日用功之進退；又次即言十二辟卦以分納、甲六卦而兩之。蓋内以詳理月節，外以兼統歲時。此書大要在「坎」、「離」二字。晁公武《讀書志》：《參同契》，魏伯陽撰。案《神仙傳》：伯陽，會稽上虞人。通貫詩律，文辭贍博，修真養志。案《周易》作此書，凡九十篇。徐氏箋注：桓帝時以授同郡淳于叔通，因行於世。唐陸德明《經典釋文・解易字》云：虞翻注《參同契》言字從日下月，今此書有「日月爲易」之文，其爲古書明矣。

魏伯陽大丹記

鄭樵《通志・藝文略・道家類》《大丹記》一卷。魏伯陽撰。

范邦甸等《天一閣書目・道家類》《太丹記》。魏伯陽撰。

白雲霽等《道藏目録詳注・洞神部》似字號計十卷。《大丹記》。太素真人魏伯陽口訣。用藥斤兩訣、火候訣、真鉛真汞訣、用藥訣、鼎器訣、肘後訣。

姚振宗《後漢藝文志・道書類》《魏伯陽大丹記》一卷。《通志藝文略・道家・外丹類》、《大丹記》一卷，魏伯陽撰。白雲霽《道藏目録・洞神部・衆術類》：《大丹記》，魏伯陽撰。内太素真人口訣、用藥觔兩訣、火候訣、真鉛真汞訣、用藥訣、鼎器訣、肘後訣。

錢謙益等《絳雲樓書目・道藏類》《大丹記》。

錢東垣等輯《崇文總目・道書類》《大丹記》一卷。魏伯陽撰。

魏伯陽七返丹砂訣

姚振宗《後漢藝文志・道書類》《魏伯陽七返丹砂訣》一卷。《通志藝文略道家・外丹類》：《七返靈砂歌》一卷，後漢魏伯陽撰，黄君注。

白雲霽《道藏目録洞神部・衆術類》：《魏伯陽七返丹砂歌》，黄童君注解，内歌十首，言丹砂藥物。

周易五相類

《舊唐書・經籍志・五行類》《周易五相類》一卷。魏伯陽撰。

鄭樵《通志・藝文略・道家類》《參同契五相類》一卷。漢魏伯陽撰。

姚振宗《後漢藝文志・道書類》 魏伯陽《周易五相類》一卷。後蜀彭曉序曰：魏伯陽，會稽上虞人。修真潛默，養志虚無，博贍文詞，通諸緯候，乃約《周易》撰《參同契》三篇，復作《補塞遺脱》一篇。所述多以寓言借事隱顯異文。桓帝時傳授同郡淳于叔通，遂行于世。參，雜也；同，通也；契，合也。謂與《周易》理通而義合也。《抱朴子・對俗篇》曰：得道之高莫過伯陽，伯陽有子名宗，仕魏爲將軍，有功封于段干也。按老子之子宗爲魏將，封于段干，見《史記・老子列傳》，非此魏伯陽也。蓋因老子字伯陽，神仙家遂傳譌如是。《續漢・五行志》注引干寶《搜神記》曰：桓帝即位，有大蛇見德陽殿上，雒陽市令淳于翼曰：蛇有鱗，甲兵之象也。見于省中，將有椒房大臣受甲兵之誅也。乃棄官遁去。《開元占經》一百二十引《會稽典録》曰：淳于翼字叔通，除洛陽市長。

宋俞琰曰：《參同契》文委時去害與鬼爲鄰。委鬼魏字也。百世一下遨遊人間，百一之下爲白人，乃其傍之立人，合之則伯字也。湯遭阨際，水旱隔并湯遭旱而無水，昜字也。阨之厄際爲卩，合之，則陽字也。此自解魏伯陽三字也。

《唐書・經籍志・五行類》、《周易參同契》二卷，魏伯陽撰。《周易五相類》一卷，魏伯陽撰。《藝文志》魏伯陽《周易參同契》二卷，又《周易五相類》一卷。《宋藝文志・道家》魏伯陽《周易參同契》三卷。

《四庫全書總目提要》曰：葛洪《神仙傳》稱魏伯陽作《參同契五行相類》凡三卷，其説是《周易》其實假借爻象以論作丹之意。世之儒者不知神丹之事，多作陰陽注之，殊失其旨云云。今案其書多借納甲之法言坎離、水火、龍虎、鉛汞之要，以陰陽五行昏旦時刻爲進退持行之候。後來言鑪火者皆以是書爲鼻祖。《隋志》不著録，《唐經籍志》始有《易參同契》二卷，《周易五相類》一卷，而入之五行家，殊非其本旨。至鄭樵《通志・藝文略》始別立《參同契》一門，載註本一十九部，今亦多佚亡。

魏伯陽大丹九轉歌訣

鄭樵《通志・藝文略・道家類》《大丹九轉歌訣》一卷。魏伯陽撰。

《宋史・藝文志・道書類》《大丹九轉歌》一卷。

姚振宗《後漢藝文志・道書類》《魏伯陽大丹九轉歌訣》一卷。

錢東垣等輯《崇文總目・道書類》《太丹九轉歌訣》一卷。

魏伯陽火鑑周天圖

鄭樵《通志・藝文略・道書類》《火鑑周天圖》一卷。魏伯陽撰。

鄭樵《通志・圖譜略・記無》《火鑑周天圖》。

姚振宗《後漢藝文志・道書類》《魏伯陽火鑑周天圖》一卷。

魏伯陽龍虎丹訣

鄭樵《通志・藝文略・道書類》《龍虎丹訣》一卷。魏伯陽撰。

姚振宗《後漢藝文志・道書類》《魏伯陽龍虎丹訣》一卷。

錢東垣等輯《崇文總目・道書類》《龍虎丹訣》一卷。魏伯陽撰。

魏伯陽感應訣

鄭樵《通志・藝文略・道家類》 魏伯陽《感應訣》一卷。

姚振宗《後漢藝文志・道書類》《魏伯陽感應訣》一卷。

錢東垣等輯《崇文總目・道書類》《魏伯陽感應訣》一卷。

魏伯陽蓬萊山東西竈還丹歌

鄭樵《通志・藝文略・道家類》《蓬萊山東西竈還丹歌》一卷。魏伯陽撰。

姚振宗《後漢藝文志・道書類》《魏伯陽蓬萊山東西竈還丹歌》一卷。

錢東垣等輯《崇文總目・道書類》《蓬萊山東西竈還丹經》一卷。魏伯陽撰。

魏伯陽百章集

陳振孫《直齋書録解題・神仙類》《百章集》一卷。稱魏伯陽。

馬端臨《文獻通考・經籍考・神仙類》《百章集》一卷。

姚振宗《後漢藝文志・道書類》魏伯陽《百章集》一卷。

魏伯陽注太上金碧經

陳振孫《直齋書録解題・神仙類》《太上金碧經》一卷。題魏伯陽注。

馬端臨《文獻通考・經籍考・神仙類》《太上金碧經》一卷。

姚振宗《後漢藝文志・道書類》《魏伯陽注太上金碧經》一卷。

魏真人還丹訣

鄭樵《通志・藝文略・道家類》魏真人《還丹訣》一卷。

《宋史・藝文志・神仙類》魏伯陽《還丹訣》一卷。

周易門户參同契

《宋史・藝文志・神仙類》魏伯陽《周易門户參同契》一卷。

魏伯陽悟道真詮

范邦甸等《天一閣書目・道家類》《悟道真詮》三卷。《參同契》、《諸仙祕要》、《攝生要義》，三書合刻。東漢魏伯陽撰。

魏伯陽參同大易志

《宋史・藝文志・道家類》魏伯陽《參同大易誌》三卷。

徐從事陰陽統略周易參同契

鄭樵《通志・藝文略・道家類》《陰陽統略周易參同契》三卷。徐從事注。

《宋史・藝文志・道家類》徐從事注《周易參同契》三卷。

佚名《道藏闕經目録》卷下《陰陽統畧參同契》。三卷。

范邦甸等《天一閣書目・道家類》《參同契》三卷。東漢徐景休箋註。東漢會稽淳于叔通選。

徐𤊹《徐氏家藏書目・道類》《叅同契箋註》。東(溪)〔漢〕徐景休。

姚振宗《後漢藝文志・道書類》《徐從事注周易參同契》三卷。後蜀彭曉序曰：魏伯陽撰《參同契》密示青州徐從事，徐乃隱名而注之。《通志藝文略・道家》：《陰陽統略周易參同契》三卷，徐從事注。《宋藝文志》：《徐從事注周易參同契》三卷。

錢東垣等輯《崇文總目・道書類》《陰陽統畧周易叅同契》三卷。徐從事撰。

補塞遺脱篇

徐𤊹《徐氏家藏書目・道類》《補塞遺脱篇》一卷。徐景休。

范邦甸等《天一閣書目・道家類》《補塞遺脱》一卷。東漢徐景休箋注。東漢會稽淳于叔通贊。

甘始容成陰道

姚振宗《後漢藝文志・道書類》《甘始容成陰道》十卷。范書《方術傳》：甘始、東郭延年、封君達，三人者皆方士也。率能行容成御婦人術，或飲小便，或自倒懸，愛嗇精氣，不極視大言，皆爲曹操所録，問其術而行之。

《魏志・華陀傳》注引《文帝典論》曰：潁川郤儉、甘陵甘始、廬江左慈，並爲軍吏。又引東阿王《辨道論》曰：陳思王植魏明帝太和三年徙封東阿。世有方士，吾王悉所招致甘陵。有甘始能引氣導引，號三百歲，老而有少容，自諸術士咸共歸之。然始辭繁寡實，頗有怪言。始語余吾本師姓韓字世雄，嘗與師于南海作金，前後數四，投數萬斤金于海。始若遺秦始皇、漢武帝，則復爲徐市、欒大之徒也。

王應麟《漢志考證》曰：《容成陰道》二十六卷，《神仙傳》曰：甘始依容成元素之法，更演益之爲十卷。

太和真氣訣

鄭樵《通志・藝文略・道家類》《太和真氣訣》一卷。河上公述。

錢東垣等輯《崇文總目・道書類》《太和貞氣訣》一卷。河上公撰。

太上龍虎展九都金祕指仙經

鄭樵《通志・藝文略・道家類》《太上龍虎展九都金祕指仙經》一卷。河上公注。

老子五禽六氣訣

鄭樵《通志・藝文略・道家類》《老子五禽六氣訣》一卷。

《宋史・藝文志・神仙類》華佗《老子五禽六氣訣》一卷。

曾樸《補後漢書藝文志考・神仙類》華佗《老子五禽六氣訣》。《宋志》一卷。案《靈霄宫目録》載《太上老君養生訣》注華佗授廣陵吴普即此。又云《五禽》弟一，《吐納六氣》弟二，《養生真訣》弟三，服氣等訣。

錢東垣等輯《崇文總目・道書類》《老子五禽六氣訣》六卷。

元門脈訣内照圖

范邦甸等《天一閣書目・道家類》《元門脈訣内照圖》一册。漢華陀撰。

結璘奔日月圖

鄭樵《通志・圖譜略・記有》結璘《奔日月圖》。

《宋史・藝文志・神仙類》《玉晨奔日月圖》一卷。

白雲霽等《道藏目録詳注・洞玄部》國字號計十一卷。《太上玉晨鬱儀結璘奔日月圖》。一卷。存日月二景之法。

上清神寶洞房真諱上經

白雲霽等《道藏目録詳注·太玄部》 取字號計十卷。《上清神寶洞房真諱上經》。此經一名《青童道君列紀》，一名《太保玉經》。神仙修之，爲上清之真。

上清太霄隱書元真洞飛二景經

白雲霽等《道藏目録詳注·正一部》 滿字號計十卷。《上清太霄隱書元真洞飛二景經》。誦此經畢，緬思北斗星君，精光著紫景飛裙，腰帶虎符，首建華冠，身披錦霞，飛雲玉輿，從十二仙官，自北方下降來。合我身光色蓊藹，焕赫精芒，若使行持不憚，名位列仙。

上清青要紫書金根衆經

鄭樵《通志·藝文略·道家類》 《上清青要紫書金根衆經》一卷。

白雲霽等《道藏目録詳注·正一部》 右字號計九卷。《洞真上清青要紫書金根衆經》。上、下二卷。有符。紫書妙訣，乃衆經之要，秘九天之上，書八會之隱文也。

錢東垣等輯《崇文總目·道書類》 《上清青要紫書金根衆經》一卷。

太上九赤班符五帝内真經

白雲霽等《道藏目録詳注·正一部》 通字號計十一卷。《太上九赤班符五帝内真經》。一卷。有符。凡學仙之士，或遊行川澤，隱居幽山，當佩此靈文，萬靈侍衛；如不佩之，則山靈天魔試敗其旨，萬害自生，終不成仙。水帝結書，列罪帝君也。

洞真八景玉籙圖隱符

白雲霽等《道藏目録詳注·正一部》 廣字號計十卷。《洞真八景玉籙圖隱符》。有符。與《太素玉籙》同卷。上相青童君撰。

洞真太上倉元上録

《宋史·藝文志·神仙類》 《太上倉元上録》一卷。

白雲霽等《道藏目録詳注·正一部》 廣字號計十卷。《洞真太上倉元上録》。有符。此録一名《太清内文》，一名《玉鏡寶章》，又名《金圖雙字》，又名《被淹洞符》，又名《玄覽寶録》，又名《烏山經》，又名《金生簡文》。

洞真金房度命緣字廻年三華寶曜内真上經

白雲霽等《道藏目録詳注·正一部》 内字號計十卷。《洞真金房度命緣字廻年三華寶曜内真上經》。一卷。有符。此經乃高上之玉章，大帝之靈篇，羅分一形之内，通理百關。誦之百遍，内化胎仙。

九真中經

鄭樵《通志·藝文略·道家類》 《九真中經》二卷。

《宋史·藝文志·神仙類》 《九真中經》一卷。赤松子傳。

佚名《道藏闕經目録》卷上 《上清太上九真中經》。有符。

白雲霽等《道藏目録詳注·正一部》 既字號計十卷。《上清太上帝君九真中經》。上、下二卷。太虚真人南嶽上仙赤松子傳。

錢東垣等輯《崇文總目・道書類》《九真中經》二卷。

上清金真玉章八景飛經

白雲霽等《道藏目録詳注・正一部》 既字號計十卷。《上清金真玉章八景飛經》。一卷。有符。上相青童君傳。内有《金真玉光太上隱書》，凡修誦經呪者，有招靈攝魔之符，佩之祥瑞日臻，大有神驗也。

上清明堂玄丹真經

白雲霽等《道藏目録詳注・正一部》 既字號計十卷。《上清明堂玄丹真經》。一卷。有符像。有呼三神法。

上清九丹上化胎精中記經

白雲霽等《道藏目録詳注・正一部》 既字號計十卷。《上清九丹上化胎精中記經》。一卷。有符。内有上化九丹陽靈之符、胎精煉神之符、三關十二結胞胎内符、九丹流精保命等符。

上清太乙帝君太丹隱書解胞十二結節圖訣

白雲霽等《道藏目録詳注・正一部》 既字號計十卷。《上清太乙帝君太丹隱書解胞十二結節圖訣》。一卷。有符。

黄帝九鼎神丹經

鄭樵《通志・藝文略・道家類》《黄帝九鼎神丹經訣》二十卷。

《宋史・藝文志・神仙類》《黄帝九鼎神丹經訣》十卷。

范邦甸等《天一閣書目・道家類》《黄帝九鼎神丹經訣》二十卷。藍絲闌鈔本。

白雲霽等《道藏目録詳注・洞神部》 温字號計十卷。《黄帝九鼎神丹經訣》。卷一之二十。孤剛子述。内缺。首明神丹之由，致取人貴法，擇明師受訣。不藉真人法、守神保身法、居山辟邪鬼惡賊蟲獸法、作竈法、五嶽三台法、鐵鐃銇法、土釜法、六一泥法、作赤土釜法、造丹鼎中黄密固泥法、丹釜法、塗釜法、牡蠣法、丹爐固濟法、行泥法、和泥法、用和泥酢法、搗藥法、狐剛子仙釜法、作釜中玄黄藥法、黄礬石水法、玄珠法、二精六一法、百蒸丸飛法、作丹砂水法、假别藥作礬石水法、作朴硝硝石法、假别藥作戎鹽法、假别藥作石膽法、假别藥作石脾法、假别藥作東野硝石法、連成水法諸水法、作三轉酒法。三十六方明用金銀善惡服煉方法，出水金鉚法、後灰坯食錫金法、煉石膽取精華法、丹法調煉法、煉磁石法，並諸品奇方。

文廷式《補晉書藝文志・神仙家補》《黄帝九鼎神丹經》，見《抱朴子・金丹篇》。

錢東垣等輯《崇文總目・道書類》《黄帝九鼎神丹經訣》十卷。

黄帝九鼎神丹經祭法

文廷式《補晉書藝文志・神仙家補》《黄帝九鼎神丹經祭法》一卷。見《抱朴子・金丹篇》。

太清道林攝生論

白雲霽等《道藏目録詳注・正一部》 群字號計十二卷。《太清道林攝生論》。一卷。《黄帝雜記法》、《按摩法》、《老子按摩法》、《用氣法》、《調氣法》、《居處法》，並四時調攝諸法。

胎息經

葛洪《抱朴子・内篇・遐覽》《胎息經》。

鄭樵《通志・藝文略・道家類》 元君《胎息經》一卷。

尤袤《遂初堂書目・道家類》《胎息經》。

白雲霽等《道藏目録詳注・洞真部》 盈字號計十二卷。《高上玉皇胎息經》。與《經髓》、《妙印》三經同卷。言固守虚無，以養神氣；若欲長生，神炁相住。

王真人陰丹訣

鄭樵《通志・藝文略・道家類》 王真人《陰丹訣》一卷。東晉王長生撰。

文廷式《補晉書藝文志・神仙家類》《王真人陰丹訣》一卷。東晉王長生撰。見《通志》。

錢東垣等輯《崇文總目・道書類》《王真人陰丹訣》一卷。王長生撰。

許遜靈劍子

鄭樵《通志・藝文略・道家類》《靈劍子》。許真君撰。

《宋史・藝文志・神仙類》 旌陽令許遜《靈劍子》一卷。

范邦甸等《天一閣書目・道家類》《靈劍子》一卷。朱絲闌鈔本。旌陽許真君述。

白雲霽等《道藏目録詳注・洞玄部》 大字號計九卷。《靈劍子》。一卷。旌陽許真君述。第一論學問，第二論服氣，第三論道海喻，第四論暗銘註，第五論并補五臟勢。

文廷式《補晉書藝文志・神仙家類》《許遜靈劍子》一卷。見《天一閣書目》。

靈劍子引導子午記

范邦甸等《天一閣書目・道家類》《靈劍子引道子午記》一卷。朱絲闌鈔本。旌陽許真君述。

白雲霽等《道藏目録詳注・洞玄部》 大字號計九卷。《靈劍子引導子午記》。一卷。許旌陽述，内修之法。

文廷式《補晉書藝文志・神仙家類》《靈劍子引道子午記》一卷。

黄庭内景經

《舊唐書・經籍志・道家類》《老子黄庭經》一卷。

《新唐書・藝文志・神仙類》《老子黄庭經》一卷。

晁公武《郡齋讀書志・神仙類》《黄庭内景經》一卷。右題《大帝内書》，藏暘谷陰，三十六章，皆七言韻語。梁丘子敍云：「扶桑大帝命暘谷神王傳魏夫人，一名《東華玉篇》。黄者，中央之色，庭者，四方之中。外指事，即天、人、地中；内指事，即腦、心、脾中，故曰『黄庭』。」

尤袤《遂初堂書目・道家類》《黄庭内景經》。

馬端臨《文獻通考・經籍考・神仙家類》《黄庭内景經》一卷。

《宋史・藝文志・神仙類》《黄庭經》一卷。其文初爲五言四章，後皆七言，論人身扶養修治之理。

楊士奇等《文淵閣書目・道書類》《黄庭内景經》。一部，一册。《黄庭經》。一部，一册。

高儒《百川書志・神仙類》《太上黄庭内景玉經》一卷三十六章。梁邱子序。

范邦甸等《天一閣書目・道家類》《黄庭内景玉經》二卷。刊本。一名《太上琴心文》，一名《大帝金書》，一名《東華玉篇》。見《黄庭内景玉經訣》。又《清虚真人訣》云：《内景黄庭經》者，扶桑帝君之金書，錬真之祕言也。

王世貞《讀書後》卷七　《書〈黄庭内景經〉後》。《黄庭内景經》者，乃太上道君於蕋珠宫作七言咏歌以發脩身繕性之要。

白雲霽等《道藏目録詳注・洞玄部》　人字號計十四卷。《太上黄庭内景玉經》。乃扶桑大帝君金書煉真之秘，誦之能辟百邪，意平神静。

錢謙益等《絳雲樓書目・道藏類》　《黄庭經》。一卷。

文廷式《補晉書藝文志・神仙家類》　《黄庭内景經》一卷。今存。《郡齋讀書志》曰：梁邱子敍云：扶桑大帝命暘谷神王傳魏夫人，一名《東華玉篇》。

錢東垣等輯《崇文總目・道書類》　《太上黄庭内景玉經》一卷。

黄庭外景經

晁公武《郡齋讀書志・神仙類》　《黄庭外景經》三卷。右敍謂老子所作，與《法帖》所載晉王羲之所書本正同，而文句頗異。其首有「老子閒居，作七言解説身形及諸神」兩句，其末有「吾言畢矣勿妄陳」一句，且改「淵」爲「泉」，改「治」爲「理」，疑唐人誕者附益之。《崇文總目》云「記天皇氏至帝嚳受道得仙事」，此本則無之。

馬端臨《文獻通考・經籍考・神僊家類》　《黄庭外景經》三卷。

《宋史・藝文志・道家類》　《黄庭外景經》一卷。

楊士奇等《文淵閣書目・道書》　《黄庭外景經》。一部，一册。

高儒《百川書志・神仙類》　《太上黄庭外景玉經》三卷。三篇。

白雲霽等《道藏目録詳注・洞玄部》　人字號計十四卷。《太上黄庭外景玉經》。與《内景》二經同卷。此經誦之萬遍，目見五臟及鬼神，役使在己。

文廷式《補晉書藝文志・神仙類》　《黄庭外景經》三卷。今存。《郡齋讀書志》云：敍謂老子所作，與法帖所載晉王羲之寫本正同。周必大跋《山谷書・南華玉篇》云：《黄庭外景》一篇，世傳魏晉時道家者流所作，此三十六篇乃其義疏，名曰《内景》，養生之樞要也。益公題跋卷十一。葉奕苞《金石録補》曰：按羲之卒於穆帝升平五年，後二年爲哀帝興寧二年，《黄庭》始降於世，則非王書可知。

錢東垣等輯《崇文總目・道書類》　《黄庭外景經》一卷。【原釋】記天皇氏至帝嚳受道得仙事。

太上黄庭内外景經

鄭樵《通志・藝文略・道家類》　《太上黄庭内外景經》二卷。

楊士奇等《文淵閣書目・道書類》　《黄庭二景經》。一部，一册。

丹臺録

文廷式《補晉書藝文志・神仙家類》　《丹臺録》三卷。出柳子厚《龍城録》。按《龍城録》雖僞書，要是宋以前作，慮其别有所作，姑録存之。

許遠遊詩

文廷式《補晉書藝文志・神仙家類》　《許遠遊詩》十二首。宋鄧牧《洞霄圖志》：許邁字叔玄，一名映，後改名玄，字遠遊，與旌陽令遜、護軍長史穆，皆再從兄弟。後於臨安西山師王世隆，著詩十二首，論神仙事。

中黄經

葛洪《抱朴子・内篇・遐覽》　《中黄經》。

錢東垣等輯《崇文總目・道書類》　《中黄經》一卷。

鄭樵《通志・藝文略・道家類》　《中黄經》一卷。九仙君撰。

范邦甸等《天一閣書目・道家類》　《中黄真經》二卷。不著撰人名氏。

錢謙益等《絳雲樓書目・道藏類》　《太清中黄真經》一册。《中黄經》重出。

文廷式《補晉書藝文志・神仙家類》　《中黄經》。

彭祖經

葛洪《抱朴子·内篇·遐覽》《彭祖經》。

文廷式《補晉書藝文志·神仙家類》《彭祖經》。

又《神仙家補》《彭祖經》。此篇見《遐覽篇》。

神仙經黄白方

文廷式《補晉書藝文志·神仙家類》《神仙經黄白方》二十五卷。或題篇云庚辛。見《抱朴子·黄白篇》。

又《神仙家補》《神仙經黄白方》二十五卷。《抱朴子·黄白篇》曰《神仙經黄白之方》二十餘卷，千有餘首。黄者金也，白者銀也，故題篇云庚辛。

九丹經

文廷式《補晉書藝文志·神仙家類》《九丹經》。見《抱朴子·黄白篇》。

金銀液經

文廷式《補晉書藝文志·神仙家類》《金銀液經》。見《抱朴子·黄白篇》。

又《神仙家補》《金銀液經》。見《抱朴子·黄白篇》。

黄白中經

文廷式《補晉書藝文志·神仙家類》《黄白中經》五卷。見《抱朴子·黄白篇》。

又《神仙家補》《黄白中經》五卷。《抱朴子·黄白篇》。

太清觀天經

文廷式《補晉書藝文志·神仙家補》《太清觀天經》九篇。《御覽》九百八九五引作十四篇。見《抱朴子·金丹篇》。

太清觀天經祭法

文廷式《補晉書藝文志·神仙家補》《太清觀天經祭法》一卷。

五靈丹經

文廷式《補晉書藝文志·神仙家補》《五靈丹經》一卷。並見《抱朴子·金丹篇》。按此卷又引王圖《道基經》、左元放《太清丹圖》之類，前人已録入《後漢》、《三國蓺文志》，故不悉出。

玉牒經

文廷式《補晉書藝文志·神仙家補》《玉牒經》。《抱朴子·黄白篇》引之。

銅柱經

文廷式《補晉書藝文志·神仙家補》《銅柱經》。《抱朴子·黄白篇》引之。

養生書

葛洪《抱朴子・内篇・遐覽》《養生書》一百五卷。

按摩經

葛洪《抱朴子・内篇・遐覽》《按摩經》。

文廷式《補晉書藝文志・神仙家類》《按摩經》。

道引經

葛洪《抱朴子・内篇・遐覽》《道引經》十卷。

文廷式《補晉書藝文志・神仙家類》《道引經》十卷。

蹈形記

葛洪《抱朴子・内篇・遐覽》《蹈形記》。

守形圖

葛洪《抱朴子・内篇・遐覽》《守形圖》。

坐亡圖

葛洪《抱朴子・内篇・遐覽》《坐亡圖》。

觀卧引圖

葛洪《抱朴子・内篇・遐覽》《觀卧引圖》。

含景圖

葛洪《抱朴子・内篇・遐覽》《含景圖》。

觀天圖

葛洪《抱朴子・内篇・遐覽》《觀天圖》。

定心記

葛洪《抱朴子・内篇・遐覽》《定心記》。

食日月精經

葛洪《抱朴子・内篇・遐覽》《食日月精經》。

食六氣經

葛洪《抱朴子・内篇・遐覽》《食六氣經》。

丹一經

葛洪《抱朴子・内篇・遐覽》《丹一經》。

行氣治病經

葛洪《抱朴子・内篇・遐覽》《行氣治病經》。

百守攝提經

葛洪《抱朴子・内篇・遐覽》《百守攝提經》。

丹壺經

葛洪《抱朴子・内篇・遐覽》《丹壺經》。

日月廚食經

葛洪《抱朴子・内篇・遐覽》《日月廚食經》。

三十六水經

葛洪《抱朴子・内篇・遐覽》《三十六水經》。

黄白要經

葛洪《抱朴子・内篇・遐覽》《黄白要經》。

八公黄白經

葛洪《抱朴子・内篇・遐覽》《八公黄白經》。

天師神器經

葛洪《抱朴子・内篇・遐覽》《天師神器經》。

枕中黄白經

葛洪《抱朴子・内篇・遐覽》《枕中黄白經》五卷。

白子變化經

葛洪《抱朴子・内篇・遐覽》《白子變化經》。

行廚經

葛洪《抱朴子·内篇·遐覽》《行廚經》。

内視經

葛洪《抱朴子·内篇·遐覽》《内視經》。

歷藏延年經

葛洪《抱朴子·内篇·遐覽》《歷藏延年經》。

真人玉胎經

葛洪《抱朴子·内篇·遐覽》《真人玉胎經》。

淩霄子安神記

葛洪《抱朴子·内篇·遐覽》《淩霄子安神記》。

鄒生延命經

葛洪《抱朴子·内篇·遐覽》《鄒生延命經》。

安魂記

葛洪《抱朴子·内篇·遐覽》《安魂記》。

呼身神治百病經

葛洪《抱朴子·内篇·遐覽》《呼身神治百病經》。

休糧經

葛洪《抱朴子·内篇·遐覽》《休糧經》三卷。

採神藥治作秘法

葛洪《抱朴子·内篇·遐覽》《採神藥治作秘法》三卷。

趙太白囊中要

葛洪《抱朴子·内篇·遐覽》《趙太白囊中要》五卷。

服食禁忌經

葛洪《抱朴子·内篇·遐覽》《服食禁忌經》。

練形記

葛洪《抱朴子·内篇·遐覽》　《練形記》五卷。

郄公道要

葛洪《抱朴子·内篇·遐覽》　《郄公道要》。

角里先生長生集

葛洪《抱朴子·内篇·遐覽》　《角里先生長生集》。

少君道意

葛洪《抱朴子·内篇·遐覽》　《少君道意》十卷。

思靈經

葛洪《抱朴子·内篇·遐覽》　《思靈經》三卷。

孔安仙淵赤斧子大覽

葛洪《抱朴子·内篇·遐覽》　《孔安仙淵赤斧子大覽》七卷。

董君地仙却老要記

葛洪《抱朴子·内篇·遐覽》　《董君地仙却老要記》。

狐剛子萬金決

《隋書·經籍志·醫方類》　《狐剛子萬金決》二卷。葛仙公撰。

姚振宗《隋書經籍志考證·醫方類》　《狐剛子萬金決》二卷。葛仙公撰。葛仙公名玄，有《老子序次》，見《道家》。

《唐書·經籍志》：《狐子方金訣》二卷。葛仙公撰。

《唐書·藝文志》：《葛仙公録狐子方金訣》二卷。「方」因俗寫「万」之誤。

案：狐剛子不知何人。《崇文總目·小説家》有狐剛子《感應類從譜靈圖》、《感應歌》各一卷。又《道書類》有狐剛子《粉圖》四卷。《唐志》稱狐子本志下文亦有《狐子雜決》三卷，又稱剛子。《崇文目》有《剛子丹訣》一卷，張道陵撰。又一卷，不著撰人。疑是神仙家藥物之别名，未必實有其人也。

狐剛子五金訣疏

鄭樵《通志·藝文略·道家類》　狐剛子《五金訣疏》一卷。

佚名《道藏闕經目録》卷下　狐剛子《五金訣疏》。

狐剛子粉圖

鄭樵《通志·藝文略·道家類》　狐剛子《粉圖》四卷。

鄭樵《通志·圖譜略·記有》　狐剛子《粉圖》。

《宋史・藝文志・神仙類》　狐剛子《粉圖》五卷。
佚名《道藏闕經目録》卷下　狐剛子《粉團》。四卷。
錢東垣等輯《崇文總目・道書類》　狐剛子《粉圖》四卷。

金石還丹術

鄭樵《通志・藝文略・道家類》　《金石還丹術》一卷。狐剛子撰。
錢東垣等輯《崇文總目・道書類》　《金石還丹術》一卷。

運元真氣圖

鄭樵《通志・藝文略・道家類》　《運元真氣圖》一卷。葛仙翁撰。
佚名《道藏闕經目録》卷下　《葛仙公還元真氣訣圖》。

葛仙公歌訣

鄭樵《通志・藝文略・道家類》　《葛仙公歌訣》一卷。
錢東垣等輯《崇文總目・道書類》　《葛仙翁歌訣》一卷。

抱朴子養生論

《宋史・藝文志・神仙類》　《抱朴子養生論》一卷。
白雲霽等《道藏目録詳注・洞神部》　臨字號計十卷。《抱朴子養生論》。與《養性論》三篇同卷。乃制欲保命要論。
文廷式《補晉書藝文志・神仙家類》　《抱朴子養生論》一卷。見《宋志》。《道藏》「臨」字號有此書。嚴可均《鐵橋漫稿》曰：前半即《地真篇》也，後半與《極言篇》相輔。
又《神仙家補》　《抱朴子養生論》一卷。見《宋史・藝文志》。

抱朴子神仙服食藥方

《隋書・經籍志・醫方類》　《神仙服食藥方》十卷。抱朴子撰。
鄭樵《通志・藝文略・道家類》　《太清神仙服食經》五卷。
文廷式《補晉書藝文志・神仙家類》　《抱朴子神仙服食藥方》十卷。

太清玉碑子

鄭樵《通志・藝文略・道家類》　《玉碑子》一卷。
《宋史・藝文志・神仙類》　《太清玉碑子》一卷。葛洪與鄭惠遠問答。
范邦甸等《天一閣書目・道家類》　《太清玉碑子》。晉葛稚川述。
白雲霽等《道藏目録詳注・洞神部》　如字號計十卷。《太清玉碑子》。鄭思遠授葛稚川金石口訣。《瑶瓶歌》、《太上付天師訣》、《大清經口訣》、《陰長生歌》、《五金歌》、《大還丹歌》、《軒轅授皇人三一法》、《楊真人歌》、《金液大還丹歌》。
文廷式《補晉書藝文志・神仙家類》　《太清玉碑》十一卷。葛洪與鄭惠遠問答。見《宋志》。
又《神仙家補》　《太清玉碑子》一卷。葛洪與鄭惠遠問答。見《宋史・藝文志》。

大丹問答

白雲霽等《道藏目録詳注・洞神部》　松字號計十卷。《大丹問答》。鄭思遠授葛抱朴，言外丹理。

稚川真人校證術

范邦甸等《天一閣書目・道家類》《稚川真人校證術》一卷。藍絲闌鈔本。

白雲霽等《道藏目録詳注・洞神部》 似字號計十卷。《稚川真人(較)〔校〕證術》。一卷。先天真訣詩、大藥證秘文、神室吟秘訣、淵原金汞丹砂歌、西方仲成授道砂汞四變歌、大候歌、真奥諸歌。

錢謙益等《絳雲樓書目・道藏類》《稚川真人(投)〔校〕證集》。

文廷式《補晉書藝文志・神仙家類》《稚川真人校證術》一卷。《道藏》似字號有此書。

抱朴子神仙金汋經

錢東垣等輯《崇文總目・道書類》《神仙金汋經》三卷。《通志畧》不著撰人。

鄭樵《通志・藝文略・道家類》《神仙金汋經》三卷。

白雲霽等《道藏目録詳注・洞神部》 斯字號計九卷。《抱朴子神仙金汋經》。三卷。言黄金入石化水，各種服食。

錢謙益等《絳雲樓書目・道藏類》 抱朴子《金汋經》。一册。

文廷式《補晉書藝文志・神仙家類》《抱朴子神仙金汋經》三卷。嚴可均《漫稿》曰：其上、下二卷，即《金丹篇》也。

抱朴子別旨

鄭樵《通志・藝文略・道家類》《抱朴子別旨》一卷。葛洪撰。

《宋史・藝文志・道家類》《抱朴子別旨》二卷。不知作者。

白雲霽等《道藏目録詳注・太清部》 守字號計十一篇。《抱朴子別旨》。與《内篇》同卷。

文廷式《補晉書藝文志・神仙家類》《抱朴子別旨》二卷。《宋史藝文志》著録云：不知作者，今《道藏》本《抱朴子内篇》後附此書一卷，凡五百六十餘言，蓋依託也。

五金龍虎歌

鄭樵《通志・藝文略・道家類》《五金龍虎歌》一卷。葛洪撰。

文廷式《補晉書藝文志・神仙家類》 葛洪《五金龍虎歌》一卷。

錢東垣等輯《崇文總目・道書類》《五金龍虎歌》一卷。葛洪撰。

又《五金龍虎歌》一卷。

葛氏房中秘術

鄭樵《通志・藝文略・道家類》《序房内祕術》一卷。葛氏撰。

文廷式《補晉書藝文志・神仙家類》《葛氏房中秘術》一卷。見《新唐志》。《隋志》作《序房内祕術》，隋諱「中」字也。《抱朴子・釋滯篇》曰：元素子都、容成公、彭祖之屬，蓋載其麄事，終不以至要者著於紙上。余承師鄭君之言，故記以示將來之信道者，實復未盡其訣矣。

葛洪胎息術

鄭樵《通志・藝文略・道家類》 葛洪《胎息要訣》一卷。

晁公武《郡齋讀書志・神仙類》《葛仙翁胎息術》一卷。右仙翁葛洪也。

馬端臨《文獻通考・經籍考・神仙家類》《葛仙翁胎息術》一卷。

文廷式《補晉書藝文志・神仙家類》《葛洪胎息術》一卷。《郡齋讀書後志》云：《葛仙翁胎息術》一卷，右仙翁葛洪也。案葛仙翁即三國時之葛仙公，非稚川也，晁氏蓋誤。《後漢書・方術士真傳》能行胎息胎食之方注：《漢武内傳》曰：習閉氣而吞之名曰胎息。《抱朴子・釋滯篇》曰：胎息者，能不以鼻口噓吸，如在胞胎之中。

葛洪金木萬靈訣

鄭樵《通志・藝文略・道家類》《金木萬靈訣》一卷。葛洪撰。

《宋史・藝文志・神仙類》葛洪《金木萬靈訣》一卷。

白雲霽等《道藏目録詳注・洞神部》松字號計十卷。《金木萬靈論》。葛稚川譔。言銅青塗脚入水不腐，丹砂成水銀即變爲還丹，去凡藥遠矣。

文廷式《補晉書藝文志・神仙家類》《葛洪金木萬靈訣》一卷。見《通志》。《道藏》松字號有此書。

錢東垣等輯《崇文總目・道書類》《金木萬靈訣》一卷。《宋志》不著撰人。

又《金水萬靈訣》一卷。《通志畧》不著撰人。

黑髮酒方

鄭樵《通志・藝文略・道家類》《黑髮酒方》一卷。葛洪撰。

錢東垣等輯《崇文總目・道書類》《黑髮酒方》一卷。葛洪撰。

太乙真君固命歌

鄭樵《通志・藝文略・道家類》太一真人《固命歌》一卷。

馬端臨《文獻通考・經籍考・神僊類》《太一真君固命歌》一卷。《中興藝文志》：題真人勒於羅浮山朱明洞陰谷壁。古篆文字，東晉葛洪譯，鮑靚行於世，言房中術。

《宋史・藝文志・神仙類》《太一真君固命歌》一卷。晉葛洪譯。

文廷式《補晉書藝文志・神仙家類》《太乙真君固命歌》一卷。《宋・藝文志》云晉葛洪譯。

錢東垣等輯《崇文總目・道書類》《太乙真人固命歌》一卷。

隱論雜訣

《宋史・藝文志・神仙類》葛洪《隱論雜訣》一卷。

佚名《道藏闕經目録》卷上《隱論雜訣》。有符。

八素陰陽歌

文廷式《補晉書藝文志・神仙家類》《八素陰陽歌》一卷。見《真誥・翼真檢第二》。

列紀黃素書

文廷式《補晉書藝文志・神仙家類》《列紀黃素書》一卷。見《真誥・翼真檢第二》。

金丹經

文廷式《補晉書藝文志・神仙家類》《金丹經》。

李先生口訣肘後

文廷式《補晉書藝文志・神仙家類》《李先生口訣肘後》二卷。

鮑静三皇經

文廷式《補晉書藝文志・神仙家補》《鮑静三皇經》。《法苑珠林》卷五十五云：晉時道士王浮造《明威化胡經》，鮑静造《三皇經》。唐沙門彦琮琳法師别傳云：鮑静造《三皇經》，後改爲《上清經》。

洞神八帝妙精經

白雲霽等《道藏目録詳注・洞神部》 傷字號計十卷。《洞神八帝妙精經》。一卷。有符。持齋八戒法、小丹法、拘魂法、抱朴審言、三皇三一經、九皇圖、三皇符、西城要訣、三皇天文。

洞神高上玉帝大洞雌一玉檢五老寶經

白雲霽等《道藏目録詳注・正一部》 右字號計九卷。《洞神高上玉帝大洞雌一玉檢五老寶經》。一卷。有符。讀《大洞》、《雌一》真經者，惟是道引神津通徹靈源、保固紫房、潔明泥丸、攝養太一、開釋三關、守鎮七轉、凝和元神。誦持萬遍，名列上仙。

洞真上清開天三圖七星移度經

白雲霽等《道藏目録詳注・正一部》 右字號計九卷。《洞真上清開天三圖七星移度經》。上、下一卷。有符。内移生度死保仙上法。

上清紫微帝君南極元君玉經寶訣

《宋史・藝文志・神仙類》《紫微帝君王經寶訣》一卷。

白雲霽等《道藏目録詳注・洞玄部》 位字號計九卷。《上清紫微帝君南極元君玉經寶訣》。内有三部八景之神呼召法，并太虚真人神仙内記。

西王母寶生無死養形吐納寶神經

佚名《道藏闕經目録》卷下 《西王母寶生無死養形吐納寶神經》。

上清素靈上篇

白雲霽等《道藏目録詳注・正一部》 明字號計十卷。《上清素靈上篇》。與《日月精華上經》同卷。

上清紫精君皇初紫靈道君洞房上經

白雲霽等《道藏目録詳注・洞玄部》 位字號計九卷。《上清紫精君皇初紫靈道君洞房上經》。與《飛仙》二經同卷。大素上清致帝君五神炁法，偃息華辰之下，寢宴九精之内，拘魂魄於北上，煉五神於丹元，逍遥八素列名玄圖。

太上老君養生訣

白雲霽等《道藏目録詳注・洞神部》 盡字號計七卷。《太上老君養生訣》。華陀授廣陵吴普。《五禽》第一，《吐納六氣》第二，《養生真訣》第三，《服氣》等訣。

洞真西王母寶神起居經

白雲霽等《道藏目録詳注・正一部》 右字號計九卷。《洞真西王母寶神起居經》。一卷。有符。

上清太上迴元隱道除罪籍經

白雲霽等《道藏目録詳注・正一部》 承字號計十一卷。《上清太上迴元隱道除罪籍經》。一卷。内係太上隱元内觀法,用六甲之旬六丁之日訣法。

太微帝君二十四神回元經

張國祥《續道藏經目録・正一部》 漆字號計四卷。《太微帝君二十四神回元經》。一卷。

種芝草法

范邦甸等《天一閣書目・道家類》《種芝草法》。白雲仙人著。

白雲霽等《道藏目録詳注・洞神部》 如字號計十卷。《種芝草法》。與《靈草歌》同卷。

錢謙益等《絳雲樓書目・道藏類》《種芝草法》共一册。

服御五牙道引元精經

鄭樵《通志・藝文略・道家類》《服御五牙道引元精經》一卷。陸修静撰。

《宋史・藝文志・神仙類》《五牙導引元精經》一卷。

佚名《道藏闕經目録》卷上 《太上洞玄靈寶服御五芽導引元精經》。有符。

太上洞玄靈寶智慧定志通微經

白雲霽等《道藏目録詳注・洞玄部》 人字號計十四卷。《太上洞玄靈寶智慧定志通微經》。一卷。有圖。靈寶天尊名左右玄二真人,言三界之中三世皆空,當明歸空妙理,便能忘形契道。

太上洞玄靈寶赤書玉訣妙經

白雲霽等《道藏目録詳注・洞玄部》 乃字號計十一卷。《太上洞玄靈寶赤書玉訣妙經》。二卷。元始靈寶五帝醮祭招真玉訣、赤書玉訣、修道求仙赤書真文、攝召北酆鬼魔赤書玉訣、元始赤書服食青芽導引九炁青天玉訣、元始赤書服食玄芽導引五炁玄天玉訣。

褚氏遺書

范邦甸等《天一閣書目・道家類》《褚氏遺書》一卷。齊褚澄編。

上清太上八素真經

白雲霽等《道藏目録詳注・洞玄部》 遜字號計十卷。《上清太上八素真經》。一卷。太上隱虚太虚真人口訣,消三尸煉七魂之法。

菩提達磨胎息訣

《新唐書・藝文志・神仙類》《菩提達磨胎息訣》一卷。

鄭樵《通志・藝文略・道家類》達磨《胎息訣》一卷。又，一卷。又，六卷。

錢東垣等輯《崇文總目・道書類》《達摩胎息訣》一卷。

達磨諸家氣訣

鄭樵《通志・藝文略・道家類》達磨《諸家氣訣》一卷。

達摩胎息定觀經

鄭樵《通志・藝文略・道家類》《胎息定觀經》一卷。達磨撰。

錢東垣等輯《崇文總目・道書類》《胎息定觀經》一卷。達摩撰。

紫庭内祕訣脩行法

范邦甸等《天一閣書目・道家類》《紫庭内祕訣脩行法》。不著撰人名氏。

白雲霽等《道藏目録詳注・洞神部》夙字號計八卷。《紫庭内秘訣脩行法》。存想法，有符祝，並抱朴子入山等符。

服餌方

《隋書・經籍志・醫方類》《服餌方》三卷。陶隱居撰。

姚振宗《隋書經籍志考證・醫方類》《服餌方》三卷。陶隱居撰。陶隱居詳見前名醫别録條。

案《南史・隱逸傳》：弘景所著合丹法式，祕密不傳，唯弟子得之。今案《本志》上下篇所載如《太清草木集要》、《煉化雜術》、《太清諸丹集要》、《合丹節度》及此書凡五種，皆其弟子傳出者。

練化雜術

《隋書・經籍志・醫方類》《練化雜術》一卷。陶隱居撰。

姚振宗《隋書經籍志考證・醫方類》《練化術》一卷。不著撰人。案下篇載《煉化雜術》一卷，陶隱居撰。蓋即此書。

太清諸丹集要

《隋書・經籍志・醫方類》《太清諸丹集要》四卷。陶隱居撰。

姚振宗《隋書經籍志考證・醫方類》《太清諸丹集要》四卷。陶隱居撰。陶隱居見前。《唐書・經籍志》、《太清諸丹藥録集》四卷。《唐書・藝文志》、《太清諸丹藥要録》四卷。二志皆不著名氏。

案上篇《本草類》末有《太清草木集要》二卷。兩《唐志》又有《太清玉石丹藥要集》三卷。草木玉石分爲二書，此似集合一編者。

合丹節度

《隋書・經籍志・醫方類》《合丹節度》四卷。陶隱居撰。

姚振宗《隋書經籍志考證・醫方類》《合丹節度》四卷。陶隱居撰。陶隱居見前。陶翊《隱居先生本起録》曰：《合丹藥諸法式節度》一卷，皆細書大卷，貪易提録若大書可得數四云。

上清握中訣

鄭樵《通志・藝文略・道家類》《上清握中訣》三卷。陶弘景撰。

《宋史・藝文志・神仙類》 陶弘景《上清握中訣》三卷。

范邦甸等《天一閣書目・道家類》《上清握中訣》三卷。不著撰人名氏。

白雲霽等《道藏目録詳注・洞真部》 成字號計十卷。《上清握中訣》。三卷。中卷有符。內《乘虛篇》、《躡景篇》、《遊行篇》、《三命篇》、《徘徊篇》、《三陽》等篇。皆有神躡景之法。

錢東垣等輯《崇文總目・道書類》《上清握中訣》三卷。

導引養生圖

鄭樵《通志・藝文略・道家類》《道引養生圖》一卷。

晁公武《郡齋讀書志・神仙類》《導引養生圖》一卷。右梁陶弘景撰。分三十六勢，如「鴻鶴徘徊」、「鴛鸞戢羽」之類，各繪像於其上。田偉家本少八勢。

馬端臨《文獻通考・經籍考・神仙類》《導引養生圖》一卷。

《宋史・藝文志・神仙類》 陶弘景《導引養生圖》一卷。

道引圖

鄭樵《通志・藝文略・道家類》《道引圖》一卷。陶弘景撰。

金丹訣

鄭樵《通志・藝文略・道家類》 陶真人《金丹訣》一卷。

陶真人《金丹訣》三卷。陶弘景撰。

錢東垣等輯《崇文總目・道書類》 陶真人《金丹訣》三卷。

陶真人《金丹訣》一卷。陶宏景撰。

太清諸石變化神仙方集要

鄭樵《通志・藝文略・道家類》《太清諸石變化神仙方集要》一卷。陶弘景撰。

錢東垣等輯《崇文總目・道書類》《太清諸石變化神方集要》一卷。

煉服雲母法

鄭樵《通志・藝文略・道家類》《煉服雲母法》一卷。陶弘景撰。

靈寶神仙玉芝瑞草圖

鄭樵《通志・藝文略・道家類》《靈寶神仙玉芝瑞草圖》二卷。

《宋史・藝文志・神仙類》 陶弘景《神仙玉芝瑞草圖》二卷。

錢東垣等輯《崇文總目・道書類》《靈寶神仙玉芝瑞草圖》二卷。

經食草木法

鄭樵《通志・藝文略・道家類》《經食草木法》一卷。陶隱居撰。

佚名《道藏闕經目録》卷下《食草木法》。

達靈經

鄭樵《通志・藝文略・道家類》《達靈經》一卷。陶弘景撰。

錢東垣等輯《崇文總目・道書類》《達靈經》一卷。陶宏景撰。

養性延命録

鄭樵《通志・藝文略・道家類》《養性延命集》二卷。陶弘景撰。

《宋史・藝文志・神仙類》陶弘景《養性延命録》二卷。

范邦甸等《天一閣書目・道家類》《養性延命録》二卷。藍絲闌鈔本。梁華陽陶隱居集并序。云余因止觀微暇，聊復披覽《養覽要集》。其集乃錢彦、張湛、道林之徒，翟平、黄山之輩，咸是好事英奇志在寶育，或鳩集仙經真人壽考之規，或得采彭鏗、老君長齡之術。上自黄農以來，下及魏晉之際，但有益于養生及招損于後患。諸本先皆記録，今畧取要法，删棄繁蕪，類聚篇題，分爲上下兩卷。卷有三篇號爲《養性延命録》，或云此書孫思邈所集。

白雲霽等《道藏目録詳注・洞神部》臨字號計十卷。《養生延命録》。二卷。此書孫思邈所集《千金方》問其説華陽陶隱居注。《教誡篇》第一，《食誡篇》第二，《雜誡忌禳害所善篇》第三，《服氣療病篇》第四，《導引按摩篇》第五，《御女損益篇》第六。

錢謙益等《絳雲樓書目・道藏類》《養性延命集》一册。三卷。陶宏景。

錢東垣等輯《崇文總目・道書類》《養生延命録》一卷。陶宏景撰。

登真隱訣

《舊唐書・經籍志・道家類》《登真隱訣》二十五卷。陶弘景撰。

《新唐書・藝文志・神仙類》陶弘景《登真隱訣》二十五卷。

鄭樵《通志・藝文略・道家類》《登真隱訣》六十卷。陶弘景撰。

晁公武《郡齋讀書志・神仙類》《登真隱訣》二十五卷。右梁陶弘景撰。景以爲學其訣者，當由階而登，真文多隱，非訣莫登，故以名書。凡七篇十七條，《隋志》云。

尤袤《遂初堂書目・道家類》《登真隱訣》。

馬端臨《文獻通考・經籍考・神仙類》《登真隱訣》二十五卷。

《宋史・藝文志・神仙類》陶弘景《登真隱訣》三十五卷。

白雲霽等《道藏目録詳注・洞玄部》遜字號計十卷。《登真隱訣》。三卷。華陽隱居陶弘景撰。《隱訣》述玄州上卿蘇君傳訣，并誦《黄庭經》、煉神等法。

錢謙益等《絳雲樓書目・道藏類》《登真隱訣》。二十五卷。陶宏景。

錢東垣等輯《崇文總目・道書類》《登真隱訣》六十卷。陶弘景撰。

養生經

錢東垣等輯《崇文總目・道書類》《養生經》一卷。陶宏景撰。

黄庭集訣

鄭樵《通志・藝文略・道家類》《黄庭集訣》一卷。陶真人撰。

養生訣

鄭樵《通志・藝文略・道家類》《養生訣》一卷。陶真人撰。

勸仙引

鄭樵《通志・藝文略・道家類》陶仙公《勸仙引》一卷。

佚名《道藏闕經目録》卷下《陶仙公勸仙引》。

七域修真證品圖

白雲霽等《道藏目録詳注・洞玄部》 國字號計十一卷。《七域修真證品圖》。内言仙道八素真經、太上隱書等圖籙。

服氣要訣

《宋史・藝文志・神仙類》 魏曇巒法師《服氣要訣》一卷。

墨子枕内五行紀要

《隋書・經籍志・醫方類》 《墨子枕内五行紀要》一卷。梁有《神枕方》一卷，疑此即是。

仙人水玉酒經

《隋書・經籍志・醫方類》 梁有《仙人水玉酒經》一卷。

姚振宗《隋書經籍志考證・醫方類》 梁有《仙人水玉酒經》一卷。不著撰人。案《唐・藝文志》王超《仙人水鏡圖訣》一卷。注云：貞觀人，似即因是書而爲圖訣。「水鏡」疑「水經」之誤。《道藏目録》如字號有《軒轅黄帝水經藥法》一卷，則頗似此書也。

大洞真經

錢東垣等輯《崇文總目・道書類》 《大洞真經》一卷。

鄭樵《通志・藝文略・道家類》 《大洞真經》一卷。

晁公武《郡齋讀書志・神仙類》 《大洞真經》一卷。右題云高上虚皇君等。道書，三十七章。晉永和中，上清紫微元君降授於王夫人，是《上清高法》。《道藏》書六部：一曰大洞真部，二曰靈寶洞元部，三曰太上洞神部，四曰太真部，五曰太清部，六曰正一部。李氏《道書志》四類：一曰經誥類，二曰傳録類，三曰丹藥類，四曰符篆類，皆以此書爲之首，然《唐志》不載，故以次《度人經》云。

馬端臨《文獻通考・經籍考・神仙家類》 《大洞真經》一卷。

白雲霽等《道藏目録詳注・洞真部》 荒字號計十卷。《上清太洞真經》。卷一之六，有符像。大洞秘旨，其中多是身中百神之名字。所主所居宫分山林樓台池舘，一一明白。大槩以生門死户、守難抱雄爲主，混合百神常存。各俱其所，各理其務，存養自己神炁，吟咏寶章。則天真下降，與兆身中神炁混融，乃至長生不死之道也。

文廷式《補晉書藝文志・神仙家類》 《大洞真經》一卷。《真誥》引之。《郡齋讀書志》卷十六云：《大洞真經》一卷，題云高上虚皇等。《道書三十七章》：晉永元中，上清紫微玄君降授於王夫人。是上清高法，《道藏》書六部李氏道書志四類，皆以此書爲之首。《真誥・敍録》云：《上清真經》出世之源始於晉興寧二年，太歲甲子，紫虚玄君上真司命南嶽魏夫人下降授弟子琅邪王司徒公府舍人楊羲，使作隸字以傳，護軍長史句容許穆並第三息上許掾玉斧。

土兑訣

鄭樵《通志・藝文略・道家類》 《土兑訣》一卷。

范邦甸等《天一閣書目・道家類》 《太古土兑經》三卷。無名氏序。

白雲霽等《道藏目録詳注・洞神部》 之字號計八卷。《太古土兑經》。上、中、下同卷。黄芽術八石及草藥染葉術同上，曰葉術同上，伏汞法同上，狐岡子伏雄法、伏丹砂法、癡汞伏丹法。中卷伏鍊鐵法、伏鐵精法、鍊鐵法、伏錫法、變换黄白入葉法、伏汞法、伏硃砂法、伏白礬法、伏石腦法、飛磁石法、伏硫黄法、製庚法、又法。下卷伏硫硃作黄白並服食、芽君伏汞法、狐崗子玄珠法、伏雄黄法、玄黄膏法、有歌、紫油丹法、伏火紫粉法、紫油丹成伏火法、鐵粉法、鍊銀華法、轉白入黄法、紫泥法。

錢謙益等《絳雲樓書目・道藏類》 《太古上兑經》。

錢東垣等輯《崇文總目・道書類》 《土兑訣》三卷。

太清真人絡命訣

《宋史・藝文志・神仙類》《太清真人絡命訣》一卷。

白雲霽等《道藏目録詳注・洞真部》 成字號計十卷。《太清真人絡命訣》。與《胎息》等三經同卷。言人魂魄爲絡命。魄爲内國，魂爲外國。夜守外國，故言守魂，晝守内國，故言守魄。故聖人一之。

太上洞房内經註

范邦甸等《天一閣書目・道家類》《太上洞房内經註》。不著撰人名氏。

白雲霽等《道藏目録詳注・洞真部》 成字號計十卷。《太上洞房内經註》。周真人序。云行此經法，每日存洞房白元君、無英君、黄老君，仍有呼召之法，神靈變化乘雲登仙之術。

大洞玉經

白雲霽等《道藏目録詳注・洞真部》 日字號計八卷。《大洞玉經》。二卷。有符。若能行持經中符咒，精誠混煉，存神日新，返老還童，長生久視。嘗考《神仙通鑑》并《列仙傳記》，内行持《大洞經》法登仙者，不可勝紀。

鍊三十六水石法

鄭樵《通志・藝文略・道家類》《鍊三十六水石法》一卷。

《宋史・藝文志・神仙類》《三十六水法》一卷。

白雲霽等《道藏目録詳注・洞神部》 如字號計十卷。《三十六水法》。賫諸石化水三十六種法。

錢東垣等輯《崇文總目・道書類》《煉三十六水石法》一卷。

上清黄氣陽精三道順行經

白雲霽等《道藏目録詳注・洞真部》 昃字號計十一卷。《上清黄氣陽精三道順行經》。一卷。有符。

太上導引三光寶真妙經

白雲霽等《道藏目録詳注・洞真部》 辰字號計十卷。《太上導引三光寶真妙經》。與《九變》二經同卷。

太上玉佩金璫太極金書上經

白雲霽等《道藏目録詳注・洞真部》 宿字號計十卷。《太上玉佩金璫太極金書上經》。一卷。有符。内有三天真經、姓諱并太極金書秘字、三元九陽等符，有日月二景之法。

大洞金華玉經

白雲霽等《道藏目録詳注・洞真部》 果字號計十卷。《大洞金華玉經》。一卷。有圖。言回風混合第一之道，存修九圖，大洞内法存修雌雄真一十三圖。

太上洞玄靈寶三元無量壽經

白雲霽等《道藏目録詳注・洞玄部》 人字號計十四卷。《太上洞玄靈寶三元無量壽經》。一卷。內言十種遠身行法、十種離口過法、十種除想法、十種拔逮根法、十種絶聲色法、十種儉愛欲法、十種放翫習法、十種洗垢穢法、十種無昏惑法、十種不淫想法、十種不疑空法、十種平好醜法、十種不邪還法、十種常住無法、十種絶心想法、十種習悉意法、十種善防言法、十種不亂轉法、十種不悟念法、十種不彼念法、十種不攸想法、十種無常定法、十種無常的法、十種無常顧法、十種不追懷法、十種無猶豫法、十種忍不忍法。

上清五常變通萬化鬱冥經

白雲霽等《道藏目録詳注・洞玄部》 人字號計十四卷。《上清五常變通萬化鬱冥經》。一卷。有符。內有步空飛綱逃形變景之法，行之禳災、辟禍，返白、還顔。

上清三元玉檢三元布經

白雲霽等《道藏目録詳注・洞玄部》 乃字號計十一卷。《上清三元玉檢三元布經》。一卷。有符。三元者，上元檢天大録，下元檢地玉文，中元檢仙真書。三元玉檢投書祭文、三元內存招真降靈上法、元隱朝內仙上法。

上清三真旨要玉訣

鄭樵《通志・藝文略・道家類》 《三真旨要玉訣》一卷。

白雲霽等《道藏目録詳注・洞玄部》 遜字號計十卷。《上清三真旨要玉訣》。一卷。按摩導引之法。

錢東垣等輯《崇文總目・道書類》 《三真旨要玉訣》一卷。

皇天上清金闕帝君靈書紫文上經

白雲霽等《道藏目録詳注・洞神部》 傷字號計十卷。《皇天上清金闕帝君靈書紫文上經》。一卷。有符。此經五老上真仙都受聖君，命受青童君，青童君以傳遠遊，使下教骨相玄名。有仙籍之人應受此文。

上清金書玉字上經

白雲霽等《道藏目録詳注・洞神部》 夙字號計八卷。《上清金書玉字上經》。一卷。方諸宮青童君傳。存七星，每月三日、二十七日夜，瞻尊帝二星訣。

金液神丹經

鄭樵《通志・藝文略・道家類》 《金液神丹經》三卷。

《宋史・藝文志・神仙類》 《太清金液神丹經》三卷。

范邦甸等《天一閣書目・道家類》 《太清金液神丹經》三卷。

白雲霽等《道藏目録詳注・洞神部》 興字號計十一卷。《上清金液神丹經》。三卷。正一天師張道陵序。言閉息真訣。上卷言造六一泥法、發丹火吉日。《金液神丹經文》，本上古書，義不可解。陰君作漢字顯出之，合有五百四字，言神丹。中卷長生陰真人撰，煉雌雄丹法。下卷抱朴子述四海之內，八荒之外；殊方異域，考記異同；金石藥物，詳而辯之。

錢東垣等輯《崇文總目・道書類》 《金液神丹經》三卷。

太上洞玄靈寶三一五氣真經

白雲霽等《道藏目録詳注・太玄部》 取字號計十卷。《太上洞玄靈寶三一五氣真經》。此經昔軒轅曾省天皇真一之經，而不解三一真炁之要。過風山見紫府先生，受《三皇内文》，遇廣成子受自然之經。非三皇天真之官，實不解此真一之文。

洞真太上八素真經服食日月皇華訣

《宋史・藝文志・神仙類》《服食日月皇華訣》一卷。

白雲霽等《道藏目録詳注・正一部》通字號計十一卷。《洞真太上八素真經服食日月皇華訣》。一卷。有符。吞服日月精華、高奔二景之法。

上清化形隱景登昇保仙上經

白雲霽等《道藏目録詳注・正一部》明字號計十卷。《上清化形隱景登昇保仙上經》。與《五星上法經》同卷。内脩隱景之道。每至八節之日，八帝遊會之時行之，神明交會，元炁自生。

上清太上九真中經絳生神丹訣

白雲霽等《道藏目録詳注・正一部》既字號計十卷。《上清太上九真中經(降)〔絳〕生神丹訣》。一卷。存神凝素之法。

上清明堂元真經訣

白雲霽等《道藏目録詳注・洞玄部》遜字號計十卷。《上清明堂元真經訣》。一卷。明堂經訣，係自玉龜臺九靈太真君西王母授。

太極左仙公説神符經

鄭樵《通志・藝文略・道家類》《太極左公説神符經》一卷。

白雲霽等《道藏目録詳注・太平部》母字號計十卷。《太極左仙公説神符經》。内云存形保神，調炁安真。此神符默運之妙。

錢東垣等輯《崇文總目・道書類》《太神左仙翁説法符經》一卷。

洞玄靈寶飛行三界通微内思妙經

白雲霽等《道藏目録詳注・太平部》母字號計十卷。《洞玄靈寶飛行三界通微内思妙經》。與《神符經》同卷。

洞真太上説智慧消魔真經

白雲霽等《道藏目録詳注・正一部》内字號計十卷。《洞真太上説智慧消魔真經》。卷一之五。有符。《真藥玄英高靈品》，可以逐邪起病，驅精除害。散六天之鬼氣，制百妖之侵者，宜誦此。

金闕帝君三元真一經

白雲霽等《道藏目録詳注・洞真部》果字號計十卷。《金闕帝君三元真一經》。一卷。涓子受東海青童君。言三元真一，真人所以貴。一者，上一爲一身之天帝，中一爲絳宫之丹田，下一爲黄庭之元上也。

太微靈寶紫文琅玕華丹神真上經

白雲霽等《道藏目録詳注・洞真部》 果字號計十卷。《太微靈寶紫(微)〔文〕琅玕(萃)〔華〕丹神真上經》。一卷。黄水月華丹法、徊水玉精丹法、水陽青映液法，已上皆言外丹藥物。

太清金液神氣經

鄭樵《通志・藝文略・道家類》 《金液神氣經》十卷。混元皇帝撰。

白雲霽等《道藏目録詳注・洞神部》 興字號計十一卷。《太清金液神氣〔經〕》。三卷。上卷乃金石共合之丹，俱係隱名。中卷煉服雲母。下卷服食芒草、靈水等法。

錢東垣等輯《崇文總目・道書類》 《金液神氣經》十卷。

上清迴神飛霄登空招五星上法經

白雲霽等《道藏目録詳注・正一部》 明字號計十卷。《上清迴神飛霄登空招五星上法經》。内有凝空飛景存神之法。

洞真太上上皇民籍定真玉籙

鄭樵《通志・藝文略・道家類》 《洞真太上上皇氏籍定真玉籙》一卷。

白雲霽等《道藏目録詳注・正一部》 廣字號計十卷。《洞真太上上皇民籍定真玉録》。與《倉元上録》同卷。《定真玉録》乃自然之文，若佩之者，心寧道生，魔無于試。

胎精記解結行事訣

《宋史・藝文志・神仙類》 《胎精記解結行事訣》一卷。

白雲霽等《道藏目録詳注・洞玄部》 位字號計九卷。《上清胎精記解結行事訣》。内胎煉化九丹凝神之法，服化九丹陽靈之符，服精煉神之符，服三關十二結胎内符。

太上迴元九道飛行羽經

鄭樵《通志・藝文略・道家類》 《太上迴元九道飛行羽經》一卷。

佚名《道藏闕經目録》卷上 《上清太上迴元九道飛行羽經》。有符。

白雲霽等《道藏目録詳注・正一部》 内字號計十卷。《洞真太上飛行羽、經九真昇玄上紀》。一卷。脩玄至真隱語。

錢東垣等輯《崇文總目・道書類》 《太上回元九道飛行羽經》一卷。

皇人三一圖

鄭樵《通志・藝文略・道家類》 《皇人三一圖》一卷。

鄭樵《通志・圖譜略・記無》 《皇人三一圖》。

《宋史・藝文志・神仙類》 《皇人三一圖》一卷。

佚名《道藏闕經目録》卷下 《皇人三一圖訣》。

洞真上清變化七十四方經

佚名《道藏闕經目録》卷上 《洞真上清變化七十四方經》。三卷有符。

上清太上道君守玄丹經

佚名《道藏闕經目録》卷上 《上清太上道君守玄丹經》。有符畫。

上清九真中經内訣

范邦甸等《天一閣書目・道家類》 《上清九真中經内訣》。不著撰人名氏。

白雲霽等《道藏目録詳注・洞神部》 似字號計十卷。《上清九真中經内訣》。與《五九數訣》同卷。太虚真人南嶽上仙赤松子述。餌丹砂法、醮太乙法、醮諸符法、蒸苣勝胡麻法。

太上老君大存思圖註訣

范邦甸等《天一閣書目・道家類》 《太上老君大存思圖註訣》。

白雲霽等《道藏目録詳注・洞神部》 夙字號計八卷。《太上老君大存思圖註訣》。一卷。有圖。乃存想五臟五星，常存九行三業、坐卧登座存想圖像。

太上昇玄三一融神變化妙經

白雲霽等《道藏目録詳注・洞真部》 辰字號計十卷。《太上昇玄三一融神變化妙經》。上下同卷。言體性元實，含藏一切，故虚能通變，存神含一之妙。

太上玄一真人説妙通轉神入定經

白雲霽等《道藏目録詳注・洞玄部》 字字號計十卷。《太上玄一真人説妙通轉神入定經》。《經》云：制心定志、坐念思微、舉動行止、息念轉神，以得高仙上道。

太上洞玄靈寶法燭經

白雲霽等《道藏目録詳注・洞玄部》 字字號計十卷。《太上洞玄靈寶法(燈)〔燭〕經》。法燭者，規矩之謂。規圓矩方萬物從之，得正燭乃有光之物，佐月嗣日，開昏朗闇，用其明得所見。

上清華晨三奔玉訣

白雲霽等《道藏目録詳注・洞玄部》 位字號計九卷。《上清華晨三奔玉訣》。與《行事訣》同卷。言華蓋下北辰，斗中輔、弼星也。有存念秘法，行之必使精誠虚豁，聚神含光，凝爲三辰。呼吸碧落，即見尊帝二星，大如赤日，紫芒八達。臨兆身中即叩首呼之，壽延無極。

太清經天師口訣

白雲霽等《道藏目録詳注・洞神部》 興字號計十一卷。《太清經天師口訣》。一卷。造真珠法、消錫鉛爲水銀法、銀雪法、赤松子肘後藥訣，皆煉金銀、鉛汞、玉石、雌雄、鍾乳、松脂各法。

洞真太上八素真經精要三景妙訣

白雲霽等《道藏目録詳注・正一部》 通字號計十一卷。《洞真太上八素真經精要三景妙(經)〔訣〕》。一卷。有服。北斗九星法、服五方五星等法。

洞真太上八素真經三五行化妙訣

白雲霽等《道藏目録詳注・正一部》 通字號計十一卷。《洞真太上八素真經三五行化妙訣》。一卷。存想煉神之法。

洞真太乙帝君大丹隱書洞真玄經

白雲霽等《道藏目録詳注・正一部》 廣字號計十卷。《洞真太乙帝君大丹隱書洞真玄經》。一卷。有符。此經乃大洞之法。朝拜禮誦，密呼神名，其心神精思到者，立有感効也。

洞真太上道君元丹上經

白雲霽等《道藏目録詳注・正一部》 内字號計十卷。《洞真太上道君元丹上經》。一卷，有符。斯經乃靈素上篇，至道高妙，亦非中仙所可得聞。

上清太極真人神仙經

白雲霽等《道藏目録詳注・正一部》 典字號計十卷。《上清太極真人神仙經》。一卷。女弟子魏華存授清虚真人訣。太極真人服四極雲芽神仙上法。

老子華蓋觀天訣

《舊唐書・經籍志・道家類》《老子華蓋觀天訣》一卷。

《新唐書・藝文志・神仙家類》《老子華蓋觀天訣》一卷。

太上導引三光九變妙經

白雲霽等《道藏目録詳注・洞真部》 辰字號計十卷。《太上導引三光九變妙經》。有符。

太清調氣經

鄭樵《通志・藝文略・道家類》《太清調氣經》一卷。

范邦甸等《天一閣書目・道家類》《調氣經》二卷。不著撰人名氏。

白雲霽等《道藏目録詳注・洞神部》 盡字號計七卷。《上清調氣經》。一卷。内言各種調氣工夫。

太清氣養生經

鄭樵《通志・藝文略・道家類》《太清氣養生經》一卷。

彭祖攝生養性論

白雲霽等《道藏目録詳注・洞神部》 臨字號計十卷。《彭祖攝生養性論》。食息起居、四時調養法。

太上老君服氣胎息訣

《宋史・藝文志・神仙類》《太上老君服氣胎息訣》一卷。

如意方

《隋書·經籍志·醫方類》《如意方》十卷。

姚振宗《隋書經籍志考證·醫方類》《如意方》十卷。不著撰人。《唐書·藝文志》：梁武帝《坐右方》十卷，《如意方》十卷。案《南史·梁簡文帝本紀》載所著有《如意方》十卷，則實爲簡文帝所撰。《唐志》、《坐右方》十卷之下，敚「簡文帝」三字耳。

神仙服食經

《隋書·經籍志·醫方類》《神仙服食經》十卷。

《神仙服食經》十卷。

鄭樵《通志·藝文略·道家類》《神仙服食經》十二卷。《神仙服食經》一卷。《神仙服食經》一卷。

《宋史·藝文志·神仙類》《神仙服食經》一卷。

佚名《道藏闕經目録》卷下《太清神仙服食經》。

雜仙餌方

《隋書·經籍志·醫方類》《雜仙餌方》八卷。

服食諸雜方

《隋書·經籍志·醫方類》《服食諸雜方》二卷。

《服食諸雜方》二卷。

老子禁食經

《隋書·經籍志·醫方類》《老子禁食經》一卷。

姚振宗《隋書經籍志考證·醫方類》《老子禁食經》一卷。案《日本書目》有《老子神仙服食經》。《宗文總目》有《老子禁食經》，皆一卷。疑即此書。

玉衡隱書

《隋書·經籍志·醫方類》《玉衡隱書》七十卷。《目》一卷。周弘讓撰。

姚振宗《隋書經籍志考證·醫方類》《玉衡隱書》七十卷，《目》一卷。周弘讓撰。周弘讓有《續高士傳》，見《史記·雜傳篇》。

案弘讓爲周弘正之弟，以仕不得志隱于句容之茅山。此殆其隱居茅山時所作。舊、新唐志及《通志略·醫家》、《道書》兩類中皆不見，亡佚久矣。

合丹要略序

《隋書·經籍志·醫方類》《合丹要略序》一卷。孫文韜撰。

姚振宗《隋書經籍志考證·醫方類》《合丹要略序》一卷。孫文韜撰。宋高似孫《剡録》引《真誥》曰：孫韜字文藏，會稽剡人，入山師潘四明，參受真法。陶隱居手爲題《握中祕訣》，門人罕能見，唯傳韜及柏閬二人。

《書畫譜·書家傳》、《書史會要》曰：道士孫文韜，一名韜，字文藏，會稽剡縣人，陶真白弟子也。其書初學楊、許，後學大王，殊有深分。有所書《九錫碑》及《舊館壇碑》在茅山。

仙人金銀經并長生方

《隋書・經籍志・醫方類》《仙人金銀經并長生方》一卷。

雜仙方

《隋書・經籍志・醫方類》《雜仙方》一卷。

神仙服食神祕方

《隋書・經籍志・醫方類》《神仙服食神祕方》二卷。

神仙餌金丹沙祕方

《隋書・經籍志・醫方類》《神仙餌金丹沙祕方》一卷。

衛叔卿服食雜方

《隋書・經籍志・醫方類》《衛叔卿服食雜方》一卷。

姚振宗《隋書經籍志考證・醫方類》 衛叔卿《服石雜方》一卷。《太平御覽・道部》四三《洞珠囊》曰：衛叔卿，中山人，服雲母，子度世入山見父。叔卿語曰：吾齋書室西北墉大柱下有玉函，中有書取而案合服之。度世歸，果如言，餌五色雲母，仙去。

金丹藥方

《隋書・經籍志・醫方類》《金丹藥方》四卷。

雜神仙丹經

《隋書・經籍志・醫方類》《雜神仙丹經》十卷。

雜神仙黄白法

《隋書・經籍志・醫方類》《雜神仙黄白法》十二卷。

姚振宗《隋書經籍志考證・醫方類》《雜神仙黄白法》十二卷。不著撰人。《漢書・郊祀志》：成帝時谷永説上曰：秦始皇初并天下，甘心于神僊之道，遣徐福、韓終之屬多齎童男童女入海，求神采藥，因逃不還，天下怨恨。漢興，新垣平、齊人少翁、公孫卿、欒大等皆以僊人黄冶祭祀事鬼，使物其後，皆以術窮，詐得誅夷伏辜。晉灼曰：黄者，鑄黄金也。道家言冶丹砂，令變化，可鑄作黄金也。

《抱朴子・黄白篇》曰：《神仙經》黄白之方千有餘首。黄者，金也；白者，銀也。或題篇曰《庚辛》，庚辛亦金也，然率多深微難知，其可解分明者少許爾。又《遐覽篇》云：道經中有《黄白經》、《八公黄白經》各一卷，《枕中黄白經》五卷。《宋志・神仙家》有《神仙庚辛經》一卷。

《唐書・經籍・藝文志》：《黄白祕法》二十卷。「二十」爲「十二」之誤。

神仙雜方

《隋書・經籍志・醫方類》《神仙雜方》十五卷。

神仙服食雜方

《隋書·經籍志·醫方類》《神仙服食雜方》十卷。

神仙服食方

《隋書·經籍志·醫方類》《神仙服食方》五卷。

真人九丹經

《隋書·經籍志·醫方類》《真人九丹經》一卷。

雜神丹方

《隋書·經籍志·醫方類》《雜神丹方》九卷。

合丹大師口訣

《隋書·經籍志·醫方類》《合丹大師口訣》一卷。

練寶法

《隋書·經籍志·醫方類》《練寶法》二十五卷。《目》三卷。本四十卷，闕。

陵陽子説黃金祕法

《隋書·經籍志·醫方類》《陵陽子説黃金祕法》一卷。

姚振宗《隋書經籍志考證·醫方類》 陵陽子《説黃金祕法》一卷。《列仙傳》曰：陵陽子明者，銍鄉人也。好釣魚于旋溪，得白龍，子明懼解釣，拜而放之。後得白魚，腹中有書，教子明服食之法，子明遂上黃山采五石脂，沸水而服之。三年龍來迎去，止陵陽山上百餘年。《抱朴子·仙藥篇》又有陵陽子仲，似亦即此陵陽子。《唐書·經籍志》：《陵陽子祕訣》一卷，明月公撰。《唐書·藝文志》：明月公《陵陽子祕訣》一卷。

案王逸《楚辭·遠游篇章句》、《文選·甘泉賦》張揖注《思玄賦》、《江賦》、《琴賦》七命注數引《陵陽子明經》，其言類皆服氣道引之術。又《抱朴子·黃白篇》云：凡方書所名藥物，又或與常藥物同而名異者，如河上姹女非婦人也，陵陽子明非男子也。則陵陽子明又爲藥物之異名，此稱陵陽子及明月公者，或皆是丹竈家之寓言，而《列仙傳》之説固不足憑也。

神方

《隋書·經籍志·醫方類》《神方》二卷。

姚振宗《隋書經籍志考證·醫方類》 《神方》二卷。不著撰人。《唐書·經籍志》：《神臨藥祕經》一卷。黃公撰。

《唐書·藝文志》：黃公《神臨藥祕經》一卷。

《宋史·藝文志·神仙家》：《黃老神臨藥經》一卷。

案神臨藥祕經者，大抵謂神降臨時所示之丹藥得之乩壇中也。陶氏《真誥》二十卷中，或當有此事。

狐子雜決

《隋書・經籍志・醫方類》《狐子雜決》三卷。

太山八景神丹經

《隋書・經籍志・醫方類》《太山八景神丹經》一卷。

太清神丹中經

《隋書・經籍志・醫方類》《太清神丹中經》一卷。

《舊唐書・醫術類》《太清神丹中經》三卷。

《新唐書・醫術類》《太清神丹中經》三卷。

鄭樵《通志・藝文略・道家類》《神丹中經》一卷。

姚振宗《隋書經籍志考證・醫方類》《太清神丹中經》一卷。不著撰人。《唐書・經籍》、《藝文志》：《太清神丹中經》三卷。

案《抱朴子・金丹篇》云：《太清神丹》，其法出于元君。元君者，老子之師也。《太清觀天經》有九篇，其上三篇不可教授，其中三篇世無足傳，常沉之三泉之下，其下三篇正是《丹經》。上、中、下凡三卷也。案《兩唐志》載是書三卷，與葛氏所言合，似即此書。又謂余從祖仙公從左元放受《太清丹經》三卷，又謂江東先無此書，書出左元放，元放以授余從祖，從祖以授鄭君，鄭君以授余，故他道士了無知者，蓋亦傳于抱朴子者焉。

太上黃庭外景經

鄭樵《通志・藝文略・道家類》《太上黃庭外景經》三卷。李子乘注。

黃庭中景經

鄭樵《通志・藝文略・道家類》《黃庭中景經》一卷。

《宋史・藝文志・神仙類》李千乘《黃庭中景經注》一卷。

白雲霽等《道藏目録詳注・正一部》典字號計十卷。《太上黃庭中景經》一卷。上清元命真人李千乘註。此經當與《黃庭內、外二景經》參看。

丹房鑒源

鄭樵《通志・藝文略・道家類》《丹房鑒源》三卷。獨孤滔撰。

《宋史・藝文志・神仙類》獨孤滔《丹房鏡源文》三卷。

范邦甸等《天一閣書目・道家類》《丹方鑑要》三卷。紫閣山叟獨孤滔撰。

白雲霽等《道藏目録詳注・洞神部》如字號計十卷。《丹房鑑原》。上、中、下同卷。紫閣山叟獨孤滔譔。《金銀篇》第一，《諸黃篇》第二，《諸砂篇》第三，《諸礬篇》第四，《諸青篇》第五，《諸石篇》第六，《諸藥篇》第七，《諸霜篇》第八，《諸鹽篇》第九，《諸粉篇》第十，《諸硝篇》十一，《諸水》十二，《諸土》十三，《雜藥》十四，《藥汁》十五，《諸油》十六，《脂髓》十七，《鳥獸糞》十八，《諸灰》十九，《草汁》二十，《雜要》二十一，《藥泥》二十二，《辯火》二十三，《造銅銀鉛砂》二十四，《雜論》二十五。點制五黃丸子方。

錢謙益等《絳雲樓書目・道藏類》《丹房鑑源》三卷。獨孤滔。

錢東垣等輯《崇文總目・道書類》《丹房鑑源》三卷。

太極真人九轉還丹經

《隋書・經籍志・醫方類》《太極真人九轉還丹經》一卷。

白雲霽等《道藏目録詳注・洞神部》清字號計九卷。《太極真人九轉還經要訣》。與《丹砂訣》同卷，乃八石伏水銀之法、黃帝四扇散方、王母四童散方，乃草木服食、茅君五種芝茸等方。

錢謙益等《絳雲樓書目・道藏類》《九轉還丹經》。四種。共一册。

姚振宗《隋書經籍志考證・醫方類》《太極真人九轉還丹經》一卷。

太極真人即葛仙公玄，有《内傳》一卷見《史部・雜傳家》。

《抱朴子・金丹篇》曰：案《黄帝九鼎神丹經》云：黄帝服之，遂以昇仙。又云：黄帝以傳元子。又云：合時當祭，祭時自有《圖法》一卷。又云：第一之丹名曰《丹華》，第二名曰《神丹》，第三亦曰《神丹》，四曰《還丹》，五曰《餌丹》，六曰《錬丹》，七曰《柔丹》，八曰《伏丹》，九曰《寒丹》。又有《立成丹》，亦有九首，似九鼎而不及也。

又《遐覽篇》曰：從祖仙公從左元放受《太清丹經》三卷，及《九鼎丹經》一卷。

丹臺新録

鄭樵《通志・藝文略・道家類》《丹臺新録》九卷。夏有章撰。

丹臺新録

《宋史・藝文志・神仙類》青霞子《丹臺新録》九卷。

佚名《道藏闕經目録》卷下《丹臺新録》。

龍虎還丹通元要訣

鄭樵《通志・藝文略・道家類》《龍虎還丹通元要訣》二卷。晉蘇元明撰。

晁公武《郡齋讀書志・神仙類》《龍虎通元要訣》一卷。右蘇元明撰。以古訣《龍虎經》、《參同契祕》、《金碧潛通訣》，其文繁而隱，故纂其要爲是書。李邯鄲家本題云「青霞子，隋開皇時人」，不出名氏，豈元朗之號耶？

馬端臨《文獻通考・經籍考・神仙類》《龍虎通玄要訣》一卷。

錢東垣等輯《崇文總目・道書類》《龍虎還丹通元要訣》二卷。蘇元明撰。

龍虎金液還丹通元論

鄭樵《通志・藝文略・道家類》《龍虎金液還丹通元論》一卷。晉蘇元明撰。

陳振孫《直齋書録解題・神仙類》《龍虎金液還丹通玄論》一卷。稱羅浮山蘇真人撰。

馬端臨《文獻通考・經籍考・神仙類》《龍虎金液還丹通玄論》一卷。【略】

《宋史・藝文志・神仙類》青霞子《龍虎金液還丹通玄論》一卷。

錢東垣等輯《崇文總目・道書類》《龍虎金液還丹通元論》一卷。蘇元明撰。青霞子《龍虎金液還丹通元論》一卷。

寶藏論

鄭樵《通志・藝文略・道家類》青霞子《寶藏論》三卷。蘇元明號青霞子。

《宋史・藝文志・神仙類》青霞子《寶藏論》一卷。

佚名《道藏闕經目録》卷下《鑪火寶藏論》。二卷。

錢東垣等輯《崇文總目・道書類》《青霞子寶藏論》一卷。蘇元明撰。

太清石壁靈草記

鄭樵《通志・藝文略・道家類》《太清石壁靈草記》一卷。蘇元明撰。

太清石壁記

《新唐書・藝文志・神仙類》《玄晉蘇元明太清石壁記》三卷。乾元中，劍州司馬纂，失名。

鄭樵《通志・藝文略・道家類》《太清石壁記》二卷。晉蘇元明撰。

白雲霽等《道藏目録詳注・洞神部》 興字號計十一卷。《太清石壁記》。三卷。楚澤先生編。太乙金英神丹方、造大還丹方、黄帝九鼎丹方、六一泥法、飛丹禁忌法、飛丹發火吉日召魂丹法、石硫黄丹法、八石丹方、五靈丹方、八神丹方、三使丹方、召魂丹方、硃砂霜法、金銀二粉法、造内丹法、造硫黄水煉法、鐵液丹法、朝霞丹法、光明麗日丹法、凌霄丹法、煉鍾乳法、作鐵粉法、療病狀法、服八石丹法、加金銀粉其飛之法、服八石丹慎忌法、治人癩病法、水煉雲母法、療病法、服丹法、服丹人消息法、紫雪法、金英丹方、造砒丹法。

錢謙益等《絳雲樓書目・道藏類》《太清石壁記》。一卷。晉蘇源明。

錢東垣等輯《崇文總目・道書類》《太清石壁記》三卷。蘇元明撰。

授茅君歌

鄭樵《通志・藝文略・道家類》 青霞子《授茅君歌》一卷。青霞子，晉太康時人。

文廷式《補晉書藝文志・神仙家類》《青霞子授茅君歌》一卷。青霞子，晉太康時人。見《通志》。

龍虎訣妙簡

鄭樵《通志・藝文略・道家類》 青霞子《龍虎訣妙簡》一卷。

太上靈寶元陽妙經

白雲霽等《道藏目録詳注・洞玄部》 皇字號計十卷。《太上靈寶元陽妙經》。卷一之十。《聖行品》、《慈行品》、《問行品》、《觀行品》、《德行品》、《德行高貴品》、《昇大羅品》。

靈寶九真人五復三歸行道觀門經

白雲霽等《道藏目録詳注・太玄部》 取字號計十卷。《靈寶九真人五復三歸行道觀門經》。與《內變》等三經同卷。經云五復，一者初密五知，明十行有無妄門；二者次觀心智，了無常生滅化門。三者進修信惠浄業田，復命寂門；四者妙致種玄混冥蒂，洞真明門；五者染契照道登通明真洞證門。此之謂五復。能依而修之，而三寶自然歸復矣。

九轉流珠神仙九丹經

鄭樵《通志・藝文略・道家類》《九轉流珠神仙九丹經》二卷。

范邦甸等《天一閣書目・道家類》《九轉流珠神仙九丹經》二卷。太極真人撰。

白雲霽等《道藏目録詳注・洞神部》 之字號計八卷。《九轉靈珠神仙九丹經》。太清真人述。言丹砂、雄黄、服食點化之法。

太上昇玄消災護命妙經

白雲霽等《道藏目録詳注・洞真部》 盈字號計十二卷。《太上昇玄消災護命妙經》。內言「視不見我，聽不得聞；離種種邊，名爲妙道」。此四句形容大道之妙，總括一篇之玄。

太上靈寶智慧觀身經

白雲霽等《道藏目録詳注・洞玄部》 字字號計十卷。《太上靈寶智慧觀身經》。觀身實相，深達智慧，瞭見四大六種根識，内外照盡，悉皆空寂。此是觀身極則。

太上飛行九晨玉經

白雲霽等《道藏目録詳注・洞玄部》 遜字號計十卷。《太上飛行九晨玉經》。一卷。一内修飛步七元遊神九星之道，空常隱訣。

四十九章經

馬端臨《文獻通考・經籍考・神仙類》 《四十九章經》。李壁季章序曰：「黄鵠一舉兮，知山川紆曲，再舉兮，覩天地圓方。」此言居身益高，則所見益遠矣。今隱者劉漫翁，博涉古今，尤邃黄、老。一日，某言賈生《惜誓賦》之超絶，如云：「黄鵠一舉兮，知山川紆曲，再舉兮，覩天地圓方。」此言居身益高，則所見益遠矣。今人汨於情僞，沉於利欲，猶坎蛙壤蚓，積處窪下，欲幾高明，得乎？東坡稱：「博大古真人，老聃、關尹喜，獨立萬物表，長生乃餘事。」惟其翛然玄覽，却立垢紛之外，不爲物所梏，則乘星載雲，揮斥八極，超無有而獨有，又誰禦哉？漫翁曰：「君言善矣，然兹理也，不待賈生、東坡而始著，是在道經《四十九章經》已云：『學道甚苦，如負重登山，既登絶頂，其苦自息，俯視一世，皆微眇也。』」予始知有是經。亟從羽流訪得讀之，慨然曰：「至言妙道，盡在是矣，虚皇豈欺我哉？」大抵道家貴於眇萬物而不留，離澳渫而化昭融，物之旦夜交於前者，皆不足以爲吾病，而去道邇矣。然而爲物而眇視之，猶有物也。若盡空諸有，豁然四達，無門無旁，無聲無臭，亶爲至極。而聖人之教人，未嘗舉空也。老子言道雖窈冥恍惚，而必有象有物焉，此經所謂圓明具足者。非邪？或謂之誠，或謂之玄，或謂之真，或謂之覺，或謂之實際，以至爲情爲識，爲喜爲怒，爲愛爲惡，爲聖賢，爲仙靈，爲姦邪，爲盗賊，大而天下之能化育，微而蟣蠓之能飛鳴，皆是物也。故《易》著感寂之理，而《昇玄》、《清静》二經，雖曰空而實非空。使凡世之善惡皆可舉而空之，則淫貪、狠愚、險忮、譏媚所植罪，本亦可空矣，則將何所不至乎？味經之三十三章，蓋與《老》、《易》及《清静》、《昇玄》合，雖稱種種因緣均爲幻假，當滅除之，而他章顧謂「觸清縱欲，是造諸苦，吾道苦而後樂，衆生樂而後苦」，又云「財者罪之根，聚財爲聚孽」，又云「危人還自危，枉彼還自枉。」觀此，則凡姦邪小人，聚財以規利，枉彼以陷人，雖快一時，終必自禍，猶影響也，概謂之空可乎？嘗怪道家言《三洞》、《三太》皆藏玉京，上真猶不得見，而近世張君房所集道書，凡四千五百六十五卷，崇、觀間增至五千三百八十七卷，抑何多邪？黄、老宗旨虚無，至《太》、《洞》諸經，昉言諸天奥密、神仙隱祕事；自晉始傳人間，由隋歷唐，方伎、符籙，其説益以誕漫，去本滋遠。以是知道家之書，真者絶少，而俗師附益假託者多。如世所傳《斗經》，乃以北辰爲北斗，豈有天人至尊不辨星文，誤引《論語》者乎？若此經之玄妙精微，明白切至，其爲先聖至人所説無疑。惟卓識殫洽者，無惑乎古書之正僞，彼方士羽人，苟非研精教典，獨會於心，烏能斷其書之純駁哉？

范邦甸等《天一閣書目・道家類》 《太上虚皇天尊四十九章經》一卷。明邵輔序。

白雲霽等《道藏目録詳注・洞真部》 《太上虚皇天尊四十九章經》。一卷。虚皇天尊爲妙行真人演説平等妙道。

太清服氣口訣

鄭樵《通志・藝文略・道家類》 《服氣口訣》一卷。樊宗師撰。

晁公武《郡齋讀書志・神仙類》 《太清服氣口訣》一卷。題曰老子撰。服氣訣也。

馬端臨《文獻通考・經籍考・神仙類》 《太清服氣口訣》一卷。

《宋史・藝文志・神仙類》 《太上老子服氣口訣》一卷。

范邦甸等《天一閣書目・道家類》 《服氣口訣》二卷。不著撰人名氏。

白雲霽等《道藏目録詳注・洞神部》 《(上)〔太〕清服氣口訣》。内分别外炁、元炁訣。

錢謙益等《絳雲樓書目・道藏類》 《太清服氣口訣》。一卷。老子撰。

錢東垣等輯《崇文總目・道書類》 《服氣口訣》一卷。樊宗師撰。

三一帝君經

鄭樵《通志・藝文略・道家類》《三一帝君經》一卷。

佚名《道藏闕經目録》卷下 《三一帝君真經》。

錢東垣等輯《崇文總目・道書類》《三一帝君經》一卷。

莊周氣訣解

范邦甸等《天一閣書目・道家類》《莊周氣訣解》。一卷。藍絲闌鈔本。不著撰人名氏。

白雲霽等《道藏目録詳注・洞神部》 盡字號計七卷。《莊周氣訣解》。與《養生》三篇同卷。論薪盡火傳之理，養息續命之機。

上清經真丹祕訣

范邦甸等《天一閣書目・道家類》《上清經真丹祕訣》。不著撰人名氏。

白雲霽等《道藏目録詳注・洞神部》 臨字號計十卷。《上清經真丹秘訣》。與《菖蒲丸》同卷。內有療病等法，乃雌雄大丹。

元始八威龍文經

白雲霽等《道藏目録詳注・洞真部》 昃字號計十一卷。《元始八威龍文經》。內八篇，言虛玄妙理。

太上養生胎息氣經

白雲霽等《道藏目録詳注・洞神部》 盡字號計七卷。《太上養生胎息氣經》。一卷。六陽時法、上清氣秘法、僉侍各景、龍瀉圖、六臟圖。

上清司命茅君修行指迷訣

白雲霽等《道藏目録詳注・洞神部》 命字號計七卷。《上清司命茅君脩行指迷訣》。《上士脩行煉氣訣》、《天老十干第甲經十二月炁法》。

太上衛靈神化九轉丹砂法

白雲霽等《道藏目録詳注・洞神部》 清字號計九卷。《太上衛靈神化九轉丹砂法》。第一轉化丹砂成水銀，第二轉將水銀却變成丹砂，第三轉却化丹砂成水銀，第四轉化太陽流硃爲丹砂，第五轉入陰陽爐子令藥砂堅剛，第六轉變硬成伏火黄銀，第七轉變黄銀成赤鉛金，第八轉赤鉛金成金粉，第九轉造玄明粉法。

上清修身要事經

白雲霽等《道藏目録詳注・正一部》 吹字號計九卷。《上清修身要事經》。有符。內有拘三魂、制七魄、辟惡夢、安眠睡、祝鬼魅等法。

正一法文修真旨要

白雲霽等《道藏目録詳注・正一部》 吹字號計九卷。《正一法文修真(要)

旨〔要〕》。内有服日月光芒之法。

三洞道士居山修煉科

白雲霽等《道藏目録詳注・正一部》 吹字號計九卷。《三洞道士居山脩煉科》。有符。内有服氣諸法。

太上洞玄濟衆經

張國祥《續道藏經目録・正一部》 漆字號計四卷。《太上洞玄濟衆經》。

太上三十六部尊經

白雲霽等《道藏目録詳注・洞真部》 日字號計八卷。《太上三十六部尊經》。共六卷。《上清經》、《炒真經》、《太乙經妙林經開化經仙人經黄林經》、《上真經》、《道教經》、《上煉經》、《上妙功德經》、《道德經》，此十二部經藴在大洞玉清境藏中。《洞玄經》、《元陽經》、《元辰經》、《大刦經》、《上聞經》、《内音經》、《鍊生經》、《靈秘經》、《消魔經》、《無暑經》、《按摩經》、《上通經》，此十二部經藴在大洞上清境藏中。《太清經》、《徹視經》、《集仙經》、《洞淵經》、《内秘經》、《真一經》、《集靈經》、《中精經》、《無量經》、《集宫經》、《黄庭經》、《小刦經》，此十二部經藴在大洞太清境藏中。故三洞分爲三十六部尊經。

無上内秘真藏經

白雲霽等《道藏目録詳注・洞真部》 洪字號計十七卷。《無上内秘真藏經》。卷一之十。此經一十三品。《顯道品》、《辯三寶品》、《四真品》、《惠澤品》、《解脱品》、《辯相明部表品》、《普明品》、《顯功德品》、《誡行品》、《妙德品》、《集仙品》、《明行品》、《究竟品》。

真藏經要訣

白雲霽等《道藏目録詳注・洞真部》 秋字號計八卷。《真藏經要訣》。一卷。

泰乾祕要

《新唐書・藝文志・神仙類》 李淳風注《泰乾祕要》三卷。

鄭樵《通志・藝文略・道家類》 《泰乾祕要》三卷。

錢東垣等輯《崇文總目・道書類》 《泰乾秘要》三卷。李淳風撰。

太清真人煉雲母訣

《新唐書・藝文志・神仙類》 孫思邈《太清真人煉雲母訣》二卷。

鄭樵《通志・藝文略・道家類》 《太清真人煉雲母訣》二卷。孫思邈撰。

錢東垣等輯《崇文總目・道書類》 《太清真人煉雲母訣》二卷。孫思邈撰。

攝生真録

《新唐書・藝文志・神仙類》 孫思邈《攝生真録》一卷。

養生要録

《新唐書・藝文志・神仙類》 孫思邈《養生要録》一卷。

鄭樵《通志・藝文略・道家類》 《養生要録》一卷。孫思邈撰。

《宋史·藝文志·神仙類》《養生要録》三卷。
錢謙益等《絳雲樓書目·道藏類》《養生要録》一卷。孫思邈。
錢東垣等輯《崇文總目·道書類》《養生要録》一卷。孫思邈撰。

燒煉祕訣

《新唐書·藝文志·神仙類》孫思邈《燒煉祕訣》一卷。
鄭樵《通志·藝文略·道家類》《燒煉祕訣》一卷。孫思邈撰。
錢東垣等輯《崇文總目·道書類》《燒煉秘訣》一卷。孫思邈撰。

氣　訣

《新唐書·藝文志·神仙類》孫思邈《氣訣》一卷。
鄭樵《通志·藝文略·道家類》《氣訣》一卷。孫思邈撰。
錢東垣等輯《崇文總目·道書類》孫思邈《氣訣》一卷。

龍虎通元訣

《新唐書·藝文志·神仙類》孫思邈《龍虎通元訣》一卷。
鄭樵《通志·藝文略·道家類》《龍虎通元訣》一卷。孫思邈撰。
錢東垣等輯《崇文總目·道書類》《龍虎通元訣》一卷。孫思邈撰。

龍虎亂日篇

《新唐書·藝文志·神仙類》孫思邈《龍虎亂日篇》一卷。
鄭樵《通志·藝文略·道家類》《龍虎亂日篇》一卷。孫思邈撰。

《宋史·藝文志·神仙類》《龍虎亂日篇》一卷。
錢東垣等輯《崇文總目·道書類》《龍虎亂日篇》一卷。孫思邈撰。

枕中記

《新唐書·藝文志·神仙類》孫思邈《枕中素書》一卷。
鄭樵《通志·藝文略·道家類》孫思邈《枕中記》一卷。
范邦甸等《天一閣書目·道家類》《枕中記》一卷。藍絲闌鈔本。不著撰人名氏。
白雲霽等《道藏目録詳注·洞神部》臨字號計十卷。《枕中記》。一卷。禁避忌導引法、行氣法、服日月芒法、守一法、餌藥法、斷穀常餌法、長生服餌大法、服油法、服巨勝法、餌雲母法、消玉法、服雄黄法、服雌黄法、合仙藥祭法、服藥禁忌法、仙人養生延年服五靈芝方、採松栢法,皆養生接命之法。
錢東垣等輯《崇文總目·道書類》《孫思邈枕中記》一卷。

龍虎篇

鄭樵《通志·藝文略·道家類》《龍虎篇》一卷。孫思邈撰。

千金養生論

鄭樵《通志·藝文略·道家類》《千金養生論》一卷。孫思邈撰。

内外神仙中經祕圖

鄭樵《通志·藝文略·道家類》《内外神仙中經祕密圖》一卷。孫思邈撰。

佚名《道藏闕經目録》卷下　《太清内外神仙中經祕訣》。

存神鍊氣銘

鄭樵《通志・藝文略・道家類》　《存神鍊氣銘》一卷。

白雲霽等《道藏目録詳注・洞神部》　命字號計七卷。《存神煉氣銘》。唐思邈孫真人述。

真氣銘

鄭樵《通志・藝文略・道家類》　《真氣銘》一卷。孫處士撰。

《宋史・藝文志・神仙類》　孫思邈《真氣銘》一卷。

錢東垣等輯《崇文總目・道書類》　《真(誥)〔氣〕銘》一卷。

黃帝神竈經

鄭樵《通志・藝文略・道家類》　《黃帝神竈經》三卷。孫思邈撰。

佚名《道藏闕經目録》卷下　《黃帝神竈經》。三卷。

丹經訣要

鄭樵《通志・藝文略・道家類》　《丹經訣要》一卷。孫思邈撰。

養生延命集

鄭樵《通志・藝文略・道家類》　《養生延命集》二卷。孫思邈撰。

神仙修養法

鄭樵《通志・藝文略・道家類》　《神仙修養法》一卷。孫思邈撰。

養性雜録

鄭樵《通志・藝文略・道家類》　《養性雜録》一卷。孫思邈撰。

退居志

鄭樵《通志・藝文略・道家類》　《退居志》一卷。孫思邈撰。

《宋史・藝文志・神仙類》　孫思邈《退居志》一卷。

金鏁子訣

鄭樵《通志・藝文略・道家類》　《金鏁子訣》一卷。孫真人撰。

保生銘

白雲霽等《道藏目録詳注・洞神部》　命字號計七卷。《保生銘》。與《指迷》等四篇同卷。唐思邈孫真人述。

孫真人攝養論

白雲霽等《道藏目録詳注・洞神部》 臨字號計十卷。《孫真人攝(生)〔養〕論》。十二月保令太和之論。

龍虎篇

《新唐書・藝文志・神仙類》 《龍虎篇》一卷。青羅子周希彭、少室山人孺登同注。

錢東垣等輯《崇文總目・道書類》 《龍虎篇》一卷。孫思邈撰，周希彭、孺登注。

唐朝煉大丹感應頌

《新唐書・藝文志・神仙類》 李林甫《唐朝煉大丹感應頌》一卷。

鄭樵《通志・藝文略・道家類》 《唐朝鍊大丹感應頌》一卷。李林甫撰，開元中道士孫太冲鍊神丹事。

錢東垣等輯《崇文總目・道書類》 《唐朝煉大丹感應頌》一卷。李林甫撰。

氣　訣

《新唐書・藝文志・神仙類》 《氣訣》一卷。

鄭樵《通志・藝文略・道家類》 張果《氣訣》一卷。

錢東垣等輯《崇文總目・道書類》 《唐張果氣訣》一卷。

服丹砂訣

《新唐書・藝文志・神仙類》 《丹砂訣》一卷。開元二十二年上。

鄭樵《通志・藝文略・道家類》 張果進《服丹砂訣》一卷。開元二十二年進。

錢東垣等輯《崇文總目・道書類》 張果進《服丹砂訣》一卷。

休糧服氣法

鄭樵《通志・藝文略・道家類》 張果《休糧服氣法》一卷。

《宋史・藝文志・神仙類》 張果《休糧服氣法》一卷。

紫靈丹砂表

鄭樵《通志・藝文略・道家類》 《紫靈丹砂表》一卷。

《宋史・藝文志・神仙類》 張果《紫靈丹砂表》一卷。

太上九要心印妙經

白雲霽等《道藏目録詳注・洞真部》 珠字號計九卷。《太上九要心印妙經》。仙人張果老述。九要者，真一秘要、橐籥樞要、三五樞要、三一機要、日魂月魄真要、日用五行的要、七返還丹簡要、八卦朝元統要、九還一炁總要，此九要秘。

錢謙益等《絳雲樓書目・道藏類》 《太上(乙)九要心印經》。

延壽赤書

《新唐書·藝文志·神仙類》 裴煜《延壽赤書》一卷。

鄭樵《通志·藝文略·道家類》 《延壽赤書》一卷。唐裴煜撰。

《宋史·藝文志·神仙類》 裴鉉《延壽赤書》一卷。

范邦甸等《天一閣書目·道家類》 《進延壽赤書表》。唐裴鉉上。

白雲霽等《道藏闕經目録·洞神部》 夙字號計八卷。《上玄高真延壽赤書》。一卷。唐終南山林臣裴鉉表進。乃存想日月、禁忌、起居、解除咒語等法。

錢東垣等輯《崇文總目·道書類》 《延壽赤書》一卷。裴煜撰。

修真祕旨

鄭樵《通志·藝文略·道家類》 《修真祕旨》十卷。馬道隱撰。

佚名《道藏闕經目録》卷上 《修真祕旨》。十卷。

脩生養氣訣

《新唐書·藝文志·神仙類》 司馬承禎《脩生養氣訣》一卷。

鄭樵《通志·藝文略·道家類》 《修生養氣訣》一卷。唐司馬承禎撰。

錢東垣等輯《崇文總目·道書類》 唐司馬承祥《修生養氣訣》一卷。

服氣精義論

鄭樵《通志·藝文略·道家類》 《服氣精義論》三卷。天台白雲先生撰。

《宋史·藝文志·神仙類》 天台白雲《服氣精義論》一卷。

白雲霽等《道藏目録詳注·洞神部》 命字號計七卷。《服氣精義論》。有符。與《精微論》同卷。天台白雲子述。《五芽論》，服真五芽法。《服氣論》服六戊氣法、服三五七九氣法、養五藏五行氣法。

錢謙益等《絳雲樓書目·道藏類》 《胎氣精義論》。一册。

採服松葉等法

鄭樵《通志·藝文略·道家類》 《採服松葉等法》一卷。司馬承禎撰。

佚名《道藏闕經目録》卷下 《採服松葉等法》。

修真精義雜論

白雲霽等《道藏目録詳注·洞真部》 芥字號計十卷。《脩真精義雜論》。天台白雲子述。《導引論》、《符水論》、《服水絶穀法》、《服藥論》、《慎忌論》、《五臟論》、《療病論》、《病候論》，并安和臟府丸方、修養雜方。

太上昇玄消災護命妙經頌

白雲霽等《道藏目録詳注·洞真部》 鳥字號計十卷。《太上昇玄消災護命妙經頌》。一卷。唐貞一先生司馬子微譔。

天隱子後序口訣

高儒《百川書志·道家類》 《天隱子後序口訣》一卷。一卷二字原脱，從瞿校鈔本補。不著作者，唐司馬承禎序，訣子凡八篇。包括《秘妙》、《修鍊形氣》、《養和心靈》、《長生久視》，無出是書。

天真皇人九仙經

鄭樵《通志・藝文略・道家類》《天真皇人九仙經》一卷。唐葉静能撰，羅公遠、僧一行注。

晁公武《郡齋讀書志・神仙類》《天真皇人九仙經》一卷。右天真皇人爲黄帝説。一行、羅公遠、葉法静注。論水火龍虎造金丹之術，崇文書也。按《九仙興廢記》云：「此經黄帝留峨眉山石壁，漢武帝時得之，大中嘗禁斷」。

馬端臨《文獻通考・經籍考・神仙類》《天真皇人九仙經》一卷。

《宋史・藝文志・神仙類》僧一行《天真皇人九仙經》一卷。

錢東垣等輯《崇文總目・道書類》《天真皇人九仙經》一卷。

大易誌圖參同經

《宋史・藝文志・神仙類》《大易誌圖參同經》一卷。玄宗與葉静能、一行答問語。

南統大君内丹九章經

鄭樵《通志・藝文略・道家類》南統大君《内丹九章經》一卷。

范邦甸等《天一閣書目・道家類》《南統大君内丹九章經》。緜紙朱絲闌鈔本。唐華陰吴筠撰，禮部侍郎權德輿序。筠字貞節。

白雲霽等《道藏目録詳注・太玄部》尊字號計八卷。《南統内丹九章經》與《玄綱論》同卷。言理炁。

黄庭内景經

《新唐書・藝文志・神仙類》白履忠注《黄庭内景經》。卷亡。

鄭樵《通志・藝文略・道家類》《黄庭内景經》一卷。唐白履忠注。《太上黄庭内景玉經》一卷。梁邱子注。

《宋史・藝文志・道家類》梁丘子注《黄庭内景玉經》一卷。

高儒《百川書志・神仙類》梁邱《解黄庭内景玉經》一卷。

徐𤊹《徐氏家藏書目・道類》《黄庭内景經注》一卷。梁丘子。梁丘子《黄庭經註》二卷。

白雲霽等《道藏目録詳注・洞玄部》推字號計十卷。《黄庭内景玉經註》三卷。梁丘子註。

孫星衍《平津館鑒藏書籍記・明版》《太上黄庭内景玉經》一卷。自《上清》至《沐浴》，三十六章。題梁邱子注。前有梁邱子《内景玉經序》。洪頤煊曰：《宋史・藝文志》：梁邱子注《黄庭内景玉經》一卷，《黄庭外景經》一卷。《唐書隱逸傳》：白履忠，汴州浚儀人，號梁邱子，萬曆癸未喬懋敬刻《黄庭内外景經注解序》，末有萬曆癸未程應魁王圻跋，每葉十六行，行廿字，硃砂搨本，板心下有「黄鶴樓雕」四字。

解黄庭外景玉經

高儒《百川書志・神仙類》梁邱子《解黄庭外景玉經》二卷。

范邦甸等《天一閣書目・道家類》《太上黄庭外景玉經》三卷。藍絲闌鈔本。梁邱子註解。

徐𤊹《徐氏家藏書目・道類》《黄庭外景經注》一卷。梁丘子。

孫星衍《平津館鑒藏書籍記・明版》《太上黄庭外景經》一卷，分上中下三篇。題梁邱子。前有梁邱子《内景玉經序》。洪頤煊曰：《宋史・藝文志》：梁邱子注《黄庭内景玉經》一卷，《黄庭外景經》一卷，《唐書隱逸傳》白履忠，汴州浚儀人，號梁邱子。萬曆癸未喬懋敬刻《黄庭内外景經注解序》，末有萬曆癸未程應魁王圻跋，每葉十六行，行廿字，硃砂搨本，板心下有「黄鶴樓雕」四字。

洞靈仙方

鄭樵《通志·藝文略·道家類》 《洞靈仙方》一卷。梁邱子撰。

錢東垣等輯《崇文總目·道書類》 《洞靈仙方》一卷。梁邱子撰。

靈砂受氣用藥訣

《新唐書·藝文志·神仙類》 崔元真《靈(沙)〔砂〕受氣用藥訣》一卷。

鄭樵《通志·藝文略·道家類》 《靈砂受氣用藥訣》一卷。崔元真撰。

《靈砂受氣用藥訣》一卷。

錢東垣等輯《崇文總目·道書類》 《靈砂受氣用藥訣》一卷。崔元真撰。

雲母論

《新唐書·藝文志·神仙類》 崔元真《雲母論》二卷。天寶隱岷山。

鄭樵《通志·藝文略·道家類》 《雲母論》二卷。唐崔元真撰。

佚名《道藏闕經目録》卷下 《雲母論》。二卷。

錢東垣等輯《崇文總目·道書類》 《雲母論》二卷。崔元真撰。

聖神歸真胎息訣

鄭樵《通志·藝文略·道家類》 《聖神歸真胎息訣》一卷。崔元真撰。

金碧潛通入藥火鑑記

鄭樵《通志·藝文略·道家類》 《金碧潛通入藥火鑑記》一卷。崔元真撰。

崔元真歌

鄭樵《通志·藝文略·道家類》 《崔元真歌》一卷。

日月元樞

《新唐書·藝文志·神仙類》 劉知古《日月元樞》一卷。

鄭樵《通志·藝文略·道家類》 《日月元樞》一卷。唐劉知古撰。

陳振孫《直齋書録解題·神仙類》 《日月玄樞篇》一卷。稱劉知古。唐明皇時緜州昌明縣令。

晁公武《郡齋讀書志·神仙類》 《日月元樞論》一卷。右唐劉知古撰。明皇朝，爲綿州昌明令。時詔求通丹藥之士，知古謂神仙大藥無出《參同契》，因著論上於朝。

馬端臨《文獻通考·經籍考·神仙類》 《日月玄樞論》一卷。【略】

佚名《道藏闕經目録》卷下 《日月玄樞論》。

錢東垣等輯《崇文總目·道書類》 《日月元樞》一卷。劉知古撰。

太元先生炁訣

《新唐書·藝文志·神仙類》 《太无先生炁訣》一卷。失名。大曆中，遇羅浮王公傳氣術。

鄭樵《通志・藝文略・道家類》 太無先生《氣訣》一卷。唐大曆中人撰。

太無先生《氣經》二卷。李奉時撰。

白雲霽等《道藏目録詳注・洞神部》 盡字號計七卷。《嵩山太無先生氣經》。上、下同卷。內有服炁訣、進取訣、淘氣訣、調氣訣、咽氣訣、行氣訣、煉氣訣、委氣訣、閉氣訣、布氣訣、六氣訣、調氣訣、飲食訣、調護訣、休糧訣、慎真訣、修存訣、慎氣訣。

錢東垣等輯《崇文總目・道書類》 《太元先生炁訣》一卷。

道引録

《新唐書・藝文志・神仙類》 朱少陽《道引録》三卷。浮山隱士，代、德時人。

鄭樵《通志・藝文略・道家類》 朱少陽《道引録》三卷。

太還丹金虎白龍論

《新唐書・藝文志・神仙類》 還陽子《太還丹金虎白龍論》一卷。隱士，失姓名。

鄭樵《通志・藝文略・道家類》 《大還丹金虎白龍論》一卷。唐隱士還陽子撰。

白雲霽等《道藏目録詳注・洞神部》 松字號計十卷。《大還丹金虎白龍論》。與《大還丹鑑》同卷。蘇門山隱士還陽子述。言鉛汞，附詩。

錢東垣等輯《崇文總目・道書類》 《大還丹金虎白龍論》一卷。還陽子撰。

還陽先生鉛黄芽傳

鄭樵《通志・藝文略・道家類》 《還陽先生鉛黄芽傳》一卷。

錢東垣等輯《崇文總目・道書類》 《還陽先生鉛黄芽傳》一卷。

大洞鍊真寶經脩伏丹砂妙訣

《新唐書・藝文志・神仙類》 陳少微《大洞鍊真寶經脩伏丹砂妙訣》一卷。

鄭樵《通志・藝文略・道家類》 《大洞鍊真寶經修服丹砂妙訣》一卷。唐陳少微撰。

白雲霽等《道藏目録詳注・洞神部》 清字號計九卷。《大洞煉真寶經脩伏靈砂妙訣》。一卷。衡嶽真人陳少微字子明撰。《靈砂七返》共七篇，《金丹》二章，並火候藥物次第，乃八石制靈砂服食點化之法。

錢東垣等輯《崇文總目・道書類》 《(九)〔大〕洞練真寶經修服丹砂妙訣》一卷。陳少微撰。

大洞煉真寶經

鄭樵《通志・藝文略・道家類》 《大洞煉真寶經》一卷。陳少微撰。

《宋史・藝文志・神仙類》 陳少微《大洞煉真寶經》一卷。

錢東垣等輯《崇文總目・道書類》 《大洞鍊真寶經》一卷。陳少微撰。

薛君口訣

鄭樵《通志・藝文略・道家類》 《薛君口訣》一卷。陳少微撰。

錢東垣等輯《崇文總目・道書類》 《薛君口訣》一卷。陳少微撰。

大洞煉真寶經九還金丹妙訣

白雲霽等《道藏目録詳注・洞神部》 清字號計九卷。《大洞煉真寶經九還金丹妙訣》。一卷。衡嶽真人陳少微字子明撰。内論煉汞要妙，備載二章。二章之中，分爲九品：上三品則抽砂出汞，煉汞投金，倚金合藥，合於七篇；中三路畧陳五石之金、四黄制伏、陽金變通；下三品和合大丹、爐鼎火候，成丹證真之訣。俱列於九品二章之中也。

大丹至論

《新唐書・藝文志・神仙類》 嚴静《大丹至論》一卷。

鄭樵《通志・藝文略・道家類》《大丹至論》一卷。唐嚴静撰。

錢東垣等輯《崇文總目・道書類》《大丹至論》一卷。嚴静撰。

黄庭内景圖

《新唐書・藝文志・神仙類》 女子胡愔《黄庭内景圖》一卷。

鄭樵《通志・藝文略・道家類》《黄庭五藏内景圖》一卷。唐女子胡愔撰。

《宋史・藝文志・神仙類》 胡愔《黄庭内景圖》一卷。

錢東垣等輯《崇文總目・道書類》《黄庭内景圖》一卷。

黄庭内景五藏六腑圖

鄭樵《通志・藝文略・道家類》《黄庭内景五藏六腑圖》一卷。胡愔撰。

《宋史・藝文志・神仙類》《黄庭内景五藏六腑圖》一卷。太白山見素女子胡愔撰。

高儒《百川書志・神仙類》《黄庭内景五臓六腑圖》一卷。太白山見素女子胡愔撰。

范邦甸等《天一閣書目・道家類》《黄庭内景五藏六腑圖》一卷。藍絲闌鈔本。太白山見素女子胡愔撰。

孫星衍《平津館鑒藏書籍記・明版》《黄庭内景五臓六腑圖説》一卷。題唐胡愔撰。

黄庭内景五藏六腑補瀉圖

鄭樵《通志・藝文略・道家類》《黄庭内景五藏六府補瀉圖》一卷。

白雲霽等《道藏目録詳注・洞玄部》 國字號計十一卷。《黄庭内景五臓六腑補瀉圖》。一卷。見素子胡愔述。

黄庭外景圖

鄭樵《通志・藝文略・道家類》《黄庭外景圖》一卷。

《宋史・藝文志・道家類》 胡愔《黄庭外景圖》一卷。

錢東垣等輯《崇文總目・道書類》《黄庭外景圖》一卷。胡愔撰。

攝生纂録

《新唐書・藝文志・神仙類》 王仲丘《攝生纂録》一卷。

鄭樵《通志・藝文略・道家類》《攝生纂録》一卷。唐王仲邱撰。

白雲霽等《道藏目録詳注・洞玄部》 太字號計九卷。《攝生纂録》。一卷。《導引篇》赤松子坐引法、婆羅門道引法。《調氣篇》吐納煉氣法、胎食胎息法、食日月精法。《居處篇》攝理法、推歲德法、推月德法、理沙法、老君説河西曲父謝天地法、辟盜賊法、居家辟和雜用方。

錢東垣等輯《崇文總目・道書類》《攝生纂録》一卷。王仲邱撰。

攝生録

《新唐書・藝文志・神仙類》 高福《攝生録》三卷。

鄭樵《通志・藝文略・道家類》《攝生録》三卷。唐高福撰。

錢東垣等輯《崇文總目・道書類》《攝生録》三卷。唐(亮)〔高〕福撰。

攝生經

《新唐書・藝文志・神仙類》郭霽《攝生經》一卷。

鄭樵《通志・藝文略・道家類》《攝生經》一卷。唐郭霽撰。

錢東垣等輯《崇文總目・道書類》《攝生經》一卷。郭霽撰。

五廚經

鄭樵《通志・藝文略・道家類》《五廚經》一卷。

錢東垣等輯《崇文總目・道書類》《五厨經》一卷。

老子説五廚經注

《宋史・藝文志・神仙類》尹愔《老子〔説〕五廚經注》一卷。

范邦甸等《天一閣書目・道家類》《老子説五厨經註》一卷。藍絲闌鈔本。唐肅明觀尹愔註并序。

徐𤊹《徐氏家藏書目・道類》《老子説五廚經注》一卷。尹愔。

白雲霽等《道藏目録詳注・洞神部》是字號計九卷。《(太上)〔老子〕説五厨經註》。一卷。唐京肅明尹愔註。

神仙食氣金櫃妙録

《隋書・經籍志・醫方類》《金匱録》二十三卷。《目》一卷。京里先生撰。

鄭樵《通志・藝文略・道家類》《神仙食氣金櫃妙録》一卷。京里先生撰。

佚名《道藏闕經目録》卷下《神仙食氣金匱妙籙》。

白雲霽等《道藏目録詳注・洞神部》命字號計七卷。《神仙保氣金櫃妙録》。一卷。宗里先生撰。《服陰陽炁符召六甲玉女法》、《中嶽郄儉食十二時氣法》、《食氣辟穀法》、《真人食黄氣法》、《行氣法》、《行氣訣》、《治萬病法》。

錢謙益等《絳雲樓書目・道藏類》《食氣金匱妙録》一册。一卷。京里先生。

姚振宗《隋書經籍志考證・醫方類》《金匱録》二十三卷。《目》一卷。京里先生撰。京里先生始末未詳。《唐書・經籍志》:《金匱仙藥録》三卷,京里先生撰。

《神仙服食經》十二卷,京里先生撰。

《唐書・藝文志》:京里先生《金匱仙藥録》三卷《神仙服食經》十二卷。錢塘汪師韓曰:《文選》注引羣書有,《金匱仙藥録》。

案《唐志》載兩書共十五卷,即此二十三卷之佚存。又白雲霽《道藏目録》有京里先生《神仙服餌丹石行藥法》一卷,亦即是書之僅存。

神仙服餌丹石行藥法

鄭樵《通志・藝文略・道家類》《神仙餌石并行藥法》一卷。京里先生撰。

白雲霽等《道藏目録詳注・洞玄部》位字號計九卷。《神仙服餌丹石行藥法》。一卷。京里先生撰。黄帝一物餌丹法,神仙餌丹,輕身益氣三物餌丹,神仙三物餌丹,神仙四物餌丹,真人煉餌丹砂,餌日曝丹,餌鷹腹丹,雞子丹,神仙煉餌還丹,神仙餌大黄丹,神仙餌巴丹,真人山子餌丹,神仙治病延年返老丹,神仙餌雄黄丹,神仙煮石丹。

胎息精微論

鄭樵《通志・藝文略・道家類》《胎息精微論》三卷。

白雲霽等《道藏目録詳注・洞神部》命字號計七卷。《胎息精微論》。内真妙用訣胎息神會内丹七返訣。

錢謙益等《絳雲樓書目・道藏類》《胎(氣)〔息〕精微論》。一册。

錢東垣等輯《崇文總目・道書類》《胎息精微論》三卷。

養生胎息祕訣

鄭樵《通志・藝文略・道家類》《養生胎息祕訣》一卷。賈遵化撰。

《宋史・藝文志・神仙類》僧遵化《養生胎息祕訣》一卷。

晁公武《郡齋讀書志・神仙類》《胎息祕訣》一卷。右唐僧遵化撰。論達磨胎息，總十八篇，歌二十三首，凡一千四百四十言，天祐丁酉書成。

馬端臨《文獻通考・經籍考・神僊類》《胎息祕訣》一卷。【略】

元珠心鑑詩

鄭樵《通志・藝文略・道家類》《元珠心鑑詩》一卷。唐女子崔少元撰。

錢東垣等輯《崇文總目・道書類》《元珠新鑑詩》一卷。

養生經

《新唐書・藝文志・神仙類》上官翼《養生經》一卷。

鄭樵《通志・藝文略・道家類》唐上官翼《養生經》一卷。

《宋史・藝文志・神仙類》上官翼《養生經》一卷。

玉清内書

鄭樵《通志・藝文略・道家類》《玉清内書》二卷。

《宋史・藝文志・神仙類》《玉清内書》一卷。

白雲霽等《道藏目録詳注・洞神部》松字號計十卷。《玉清内書》。一卷。有圖。言金丹，並火候真訣。

錢東垣等輯《崇文總目・道書類》《玉清内書》二卷。

秦鑑語

《新唐書・藝文志・神仙類》《守真子秦鑑語》一卷。

鄭樵《通志・藝文略・道家類》《秦鑑語》一卷。唐隱士守真子撰。

錢東垣等輯《崇文總目・道書類》《秦鑑語》一卷。守真子撰。

七返靈砂歌

鄭樵《通志・藝文略・道家類》《七返靈砂歌》一卷。後漢魏伯陽撰，黄君注。

白雲霽等《道藏目録詳注・洞神部》清字號計九卷。《魏伯陽七返丹砂訣》。黄童君注解。内歌十首，言丹砂藥物。

錢東垣等輯《崇文總目・道書類》《七返靈砂歌》一卷。魏伯陽撰，黄君注。

中元論

鄭樵《通志・藝文略・道家類》《中元論》一卷。唐李延章集。

龍虎還丹訣

鄭樵《通志・藝文略・道家類》金陵子《龍虎還丹訣》四卷。

白雲霽等《道藏目録詳注・洞神部》蘭字號計七卷。《龍虎還丹訣》。二卷。金陵子述。紫華紅英大還丹訣、變水銀、治永法、辨真鉛、龍虎還丹有呪、金花還丹訣、黄花丹陽方點丹。下卷伏丹砂成紅銀法、青結紅銀法、結砂子法方、石膽紅銀法、結石膽砂子法、膽子圝永法、土緑結紅銀法、結砂子法、白鉛法、結砂子法、結紅銀法、飛出永抽生法、倒抽砂子法、赤烏砂子法方、燠火砂子法、出紅銀暈法、藥櫃法、伏硝丕法、顯化銀暈法、伏火藥法、草木去諸暈法。

錢東垣等輯《崇文總目・道書類》 《金陵子龍虎還丹訣》二卷。

通幽訣

鄭樵《通志・藝文略・道家類》 《通幽訣》一卷。

白雲霽等《道藏目録詳注・洞神部》 蘭字號計七卷。《通幽訣》。一卷。言丹砂、州縣山谷名，地符火、木之精、地符直卦節候進退圖，用火不變色硫黄法、服術法。

錢謙益等《絳雲樓書目・道藏類》 《通幽訣》。

錢東垣等輯《崇文總目・道書類》 《通幽訣》一卷。

懸解録

鄭樵《通志・藝文略・道家類》 《(賢)[懸]解録》一卷。唐紇干衆序。

范邦甸等《天一閣書目・道家類》 《懸解録》。漢劉泓述。

白雲霽等《道藏目録詳注・洞神部》 如字號計十卷。《懸解録》。與《玉碑子》同卷。漢安帝時劉泓棄官八山，至延光元年九霄君降世，授泓解金石藥毒五子守仙丸方。

錢東垣等輯《崇文總目・道書類》 《懸解録》一卷。

蓬萊西竈還丹歌

鄭樵《通志・藝文略・道家類》 《蓬萊西竈還丹歌》一卷。

《宋史・藝文志・神仙類》 黄玄鍾《蓬萊山西(鼇)[竈]還丹歌》一卷。

白雲霽等《道藏目録詳注・洞神部》 斯字號計九卷。《蓬萊山西竈還丹訣》。二卷。漢檢校僕射金紫光禄大夫黄玄鐘撰。言草木制伏、五金八石歌一百七十二首，内皆隱名。

錢謙益等《絳雲樓書目・道藏類》 《西竈還丹歌》。一卷。元陽子撰。其人未詳。

蓬萊山草藥還丹訣

鄭樵《通志・藝文略・道家類》 《蓬萊山草藥還丹訣》一卷。黄元鍾撰。

錢東垣等輯《崇文總目・道書類》 《蓬萊山草藥還丹訣》一卷。

石藥爾雅

錢東垣等輯《崇文總目・道書類》 《石藥爾雅》一卷。梅彪撰。

鄭樵《通志・藝文略・道家類》 《石藥爾雅》一卷。梅彪撰。

尤袤《遂初堂書目・道家類》 《石藥爾雅》。

范邦甸等《天一閣書目・道家類》 《藥石爾雅》一卷。藍絲闌鈔本。唐梅彪撰并序。

白雲霽等《道藏目録詳注・洞神部》 似字號計十卷。《藥石爾雅》。上、下同卷。唐梅彪集。飛煉要訣，釋諸藥隱名，考諸丹别名。

錢謙益等《絳雲樓書目・道書類》 (康真)[唐梅]彪《藥石爾雅》。

楊紹和《楹書隅録・子部》卷三 精鈔本《石藥爾雅》二卷。一册。卷中有子晉私印。「子晉子晉書」印、「汲古主人毛扆之印」、「斧季東吴毛氏圖書」、「汲古得修綆」、各印記。《汲古祕本書目》云：《石藥爾雅》一本，精鈔八錢即此本也。案竹垞先生跋：是書云：唐元和中西蜀人梅彪撰。《石藥爾雅》醫方以藥石並稱《爾雅》，止釋草木石不及焉。宜彪取其隱名而顯著之也。自序言衆石異名象爾雅辭句，凡六篇，勒爲一卷。而白雲霽《道藏目録》作二卷，疑後人附益之。唐代遺書傳世者罕矣，乃鈔而入之經部。此本亦作二卷，而六篇之數則與彪自序合，當是後人析其卷第，非其所附益也。入之經部似有未宜，今從《天一閣書目》列於子類道家焉。

鐵粉論

鄭樵《通志・藝文略・道家類》《鐵粉論》一卷。唐蘇遊撰。

佚名《道藏闕經目録》卷下 《鐵粉論》。

保聖長生纂要坐隅障

《宋史・藝文志・神仙類》 吴兢《保聖長生纂要坐隅障》二卷。

龍虎還丹訣頌

范邦甸等《天一閣書目・道家類》《龍虎還丹訣頌》一卷。淳和子撰，谷神子註，明顧學可序。

白雲霽等《道藏目録詳注・太玄部》 唱字號計十卷。《龍虎還丹訣頌》。一卷。谷神子註。

太白還丹篇

陳振孫《直齋書録解題・神仙類》《太白還丹篇》一卷。稱清虚子太白山人。唐貞元時人。

馬端臨《文獻通考・經籍考・神仙類》《太白還丹篇》一卷。【略】

無上大乘要訣妙經

白雲霽等《道藏目録詳注・洞真部》 宿字號計十卷。《無上大乘要訣妙經》。一卷。太上道君説無上大乘要訣，究竟法身第一義。

靈飛散傳信録

鄭樵《通志・藝文略・道家類》《靈飛散傳信録》一卷。齊推撰。

白雲霽等《道藏目録詳注・洞神部》 松字號計十卷。《靈飛散傳信録》。製服雲母法。

錢謙益等《絳雲樓書目・道藏類》《靈飛散傳信録》。

養生辨疑訣

鄭樵《通志・藝文略・道家類》 施肩吾《養生辨疑訣》一卷。

白雲霽等《道藏目録詳注・洞神部》 深字號計九卷。《養生辨疑訣》。棲真子施肩吾述體虚氣周、形静神會之理。

羣仙會真記

晁公武《郡齋讀書志・神仙類》《羣仙會真記》五卷。右唐施肩吾集鍊養形氣、補毓精神、成内丹之法，凡二十五篇。

尤袤《遂初堂書目・道家類》《西山羣仙會真記》。

陳振孫《直齋書録解題・神仙類》《西山羣仙會真記》五卷。九江施肩吾希聖撰。唐有施肩吾，能詩，元和中進士也。而曾慥《集仙傳》稱吕巖之後有施肩吾者，撰《會真記》。蓋別是一人也。

馬端臨《文獻通考・經籍考・神仙類》《西山群山會真記》五卷。

《宋史・藝文志・神仙類》 施肩吾《西山羣仙會真記》一卷。

范邦甸等《天一閣書目・道家類》《西山羣仙會真記》五卷。藍絲闌鈔本。唐施肩吾撰并自序，李竦編。

白雲霽等《道藏目録詳注·洞真部》 夜字號計十二卷。《西山羣仙會真記》。卷一之五。清虚洞天華陽真人施肩吾希聖傳，三仙門弟子天下都閒客李竦全美編。《識道》、《識法》、《識人》、《識時》、《識物》等論；又言《養生》、《識形》、《識氣》、《識壽》等論；又《補内》、《補炁》、《補精》、《補益》、《補損》等論；又《真水火》、《真龍虎》、《真丹藥》、《真鉛汞》、《真陰陽》等論；《煉法入道》、《煉形化氣》、《煉炁成神》、《煉神合道》、《煉道入聖》等論；又超然子王吉昌集論太極，水一、火二、太三、金四、土五，五行生成之數，圖説水六、火七、木八、金九、土十，交互成十圖説，于合《樞要八卦還元圖説》、《五行顛倒圖説》、《木金間隔金木入火辨》、《賓主浮沉水火既未坎離氣變還元》等篇，並道詞詩歌曲賦等篇，盡言修性至命工夫。

錢謙益等《絳雲樓書目·道藏類》 《羣仙會真記》一册。五卷。施肩吾。

《四庫全書總目提要·道家類存目》 《西山羣仙會真記》五卷。兩淮鹽政採進本。舊本題華陽真人施肩吾撰。肩吾字希聖，洪州人。唐元和十年進士，隱洪州之西山，好事者以爲仙去。此書中引海蟾子語。海蟾子劉操，遼時燕山人，在肩吾之後遠矣。殆金、元閒道流所依託也。其書凡五卷，卷各五篇。曰識道、識法、識人、識時、識物；曰養生、養形、養氣、養心、養壽；曰補内、補氣、補精、補益、補損；曰真水火、真龍虎、真丹藥、真鉛汞、真陰陽；曰鍊法入道、鍊形化氣、鍊氣成神、鍊神合道、鍊道入聖。其大旨本於《參同契》，附會《周易》，參以醫經，戒人溺房帷，餌金石，收心斂氣，存神固命。有合於清浄之旨，猶道書之不甚荒唐者。

華陽真人秘訣

陳振孫《直齋書録解題·神仙類》 《華陽真人秘訣》一卷。稱施肩吾。

馬端臨《文獻通考·經籍考·神仙類》 《華陽真人祕訣》一卷。

真仙傳道集

陳振孫《直齋書録解題·神仙類》 《真仙傳道集》一卷。

《宋史·藝文志·神仙類》 施肩吾《真仙傳道集》二卷。

三住銘

《宋史·藝文志·神仙類》 施肩吾《三住銘》一卷。

鍾吕修仙傳道集

高儒《百川書志·神仙類》 《鍾吕修仙傳道集》三卷。華陽真人施肩吾希聖傳。

范邦甸等《天一閣書目·道家類》 《鍾吕二先生脩真傳道集》三卷。藍絲闌鈔本。正陽真人鍾離權述，純陽真人吕巖集，華陽真人施肩吾希聖傳，宋宣和元年金門羽客習房子序。云《真脩傳道集》實至人鍾離雲房子口授吕洞賓之文也。華陽須真施希聖所傳。論天地日月陰陽之根，坎離元牝水火之用。以道爲之軀，煉無爲之質。從凡入聖之門也，以陽煉陰之道也。仙也者，陰盡而純陽，氣結而神住，精鋭洞一而不散。與道同真。是曰金丹。成道入虚，千變萬化，無始無終也。經曰：陰陽相半則爲人，陽盡陰存則爲鬼。是以聖人斷慾念、明虚己、體無爲、含真静，皆遠陰境而造陽晶，入有出無故名無礙也。斯文不敢自祕，鏤版傳播，以示初學。

徐𤊹《徐氏家藏書目·道類》 《鍾吕二仙傳道集》三卷。

錢謙益等《絳雲樓書目·道藏類》 《鍾吕傳道集》一册。三卷。施肩吾。

太白經

白雲霽等《道藏目録詳注·洞神部》 松字號計十卷。《太白經》。一卷。言丹道有十種不可傳，施肩吾頌。

元珠心鏡註

范邦甸等《天一閣書目・道家類》　《元珠心鏡註》一卷。朱絲闌鈔本。王屋山樵長孫滋巨澤傳棲真子王損之章句。

白雲霽等《道藏目録詳注・洞玄部》　大字號計九卷。《玄珠心鏡註》。一卷。王屋山樵長孫滋巨澤，棲真子王損之章句。《守一詩》、《守一寶章》。

太上肘後玉經方

鄭樵《通志・藝文略・道家類》　《太上肘後玉經方》一卷。盧遵元撰。

《宋史・藝文志・神仙類》　盧遵元《太上肘後玉經方》一卷。

范邦甸等《天一閣書目・道家類》　《太上肘後玉經方》。霞栖子盧遵元編。

白雲霽等《道藏目録詳注・洞神部》　臨字號計十卷。《太上肘後玉經方》。與《斷穀法》同卷。霞棲子盧尊元編集。乃草藥服食，以入卦命名。八方。

錢謙益等《絳雲樓書目・道藏類》　《太上肘後玉經方》。

太清斷穀法

鄭樵《通志・藝文略・道家類》　《太清斷穀法》一卷。

范邦甸等《天一閣書目・道家類》　《太清經斷穀法》。霞栖子盧遵元編。

白雲霽等《道藏目録詳注・洞神部》　臨字號計十卷。《太清經斷穀法》。服松根方、服茯苓方、服木方服黄精方、服蔞蕤方、服天門冬方、服巨勝方、米麥豆等方。欲還食穀解藥。

通元祕要術

鄭樵《通志・藝文略・道家類》　《通元祕要術》三卷。唐青蘿子道光撰。

太上老君説常清静經

范邦甸等《天一閣書目・道家類》　《太上老君説常清静經》一卷。

白雲霽等《道藏目録詳注・洞神部》　傷字號計十卷。《太上老君説常清静經》。此經論清静極品。

太上老君元道真經註解

范邦甸等《天一閣書目・道家類》　《太上老君元道真經註解》一卷。藍絲闌鈔本。合明子隱芝(向)〔内〕秀註。

白雲霽等《道藏目録詳注・洞神部》　是字號計九卷。《太上老君元道真經註解》。一卷。合明子隱芝内秀註。《元道上篇》、《元道中篇》、《元道下篇》，兼行氣法、養氣導引等法。

神仙服食靈草菖蒲丸方

范邦甸等《天一閣書目・道家類》　《神仙服食靈草菖蒲丸方》。不著撰人名氏。

白雲霽等《道藏目録詳注・洞神部》　臨字號計十卷。《神仙服食靈芝菖蒲丸方》。言菖蒲者水之精神，仙之靈草，大聖之珍方。服之身輕體健，血化玉膏。

玄珠心鏡註

范邦甸等《天一閣書目・道家類》　《〔玄珠〕心鏡註》。衡嶽真子註。

白雲霽等《道藏目録詳注・洞玄部》　大字號計九卷。《玄珠心鏡註》。與《玄珠歌》同卷。衡岳真一子。《守一詩》、《大道守一寶章》。

真龍虎九仙經

白雲霽等《道藏目録詳注・洞真部》 珠字號計九卷。《真龍虎九仙經》。羅、葉二真人註。天真皇人語黄帝安神、去慾，用水、用火、理氣静功。

錢謙益等《絳雲樓書目・道藏類》 《真龍虎九仙經》一册。

還丹金液歌

錢謙益等《絳雲樓書目・道藏類》 《還丹金液歌》。

玄珠歌

鄭樵《通志・藝文略・道家類》 《玄珠歌》一卷。通元先生撰。

范邦甸等《天一閣書目・道家類》 《元珠歌》。通元先生撰。

白雲霽等《道藏目録詳注・洞玄部》 大字號計九卷。《玄珠歌》。通玄先生譔。

錢東垣等輯《崇文總目・道書類》 《元珠歌》一卷。《元珠歌》一卷。

逍遥歌

鄭樵《通志・藝文略・道家類》 《逍遥歌》一卷。通元先生撰。

錢東垣等輯《崇文總目・道書類》 《逍遥歌》一卷。

内指黄芽歌

鄭樵《通志・藝文略・道家類》 《内指黄芽歌》一卷。通元先生撰。

錢東垣等輯《崇文總目・道書類》 《内指黄芽歌》一卷。

還丹金液歌注

白雲霽等《道藏目録詳注・洞真部》 珠字號計九卷。《還丹金液歌註》。與《金液集》同卷。元陽子修真通玄先生註。言外。

太上老君内觀經

鄭樵《通志・藝文略・道家類》 《老子内觀經》一卷。

晁公武《郡齋讀書志・神仙類》 《内觀經》一卷。右老子撰。述人胞胚、魂魄、衆神之名，當諦觀身心，俾不染濁穢，乃可常存云。凡二十有二章。

馬端臨《文獻通考・經籍考・神僊類》 《内觀經》一卷。

白雲霽等《道藏目録詳注・洞神部》 傷字號計十卷。《太上老君内觀經》。内觀不遺，生道長存。

鉛汞甲庚至寶集成

白雲霽等《道藏目録詳注・洞神部》 馨字號計十一卷。《鉛汞甲庚至寶集成》。卷一之五。卷一言母硃養靈砂作匱，及草木制伏八石、點卯戲術，及煮鹿角膠法。卷二《靈源九轉大丹硃砂銀法》，以草木制伏砂汞，用母養成丹，又以金木同硫養砂成真之法，有歌。卷三《子午靈砂法》，用桑灰煑制靈砂以母養成白雪黄芽，《日華子口訣》言黄芽白雪三十六變、太微帝君長生保命丹，乃山澤養砂至九轉點化之法。卷四丹房製煉藥材，《趙仲明先生用驗六法》，言草木伏八石，《丹房鏡源》仝上，造丹法仝上，《日雲聖石經》母硃砂法、鍊硃砂法。卷五《黄芽大丹秘旨》言以砒投鉛汁内取金鼎砒養砂共十八轉點化之法，冷黄結神砂，真死硼、死硝，又冷黄、造丹頭法，伏法别方，又印方，硫匱養鉛成瑶，死鉛，養母砂法，點丹頭前鉛法，死硼，死硝。

鴈門公妙解録

白雲霽等《道藏目録詳注·洞神部》 松字號計十卷。《鴈門公妙解録》。言八石有毒，惟三丹可服。凡中毒者，伏龍肝汁、甘草湯、生菉豆汁，立定。《保仙五子丸》。

錢謙益等《絳雲樓書目·道藏類》 《雁門公妙解録》。

太極真人雜丹藥方

白雲霽等《道藏目録詳注·洞神部》 松字號計十卷。《太極真人雜丹藥方》。一卷。有圖。言外事，多隱名。

張真人金石靈砂論

白雲霽等《道藏目録詳注·洞神部》 清字號計九卷。《張真人金石靈砂論》。一卷。蒙山張隱居撰。《黄金論》、《白金訣》、《黑鉛篇》、《雄黄篇》、《朱砂篇》、《真汞篇》、《砒黄篇》、《成金篇》、《釋紫粉篇》、《釋還丹篇》、《釋金液篇》、《釋陰陽篇》。

錢謙益等《絳雲樓書目·道藏類》 《金石靈砂論》一册。

演龍虎上經

《宋史·藝文志·神仙類》 張隱居《演龍虎上經》二卷。

楊士奇等《文淵閣書目·道書類》 《龍虎上經》。一部，一册。

心目論

《新唐書·藝文志·神仙類》 吴筠《心目論》一卷。

鄭樵《通志·藝文略·道家類》 《心目論》一卷。吴筠撰。

《宋史·藝文志·神仙類》 吴筠《心目論》一卷。

楊士奇等《文淵閣書目·道書類》 《心目論》。一部，一册。

白雲霽等《道藏目録詳注·太玄部》 去字號計十卷。《心目論》。一卷。性命兼該。

錢東垣等輯《崇文總目·道書類》 《心目論》一卷。吴筠撰。

龍虎元旨

白雲霽等《道藏目録詳注·太玄部》 唱字號計十卷。《龍虎元旨》。言外丹。

太上老君清静心經

白雲霽等《道藏目録詳注·太清部》 退字號計十卷。《太上老君清静心經》。論清静心源。

玄和子十二月卦金訣

白雲霽等《道藏目録詳注·正一部》 吹字號計九卷。《玄和子十二月卦金訣》。凡習静之日，按十二月卦炁，順天罡行火符之法。

洞真太上青芽始生經

白雲霽等《道藏目録詳注・正一部》 内字號計十卷。《洞真太上青芽始生經》。内有修真五生寶圖。

長生胎元神用經

白雲霽等《道藏目録詳注・正一部》 典字號計十卷。《長生胎元神用經》。一卷。野人郎肇註。内有服元炁法。

太上清浄經

楊士奇等《文淵閣書目・道書類》 《太上清浄經》。一部，一册。

錢謙益等《絳雲樓書目・道藏類》 《清浄經》。

太清元道真經

白雲霽等《道藏目録詳注・正一部》 群字號計十二卷。《太清元道真經》。上、中、下三卷。元道者，玄元。之上道，黄老之心也。

金碧潛通經

鄭樵《通志・藝文略・道家類》 《金碧潛通經》一卷。羊參微撰。

晁公武《郡齋讀書志・神仙類》 《金碧潛通》一卷。右題長白山人元陽子解，未詳何代人，不知其撰人姓名。按《邯鄲書目》云羊參微集。其序言「本得之石函，皆科斗文字。世有三十六字訣，七曜、五行、八卦、九宫，論還丹之事，其辭多隱，人莫之識。劉真人演仰觀上象，以定節度，今之所作，多不成者，蓋不得口訣故也。吾恐墜匿聖文，故著上經，託號《金碧潛通》。金者，剛柔得位，火不能灼，服之則仙遊碧落」云。疑即參微所撰也。《道藏》止收一卷。

馬端臨《文獻通考・經籍考・神仙類》 《金碧潛通》一卷。【略】

還丹訣

鄭樵《通志・藝文略・道家類》 元陽子《還丹訣》二卷。

晁公武《郡齋讀書志・神仙類》 《還丹歌》一卷。右元陽子撰。次序雜亂，非完書也。大旨解《參同契》。《李氏書目》云：「海客李玄光遇玄壽先生於中岳，授此。」未詳玄光何代人。

馬端臨《文獻通考・經籍考・神仙類》 《還丹歌》一卷。

《宋史・藝文志・神仙類》 元陽子《金石還丹訣》一卷。

白雲霽等《道藏目録詳注・洞真部》 重字號計十四卷。《還丹歌訣》上下同卷。元陽子集諸仙還丹歌訣。

錢謙益等《絳雲樓書目・道藏類》 《還丹歌訣》。

九轉金丹歌

鄭樵《通志・藝文略・道家類》 元陽《九轉金丹歌》一卷。

《宋史・藝文志・神仙類》 《九轉金丹歌》一卷。

金液還丹龍虎歌

鄭樵《通志・藝文略・道家類》 《金液還丹龍虎歌》一卷。元陽子撰。

錢東垣等輯《崇文總目・道書類》《金液還丹龍虎歌》一卷。

元陽子歌

鄭樵《通志・藝文略・道家類》《元陽子歌》一卷。

金碧上經古文龍虎傳

陳振孫《直齋書録解題・神仙類》《金碧上經古文龍虎傳》。長白山人元陽子注。皆莫知何人。已上十八種共爲一集，其中有《龍牙頌》及《天隱子》，各已見釋氏、道家類。

馬端臨《文獻通考・經籍考・神仙類》《金碧上經古文龍虎傳》。

元陽子金液集

白雲霽等《道藏目録詳注・洞真部》珠字號計九卷。《元陽子金液集》。詩註言外〔丹〕。

錢謙益等《絳雲樓書目・道藏類》《元陽子金液集》。

通玄秘術

白雲霽等《道藏目録詳注・洞神部》松字號計十卷。《通玄秘術》。一卷。金鶩山布衣沈知言集。金石草木服食雜方。

内明訣

鄭樵《通志・藝文略・道家類》《内明訣》一卷。元九子撰。

佚名《道藏闕經目録》卷下 九元子《内明訣》。

龍虎經

鄭樵《通志・藝文略・道家類》《龍虎經》一卷。

金石薄五九數

鄭樵《通志・藝文略・道家類》《金石薄五九數》一卷。

范邦甸等《天一閣書目・道家類》《金石簿五九數訣》一卷。鈔本。不著撰人名氏。《金石簿五九數訣》。不著撰人名氏。

白雲霽等《道藏目録詳注・洞神部》似字號計十卷。《金石簿五九數訣》。内言五金入石出處。

三洞樞機雜説

范邦甸等《天一閣書目・道家類》《三洞樞機雜説》一卷。不著撰人名氏。

白雲霽等《道藏目録詳注・洞神部》臨字號計十卷。《三洞樞機雜説》。一卷。《日用導引神仙初地門》、《咴咽按摩法》、《北帝曲折祝》、《真聖仙書品》、《符秘咒通靈真香法》、《降真香珠》等法。

錢謙益等《絳雲樓書目・道藏類》《三洞樞機雜記》。

元始天尊説生天得道真經

白雲霽等《道藏目録詳注・洞真部》 昃字號計十一卷。《元始天尊説生天得道真經》。內云安寂六根，浄照八識，空其五藴，證妙三元，心目內觀，真炁所有，清浄光明，虛白朗耀，杳杳冥冥，內外無事，昏昏默默，正達無爲；古今常存，總持静念。此性命至理也。

太上玄都妙本清浄身心經

白雲霽等《道藏目録詳注・洞真部》 昃字號計十一卷。《太上玄都妙本清浄身心經》。與《本真》二經同卷。

太上靈寶天尊説延壽妙經

白雲霽等《道藏目録詳注・洞玄部》 服字號計九卷。《太上靈寶天尊説延壽妙經》。

上清丹元玉真帝皇飛仙上經

白雲霽等《道藏目録詳注・洞玄部》 位字號計九卷。《上清丹元玉真帝皇飛仙上經》。上清丹元玉真帝皇之道，絳臺竗靈瓊華玉妃嘯餄之法，秘於上清絳臺皇極之宫，刻玉書之以授諸應真人者。行其道，當潔身遠岫，洗心遐林，神炁冥一，清齋三十日，然乃爲之。如是十五年道成，爲上清真人。又當陶金製絳，以奉經師，示不宣之約。然後依按修煉，以致紫炁下降，玉妃登房，五藏煥徹，百體金固，擁形鋒雲，受書玉皇，飛行上清也。

太清修丹秘訣

白雲霽等《道藏目録詳注・洞神部》 興字號計十一卷。《太清脩丹秘訣》。一卷。內有採種靈砂脩丹法、冲虛子太藥真鉛訣、坎離二用法，皆言清静，俱屬執象。

九轉靈砂大丹資聖玄經

白雲霽等《道藏目録詳注・洞神部》 清字號計九卷。《九轉靈砂大丹資聖玄經》。一卷。《靈砂大丹真父母篇》第一，《聖胎産土篇》第二，《瑶池皓蓮篇》第三，《仙掌月明池篇》第四，《紫府金蓮篇》第五，《紫府湧泉篇》第六，《七返金液還丹篇》第八，《九轉金丹篇》第九，並火候等法。皆言靈砂九轉服食點化之訣，養砂火候及制硫、水銀、炒青金、製二氣靈砂等法。

玄霜掌上録

白雲霽等《道藏目録詳注・洞神部》 松字號計十卷。《玄霜掌上録》。與《傳信》三篇同卷。即玄明粉法。

錢謙益等《絳雲樓書目・道藏類》 《元霜〔掌〕上録》。

洞玄靈寶真人修行益年益算法

白雲霽等《道藏目録詳注・正一部》 吹字號計九卷。《洞玄靈寶真人脩行益年益算法》。內有太上理身守一之訣。

上清經秘訣

白雲霽等《道藏目録詳注・正一部》 階字號計十卷。《上清經秘訣》。內思神念真之訣。

上清元始變化寶真上經

張國祥《續道藏經目録・正一部》 藁字號計四卷。《上清元始變化寶真上經》。一卷。

太初元氣接要保生論

張國祥《續道藏經目録・正一部》 冠字號計五卷。《太初元氣接要保生論》。一卷。

四氣攝生圖

鄭樵《通志・藝文略・道家類》《四氣攝生圖》一卷。道士劉鼎撰。

鄭樵《通志・圖譜略・記無》《四氣攝生圖》。

白雲霽等《道藏目録詳注・洞神部》 兢字號計九卷。《四氣攝生圖》。一卷。四氣調攝養生圖說。

錢東垣等輯《崇文總目・道書類》《四氣攝生圖》一卷。劉鼎撰。

太上經祕旨

《宋史・藝文志・神仙類》 閭丘方遠《太上經祕旨》一卷。

太丹篇

白雲霽等《道藏目録詳注・洞神部》 松字號計十卷。《太丹篇》。一卷。言外丹。內有《劉真人一歌》、《九霄真君大丹歌》七首，《斐相公大丹一歌》，餘皆係摘古歌。

服氣經訣歌論銘録

范邦甸等《天一閣書目・道家類》《服氣經訣歌論銘録》七卷。桑榆子評。

新舊氣經

鄭樵《通志・藝文略・道家類》《新舊氣經》一卷。延陵君刊集。

《宋史・藝文志・神仙類》 桑榆子《新舊氣經》一卷。

白雲霽等《道藏目録詳注・洞神部》 命字號計七卷。《延陵先生集新舊服氣經》。一卷。《修養大略》、《張果先生服氣法》、《鶯法師服氣法》、《李奉時山人服氣法》、《蒙山賢者服氣法》、《王説山人服氣新訣》、《威儀先生玄素真人用氣訣》、《胎息口訣》、《胎息精微論》、《胎息雜訣》、《秘要口訣》、《用氣集神訣》、《煉氣法》、《委氣法》、《閉氣法》。

胎息經註

高儒《百川書志・神仙類》《胎息經註》一卷。

徐㶿《徐氏家藏書目・道類》《幻真先生胎息經》一卷。夷門。

白雲霽等《道藏目録詳注・洞真部》成字號計十卷。《胎息經註》。幻真先生註。

錢謙益等《絳雲樓書目・道藏類》《胎息經》一卷。分八節。幻真先生注。

《四庫全書總目提要・道家類存目》《胎息經》一卷。内府藏本。舊本題幻真先生註，不著名氏，亦不著時代。經與註似出一人。大旨本《老子・谷神不死》一章，而暢發其義。

周中孚《鄭堂讀書記・道家類》《胎息經》一卷。《津逮祕書》本。舊題幻真先生注，不著時代名氏。《通志》載《胎息》三十部，内有元君《胎息經》一卷，未知即是書否。此書經文僅八十三字，分爲八節而注之。其注頗繁，皆暢發《老子》「谷神不死」一章之義，似與經同出一人之手也。末附《胎息銘》一首，亦止三行耳。《學津討原》亦收入之，《説郛續》所收《胎息經疏》爲明海鹽王文禄所撰，大旨亦與是相等云。

洞元靈寶定觀經注

徐㶿《徐氏家藏書目・道類》《洞元靈寶定觀經注》一卷。幻真先生。

氣經新舊服法

《新唐書・藝文志・神仙類》《氣經新舊服法》三卷。

鄭樵《通志・藝文略・道家類》《氣經新舊服法》三卷。唐康仲熊撰。

錢東垣等輯《崇文總目・道書類》《氣經新舊服法》三卷。康仲熊撰。

康真人氣訣

《新唐書・藝文志・神仙類》《康真人氣訣》一卷。

鄭樵《通志・藝文略・道家類》康真人《氣訣》一卷。唐康仲熊撰。

《宋史・藝文志・神仙類》康真人《氣訣》一卷。

錢東垣等輯《崇文總目・道書類》《康真人氣訣》一卷。康仲熊撰。

服内元氣訣

錢東垣等輯《崇文總目・道書類》《服内元氣訣》一卷。康仲熊撰。

《新唐書・藝文志・神仙類》康仲熊《服内元氣訣》一卷。

鄭樵《通志・藝文略・道家類》《服内元氣訣》一卷。唐康仲熊撰。

鄭樵《通志・藝文略・道家類》《服内元氣訣》一卷。煙蘿子撰。

白雲霽等《道藏目録詳注・洞神部》命字號計七卷。《幻真先生服内元氣訣》。與《抱一歌》同卷。《進取訣》第一，《淘氣訣》第二，《調氣訣》第三，《嚥氣訣》第四，《行氣訣》第五，《煉氣訣》第六，《委氣訣》第七，《閉氣訣》第八，《布氣訣》第九，《六氣訣》第十，《調氣液訣》第十一，《飲食調護訣》第十二，《休糧訣》第十三，《守真訣》第十四，《服氣胎息訣》第十五。

錢東垣等輯《崇文總目・道書類》《烟蘿子服内元氣訣》一卷。康仲熊撰。

内真通明歌

鄭樵《通志・藝文略・道家類》《内真通明歌》一卷。煙蘿子撰。

錢東垣等輯《崇文總目・道書類》《内貞通明歌》一卷。烟蘿子撰。【原釋】以下俱闕。見天一閣鈔本。

内真通元訣

鄭樵《通志・藝文略・道家類》《立内真通元訣》一卷。煙蘿子撰。

又 煙蘿子《内真通元歌》一卷。

《宋史・藝文志・神仙類》煙蘿子《内真通玄歌》一卷。

錢東垣等輯《崇文總目・道書類》 烟蘿子《内真通元訣》一卷。

養神關鏁祕訣圖

鄭樵《通志・藝文略・道家類》 煙蘿子《養神關鏁祕訣圖》一卷。

上清金碧篇

陳振孫《直齋書録解題・神仙類》《上清金碧篇》一卷。稱煙蘿子。

馬端臨《文獻通考・經籍考・神仙類》《上清金碧篇》一卷。【略】

大丹鉛汞論

范邦甸等《天一閣書目・道家類》《大丹鉛汞論》一卷。唐金竹坡撰。

白雲霽等《道藏目録詳注・洞神部》 如字號計十卷。《大丹鉛汞論》。與《還金述》同卷。唐金竹坡著。言銀鉛砂汞。

還丹金術黄老經

鄭樵《通志・藝文略・道家類》《還丹金術黄老經》一卷。陶植撰。

錢東垣等輯《崇文總目・道書類》《還丹金術黄老經》一卷。陶直撰。

内丹賦

鄭樵《通志・藝文略・道家類》 陶真人《内丹賦》一卷。

白雲霽等《道藏目録詳注・洞真部》 果字號計十卷。《陶真人内丹賦》。一卷。

還金術

鄭樵《通志・藝文略・道家類》《還金術》一卷。陶植撰。《還金術》一卷。陶植撰。

白雲霽等《道藏目録詳注・洞神部》 如字號計十卷。《還金述》。陶植譔。上、中、下三篇。俱言金丹道理。

范邦甸等《天一閣書目・道家類》《還金術》二篇。藍絲闌鈔本。陶埴撰。

黄壺集

鄭樵《通志・藝文略・道家類》《黄壺經》三卷。陶植撰。

《宋史・藝文志・神仙類》 陶植《蓬壺集》三卷。

佚名《道藏闕經目録》卷下 《蓬壺集》。三卷。

錢東垣等輯《崇文總目・道書類》《蓬壺集》三卷。陶植撰。

金液丹訣

鄭樵《通志・藝文略・道家類》《金液丹訣》一卷。陶植撰。

錢東垣等輯《崇文總目・道書類》《金液丹訣》一卷。

靈寶畢法

鄭樵《通志・藝文略・道家類》 鍾離授呂公《靈寶畢法》十卷。

尤袤《遂初堂書目・道家類》《靈寳畢法》。

范邦甸等《天一閣書目・道家類》《靈寳畢法》三卷。藍絲闌鈔本。正陽真人鍾離權雲房著，純陽真人吕巖洞賓傳。

楊士奇等《文淵閣書目・道書類》《靈寳畢法》。一部，一册。《靈寳畢法》。一部，一册。

白雲霽等《道藏目録詳注・太清部》志字號計十二卷。《秘傳止陽真君靈寳畢法》。三卷。雲房真人鍾離權述。論天地陰陽昇降之道，日月消息交合之理。炁中生水，水中生炁，即心腎交會於中，配匹甲庚，抽添卯酉。辨水源清濁，識内景真虚之道。

錢謙益等《絳雲樓書目・道藏類》《靈寳畢法》。

黄丕烈《蕘圃藏書題識・子類》《靈寳畢法》三卷。舊本。《靈寳畢法》之名見《絳雲樓書目・神僊家》。余偶從坊間獲此，不特珍其罕見，且裝潢古雅，補綴渾純，非舊家而好古者不辨，出三番餅易之存古書也。修煉之術，固所未喻，然精理名言，實足發聾振聵養生者，可輕棄哉？戊辰八月八日復翁。

養性傳

《新唐書・藝文志・神仙類》《養性傳》二卷。

演正一炁化圖

《新唐書・藝文志・神仙類》段世貴《演正一炁化圖》三卷。

鄭樵《通志・藝文略・道家類》《演正一氣化圖》一卷。段世貴撰。

鄭樵《通志・藝文略・圖譜略・記無》正一《氣化圖》。

錢東垣等輯《崇文總目・道書類》《演正一炁化圖》二卷。段思貴撰。

水經藥法

范邦甸等《天一閣書目・道家類》《水經藥法》一卷。藍絲闌鈔本。軒轅黄帝撰。

白雲霽等《道藏目録詳注・洞神部》如字號計十卷。《軒轅黄帝水經藥法》。一卷。煮諸石化水法、龍芽易名辯證、制伏五金八石。

太上洞玄靈寶觀妙經

尤袤《遂初堂書目・道家類》《觀妙經》。

佚名《道藏闕經目録》卷上《洞玄靈寶太上觀妙經》。

白雲霽等《道藏目録詳注・洞玄部》人字號計十四卷。《太上洞玄靈寶觀妙經》。言心有五時，身有七候，乃照心滅妄工夫。

太上浩元經

白雲霽等《道藏目録詳注・洞神部》女字號計十五卷。《太上浩元經》。與《妙始》二經同卷。經中七言古詩，頗與内、外《黄庭》符合。

太上長文大洞靈寶幽玄上品妙經

白雲霽等《道藏目録詳注・太玄部》取字號計十卷。《太上長文大洞靈寶幽玄上品妙經》。

太上長文大洞靈寶幽玄上品妙經發揮

白雲霽等《道藏目録詳注・太玄部》取字號計十卷。《太上長文大洞靈寶幽玄上品妙經發揮》。

金丹真一論

白雲霽等《道藏目録詳注・太玄部》 唱字號計十卷。《金丹真一論》。一卷。百玄子譔。

老子顯道經

范邦甸等《天一閣書目・道家類》《老子顯道經》一卷。藍絲闌鈔本。

白雲霽等《道藏目録詳注・洞神部》 薄字號計九卷。《老君顯道經》。一卷。太上言進道問答、絶穀食氣法、六子氣法。

錢謙益等《絳雲樓書目・道藏類》《顯道經》。

太上老君説常清静經注

白雲霽等《道藏目録詳注・洞神部》 是字號計九卷。《太上老君説常清静經註》。一卷。左右街弘教大師傳真天師賜紫廣成先生杜光庭註。

元英還金篇

《新唐書・藝文志・神仙類》 海蟾子《元英還金篇》一卷。

鄭樵《通志・藝文略・道家類》《還金篇》一卷。唐海蟾子元英撰。

《宋史・藝文志・神仙類》《海蟾子還金篇》一卷。

錢東垣等輯《崇文總目・道書類》《還金篇》一卷。

海蟾子詩

鄭樵《通志・藝文略・道家類》《海蟾子詩》一卷。

《宋史・藝文志・神仙類》《劉海蟾詩》一卷。

參同契明鑑訣

鄭樵《通志・藝文略・道家類》《參同契明鑑訣》一卷。彭曉撰。

陳振孫《直齋書録解題・神仙類》《參同契明鏡圖訣》一卷。真一子彭曉秀川撰。蜀永康人。序稱廣政丁未以《參同契》分十九章而爲之注，且爲圖八環，謂之明鏡圖。曩在麻姑山傳録。其末有秀川傳。汪綱會稽所刻本，其前題祠部員外郎彭曉，蓋據秘閣本云爾。麻姑本附傳亦言仕蜀爲此言。

馬端臨《文獻通考・經籍考・神僊類》《明鏡圖訣》一卷

《宋史・藝文志・神仙類》 彭曉《參同契明鑑訣》一卷。

參同契

晁公武《郡齋讀書志・神仙類》 彭曉注《參同契》三卷。右漢魏伯陽撰。按《神仙傳》：伯陽，會稽上虞人，通貫詩律，文辭贍博，修真養志，約《周易》作此書，凡九十篇。徐氏箋注。桓帝時，以授同郡淳于叔通，因行於世。彭曉爲之解。隋、唐書目皆不載。按唐陸德明解「易」字云：「虞翻注《參同契》，言字從『日』下『月』。」今此書有「日月爲易」之文，其爲古書明矣。

馬端臨《文獻通考・經籍考・神僊類》《周易參同契》三卷。

參同契分章通真義

鄭樵《通志・藝文略・道家類》《周易參同契分章通真義》三卷。

尤袤《遂初堂書目・道家類》《參同分章通義》。

陳振孫《直齋書録解題・神仙類》《參同契分章通真義》三卷。真一子彭曉秀川撰。蜀永康人也。序稱廣政丁未以《參同契》分十九章而爲之注，且爲圖八環，謂之《明鏡圖》。曩在麻姑山傳録。其末有秀川傳。汪綱會稽所刻本，其前題祠部員外郎彭曉，蓋據秘閣本云爾。麻姑本附傳亦言仕蜀爲此官。

馬端臨《文獻通考・經籍考・神僊類》《參同契分章通真義》三卷。

范邦甸等《天一閣書目・道家類》《金丹正理大全周易參同契通真義》三卷。後蜀真一子彭曉撰，紫霞山人涵蟾子編輯。

徐𤊹《徐氏家藏書目・道類》《參同契通真義》三卷。彭曉。

《宋史・藝文志・神仙類》彭曉《周易參同契分章通真儀》三卷。

白雲霽等《道藏目録詳注・太玄部》容字號計八卷。《周易參同契分章通真義》。三卷。彭曉解。解中大率「以乾坤爲鼎器，陰陽爲提防，水火爲化機，五行爲輔助，真鉛爲藥祖。互施八卦，驅役四時」。得藥忘言，假《易》顯象。

《四庫全書總目提要・道家類》《周易參同契通真義》三卷。浙江巡撫採進本。後蜀彭曉撰。曉字秀川，永康人，自號真一子。仕孟昶爲朝散郎，守尚書祠部員外郎，賜紫金魚袋。其事蹟未詳。楊慎序《古本參同契》，則以曉爲道士。考王建之時，杜光庭嘗以道士授官，曉爲道士，亦事理所有，但未知其據何書也。葛洪《神仙傳》稱魏伯陽作《參同契五行相類》凡三卷。其説是《周易》，其實假借爻象以論作丹之意。世之儒者不知神丹之事，多作陰陽註之，殊失其旨云云。今案其書多借納甲之法，言坎離、水火、龍虎、鉛汞之要，以陰陽五行、昏旦時刻爲進退持行之候，後來言鑪火者皆以是書爲鼻祖。《隋書・經籍志》不著録，《舊唐書・經籍志》始有《周易參同契》二卷、《周易五相類》一卷，而入之五行家，殊非其本旨。曉序謂伯陽先示青州徐從事，徐乃隱名而註之。至桓帝時，復以授同郡淳于叔通，遂行於世，而傳其訣者頗尠。其或然歟？至鄭樵《通志・藝文略》始別立《參同契》一門，載註本一十九部，三十一卷。今亦多佚亡，獨曉此本尚傳，共分九十章，以應陽九之數。又以《鼎器歌》一篇字句零碎，難以分章，獨存於後，以應水一之數。又撰《明鏡圖訣》一篇，附下卷之末。曉自作前後序，闡發其義甚詳。諸家註《參同契》者，以此本爲最古。至明嘉靖中，楊慎稱南方有發地中石函者，得古文《參同契》，以爲伯陽真本。反謂曉此本淆亂經註，好異者往往信之。然朱子作《參同契考異》，其章次竝從此本。《永樂大典》所載《參同契》本，亦全用曉書，而以俞琬諸家之註分隸其下。則此本爲唐末之書，授受遠有端緒。慎所傳本，殆豐坊《古大學》之流，殊荒誕不足爲信。故今録《參同契》之註，仍以此本爲冠焉。

案《唐志》列《參同契》於五行類，固爲失當；朱彝尊《經義考》列《周易》之中，則又不倫。惟葛洪所云，得魏伯陽作書本旨，若預睹陳摶以後，牽異學以亂聖經者。是此書本末源流，道家原了了，儒者反憒憒也。今仍列之於道家，庶可知丹經自丹經，易象自易象，不以方士之説淆羲、文、周、孔之大訓焉。

顧櫰三《補五代史藝文志・道家類》《參同契分章通真義》三卷。

明鏡圖

顧櫰三《補五代史藝文志・道家類》《明鏡圖》一卷。彭曉撰。

真氣還元銘

白雲霽等《道藏目録詳注・洞真部》重字號計十四卷。《真氣還元銘》。一卷。強名子註解，言養炁定胎之説。

指玄篇

鄭樵《通志・藝文略・道家類》《指元篇》一卷。陳摶撰。

楊士奇等《文淵閣書目・道書類》《指元篇》。一部，一册。《指元篇》。一部，一册。

錢東垣等輯《崇文總目·道書類》《指元篇》一卷。

錢謙益等《絳雲樓書目·道藏類》《指元篇》二册。凡八十一章。陳圖南著。

顧櫰三《補五代史藝文志·道家類》《指元論》一卷。陳希夷撰。

九室指玄篇

鄭樵《通志·藝文略·道家類》《九室指元篇》一卷。陳圖南撰。

《宋史·藝文志·神仙類》陳摶《九室指玄篇》一卷。

佚名《道藏闕經目録》卷下《九室指玄篇》。

錢東垣等輯《崇文總目·道書類》《九室指元篇》一卷。

顧櫰三《補五代史藝文志·道家類》《九室指元》一卷。陳希夷撰。

陳摶陰真君還丹歌

《宋史·藝文志·神仙類》《陰真君還丹歌》一卷。

范邦甸等《天一閣書目·道家類》《陰真君還丹歌》一卷。宋陳摶註。

白雲霽等《道藏目録詳注·洞真部》成字號計十卷。《陰真君還丹歌註》。與《内經》同卷。希夷陳摶註。

案節坐功法

《四庫全書總目提要·道家類存目》《案節坐功法》一卷。編修程晉芳家藏本。舊本題宋陳摶撰。所論坐功治病之法，分案節氣行之。《宋史·藝文志》不著録，蓋後人託名也。

肘後三成篇

陳振孫《直齋書録解題·神仙類》《肘後三成篇》一卷。稱純陽子，謂吕洞賓也。其言《小成》七、《中成》六、《大成》五，皆導引、吐納、修鍊之事。

馬端臨《文獻通考·經籍考·神仙類》《肘後三成篇》一卷。

純陽真人金丹訣

陳振孫《直齋書録解題·神仙類》《純陽真人金丹訣》一卷。即前所謂《三成篇》，微不同。

吕公窰頭坯歌

陳振孫《直齋書録解題·神仙類》《吕公窰頭坯歌》一卷。以陶器爲喻也。

馬端臨《文獻通考·經籍考·神仙類》《吕公窰頭坯歌》一卷。【略】

九真玉書

《宋史·藝文志·神仙類》吕洞賓《九真玉書》一卷。

純陽吕真人藥石製

白雲霽等《道藏目録詳注·洞神部》似字號計十卷。《純陽吕真人藥石製》。一卷。言草木制伏金石詩。

純陽真人百字吟

錢謙益等《絳雲樓書目・道書類》《純陽真人百字吟》。

鍾呂天真變化

錢謙益等《絳雲樓書目・道書類》《鍾呂天真變化》。

心賦注

顧櫰三《補五代史藝文志・道家類》《心賦注》一卷。僧延壽撰。

極　衍

顧櫰三《補五代史藝文志・道家類》《極衍》二十四卷。周傑撰。

演　玄

顧櫰三《補五代史藝文志・道家類》《演玄》十卷。許洞撰。

破迷正道歌

白雲霽等《道藏目録詳注・洞真部》芥字號計十卷。《破迷正道歌》。一卷。正陽真人鍾離述。

保生要録

白雲霽等《道藏目録詳注・洞神部》臨字號計十卷。《保生要録》。司議郎蒲虔貫譔。《養神氣門》、《調肢體門》、《衣服門》、《飲食門》、《起居門》、《藥枕方食門》、《食物類》。

周易參同契鼎器歌明鏡圖

白雲霽等《道藏目録詳注・太玄部》容字號計八卷。《周易叅同契鼎器歌明鏡圖》。有圖。

抱一胎息歌訣

鄭樵《通志・藝文略・道家類》《抱一胎息歌訣》一卷。楊義撰。

白雲霽等《道藏目録詳注・洞神部》命字號計七卷。《胎息抱一歌》。《抱一歌》二十一首，以露胎息之真旨。

錢謙益等《絳雲樓書目・道藏類》《(胞)〔胎〕息抱一歌》。

大還心鑑

鄭樵《通志・藝文略・道家類》《大還心鑑》一卷。

《宋史・藝文志・神仙類》寒山子《大還心鑑》一卷。

白雲霽等《道藏目録詳注・洞神部》松字號計十卷。《大還心鑑》。言砂鉛。

丹論訣旨心鑑

鄭樵《通志・藝文略・道家類》《丹論訣旨心鑑》一卷。張元德撰。

白雲霽等《道藏目録詳注・洞神部》松字號計十卷。《丹論訣旨心鑑》。一卷。張元德撰。言真鉛五兩能制水銀二觔，專言鉛汞。

巨勝歌

鄭樵《通志・藝文略・道家類》《巨勝歌》一卷。

陳振孫《直齋書録解題・神仙類》《巨勝歌》一卷。道士柳沖用撰。

馬端臨《文獻通考・經籍考・神仙類》道士《柳沖用巨勝歌》一卷。

《宋史・藝文志・神仙類》玄明子柳沖用《巨勝歌》一卷。

白雲霽等《道藏目録詳注・洞神部》如字號計十卷。《巨勝歌》。與《水法》同卷。上清大洞道士玄明子柳沖甫述。《巨勝歌》十首，歌詠鉛汞五行。

錢東垣等輯《崇文總目・道書類》《巨勝歌》一卷。

固氣還神九轉瓊丹論

白雲霽等《道藏目録詳注・洞玄部》位字號計九卷。《(回)〔固〕氣還神九轉瓊丹論》。一卷。內論二篇，言金丹。

混元八景真經

白雲霽等《道藏目録詳注・洞神部》女字號計十五卷。《混元八景真經》。卷一之五共四卷。混元真人曰自爲問答，令人省會。細分三法：乾永坤鉛，下乘三品，出《大功章》；虎鉛龍永，中乘三品，《大藥氣章》；龍鉛虎永，上乘三品，《金丹章》。陰陽三元，四象五行，生成氣候，氣數法則，《相合持氣章》；四象俱備，陰陽氣足，《人造化氣章》；老用少氣，《補攝章》；真王行定《命氣章》；二氣相合，《法兼結氣功章》；五行各規，本色與內外相應章，《定金鎖章》，《玄珠結金丹章》，《金液白膏成立天道》等章。

黃庭五藏道引玉軸經

鄭樵《通志・藝文略・道家類》《黃庭五藏道引玉軸經》一卷。

白雲霽等《道藏目録詳注・正一部》典字號計十卷。《上清黃庭五臟六腑真人玉軸經》。一卷。有圖像。內有五臟六府圖。

錢謙益等《絳雲樓書目・道藏類》《玉軸經》。

氣法要妙志訣

鄭樵《通志・藝文略・道家類》《氣法要妙志訣》一卷。

白雲霽等《道藏目録詳注・洞神部》命字號計七卷。《氣法要妙志訣》。一卷。《調氣法》、《節氣法》、《助導引嚥氣法》、《導引新候要訣》，并諸氣法。

修真祕録

鄭樵《通志・藝文略・道家類》《修真祕録》一卷。符度仁撰。

范邦甸等《天一閣書目・道家類》《脩真祕録》一卷。前商州豐陽縣主簿符度仁纂。

白雲霽等《道藏目録詳注・洞神部》臨字號計十卷。《脩真秘録》。與《要録》同卷。商州豐陽縣主簿符度仁纂。《食宜篇》、《月宜篇》，皆調食養氣之術。

錢謙益等《絳雲樓書目・道藏類》《脩真祕訣》。

上洞心丹經訣

范邦甸等《天一閣書目・道家類》《上洞心丹經訣》三卷。太極真人嗣孫述。

白雲霽等《道藏目録詳注・洞神部》之字號計八卷。《上洞心丹經訣》。三卷。有圖。太極真人嗣孫手述。心丹作神室法、固神室玉牀藥法、五行玉匱法、火候法、火絡法、浴丹補氣藥水法、試丹法、論試丹説，太極真人説，言丹砂服食。卷中《神仙九轉秘方》第一，轉法、轉丹立爐法、轉火候、服一轉丹法、《脩内丹法秘旨》第二，轉至第九轉，及火候乃服大丹砂養砂服食點化之法。卷下《太上内丹歌》、《太上外丹經節》，入山年月忌宜，入山時日忌宜，入山却鬼辟邪驅虎狼大蛇諸符。作丹屋法、合和防辟法並符，作大丹宜忌。

錢謙益等《絳雲樓書目・道藏類》《上洞丹經訣》一册。

太上老君説了心經

白雲霽等《道藏目録詳注・洞神部》傷字號計十卷。《太上老君説了心經》。内云心了真住，了性真心，心無所住，住無所心。了無執住，無執轉真，空無所處，空處了真，此是了心。

太上化道度世仙經

白雲霽等《道藏目録詳注・洞神部》傷字號計十卷。《太上化道度世仙經》。《化道品》第一，《五行品》第二，《玄理品》第三，論無上至真大道。

還丹肘後訣

白雲霽等《道藏目録詳注・洞神部》斯字號計九卷。《還丹肘後訣》。三卷。稚川葛真人撰。上卷言砂鉛火候。中卷《龍虎還丹心鑒》、《餌還丹應候歌》、《指真秘訣》。下卷《玄迪祇奧》、《證道歌》、《黄芽歌》、《金丹鉛汞歌》、《快活九歌》、《金品歌》詩，唐仵達靈真人記，吕祖寫真自贊。

錢謙益等《絳雲樓書目・道藏類》《還丹肘後訣》一册。

金液大丹詩

白雲霽等《道藏目録詳注・太玄部》婦字號計九卷。《金液大丹詩》。一卷。

九天玄路祕論

晁公武《郡齋讀書志・神仙類》《九天玄路祕論》一卷。不著撰人。論龍虎鉛汞火候之術。

馬端臨《文獻通考・經籍考・神仙類》《九天玄路祕論》一卷。

大洞玄保真養生論

《宋史・藝文志・神仙類》《大洞玄保真養生論》一卷。

元氣論

鄭樵《通志・藝文略・道家類》《元氣論》一卷。

佚名《道藏闕經目録》卷下《元氣論》。

紫陽金碧經

鄭樵《通志・藝文略・道家類》《紫陽金碧經》三卷。

晁公武《郡齋讀書志・神仙類》《紫陽金碧經》二卷。右皇元真人撰，廣成子述，河上公修。爲六十四章。上明合和習真之法，中有調神理氣之方，下有還丹九鼎上昇之術。《崇文目》有三卷，今逸其一。

馬端臨《文獻通考・經籍考・神僊類》《紫陽金碧經》二卷。

《宋史・藝文志・神仙類》 廣成子《紫陽金碧經》一卷。

佚名《道藏闕經目録》卷下 《紫陽金碧經》。三卷。

錢東垣等輯《崇文總目・道書類》《紫陽金碧經》三卷。

元君付道傳心訣

鄭樵《通志・藝文略・道家類》《元君付道傳心訣》一卷。

《宋史・藝文志・神仙類》《元君付道傳心法門》一卷。

白雲霽等《道藏目録詳注・洞真部》 珠字號計九卷。《紫元君授道傳心法》。與《九要》二經同卷。長生陰真人註。

錢東垣等輯《崇文總目・道書類》《元君傳道傳心訣》一卷。

神氣養形論

鄭樵《通志・藝文略・道家類》《神氣養形論》一卷。

《宋史・藝文志・神仙類》《神氣養形論》一卷。

白雲霽等《道藏目録詳注・洞神部》 命字號計七卷。《神氣養形論》。言神氣附，形者生；神氣離，形者死。

錢東垣等輯《崇文總目・道書類》《神氣養形論》一卷。

泠虛子洞玄靈寶定觀經註

晁公武《郡齋讀書志・神仙類》《定觀經》一卷。右題曰：天尊授左玄真人述，定心慧觀等修，故以爲名云。

馬端臨《文獻通考・經籍考・神僊類》《定觀經》一卷。【略】

楊士奇等《文淵閣書目・道書類》《定觀經》一部，一册。

白雲霽等《道藏目録詳注・洞玄部》 推字號計十卷。《洞玄靈寶定觀經註》。一卷。定體無念，慧照無邊，故曰定觀。

大道通要訣

佚名《道藏闕經目録》卷上 《大道通要訣》。二卷。

洞神精修辨用訣

佚名《道藏闕經目録》卷上 《洞神精修辨用訣》。

胎息秘要歌訣

高儒《百川書志・神仙類》《胎息秘要歌訣》一卷。

白雲霽等《道藏目録詳注・洞真部》 成字號計十卷。《胎息秘要歌訣》。言閉氣、布氣、六氣、調氣等訣。

混元陽符經

白雲霽等《道藏目録詳注・洞真部》 昃字號計十一卷。《混元陽符經》。與《龍文》等三經同卷。

玉清胎元内養真經

白雲霽等《道藏目録詳注·洞真部》 宿字號計十卷。《玉清胎元内養真經》。玉清神寶元臺真君下傳。

玉清無上内景真經

白雲霽等《道藏目録詳注·洞真部》 宿字號計十卷。《玉清無上内景真經》。大羅真天元天大聖后紫光天母下傳。

太上金匱玉鏡修真指玄妙經

白雲霽等《道藏目録詳注·洞玄部》 乃字號計十一卷。《太上金匱玉鏡修真指玄妙經》。一卷。有符。指玄妙者，惟在炁。當知炁在人中，人在炁中；天地萬物，莫不由炁以生。善炁者，内以養身，外以却惡，能握天機之柄，故可以消息萬化矣。

太上内丹守一真定經

白雲霽等《道藏目録詳注·洞神部》 傷字號計十卷。《太上内丹守一真定經》。南嶽七金寶山慶華紫金天母傳。言動二以爲陰，静一以爲陽。二則有變，一則守常。知常悟明，抱一契真，自然真定生光也。

紅鉛入黑鉛訣

白雲霽等《道藏目録詳注·洞神部》 松字號計十卷。《紅鉛入黑鉛訣》。與《問答》三篇同卷。言真金鑄神室制汞、鼎釜、火候諸訣。

太玄寶典

白雲霽等《道藏目録詳注·太玄部》 甘字號計十卷。《太玄寶典》。上、中、下同卷。内講虚無，後有藥方。

龍虎精微論

白雲霽等《道藏目録詳注·正一部》 鼓字號計九卷。《龍虎精微論》。論陰陽。

太上元寶金庭無爲妙經

白雲霽等《道藏目録詳注·正一部》 典字號計十卷。《太上元寶金庭無爲妙經》。一卷。内言《太虚》、《妙化》、《自然》、《太微》、《神遊》、《御炁》、《太上》、《無爲》、《生神》、《玉華》、《合體》、《全形》、《坎離》、《交媾》、《五行》、《德地》、《三宫》、《二炁》、《寧運》、《御風》、《忘形》、《元炁》、《入空》、《服炁》、《定神》、《絶念》、《休欲》等七十二章。乃修養登仙之法。

至言總

鄭樵《通志·藝文略·道家類》 《至言》二卷。范修然撰。

白雲霽等《道藏目録詳注·太玄部》 去字號計十卷。《至言總》。卷一之五。言内修要術、戒律等條。

錢東垣等輯《崇文總目·道書類》 《至言》二卷。范修然撰。

中黃經

陳振孫《直齋書録解題・神仙類》《内景中黃經》一卷。題九仙君撰，中黃真人注。亦名《胎藏論》。

馬端臨《文獻通考・經籍考・神僊類》《中黃經》二卷。【略】

白雲霽等《道藏目録詳注・洞神部》 盡字號計七卷。《太清中黃真經》。二卷。九仙君撰，中黃真人註。《内養形神章》第一，《食氣玄微章》第二，《五芽感惡章》第三，《烟霞静志章》第四，《百竅關連章》第五，《長存之道章》第六，《咸美辛酸章》第七，《穀食精華章》第八，《三蟲宅居章》第九，《九仙真炁章》第十，《胎息真仙章》第十一，《五臟真氣章》第十二，《太極真功章》第十三，《九炁真仙章》第十四，《太微玄功章》第十五，《九行空門章》第十六，《六腑萬神章》第十七，《勿泄天機章》第十八。已上皆服炁凝神真訣。

大還丹照鑑登仙集

鄭樵《通志・藝文略・道家類》《大還丹照鑑登仙集》一卷。

《宋史・藝文志・神仙類》《大還丹照鑑登仙集》一卷。

范邦甸等《天一閣書目・道家類》《大還丹照鑑》一卷。藍絲闌鈔本。不著撰人名氏。

白雲霽等《道藏目録詳注・洞神部》 如字號計十卷。《大還丹照鑑》。一卷。廣政壬戌午無名氏集。五方歌，五行異名，論二氣産黃芽第一。識鉛汞第二，歷代各祖師口訣，俱言外丹。

錢謙益等《絳雲樓書目・道藏類》《大還丹照鑒》。

修身歷驗

鄭樵《通志・藝文略・道家類》《修身歷驗》一卷。述内外丹法。

錢東垣等輯《崇文總目・道書類》《修身麻驗》一卷。

修真歷驗抄并圖

鄭樵《通志・藝文略・道家類》《修真歷驗抄并圖》一卷。羅子一撰。

白雲霽等《道藏目録詳注・洞真部》 調字號計十卷。《脩真歷驗鈔圖》。一卷。内一十二圖表，十二章位。

錢東垣等輯《崇文總目・道書類》《修真麻驗鈔并圖》一卷。羅子一撰。

内丹書

鄭樵《通志・藝文略・道家類》《内丹書》一卷。

王圻《續文獻通考・經籍考・道家類》《内丹書》。遼聖宗統和八年于闐國張文寶所進。

周易參同契

鄭樵《通志・藝文略・道家類》 陰真君《周易參同契》三卷。

白雲霽等《道藏目録詳注・太玄部》 映字號計十卷。《周易叅同契》。三卷。陰真人註，易理叅註。

内丹訣

鄭樵《通志・藝文略・道家類》 洞元子《内丹訣》一卷。

白雲霽等《道藏目録詳注・太玄部》 婦字號計九卷。洞元子《内丹訣》。二卷。内養工夫。

龍虎歌

鄭樵《通志・藝文略・道家類》 洞源子《龍虎歌》一卷。

通玄指真訣

《宋史・藝文志・神仙類》 洞元子通元子《通玄指真訣》一卷。

大丹歌

鄭樵《通志・藝文略・道家類》 《大丹歌》一卷。通元子撰。

錢東垣等輯《崇文總目・道書類》 《大丹歌》一卷。通元子撰。

陳先生内丹訣

鄭樵《通志・藝文略・道家類》 陳先生《内丹訣》一卷。

白雲霽等《道藏目録詳注・太玄部》 婦字號計九卷。《陳先生内丹訣》。與《證道歌》同卷。陳朴仲用誤。九卷。還丹歌。

日月混元經

鄭樵《通志・藝文略・道家類》 《日月混元經》一卷。元光撰。

《宋史・藝文志・神仙類》 玄元先生《日月混元經》一卷。

白雲霽等《道藏目録詳注・洞神部》 女字號計十五卷。《太上日月混元經》。内云乾坤坎離，剛柔配合，四者相包，謂之橐籥，會於鼎中，煉火爲藥。

錢東垣等輯《崇文總目・道書類》 《日月混元經》一卷。玄元先生撰。

道樞

鄭樵《通志・藝文略・道家類》 《道樞》一卷。

尤袤《遂初堂書目・道家類》 《道樞》。

陳振孫《直齋書録解題・神仙類》 《道樞》二十卷。曾慥端伯撰。慥自號至游子，采諸家金丹、大藥、修錬、般運之術，爲百二十二篇。初無所發明，獨黜采御之法，以爲殘生害道云。

馬端臨《文獻通考・經籍考・神仙類》 《道樞》二十卷。

范邦甸等《天一閣書目・道家類》 《道樞》四十二卷。藍絲闌鈔本。宋至游子曾慥集。

白雲霽等《道藏目録詳注・太玄部》 篤字號計十一卷。《道樞》。卷一之十二。至遊子曾慥集。《玄軸篇》、《五化篇》、《至忘篇》、《集要篇》。初字號計十二卷。《道樞》。卷十二之二十四。《指玄篇》、《歸根篇》、《呼吸篇》、《心鏡篇》、《胎息篇》、《聖胎篇》、《元炁篇》、《血脉篇》。誠字號計九卷。《道樞》。卷二十五之三十三。《日月篇》、《玄樞篇》、《太清篇》、《養生》等篇。俱修養導引法。美字號計九卷。《道樞》。卷三十四之四十二。《衆妙篇》、《叅同》、《悟真》等篇，并入藥鏡言，内外二用。

錢謙益等《絳雲樓書目・道藏類》 《道樞》。二十卷。宋曾慥撰。

錢東垣等輯《崇文總目・道書類》 《道樞》一卷。

參同契

晁公武《郡齋讀書志・神仙類》 張隨注《參同契》三卷。右皇朝張隨皇祐中居青城山，注魏伯陽之書，列十數圖於其後。

馬端臨《文獻通考・經籍考・神仙類》 張隨注《參同契》三卷。

《宋史・藝文志・神仙類》 張隨《參同契》一卷。

金丹訣

晁公武《郡齋讀書志・神仙類》 《金丹訣》一卷。右皇朝張瑾撰。治平中，授丹訣於榮中立，後因敍其事，以教後學。自此以下，皆非古今書目所載。以其世多傳者，不可不收也。至於《北斗經》之類，以爲永壽元年老子所説，尤鄙淺可笑，雖行於世，亦削去。

馬端臨《文獻通考・經籍考・神仙類》 《金丹訣》一卷。

玉芝書

晁公武《郡齋讀書志・神仙類》 《玉芝書》三卷。右皇朝陳舉撰。舉，字子堙，蘇州人。

陳振孫《直齋書録解題・神仙類》 《玉芝書》三卷。朝元子陳舉撰。上卷論五篇，中爲詩八十一首，下爲賦九道。

馬端臨《文獻通考・經籍考・神仙類》 《玉芝書》三卷。

《宋史・藝文志・神仙類》 陳君舉《朝元子玉芝書》三卷。

佚名《道藏闕經目録》卷下 《玉芝書詩》。三卷。

授道志

晁公武《郡齋讀書志・神仙類》 《授道志》一卷。右皇朝楊谷，真宗朝嘗遇神仙於成都藥市，自授其道本。《李氏書目》亦載，云谷自號純粹子。

馬端臨《文獻通考・經籍考・神仙類》 《授道志》一卷。

佚名《道藏闕經目録》卷下 《金華真人授道誌》。

悟真篇

晁公武《郡齋讀書志・神仙類》 《通玄祕要悟真篇》一卷。右皇朝張用成撰。用成，字平叔，天台人。熙寧中，隨陸師閔入蜀，授道於隱者，因成律詩八十一首。

馬端臨《文獻通考・經籍考・神仙類》 《通玄祕要悟真篇》一卷。

《宋史・藝文志・神仙類》 張端《金液還丹悟真篇》一卷。

楊士奇等《文淵閣書目・道書類》 《悟真篇》。一部，一册。《悟真篇》。一部，一册。

范邦甸等《天一閣書目・道家類》 《悟真篇》。魏伯陽撰。

錢謙益等《絳雲樓書目・道藏類》 《悟真篇》。一卷。宋張用成撰。熙寧間人。《輿地紀勝》第十二卷，國朝張用成，台州人，字平叔。嘗入成都，遇真人，得金丹術，歸以所得，萃成祕訣八十一首，號爲《悟真篇》。已而仙去。

王圻《續文獻通考經籍考・道家類》 《悟真篇》 張用誠〔成〕，越人，一名端〔伯端〕，字平叔。

清華秘文

徐𤊹《徐氏家藏書目・道類》 張平叔《清華秘文》三卷。

白雲霽等《道藏目録詳注・洞真部》 稱字號計十卷。《玉清金笥青華秘文金寶内煉丹訣》。三卷。有圖像。紫陽真人張平叔譔。《金丹圖論序》、《心爲君論》，口訣中口訣《神爲主論》、《氣爲用説》、《精爲氣説》、《意爲媒説》、《坎離説》、《下手工夫》、《精神論》、《幻丹説》、《提丹法》、《神水華混説》、《百竅説》、《採取圖説》、《交會圖論》、《採取交會口訣》、《直泄天機圖》、《直泄天機圖論》、《火候圖論》、《陰盡圖論》、《總論金丹之要》、《次第秘訣》、《火候秘訣》、《採取圖》等論。

金丹四百字解

徐𤊹《徐氏家藏書目・道類》 《金丹四百字解》一卷。（大）〔天〕台張伯端。

悟真篇集注

陳振孫《直齋書録解題・神仙類》 《悟真篇集注》五卷。天台張伯端平叔撰。一名用成。熙寧中遇異人於成都，所著五七言詩及《西江月》百篇，末卷爲禪宗歌頌，以謂學道之人不通性理，獨修金丹，則性命之道未全。有葉士表、袁公輔者，各爲之注。

高儒《百川書志・神仙類》 《悟真篇註》六卷。張平叔(注)〔撰〕。

丁丙《善本書室藏書志・道家類》 張(叔)平〔叔〕《悟真篇集注》五卷。元刊本。宋張伯端撰，注則不知何人所集。所引有葉士表、袁公輔、李筌、象川翁、争月翁、真一子、道光禪師諸家，疑元人所爲。前有熙甯乙卯歲自序，後有元豐改元壬戌歲自跋。第五卷添入《禪宗歌頌》，豈道家之言必歸宿於禪宗歟？案《四庫》著録張伯端《悟真篇註疏》三卷，附《真指詳説》一卷，爲翁葆光、元戴啓宗疏，似别一書也。

養生丹訣

晁公武《郡齋讀書志・神仙類》 《養生丹訣》一卷。右皇朝皇甫士安撰。士安，岷山道士也。

馬端臨《文獻通考・經籍考・神仙類》 《養生丹訣》一卷。

養生真訣

陳振孫《直齋書録解題・神仙類》 《養生真訣》一卷。虞部員外郎耿肱撰。大中祥符時人。

馬端臨《文獻通考・經籍考・神仙類》 《養生真訣》一卷。

《宋史・藝文志・神仙類》 耿肱《養生真訣》一卷。

還元篇

《宋史・藝文志・神仙類》 張無夢《還元篇》一卷。

學仙辨真訣

《宋史・藝文志・神仙類》 《學仙辨真訣》一卷。

白雲霽等《道藏目録詳注・洞真部》 成字號計十卷。《學仙辯真訣》。《內辯》、《真辯》、《實辯》、《水銀辯》、《水通辯》等論。達此真訣，方辯真僞。

海客論

楊士奇等《文淵閣書目・道書類》 《海客論》。一部，一册。

范邦甸等《天一閣書目・道家類》 《海客論》一卷。藍絲闌鈔本。不著撰人名氏。

徐𤊹《徐氏家藏書目・道類》 李光元《海客論》一卷。

白雲霽等《道藏目録詳注・太玄部》 别字號計九卷。《海客論》。一卷。言外事。

上進參同契五相類秘要

范邦甸等《天一閣書目・道家類》 《參同契五相類祕要》一卷。東漢魏伯陽演，宋盧天驥上進。

白雲霽等《道藏目録詳注・洞神部》 似字號計十卷。《叅同契五相類秘要》。一卷。太素真人魏伯陽。言神丹金石相制秘訣。

法藏碎金録

范邦甸等《天一閣書目・道家類》　《法藏碎金録》十卷。宋光録大夫太子少傳上柱國澶淵晁迥著，明嘉靖丙申裔孫瑮跋後。云《法藏碎金》凡十卷，遠祖文元公天聖五年退居昭德里而作也。公酷嗜靈笈貝篇，有得輒書，故所述甚富。

丹房奥論

范邦甸等《天一閣書目・道家類》　《丹房奥論》一卷。藍絲闌鈔本。學仙子程了一著并序。

白雲霽等《道藏目録詳注・洞神部》　如字號計十卷。《丹房奥論》。一卷。天禧學仙子程了一著。一論真土、凡鉛，二論真鉛、凡鉛，三論真汞、凡汞，四論三砂，五論三黄，六論三白，七論用鉛，八論用母，九論假借，十論制轉，十一論澆漓，十二論點化，十三論灰霜，十四論烟煤，十五論作鼈，十六論裝制。

至游子

范邦甸等《天一閣書目・道家類》　《至游子》二卷。刊本。宋曾慥撰。上卷凡十有三篇，下卷凡十有二篇。明嘉靖丙寅江東姚汝循序。

《四庫全書總目提要・道家類存目》　《至游子》二卷。浙江巡撫採進本。不著撰人名氏。上卷凡十有三篇，下卷凡十有二篇。大旨主於清心寡欲，而歸於坎離配合，以保長生。且力闢容成御女之術，言頗近正。惟上篇多取佛經，而復附會以儒理。故謂顔子之不改其樂，與莊子、竺乾氏皆殊塗而同歸。朱子《語録》謂今世佛經皆六朝文士剽剟《莊》、《老》以潤色之。此編又摭釋典以爲道書。蓋二氏本出一源，宜相假借。至援儒以入之，則陋見也。前有嘉靖丙寅姚汝循序，謂原書不著名氏。考宋曾慥號至游子，慥嘗作《集仙傳》，蓋亦好爲道家言者，則似乎當爲慥作。然《玉芝篇》首引朝元子註曰：陳舉實，元人。則明人所撰矣。毛漸傳《三墳》，世以爲即出於漸，張商英傳《素書》，世以爲即出於商英。然則是書也，其亦汝循所託名歟。

黄庭遁甲緣身經

范邦甸等《天一閣書目・道家類》　《黄庭遁甲緣身經》。

白雲霽等《道藏目録詳注・洞神部》　凤字號計八卷。《黄庭遁甲緣身經》。與《内德》二經同卷。存想鍊神法、太極真人服四極雲芽神仙上方。有咒。附《魏夫人讃》、《誦黄庭經訣》。

上清大洞真經玉訣

《宋史・藝文志・神仙類》　《上清大洞真經玉訣》一卷。

上清大洞真經玉訣音義

白雲霽等《道藏目録詳注・洞真部》　藏字號計九卷。《(玉)〔上〕清大洞真經玉訣音義》。一卷。大洞三景弟子真靖大師賜紫陳景元譔。

龍虎手鑑圖

白雲霽等《道藏目録詳注・洞真部》　調字號計十卷。《龍虎手鑑圖》。一卷。

九還七返龍虎金丹析理真訣

白雲霽等《道藏目録詳注・洞真部》 珠字號計九卷。《九還七返龍虎金丹析理真訣》。武昌程昭字士明述。言外丹。

錢謙益等《絳雲樓書目・道藏類》 《金丹析理真訣》。

還丹衆仙論

白雲霽等《道藏目録詳注・洞真部》 珠字號計九卷。《還丹衆仙論》。一卷。抱腹山人楊在集。引聖祖真仙經訣，证外丹之理，附井爐、火候、辨鉛汞、伏配之法，及服丹應候、解丹藥毒，馭草藥丹散。

錢謙益等《絳雲樓書目・道藏類》 《還仙聚仙論》一册。

修丹妙用至理論

白雲霽等《道藏目録詳注・洞真部》 珠字號計九卷。《修丹妙用至理論》。一卷。九篇。內言《卦炁》、《火候》、《藥訣》、《正疑》、《甲庚》、《五行》、《藥正》、《具用》、《九轉》等論。

金晶論

白雲霽等《道藏目録詳注・洞真部》 珠字號計九卷。《金晶論》。與《丹經極論》同卷。上、中、下三篇，言金者，月華之正炁；晶者，日耀之真精。有《鉛汞歌》十一首。

還丹顯妙通幽集

白雲霽等《道藏目録詳注・洞真部》 珠字號計九卷。《還丹顯妙通幽集》。一卷。少室山潛真子效元陽子《金液集》述。詩三十首。附註呂祖《沁園春》。

錢謙益等《絳雲樓書目・道藏類》 《還丹顯妙通幽論》。

碧虚子親傳直指

白雲霽等《道藏目録詳注・洞真部》 稱字號計十卷。《碧虚子親傳直指》。碧虚遇海瓊白先生授以大道之要，故述斯篇。

上清大洞九官朝修秘訣上道

白雲霽等《道藏目録詳注・洞玄部》 四字號計九卷。《上清大洞九官朝修秘訣上道》。一卷。兩峰周德大嗣傳。

太上老君內丹經

白雲霽等《道藏目録詳注・洞神部》 傷字號計十卷。《太上老君內丹經》。內言三乘丹法，上有還丹金液，中有神水華池，下有五金八石。

上清金闕帝君五斗三一圖訣

白雲霽等《道藏目録詳注・洞神部》 兢字號計九卷。《上清金闕帝君五斗三一圖訣》。一卷。周君口訣、右守五斗真一訣，皆存想飛神貫斗之法。

修煉大丹要旨

白雲霽等《道藏目録詳注・洞神部》 蘭字號計七卷。《脩煉大丹要訣》。二卷。

周易參同契注

白雲霽等《道藏目録詳注・太玄部》 映字號計十卷。《周易叅同契註》。三卷。無名氏註。

還源篇

徐𤊹《徐氏家藏書目・道類》 《翠元還源篇》一卷。

白雲霽等《道藏目録詳注・太玄部》 婦字號計九卷。《還源篇》。杏林石泰得之譔。

還丹復命篇

陳振孫《直齋書録解題・神仙類》 《還丹復命篇》一卷。毗陵僧道光撰。亦擬《悟真》詩篇。靖康丙午序。

馬端臨《文獻通考・經籍考・神仙類》 《還丹復命篇》一卷。

楊士奇等《文淵閣書目・道書類》 《還丹復命篇》。一部，一册。

白雲霽等《道藏目録詳注・太玄部》 婦字號計九卷。《還丹復命篇》。與《金丹正宗》同卷。紫賢真人薛道光譔。

金丹真訣

鄭樵《通志・藝文略・道家類》 《金丹真訣》一卷。

錢東垣等輯《崇文總目・道書類》 《金丹真訣》一卷。

内丹還元訣

白雲霽等《道藏目録詳注・太玄部》 婦字號計九卷。《内丹還元訣》。内工。

太上靈寶芝草品

白雲霽等《道藏目録詳注・正一部》 亦字號計六卷。《太上靈寶芝草品》。一卷。内有《芝草圖》詳考，服之長生益體。

證道歌

鄭樵《通志・藝文略・道家類》 《（道）證〔道〕》一卷。左掌子撰。

《宋史・藝文志・神仙類》 左掌子《證道歌》一卷。

白雲霽等《道藏目録詳注・太玄部》 婦字號計九卷。《證道歌》。左掌子譔。

金液還丹圖論

陳振孫《直齋書録解題・神仙類》 《金液還丹圖論》一卷。不著名氏。自稱元真，蓋宣和中道流也。

馬端臨《文獻通考・經籍考・神仙類》　《金液還丹圖》一卷。

紫團丹經

白雲霽等《道藏目録詳注・洞神部》　夙字號計八卷。《紫團丹經》。一卷。雖談彼家，（家）實含丹旨。

金丹正宗

白雲霽等《道藏目録詳注・太玄部》　婦字號計九卷。《金丹正宗》。五陵玄學進士胡混成編。

無上三天玉堂正宗高奔内景玉書

白雲霽等《道藏目録詳注・洞真部》　劍字號計八卷。《無上三天玉堂正宗高奔内景玉書》。二卷。存日精月華高奔内景之法。

許真君石函記

王世貞《讀書後》卷七　《書〈許真君石函記〉後》。《石函記》上、下卷，按此函既爲許真君所載，而中所搆撰皆不類晉人語。蓋自張紫陽而後，陳泥丸、白紫清繼之，俱以無礙之辨才，發性命之宗旨，一時門弟子模倣爲之。必陳上陽之流爲之，飾畫無鹽，唐突西子，良可恨也。若其中有一二精至語，不妨作摩天偈例取之。

徐𤊹《徐氏家藏書目・道類》　《許真人石函記》一卷。

白雲霽等《道藏目録詳注・洞神部》　之字號計八卷。《許真君石函記》。二卷。《大陽元精論》、《日月雄雌論》、《藥母論》、《藥母是非論》、《丹砂證道歌》、《聖石指玄篇》、《神室玄明論》、《金鼎虛無論》、《明堂正德論》，言神丹大道。

錢謙益等《絳雲樓書目・道藏類》　《許真君石函記》。

文廷式《補晉書藝文志・神仙家類》　《許遜石函記》。明王世貞《讀書後》云：「《許真君石函記》不類晉人語，蓋自張紫陽後，陳泥丸、白紫清繼之，俱以無礙辨才，發性命宗旨，弟子仿之，乃至《醉思仙歌》亦託之真君，《大還丹歌》託之吴猛，《鉛汞歌》託之嚴君平，《龍虎歌》託之陰長生」云云。今按《還丹歌》之類，不悉著録，附記於此。

黄庭玉景内篇

鄭樵《通志・藝文略・道家類》　《黄庭玉景内篇》四卷。逍遥子注。

内指通玄訣

《宋史・藝文志・神仙類》　逍遥子《内指通玄訣》三卷。

佚名《道藏闕經目録》卷下　逍遥子《内指通玄訣》。三卷。

新修攝生祕旨

錢東垣等輯《崇文總目・道書類》　《新修攝生祕旨》一卷。逍遥子撰。

鄭樵《通志・藝文略・道家類》　《新修攝生祕旨》一卷。逍遥子撰。

《宋史・藝文志・神仙類》　《攝生祕旨》一卷。

佚名《道藏闕經目録》卷下　《新修攝生祕旨》。

逍遥子通玄書

陳振孫《直齋書録解題・神仙類》　《逍遥子通玄書》三卷。不知姓名，但曰逍遥子。

馬端臨《文獻通考・經籍考・神仙類》《逍遥子通玄書》三卷。

逍遥子導引訣

徐𤊹《徐氏家藏書目・道類》《逍遥子導引訣》一卷。

參同契考異

陳振孫《直齋書録解題・神仙類》《參同契考異》一卷。朱熹撰。以其詞韻皆古奥雅難通，讀者淺聞，妄輒更改，比他書尤多舛誤，合諸本更相讎正，其諸同異，皆并存之。

馬端臨《文獻通考・經籍考・神仙類》《參同契考異》一卷。

《宋史・藝文志・神仙類》朱熹《周易參同契》一卷。

白雲霽等《道藏目録詳注・太玄部》容字號計八卷。《周易叅同契註》。上、中、下共二卷。朱文公註。朱公嘗言《叅同契》本不明《易》，姑借納甲之法，以寓其行持進退之候。後得《邵子源流》，又曰「眼中見得了瞭如此，但無下手處」。又曰「今始得頭緒未得其作料」。蓋《叅同》乃先天聖學，而夫子慨嘆如斯。

《四庫全書總目提要・道家類》《周易參同契考異》一卷。江西巡撫採進本。宋朱子撰。

張之洞《書目答問・釋道家》《參同契考異》一卷。漢魏伯陽。宋朱子考異。守山閣本、《漢魏叢書》本無「考異」。

白先生金丹火候圖

高儒《百川書志・神仙類》《白先生金丹火候圖》一卷。

白玉蟾海瓊問道集

高儒《百川書志・神仙類》白玉蟾《海瓊問道》一卷。

白雲霽等《道藏目録詳注・正一部》弁字號計十卷。《海瓊問道集》。内歌賦《玄關顯秘論》、《隱山文》、《禪光寂國記》等篇。露性命真機。

白先生指玄篇

徐𤊹《徐氏家藏書目・道類》紫清《指元篇》一卷。

高儒《百川書志・神仙類》《白先生指玄篇》八卷。

黄虞稷《千頃堂書目・道家類》白玉蟾《指玄篇》八卷。

倪燦《宋史藝文志補・道家類》白玉蟾《指玄篇》八卷。

周易參同契

范邦甸等《天一閣書目・道家類》《周易參同契》三卷。藍絲闌鈔本。宋陳顯微解并序。

徐𤊹《徐氏家藏書目・道類》《抱一子叅同契解》三卷。陳顯微。

白雲霽等《道藏目録詳注・太玄部》若字號計十四卷。《周易叅同契解》。三卷。抱一子陳顯微解。是解以乾坤爲神室，以日月爲運用，以六十四卦爲行火，以升降往來爲樞轂。

《四庫全書總目提要・道家類》《周易參同契解》三卷。浙江巡撫採進本。宋陳顯微撰。顯微字宗道，自號抱一子，淮陽人。嘉定端平間臨安佑聖觀道士也。是書乃端平元年其弟子王夷所刊，顯微自爲序。書中次第，悉依彭曉之本。其《鼎器歌》一首，亦從彭本附於卷末。惟分上、中、下三篇而不分章，則從葛洪《神仙傳》之説。「象彼仲冬」節以下七十字，彭本、陳致虚本俱在「枝莖華葉」之下，而是本移在「太陽流珠」一節之下，則顯微據經中別序四象之語，更其舊次也。蓋其時錯簡之説盛行，王柏諸人，遞相煽動，流波所汩，併及於方以外矣。以其詮釋詳明，在《參同契》諸註之中，獨爲善本，故存備言内丹者之一家，猶經解之中録吴澄諸書之意云爾。

和谷子

范邦甸等《天一閣書目・道家類》 《和谷子》十三篇。石晉正陽真人鍾離權寂道撰，華陽真逸施肩吾序，宋雲峯散人夏元鼎宗禹編。

徐𤊹《徐氏家藏書目・道類》 《和谷子》十三篇。晉鍾離權。

金丹詩訣

范邦甸等《天一閣書目・道家類》 《金丹詩訣》二卷。唐純陽真人吕巖撰，宋夏元鼎編。

錢謙益等《絳雲樓書目・道藏類》 《金丹詩訣》八册。

《四庫全書總目提要・道家類存目》 《金丹詩訣》二卷。兩江總督採進本。 舊本題唐純陽真人吕巖撰，宋雲峰散人夏元鼎編。元鼎，即作《陰符經講義》者也。卷中詩句，皆言坎離交媾、嬰兒姹女、道家修養之術。其上卷末附載留題詩六首，厲鶚《宋詩紀事》亦採録之。

崔公藥鏡解

黄虞稷《千頃堂書目・道家類》 夏元鼎《崔公藥鏡解》。

悟真篇講義

白雲霽等《道藏目録詳注・洞真部》 吕字號計十卷。《悟真篇講義》。卷一之七。雲峰散人夏宗禹著。

黄虞稷《千頃堂書目・道家類》 夏元鼎《悟真篇講義》七卷。

至命篇

范邦甸等《天一閣書目・道家類》 《至命篇》二卷。烏絲闌鈔本。宋王慶升撰并序。云謹依師傳金丹軌，則述爲至命之篇，傳之私楮，以淑同志。曰安爐立鼎、曰火候法度、曰野戰守城、曰沐浴脱胎。觀之者宜悉心焉。

白雲霽等《道藏目録詳注・太玄部》 婦字號計九卷。《爰清子至命篇》。上、下同卷。有圖。鮚洲果齋王慶昪。

金丹直指

范邦甸等《天一閣書目・道家類》 《金丹直指》一卷。藍絲闌鈔本。宋永嘉周無所述并序。云余著《金丹十六頌》，直言性命之奥，故以「直指」言。余自幼學時與世異，好慕道既切，訪師益廣。淳祐壬寅年，遇赤城林君自然以丹法授余。又拉余往拜其師李真人，片言之間盡得金火返還之要。余迺遍走叢林，請益諸老，繼聞宗陽碧虚方先生得紫陽張真人之傳。已酉仲春挾真指訪之。足始跨門，心已相照，益自信直指所言不妄。

白雲霽等《道藏目録詳注・太玄部》 夫字號計十二卷。《金丹直指》。一卷。永嘉周無所註，六頌皆重玄密語。

指歸集

范邦甸等《天一閣書目・道家類》《指歸集》一卷。藍絲闌鈔本。高蓋山人吴悟撰。

白雲霽等《道藏目録詳注・洞神部》如字號計十卷。《指歸集》。一卷。高蓋山人吴悮譔。《還丹不用藥》、《只鉛汞二》、《鉛汞須得真三》、《五行生尅四》、《火候五》。其文多引經契古歌。

錢謙益等《絳雲樓書目・道藏類》《指歸集總》。

丹房須知

范邦甸等《天一閣書目・道家類》《丹房須知》。高蓋山人自然子吴煐述。

白雲霽等《道藏目録詳注・洞神部》似字號計十卷。《丹房須知》。與《大丹記》同卷。隆興高蓋山人自然子吴悮述。言擇友、擇地、造丹室、禁厭穢、鑒丹井、取真土、造灰池、添水合香、建壇式、採鉛、藥泥、燠養、中胎、用火、沐浴、火候、開爐、服食、功効、脩煉、勸世，共二十四則。有圖，皆引經契之語。

錢謙益等《絳雲樓書目・道藏類》《丹房須知》。

漁莊邂逅録

白雲霽等《道藏目録詳注・太玄部》唱字號計十卷。《漁莊邂逅録》。與《内丹秘訣》同卷。高蓋山人自然子述。《金液大還丹》諸品丹法。

錢謙益等《絳雲樓書目・道書類》《漁莊録》。

翠虚妙悟全集

王圻《續文獻通考・經籍考・道家類》《翠虚妙悟全集》。陳楠字南木，號翠虚。得太乙刀圭金丹法訣於毘陵禪師，得景霄大雷瑯書於黎姥山神人。每人求符水，翠虚捻土付之，病多愈，故又呼爲陳泥丸。人嘗於翠虚覓詩，但自口縷縷而出。皆成文理，第不肯親書。有《翠虚妙悟全集》行世，及作《羅浮・翠虚吟》。

黄自如注金丹四百字

徐𤊹《徐氏家藏書目・道類》《黄自如注金丹四百字》一卷。

白雲霽等《道藏目録詳注・太玄部》唱字號計十卷。《金丹四百字註》。一卷。天台紫陽真人張平叔譔。旴江蘊空居士黄自如註。

金液還丹印證圖

徐𤊹《徐氏家藏書目・道類》《金液還丹印證》一卷。

白雲霽等《道藏目録詳注・洞真部》調字號計十卷。《金液還丹印證圖》。一卷。龍眉子撰。《外法象圖》九章，《内法象》九章。

高上玉皇心印妙經

白雲霽等《道藏目録詳注・洞真部》盈字號計十二卷。《高上玉皇心印妙經》。内云「上藥三品神與氣、精。履踐天光，光呼吸玉清」等語。此是内修神機。

玉皇胎息經注

徐𤊹《徐氏家藏書目・道類》《玉皇胎息經注》一卷。李簡易。

無上玉皇心印經注

徐𤊹《徐氏家藏書目・道類》 《無上玉皇心印經注》一卷。李簡易。

玉谿子丹經指要

白雲霽等《道藏目録詳注・洞真部》 稱字號計十卷。《玉谿子丹經指要》。三卷。有圖。玉谿子李簡易纂集。上卷《混成仙泒之圖》、《悟真篇指要》、《文會圖》、《三五一都圖》、内言九還七返、鼎器、真鉛真汞、真土、刀圭、媒合、採取、融結、烹煉、金木交并、水源清濁、温養、沐浴、脱胎、神化等説；中卷《長生久視之書》、《辨惑論》、《丹房法語》、《羲皇作用》等篇；下卷《張紫陽贈白雲洞劉道人歌》、《規中圖十三字訣》、《規中圖》、《蜜語詩歌》等論。

悟真篇注釋

白雲霽等《道藏目録詳注・洞真部》 吕字號計十卷。《悟真篇註釋》。三卷。象川無名子翁葆光淵明註釋。

紫陽真人悟真篇拾遺

白雲霽等《道藏目録詳注・洞真部》 律字號計七卷。《紫陽真人悟真篇拾遺》。一卷。此篇翁葆光述禪宗語歌頌詩的雜言。

還丹秘訣養赤子神方

白雲霽等《道藏目録詳注・洞真部》 珠字號計九卷。《還丹秘訣養赤子神方》。與《金丹訣》同卷。西山許明道述。言静工、神室、進火、温水、脱胎等訣。

丹經極論

白雲霽等《道藏目録詳注・洞真部》 珠字號計九卷。《丹經極論》。言《外藥火候》、《内藥運工》、《出神》等論詩詞。

翠虚編

高儒《百川書志・神仙類》 《翠虚編》二卷。泥丸陳真人編。

范邦甸等《天一閣書目・道家類》 《翠虚篇》一卷。泥丸陳真人撰，真息子王思誠序。

徐𤊹《徐氏家藏書目・道類》 《陳泥丸翠虚篇》一卷。

白雲霽等《道藏目録詳注・太玄部》 婦字號計九卷。《翠虚篇》。一卷。泥丸陳真人譔。《紫庭經》、《大道歌》、《羅浮翠虚吟》、《丹基歸一論》、《金丹詩賦》等篇。

了明篇

白雲霽等《道藏目録詳注・洞真部》 芥字號計十卷。《了明篇》。與《進道詩》同卷。宋先生述。

真仙秘傳火候法

白雲霽等《道藏目録詳注・洞真部》 芥字號計十卷。《真(人)〔仙〕秘傳火候法》。一卷。有圖。言《時中火候》、《行水》、《方便真人露火機》等篇。

三極至命筌蹄

白雲霽等《道藏目録詳注・洞真部》 芥字號計十卷。《三極至命筌(啼)〔蹄〕》。一卷。有圖。果齋王慶升述。諸法象圖、《註紫清白真人金液大還内外丹訣》、《三要總序》、《三關總序》、《九鼎總序》、《丹經總要》、《陰符破迷贊》、《古仙真訣集句》、《修真六用》、《修真十戒》。

先天金丹大道玄奥口訣

白雲霽等《道藏目録詳注・洞真部》 芥字號計十卷。《先天金丹大道玄奥口訣》。有圖像。晉陵霍濟之述。《歸根圖》、《金丹藥物直指圖》、《直指》、《金丹大道指迷頌》。

靈砂大丹秘訣

白雲霽等《道藏目録詳注・洞神部》 清字號計九卷。《靈砂大丹秘訣》。一卷。言靈砂九轉服食點化之法、九轉歌訣、雌雄硃砂飛霜法、八石抽牙法、輕粉法、粉霜法、太極靈砂賦、抱一聖丹靈砂並九轉丹砂秘訣，皆言大丹。

碧玉朱砂寒林玉樹匱

白雲霽等《道藏目録詳注・洞神部》 清字號計九卷。《碧玉朱砂寒林玉樹匱》。一卷。西蜀陳大師述。内言銀鉛砂汞，雜製藥物、神丹服食等法。有歌。

庚道集

白雲霽等《道藏目録詳注・洞神部》 盛字號計九卷。《庚道集》。卷一之九。養丹陽之法。

金華冲碧丹經秘旨

白雲霽等《道藏目録詳注・洞神部》 斯字號計九卷。《金華冲碧丹經秘旨》。上、下同卷，海瓊老人白玉蟾授。乃以鉛煉山澤、白金黄金造倉養煉、服食、點化。下卷白鶴洞天養素真人蘭元白授以黄金養煉丹砂雌雄爲藥，七轉皆有圖。

長生指要篇

白雲霽等《道藏目録詳注・太玄部》 婦字號計九卷。《長生指要〔篇〕》。與《還源訣》二篇同卷。回陽子林自然述。

神仙養生秘術

白雲霽等《道藏目録詳注・洞神部》 松字號計十卷。《神仙養生秘術》。一卷。太白山傳後趙黄門侍郎劉景先受，宋抱一子校正。其一靈砂，二心紅，三死汞，四點白，五伏毛，六縮賀，七作，八潑銅綠，九作線頭。餘乃草藥十六則，其八有歌訣秤輕粉訣、硫黄杯擦銅如銀法、聖蠟燭法、治墨法、死蜜法、百花膏避穀等方。

錢謙益等《絳雲樓書目・道藏類》 《神仙養生祕術》。

海瓊傳道集

白雲霽等《道藏目録詳注・正一部》 弁字號計十卷。《海瓊傳道集》。内金丹、神室、藥物等圖。

錢謙益等《絳雲樓書目・道藏類》 《海瓊傳道集》。

《四庫全書總目提要・道家類存目》《海瓊傳道集》一卷。兩淮鹽政採進本。舊本題廬山太平興國宫道士洪知常集。前有陳守默、詹繼瑞序。稱乙亥之秋，遇其師白玉蟾於武夷山，戊寅之春，復於廬山相會。有道友洪知常，字明道，號故離子云云。白玉蟾，即葛長庚，宋末道士。則所謂乙亥者，爲宋德祐元年；所謂戊寅者，爲元至元十五年。知常蓋元人矣。其書稱白玉蟾所傳。

延壽第一紳言

《四庫全書總目提要・道家類存目》《延壽第一紳言》一卷。編修程晉芳家藏本。舊本題宋愚谷老人撰，不著名氏。其論攝生，以絶欲爲第一義，力闢三峯採戰之術。所引前人緒論居多，中及儲泳祛疑説，則其人當在南宋末也。

黄庭内外玉景經

鄭樵《通志・藝文略・道家類》《黄庭内外玉景經》十卷。蔣慎修撰。

白雲霽等《道藏目録詳注・洞玄部》 推字號計十卷。《黄庭内外玉經註》一卷。原不全，蔣慎修主進。

谷神賦

鄭樵《通志・藝文略・道家類》《谷神賦》一卷。趙大信撰。

《宋史・藝文志・神仙類》《谷神賦》一卷。

范邦甸等《天一閣書目・道家類》《谷神賦》一卷。藍絲闌鈔本。天水逸人大信註。

白雲霽等《道藏目録詳注・洞真部》 果字號計十卷。《谷神賦》。一卷。天水逸人大信註。

錢東垣等輯《崇文總目・道書類》《谷神賦》一卷。趙大信撰。

混俗頤生録

鄭樵《通志・藝文略・道家類》《混俗頤生録》二卷。劉詞撰。

《宋史・藝文志・神仙類》 處士劉詞《混俗頤生録》一卷。

范邦甸等《天一閣書目・道家類》《混俗頤生録》二卷。藍絲闌鈔本。茅士處士劉詞撰。

白雲霽等《道藏目録詳注・洞神部》 臨字號計十卷。《混俗頤生録》。上、下同卷。茅山處士劉詞編。《飲食消息》第一，《飲酒消息》第二，《春時消息》第三，《夏時消息》第四，《秋時消息》第五，《冬時消息》第六，《患勞消息》第七，《患風消息》第八，《户内消息》第九，《禁忌消息》第十。

錢東垣等輯《崇文總目・道藏類》《混俗頤生録》二卷。劉詞撰。

錢謙益等《絳雲樓書目・道藏類》《混俗頤生録》。二卷。劉訥。《宋史・藝文志》作處士劉詞。

混元内外鑒

晁公武《郡齋讀書志・神仙類》《混元内外鑒》二卷。右「混元」，謂老子也，亦導引之術，《内篇》八，《外篇》三。

馬端臨《文獻通考・經籍考・神仙類》《混元内外鑒》二卷。

《宋史・藝文志・神仙類》《混元内外(觀)〔鑒〕》十卷。

佚名《道藏闕經目録》卷下《混元内外鑑》。

延壽經

晁公武《郡齋讀書志・神仙類》《延壽經》一卷。

馬端臨《文獻通考・經籍考・神仙類》《延壽經》一卷。

太起經

晁公武《郡齋讀書志・神仙類》《太起經》一卷。題曰老子撰。服氣訣也。

馬端臨《文獻通考・經籍考・神仙類》《太起經》一卷。

閉氣法

晁公武《郡齋讀書志・神仙類》《閉氣法》一卷。題曰老子撰。服氣訣也。

馬端臨《文獻通考・經籍考・神仙類》《閉氣法》一卷。

太上指南歌

晁公武《郡齋讀書志・神仙類》《太上指南歌》一卷。題曰老子撰。服氣訣也。

馬端臨《文獻通考・經籍考・神仙類》《太上指南歌》一卷。

食氣經

晁公武《郡齋讀書志・神仙類》《食氣經》一卷。右太皇子撰。未詳。李邯鄲云「似雜集之書」。

陰符内丹經

晁公武《郡齋讀書志・神仙類》《陰符内丹經》一卷。右題曰老子說。

馬端臨《文獻通考・經籍考・神仙類》《陰符内丹經》一卷。

青牛道士歌

晁公武《郡齋讀書志・神仙類》《青牛道士歌》一卷。右題曰青牛道士，未詳。

馬端臨《文獻通考・經籍考・神仙類》《青牛道士歌》一卷。

八段錦

晁公武《郡齋讀書志・神仙類》《八段錦》一卷。右不題撰人。吐故納新之訣也。

馬端臨《文獻通考・經籍考・神仙類》《八段錦》一卷。

楊士奇等《文淵閣書目・道書類》《八段錦》。一部，一册。

高象先歌

晁公武《郡齋讀書志・神仙類》《高象先歌》一卷。右高先撰。象先，其字也，未詳何代人。論《參同契》。

馬端臨《文獻通考・經籍考・神仙類》《高象先歌》一卷。

大道金丹歌

《宋史・藝文志・神仙類》高先《大道金丹歌》一卷。

白雲霽等《道藏目録詳注・太玄部》唱字號計十卷。《金丹歌》。與《玉室經》同卷。真人高象先述。

太清火式經

晁公武《郡齋讀書志・神仙類》《太清火式經》一卷。不著撰人。論龍虎鉛汞火候之術。

馬端臨《文獻通考・經籍考・神仙類》《太清大或經》一卷。

《宋史・藝文志・神仙類》《太清篇火式》一卷。

佚名《道藏闕經目録》卷下《太清火式經》。

靈源銘

晁公武《郡齋讀書志・神仙類》《靈源銘》一卷。不著撰人。論龍虎鉛汞火候之術。

馬端臨《文獻通考・經籍考・神仙類》《靈源銘》一卷。

太清爐鼎斤兩訣

晁公武《郡齋讀書志・神仙類》《太清爐鼎斤兩訣》一卷。不著撰人。論龍虎鉛汞火候之術。

馬端臨《文獻通考・經籍考・神仙類》《太清爐鼎斤兩訣》一卷。

黄庭經

尤袤《遂初堂書目・道家類》楊希文注《黄庭經》。

靈樞金鏡神景内經

尤袤《遂初堂書目・道家類》《神景内經》。

陳振孫《直齋書録解題・神仙類》《靈樞金鏡神景内經》十卷。稱扁鵲注。

馬端臨《文獻通考・經籍考・神仙類》《靈樞金鏡神景内經》十卷。

佚名《道藏闕經目録》卷下《太上靈樞神景内經》。九卷。《太上天寶靈樞金鑑神景内經》。九卷。

皇極系述黄庭經

尤袤《遂初堂書目・道家類》皇極系述《黄庭經》。

中皇真經

尤袤《遂初堂書目・道家類》《中皇真經》。

參同肘後方

尤袤《遂初堂書目・道家類》《參同肘後方》。

密語

尤袤《遂初堂書目・道家類》《密語》。

九轉合同要義

尤袤《遂初堂書目・道家類》《九轉合同要義》。

大丹法

尤袤《遂初堂書目・道家類》《大丹法》。

許真君如意方

尤袤《遂初堂書目・道家類》《許真君如意方》。

金碧古文龍虎上經

陳振孫《直齋書録解題・神仙類》《金碧古文龍虎上經》一卷。不著名氏。麻姑所録本無「金碧」字。

馬端臨《文獻通考・經籍考・神仙類》《金碧古文龍虎上經》一卷。【略】《朱子語録》曰：曾景建謂：「《參同契》本是《龍虎上經》，果否」？先生曰：「不然，蓋是後人見魏伯陽有『龍虎上經』一句，遂僞作此經。大概皆是體《參同契》而爲，故其間有説錯了處。如《參同契》云：『二用無爻位，周流行六虛。』二用者，即《易》中用九用六也。《乾》、《坤》六爻上下，皆是有位，惟用九用六無位，故周流行於六虛。今《龍虎經》却錯説作虛危去，蓋討頭不見，胡亂牽合一字來説。」

范邦甸等《天一閣書目・道家類》《金碧古文龍虎上經》二卷。

參同契解

陳振孫《直齋書録解題・神仙類》《參同契解》一卷。題紫陽先生。不知何人。

馬端臨《文獻通考・經籍考・神仙類》《參同契解》一卷。

靈樞道言發微

陳振孫《直齋書録解題・神仙類》《靈樞道言發微》二卷。朝議大夫致仕傅燮撰進。專言火候。

馬端臨《文獻通考・經籍考・神仙類》《靈樞道言發微》二卷。

佚名《道藏闕經目録》卷下《太上靈樞道言發微論》。二卷。

太清養生上下篇

陳振孫《直齋書録解題・神仙類》《太清養生上下篇》二卷。稱赤松子甯先生。

馬端臨《文獻通考・經籍考・神仙類》《太清養生上下篇》二卷。

金虎鉛汞篇

陳振孫《直齋書録解題・神仙類》《金虎鉛汞篇》一卷。稱元君。

馬端臨《文獻通考・經籍考・神仙類》《金虎鉛汞篇》一卷。

元君辨金虎鉛汞造鼎入金祕真肘後方

佚名《道藏闕經目録》卷下　《元君辨金虎鉛汞造鼎入金祕真肘後方》。

鉛汞五行篇

陳振孫《直齋書録解題・神仙類》　《鉛汞五行篇》一卷。稱探玄子。已上七種共爲一集。

馬端臨《文獻通考・經籍考・神仙類》　《鉛汞五行篇》一卷。

呂真人血脈論

陳振孫《直齋書録解題・神仙類》　《呂真人血脈論》一卷。稱傳婁景先生。

馬端臨《文獻通考・經籍考・神仙類》　《呂真人血脉論》一卷。

遠山崔公入藥鏡

陳振孫《直齋書録解題・神仙類》　《遠山崔公入藥鏡》三卷。不知何人。

《宋史・藝文志・神仙類》　《崔公入藥鏡》三卷。

錢謙益等《絳雲樓書目・道書類》　《崔公入藥鏡》。

四象論

陳振孫《直齋書録解題・神仙類》　《四象論》一卷。稱老子。

馬端臨《文獻通考・經籍考・神仙類》　《老子四象論》一卷。

許先生十二時歌

陳振孫《直齋書録解題・神仙類》　《許先生十二時歌》一卷。不知其名。

馬端臨《文獻通考・經籍考・神仙類》　《許先生十二時歌》一卷。

黄帝丹訣玉函秘文

陳振孫《直齋書録解題・神仙類》　《黄帝丹訣玉函秘文》一卷。文林郎蒲庚進。

馬端臨《文獻通考・經籍考・神仙類》　《黄帝丹訣玉函祕文》一卷。

金鏡九真玉書

陳振孫《直齋書録解題・神仙類》　《金鏡九真玉書》一卷。無名氏。

馬端臨《文獻通考・經籍考・神仙類》　《金鏡九真玉書》一卷。

《宋史・藝文志・神仙類》　《金鏡九真玉書》一卷。

佚名《道藏闕經目録》卷下　《符天内境保身金鏡九真玉書》。

群仙珠玉集

陳振孫《直齋書録解題・神仙類》　《群仙珠玉集》一卷。其序曰：「西華真人以金丹、刀圭之訣傳張平叔，作《悟真篇》，以傳石得之、薛道光、陳泥丸，至白玉蟾。」玉蟾者，葛其姓，福之閩清人。嘗得罪亡命，蓋姦妄流也。余宰南城，有寓公稱其人云：「近嘗過此，識之否？」余言：「不識也。此輩何可使及吾門！」李士寧、張懷素之徒，皆殷監也，是以君子惡異端。

馬端臨《文獻通考・經籍考・神仙類》《群仙珠玉集》一卷。

徐㶿《徐氏家藏書目・道類》《郡仙珠玉集》四卷。

《四庫全書總目提要・道家類》《群仙珠玉集》四卷。浙江巡撫採進本。不著編輯者名氏。第一卷賦二十二篇，第二卷論十七篇，第三卷歌詞六十六首，第四卷爲錢道華《敲爻歌註》、李光元《海客論》。大概恍忽不可究詰，其詞亦多涉於鄙俚。

無仙子删正黄庭經

馬端臨《文獻通考・經籍考・神仙類》《無仙子删正黄庭經》。歐陽文忠公序之，意必公所自爲而隱其名耳。

崔氏守一詩傳

《宋史・藝文志・神仙類》長孫滋《崔氏守一詩傳》一卷。

燒煉雜訣法

《宋史・藝文志・神仙類》《燒煉雜訣法》一卷。

學神仙法

《宋史・藝文志・神仙類》泠然子《學神仙法》一卷。

導養方

《宋史・藝文志・神仙類》昝商《導養方》三卷。

中指真訣

《宋史・藝文志・神仙類》李廣《中指真訣》一卷。

性箴金液頌

《宋史・藝文志・神仙類》高駢《性箴金液頌》一卷。

玉景内篇

《宋史・藝文志・神仙類》胡微《玉景内篇》二卷。

唐元指玄篇

《宋史・藝文志・神仙類》捷神子《唐元指玄篇》一卷。

中央黄老君洞房内經

《宋史・藝文志・神仙類》《中央黄老君洞房内經》一卷。

黄老中道君洞房内經

《宋史·藝文志·神仙類》《黄老中道君洞房内經》一卷。

黄老神臨藥經

《宋史·藝文志·神仙類》《黄老神臨藥經》一卷。
佚名《道藏闕經目録》卷下《太清神臨藥經》。

黄帝内丹訣

《宋史·藝文志·神仙類》《黄帝内丹訣》一卷。

太極真人風鳴爐火經

《宋史·藝文志·神仙類》《太極真人風鳴爐火經》一卷。
佚名《道藏闕經目録》卷下《太極真人鳳鳴鑪火經》。

王母太上還童採華法

《宋史·藝文志·神仙類》《王母太上還童採華法》一卷。
佚名《道藏闕經目録》卷上《洞真太上還童採華法》。

金液還丹歌

《宋史·藝文志·神仙類》《金液還丹歌》一卷。

張真君靈芝集

《宋史·藝文志·神仙類》《張真君靈芝集》一卷。

彭君訣黄白五元神丹經

《宋史·藝文志·神仙類》《彭君訣黄白五元神丹經》一卷。
佚名《道藏闕經目録》卷下《黄白五元神丹經大彭君訣》。

太一真君元丹訣

《宋史·藝文志·神仙類》《太一真君元丹訣》一卷。
佚名《道藏闕經目録》卷下《太一真君元丹訣》。

九天飛步内訣真經

《宋史·藝文志·神仙類》陳大素《九天飛步内訣真經》一卷。

調元妙經

《宋史・藝文志・神仙類》 大白山李真人《調元妙經》一卷。

石金記

《宋史・藝文志・神仙類》 張天師《石金記》一卷。

少玄胎息歌

《宋史・藝文志・神仙類》 卧龍隱者《少玄胎息歌》一卷。

真一服元氣法

《宋史・藝文志・神仙類》 丁少微《真一服元氣法》一卷。

服食還丹證驗法

《宋史・藝文志・神仙類》 真常子《服食還丹證驗法》一卷。

修仙要訣

《宋史・藝文志・神仙類》 《修仙要訣》一卷。華子期授於角里先生。

佚名《道藏闕經目録》卷下 《華子期角里先生修仙要訣》。

還丹訣

《宋史・藝文志・神仙類》 傅士安《還丹訣》一卷。

傳授五法立成儀

《宋史・藝文志・神仙類》 《傳授五法立成儀》一卷。

長生纂要

《宋史・藝文志・神仙類》 守文居鎡《長生纂要》一卷。

黄帝三陽經五明乾贏坤巴訣

《宋史・藝文志・神仙類》 《黄帝三陽經五明乾贏坤巴訣》一卷。

佚名《道藏闕經目録》卷下 《黄帝三陽經五明乾贏坤巴訣》。

正一肘後修用訣

《宋史・藝文志・神仙類》 《正一肘後修用訣》一卷。

佚名《道藏闕經目録》卷下 《正一肘後修用訣》。

長睡法

《宋史・藝文志・神仙類》《長睡法》一卷。

八公紫府河車歌

《宋史・藝文志・神仙類》《八公紫府河車歌》一卷。

大還祕經

《宋史・藝文志・神仙類》《大還祕經》一卷。

神仙肘後三宮訣

《宋史・藝文志・神仙類》《神仙肘後三宮訣》二卷。

佚名《道藏闕經目録》卷下《神仙肘後三宮訣》。二卷。

太極紫微元君補命祕録

《宋史・藝文志・神仙類》《太極紫微元君補命祕録》一卷。

太清丹經

《宋史・藝文志・神仙類》《太清丹經》一卷。

仙公藥要訣

《宋史・藝文志・神仙類》《仙公藥要訣》一卷。

佚名《道藏闕經目録》卷下《仙公藥要雜訣》。

金虎赤龍經

《宋史・藝文志・神仙類》《金虎赤龍經》一卷。

胎息根旨要訣

《宋史・藝文志・神仙類》《胎息根旨要訣》一卷。

上清修行訣

《宋史・藝文志・神仙類》《上清修行訣》一卷。

佚名《道藏闕經目録》卷上《上清上真修行訣》。

白雲霽等《道藏目録詳注・洞玄部》遜字號計十卷。《上清修行經訣》。一卷。

回耀飛光日月精氣上經

《宋史・藝文志・神仙類》《回耀飛光日月精氣上經》一卷。

攝生增益録

《宋史・藝文志・神仙類》《攝生增益録》一卷。

佚名《道藏闕經目録》卷下 《攝生增益録》。

道術旨歸

《宋史・藝文志・神仙類》《道術旨歸》一卷。

十二月五藏導引

《宋史・藝文志・神仙類》《十二月五藏導引》一卷。

服氣錬神祕訣

《宋史・藝文志・神仙類》《服氣錬神祕訣》一卷。

諸家修行纂要

《宋史・藝文志・神仙類》《諸家修行纂要》一卷。

治身服氣訣

《宋史・藝文志・神仙類》《治身服氣訣》一卷。

神仙九化經

《宋史・藝文志・神仙類》《神仙九化經》一卷。

佚名《道藏闕經目録》卷下 《神仙九化法》。

養生諸神仙方

《宋史・藝文志・神仙類》《養生諸神仙方》一卷。

佚名《道藏闕經目録》卷下 《養生諸神仙方》。三卷。

周易參同契

范邦甸等《天一閣書目・道家類》《周易參同契》三卷。藍絲闌鈔本。儲華谷註。

白雲霽等《道藏目録詳注・太玄部》 若字號計十四卷。《周易叅同契註》。三卷。儲華谷註。

修養雜鈔

范邦甸等《天一閣書目・道家類》《修養雜鈔》一卷。朱絲闌鈔本。宋汪順遠撰。

金丹百問

范邦甸等《天一閣書目・道家類》《金丹百問》一卷。李光元述。

白雲霽等《道藏目録詳注・洞真部》　重字號計十四卷。《金液還丹百問訣》。一卷。渤海李光玄集。

太虛心淵篇

范邦甸等《天一閣書目・道家類》　《太虛心淵篇》。不著撰人名氏。

白雲霽等《道藏目録詳注・太玄部》　別字號計九卷。《太虛心淵篇》。與《悟玄篇》同卷。性天詩。

修真太極混元圖

白雲霽等《道藏目録詳注・洞真部》　調字號計十卷。《脩真太極混元圖》。章貢混一子蕭道存著。《八景之圖》、《三才定位圖》、《陰陽昇降圖》、《七上二福地圖》、《三島十洲圖》、《虛無洞天圖》、《生死路邪正圖》、《入道仙凡圖》、《三田五行正道圖》、《五行配象》等圖。

諸真論還丹訣

白雲霽等《道藏目録詳注・洞真部》　珠字號計九卷。《諸真論還丹訣》。與《析理訣》同卷。有《玉壺頌》十首，青霞子《金碧龍虎經》、《參同契讚》、《容成公内丹歌》、《曹聖圖鉛永歌》。

真一金丹訣

白雲霽等《道藏目録詳注・洞真部》　珠字號計九卷。《真一金丹訣》。《胎息節要》附。宋王長集。内言神仙抱一之法，清虛煉神之法，煉元炁複本還元等法。

至真子龍虎大丹詩

白雲霽等《道藏目録詳注・洞真部》　重字號計十四卷。《至真子龍虎大丹詩》。與《三始論》同卷。少室山隱居至真子周方述。

金液大丹口訣

白雲霽等《道藏目録詳注・洞真部》　芥字號計十卷。《金液大丹口訣》。與《玄奧訣》同卷。

太上洞玄靈寶天尊説大通經

白雲霽等《道藏目録詳注・洞玄部》　人字號計十四卷。《太上洞玄靈寶天尊説大通經》。内《真空章》、《玄理章》、《玄妙》等章。皆静空微妙之言。

太上保真養生論

鄭樵《通志・藝文略・道家類》　《保真養生論》一卷。

《宋史・藝文志・神仙類》　《太上保真養生論》一卷。

白雲霽等《道藏目録詳注・洞神部》　深字號計九卷。《太上保真養生論》。顧真養生絶論，心静神安的旨。

錢東垣等輯《崇文總目・道書類》　《保真養生論》一卷。

諸家神品丹法

白雲霽等《道藏目録詳注・洞神部》 馨字號計十一卷。《諸家神品丹法》。卷一之六。玄真子孟要甫述。卷一《抱朴子内篇》，言丹砂雌雄化水作庚、服食點化之法。卷二泥爐安鼎立壇設祭儀式口訣、吕洞賓述長生九轉金丹，乃以金和汞養鍊成服食點化之法。卷三言母汞和取黄芽養砂雄成服食點化、造黄芽法、製丹法、又製丹法、服藥法、又服藥法、長壽真人素砂訣，以鹽請養砂服食點化之法、碧丹砂變金粟子法、化庚粉法、罨庚、太虚靈砂丹、《孫真人丹經》，内五金八石章。卷四言草木制伏五金八石之法。卷五言草木制伏金石等法。卷六言點庚、罨庚、合母及制金石等法。

真元妙道要略

范邦甸等《天一閣書目・道家類》 《妙道要略》一卷。真人鄭思遠撰。

白雲霽等《道藏目録詳注・洞神部》 如字號計十卷。《真元妙道要略》。一卷。真人鄭思遠述。《黜假驗真鏡》第一，言各種金石有毒，不可服食。《證真篇》第二，《煉形篇》第三，皆清静煉形之法。

錢謙益等《絳雲樓書目・道藏類》 《真源妙道要略》。

周易參同契注

白雲霽等《道藏目録詳注・太玄部》 容字號計八卷。《周易參同契註》。二卷。無名氏。

玉室經

白雲霽等《道藏目録詳注・太玄部》 唱字號計十卷。《玉室經》。德州草混成之述。

龍虎還丹歌訣

白雲霽等《道藏目録詳注・太玄部》 唱字號計十卷。《龍虎還丹歌訣》。與《元旨》同卷。李真人述。言外事謨。

還丹至藥篇

白雲霽等《道藏目録詳注・太玄部》 婦字號計九卷。《還丹至藥篇》。悟玄子賢芝膺圖述。詩集。

亶甲集

白雲霽等《道藏目録詳注・太玄部》 婦字號計九卷。《亶甲集》。與《還源》等三篇同卷。西秦降真子趙民述。詩集。

廣成先生玉函經

黄丕烈《蕘圃刻書題識・子類》 《廣成先生玉函經》一卷。宋刊本。錢氏《敏求記》有杜光庭《了證歌》一卷。云光庭謹傍《難經》各推《了證歌》爲之以決生死，宋高氏爲之注，東越伍捷又爲之補注。

黄丕烈《蕘圃藏書題識續録・子類》 《廣成先生玉函經》一卷。宋刻本。《廣成先生玉函經》一册。錢唐何氏夢華館藏書也。

參同契心鑑

《宋史・藝文志・神仙類》 鄭遠之《參同契心鑑》一卷。

佚名《道藏闕經目録》卷下 《參同契心鑑》。

錢東垣等輯《崇文總目・道書類》 《叅同契心鑑》一卷。鄭遠之撰。

逍遥秘訣

錢東垣等輯《崇文總目・道書類》 《逍遥秘訣》一卷。

胎息訣

錢東垣等輯《崇文總目・道書類》 《胎息訣》六卷。**【原釋】**不著名氏，集諸家胎息之法。見天一閣抄本。

攝生纂要録

錢東垣等輯《崇文總目・道書類》 《攝生纂要録》一卷。

胎息訣

鄭樵《通志・藝文略・道家類》 《胎息訣》一卷。

《宋史・藝文志・神仙類》 蜀郡處士《胎息訣》一卷。

錢東垣等輯《崇文總目・道書類》 《胎息訣》一卷。**【原釋】**無名氏述五臟容受之數圖。見天一閣鈔本。

胎息訣

錢東垣等輯《崇文總目・道書類》 《胎息訣》一卷。**【原釋】**無名氏集諸家存神之法。見天一閣鈔本。

神氣養形論秘訣

錢東垣等輯《崇文總目・道書類》 《神氣養形論秘訣》一卷。

五相類

錢東垣等輯《崇文總目・道書類》 《五相類》一卷。

還金丹訣

錢東垣等輯《崇文總目・道書類》 《還金丹訣》三卷。

鉛汞五行圖

錢東垣等輯《崇文總目・道書類》 《(誦求)〔鉛汞〕五行圖》一卷。

鄭樵《通志・藝文略・道家類》 《鉛汞五行圖》一卷。曹聖圖撰。

鄭樵《通志・圖書略・記無》 《鉛汞五行圖》。

《宋史・藝文志・神仙類》 曹聖圖《鉛汞五行圖》一卷。

藥枕方

錢東垣等輯《崇文總目·道書類》《藥枕方》一卷。

學道神仙藥方

錢東垣等輯《崇文總目·道書類》《學道神仙藥方》一卷。

問天老曆

錢東垣等輯《崇文總目·道書類》《問天老曆》十卷。

《宋史·藝文志·神仙類》《問天老曆》一卷。

金柯四時色氣元機歌

錢東垣等輯《崇文總目·道書類》《金柯四時色氣元機歌》一卷。

紫庭秘訣

錢東垣等輯《崇文總目·道書類》《紫庭秘訣》一卷。

《宋史·藝文志·神仙類》《紫微帝君紫庭祕訣》一卷。

太上黄庭内經

鄭樵《通志·藝文略·道家類》《太上黄庭内經》一卷。務成子注。

陳振孫《直齋書録解題·神仙類》《黄庭内景經》一卷。務成子注。是南嶽魏夫人所受者，魏舒之女也。

《宋史·藝文志·神仙類》 務成子注《太上黄庭内景經》一卷。

黄庭内景保生延壽訣

鄭樵《通志·藝文略·道家類》《黄庭内景保生延壽訣》一卷。務成子注。

黄庭外景經

陳振孫《直齋書録解題·神仙類》《黄庭外景經》一卷。務成子注。是南嶽魏夫人所受者，魏舒之女也。

太上黄庭内景玉經

鄭樵《通志·藝文略·道家類》《太上黄庭内景玉經》六卷。五家注。

黄庭祕言内景經

鄭樵《通志·藝文略·道家類》《黄庭祕言内景經》一卷。尹真人注。

黃庭祕言外景經

鄭樵《通志・藝文略・道家類》《黃庭祕言外景經》一卷。尹真人注。

《宋史・藝文志・神仙類》尹喜《黃庭外景經注》一卷。

黃庭外景玉經注訣

錢東垣等輯《崇文總目・道書類》《黃庭外景玉經訣》一卷。

鄭樵《通志・藝文略・道家類》《黃庭外景玉經注訣》一卷。

《宋史・藝文志・道家類》《黃庭外景玉經注訣》一卷。

黃庭玉景篇

鄭樵《通志・藝文略・道家類》《黃庭玉景篇》二卷。

黃庭二景三皇內譜

鄭樵《通志・藝文略・道家類》《黃庭二景三皇內譜》一卷。

佚名《道藏闕經目録》卷下《上清黃庭二景三皇內譜》。

黃庭五藏圖

鄭樵《通志・藝文略・道家類》《黃庭五藏圖》一卷。

又《圖譜略・記有》《黃庭五藏圖》。

《宋史・藝文志・道家類》《黃庭五藏論圖》一卷。

徐𤊹《徐氏家藏書目・道類》《黃庭經五臟六腑圖說》一卷。

錢東垣等輯《崇文總目・道書類》《黃庭五臟圖》一卷。

老子黃庭內視圖

鄭樵《通志・藝文略・道家類》《老子黃庭內視圖》一卷。

《宋史・藝文志・道家類》《老子黃庭內視圖》一卷。

錢東垣等輯《崇文總目・道書類》《老子黃庭內視圖》一卷。

黃庭五藏道引圖

鄭樵《通志・藝文略・道家類》《黃庭五藏道引圖》一卷。

又《圖譜略・記有》《黃庭五藏道引圖》。

錢東垣等輯《崇文總目・道書類》《黃庭五臟道引圖》一卷。

黃庭圖證訣

鄭樵《通志・藝文略・道家類》《黃庭圖證訣》一卷。青鸞子撰。

黃庭經訣

鄭樵《通志・藝文略・道家類》《黃庭經訣誦》一卷。

錢東垣等輯《崇文總目・道書類》《黃庭經訣》一卷。

黄庭五藏論

鄭樵《通志・藝文略・道家類》《黄庭五藏論》七卷。趙業撰。

黄庭五藏經

鄭樵《通志・藝文略・道家類》《黄庭五藏經》一卷。

黄庭内景真形籙

鄭樵《通志・藝文略・道家類》《黄庭内景真形籙》一卷。

抱素子注周易參同契

鄭樵《通志・藝文略・道家類》《周易參同契》三卷。漢魏伯陽撰，抱素子注。

周易參同契

鄭樵《通志・藝文略・道家類》《周易參同契》五卷。翟直躬注。

參同契合金丹行狀十六變通真訣

鄭樵《通志・藝文略・道家類》《參同契合金丹行狀十六變通真訣》一卷。

《宋史・藝文志・道家類》《參同契合金丹行狀十六變通真訣》一卷。

錢東垣等輯《崇文總目・道書類》《參同契合金丹行狀十六變通真訣》一卷。

參同契太易志圖

鄭樵《通志・藝文略・道家類》《參同契太易志圖》一卷。張處撰。

晁公武《郡齋讀書志・神仙類》《參同契太易圖》一卷。右不題撰人。論周天火候，有《太易》、《太初》、《太始》、《太素》、《太極》、《四象》、《五行》等二十四篇并圖。按《崇文總目》云「張處撰」。而李獻臣以爲「天老神君撰，雲常子張處序。亦名《至藥丹訣》」。未知孰是。

馬端臨《文獻通考・經籍考・神仙類》《參同契太易圖》一卷。

《宋史・藝文志・道家類》張處《參同契大易圖》一卷。

佚名《道藏闕經目録》卷下《參同契太易至圖經》。

錢東垣等輯《崇文總目・道書類》《參同契太易志圖》三卷。【原釋】張處撰。見《郡齋讀書後志》。

參同契太易志圖

鄭樵《通志・藝文略・道家類》《參同契太易志圖》一卷。重元子撰。

錢東垣等輯《崇文總目・道書類》《參同契太易志圖》一卷。【原釋】重元子注。見天一閣鈔本。

參同契太易二十四氣修煉大丹圖

鄭樵《通志・藝文略・道家類》《參同契太易二十四氣修煉大丹圖》一卷。

錢東垣等輯《崇文總目・道書類》《叅同契太易二十四氣修煉大丹圖》

一卷。

參同契太易丹書

鄭樵《通志・藝文略・道家類》《參同契太易丹書》一卷。

錢東垣等輯《崇文總目・道書類》《叅同契太易丹書》一卷。諸家書目並不著撰人。

參同契手鑑圖

鄭樵《通志・藝文略・道家類》《參同契手鑑圖》一卷。

參同契金碧潛通訣

鄭樵《通志・藝文略・道家類》《參同契金碧潛通訣》一卷。

佚名《道藏闕經目録》卷下《參同契金碧潛通訣》。

參同契還丹火訣

鄭樵《通志・藝文略・道家類》《參同契還丹火訣》一卷。

佚名《道藏闕經目録》卷下《參同契金鼎大還丹火記口訣》。

參同太丹次序火數

鄭樵《通志・藝文略・道家類》《參同太丹次序火數》一卷。

參同契特行丹

鄭樵《通志・藝文略・道家類》《參同契特行丹》一卷。

參同金石至藥論

鄭樵《通志・藝文略・道家類》《參同金石至藥論》一卷。

元珠龜鑑

鄭樵《通志・藝文略・道家類》《元珠龜鑑》三卷。黄仲山撰。

《宋史・藝文志・神仙類》黄仲山《元珠龜鑑》三卷。

錢東垣等輯《崇文總目・道書類》《元珠龜鑑》三卷。黄仲山撰。

神異書

鄭樵《通志・藝文略・道家類》《神異書》三卷。道士元真子撰。

錢東垣等輯《崇文總目・道書類》《神異書》三卷。

修行旨要

鄭樵《通志・藝文略・道家類》《修行旨要》三卷。道士朱洞微撰。

《宋史・藝文志・神仙類》《正一脩行指要》三卷。

錢東垣等輯《崇文總目・道書類》《修行旨要》三卷。

付道内真訣

鄭樵《通志・藝文略・道家類》《付道内真訣》一卷。陳七子撰。

陳七子得道内真訣

佚名《道藏闕經目録》卷下《陳七子得道内真訣》。

養生服氣訣

鄭樵《通志・藝文略・道家類》《養生服氣訣》一卷。

錢東垣等輯《崇文總目・道書類》《養生服氣訣》一卷。

調元氣訣

鄭樵《通志・藝文略・道家類》《調元氣訣》一卷。

《宋史・藝文志・神仙類》《調元氣法》一卷。

錢東垣等輯《崇文總目・道書類》《調元氣訣》一卷。

調三元氣訣

鄭樵《通志・藝文略・道家類》《調三元氣訣》一卷。李真人撰。

錢東垣等輯《崇文總目・道書類》《調三元氣訣》一卷。李真人撰。

内指通真訣

鄭樵《通志・藝文略・道家類》《内指通真訣》三卷。陸知微撰。

錢東垣等輯《崇文總目・道書類》《内指通真訣》三卷。

服氣長生祕訣

鄭樵《通志・藝文略・道家類》沈真人《服氣長生祕訣》六卷。

錢東垣等輯《崇文總目・道書類》沈真人《服氣長生秘訣》八卷。

咽氣經

鄭樵《通志・藝文略・道家類》王老《咽氣經》一卷。

錢東垣等輯《崇文總目・道書類》黃老《咽氣經》一卷。

服氣經

鄭樵《通志・藝文略・道家類》《服氣經》二卷。

錢東垣等輯《崇文總目・道書類》《服氣經》二卷。

氣術經

鄭樵《通志・藝文略・道家類》《氣術經》一卷。

神仙抱一法

鄭樵《通志・藝文略・道家類》《神仙抱一法》一卷。
錢東垣等輯《崇文總目・道書類》《神仙抱一法》一卷。

調氣養生録

鄭樵《通志・藝文略・道家類》《調氣養生録》一卷。
錢東垣等輯《崇文總目・道書類》《調氣養生録》一卷。

神仙密授三一訣

鄭樵《通志・藝文略・道家類》《神仙密授三一訣》一卷。
錢東垣等輯《崇文總目・道書類》《神仙密受三一訣》一卷。

出生入死法

鄭樵《通志・藝文略・道家類》《出生入死法》一卷。王元正撰。
錢東垣等輯《崇文總目・道書類》《出生入死法》一卷。

六祖達磨真訣

鄭樵《通志・藝文略・道家類》《六祖達磨真訣》一卷。王元正撰。

龍虎丹

鄭樵《通志・藝文略・道家類》《龍虎丹》一卷。侯道華録。
《宋史・藝文志・神仙類》王元正《清虚子龍虎丹》一卷。
錢東垣等輯《崇文總目・道書類》《龍虎丹》一卷。

内外丹訣

《宋史・藝文志・神仙類》《内外丹訣》二卷。集王元正、李黄中等撰。

四氣攝生録

鄭樵《通志・藝文略・道家類》《四氣攝生録》一卷。穆商撰。
錢東垣等輯《崇文總目・道書類》《四氣攝生録》一卷。

修真府元洞幽訣

鄭樵《通志・藝文略・道家類》《修真府元洞幽訣》一卷。
佚名《道藏闕經目録》卷下《修真符元洞幽訣》。
錢東垣等輯《崇文總目・道書類》《修真府元洞幽訣》一卷。

谷神記

鄭樵《通志・藝文略・道家類》《谷神記》一卷。

錢東垣等輯《崇文總目·道書類》《谷神記》一卷。

静氣論

鄭樵《通志·藝文略·道家類》《静氣論》一卷。

洞氣訣

鄭樵《通志·藝文略·道家類》《洞氣訣》一卷。

流珠行氣法

鄭樵《通志·藝文略·道家類》《流珠行氣法》一卷。

法眼六氣法

鄭樵《通志·藝文略·道家類》《法眼六氣法》一卷。

太清不傳氣經

鄭樵《通志·藝文略·道家類》《太清不傳氣經》一卷。

《宋史·藝文志·神仙類》鄭先生《不傳氣經》一卷。

服氣要經

鄭樵《通志·藝文略·道家類》《服氣要經》一卷。中皇子撰。

《宋史·藝文志·神仙類》中皇子《服氣要訣》一卷。

道德上清氣經

鄭樵《通志·藝文略·道家類》《道德上清氣經》三卷。

服氣要訣

鄭樵《通志·藝文略·道家類》《服氣要訣》一卷。申天師撰。

《宋史·藝文志·神仙類》申天師《服氣要訣》一卷。

莊周氣訣

鄭樵《通志·藝文略·道家類》《莊周氣訣》一卷。

《宋史·藝文志·神仙類》《莊周氣訣》一卷。

服氣訣

鄭樵《通志·藝文略·道家類》《服氣訣》一卷。昇元真一法師撰。

玄宗商量氣訣

鄭樵《通志・藝文略・道家類》《玄宗商量氣訣》一卷。

纂諸家得道氣訣

鄭樵《通志・藝文略・道家類》《纂諸家得道氣訣》一卷。

服氣長生度世經訣

鄭樵《通志・藝文略・道家類》《服氣長生度世經訣》一卷。

商量新舊服氣法

鄭樵《通志・藝文略・道家類》《商量新舊服氣法》一卷。王弁撰。

《宋史・藝文志・神仙類》王弁《新舊服氣法》一卷。

吐故納新除萬病法

鄭樵《通志・藝文略・道家類》《吐故納新除萬病法》一卷。

養形吐納六氣法

鄭樵《通志・藝文略・道家類》《養形吐納六氣法》一卷。

神仙大道六字氣術

鄭樵《通志・藝文略・道家類》《神仙大道六字氣術》一卷。

神仙服食五牙氣真經

鄭樵《通志・藝文略・道家類》《神仙服食五牙氣真經》一卷。

錢東垣等輯《崇文總目・道書類》《神仙服食五牙氣真經》一卷。

六字氣訣

鄭樵《通志・藝文略・道家類》《六字氣訣》一卷。

金房内經

鄭樵《通志・藝文略・道家類》《金房内經》一卷。

錢東垣等輯《崇文總目・道書類》《金房内經》一卷。

靈仙祕録陰丹經

《宋史・藝文志・神仙類》廣成子《靈仙祕録陰丹經》一卷。

昇玄養生論

鄭樵《通志・藝文略・道家類》《養生論》一卷。廣成子撰。

《宋史・藝文志・神仙類》廣成子《昇玄養生論》。

保神經

鄭樵《通志・藝文略・道家類》《保神經》一卷。

錢東垣等輯《崇文總目・道書類》《保神經》一卷。

保聖長生經

鄭樵《通志・藝文略・道家類》《保聖長生經》三卷。

佚名《道藏闕經目録》卷下《保聖長生經》。三卷。

錢東垣等輯《崇文總目・道書類》《保聖長生經》三卷。

養生適元經

鄭樵《通志・藝文略・道家類》《養生適元經》一卷。

錢東垣等輯《崇文總目・道書類》《養生適元經》一卷。

風露仙經

鄭樵《通志・藝文略・道家類》《風露仙經》一卷。

錢東垣等輯《崇文總目・道書類》《風露仙經》一卷。

三洞上清真元子集録

鄭樵《通志・藝文略・道家類》《三洞上清真元子集録》一卷。

錢東垣等輯《崇文總目・道書類》《三洞上清真元子集録》一卷。

十二時採一歌

鄭樵《通志・藝文略・道家類》《十二時採一歌》一卷。

老子道氣圖

鄭樵《通志・藝文略・道家類》《老子道氣圖》一卷。

赤松子服氣經

鄭樵《通志・藝文略・道家類》《赤松子服氣經》一卷。

錢謙益等《絳雲樓書目・道藏類》《服氣經》一册。赤松子。

太上混元上德皇帝胎息精義論

鄭樵《通志・藝文略・道家類》《太上混元上德皇帝胎息精義論》一卷。

太上真君告王母服氣胎息令氣通訣

鄭樵《通志・藝文略・道家類》《太上真君告王母服氣胎息令氣通訣》一卷。

錢東垣等輯《崇文總目・道書類》《太上真君告王母服氣胎息令氣通訣》一卷。

證道胎息服氣絶粒長生訣

鄭樵《通志・藝文略・道家類》《證道胎息服氣絶粒長生訣》一卷。

錢東垣等輯《崇文總目・道書類》《證道胎息服氣絶粒長生訣》一卷。

胎息氣經

鄭樵《通志・藝文略・道家類》《胎息氣經》三卷。

佚名《道藏闕經目録》卷上《道德上清胎息炁經》。三卷。

玉皇聖胎神用訣

鄭樵《通志・藝文略・道家類》《玉皇聖胎神用訣》一卷。

晁公武《郡齋讀書志・神仙類》《玉皇聖胎神用訣》一卷。右《玉皇訣》，云野人郎肇注。

馬端臨《文獻通考・經籍考・神仙類》《玉皇聖胎神用訣》一卷。

《宋史・藝文志・神仙類》《玉皇聖台神用訣》一卷。

佚名《道藏闕經目録》卷下《玉皇聖胎神用訣》。

錢東垣等輯《崇文總目・道書類》《玉皇聖胎神用訣》一卷。

胎息旨要

鄭樵《通志・藝文略・道家類》《胎息旨要》一卷。

錢東垣等輯《崇文總目・道書類》《胎息指要》一卷。

心印胎息蜕殼妙道訣

鄭樵《通志・藝文略・道家類》《心印胎息蜕殼妙道訣》一卷。

佚名《道藏闕經目録》卷下《心印胎息蜕殼妙道經》。

元真胎息訣

鄭樵《通志・藝文略・道家類》《元真胎息訣》一卷。

錢東垣等輯《崇文總目・道書類》《真元胎息訣》一卷。

胎息委氣術

鄭樵《通志・藝文略・道家類》《胎息委氣術》一卷。

修真胎息歌

鄭樵《通志・藝文略・道家類》《修真胎息歌》一卷。

錢東垣等輯《崇文總目・道書類》《修真胎息歌》一卷。

胎息元妙

鄭樵《通志・藝文略・道家類》《胎息元妙》一卷。
錢東垣等輯《崇文總目・道書類》《胎息元妙》一卷。

胎息經頌

鄭樵《通志・藝文略・道家類》《胎息經頌》一卷。

胎息録

鄭樵《通志・藝文略・道家類》《胎息録》一卷。

胎息還元祕訣

鄭樵《通志・藝文略・道家類》《胎息還元祕訣》一卷。

服胎息留命術

鄭樵《通志・藝文略・道家類》《服胎息留命術》一卷。

胎息泝流璠珠還元訣

鄭樵《通志・藝文略・道家類》《胎息泝流璠珠還元訣》一卷。

修養氣經

鄭樵《通志・藝文略・道家類》《修養氣經》一卷。
錢東垣等輯《崇文總目・道書類》《修養氣經》一卷。

胎息氣術

鄭樵《通志・藝文略・道家類》《胎息氣術》一卷。

諸家胎息口訣

鄭樵《通志・藝文略・道家類》《諸家胎息口訣》一卷。

靈寶内觀經

鄭樵《通志・藝文略・道家類》《靈寶内觀經》一卷。
錢東垣等輯《崇文總目・道書類》《靈寶内觀經》一卷。

定觀經訣

鄭樵《通志・藝文略・道家類》《定觀經訣》一卷。
佚名《道藏闕經目録》卷上《洞玄靈寶定觀經口訣》。
錢東垣等輯《崇文總目・道書類》《定觀經訣》一卷。

太上天帝青童大君傳

鄭樵《通志·藝文略·道家類》《太上天帝青童大君傳》一卷。
錢東垣等輯《崇文總目·道書類》《太上天帝青童大君傳》一卷。

大道存神五臟論

鄭樵《通志·藝文略·道家類》《大道存神五臟論》一卷。
錢東垣等輯《崇文總目·道書類》《大道存神五臟論》一卷。

九真祕訣

鄭樵《通志·藝文略·道家類》《九真祕訣》一卷。
錢東垣等輯《崇文總目·道書類》《九貞祕訣》一卷。

修生存思行氣訣

鄭樵《通志·藝文略·道家類》《修生存思行氣訣》一卷。

老子存思圖

鄭樵《通志·藝文略·道家類》《老子存思圖》二卷。

老子存三一妙訣圖

鄭樵《通志·藝文略·道家類》《老子存三一妙訣圖》一卷。

存五星圖

鄭樵《通志·藝文略·道家類》《存五星圖》一卷。
鄭樵《通志·圖譜略·記無》《存五星圖》。

五帝雜修行圖

鄭樵《通志·藝文略·道家類》《五帝雜修行圖》一卷。
鄭樵《通志·圖譜略·記有》《五(當)〔帝〕雜修行圖》。
佚名《道藏闕經目録》卷上《上清五帝雜修行圖》。有符畫。
錢東垣等輯《崇文總目·道書類》《五帝雜修行圖》一卷。

老子道德經存想圖

鄭樵《通志·藝文略·道家類》《老子道德經存想圖》一卷。
錢東垣等輯《崇文總目·道書類》《李老君道德經存想圖》一卷。

坐忘真一寶章

鄭樵《通志·藝文略·道家類》《坐忘真一寶章》一卷。

了一歌

鄭樵《通志・藝文略・道家類》《了一歌》一卷。

錢東垣等輯《崇文總目・道書類》《了一歌》一卷。

老子内觀經

鄭樵《通志・藝文略・道家類》《老子内觀經》一卷。嚴輔璨注。

佚名《道藏闕經目録》卷上《太上混元上德皇帝内觀經》。嚴輔璨注。二卷。

六氣道引圖

鄭樵《通志・藝文略・道家類》《六氣道引圖》一卷。

鄭樵《通志・圖譜略・記有》《六氣道引圖》。

錢東垣等輯《崇文總目・道書類》《六氣道引圖》一卷。

黄帝道引法

鄭樵《通志・藝文略・道家類》《黄帝道引法》一卷。

錢東垣等輯《崇文總目・道書類》《軒轅黄帝導引法》一卷。

按摩要法

鄭樵《通志・藝文略・道家類》《按摩要法》一卷。

《宋史・藝文志・神仙類》《按摩要法》一卷。

范邦甸等《天一閣書目・道家類》《按摩法》一卷。藍絲闌鈔本。不著撰人名氏。

錢東垣等輯《崇文總目・道書類》《按摩要法》一卷。

道引調氣經

鄭樵《通志・藝文略・道家類》《道引調氣經》一卷。

《宋史・藝文志・神仙類》《太清導引調氣經》一卷。

太清道引養生經

鄭樵《通志・藝文略・道家類》《太清道引養生經》一卷。《道引養生經》一卷。

白雲霽等《道藏目録詳注・洞神部》 盡字號計七卷。《太(上)〔清〕導引養生經》。一卷。《慎修内法》、《王喬導引圖》、《彭祖導引圖》、《淘氣訣》、《咽氣訣》,附六字氣法。

黄帝道引圖

鄭樵《通志・藝文略・道家類》《黄帝道引圖》一卷。

十二月道引圖

鄭樵《通志・藝文略・道家類》《十二月道引圖》一卷。

五禽道引圖

鄭樵《通志・藝文略・道家類》《五禽道引圖》一卷。

鄭樵《通志・圖譜略・記無》《五禽道引圖》。

許先生按摩圖

鄭樵《通志・藝文略・道家類》《許先生按摩圖》一卷。

道引圖三十六訣

鄭樵《通志・藝文略・道家類》《道引圖三十六訣》一卷。

佚名《道藏闕經目録》卷下《導引圖三十六訣》。

新説道引圖

鄭樵《通志・藝文略・道家類》《新説道引圖》一卷。

佚名《道藏闕經目録》卷下《新説導引圖》。

五藏道引明鑑圖

鄭樵《通志・藝文略・道家類》《五藏道引明鑑圖》一卷。

道引治身經

鄭樵《通志・藝文略・道家類》《道引治身經》一卷。吴袒撰。

太上老君中黄妙經

鄭樵《通志・藝文略・道家類》《太上老君中黄妙經》一卷。

錢東垣等輯《崇文總目・道書類》《太上老君中黄妙經》一卷。【原釋】以下俱闕。

太清經斷穀諸要法

鄭樵《通志・藝文略・道家類》《太清經斷穀諸要法》一卷。

佚名《道藏闕經目録》卷下《太清經斷穀諸要法》。二卷。

斷穀諸要法

鄭樵《通志・藝文略・道家類》《斷穀諸要法》一卷。

《宋史・藝文志・神仙類》《斷穀要法》一卷。

無上道絶粒訣

鄭樵《通志・藝文略・道家類》《無上道絶粒訣》一卷。

錢東垣等輯《崇文總目・道書類》《无上元道絶粒訣》一卷。

停廚圓方

錢東垣等輯《崇文總目・道書類》《停厨丸方》一卷。

鄭樵《通志・藝文略・道家類》《停廚圓方》一卷。

休糧諸方

鄭樵《通志・藝文略・道家類》《休糧諸方》一卷。

《宋史・藝文志・神仙類》《休糧諸方》一卷。

黄元經

鄭樵《通志・藝文略・道家類》《黄元經》一卷。涓子傳，李遵疏。

錢東垣等輯《崇文總目・道書類》《黄元經》一卷。

天皇經

鄭樵《通志・藝文略・道家類》《天皇經》一卷。赤松子注。

錢東垣等輯《崇文總目・道書類》《天皇經》一卷。赤松子注。

真一子保祕訣

鄭樵《通志・藝文略・道家類》《真〔一〕子保（一）祕訣》一卷。

錢東垣等輯《崇文總目・道書類》《（貞）〔真〕一子保秘訣》一卷。

還丹内象金鑰匙

鄭樵《通志・藝文略・道家類》真一子《還丹内象金鑰匙》一卷。

晁公武《郡齋讀書志・神仙類》真一子《還丹金鑰》一卷。不著撰人。論龍虎鉛汞火候之術。

馬端臨《文獻通考・經籍考・神仙類》《真一子還丹金鑰》一卷。

《宋史・藝文志・神仙類》真一子《金鑰匙》一卷。

佚名《道藏闕經目録》卷下《還丹内象金鑰匙》。

還丹内象龍虎訣

鄭樵《通志・藝文略・道家類》真一子《還丹内象龍虎訣》一卷。

黄帝玉房祕訣

鄭樵《通志・藝文略・道家類》《黄帝玉房祕訣》一卷。

佚名《道藏闕經目録》卷下《黄帝玉房祕訣》。

錢東垣等輯《崇文總目・道書類》《黄帝玉房秘訣》一卷。

黄帝玉櫃訣

鄭樵《通志・藝文略・道家類》《黄帝玉櫃訣》一卷。

錢東垣等輯《崇文總目・道書類》《黄帝玉櫃訣》一卷。

修真延祕集

鄭樵《通志・藝文略・道家類》《修真延祕集》三卷。隱士楊文人撰。
《宋史・藝文志・神仙類》楊歸年《修真延祕集》三卷。
錢東垣等輯《崇文總目・道書類》《修真延秘集》三卷。楊文人撰。《修真延秘集》一卷。

内真妙用訣

鄭樵《通志・藝文略・道家類》《内真妙用訣》三卷。
《宋史・藝文志・神仙類》《内真妙用訣》一卷。
佚名《道藏闕經目録》卷下《内真妙用訣》。
錢東垣等輯《崇文總目・道書類》《内真妙用訣》一卷。

金液頌

鄭樵《通志・藝文略・道家類》《金液頌》一卷。
錢東垣等輯《崇文總目・道書類》《金液頌》一卷。

金液中還祕訣

鄭樵《通志・藝文略・道家類》《金液中還祕訣》一卷。
錢東垣等輯《崇文總目・道書類》《金液中還秘訣》一卷。

十二時修神丹歌

鄭樵《通志・藝文略・道家類》正一真人《十二時修神丹歌》一卷。
錢東垣等輯《崇文總目・道書類》《真人□時修真神丹歌》一卷。

陰丹經

鄭樵《通志・藝文略・道家類》《陰丹經》一卷。
錢東垣等輯《崇文總目・道書類》《陰丹經》一卷。

周易内祕訣

鄭樵《通志・藝文略・道家類》《周易内祕訣》一卷。淳于成撰。

攝生月令

鄭樵《通志・藝文略・道家類》《攝生月令》一卷。吴興姚稱撰。
錢東垣等輯《崇文總目・道書類》《攝生月令》一卷。姚稱撰。

攝生月令圖

鄭樵《通志・圖譜略・記有》《攝生月令圖》。
《宋史・藝文志・神仙類》姚稱《攝生月令圖》一卷。

羅公遠記

鄭樵《通志·藝文略·道家類》《羅公遠記》一卷。

錢東垣等輯《崇文總目·道書類》《羅公遠記》一卷。

真元妙道經

鄭樵《通志·藝文略·道家類》《真元妙道經》一卷。

錢東垣等輯《崇文總目·道書類》《真元妙道經》一卷。

還元丹論

鄭樵《通志·藝文略·道家類》《還元丹論》一卷。李元光撰。

錢東垣等輯《崇文總目·道書類》《還元丹論》一卷。李元光撰。

修真内煉祕妙諸訣

鄭樵《通志·藝文略·道家類》《修真内煉祕妙諸訣》一卷。

《宋史·藝文志·神仙類》《修真内煉祕訣》一卷。

華林隱書陰丹妙論

鄭樵《通志·藝文略·道家類》《華林隱書陰丹妙論》一卷。裴氏撰。

七返還元内丹訣

鄭樵《通志·藝文略·道家類》《七返還元内丹訣》一卷。

既濟龍虎訣

鄭樵《通志·藝文略·道家類》《既濟龍虎訣》一卷。

内丹歌

鄭樵《通志·藝文略·道家類》《内丹歌》一卷。廣德先生撰。

内丹祕藏

鄭樵《通志·藝文略·道家類》《内丹祕藏》一卷。崔祐撰。

奼奼歌

鄭樵《通志·藝文略·道家類》《奼奼歌》一卷。

神仙煉丹出入生死訣

鄭樵《通志·藝文略·道家類》《神仙煉丹出入生死訣》一卷。

紫河車訣

鄭樵《通志・藝文略・道家類》《紫河車訣》一卷。

神仙内外七返七還指歸訣

鄭樵《通志・藝文略・道家類》《神仙内外七返七還指歸訣》一卷。

諸真内丹口訣

鄭樵《通志・藝文略・道家類》《諸真内丹口訣》一卷。

青提帝君内丹訣

鄭樵《通志・藝文略・道家類》《青提帝君内丹訣》一卷。

老君八純元鼎經

鄭樵《通志・藝文略・道家類》《老君八純元鼎經》一卷。

《宋史・藝文志・神仙類》《老君八純玄鼎經》一卷。

錢東垣等輯《崇文總目・道書類》《老君八純元鼎經》一卷。

老君丹經

鄭樵《通志・藝文略・道家類》《老君丹經》一卷。

太上真君石室祕訣服食還丹驗法

鄭樵《通志・藝文略・道家類》《太上真君石室祕訣服食還丹驗法》一卷。常子田撰。

錢東垣等輯《崇文總目・道書類》《太上真君石室秘訣服食還丹騐法》一卷。常田子撰。

龍虎上經金丹訣

鄭樵《通志・藝文略・道家類》《龍虎上經金丹訣》一卷。

錢東垣等輯《崇文總目・道書類》《龍虎上經金丹訣》一卷。

五金髓經

鄭樵《通志・藝文略・道家類》《五金髓經》一卷。王白雲撰。

佚名《道藏闕經目録》卷下 《五金髓經》。

錢東垣等輯《崇文總目・道書類》《五金髓經》一卷。

龍虎上經金碧潛通訣

鄭樵《通志・藝文略・道家類》《龍虎上經金碧潛通訣》三卷。劉演撰。

《宋史・藝文志・神仙類》河間真人劉演《金碧潛通祕訣》一卷。
錢東垣等輯《崇文總目・道書類》《龍虎上經金碧潛通訣》三卷。

金碧要旨

鄭樵《通志・藝文略・道家類》《金碧要旨》一卷。真人劉演集。
錢東垣等輯《崇文總目・道書類》《金碧要旨》一卷。劉演撰。

太清金丹

鄭樵《通志・藝文略・道家類》《太清金丹》一卷。
佚名《道藏闕經目録》卷下《太清金丹經》。

太易丹書

鄭樵《通志・藝文略・道家類》《太易丹書》一卷。
錢東垣等輯《崇文總目・道書類》《太易丹書》一卷。

太易陰陽備訣手鑑圖

鄭樵《通志・藝文略・道家類》《太易陰陽備訣手鑑圖》一卷。
鄭樵《通志・圖譜略・記無》《太易陰陽手鑑圖》。
錢東垣等輯《崇文總目・道書類》《太易陰陽備訣手鑑圖》一卷。

丹華經

鄭樵《通志・藝文略・道家類》《丹華經》一卷。
錢東垣等輯《崇文總目・道書類》《丹華經》一卷。

神仙庚辛經

鄭樵《通志・藝文略・道家類》《神仙庚辛經》一卷。
《宋史・藝文志・神仙類》《神仙庚辛經》一卷。
佚名《道藏闕經目録》卷下《神仙庚辛經》。

指黄芽成大還丹歌

鄭樵《通志・藝文略・道家類》《指黄芽成大還丹歌》三十首，一卷。
錢東垣等輯《崇文總目・道書類》《指黄芽成大還丹歌三十首》一卷。

中還丹糝製術

鄭樵《通志・藝文略・道家類》《中還丹糝製術》一卷。
錢東垣等輯《崇文總目・道書類》《中還丹糝製術》一卷。

龍虎糝製法

鄭樵《通志・藝文略・道家類》《龍虎糝製法》一卷。

金虎元君訣

鄭樵《通志・藝文略・道家類》《金虎元君訣》一卷。

錢東垣等輯《崇文總目・道書類》《金虎元君訣》一卷。

龍虎大丹訣

鄭樵《通志・藝文略・道家類》《龍虎大丹訣》一卷。

錢東垣等輯《崇文總目・道書類》《龍虎大丹訣》一卷。

爐鼎要妙圖經

鄭樵《通志・藝文略・道家類》《爐鼎要妙圖經》一卷。

錢東垣等輯《崇文總目・道書類》《爐鼎要妙粉圖經》一卷。

靈砂聖石玉路丹訣

鄭樵《通志・藝文略・道家類》《靈砂聖石玉路丹訣》一卷。

錢東垣等輯《崇文總目・道書類》《靈妙聖石玉露丹訣》一卷。

黃輿金丹密訣

鄭樵《通志・藝文略・道家類》《黃輿金丹密訣》一卷。

佚名《道藏闕經目錄》卷下《黃輿金丹訣》。

元君肘後方

鄭樵《通志・藝文略・道家類》《元君肘後方》三卷。

《宋史・藝文志・神仙類》《元君肘後術》三卷。

錢東垣等輯《崇文總目・道書類》《元君肘後方》三卷。

九真中經四鎮九方

鄭樵《通志・藝文略・道家類》《九真中經四鎮九方》一卷。

太丹會明論

鄭樵《通志・藝文略・道家類》《太丹會明論》一卷。

《宋史・藝文志・神仙類》《大丹會明論》一卷。

佚名《道藏闕經目錄》卷下《大丹會明論》。

金丹肘後訣玉清内書大樂終篇

鄭樵《通志・藝文略・道家類》《金丹肘後訣玉清内書大樂終篇》一卷。

龍虎展掌訣

鄭樵《通志・藝文略・道家類》《龍虎展掌訣》一卷。嚴真人撰。

修煉太一三使還命大丹指訣經

鄭樵《通志・藝文略・道家類》《修煉太一三使還命大丹指訣經》一卷。太上老君撰。

草衣子還丹契祕圖

鄭樵《通志・藝文略・道家類》《草衣子還丹契祕圖》一卷。元子撰。

晁公武《郡齋讀書志・神仙類》《大還丹契祕圖》一卷。右草衣洞真子玄撰。凡十二章。大還丹者，乃日月精氣之所致也。論火候，則以朔望爲據，記藥物，則以鉛汞爲名云。

馬端臨《文獻通考・經籍考・神仙類》《大還丹契祕圖》一卷。

《宋史・藝文志・神仙類》婁敬《草衣子還丹訣》一卷。

佚名《道藏闕經目録》卷下《還丹契祕圖》。

錢東垣等輯《崇文總目・道書類》《草衣子還丹契祕圖》一卷。

金藏經

鄭樵《通志・藝文略・道家類》《金藏經》二卷。茅君撰。

黜假驗真

鄭樵《通志・藝文略・道家類》《黜假驗真》一卷。楊無名撰。

錢東垣等輯《崇文總目・道書類》《黜假驗真》一卷。楊無名撰。

金丹賦

鄭樵《通志・藝文略・道家類》《金丹賦》一卷。

錢東垣等輯《崇文總目・道書類》《金丹賦》一卷。

五行重元論

鄭樵《通志・藝文略・道家類》太一真人《五行重元論》一卷。

《宋史・藝文志・神仙類》《太一真人五行重玄論》一卷。

佚名《道藏闕經目録》卷下《太一真人五行重玄論》。

錢東垣等輯《崇文總目・道書類》太乙真人《五行重元論》一卷。

道術指歸望江南

鄭樵《通志・藝文略・道家類》《道術指歸望江南》一卷。

錢東垣等輯《崇文總目・道書類》《道術旨歸望江南》一卷。

金石相數篇

鄭樵《通志・藝文略・道家類》《金石相數篇》一卷。

錢東垣等輯《崇文總目・道書類》《金石相數篇》一卷。

金液歌

鄭樵《通志・藝文略・道家類》《金液歌》一卷。

錢東垣等輯《崇文總目・道書類》《金液歌》一卷。

證太丹訣

鄭樵《通志・藝文略・道家類》《證太丹訣》一卷。

錢東垣等輯《崇文總目・道書類》《證太丹訣》一卷。

修丹砂狀

鄭樵《通志・藝文略・道家類》《修丹砂狀》一卷。

錢東垣等輯《崇文總目・道書類》《修丹砂狀》一卷。

丹樓子

鄭樵《通志・藝文略・道家類》《丹樓子》三卷。

佚名《道藏闕經目録》卷下《丹樓子》。三卷。

密付金丹大還丹口訣

鄭樵《通志・藝文略・道家類》《密付金丹大還丹口訣》一卷。

錢東垣等輯《崇文總目・道書類》《密付金丹大還丹口訣》一卷。

金液小還固命丹砂論

鄭樵《通志・藝文略・道家類》《金液小還固命丹砂論》一卷。朱房撰。

龍虎丹櫃訣

鄭樵《通志・藝文略・道家類》《龍虎丹櫃訣》一卷。

龍虎丹名別訣

鄭樵《通志・藝文略・道家類》《龍虎丹名別訣》一卷。

錢東垣等輯《崇文總目・道書類》《龍虎丹訣別名》一卷。

龍虎指真訣

鄭樵《通志・藝文略・道家類》《龍虎指真訣》一卷。

雜丹訣

鄭樵《通志・藝文略・道家類》《雜丹訣》一卷。

錢東垣等輯《崇文總目・道書類》《雜丹訣》一卷。

易成子大丹訣

鄭樵《通志・藝文略・道家類》彭仲堪《易成子大丹訣》一卷。

晁公武《郡齋讀書志・神仙類》《易成子大丹訣》一卷。右彭仲堪撰。不知何代人，字舜元。天台遇一異僧，授此術。論火候。

馬端臨《文獻通考・經籍考・神仙類》《易成子大丹訣》一卷。

李真人還丹歌

鄭樵《通志·藝文略·道家類》 李真人《還丹歌》一卷。

錢東垣等輯《崇文總目·道書類》《李真人還丹歌》一卷。

金精石液訣

鄭樵《通志·藝文略·道家類》《金精石液訣》一卷。

錢東垣等輯《崇文總目·道書類》《金精石液訣》一卷。

諸家丹訣

鄭樵《通志·藝文略·道家類》《諸家丹訣》一卷。

錢東垣等輯《崇文總目·道書類》《諸家丹訣》一卷。

上清真祕訣

鄭樵《通志·藝文略·道家類》《上清真祕訣》一卷。

《宋史·藝文志·神仙類》《上清五牙真祕訣》一卷。

錢東垣等輯《崇文總目·道書類》《上清真祕訣》一卷。

還金丹訣

鄭樵《通志·藝文略·道家類》《還金丹訣》三卷。陶植撰，朱辭注。

錢東垣等輯《崇文總目·道書類》《還金丹訣》三卷。陶植撰，朱辭注。

金液丹祕訣

鄭樵《通志·藝文略·道家類》《金液丹祕訣》一卷。羅浮真人撰。

錢東垣等輯《崇文總目·道書類》《金液丹秘訣》一卷。羅浮真人撰。

金液丹秘訣

錢東垣等輯《崇文總目·道書類》《金液丹秘訣》一卷。

金液指掌論

鄭樵《通志·藝文略·道家類》《金液指掌論》一卷。蘇元素撰。

佚名《道藏闕經目録》卷下 《金液指掌訣》。

錢東垣等輯《崇文總目·道書類》《金液指掌論》一卷。蘇元素撰。

得一歌

鄭樵《通志·藝文略·道家類》《得一歌》一卷。

錢東垣等輯《崇文總目·道書類》《得一歌》一卷。

石精大丹法

鄭樵《通志·藝文略·道家類》《石精大丹法》一卷。

九丹神祕經

鄭樵《通志·藝文略·道家類》《九丹神祕經》一卷。
《宋史·藝文志·神仙類》《太清真人九丹神祕經》一卷。
佚名《道藏闕經目録》卷下《太清真人九丹神祕經》。

神丹方

鄭樵《通志·藝文略·道家類》《神丹方》一卷。蘇遊撰。

紫金白丹訣

鄭樵《通志·藝文略·道家類》《紫金白丹訣》一卷。
《宋史·藝文志·神仙類》《紫白金丹訣》一卷。
佚名《道藏闕經目録》卷下《紫金白金丹訣》。

赤龍金虎中鉛煉七返丹砂訣

鄭樵《通志·藝文略·道家類》《赤龍金虎中鉛煉七返丹砂訣》一卷。馬明生撰。
《宋史·藝文志·神仙類》馬明生《赤龍金虎中鉛鍊七返還丹訣》。卷。亡。
佚名《道藏闕經目録》卷下《赤龍金虎中鉛鍊七返丹沙訣》。

煉五神丹法

鄭樵《通志·藝文略·道家類》《煉五神丹法》一卷。
《宋史·藝文志·神仙類》《煉五神丹法》一卷。

靈寶還魂丹訣

鄭樵《通志·藝文略·道家類》《靈寶還魂丹訣》一卷。

服金丹應候訣

鄭樵《通志·藝文略·道家類》《服金丹應候訣》一卷。
佚名《道藏闕經目録》卷下《服金丹應候訣》。

鉛汞指真

鄭樵《通志·藝文略·道家類》《鉛汞指真》一卷。
《宋史·藝文志·神仙類》《鉛汞指真訣》一卷。

徐真君丹訣

鄭樵《通志·藝文略·道家類》《徐真君丹訣》一卷。
《宋史·藝文志·神仙類》《徐真君丹訣》一卷。

道術藥徑歌

錢東垣等輯《崇文總目·道書類》《道術藥徑路歌》一卷。

鄭樵《通志·藝文略·道家類》《道術藥徑歌》一卷。

大藥祕盟了議口訣

鄭樵《通志·藝文略·道家類》《大藥祕盟了議口訣》一卷。

錢東垣等輯《崇文總目·道書類》《大藥秘盟了議口訣》一卷。

龍虎還丹詩

鄭樵《通志·藝文略·道家類》《龍虎還丹詩》一卷。和士安撰。

五金雜訣

鄭樵《通志·藝文略·道家類》《五金雜訣》二卷。

錢東垣等輯《崇文總目·道書類》《五經雜訣》二卷。

制丹砂訣

鄭樵《通志·藝文略·道家類》王君立《制丹砂訣》一卷。

錢東垣等輯《崇文總目·道書類》王君立《製丹砂訣》一卷。

茅魏真人詩

鄭樵《通志·藝文略·道家類》《茅魏真人詩》一卷。

錢東垣等輯《崇文總目·道書類》《茅魏真人詩》一卷。

九轉真訣

鄭樵《通志·藝文略·道家類》《九轉真訣》一卷。

錢東垣等輯《崇文總目·道書類》《九轉真訣》一卷。

黄白祕法

鄭樵《通志·藝文略·道家類》《黄白祕法》一卷。又二十卷。

真儀總鑑

鄭樵《通志·藝文略·道家類》《真儀總鑑》三卷。夷真子撰。

佚名《道藏闕經目録》卷下《儀真總鑑》。

錢東垣等輯《崇文總目·道書類》《真儀總鑑》三卷。真夷子撰。

大丹詩

鄭樵《通志·藝文略·道家類》《大丹詩》一卷。

大丹龜鑑

鄭樵《通志・藝文略・道家類》《大丹龜鑑》一卷。

錢東垣等輯《崇文總目・道書類》《大丹龜鑑》一卷。

龍虎大丹作用頌

鄭樵《通志・藝文略・道家類》《龍虎大丹作用頌》一卷。

太白山十煉聖石神妙經二十一轉訣

鄭樵《通志・藝文略・道家類》《太白山十煉聖石神妙經二十一轉訣》一卷。

錢東垣等輯《崇文總目・道書類》《太白山十煉聖石神妙經二十一轉訣》一卷。

麻姑歌

鄭樵《通志・藝文略・道家類》《麻姑歌》，一首。

錢東垣等輯《崇文總目・道書類》《麻姑歌》一卷。

龍虎大還丹訣

鄭樵《通志・藝文略・道家類》《龍虎大還丹訣》一卷。

《宋史・藝文志・神仙類》《龍虎大還丹祕訣》一卷。

錢東垣等輯《崇文總目・道書類》《龍虎大還丹訣》一卷。

龍虎大丹行狀

鄭樵《通志・藝文略・道家類》《龍虎大丹行狀》一卷。

神丹經訣

鄭樵《通志・藝文略・道家類》《神丹經訣》十卷。

錢東垣等輯《崇文總目・道書類》《神丹經訣》十卷。

造化伏汞圖

鄭樵《通志・圖譜略・記有》《伏汞圖》。

鄭樵《通志・藝文略・道家類》《造化伏汞圖》一卷。昇元子撰。

《宋史・藝文志・神仙類》 升玄子《造化伏汞圖》一卷。

佚名《道藏闕經目録》卷下 昇玄子《造化伏汞圖》。

明真證道論

鄭樵《通志・藝文略・道家類》《明真證道論》一卷。張龜撰。

錢東垣等輯《崇文總目・道書類》《明真證道論》一卷。張龜撰。

四家要訣

鄭樵《通志・藝文略・道家類》《四家要訣》一卷。集劉向、陵陽子、抱朴子、狐剛子所記煉丹事。

錢東垣等輯《崇文總目・道書類》《四家要訣》一卷。【原釋】以下俱闕。見天一閣鈔本。

群仙論金丹大藥歌訣

鄭樵《通志・藝文略・道家類》《群仙論金丹大藥歌訣》一卷。任逍遥撰。

服龍虎丹訣

鄭樵《通志・藝文略・道家類》《服龍虎丹訣》一卷。麥積山仙人誨老述。《服龍虎丹訣》一卷。

錢東垣等輯《崇文總目・道書類》《服龍虎丹訣》一卷。

金碧經

鄭樵《通志・藝文略・道家類》《金碧經》一卷。

通真祕旨五行圖

鄭樵《通志・藝文略・道家類》白雲子《通真祕旨五行圖》一卷。黄鶴白雲子撰。

周易潛契神符白雪圖

鄭樵《通志・藝文略・道家類》張子陽《周易潛契神符白雪圖》一卷。

玉芝五大還丹訣

鄭樵《通志・藝文略・道家類》《玉芝五大還丹訣》一卷。

鬼谷先生還丹歌

鄭樵《通志・藝文略・道家類》《鬼谷先生還丹歌》一卷。

龍虎傳

鄭樵《通志・藝文略・道家類》馬明君《龍虎傳》一卷。

龍虎變化神候訣

鄭樵《通志・藝文略・道家類》《龍虎變化神候訣》一卷。

大道指歸金丹祕訣

鄭樵《通志・藝文略・道家類》達元子《大道指歸金丹祕訣》一卷。

煉丹訣

鄭樵《通志・藝文略・道家類》 老君授尹喜《煉丹訣》一卷。

丹砂妙訣

鄭樵《通志・藝文略・道家類》《丹砂妙訣》一卷。

還　丹

鄭樵《通志・藝文略・道家類》 元悟真人《還丹》一卷。

十二時龍虎神丹歌

鄭樵《通志・藝文略・道家類》《十二時龍虎神丹歌》一卷。

金華玉女經

鄭樵《通志・藝文略・道家類》《金華玉女經》一卷。

錢東垣等輯《崇文總目・道書類》《金華玉女經》一卷。

東竈丹經

鄭樵《通志・藝文略・道家類》《東竈丹經》三卷。

佚名《道藏闕經目録》卷下 《東竈還丹經》。三卷。

金石真宰通徽論

鄭樵《通志・藝文略・道家類》《金石真宰通微論》一卷。稾籥子《金石真宰通微論》一卷。

錢東垣等輯《崇文總目・道書類》《金石真宰通微論》一卷。

水簾洞大還丹賦

鄭樵《通志・藝文略・道家類》《水簾洞大還丹賦》一卷。

錢東垣等輯《崇文總目・道書類》《水簾洞大還丹賦》一卷。

道書口訣祕法

鄭樵《通志・藝文略・道家類》《道書口訣祕法》一卷。

錢東垣等輯《崇文總目・道書類》《道書口訣祕法》一卷。

金液三魂法

鄭樵《通志・藝文略・道家類》《金液三魂法》一卷。

錢東垣等輯《崇文總目・道書類》《金液三魂法》一卷。

草金丹法

鄭樵《通志・藝文略・道家類》《草金丹法》一卷。

《宋史·藝文志·神仙類》《草金丹法》一卷。

劍訣大丹法

鄭樵《通志·藝文略·道家類》《劍訣大丹法》一卷。

黄芽河車法

鄭樵《通志·藝文略·道家類》《黄芽河車法》一卷。

返魂丹方

鄭樵《通志·藝文略·道家類》《返魂丹方》一卷。

圃田通元祕術方

鄭樵《通志·藝文略·道家類》《圃田通元祕術方》三卷。鄭元撰。

金石靈臺記

鄭樵《通志·藝文略·道家類》《金石靈臺記》一卷。

《宋史·藝文志·神仙類》張素居《金石靈臺記》一卷。

佚名《道藏闕經目録》卷下《金石靈臺記》。

錢東垣等輯《崇文總目·道書類》《金石靈臺記》一卷。

金石靈臺刊誤

鄭樵《通志·藝文略·道家類》《金石靈臺刊誤》一卷。

佚名《道藏闕經目録》卷下《金石靈臺刊謬訣》。

太清論石流黄經

鄭樵《通志·藝文略·道家類》《太清論石流〔硫〕黄經》一卷。

錢東垣等輯《崇文總目·道書類》《太清論食硫黄經》一卷。

服雲母粉療病方

鄭樵《通志·藝文略·道家類》《服雲母粉療病方》一卷。韓藏法師撰。

錢東垣等輯《崇文總目·道書類》《服雲母粉療患方》一卷。

金石藥法

鄭樵《通志·藝文略·道家類》《金石藥法》一卷。

《宋史·藝文志·神仙類》《燒金石藥法》一卷。

金石要訣

鄭樵《通志·藝文略·道家類》《金石要訣》一卷。

仙翁鍊石經

鄭樵《通志・藝文略・道家類》《仙翁鍊石經》一卷。
佚名《道藏闕經目録》卷下　《仙翁鍊聖石神妙訣》。
錢東垣等輯《崇文總目・道書類》《仙翁煉石經》一卷。

金石藥方

鄭樵《通志・藝文略・道家類》《金石藥方》一卷。
佚名《道藏闕經目録》卷下　《金石藥方》。二卷。
錢東垣等輯《崇文總目・道書類》《金石藥方》一卷。

小玉消丹應候訣

鄭樵《通志・藝文略・道家類》《小玉消丹應候訣》一卷。
錢東垣等輯《崇文總目・道書類》《小黄消丹應候訣》一卷。

伏藥經

鄭樵《通志・藝文略・道家類》《伏藥經》三卷。《峨嵋赤城隱士伏藥經》三卷。
《宋史・藝文志・神仙類》　赤城隱士《服藥經》三卷。
錢東垣等輯《崇文總目・道書類》《伏藥經》三卷。

淮南王煉聖石法

鄭樵《通志・藝文略・道家類》《淮南王煉聖石法》一卷。楊知元撰。
《宋史・藝文志・神仙類》　楊知玄《淮南王練聖法》一卷。
佚名《道藏闕經目録》卷下　《淮南王鍊聖石法》。

赤松子金石論

鄭樵《通志・藝文略・道家類》《赤松子金石論》一卷。
《宋史・藝文志・神仙類》　赤松子《金石論》一卷。

五金題術

鄭樵《通志・藝文略・道家類》《五金題術》一卷。
《宋史・藝文志・神仙類》《五經題迷》一卷。
佚名《道藏闕經目録》卷下　《五金題述》。

服朱砂訣

鄭樵《通志・藝文略・道家類》《服朱砂訣》一卷。

龍虎制伏丹砂雄黄法

鄭樵《通志・藝文略・道家類》《龍虎制伏丹砂雄黄法》一卷。

錬金丹秋石訣

鄭樵《通志・藝文略・道家類》《錬金丹秋石訣》一卷。

變煉二石術

鄭樵《通志・藝文略・道家類》《變煉二石術》一卷。

石藥異名要訣

鄭樵《通志・藝文略・道家類》《石藥異名要訣》一卷。王道冲撰。

鍾乳論

鄭樵《通志・藝文略・道家類》《鍾乳論》一卷。褚知載撰。

新修鍾乳論

鄭樵《通志・藝文略・道家類》《新修鍾乳論》一卷。尚藥吴弁等撰。

太上靈寶芝品

錢東垣等輯《崇文總目・道書類》《太上靈寶芝品》一卷。

鄭樵《通志・藝文略・道家類》《太上靈寶芝品》一卷。

芝　經

鄭樵《通志・藝文略・道家類》《芝經》一卷。

靈芝記

鄭樵《通志・藝文略・道家類》《靈芝記》五卷。

尤袤《遂初堂書目・道家類》《靈芝記》。

種芝經

鄭樵《通志・藝文略・道家類》《種芝經》九卷。

芝草黄精經

鄭樵《通志・藝文略・道家類》《芝草黄精經》一卷。

《宋史・藝文志・神仙類》《餌芝草黄精經》一卷。

錢東垣等輯《崇文總目・道書類》《芝草黄精經》一卷。

神仙芝草圖

錢東垣等輯《崇文總目・道書類》《神仙芝草圖》二卷。

鄭樵《通志・藝文略・道家類》《神仙芝草圖》二卷。

靈寶服食五芝晶經

鄭樵《通志・藝文略・道家類》《靈寶服食五芝晶經》一卷。
《宋史・藝文志・神仙類》《靈寶服食五芝精》一卷。
佚名《道藏闕經目録》卷下《太清服食五芝精經》。
錢東垣等輯《崇文總目・道書類》《靈寶服食五芝晶經》一卷。

延壽靈芝瑞圖

鄭樵《通志・藝文略・道家類》《延壽靈芝瑞圖》一卷。
錢東垣等輯《崇文總目・道書類》《延壽靈芝瑞圖》一卷。

靈草歌

鄭樵《通志・藝文略・道家類》白雲仙人《靈草歌》一卷。
范邦甸等《天一閣書目・道家類》《靈草歌》。白雲仙人著。
白雲霽等《道藏目録詳注・洞神部》如字號計十卷。《白雲仙人靈草歌》。言諸草藥歌。有圖。
錢東垣等輯《崇文總目・道書類》白雲仙人《靈草歌》一卷。

養生神仙方

鄭樵《通志・藝文略・道家類》《養生神仙方》三卷。
錢東垣等輯《崇文總目・道書類》《養生神仙方》三卷。

仙茅根方

鄭樵《通志・藝文略・道家類》《仙茅根方》一卷。
錢東垣等輯《崇文總目・道書類》《仙芽根方》一卷。

菊潭法

鄭樵《通志・藝文略・道家類》《菊潭法》一卷。記服薏苡，似菊。
佚名《道藏闕經目録》卷下《菊潭法》。
錢東垣等輯《崇文總目・道書類》《菊潭法》一卷。

神仙長生藥訣

鄭樵《通志・藝文略・道家類》《神仙長生藥訣》一卷。
佚名《道藏闕經目録》卷下《神仙長生藥述》。

辨服至藥人形神論

鄭樵《通志・藝文略・道家類》《辨服至藥人形神論》一卷。

漢武服餌法

鄭樵《通志・藝文略・道家類》《漢武服餌法》一卷。

至藥詩

鄭樵《通志・藝文略・道家類》《至藥詩》一卷。王賢芝撰。

神武藥名隱訣

鄭樵《通志・藝文略・道家類》《神武藥名隱訣》一卷。

《宋史・藝文志・神仙類》《神仙藥名隱訣》一卷。

佚名《道藏闕經目録》卷下《神仙藥名隱訣》。

老子妙術靈草

鄭樵《通志・藝文略・道家類》《老子妙術靈草》一卷。

老子服食方

鄭樵《通志・藝文略・道家類》《老子服食方》一卷。

草石隱號

鄭樵《通志・藝文略・道家類》《草石隱號》一卷。

神珠草藥證驗

鄭樵《通志・藝文略・道家類》《神珠草藥證驗》一卷。

服餌仙方

鄭樵《通志・藝文略・道家類》《服餌仙方》一卷。

《宋史・藝文志・神仙類》《服餌仙方》一卷。

錢東垣等輯《崇文總目・道書類》《服餌仙方》一卷。

大道静神論

鄭樵《通志・藝文略・道家類》《大道静神論》一卷。

錢東垣等輯《崇文總目・道書類》《大道静神論》一卷。

攝生服食禁忌

鄭樵《通志・藝文略・道家類》《攝生服食禁忌》一卷。

錢東垣等輯《崇文總目・道書類》《攝生服食禁忌》一卷。

攝生藥忌法

鄭樵《通志・藝文略・道家類》《攝生藥忌法》一卷。

錬花露仙醽法

鄭樵《通志·藝文略·道家類》《錬花露仙醽法》一卷。
《宋史·藝文志·神仙類》《錬花露仙醽訣》一卷。
佚名《道藏闕經目録》卷下　《錬花露仙醽訣》。

服餌保真要訣

鄭樵《通志·藝文略·道家類》《服餌保真要訣》一卷。

李八百方

鄭樵《通志·藝文略·道家類》《李八百方》一卷。
佚名《道藏闕經目録》卷下　《李八伯服食方》。

太清經諸藥草木方集要

鄭樵《通志·藝文略·道家類》《太清經諸藥草木方集要》一卷。
佚名《道藏闕經目録》卷下　《太清經諸藥草木方集要》。

服玉法并禁忌

鄭樵《通志·藝文略·道家類》《服玉法并禁忌》一卷。

古今服食藥方

鄭樵《通志·藝文略·道家類》《古今服食藥方》三卷。

服食神祕方

鄭樵《通志·藝文略·道家類》《服食神祕方》一卷。

神仙金櫃服食方

鄭樵《通志·藝文略·道家類》《神仙金櫃服食方》二卷。

補養方

鄭樵《通志·藝文略·道家類》孟氏《補養方》三卷。

集録古今服食道養方

鄭樵《通志·藝文略·道家類》《集録古今服食道養方》三卷。
佚名《道藏闕經目録》卷下　《集録古今服食藥方》。三卷。

素女祕道經

鄭樵《通志·藝文略·道家類》《素女祕道經》一卷。

素女方

鄭樵《通志・藝文略・道家類》《素女方》一卷。

彭祖養性

鄭樵《通志・藝文略・道家類》《彭祖養性》一卷。

郯子説陰陽經

鄭樵《通志・藝文略・道家類》《郯子説陰陽經》一卷。

房内祕要

鄭樵《通志・藝文略・道家類》徐太山《房内祕要》一卷。

玉房祕訣

鄭樵《通志・藝文略・道家類》冲和子《玉房祕訣》十卷。又一卷。

新撰玉房祕訣

鄭樵《通志・藝文略・道家類》《新撰玉房祕訣》一卷。

太清璇璣文

《隋書・經籍志・醫方類》《太清璇璣文》七卷。冲和子撰。

太上玄道真經

鄭樵《通志・藝文略・道家類》《太上玄道真經》一卷。

靈陽經

鄭樵《通志・藝文略・道家類》《靈陽經》一卷。

錢東垣等輯《崇文總目・道書類》《靈陽經》一卷。

修真指微訣

鄭樵《通志・藝文略・道家類》《修真指微訣》一卷。含光子撰。

契真刊謬玉鑰匙

《宋史・藝文志・神仙類》含光子《契真刊謬玉鑰匙》一卷。

修真詩解

鄭樵《通志・藝文略・道家類》《修真詩解》一卷。馬湘撰。

養真要旨

鄭樵《通志・藝文略・道家類》《養真要旨》一卷。徐元一撰。

修真祕旨訣

鄭樵《通志・藝文略・道家類》《修真祕旨訣》一卷。徐元一撰。

保生術

鄭樵《通志・藝文略・道家類》《保生術》一卷。

鍊精存珠玉霞篇

鄭樵《通志・藝文略・道家類》《鍊精存珠玉霞篇》一卷。

佚名《道藏闕經目錄》卷下《煉精存珠玉霞篇》。劉嵩註。

順四時理五穀谷神不死訣

鄭樵《通志・藝文略・道家類》《順四時理五穀谷神不死訣》一卷。趙遵撰。

長生保聖纂要術

鄭樵《通志・藝文略・道家類》《長生保聖纂要術》一卷。吉詵撰。

長生坐隅障

鄭樵《通志・藝文略・道家類》《長生坐隅障》五卷。吉詵撰。

錢東垣等輯《崇文總目・道書類》《長生坐隅障》五卷。

大道養生上仙雜法

鄭樵《通志・藝文略・道家類》《大道養生上仙雜法》一卷。

金房玉關保生術

鄭樵《通志・藝文略・道家類》《金房玉關保生術》一卷。

樂真人祕法

鄭樵《通志・藝文略・道家類》《樂真人祕訣》一卷。

修真隱訣

鄭樵《通志・藝文略・道家類》《修真隱訣》一卷。

理化安民除病術

鄭樵《通志・藝文略・道家類》《理化安民除病術》一卷。

長生祕訣

鄭樵《通志・藝文略・道家類》《長生祕訣》一卷。
錢東垣等輯《崇文總目・道書類》《長生秘訣》一卷。

神仙祕訣三論

鄭樵《通志・藝文略・道家類》《神仙祕訣三論》三卷。
《宋史・藝文志・神仙類》《神仙祕訣三論》三卷。
錢東垣等輯《崇文總目・道書類》《神仙秘訣三論》三卷。

易元子

鄭樵《通志・藝文略・道家類》《易元子》一卷。
錢東垣等輯《崇文總目・道書類》《易元子》一卷。

保生纂要

鄭樵《通志・藝文略・道家類》《保生纂要》一卷。
錢東垣等輯《崇文總目・道書類》《保生纂要》一卷。

養生自慎訣

鄭樵《通志・藝文略・道家類》《養生自慎訣》一卷。
錢東垣等輯《崇文總目・道書類》《養生自慎訣》一卷。

傳命寶銘

鄭樵《通志・藝文略・道家類》《傳命寶銘》一卷。
錢東垣等輯《崇文總目・道書類》《傳命寶銘》一卷。

修行要訣

鄭樵《通志・藝文略・道家類》《修行要訣》一卷。李審真撰。
錢東垣等輯《崇文總目・道書類》《修行要訣》一卷。李審真撰。

頤神論

鄭樵《通志・藝文略・道家類》《頤神論》一卷。
《宋史・藝文志・神仙類》李審《頤神論》二卷。
佚名《道藏闕經目録》卷下《頤神論》。二卷。
錢東垣等輯《崇文總目・道書類》《頤神論》一卷。李審撰。

谷神祕妙

鄭樵《通志・藝文略・道家類》《谷神祕妙》三卷。

《宋史・藝文志・神仙類》《谷神祕訣》三卷。
佚名《道藏闕經目録》卷下《谷神妙訣》。三卷。
錢東垣等輯《崇文總目・道書類》《谷神妙訣》三卷。

静中吟

鄭樵《通志・藝文略・道家類》茅君《静中吟》一卷。
《宋史・藝文志・神仙類》《茅真君静中吟》一卷。
佚名《道藏闕經目録》卷下《茅君註静中吟》。
錢東垣等輯《崇文總目・道書類》《茅君静中吟》一卷。

羅浮山石壁記

鄭樵《通志・藝文略・道家類》《羅浮山石壁記》一卷。太一仙師撰。
錢東垣等輯《崇文總目・道書類》《羅浮山石壁記》一卷。太乙仙師撰。

繕生養性法

鄭樵《通志・藝文略・道家類》《繕生養性法》一卷。
錢東垣等輯《崇文總目・道書類》《繕生養性法》一卷。

長生攝養仙經

鄭樵《通志・藝文略・道家類》《長生攝養仙經》一卷。
佚名《道藏闕經目録》卷下《長生攝養仙經》。
錢東垣等輯《崇文總目・道書類》《長生攝養仙經》一卷。

繕生集略

鄭樵《通志・藝文略・道家類》《繕生集略》一卷。
《宋史・藝文志・神仙類》《繕生集》一卷。

十四家修行祕術

鄭樵《通志・藝文略・道家類》《十四家修行祕術》一卷。

養生月録

鄭樵《通志・藝文略・道家類》《養生月録》一卷。姜蜕撰。

内指通真訣

鄭樵《通志・藝文略・道家類》《内指通真訣》二卷。韓知嚴撰。

玉景歌

鄭樵《通志・藝文略・道家類》胡證《玉景歌》二卷。

養生保神經

鄭樵《通志・藝文略・道家類》《養生保神經》一卷。

赤松子養生保命經

佚名《道藏闕經目録》卷下 《赤松子養生保命經》。

赤松子歌

鄭樵《通志・藝文略・道家類》 《赤松子歌》一卷。

鄧隱峯歌

鄭樵《通志・藝文略・道家類》 《鄧隱峯歌》一卷。

東艮子遇道歌

鄭樵《通志・藝文略・道家類》 《東艮子遇道歌》一卷。

明先生詩

鄭樵《通志・藝文略・道家類》 《明先生詩》一卷。

還命訣

鄭樵《通志・藝文略・道家類》 雲中子《還命訣》一卷。

性　箴

鄭樵《通志・藝文略・道家類》 《性箴》一卷。

修真祕要經

鄭樵《通志・藝文略・道家類》 《修真祕要經》一卷。

黄虞稷《千頃堂書目・道家類》 《脩真祕要》一卷。正德中王葵序。

擬漁父詩

鄭樵《通志・藝文略・道家類》 元黄子《擬漁父詩》一卷。

遠俗銘

鄭樵《通志・藝文略・道家類》 《遠俗銘》一卷。

修真内象圖要訣

鄭樵《通志・藝文略・道家類》 《修真内象圖要訣》十二卷。

佚名《道藏闕經目録》卷下 《修真内象圖要訣》。十二卷。

金丹圖

鄭樵《通志・圖譜略・記有》《金丹圖》。

煙蘿圖

鄭樵《通志・圖譜略・記有》《煙蘿圖》。

内外二景圖

鄭樵《通志・圖譜略・記有》《内外二景圖》。

上清混合變化圖

鄭樵《通志・圖譜略・記有》《上清混合變化圖》。

佚名《道藏闕經目録》卷上《上清混合變化圖》。有畫。

三五含景圖

鄭樵《通志・圖譜略・記有》《三五含景圖》。

佚名《道藏闕經目録》卷上《上清三五含景圖》。有符畫。

九宫紫房圖

鄭樵《通志・圖譜略・記有》《九宫紫房圖》。

白雲霽等《道藏目録詳注・洞真部》調字號計十卷。《上清洞真九宫紫房圖》。與《定位圖》同卷。内三丹田秘訣。

參同契大丹圖

鄭樵《通志・圖譜略・記無》《參同契大丹圖》。

大象握機圖

鄭樵《通志・圖譜略・記無》《大象握機圖》。

神仙修真秘訣

《宋史・藝文志・神仙類》顯陽子《神仙修真秘訣》十二卷。

金丹大成集

高儒《百川書志・神仙類》《金丹大成集》五卷。紫虚子真予蕭庭芝元瑞編。

范邦甸等《天一閣書目・道家類》《金丹大成集註》一卷。刊本。宋蕭廷芝撰，鶴林真逸彭耜、南岡逸叟童應卯俱有序。

徐𤊹《徐氏家藏書目・道類》《紫虚金丹大成集》一卷。

黄虞稷《千頃堂書目・道家類》蕭廷芝《金丹大成集》五卷。字元瑞。

倪燦《補遼金元藝文志・道家類》 蕭廷芝《金丹大成集》五卷。字元瑞。

紫虛注解崔公入藥鏡

徐𤊹《徐氏家藏書目・道類》 《紫虛注解崔公入藥鏡》一卷。

重陽金關玉鎖訣

白雲霽等《道藏目録詳注・太平部》 交字號計九卷。《重陽金關玉鏁訣》。終南山重陽真人集。言修真漸次。

錢大昕《補元史藝文志・釋道類》 王嚞《金關玉鎖訣》一卷。

龔顯曾《金藝文志補録・道家類》 《金關玉瑣訣》一卷。王嚞。

金丹口訣

白雲霽等《道藏目録詳注・太平部》 交字號計九卷。《馬自然金丹口訣》。與《玉鎖訣》三篇同卷。論性命至理。

錢大昕《補元史藝文志・釋道類》 馬鈺《金丹口訣》一卷。

黄庭内景玉經註

白雲霽等《道藏目録詳注・洞玄部》 推字號計十卷。《黄庭内景玉經註》。一卷。神仙劉長生註。

大丹直指

范邦甸等《天一閣書目・道家類》 《大丹直指》二卷。元長春演道主教真人邱處機著。

白雲霽等《道藏目録詳注・洞真部》 稱字號計十卷。《大丹直指》。二卷。有圖。長春演道主教真人丘處機述。五行顛倒龍虎交垢圖、五行顛倒周天火候圖、三天返復肘後飛金晶圖、五炁朝元太陽煉形圖、水火交合三田既濟法、内觀起火煉神合道圖、棄殻外仙超凡人聖圖、五行顛倒龍虎交姤訣圖、五行顛倒龍虎交姤火候訣義火候圖、五行顛倒周天火候訣義、三田返復金液還丹訣圖、行功應驗五炁朝元煉神人頂圖、五炁朝元煉神人頂訣義、内觀起火煉神合道訣義十魔王坐工等訣。

錢大昕《補元史藝文志・釋道類》 邱處機《大丹直指》二卷。

青天歌

錢大昕《補元史藝文志・釋道類》 邱處機《青天歌》一卷。

鳴道集語録

錢大昕《補元史藝文志・釋道類》 邱處機《鳴道集語録》一卷。

至道元微

范邦甸等《天一閣書目・道家類》 《至道元微》一卷。元何南邱真人撰。

大丹靈源元易篇

范邦甸等《天一閣書目・道家類》 《大丹靈源元易篇》一卷。元邱祖師撰。

攝生消息論

《四庫全書總目提要・道家類存目》 《攝生消息論》一卷。編修程晉芳家藏本。

舊本題元邱處機撰。處機，登州棲霞道士，爲全真之學，自號長春子。嘗應元太祖召，入西域。還燕，居長春宮。事蹟具《元史・釋老傳》。此書皆言四時調攝之法，其真出處機與否，無可證驗。考處機答元太祖之問，亦止以節欲保躬、無爲清浄爲要。與此書頗相發明。或有所受之，亦未可知。然曹溶《學海類編》所收僞本居十之九，不能不連類疑之耳。

混成篇

龔顯曾《金藝文志補録・道家類》 《混成篇》。混元子趙抱淵。

谷神篇

白雲霽等《道藏目録詳注・洞真部》 《谷神篇》。二卷。有圖。五福玄巢子林轅神鳳述。五氣朝元圖、萬法歸一圖。

錢大昕《補元史藝文志・釋道類》 林轅《谷神篇》二卷。字神鳳。

金丹密語

范邦甸等《天一閣書目・道家類》 《金丹密語》一卷。陶宗儀撰。

黃虞稷《千頃堂書目・道家類》 陶宗儀《金丹密語》一卷。

《明史・藝文志・道家類》 陶宗儀《金丹密語》一卷。

錢大昕《補元史藝文志・釋道類》 陶宗儀《金丹密語》一卷。

陶真人内丹賦

范邦甸等《天一閣書目・道家類》 《陶真人内丹賦》。大道弟子馬涖昭注。

擒玄賦

范邦甸等《天一閣書目・道家類》 《擒元賦》。大道弟子馬蒞昭註。

白雲霽等《道藏目録詳注・洞真部》 果字號計十卷。《擒玄賦》。一卷。内言《還丹》、《道生》、《道源》、《龍虎》、《秋石》、《河車》、《五行》、《胎息》、《盜機》等賦九篇。

金丹賦

范邦甸等《天一閣書目・道家類》 《金丹賦》。大道弟子馬涖昭註。

白雲霽等《道藏目録詳注・洞真部》 果字號計十卷。《金丹賦》。一卷。大道弟子馬蒞昭註，即《陶真人内丹賦》。

太上老君説常清静經頌注

白雲霽等《道藏目録詳注・洞神部》 淵字號計六卷。《〔太上老君説常〕清静經頌註》。神峯默然子著。

會真集

范邦甸等《天一閣書目・道家類》 《會真集》五卷。藍絲闌鈔本。超然子王吉甫撰，楊志朴序。

白雲霽等《道藏目録詳注・洞真部》 夜字號計十三卷。《會真集》。卷一之五。有圖。超然子王志昌撰。圖繪詠歌，皆出自胸臆中挺埴輪旋，調和太塊心復間爐鞲，煆煉混元，明七八九六之老少，水火木金上之生成，顛倒五行推移八卦之論。

上清太玄九陽圖

白雲霽等《道藏目録詳注・洞真部》 調字號計十卷。《上清太玄九陽圖》。一卷。姑射山神居洞太玄子撰。

太上老君説常清静經注

白雲霽等《道藏目録詳注・洞神部》 陰字號計九卷。《太上老君説常清静經註》。一卷。姑射山太玄子侯善淵註。

上清太玄鑑誡論

白雲霽等《道藏目録詳注・太平部》 伯字號計九卷。《上清太玄鑑誡論》。一卷。姑射山一居太玄子譔。云大道寂寂無形，寥寥無象，自然虚無，真空妙理等論。

周易參同契發揮

范邦甸等《天一閣書目・道家類》 《周易參同契發揮》三卷。宋俞琬撰。

白雲霽等《道藏目録詳注・太玄部》 止字號計十卷。《周易㕘同契發揮》。卷一之九。俱有圖。林屋山人全陽子俞琰述。清静虚無。

黄虞稷《千頃堂書目・道家類》 俞琰《全陽子周易參同契發揮》九卷。

倪燦《補遼金元藝文志・道家類》 俞琰《全陽子周易參同契發揮》九卷。

《四庫全書總目提要・道家類》 《周易參同契發揮》三卷。浙江鮑士恭家藏本。宋俞琬撰。琬有《周易集説》，已著録。是書以一身之水火陰陽發揮丹道。雖不及彭曉、陳顯微、陳致虚三註爲道家專門之學，然取材甚博。其《釋疑》三篇，考核異同，較朱子本九詳備。明白雲靈《道藏目録》謂二書共十四卷，焦竑《國史經籍志》則作十二卷。毛晉《津逮祕書》以琬註與曉等三家註合爲一編，已非其舊，又併其《釋疑》佚之。此本每卷俱有圖，乃至大三年嗣天師張與封所刻，實祇三卷，附以《釋疑》一卷。考琬《易外別傳》自序，亦稱丹道之口訣，細微具載於《參同契發揮》三篇。白雲霽所記，或併其他書數之。焦竑所記，悉輾轉販鬻於他書，沿譌襲謬，益不足據矣。

錢大昕《補元史藝文志・釋道類》 俞玉吾《參同契發揮》三卷。

周易參同契釋疑

范邦甸等《天一閣書目・道家類》 《周易參同契釋疑》三卷。宋俞琬撰。

白雲霽等《道藏目録詳注・太玄部》 止字號計十卷。《周易㕘同契釋疑》。全陽子。

黄虞稷《千頃堂書目・道家類》 俞琰《全陽子參同契釋疑》二卷。

倪燦《補遼金元藝文志・道家類》 《全陽子參同契釋疑》二卷。

《四庫全書總目提要・道家類》 《周易參同契釋疑》一卷。

錢大昕《補元史藝文志・釋道類》 俞玉吾《參同契釋疑》一卷。

元學正宗

范邦甸等《天一閣書目・道家類》 《元學正宗》一卷。藍絲闌鈔本。元林屋洞天石澗真逸俞玉吾著，男仲温識云：右《易外別傳》先君子之所著，而附于《周易集説》之後者也。先君子嘗遇隱者，以《先天圖》指示邵子環中之極元。故是書所著發明邵子之學爲多。

徐𤊹《徐氏家藏書目・道類》 《元學正宗》二卷。

《四庫全書總目提要・道家類存目》 《元學正宗》二卷。江蘇巡撫採進本。宋俞琬撰。上卷列經傳及儒先之説，以闡明《周易》坎離水火之旨。下卷載賦詩各一首，名《易外別傳》，附於《周易集説》之後。後又附以琬所解吕巖《沁園春》調及《陰符經》。總名《元學正宗》。案宋張伯端《悟真篇》自序曰：世之人以心、腎爲坎離，配肝肺爲龍虎。皆日月失道，鉛汞異爐，欲望還丹，必無所就。今琰之言乃曰：子時曰坎卦，腎氣生；午時曰離卦，心氣生。又曰：内煉之道至簡至易，惟欲降心火於丹田耳。與伯端之言乃截然相反。又琬《陰符經》註本自爲一書，《易外別傳》亦別有一書。今以《陰符》經註併入此編，而所謂《易外別傳》者，又止一詩一賦，不應兩書同名。蓋道流採合琬書，餖飣成帙，非所手著也。

純陽真人沁園春丹詞註解

范邦甸等《天一閣書目・道家類》《純陽真人沁園春丹詞註解》。不著註家姓名。

徐𤊹《徐氏家藏書目・道類》《紫虛注解呂公沁園春》一卷。

白雲霽等《道藏目録詳注・洞真部》成字號計十卷。《呂純陽真人沁園春丹詞註解》。一卷。林屋山人全陽子註解。

青天歌註釋

范邦甸等《天一閣書目・道家類》《青天歌註釋》。林屋山人全陽子撰。

徐𤊹《徐氏家藏書目・道類》《青天歌注》一卷。

易外別傳

徐𤊹《徐氏家藏書目・道類》《易外別傳》一卷。

白雲霽等《道藏目録詳注・太玄部》若字號計十四卷。《易外別傳》。一卷。古吴石澗道人俞琰述。内康節先生《心爲太極圖》，朱紫陽《太極虚中先天圖》、《先天六十四卦直圖》、《地承天炁圖》、《日受月光圖》、《乾坤坎離天地日月》等圖。皆先天聖學，此處露機。

《四庫全書總目提要・道家類》《易外別傳》一卷。浙江吴玉墀家藏本。宋俞琬撰。其書以邵子《先天圖》闡明丹家之旨。考《先天圖》傳自陳摶，南宋以來無不推爲伏羲之祕文，卦爻之本義。袁樞、林栗雖據理以攻之，然不能抉其假借之根。口衆我寡，無以相勝也。迨元延祐間，天台陳應潤始指爲《參同契》爐火之説，其言確有根據。然宗河洛者深諱之，巧辨萬端，轇轕彌甚。惟琬作此書，絶無文節。

爐火鑒戒録

《四庫全書總目提要・道家類存目》《爐火鑒戒録》一卷。編修程晉芳家藏本。宋俞琬撰。琬所著書多闡明元學。此書專爲言外丹爐火者而發，以爲爲之者未必成，而致禍者十居八九。歷引古今事蹟及前人議論以爲鑒戒。

赤文洞古經

錢謙益等《絳雲樓書目・道書類》《赤文洞古經》。

無上赤文洞古真經注

范邦甸等《天一閣書目・道家類》《無上赤文洞古真經》。李道純註。

白雲霽等《道藏目録詳注・洞真部》藏字號計九卷。《無上赤文洞古經註》。與《大通》三經同卷。都梁衆學清菴瑩蟾子李道純。

錢大昕《補元史藝文志・釋道類》李道純《洞古經注》一卷。

清浄經四註

范邦甸等《天一閣書目・道家類》《清浄經四註》。藍絲闌鈔本。瑩蟾子李道純註，太元子侯善淵註，蜀杜光庭註，混然子王玠道淵纂圖。

白雲霽等《道藏目録詳注・洞神部》 陰字號計九卷。《太上老君説常清静經註》。一卷。都粱叅學清菴瑩蟾子李道純註，以心易會解。

錢大昕《補元史藝文志・釋道類》 李道純《太上老君常清浄經注》一卷。

太上昇玄消災護命妙經注

白雲霽等《道藏目録詳注・洞真部》 收字號計九卷。《太上昇玄消災護命妙經註》。清菴瑩蟾子李道純註。

錢大昕《補元史藝文志・釋道類》 李道純《護命經注》一卷。

中和集

楊士奇等《文淵閣書目・道書類》 《中和集》。一部，一册。《中和集》。一部，一册。《中和集》。一部，一册。

范邦甸等《天一閣書目・道家類》 《中和集》三卷。《後集》三卷。元都梁清菴瑩蟾子李道純、元素撰，門人蔡志頤編次，杜道堅序。

王世貞《讀書後》卷八 《書李素菴〈中和集〉後》。余始得此書而讀之，覺其緊爽有味。其於一切内外丹藥、吐納伸經之術，如《黄庭》、《參同》、《悟真》之類，皆指以爲傍門小道，而究其大指多出禪門，如「四祖啓法融，南嶽醒大寂」語，又雜以《中庸》飾之，大要欲成一家言耳，非必有所得也。吾所聞如尹蓬頭、赤肚子，所見如閻蓬頭、劉大瓢輩，遠者至數百歲，邇者亦自强力。飲噉兼人，旁門小道，行之久久，亦自有益，第不能出世耳。此曹子眉山公所謂啖猪肉者也，李先生所謂談龍肉美者也。

王圻《續文獻通考經籍考・道家類》 《中和集》七卷。至元時李道純著。道純字元素，號清庵，又號瑩蟾子，都梁人。其集有《玄門宗旨》、《晝前密意》、《金丹秘訣問答語録》、《全真活法》及論説詩歌。《教外隱語道德會元》共七卷，門人蔡志頤編。

徐𤊹《徐氏家藏書目・道類》 《李清菴中和集》七卷。

白雲霽等《道藏目録詳注・洞真部》 光字號計十卷。《中和集》。卷一之六。有圖。都粱清菴瑩蟾子李道純元素譔。言先天太極、自然金丹、光照太虚，不假修煉者漏泄無餘矣，可以窮神知變而深根寧極，可以脱胎神化而復歸無極矣。

錢謙益等《絳雲樓書目・道藏類》 清庵《中和集》。

黄虞稷《千頃堂書目・道家類》 李道純《中和集》六卷。字元素，都梁人，號瑩蟾子，亦曰清庵。

倪燦《補遼金元藝文志・道家類》 李道純《中和集》六卷。

《四庫全書總目提要・道家類存目》 《中和集》三卷。《後集》三卷。浙江巡撫採進本。元李道純撰。道純字元素，號清菴，都梁人。又自號瑩蟾子。是書乃其門人蔡志頤所編次。題曰《中和集》者，蓋取其師静室名也，前集上卷曰《元門宗旨》，曰《晝前密意》。中卷曰《金丹祕訣》，下卷曰《問答語録》，曰《全真活法》。後集上卷曰《論》、曰《説》、曰《歌》，中卷曰《詩》，下卷曰《詞》、曰《隱語》。大旨盡闢一切鑪鼎、服食、修煉之説，歸於沖虚渾化，與造化爲一。前有大德丙午杜道堅序，蓋世祖時人也。

錢大昕《補元史藝文志・釋道類》 李道純《中和集》六卷。

太上大通經注

范邦甸等《天一閣書目・道家類》 《太上大通經》。都梁參學清庵瑩蟾子李道純註。

徐𤊹《徐氏家藏書目・道類》 《太上大通經注》一卷。李道純。

白雲霽等《道藏目録詳注・洞真部》 冬字號計七卷。《太上大通經註》。清菴瑩蟾子李道純註。

黄虞稷《千頃堂書目・道家類》 李道純《太上大(道)[通]經注》一卷。

倪燦《補遼金元藝文志・道家類》 《太上大(道)[通]經注》一卷。字元素，都梁人。

錢大昕《補元史藝文志・釋道類》 李道純《大通經注》一卷。

周易參同契集註

范邦甸等《天一閣書目・道家類》《周易參同契集註》三卷。廣陵上陽子註。

徐𤊹《徐氏家藏書目・道類》《叅同契分章注》三卷。

黃虞稷《千頃堂書目・道家類》陳致虛《上陽子參同契注》三卷。字觀五。

倪燦《補遼金元藝文志・道家類》陳致虛《上陽子參同契注》三卷。

《四庫全書總目提要・道家類》《周易參同契分章註》三卷。浙江巡撫採進本。元陳致虛撰。致虛字觀吾，自號上陽子。年四十，始從趙友欽學道，講神仙煉養之術。其説以金丹之道當以《陰符》、《道德》爲祖，《金碧》、《參同》次之。又稱丹書多不可信，得真訣者要必以《參同契》、《悟真篇》爲主。所作《醒眼詩》有云：端有長生不死方，常人緣淺豈承當。鉛銀砂汞分斤兩，德厚恩深魏伯陽。蓋於伯陽之書尤所研討也。此乃所作《參同契》註，凡分爲三十五章，與彭曉註本分九十章者不同。又謂曉以《鼎器歌》一篇移置於後爲非，仍依原本置之《法象成功》章之後。其所疏解，亦皆明白顯暢。近時李光地註《參同契》，謂諸本之中，惟《漢魏叢書》所載朱長春本爲最得古意。今以朱本相勘，惟首篇「乾坤者易之門户」云云，不立章名。故自乾坤設位以下，祇分爲三十四章，視此較少一章。其餘章次，悉與此本相同。蓋朱本即鈔此本而去其註，光地未考其淵源也。

錢大昕《補元史藝文志・釋道類》陳致虛《參同契分章注》三卷。字觀吾，自號上陽子。

陳虛白規中指南

范邦甸等《天一閣書目・道家類》《陳虛白規中指南》二卷。上清院主野林山人李景先識。云《規中指南》一書，乃真放道人虛白子沖素陳仙師所撰。仙師道成于武夷昇真元化洞天，深憫後學而作是書。僕得之太和山至虛宮含真黨師，授之于東和希古劉公。講究問覩書中之句以正心誠意作中心柱子。其緜緜元牡、赫赫至神、灝灝元精，則頓然而有主宰于心口之間。曰《規中指南》，惟真中至静而已矣。

徐𤊹《徐氏家藏書目・道類》《規中指南》二卷。陳虛白。

白雲霽等《道藏目録詳注・洞真部》稱字號計十卷。《陳虛白先生規中指南》。上、下同卷。有圖。《止念》第一，《採藥》第二，《識鼎爐》第三，《入藥起火》第四，《坎離交垢》第五，《乾坤交垢》第六，《攢簇火》第七，《陽神脱胎》第八，《忌神合虛》第九。

黃虞稷《千頃堂書目・道家類》陳虛白《規中指南》一卷。

倪燦《補遼金元藝文志・道家類》陳虛白《規中指南》一卷。

錢大昕《補元史藝文志・釋道類》陳虛白《規中指南》一卷。

悟真篇三注

白雲霽等《道藏目録詳注・洞真部》律字號計七卷。《悟真篇三註》。卷一之五。紫賢薛道光、紫野陸墅、上陽子陳致虛。

錢大昕《補元史藝文志・道家類》陳致虛《悟真篇三注》五卷。

金丹大要圖

白雲霽等《道藏目録詳注・太玄部》夫字號計十二卷。《上陽子金丹大要圖》。一卷。述无極太極、先天後天、九還七返、五行順逆、元炁金丹清濁寶珠、火候十三圖。

錢大昕《補元史藝文志・道家類》陳致虛《金丹大要圖》一卷。字觀吾，自號上陽子。

金丹大要

高儒《百川書志・神仙類》《金丹大要》十卷。元紫霄絳宮上陽子觀吾陳致虛撰。

王世貞《讀書後》卷八 《書〈陳上陽金丹大要〉後》。

徐𤊹《徐氏家藏書目·道類》 《金丹大要》十卷。

白雲霽等《道藏目録詳注·太玄部》 睦字號計十卷。《上陽子金丹大要》。卷一之十四，共十卷。紫霄絳宮上陽子觀吾陳致虛譔。言金丹大還，最上乘之道。夫字號計十二卷《上陽子金丹大要》。卷十五之十六。與門入論玄釋見性之語。

倪燦《補遼金元藝文志·道家類》 陳致虛《金丹大要》十卷。字觀五。

黃虞稷《千頃堂書目·道家類》 陳致虛《金丹大要》十卷。字觀五。

《四庫全書總目提要·道家類存目》 《金丹大要》十卷。浙江巡撫採進本。元陳致虛撰。致虛有《周易參同契分章註》，已著録。金丹二字，其源即出於《參同契》「巨勝尚延年，還丹可入口，金性不敗朽，故爲萬物寶」之語。自唐人專以金石、爐火爲丹藥，服之反促其生，是循名而失其實也。致虛是書，猶不失魏氏之本旨。其牽合老、莊、佛氏之書，皆指爲金丹之説，則未免附會。學術各有源流，非惟佛、道異塗，即道家不能概以一軌也。

錢大昕《補元史藝文志·釋道類》 《金丹大要》十六卷。

悟真篇注疏

徐𤊹《徐氏家藏書目·道類》 《悟真篇注疏》三卷。

白雲霽等《道藏目録詳注·洞真部》 歲字號計八卷。《紫陽真人悟真篇註疏》。卷一之八。象川無名子翁葆光註。集慶空玄子戴起宗疏，武夷陳達靈傳。蓋三法按《周易》諸卦，鼎器、尊卑、藥物、斤兩、火候、進退、主客、先後、存亡、有無、吉凶、悔吝，悉備其中。

黃虞稷《千頃堂書目·道家類》 戴起宗《悟真篇注疏》三卷。

倪燦《補遼金元藝文志·道家類》 戴起宗《悟真篇注疏》三卷。

《四庫全書總目提要·道家類》 《悟真篇註疏》三卷。附宋張伯端撰，翁葆光註，元戴起宗疏。伯端一名用成，字平叔，天台人。自云熙寧中遊蜀，遇異人傳授丹訣。元豐中卒於荆湖，世俗傳以爲仙，亦無可考驗也。是書專明金丹之要，與魏伯陽《參同契》，道家竝推爲正宗。

錢大昕《補元史藝文志·釋道類》 戴起宗《悟真篇注疏》八卷。至元元年。

悟真篇直解詳説

徐𤊹《徐氏家藏書目·道類》 《悟真篇直指詳説》一卷。

白雲霽等《道藏目録詳注·洞真部》 律字號計七卷。《紫陽真人悟真篇直指詳説三乘秘要》。一卷。象川無名子翁葆光註。

《四庫全書總目提要·道家類》 《悟真篇直指詳説》一卷。浙江巡撫採進本。宋張伯端撰，翁葆光注，元戴起宗疏。《悟真直指詳説》一篇，傳之既久，或謂爲薛道光撰，而葆光之名遂不顯。逮元至順間，戴起宗訪得舊本，重加訂正，於是定爲葆光之註，而復爲疏以發明之。是二人者皆未聞其羽化飛昇，亦未聞其長生久視。但據其書而論，則所云假真陰真陽之二物，奪天地之一氣，以爲丹餌，歸丹田氣海之中，以御一身。後天地之氣，則一身之氣翕然歸之，若衆星之拱北辰。其説亦似乎近理。故録而存之，以備丹經之一種。葆光字淵明，號無名子，象川人。起宗字同甫，集慶路人，延祐中常官紹興儒學教授，其始末則均無可考云。

内丹三要

范邦甸等《天一閣書目·道家類》 《(南)〔内〕丹三要》一卷。元陳沖素撰并序。陶宗儀撰。

黃虞稷《千頃堂書目·道家類》 陳沖素《内丹三要》一卷。

倪燦《補遼金元藝文志·道家類》 陳沖素《内丹三要》一卷。

錢大昕《補元史藝文志·釋道類》 陳沖素《内丹三要》一卷。

金丹正理

黃虞稷《千頃堂書目·道家類》 趙友欽《金丹正理》。

倪燦《補遼金元藝文志・道家類》 趙友欽《金丹正理》。

錢大昕《補元史藝文志・釋道類》 趙友欽《金丹正理》。

盟天録

錢謙益等《絳雲樓書目・道藏類》 《盟天録》。

黄虞稷《千頃堂書目・道家類》 趙友欽《盟天録》。

倪燦《補遼金元藝文志・道家類》 趙友欽《盟天録》。

錢大昕《補元史藝文志・釋道類》 趙友欽《盟天録》。

極元造化集

錢大昕《補元史藝文志・道家類》 吾衍《極元造化集》。

攝生纂録

范邦甸等《天一閣書目・道家類》 《攝生纂録》一卷。朱絲闌鈔本。嗣全真正宗金月巖編，嗣全真大癡黄公望傳。

紙舟先生全真直指

白雲霽等《道藏目録詳注・洞真部》 稱字號計十卷。《紙舟先生金丹直指》。與《親傳直指》同卷。嗣全真正宗金丹巖編，嗣全真大癡黄公望傳。

錢大昕《補元史藝文志・道家類》 紙舟先生《全真直指》一卷。金月巖編，黄公望傳。

抱一函三祕訣

范邦甸等《天一閣書目・道家類》 《抱一函三祕訣》一卷。朱絲闌鈔本。嗣全真正宗金月巖編嗣，全真大癡黄公望傳。

白雲霽等《道藏目録詳注・洞玄部》 大字號計九卷。《抱一函三秘訣》。一卷。有圖。嗣全真正宗金月岩編，嗣全真大癡黄公望傳。內言明人身受胎之後，明人身受胎之始，明神室，明刻漏，明五行。採取其藥，生成圖説、炁數、物理、體用。論温養赤子神方，金液還丹火候要旨。

錢大昕《補元史藝文志・釋道類》 《抱一（含）〔函〕三祕訣》一卷。金月巖編，黄公望傳。

存神固氣論

范邦甸等《天一閣書目・道家類》 《存神固氣論》一卷。朱絲闌鈔本。嗣全真正宗金月巖編，嗣全真大癡黄公望傳。

白雲霽等《道藏目録詳注・洞玄部》 大字號計九卷。《存神固氣論》。一卷。論鑪鼎地位，論陰陽顛倒，論陰陽老少，論水火相求，論金木相刑，論五刑相返，論王氣盛衰，論添進火候，論虎龍關軸，論性情動静，論身分色化，論胎息真趣，論寂滅無爲，論形神俱玅，論法中源篇。

養生祕録

范邦甸等《天一閣書目・道家類》 《養生祕録》一卷。朱絲闌鈔本。嗣全真正宗金月巖編，嗣全真大癡黄公望傳。

白雲霽等《道藏目録詳注・洞玄部》 大字號計九卷。《養生秘録》。一卷。《玉溪子丹房語録》、《玉虛子宜春心訣》、《中黄内旨》、《金丹問答》、《大道歌》。

抱一子三峰老人丹訣

白雲霽等《道藏目録詳注·洞真部》 芥字號計十卷。《抱一子三峰老人丹訣》。一卷。嗣全真正宗金月巖編，嗣全真大癡黄公望傳。

修真捷徑

楊士奇等《文淵閣書目·道書類》 《修真捷徑》。一部，一册。

《四庫全書總目提要·道家類存目》 《修真捷徑》九卷。内府藏本。元余覺華撰。覺華字榮甫，建安人。其書成於至元中，輯道家服氣、煉神歌訣，論皆篤實。大旨闡發谷神不死之説者也。

三元參贊延壽書

楊士奇等《文淵閣書目·道書類》 《三元參贊》。一部，一册。《三元參贊》。一部，一册。《三元參贊》。一部，二册。《三元參贊》。一部，一册。

范邦甸等《天一閣書目·道家類》 《三元參贊延壽書》五卷。元李鵬飛編輯并序。云僕生甫二周，而生母遷于淮北。壯失所在，哀號奔走淮東西者凡三年。天憫其衷，見母于蘄之羅田，自是歲一涉淮。一日，道出龐居士舊址，遇一道人，緑髮童顔。問姓曰宫也，問所之，曰採藥。與語移日，清越可喜，同宿焉。道人夜坐達旦，問其齒，九十餘矣。語其所以壽，曰「子聞三元之説乎？」時匆匆不暇叩。後十年戊辰，試太學至禮部。少憩飛來峯下，忽復遇其人，貌不減舊，始異之。擕手同飲，固詰。所遇道人曰：「此常理耳。」余稽首請之。曰：「人之壽，天元六十，地元六十，人元六十，共一百八十歲。不知戒慎，則日加損焉。精炁不固，則天元之壽減矣。當寶嗇而不知所愛，當禁忌而不知所避。神日以耗，病日以來，而壽日以促矣。其説皆具見於《黄帝》、《岐伯》、《素問》、《老聃》、《莊周》及名醫書中。其與孔孟無異。子歸以吾説求之，無他術也。」復爲余細析其説，且遺以二圖。余再拜謝畢，復思前之所爲，其可悔者多矣。于是以其説搜諸書，集而成編，以自警也。

白雲霽等《道藏目録詳注·洞神部》 深字號計九卷。《三元延壽叅贊書》。卷一之五，共四卷。至元九江儒醫澄心老人李鵬飛集。論人説有伙食起居之節，養命調攝之方，悉備其中矣。

《四庫全書總目提要·道家類存目》 《三元參贊延壽書》五卷。浙江巡撫採進本。元李鵬飛撰。鵬飛至元間人，自稱九華澄心老人，所言皆攝生之事。凡節嗜欲、慎飲食、神仙導引之法，俚俗陰陽之忌，因果報應之説，無不悉載。其説頗爲叢雜。要其指歸，則道家流也。前有自序，亦稱得之飛來峯下道士云。

啓真集

范邦甸等《天一閣書目·道家類》 《啓真集》二卷。不著撰人名氏。

白雲霽等《道藏目録詳注·洞真部》 夜字號計十三卷。《啓真集》。三卷。

錢謙益等《絳雲樓書目·道藏類》 通元子《啓真集》一册。

太上老君説清净經注

徐𤊹《徐氏家藏書目·道類》 《太上老君説清净經注》一卷。

白雲霽等《道藏目録詳注·洞神部》 是字號計九卷。《太上老君説常清静經註》。一卷。無名氏註解，多引《文子》之言。

明道篇

白雲霽等《道藏目録詳注·洞真部》 芥字號計十卷。《明道篇》。一卷。松江後學王景陽述。詩八十一首，以按純陽九九之數；七言四韻一十六首，以按二八之數；内絶句六十四首，以按六十四卦；五言一首，以象太一之奇；西江月一十二闋，以周十二律呂名之，曰

《明道篇》。

黃虞稷《千頃堂書目·道家類》 王惟一景陽《明道篇》。

金丹扼要

黃虞稷《千頃堂書目·道家類》 王惟一《金丹扼要》。

清微丹訣

白雲霽等《道藏目録詳注·洞真部》 芥字號計十卷。《清微丹(法)〔訣〕》。一卷。有圖。

生天經頌解

白雲霽等《道藏目録詳注·洞真部》 鳥字號計十卷。《生天經頌解》。一卷。超然子頌。

高上月宮太陰元君孝道仙王靈寶净明黃素書

白雲霽等《道藏目録詳注·洞玄部》 身字號計九卷。《高上月宮太陰元君孝道仙王靈寶净明黃素書》。四卷。紫微右典者，少微都録靈寶净明院司寧右演教使傳飛鄉解九老帝君神印，總論黃素之法。

靈寶净明黃素書釋義秘訣

白雲霽等《道藏目録詳注·洞玄部》 身字號計九卷。《靈寶净明黃素書釋義秘訣》。卷一之十。言内景存默養生訣。

太上靈寶首入净明四規明鑑經

白雲霽等《道藏目録詳注·太平部》 奉字號計九卷。《太上靈寶首入净明四規明鑑經》。與《樞真》四經同卷。

太上靈寶净明中黃八柱經

白雲霽等《道藏目録詳注·太平部》 奉字號計九卷。《太上靈寶净明中黃八柱經》。與《九仙水經》同卷。言《中黃之道》、《黃庭之景》、《虚四谷》、《塞二兑》、《開二洞》、《立八柱》、《正位》、《正性》、《混含》，性命真訣。

還真集

高儒《百川書志·神仙類》 《還真集》一卷。混然子傳。

白雲霽等《道藏目録詳注·太玄部》 夫字號計十二卷。《還真集》。三卷。有圖。混然子譔。言《金丹妙旨論》、《心論》、《玄論》，中並修三寶口訣。

崔公入藥鏡註解

范邦甸等《天一閣書目·道家類》 《崔公入藥鏡註解》一卷。混然子註。

白雲霽等《道藏目録詳注·洞真部》 成字號計十卷。《崔公入藥鏡註解》。一卷。混然子註。

河圖金丹秘訣

范邦甸等《天一閣書目・道家類》《河圖金丹秘訣》一卷。鈔本。蟾月抱一先生吴道淵撰，愚拙老人王道淵續録。

太上昇元消灾護命妙經注

徐𤊹《徐氏家藏書目・道類》《太上昇元消灾護命妙經注》一卷。混然子。

白雲霽等《道藏目録詳注・洞真部》收字號計九卷。《太上昇玄消災護命妙經》。一卷。修江混然子註。

丘長春青天歌

白雲霽等《道藏目録詳注・洞真部》成字號計十卷。《丘長春青天歌》。附《沁園春丹詞》内。混然子註釋。

太上老君説常清静纂圖注解

白雲霽等《道藏目録詳注・洞神部》是字號計九卷。《太上老君説常清静纂圖註解》。一卷。混然子王玠道淵纂。

太上老君説常清净經注

白雲霽等《道藏目録詳注・洞神部》是字號計九卷。《太上老君説常清静經注》。一卷。有圖。海南瓊琯誤白玉蟾分章正誤，終南隱微子王元暉註。《太極大道章》、《造化自然章》、《賢愚見識章》、《應現無方章》，皆以圖像大道顯性命之至真，見真空之妙有。又述大道淵源、老氏聖紀、《混元三寶之圖》、《初真内觀静定之圖》、《金丹大道之圖》。《傳經證道品》傳經、開經、知覺、明師、口訣、行功、成道、超凡、入聖等詩。

徐𤊹《徐氏家藏書目・道類》《清净經註》一卷。白玉蟾分章，王元暉增注。

上清天關二圖經

鄭樵《通志・圖譜略・記有》《上清天關二圖經》。

白雲霽等《道藏目録詳注・正一部》明字號計十卷。《上清天關三圖經》。一卷。有像。内有太霄隱訣，並脩七星移度之道，上招玄精寂心幽房長生秘術。

靈寶歸空訣

白雲霽等《道藏目録詳注・洞玄部》四字號計九卷。《靈寶歸空訣》。一卷。崇文廣道純德法師教門高士元陽子趙宜真編述。言末後一著知時歸空法。

道禪集

白雲霽等《道藏目録詳注・太玄部》夫字號計十二卷。《道禪集》。一卷。金坡王真人集。有七十四頌，皆見性宗語。

修煉須知

白雲霽等《道藏目録詳注・太玄部》唱字號計十卷。《脩煉須知》。一卷。一知火候行持，二知朔望弦晦，三知防危護失，四知卯酉刑德，五知心慮沐浴，六知生殺文銖，脩真七事。

仙學摘粹

黄虞稷《千頃堂書目・道家類》 董漢醇《仙學摘粹》二卷。

倪燦《補遼金元藝文志・道家類》 董漢醇《仙學摘粹》二卷。

錢大昕《補元史藝文志・釋道類》 董漢醇《仙學摘粹》二卷。

諸真内丹集要

白雲霽等《道藏目録詳注・正一部》 鼓字號計九卷。《諸真内丹集要》。二卷。還初道人董漢醇編。

陰丹内篇

范邦甸等《天一閣書目・道家類》《陰丹内篇》一卷。藍絲闌鈔本。不著撰人名氏。

白雲霽等《道藏目録詳注・太清部》 志字號計十二卷。《陰丹〔内〕篇》。

太上净明靈寶入道品

白雲霽等《道藏目録詳注・洞玄部》 身字號計九卷。《太上净明靈寶入道品》。有符。

太上老君内日用妙經

白雲霽等《道藏目録詳注・洞神部》 傷字號計十卷。《太上老君内日用妙經》。二六時中靈臺無物謂之清，一念不起謂之静。心守其神，身固其炁，無須臾間斷，方爲内日用也。

太上老君外日用妙經

白雲霽等《道藏目録詳注・洞神部》 傷字號計十卷。《太上老君外日用妙經》。外日用貴在静常安、儉常足、慎無憂、忍無辱。

諸真聖胎神用訣

白雲霽等《道藏目録詳注・洞神部》 命字號計七卷。《諸〔聖〕真〔聖〕胎神用訣》。二卷。御炁之法，并諸祖仙真二十九家胎息。

古文龍虎經注疏

徐𤊹《徐氏家藏書目・道類》《龍虎經》三卷。王道注。

白雲霽等《道藏目録詳注・太玄部》 映字號計十卷。《古文龍虎經註疏》。三卷。〔保義郎王道注〕。有圖。言神室、砂汞、陰陽、龍虎、火候、藥物等篇。皆先天有無之妙，爲丹經之祖也。

錢謙益等《絳雲樓書目・道藏類》《王道注龍虎經》。

《四庫全書總目提要・道家類》《古文龍虎經註疏》三卷。江蘇周厚堉家藏本。宋王道撰。前有道自序及太乙宫道士周真一奏進劄子，又有道後序一篇。道本末不可考，自題稱保義郎差充恩平郡王府指揮使。自序又云一介武弁，隸職王府。蓋本藩邸環衛官，而依附道流者也。陳振孫《書録解題》載《古文龍虎上經》一卷，不著名氏。道推衍其義爲之註，又申註意自爲之疏。其經分三十二章：上卷十三章，中卷六章，下卷十四章。末又載攢簇周天火候、金火相交生藥二圖，以明用功之法。大旨謂真鉛真汞，止取天地之精，日月之華，混合造化，以成神丹。辨藥材之真僞，抉金石之異同。又稱得真師口訣，以《龍虎經》行世之本謬誤爲多，故釐而正之，分章定句，於淳熙間奏進。所謂龍虎者，即水火之義，道家丹訣，例用寓名耳。註疏中多引《參同契》語。蓋爐火之説自魏伯陽始有書，猶彼法中之六經也。道又有《補註參同契》，見所作後序，今佚不傳，然大意亦不過如此矣。此書《宋史・藝文志》不著録，或疑出羽流依託。然《龍虎經》之爲古書，尚無確驗，亦何必究註之真僞？且服氣養生，山林隱逸之事也。因方士以奏於朝，此何意乎？其人殊不足道，姑以其言成理存之爾。

古文龍虎上經注

白雲霽等《道藏目録詳注・太玄部》 映字號計十卷。《古文龍虎上經註》。（保義郎王道註）［佚名］言神丹、藥物、火候，細微與《叅同契》會解。

太上修真玄章

白雲霽等《道藏目録詳注・太玄部》 别字號計九卷。《太上修真玄章》。《一炁化生章》、《性命根蒂章》、《先天後天章》、《形神玄用章》、《金丹作爲章》、《虛無化生章》、《修煉三治章》、《神氣交媾章》、《動静昇降章》、《煉炁成神章》。

悟玄篇

白雲霽等《道藏目録詳注・太玄部》 别字號計九卷。《悟玄篇》。有圖。言玄修秘語。

太上靈寶浄明玉真樞真經

白雲霽等《道藏目録詳注・太平部》 奉字號計九卷。《太上靈寶浄明玉真樞真經》。仙都君傳。

太上靈寶浄明道元玉印經

白雲霽等《道藏目録詳注・太平部》 奉字號計九卷。《太上靈寶浄明道元玉印經》。内云泰定虚室，心了性明，内外開廓，不與物俱。此四句爲浄明心印。

太上靈寶浄明九仙水經

白雲霽等《道藏目録詳注・太平部》 奉字號計九卷。《太上靈寶浄明九仙水經》。有圖。言養生以炁運之，周乎四體。則血之道路流貫一身，會於五臟所起所歸，則知河通天、天通海、海會崑侖，黄河逆流矣。

槖籥子

白雲霽等《道藏目録詳注・太清部》 志字號計十二卷。《槖籥子》。一卷。言天道陰陽、五行八卦、消息之理。

龍虎中丹訣

白雲霽等《道藏目録詳注・洞真部》 珠字號計九卷。《龍虎中丹訣》。與《九仙》二經同卷。言静功歌訣，有復姤卦圖及呪。

錢謙益等《絳雲樓書目・道藏類》 《龍虎中丹訣》。

養生咏玄集

白雲霽等《道藏目録詳注・洞神部》 臨字號計十卷。《養生咏玄集》。

一卷。

元始天尊説得道了身經

白雲霽等《道藏目録詳注·洞真部》 昃字號計十一卷。《元始天尊説得道了身經》。與《生天真經》同卷。

太上赤文洞古經

范邦甸等《天一閣書目·道家類》 《太上赤文洞古經》。龜山長筌子註。

徐㶿《徐氏家藏書目·道類》 《太上赤文洞古經注》一卷。龜山長荃子。

白雲霽等《道藏目録詳注·洞真部》 藏字號計九卷。《太上赤文洞古經註》。龜山長荃子註。

元始天尊説太古經注

白雲霽等《道藏目録詳注·洞真部》 收字號計九卷。《元始天尊説太古經註》。與《護命》二經同卷。龜山長筌子註。

上乘修真三要

白雲霽等《道藏目録詳注·洞真部》 重字號計十四卷。《上乘修真三要》。上下同卷。有圖像。圓明老人述。内藥火候法像諸圖。

上清洞景金元玉清隱書要訣

佚名《道藏闕經目録》卷上 《上清洞景金元玉清隱書要訣》。

上清魏夫人傳行事訣

佚名《道藏闕經目録》卷上 《上清魏夫人傳行事訣》。

上清大洞人皇瓊臺飛仙素靈童丹妙經

佚名《道藏闕經目録》卷上 《上清大洞人皇瓊臺飛仙素靈童丹妙經》。有符。

洞玄靈寶俯仰節度訣

佚名《道藏闕經目録》卷上 《洞玄靈寶俯仰節度訣》。

洞玄靈寶太極真人藏景録形神元上方

佚名《道藏闕經目録》卷上 《洞玄靈寶太極真人藏景録形神元上方》。

靈寶行道朝禮思神圖

佚名《道藏闕經目録》卷上 《靈寶行道朝禮思神圖》。

洞玄靈寶修行三一法

佚名《道藏闕經目録》卷上　《洞玄靈寶修行三一法》。有符。

金華玉女説丹華經

佚名《道藏闕經目録》卷下　《金華玉女説丹華經》。《上清金華玉女説丹華經》。

神仙靈草鎮駐經

佚名《道藏闕經目録》卷下　《神仙靈草鎮駐經》。

太上八景四蘂紫微五珠絳生神丹玉經

佚名《道藏闕經目録》卷下　《太上八景四蘂紫漿五珠絳生神丹玉經》。

道家煉形三一祕訣

佚名《道藏闕經目録》卷下　《道家鍊形三一祕訣》。

大丹了心訣

佚名《道藏闕經目録》卷下　《大丹了心訣》。

太上正一真人還元圖像内丹歌訣

佚名《道藏闕經目録》卷下　《太上正一真人還元圖像内丹歌訣》。

三元真一訣

佚名《道藏闕經目録》卷下　《三元真一訣》。

古人鍊餌杏丹法

佚名《道藏闕經目録》卷下　《古人鍊餌杏丹法》。

黄芽河車制鍊諸藥法

佚名《道藏闕經目録》卷下　《黄芽河車制鍊諸藥法》。

神仙祕訣

佚名《道藏闕經目録》卷下　《神仙祕訣》。三卷。

九真中經服餌仙方

佚名《道藏闕經目録》卷下　《九真中經服餌仙方》。

神丹三品鐵精方

佚名《道藏闕經目録》卷下 《神丹三品鐵精方》。

洞靈衆仙方

佚名《道藏闕經目録》卷下 《洞靈衆仙方》。

真人長嘯旨

佚名《道藏闕經目録》卷下 《真人長嘯旨》。

還丹金石記

佚名《道藏闕經目録》卷下 《還丹金石記》。

楊真人大丹手記

佚名《道藏闕經目録》卷下 《楊真人大丹手記》。

葉天師杖中記

佚名《道藏闕經目録》卷下 《葉天師杖中記》。

正一修真玉經

佚名《道藏闕經目録》卷下 《正一修真玉經》。三卷。

正一三五存思妙圖

佚名《道藏闕經目録》卷下 《正一三五存思妙圖》。二卷。

太上正一功曹思神圖

佚名《道藏闕經目録》卷下 《太上正一功曹思神圖》。三卷。

太上修養祕訣仙經

佚名《道藏闕經目録》卷下 《太上修養祕訣仙經》。

太清指真胎息祕訣

佚名《道藏闕經目録》卷下 《太清指真胎息祕訣》。

印治百病存思立成訣

佚名《道藏闕經目録》卷下 《印治百病存思立成訣》。

雜金石藥法

佚名《道藏闕經目録》卷下　《雜金石藥法》。

靈奇祕奥

佚名《道藏闕經目録》卷下　《靈奇祕奥》。三卷。

素靈中篇

佚名《道藏闕經目録》卷下　《素靈中篇》。

仙人水鑑圖

佚名《道藏闕經目録》卷下　《仙人水鑑圖》。

鍾離真人聚玉篇

佚名《道藏闕經目録》卷下　《鍾離真人聚玉篇》。

鍊真成道經

佚名《道藏闕經目録》卷下　《鍊真成道經》。

乾生歸一圖

佚名《道藏闕經目録》卷下　《乾生歸一圖》。十卷。

太上萬靈訣

佚名《道藏闕經目録》卷下　《太上萬靈訣》。

修真訣百章集

佚名《道藏闕經目録》卷下　《修真訣百章集》。

還丹指要詩

佚名《道藏闕經目録》卷下　中黄子《還丹指要詩》。

指玄篇

佚名《道藏闕經目録》卷下　棲神子《指玄篇》。

河圖金鼎長生法

佚名《道藏闕經目録》卷下　《河圖金鼎長生法》。

内修經

佚名《道藏闕經目録》卷下　《内修經》。

玄機集

佚名《道藏闕經目録》卷下　《玄機集》。

陰陽統畧五行圖

佚名《道藏闕經目録》卷下　《陰陽統畧五行圖》。

金液玉景圖

佚名《道藏闕經目録》卷下　《金液玉景圖》。

黄白神竈雜訣

佚名《道藏闕經目録》卷下　《黄白神竈雜訣》。三卷。

黄帝授天老服食仙方

佚名《道藏闕經目録》卷下　《黄帝授天老服食仙方》。

淮南王鍊金丹至藥訣

佚名《道藏闕經目録》卷下　《淮南王鍊金丹至藥訣》。

靈芝草

佚名《道藏闕經目録》卷下　《靈芝草》。

珞琭子註玄筌

佚名《道藏闕經目録》卷下　《珞琭子註玄筌》。

神仙周天火候金丹訣

佚名《道藏闕經目録》卷下　《神仙周天火候金丹訣》。

古嵩子外丹訣

佚名《道藏闕經目録》卷下　《古嵩子外丹訣》。

棲元子登仙經

佚名《道藏闕經目録》卷下　《棲元子登仙經》。

黄帝火龍經

佚名《道藏闕經目録》卷下　《黄帝火龍經》。

三仙要訣經

佚名《道藏闕經目録》卷下　《三仙要訣經》。

碧玉經

佚名《道藏闕經目録》卷下　《碧玉經》。

乾寧萬靈集

佚名《道藏闕經目録》卷下　《乾寧萬靈集》。二卷。

七元丹訣圖

佚名《道藏闕經目録》卷下　《七元丹訣圖》。

金丹立象明真圖

佚名《道藏闕經目録》卷下　《金丹立象明真圖》。

玉匱祕録

佚名《道藏闕經目録》卷下　《玉匱祕録》。

指玄三要圖訣

佚名《道藏闕經目録》卷下　《指玄三要圖訣》。

衆真解大丹詩曲頌

佚名《道藏闕經目録》卷下　《衆真解大丹詩曲頌》。

金液青丹經

佚名《道藏闕經目録》卷下　《金液青丹經》。

趙真人玄中吟

佚名《道藏闕經目録》卷下　《趙真人玄中吟》。

元陽玉書

佚名《道藏闕經目録》卷下　《元陽玉書》。

神仙保命要訣

佚名《道藏闕經目録》卷下 《神仙保命要訣》。三卷。

神仙修身養生祕旨

佚名《道藏闕經目録》卷下 《神仙修身養生祕旨》。

陳真人聖石經

佚名《道藏闕經目録》卷下 《陳真人聖石經》。

洞神陰精至藥玉華丹經

佚名《道藏闕經目録》卷下 《洞神陰精至藥玉華丹經》。

保命返魂丹訣

佚名《道藏闕經目録》卷下 《保命返魂丹訣》。

孫長生還丹訣

佚名《道藏闕經目録》卷下 《孫長生還丹訣》。三卷。

玉府壽書

佚名《道藏闕經目録》卷下 《玉府壽書》。

玉府壽書記

佚名《道藏闕經目録》卷下 《玉府壽書記》。

華氏中藏經

佚名《道藏闕經目録》卷下 《華氏中藏經》。二卷。

養生内真保神經

佚名《道藏闕經目録》卷下 《養生内真保神經》。

人氣經

佚名《道藏闕經目録》卷下 《人氣經》。

内文龍虎丹經

佚名《道藏闕經目録》卷下 《内文龍虎丹經》。

祕要外丹藥方

佚名《道藏闕經目録》卷下　《祕要外丹藥方》。

修仙釋疑階序

佚名《道藏闕經目録》卷下　《修仙釋疑階序》。十四卷。

塵外記

佚名《道藏闕經目録》卷下　《塵外記》。三卷。

修真文苑

佚名《道藏闕經目録》卷下　《修真文苑》。二十卷。

鍾離傳道集

楊士奇等《文淵閣書目・道書類》　《鍾離傳道集》。一部，一册。

金丹大成

楊士奇等《文淵閣書目・道書類》　《金丹大成》。一部，一册。

錢謙益等《絳雲樓書目・道藏類》　《金丹大成》一册。

錢謙益等《絳雲樓書目・道書類》　《金丹大成》二十四册。

要修律鈔

楊士奇等《文淵閣書目・道書類》　《要修律鈔》。一部，一册。

太素真君家語

楊士奇等《文淵閣書目・道書類》　《太素真君家語》。一部，一册。

純陽付

楊士奇等《文淵閣書目・道書類》　《純陽付》。一部，一册。

演契直指

楊士奇等《文淵閣書目・道書類》　《演契直指》。一部，一册。

心香妙語

楊士奇等《文淵閣書目・道書類》　《心香妙語》。一部，一册。《心香妙語》。一部，一册。

心香新語

楊士奇等《文淵閣書目·道書類》《心香新語》。一部，一册。《心香新語》。一部，一册。

心香選粹

楊士奇等《文淵閣書目·道書類》《心香選粹》。一部，二册。

鍾呂神仙戲術

高儒《百川書志·神仙類》《鍾呂神仙戲術》二卷。碧雲散仙編次。一百二十事，一百三十一條。未詳真僞，亦無稽驗。

清虚雜著修真捷徑

高儒《百川書志·神仙類》《清虚雜著修真捷徑》九卷。

採真機要

高儒《百川書志·神仙類》《採真機要》三卷。毘陵魯至剛撰。

黄虞稷《千頃堂書目·道家類》魯至剛《采真機要》三卷。常州人。

金丹辨惑

范邦甸等《天一閣書目·道家類》《金丹辨惑》一卷。劉太初撰。

黄虞稷《千頃堂書目·道家類》劉太初《金丹正惑》一卷。稱柯山野叟，洪武初人。

《明史·藝文志·道家類》劉太初《金丹正惑》一卷。

救命索

高儒《百川書志·神仙類》《救命索》一卷。皇明臞仙製。

范邦甸等《天一閣書目·道家類》《救命索》一卷。刊本。明涵虚子臞仙製并序。云凡人脩道者，但無夢便是明心，不死便是得道。只此二事，便是實躋聖地工夫。其真奥閫域，備見《神農龍虎古經》，内設詞問答上、下二卷，學者當究之。今録初階築基鍊己之法以遺學道者，爲救命之索云。

黄虞稷《千頃堂書目·道家類》寧獻王權《救命索》一卷。

臞仙運化元樞八百六條

范邦甸等《天一閣書目·道家類》《臞仙運化元樞八百六條》。卷首有「涵養齋」、「清白傳家」二圖章。明涵虚子臞仙撰并序。

命宗大乘五字訣内丹節要

范邦甸等《天一閣書目·道家類》《命宗大乘五字訣内丹節要》一卷。明臞仙著。

庚辛玉册

錢謙益等《絳雲樓書目・道書類》《庚辛玉(丹)〔册〕》。

黄虞稷《千頃堂書目・道家類》 寧獻王權《庚辛玉册》一卷。

《明史・藝文志・道家類》 寧獻王權《庚辛玉册》八卷。

臞仙肘後神樞

劉若愚《内板經書紀略》《臞仙肘後神樞》。二本。一百七十八葉。

臞仙肘後經

劉若愚《内板經書紀略》《臞仙肘後經》。一本。一百十二葉。

龍門子凝道記

楊士奇等《文淵閣書目・道書類》《龍門子凝道記》。一部，五册。

《四庫全書總目提要・道家類存目》《龍門子凝道記》二卷。内府藏本。明宋濂撰。濂有《洪武聖政記》，已著録。是書乃元至正閒濂入小龍門山所著。有《四符》、《八樞》、《十二微》，總二十有四篇，蓋道家言也。舊載《潛溪集》中，嘉靖丙辰與劉基《郁離子》合刻於開封，李濂爲之序。

寶地論

《四庫全書總目提要・道家類存目》《寶地論》二卷。編修勵守謙家藏本。不著撰人名氏。有永樂乙酉自序，稱養和子題，不知何許人也。上卷二篇：曰一宗，闡寡欲延年之旨；曰二要，言導引服食之事。下卷二篇：曰辨惑，斥燒煉之妄；曰破邪，詆御女之非。大旨謂清浄以葆元神爲道家之實地，一切異術皆虛幻之談云。

金丹節要

范邦甸等《天一閣書目・道家類》《金丹節要》二卷。藍絲闌鈔本。明張三丰撰。

金液還丹捷徑口訣

黄虞稷《千頃堂書目・道家類》 張三丰《金液還丹捷徑口訣》一卷。

金丹直指

黄虞稷《千頃堂書目・道家類》 張三丰《金丹直指》一卷。

《明史・藝文志・道家類》 張三丰《金丹直指》一卷。

金丹祕旨

黄虞稷《千頃堂書目・道家類》 張三丰《金丹祕旨》一卷。

錢謙益等《絳雲樓書目・道藏類》《金丹祕旨》。

《明史・藝文志・道家類》 張三丰《金丹祕旨》一卷。

周易參同契本義

范邦甸等《天一閣書目・道家類》《周易參同契本義》一册。烏絲闌鈔本。明周瑛撰并序。

黄虞稷《千頃堂書目・道家類》周瑛《周易參同契本義》。

元帝問道

范邦甸等《天一閣書目・道家類》《元帝問道》一條。明守鉏野叟校正。

純陽先生敲爻歌

范邦甸等《天一閣書目・道家類》《純陽先生敲爻歌》一章。藍絲闌鈔本。明守鉏野叟校正。

海瓊摘稿

范邦甸等《天一閣書目・道家類》《海瓊摘稿》十卷。刊本。宋白玉蟾撰，明唐胄序。

内鍊延壽捷徑祕訣

范邦甸等《天一閣書目・道家類》《内鍊延壽捷徑祕訣》一卷。烏絲闌鈔本。明何府中著并序。

古仙指南玉書賦

范邦甸等《天一閣書目・道家類》《古仙指南玉書賦》一卷。烏絲闌鈔本。明羅達卿註并序。

金精直指

范邦甸等《天一閣書目・道家類》《金精直指》一卷。明成化十二年武昌唐瓚識。後云右金《精直指註論》一書，乃吾先祖諱音字仲節號拙菴先生以書經領永樂鄉薦爲教諭，爲教授，陞唐府左長史，丁内艱起，復選曹承冬官，檄往山東，推督公務。事竟，方伯以白金四十爲贐。吾祖卻而不受，恐忤其意，乃謁東魯先聖廟。盡以所受充爲蘋藻之獻。兖之聖公深嘉吾祖之行，遂以是書見遺授之于人，歷皆有驗。後吾祖改四川敘州府同知，欲刊勿果。今吾忝令慶雲，捐俸綉梓，以廣其傳云。

保身節要

范邦甸等《天一閣書目・道家類》《保身節録》一卷。明嘉靖辛卯中嵩子識云：暇時閲書，偶獲《保身節録》一帙，内收吕真人《道引法》、李僕射《報應信法》、王重陽《金丹訣》、郭璞妙理。賦辭明理，見非諸傍門小法，遂鋟梓以與天下共之。

還丹發祕

范邦甸等《天一閣書目・道家類》《還丹發祕》二卷。《附録》一卷。藍絲闌鈔本。明嘉靖壬寅三山散人清還子少白鄭允璋著并序。云伏念丹經浩瀚，見者每起汪洋之嘆，多有苦其難而中止者。蓋不知文字雖多，而下手口訣只消數言可了也。不揣凡陋，將胷中所得撰成十章。皆據經考證，反復明辨，無復藏掩，俾觀者一目可了全書之旨。一曰《煉己之祕》，二曰《二子時之祕》，三曰《文武火候之祕》，四曰《顛倒主賓之祕》，五曰《乾坤互策之祕》，六曰《大小沐浴之祕》，七曰《六候之祕》，八曰《三世佛之祕》，九曰《直指神室之祕》，十曰《通氣保精之祕》。尚恐産藥川源下手法象工夫次第，或有未備，更作《金丹饒舌》四百字，《四戒》二百字，《畫眉序》等詞，《下手口訣》、《兩般作用之辨》各一篇。皆直洩元機，非漫語也。故僭名其録曰《還丹發祕》云。

脩養要覽

范邦甸等《天一閣書目・道家類》 《脩養要覽》一卷。明邵徵撰并序。

延生至寶

范邦甸等《天一閣書目・道家類》 《延生至寶》二卷。明欒城後學馮相編集并序。云日取《悟真篇》、《參同契》、《活人心》、《三元參贊》、《養生雜纂》等諸書混而觀之，然篇帙浩瀚，不能悉記。且無以肆力于舉業。及成化丙午，僥倖鄉舉人事，益繁遷延至今。宏治己未，忝登甲科。分署之後，頗得平閒，第恨無創始之才，徒取諸書百家之有益于人者，門分而類析之，除繁就簡，萃爲一書。使固志于延生者覽而行之，其於遐齡之享，未必無毫髮之補也。

旌陽石函記

范邦甸等《天一閣書目・道家類》 《旌陽石函記》一卷。明三一居士邵輔著并序。

丁丙《善本書室藏書志・道家類》 《旌陽石函記》一卷。明刊本。王藹士藏書。三一居士邵輔注。前列嘉靖丁未二月春分日戚畹武林邵輔自序。云：旌陽公憫世易惑虚無也，於是窮神闡化，鉤索鬼神，引索爻象，比方日月。愚乃研思有年，繙閱疑殆，靡敢徇私以耀焉。取注所隱將以釋己，然聞見之餘，曷容自私，遂僭刻以廓仁者之心。計論七篇。《天一閣書目》亦有之。按輔字元文，兗郡學生錦衣衛指揮僉事，即封昌化伯林之孫，邵太后之姪林，有墓在南山茘子峰下，有園在闕版橋。吴穀人祭酒所詠《皇親巷邵氏園歌》是也。

陶公還金術

范邦甸等《天一閣書目・道家類》 《陶公還金術》三卷。明武林三一居士邵輔註并序。

攝生要義

范邦甸等《天一閣書目・道家類》 《攝生要義》十篇。河濱丈人著并序。

徐𤊹《徐氏家藏書目・道類》 《攝生要義》一卷。河濱丈人。

黄虞稷《千頃堂書目・道家類》 沈槩《攝生要義》一卷。河上人注，槩字一之，嘉善人，凡十篇。別本上下有文字。

脩養輯要

范邦甸等《天一閣書目・道家類》 《脩養輯要》三卷。仁所居士集，明嘉靖吴思立序。

丹經十二方

王圻《續文獻通考經籍考・道家類》 《丹經十二方》。宋潛溪曰：劉真人思敬吉之青原人。少好長年術，及長，從靈寶陳君受丹砂訣，行混元法。又依訣鍊鉛汞爲丹砂，服之者疾遂愈。後傳弟子章希平等。

霞外雜俎

徐𤊹《徐氏家藏書目・道類》《霞外雜俎》一卷。鐵脚道人。

黄虞稷《千頃堂書目・道家類》 敖英《霞外雜俎》一卷。一作鐵脚道人，或云，魏郡杜巽才著。

《四庫全書總目提要・道家類存目》《霞外雜俎》一卷。浙江范懋柱家天一閣藏本。舊本題鐵脚道人撰。有敖英序，稱嘉靖丁酉泊舟空舲灘，遇仙翁所授。又有後跋，稱鐵脚道人姓杜氏，名巽才，魏人。亦未詳其信否也。所言皆養生術，大旨闡黄老恬静之理。

希夷五龍卧法

錢謙益等《絳雲樓書目・道家類》《希夷五龍臥法》。

黄庭内外景玉經注解

錢謙益等《絳雲樓書目・道家類》《黄庭内外景玉經註解》。

元修録

錢謙益等《絳雲樓書目・道藏類》《元脩録》六册。

修真書

錢謙益等《絳雲樓書目・道藏類》《脩真書》一册。

上清經斷穀法

錢謙益等《絳雲樓書目・道藏類》《上清經斷穀法》。一卷。

經緯祕録

錢謙益等《絳雲樓書目・道藏類》《經緯祕録》。

大丹心鑒

錢謙益等《絳雲樓書目・道藏類》《大丹心鑒》。

仙學梯程

錢謙益等《絳雲樓書目・道書類》《仙學梯程》。

臨爐機要

錢謙益等《絳雲樓書目・道書類》《臨爐機要》。

紫圍丹經

錢謙益等《絳雲樓書目・道書類》《紫圍丹經》。

黄庭了義

錢謙益等《絳雲樓書目・道書類》陳善注《黄庭了義》。

靈草通元

錢謙益等《絳雲樓書目・道書類》《靈草通元》。

玉鑰歌

錢謙益等《絳雲樓書目・道書類》《玉鑰歌》。

外丹書

錢謙益等《絳雲樓書目・道書類》《外丹書》。

黄白破愚

錢謙益等《絳雲樓書目・道書類》《黄白破愚》。

資生祕録

錢謙益等《絳雲樓書目・道書類》《資生祕録》。

海外三珠

黄虞稷《千頃堂書目・道家類》周履靖《海外三珠》四卷。

鶴月瑶笙

黄虞稷《千頃堂書目・道家類》周履靖《鶴月瑶笙》。

太上金穀歌

錢謙益等《絳雲樓書目・道書類》《太上金穀歌》。

黄庭心印

黄虞稷《千頃堂書目・道家類》靳昂《黄庭心印》。尉氏人，靳於中子。

龍砂一脈

黄虞稷《千頃堂書目・道家類》靳昂《龍砂一脈》一卷。

《明史・藝文志・道家類》　靳昂《龍砂一脈》一卷。

黄庭經注

黄虞稷《千頃堂書目・道家類》　黄彦西《黄庭經注》。莆田人。

訂注參同契經傳

黄虞稷《千頃堂書目・道家類》　商廷試《訂注參同契經傳》三卷。會稽人，嘉靖辛丑進士，陝西太僕寺卿。

《明史・藝文志・道家類》　商廷試《訂注參同契經傳》三卷。

分釋古注參同契

黄虞稷《千頃堂書目・道家類》　徐渭《分釋古注參同契》三卷。

《明史・藝文志・道家類》　徐渭《分釋古注參同契》三卷。

訂注古文參同契真詮

黄虞稷《千頃堂書目・道家類》　王一言《訂注古文參同契真詮》三卷。

參同契心測

黄虞稷《千頃堂書目・道家類》　徐獻忠《參同契心測》。一作《分節參同契》。

大易參同契解

黄虞稷《千頃堂書目・道家類》　徐夢易《大易參同契解》。松陽人，嘉靖中貢士，官武學教授，因當時方士謬妄，著是書闢之。

周易參同契測疏

黄虞稷《千頃堂書目・道家類》　陸長庚《周易參同契測疏》一卷。

《明史・藝文志・道家類》　陸長庚《周易參同契測疏》一卷。

參同契口義

黄虞稷《千頃堂書目・道家類》　陸長庚《參同契口義》一卷。

悟真篇小序

黄虞稷《千頃堂書目・道家類》　陸長庚《悟真篇小序》一卷。

龍眉子金丹印證測疏

黄虞稷《千頃堂書目・道家類》　陸長庚《龍眉子金丹印證測疏》一卷。

金丹就正篇

黄虞稷《千頃堂書目·道家類》 陸長庚《金丹就正篇》一卷。

《明史·藝文志·道家類》 陸長庚《金丹就正篇》一卷。

金丹大旨圖

黄虞稷《千頃堂書目·道家類》 陸長庚《金丹大旨圖》一卷。

張紫陽金丹四百字測疏

黄虞稷《千頃堂書目·道家類》 陸長庚《張紫陽金丹四百字測疏》一卷。

《明史·藝文志·道家類》 陸長庚《張紫陽金丹四百字測疏》一卷。

崔公入藥鏡測疏

黄虞稷《千頃堂書目·道家類》 陸長庚《崔公入藥鏡測疏》一卷。

古今參同契

黄虞稷《千頃堂書目·道家類》 馬應龍《古今參同契》二卷。

周易參同契解箋

黄虞稷《千頃堂書目·道家類》 《周易參同契解箋》三卷。潼關張文龍解。嘉靖四十五年自序，五湖道民朱長春箋，萬曆壬子序。

大道真詮

黄虞稷《千頃堂書目·道家類》 桑喬《大道真詮》四卷。字子木，江都人。

《明史·藝文志·道家類》 桑喬《大道真詮》四卷。

心　書

黄虞稷《千頃堂書目·道家類》 趙古蟾《心書》一卷。

范邦甸等《天一閣書目·道家類》 《心書》九章。趙古蟾真人撰。

玄宗大道

黄虞稷《千頃堂書目·道家類》 林兆恩《玄宗大道》二卷。

常清净經釋略

徐𤊹《徐氏家藏書目·道類》 《常清净經釋畧》一卷。林兆恩。

黄虞稷《千頃堂書目·道家類》 林兆恩《常清净經注釋略》一卷。

聖教心宗

黄虞稷《千頃堂書目・道家類》　吴允如《聖教心宗》三卷。

性命圭旨

黄虞稷《千頃堂書目・道家類》　尹真人《性命圭旨》四卷。

《明史・藝文志・道家類》　尹真人《性命圭旨》四卷。

周中孚《鄭堂讀書記補逸・道家類》　《性命雙修萬神圭旨》四集。棣鄂堂刊本。

寰有詮

黄虞稷《千頃堂書目・道家類》　傅兆際《寰有詮》六卷。

《明史・藝文志・道家類》　傅兆際《寰有詮》六卷。

洞天玄語

黄虞稷《千頃堂書目・道家類》　楊守業《洞天玄語》五卷。

《明史・藝文志・道家類》　楊守業《洞天玄語》五卷。

保合編

黄虞稷《千頃堂書目・道家類》　徐成名《保合編》十二卷。

《明史・藝文志・道家類》　徐成名《保合編》十二卷。

煙霞集

黄虞稷《千頃堂書目・道家類》　華後承《煙霞集》二卷。

龍砂筏

黄虞稷《千頃堂書目・道家類》　彭齡《龍砂筏》一卷。不知何許人。萬曆初居潼川州，自稱鄒長春，後來巽稱江鶴，號甑甀子。在楚稱祝萬壽，號海圜，後更今名。談百餘年事如指掌，天啓中卒於金陵，其妻亦闔户自經死。

彭幼朔庸言

黄虞稷《千頃堂書目・道家類》　彭齡《彭幼朔庸言》一卷。不知何許人。萬曆初居潼川州，自稱鄒長春，後來巽稱江鶴，號甑甀子。在楚稱祝萬壽，號海圜，後更今名。談百餘年事如指掌，天啓中卒於金陵，其妻亦闔户自經死。

栖真志

黄虞稷《千頃堂書目・道家類》　夏樹芳《栖真志》四卷。

度身筏

黄虞稷《千頃堂書目・道家類》　彭好古《度身筏》二卷。

悟真篇四注

周中孚《鄭堂讀書記補逸・道家類》 《悟真篇四注》三卷，《外集》一卷。通行本。舊題宋薛道光元陸墅陳致虚，明彭好古注。道光原名式，字道源，號紫賢，陝西人，墅字子野。致虚字觀吾，自號上陽子。好古號一壑居士，履貫俱未詳。《道藏》中原有薛、陸、陳三注本，好古取其書，附以己解，以闡三家所未盡，故稱四注。所載薛道光注，即翁葆光注，其前有萬曆己亥好古序。稱閲戴起宗疏，執道光爲翁葆光，起宗距二賢不百年，而道光葆光且相魚魯，云云。今按戴同甫爲翁注作疏，其末卷中有《悟真篇注辨》一篇，辨翁注之譌爲薛注甚詳。而好古猶指爲薛注，何歟？至《外集》中載張紫陽所作《讀周易參同契》、《贈劉道人歌》、《石橋歌》、《禪宗敬頌》諸作，而獨於《讀周易參同契》之注，題爲無名子翁葆光作，且併同甫之疏，聯爲注後，概目之爲翁注，是其顛倒差誤，不足爲據，明矣。

尊生要旨

黄虞稷《千頃堂書目・道家類》 許樂善《尊生要旨》。

周中孚《鄭堂讀書記補逸・道家類》 《尊生要旨》一卷。許氏自刊本。明許樂善輯。仕履見《類書類》。是編乃其纂録諸書，所載養生之要，分《存想》、《調氣》、《按摩》、《導引》、《形景》、《飲食》、《起居》、《房中》、《四時》、《雜忌》、《洞元》十一篇，中附以圖。前皆卻病延年諸小法，其末《洞元》諸説，乃謂爲入道之捷徑焉。此本乃其七世孫紀源所重鐫，其間譌字頗多。

遵生八牋

黄虞稷《千頃堂書目・道家類》 高濂《遵生八牋》二十卷。

鐵漢集

黄虞稷《千頃堂書目・道家類》 張友霖《鐵漢集》。明初龍虎山提點。

太和集

黄虞稷《千頃堂書目・道家類》 邵元節《太和集》四卷。

丹經刊誤

黄虞稷《千頃堂書目・道家類》 陳深《丹經刊誤》。長興人，嘉靖中官雷州推官。

讀丹録

黄虞稷《千頃堂書目・道家類》 彭文質《讀丹録》一卷。

《四庫全書總目提要・道家類存目》 《讀丹録》。無卷數。浙江巡撫採進本。明彭在份撰。在份，號從野逸人，莆田人。是書論道家煉丹養生之法。前列道宗，起漢欒巴以下，寥寥數則。次總論，次録杜道堅歌，次録白玉蟾《元關祕論》。自是以下，皆所自著，詳論修煉之法。自《習静》至《崑崙》，共分四十四篇。其大旨以斷慾清净爲宗，以煉氣凝神爲要云。

隄疾恒談

黄虞稷《千頃堂書目・道家類》 陳士元《隄疾恒談》十五卷。

大洞解悟真經

黃虞稷《千頃堂書目・道家類》《大洞解悟真經》八卷。

閟經

黃虞稷《千頃堂書目・道家類》《閟經》二卷。

葆真通

黃虞稷《千頃堂書目・道家類》朱載堉《葆真通》十卷。

《明史・藝文志・道家類》朱載堉《葆真通》十卷。

神課金口訣

劉若愚《内板經書紀略》《神課金口訣》。二本。二百四十葉。

步天歌

劉若愚《内板經書紀略》《步天歌》。一本。八葉。

傳心妙訣

劉若愚《内板經書紀略》《傳心妙訣》。一本。四十五葉。

古文參同契集解

《四庫全書總目提要・道家類》《古文參同契集解》三卷。内府藏本。明蔣一彪撰。一彪自號復陽子，餘姚人。魏伯陽作《參同契》，原本三篇，自彭曉分章作解，後來註家，雖遞有併析，而上、中、下篇之次序俱仍舊目。至明楊慎始別出一本，稱南方掘地得石函，中有古文《參同契》上、中、下三篇，敘一篇；徐景休《箋註》亦三篇，後序一篇；淳于叔通《補遺三相類》上、下二篇，後序一篇。

周易參同契注解

《四庫全書總目提要・道家類存目》《周易參同契註解》三卷。江蘇周厚堉家藏本。明張位撰。位有《問奇集》，已著録。是書章次，一依陳致虚本，而別爲之註，大抵參取諸家之説，以己意發明之。其震庚兌丁諸圖，及上、下弦諸圖，則皆位所補入也。

悟真篇注解

《四庫全書總目提要・道家類存目》《悟真篇註解》三卷。江蘇周厚堉家藏本。明張位註。位有《問奇集》，已著録。是編前有位序，謂《悟真篇》自葉文叔著《外傳》，紊亂真經，使學者愈增惑誤，故分此書爲三，而又撰《直指詳説》、《三乘祕要諸論》，附於卷末。

廣胎息經

《四庫全書總目提要・道家類存目》《廣胎息經》二十二卷。兩淮鹽政採進本。不著撰人名氏，但題爲宋人。然第二十一卷中引羅洪先、陳獻章語，則明代道流所作，題宋人者，妄矣。其書皆稱養浩生問，而丹庭真人答，分卻病、延年、成真、了道四部。論吐納之法兼及容成之術，非道家正傳也。

修齡要指

《四庫全書總目提要・道家類存目》《修齡要指》一卷。編修程晉芳家藏本。舊本題明冷謙撰。謙字啓敬，嘉興人。洪武初，官太常協律郎。世或傳其仙去，無可質驗也。此本載曹溶《學海類編》中。所言皆養生、調攝之事，如十六段錦、八段錦之類，彙輯成編，疑亦依託。

玉洞藏書

《四庫全書總目提要・道家類存目》《玉洞藏書》四卷。浙江巡撫採進本。明李堪撰。堪號楚愚，應城人。書首何思沛序，稱其屢失利於棘闈，則嘗爲諸生也。是書成於萬曆壬子。前二卷取宋張伯端《悟真篇》，句爲箋釋，而附以諸仙修煉之説。後二卷則註漢魏伯陽《參同契》、《三相類》。其以《三相類》爲淳于叔通作，用楊慎本也。

黄白鏡

《四庫全書總目提要・道家類存目》《黄白鏡》一卷。兩淮鹽政採進本。明李文燭撰。文燭字晦卿，自號夢覺道人，丹徒人。其第一卷專言丹汞之術，謂土稟中央之氣，色象故黄；鉛稟西方之氣，色象故白。黄者爲藥，白者爲丹；一藥一丹，是謂黄白。自取藥以至成仙，案其次序分二十六條。前後有自序、自跋。

續黄白鏡

《四庫全書總目提要・道家類存目》《續黄白鏡》一卷。兩淮鹽政採進本。明李文燭撰。文燭字晦卿，自號夢覺道人，丹徒人。其《續編》一卷，則《醒醒歌》二十七則，《水心篇》五十則。卷末亦有自跋云，昔余遭劉青田累，幾成孔北海禍。姑蘇拙老，獨不避去。由是多老，遂欲以修煉、胎仙之法告之，故續此鏡。題萬曆辛丑午月。然距劉基二百餘年，而稱受其累，爲不可解。大抵荒誕之談也。

含元子

《四庫全書總目提要・道家類存目》《含元子》十二卷。浙江巡撫採進本。明趙樞生撰。樞生字彦材，太倉人。是書倣《莊子》體例，自一卷至八卷爲《内篇》，九卷十卷爲《外篇》，十一卷十二卷爲《餘篇》。其《内篇》大旨皆言習静養生，修仙修佛之説。謂心中真靈種子，毫末不許外佚，則吾身之氣與天地之氣淡漠而合一。前後立言，皆本此意。然衍爲八卷，不免有繁冗重複之弊。《外篇》多言歷代帝王之事，閒及於飲食植物之類，則隨筆雜記也。《餘篇》意主發明五經，而究多勦襲，亦時傷穿鑿。如論《易》之諸卦，聖王純《乾》也，佛純《坤》也，仙《復》也，水仙《姤》也，僧《剥》也，道士《夬》也。於義亦難通矣。

養生膚語

《四庫全書總目提要・道家類存目》《養生膚語》一卷。編修程晉芳家藏本。明陳繼儒撰。以寡慾保神及起居調攝諸法爲養生之要，雜採史傳、説部及前人緒論，大抵習見語也。

化機彙參

《四庫全書總目提要・道家類存目》《化機彙參》五卷。江蘇巡撫採進本。明段元一撰。元一字思真，號涵虛子，又號永明道人，自稱北郡人。明無北郡，不知爲何地也。自云一行作令，遂歸林下，則嘗官知縣矣。其書成於崇禎元年。摭拾《道藏》之言，以端、的、上、天、梯五字爲號，列爲五卷。凡六十四篇，皆内丹訣也。其序稱親請正於吕洞賓，殆爲乩仙幻術所惑。所列編次姓名，有新安吕維祺，自稱純陽子二十六世從孫。維祺，儒者，且殉節名臣，不知何以如是也。其託名耶？

引年録

《四庫全書總目提要・道家類存目》《引年録》二卷。兩淮鹽政採進本。舊本題靖江朱應鼎撰。前有自敘，不著時代年月。書中引李時珍《本草綱目》，則萬曆後人也。大旨講養生之術，故以引年爲名。上卷分天地、時令、居處、服飾、人事五類。下卷分飲饌、穀、菜、果、草、木、鱗、介、禽獸、蟲、服餌、病之藥忌十三類。其中如以狗肝合土泥竈，令婢妾孝順諸條，亦不盡關於養生也。

攝生要語

《四庫全書總目提要・道家類存目》《攝生要語》一卷。編修程晉芳家藏本。舊本題明息齋居士撰。不著名氏。所載調攝之方，皆雜引舊文，無所論斷。

二六功課

《四庫全書總目提要・道家類存目》《二六功課》一卷。編修程晉芳家藏本。舊本題明石室道人撰。不著名氏。所録自辰至卯凡十二節，各有調攝事宜。蓋道家導引術也。

先天元妙玉女太上聖母資傳仙道

范邦甸等《天一閣書目・道家類》《先天元妙玉女太上聖母資傳仙道》一卷。藍絲闌鈔本。

白雲霽等《道藏目録詳注・洞神部》薄字號計九卷。《先天玄妙玉女太上聖母資傳仙道》。一卷。元君授太上内外丹旨。

太清元極至妙神珠玉顆經

范邦甸等《天一閣書目・道家類》《太清元極至妙神珠玉顆經》一卷。藍絲闌鈔本。

白雲霽等《道藏目録詳注・洞神部》薄字號計九卷。《太清玄極至妙神珠玉顆經》。一卷。有咒。有卦圖。言《周易》卦氣。時用周天逐，時行水火内功秘法。

太上靈寶女丹經

范邦甸等《天一閣書目・道家類》《太上靈寶女丹經》一卷。

錦身機要

范邦甸等《天一閣書目・道家類》《錦身機要》二卷。唐毘陵混沌子撰，魯志剛註并序。云《錦身機要》之書，乃採真機要之梯航也。昔漢之正陽翁傳于唐之希賢鄧先生，相繼不遇至人則不傳也。稽之自古及今學道之士，知采真而不知錦身有焉，知錦身而不知採真有焉。二者兼脩者幾何人哉？其毘陵混沌子慕道精誠，存心懇切。是以希賢先生以金丹口訣作成《採真機要》以授之。猶慮乎不知錦身機要，則煉己之功不可得也。故又以錦身之事作成絶句三十六首，以按三十六氣候，次之三卷。上之十二首以錦其龍，中之十二首以錦其虎，下之十二首以錦其龍虎交媾之要以授之。所以採真煉己之功，預集授真之道，既授而復請予以爲註。予於每章之下釋以直指，以成其書。

錢謙益等《絳雲樓書目・道書類》《錦身機要》。

黄虞稷《千頃堂書目・道家類》《錦身機要》三卷。

元神幾釋義

范邦甸等《天一閣書目・道家類》《元神幾釋義》一卷。藍絲闌鈔本。交蘆子註釋并序。

南嶽金丹暢旨

范邦甸等《天一閣書目・道家類》《南嶽金丹暢旨》一卷。朱陵洞天三茅庵青霞蔣真人撰。金闕選仙舉進士天谷傳羅浮放鶴野人周應文受。

上天至寶

范邦甸等《天一閣書目・道家類》《上天至寶》一卷。秋潭劉真人撰。

紫府奇元金丹正宗

范邦甸等《天一閣書目・道家類》《紫府奇元金丹正宗》一卷。混成胡真人撰。

節解補略

范邦甸等《天一閣書目・道家類》《節解補略》一卷。孫宸洪著。

大元首測衡錯攡瑩注

范邦甸等《天一閣書目・道家類》《大元首測衡錯攡瑩注》二卷。藍絲闌鈔本。襄陵許翰註。

養命機關金丹真訣

范邦甸等《天一閣書目・道家類》《養命機關金丹真訣》一卷。朱絲闌鈔本。不著撰人名氏。

白雲霽等《道藏目録詳注・洞玄部》大字號計九卷。《養命機關金丹真訣》。一卷。內養工夫三十六則。

修真元章

范邦甸等《天一閣書目・道家類》《脩真元章》一卷。藍絲闌鈔本。不著撰人名氏。

元門入道資糧

范邦甸等《天一閣書目・道家類》《元門入道資糧》一卷。不著撰人名氏，鹿園精舍集刊。

黄虞稷《千頃堂書目・道家類》 萬表《玄門入道資糧》一卷。

天寶還丹了訣圖

范邦甸等《天一閣書目・道家類》 《天寶還丹了訣圖》。藍絲闌鈔本。不著撰人名氏。

氣圖

范邦甸等《天一閣書目・道家類》 《氣圖》一卷。不著撰人名氏。

元覽

范邦甸等《天一閣書目・道家類》 《元覽》一卷。藍絲闌鈔本。不著撰人名氏。

徐𤊹《徐氏家藏書目・道類》 《元覽》八卷。鬱儀王孫著。

陰真君還丹歌註

范邦甸等《天一閣書目・道家類》 《陰真君還丹歌註》。周真人撰。

元道歌

王圻《續文獻通考經籍考・道家類》 《元道歌》。趙自然撰。

參同契辯

王圻《續文獻通考經籍考・道家類》 《參同契辯》。田君祐著。

丹經新註

王圻《續文獻通考經籍考・道家類》 《丹經新註》。王以道著。以道自號三槐隱士。嘗一日獨遊洞庭之君山，遇異人，長髯碧瞳，如古仙人，授以龍虎金丹碧經，君受而行之，氣志益冲邕，因註此經行世。

天仙正理直論

周中孚《鄭堂讀書記補逸・道家類》 《天仙正理直論》一卷。明伍守陽撰。守陽，號冲虛子，南昌人，吉王尊爲國師。初冲虛以道家房中爐火邪説遍滿，因著《天仙正理直論》，明言作丹之理，以闢旁門之學，不作庾辭隱語，故名之曰《直論》。凡九章，自爲之注。而其弟真陽子守虛又加以注。

仙佛合宗語録

周中孚《鄭堂讀書記補逸・道家類》 《仙佛合宗語録》一卷。《附録》一卷。重刊本。明伍守陽撰。繼而以其注猶祕而未宣，因復著《仙佛合宗語録》以明之，内丹口訣頗著於中。凡諸弟子問五段，四十七章，其於釋道二家之旨，融貫爲一焉。《直論》前有崇禎七年《自序》，末有起由、後跋、增注、説各一篇，當時曾刻置其所居道隱齋中，至國朝康熙己酉，涂叔樸等重刊，黎元寬爲序，冲虛之姪逸行撰事略，繫之。此本乃康熙己亥，謝嗣芳等重刊於蘇州老君堂，乾隆甲申鐵蟾兆定又重修其版，故前有募刻小引，末有鐵蟾跋，及所撰事實，語録自來未經付梓。世所傳寫本，及吴中所刊袖珍本，僅前吉王問一段，九章而已，濟南高昌陽一純來館於吾邑之喬氏，遂以此足本傳出。其後從學者，梅陽和參合諸本校寫，而王陽田付之梓，時嘉慶乙亥也。又以元《邱長春歌訣》及冲虚別撰之《三乘訣注》爲《附録》一卷，舊有附以他書中文者則從汰，遂爲善本。前載冲虚《自序》三篇，及雍正元年嚣道人序，又有刊時小引，及誠濟序，末載冲虚自跋及陽和書後，今其版已燬於火矣。

金丹四百字解

周中孚《鄭堂讀書記補逸・道家類》《金丹四百字解》一卷。《廣祕笈》本。亦張伯端撰，明李文燭解。文燭，字晦卿，自號夢覺道人，丹徒人。《明史・藝文志》祗載陸長庚《張紫陽金丹四百字測疏》，而無是編。按紫陽既作《悟真篇》，復爲檃括其義。作《五言詩》八十句，故曰《四百字》，自後丹家皆宗焉。晦卿之注，頗有發明，而其末駢體一跋，義更醇云。

金丹四百字内外解

徐𤊹《徐氏家藏書目・道類》《金丹四百字内外觧》一卷。

錢謙益等《絳雲樓書目・道書類》《金丹四百字解》。

金丹四百字注義

徐𤊹《徐氏家藏書目・道類》《金丹四百字注義》一卷。

玉峰注敲爻歌

徐𤊹《徐氏家藏書目・道類》《玉峯注敲爻歌》一卷。

金穀歌注解

徐𤊹《徐氏家藏書目・道類》《金穀歌注觧》一卷。

坐功口訣

徐𤊹《徐氏家藏書目・道類》《坐功口訣》一卷。

修真知要

徐𤊹《徐氏家藏書目・道類》《修真知要》一卷。

談元真秘

徐𤊹《徐氏家藏書目・道類》《談元真秘》一卷。

采戰秘訣

徐𤊹《徐氏家藏書目・道類》《采戰秘訣》一卷。

心性真指

徐𤊹《徐氏家藏書目・道類》《心性真指》一卷。

閨房修養法

徐𤊹《徐氏家藏書目·道類》《閨房修養法》一卷。

大道要訣

徐𤊹《徐氏家藏書目·道類》《大道要訣》一卷。黄輿。

宗元集

徐𤊹《徐氏家藏書目·道類》《宗元集》一卷。

靈壽丹

徐𤊹《徐氏家藏書目·道類》《靈壽丹》一卷。

蠡斯集

徐𤊹《徐氏家藏書目·道類》《蠡斯集》一卷。

夏一夏三

徐𤊹《徐氏家藏書目·道類》《夏一夏三》四卷。林子。

養生類纂

徐𤊹《徐氏家藏書目·道類》《養生類纂》二十二卷。周守忠。

三元延壽參贊書

徐𤊹《徐氏家藏書目·道類》《三元延壽叅贊書》五卷。周守忠。

望崖録内外篇

徐𤊹《徐氏家藏書目·道類》《望崖録内外篇》二卷。王世懋。

黄虞稷《千頃堂書目·道家類》王世懋《望崖録内外篇》二卷。

養生纂

徐𤊹《徐氏家藏書目·道類》《養生纂》二卷。鄭柄。

赤鳳髓

徐𤊹《徐氏家藏書目·道類》《赤鳳髓》一卷。

黄虞稷《千頃堂書目·道家類》周履靖《赤鳳髓》三卷。

唐宋衛生歌

徐𤊹《徐氏家藏書目・道類》《唐宋衛生歌》一卷。周履靖。
錢謙益等《絳雲樓書目・道家類》《唐(牢)〔宋〕衛生歌》。

益齡單

徐𤊹《徐氏家藏書目・道類》《益齡單》一卷。周履靖。

煉形内旨

徐𤊹《徐氏家藏書目・道類》《煉形内旨》一卷。

玉函秘典

徐𤊹《徐氏家藏書目・道類》《玉函秘典》一卷。

金笥元元

徐𤊹《徐氏家藏書目・道類》《金笥元元》一卷。

修真演義

徐𤊹《徐氏家藏書目・道類》《修真演義》一卷。鄧希賢。

既濟真經

徐𤊹《徐氏家藏書目・道類》《既濟真經》一卷。純陽演，鄧希賢注。

純一元藻

徐𤊹《徐氏家藏書目・道類》《純一元藻》一卷。朱多𪊲。

龍沙八百純一玄藻

徐𤊹《徐氏家藏書目・道類》《龍沙八百純一元藻》二卷。朱多𪊲。
黄虞稷《千頃堂書目・道家類》朱多𪊲《龍砂八百純一玄藻》二卷。
《明史・藝文志・道家類》朱多𪊲《龍砂八百純一玄藻》二卷。

金丹集要

徐𤊹《徐氏家藏書目・道類》《金丹集要》一卷。

采真直指

徐𤊹《徐氏家藏書目・道類》《采真直指》一卷。

闔闢仙經

徐𤊹《徐氏家藏書目·道類》《闔闢仙經》一卷。

養生纂要

徐𤊹《徐氏家藏書目·道類》《養生纂要》一卷。先子著。

養生生論

徐𤊹《徐氏家藏書目·道類》《養生生論》。

元元子外集

徐𤊹《徐氏家藏書目·道類》《元元子外集》二卷。

人元玉液還丹集

徐𤊹《徐氏家藏書目·道類》《人元玉液還丹集》一卷。

剖元真秘

徐𤊹《徐氏家藏書目·道類》《剖元真秘》一卷。陳勸。

玄　訣

徐𤊹《徐氏家藏書目·道類》《元訣》一卷。池顯方。
黄虞稷《千頃堂書目·道家類》池顯方《玄訣》二卷。

三光注齡資福延壽妙經

白雲霽等《道藏目録詳注·洞真部》盈字號計十二卷。《三(元)〔光〕注齡資福延壽妙經》。

太一元真保命長生經

白雲霽等《道藏目録詳注·洞真部》辰字號計十卷。《太一元真保命長生經》。

太上洞真凝神仙行經訣

白雲霽等《道藏目録詳注·洞真部》成字號計十卷。《太上洞真凝神仙行經訣》。與《辨真》同卷。

修真太極混元指玄圖

白雲霽等《道藏目録詳注·洞真部》調字號計十卷。《脩真太極混元指玄圖》。一卷。《秘傳胎息訣》、《龍虎交媾内丹訣》、《圖秘傳内丹訣》、《問天火候圖》、《煉形秘訣圖》、《内觀起火》諸圖等秘。

錢謙益等《絳雲樓書目・道書類》 《指元圖》。

靈寶衆真丹訣

白雲霽等《道藏目録詳注・洞玄部》 位字號計九卷。《靈寶衆真丹訣》。一卷。還魂丹法，紫金丹砂法，金碧丹砂變金粟子法，羽化河車法，金華黄芽幾公白法，九轉煉鉛法，神化金丹法。

九轉靈砂大丹

白雲霽等《道藏目録詳注・洞神部》 清字號計九卷。《九轉靈砂大丹》。内有妙靈砂法、造爐法、鑄鼎法、昇砂法、煮砂法、做銀硃子法。一轉初真丹法，二轉正陽丹法，三轉絶真丹法，四轉妙靈丹法，五轉水仙丹法，六轉通玄丹法，七轉寶神丹法，八轉一寶丹法，九轉登真丹法，又洗淋法。

九轉青金靈砂丹

白雲霽等《道藏目録詳注・洞神部》 清字號計九卷。《九轉青金靈砂丹》。與《神化》等丹同卷。言青金以硫黄炒打至九轉，服食點化。

陰陽九轉成紫金點化丹訣

白雲霽等《道藏目録詳注・洞神部》 清字號計九卷。《陰陽九轉成紫金點化丹訣》。言礬制丹砂至九轉，養雄黄服食點化。

玉洞大神丹砂真要訣

白雲霽等《道藏目録詳注・洞神部》 清字號計九卷。《玉洞大神丹砂真要訣》。與《點化丹》同卷。姑射山張果篹。《辯丹砂訣》、《丹砂陰陽伏制及火候飛伏訣》、《伏火丹砂可鎔鈹見寶訣》、《化寶生砂訣》、《變金砂訣》、《變青金訣》、《變紫金砂訣》、《變紅金訣》、《抽鉛煉汞訣》、《變諸石藥訣》、《四黄伏制變化訣》、《紫金變真丹訣》、《煉聖脩丹石訣》、《造小神水訣》、《造大丹訣造藥鼎受氣諸訣》。

金華玉液大丹

白雲霽等《道藏目録詳注・洞神部》 蘭字號計七卷。《金華玉液大丹》。一卷。責砂法、養法、銀精丹、四聖丹。砒粉雌雄以草藥制之，和母養至三三轉乾汞成金。六神匱、獨砒匱變化、一點金、罨法、養粉、養硃、養硇膽、養雌雄、硃砂澆芽、四神匱、芽養硃爲膠制、四神匱法、硫貫汞爲匱養雄點金聖銀法、擒硇轉庚道鴛鴦庚母砂法、庚道變化胎息法、硫貫斷靈砂成金盒金法、貼身硃砂法、青金法、用足氣法、坯母法、支筆涯硃砂轉庚梅核共三轉法泥琉璃法。

感氣十六轉金丹

白雲霽等《道藏目録詳注・洞神部》 蘭字號計七卷。《感氣十六轉金丹》。一卷。言草木責母澆汞，養成紅粉養砂、服辰點化之法。

錢謙益等《絳雲樓書目・道藏類》 《感(應)〔氣〕十六轉金丹》一册。

上清無英真童合遊内變玉經

白雲霽等《道藏目録詳注・太玄部》 取字號計十卷。《上清無英真童合遊内變玉經》。東華保晨玄黄道君傳。學道者以心目内視，精魂交接。上通日月之光，内想外來神炁。密會神招炁接，日月融光，丹田自生之英，玉華珞珞矣。

上清秘道九清迴曜合神上真玉經

白雲霽等《道藏目録詳注・太玄部》 取字號計十卷。《上清秘道九清迴曜合神上真玉經》。

太清玉司左鏡秘要上法

白雲霽等《道藏目録詳注・正一部》 肆字號計九卷。《太清玉司左鏡秘要上法》。洞山真人霞映譔次。

三要達道篇

白雲霽等《道藏目録詳注・正一部》 鼓字號計九卷。《三要達道篇》。論耳、目、口外三要不漏，則精、氣、神内三寶自固。

六根歸道論

白雲霽等《道藏目録詳注・正一部》 鼓字號計九卷。《六根歸道論》。與《精微》等三篇同卷。言心正乎内，身正乎外；養恬息機，致虛守静；六根寧走，大道依歸。

天皇太乙神律避穢經

白雲霽等《道藏目録詳注・正一部》 吹字號計九卷。《天皇太乙神律避穢經》。與《金符》二經同卷。有趨避吉凶方所。

上清太極真人撰所施行秘要經

白雲霽等《道藏目録詳注・正一部》 承字號計十一卷。《上清太極真人撰所施行秘要經》。一卷。内有按摩吐納法。

長生詮

張國祥《續道藏經目録・正一部》 槐字號計四卷。《長生詮》。一卷。

參同契注

《四庫全書總目提要・道家類存目》 《參同契註》二卷。江蘇巡撫採進本。國朝陳兆成撰。兆成字宜赤，上虞人。案《浙江遺書目録》載有兩陳兆成。其作《太極圖説註解》者，稱爲常熟陳兆成，康熙初人；作此書者，稱爲上虞陳兆成。然《太極圖説註解》末有乾隆戊辰兆成子魯附記，凡例稱是書與《參同契》互有異同，是刻可分爲二，可合爲一云云。則似乎二書又出一人，疑不能明也。其書盡廢諸家舊註，獨以文義推尋。分《參同契》爲三篇，以補塞遺脱爲後篇，亦分爲三，與前篇相配。又統分爲二十九章，大旨謂首篇專明《易》理，御政章乃言人君治世之事，即《易》之神化流通處。其後乃配以服食之法，而總不外乎《易》之中。又自作《釋例》一篇附於末，反覆推闡，其説頗詳。

古文周易參同契注

《四庫全書總目提要・道家類存目》 《古文周易參同契註》八卷。陝西巡撫採進本。國朝袁仁林撰。仁林字振千，三原人。是編以《參同契》舊註往往各自爲説，反增障礙，因爲隨文解義，凡書中借喻之語，悉以身所自具者指明之。書成於雍正壬子。其曰古文者，蓋據楊慎所稱石函本云。

耿文光《萬卷精華樓藏書記・道家類》《古文周易參同契注》八卷。國朝袁仁林撰。

古參同契集注

《四庫全書總目提要・道家類存目》《古參同契集註》六卷。江西巡撫採進本。國朝劉吳龍撰。吳龍字紹聞，南昌人。雍正癸卯進士，官至都察院左都御史。是集前有自序，稱《參同契》自明楊慎掘地得原本，經傳始分。因本元俞琰《發揮》而爲是註。前載慎序，謂《參同契》書，隋唐《經籍志》是書原未著録。蓋據《讀書志》之説。考《舊唐書・經籍志》五行類有《周易參同契》二卷，魏伯陽撰。《周易五相類》一卷，亦魏伯陽撰，《新唐書・藝文志》同。晁氏所説，未免失考，慎述之亦爲沿誤。至慎所稱古本，云掘地得之石函。夫文字託於金石，尚不免剥蝕銷泐。石函所藏，如在彭曉以後，則五代至宋，不應無一人見之，至明始出。如在彭曉以前，則縑素紙札，入土五、六百年尚完全無闕，有是理耶？至俞琬之《發揮》，實不及彭曉、陳致虚所註。獨據以爲本，亦未爲確論也。

得一參五

《四庫全書總目提要・道家類存目》《得一參五》七卷。浙江巡撫採進本。國朝姜中貞撰。中貞，會稽人。卷末有許尚質所作《中貞小傳》，稱嘗遇紫清真人白玉蟾，因得仙術。蓋妄人也。是書闡明修煉之旨，所註《陰符經》、《道德經》各一卷，《參同契》三卷，《黄庭經》、《悟真篇》各一篇，爲書凡五。故以「得一參五」名。案《陰符經》、《道德經》皆黄老之言，無所謂丹法也。自宋夏尚鼎始以《陰符》言内丹，葛長庚又以《道德經》言内丹，而宗旨大變。中貞以《陰符經》所言九竅、三要爲火候之訣，《道德經》所言「有物混成，先天地生」爲金丹之母。蓋因二家之書而衍之，即在道家亦旁支别解而已。

萬壽仙書

《四庫全書總目提要・道家類存目》《萬壽仙書》四卷。浙江巡撫採進本。國朝曹無極編。無極字若水，金壇人。是書裒輯調息導引之法，而崔子玉《座右銘》、范堯夫《布衾銘》之類亦採入焉。蓋守静默、寡嗜慾，爲黄老養生之本。其文雖似不倫，而其理實一家之學也。

參同契章句

《四庫全書總目提要・道家類存目》《參同契章句》一卷。安徽巡撫採進本。國朝李光地撰。是書前有自序，謂《參同契》者，參之而同契也。《三相類》者，三字之義疏爾。魏氏作《參同契》，自以爲闕略未備，復作《三相類》一篇，互相解剥，而二千年來未有知者。心之不達，則竊易舊簡，以就膚見。故此書獨無完編。惟《漢魏叢書》所載似是原本，閒有竄互不多也。獨其不知中斷二書及截立標題，亦庸末者之妄云云。蓋據篇末《參同契》者以下有今更作此命《三相類》之文。考《舊唐書・經籍志》載《周易參同契》二卷，《周易五相類》一卷，竝註魏伯陽撰。三、五字形相近，未詳孰是，然足知伯陽原有此二書也。明楊慎稱：或掘地得石函，中有古文《參同契》，魏伯陽所著上、中、下三篇，後序一篇；徐景休箋註亦三篇，後序一篇；淳于叔通補遺《三相類》二篇，後序一篇，合爲十一篇。其説頗怪。慎好僞託古書，疑其因《唐志》之言，别《三相類》於《參同契》，造爲古本。光地是書，又陰祖其説，惟慎以《三相類》爲淳于叔通補遺，光地則以爲亦伯陽著，與《唐志》相合，較爲有本耳。書中分章，大概亦與楊本同，惟不載徐景休箋註，又釐《三相類》爲三篇，而於二書之後各列《鑪火説》一篇，與楊本異，則不知光地又何所據也。

黄庭經童注

耿文光《萬卷精華樓藏書記・道家類》《黄庭經童注》二卷。國朝邵穆生撰。海甯陳氏本。《道書全集》有梁邱子《注》二卷，《道藏》有《内景黄庭》、《外景黄庭》，又有《黄庭遁甲緣身經》、《黄庭玉軸經》，魏夫人所出，乃《内景》一種，楊真人義寫；其《外景經》老君所作，先出行世。

韓氏曰：今之《黄庭外景經》乃古經，其間一滚説自有餘味，今之《内景》前雜以存想，後雜以服食，多後人添入者，非古也。録於《澗泉日記》。

董氏曰：世疑《黄庭經》非羲之書，以傳考之，知嘗書《道德經》不言寫《黄庭》也。李白謂《黄庭》换鵝其説誤矣。然羲之自寫《黄庭》授子敬，不爲道士書。陶貞白曰：逸少有名之蹟不過數首，《黄庭》第一。貞白論書最精，不應誤謬。今世所傳石本，筆畫不逮逸少它書。覩開元中陸元悌奉詔檢校，言右軍真行，惟有《黄庭》告誓知非楷字矣。天寶末又爲張通儒盗去，莫知所在，迺知舊書不傳。今所見者特後世重搨疊摹，不得其真久矣。蜀本《黄庭》筆墨粗工本皆非可貴，第以其名存之。録於《廣川書跋》。

董氏又跋别本《黄庭》曰：今世所傳《黄庭經》多唐臨。《黄庭》之亡久矣，後人安所取法以傳耶？張懷瓘謂逸少佳蹟自永和後，而《黄庭經》永和十二年書也，字執不聯翩而點畫多失縱傳授有據亦何取哉？吕先得石書署其年永嘉支離其字，尤不近古。其永字等頗效王氏變法，皆永嘉所未有。予是以知其非也。仝上。

文光案：此跋淇水吕先得《黄庭經》。

董氏又跋《黄庭經》别本曰：唐得漢魏晉隋間書多至七百卷，於是以《黄庭》爲第一，方在衆書時，豈無所異而可一概哉。顧世未嘗衡校而彈繩之，則論有同異不足怪也。此當時唐人得舊本摹入石者，時見筆意與常見二本及今秘閣所存異甚，知唐初選置能盡書矣。仝上。

符篆分部

太微黄書

姚振宗《後漢藝文志·道書類》 戴孟《太微黄書》十餘卷。葛洪《神仙傳》：戴孟本姓燕，名濟，字仲微，漢明帝時人也。入華山及武當山，受裴君《玉珮金璫經》及受《石精金光符》，復有《太微黄書》，能周游名山。《侯氏志》曰：《御覽》六百六十二引《三洞珠囊》曰：戴公柏有《大微黄書》十餘卷，壺公之師也。康按據此則戴公柏即戴孟，蓋又有别名。《御覽》六百七十三引《太微黄書經》。

上清瓊宫靈飛六甲籙

鄭樵《通志·藝文略·道家類》 《上清瓊宫靈飛六甲籙》。一卷。

佚名《道藏闕經目録》卷上 《上清靈飛六甲符》。

白雲霽等《道藏目録詳注·正一部》 集字號計九卷。《上清瓊宫靈飛六甲籙》。一卷。有符像。内服六甲之牛。

河圖寶録

鄭樵《通志·圖譜略·記有》 《河圖寶録》。

白雲霽等《道藏目録詳注·正一部》 墳字號計七卷。《上清河圖寶録》。一卷。有符圖。内有九天真人宫殿圖録。

上清豁落七元符

白雲霽等《道藏目録詳注·洞玄部》 服字號計九卷。《上清豁落七元符》。

上清高上滅魔玉帝神慧玉清隱書

白雲霽等《道藏目録詳注·正一部》 承字號計十一卷。《上清高上滅魔玉帝神慧玉清隱書》。一卷。有像。《隱書》内有《高上玉清刻石隱銘内文》，制鬼等文。

上清高上金元羽章玉清隱書

白雲霽等《道藏目録詳注·正一部》 承字號計十一卷。《上清高上金元羽章玉清隱書》。内有五帝大魔隱諱。

上清三景玉清隱書訣籙

白雲霽等《道藏目録詳注·正一部》 集字號計九卷。《上清三(境)〔景〕玉清隱書訣籙》。一卷。有符圖。内有靈飛隱書圖録。

上清金真玉皇上元九天真靈三百六十五部元籙

白雲霽等《道藏目録詳注·正一部》 集字號計九卷。《上清金真玉皇上元九天真靈三百六十五部元(録)〔籙〕》。一卷。有符。

上清曲素訣辭籙

《宋史·藝文志·神仙類》《曲素訣辭》一卷。

佚名《道藏闕經目録》卷上 《上清太極左真人曲素訣辭》。有符。

白雲霽等《道藏目録詳注·正一部》 集字號計九卷。《上清曲素訣辭(録)〔籙〕》。一卷。有符像。太極左宫真人撰。一名《九天鳳炁玄丘大書》。

上清大洞九徵八道大經妙籙

白雲霽等《道藏目録詳注·正一部》 墳字號計七卷。《上清大洞九微八道大經妙籙》。一卷。有符。其經爲六天之文，三天上真正法，以捕攝萬鬼收束衆邪。

金光符

葛洪《抱朴子·内篇·遐覽》《金光符》。

太玄符

葛洪《抱朴子·内篇·遐覽》《太玄符》三卷。

通天符

葛洪《抱朴子·内篇·遐覽》《通天符》。

五精符

葛洪《抱朴子·内篇·遐覽》《五精符》。

石室符

葛洪《抱朴子·内篇·遐覽》《石室符》。

玉策符

葛洪《抱朴子·内篇·遐覽》《玉策符》。

枕中符

葛洪《抱朴子・內篇・遐覽》《枕中符》。

小童符

葛洪《抱朴子・內篇・遐覽》《小童符》。

九靈符

葛洪《抱朴子・內篇・遐覽》《九靈符》。

六君符

葛洪《抱朴子・內篇・遐覽》《六君符》。

玄都符

葛洪《抱朴子・內篇・遐覽》《玄都符》。

黄帝符

葛洪《抱朴子・內篇・遐覽》《黄帝符》。

少千三十六將軍符

葛洪《抱朴子・內篇・遐覽》《少千三十六將軍符》。

延命神符

葛洪《抱朴子・內篇・遐覽》《延命神符》。

天水神符

葛洪《抱朴子・內篇・遐覽》《天水神符》。

四十九真符

葛洪《抱朴子・內篇・遐覽》《四十九真符》。

天水符

葛洪《抱朴子・內篇・遐覽》《天水符》。

青龍符

葛洪《抱朴子・內篇・遐覽》《青龍符》。

白虎符
葛洪《抱朴子·内篇·遐覽》《白虎符》。

朱雀符
葛洪《抱朴子·内篇·遐覽》《朱雀符》。

玄武符
葛洪《抱朴子·内篇·遐覽》《玄武符》。

朱胎符
葛洪《抱朴子·内篇·遐覽》《朱胎符》。

七機符
葛洪《抱朴子·内篇·遐覽》《七機符》。

九天發兵符
葛洪《抱朴子·内篇·遐覽》《九天發兵符》。

九天符
葛洪《抱朴子·内篇·遐覽》《九天符》。

老經符
葛洪《抱朴子·内篇·遐覽》《老經符》。

七　符
葛洪《抱朴子·内篇·遐覽》《七符》。

大捍厄符
葛洪《抱朴子·内篇·遐覽》《大捍厄符》。

玄子符
葛洪《抱朴子·内篇·遐覽》《玄子符》。

武孝經燕君龍虎三囊辟兵符
葛洪《抱朴子·内篇·遐覽》《武孝經燕君龍虎三囊辟兵符》。

包元符
葛洪《抱朴子・内篇・遐覽》《包元符》。

沈羲符
葛洪《抱朴子・内篇・遐覽》《沈羲符》。

禹蹻符
葛洪《抱朴子・内篇・遐覽》《禹蹻符》。

消災符
葛洪《抱朴子・内篇・遐覽》《消災符》。

八卦符
葛洪《抱朴子・内篇・遐覽》《八卦符》。

監乾符
葛洪《抱朴子・内篇・遐覽》《監乾符》。

雷電符
葛洪《抱朴子・内篇・遐覽》《雷電符》。

萬畢符
葛洪《抱朴子・内篇・遐覽》《萬畢符》。

八威五勝符
葛洪《抱朴子・内篇・遐覽》《八威五勝符》。

威喜符
葛洪《抱朴子・内篇・遐覽》《威喜符》。

巨勝符
葛洪《抱朴子・内篇・遐覽》《巨勝符》。

採女符
葛洪《抱朴子・内篇・遐覽》《採女符》。

玄精符

葛洪《抱朴子·内篇·遐覽》《玄精符》。

玉曆符

葛洪《抱朴子·内篇·遐覽》《玉曆符》。

北臺符

葛洪《抱朴子·内篇·遐覽》《北臺符》。

陰陽大鎮符

葛洪《抱朴子·内篇·遐覽》《陰陽大鎮符》。

治百病符

葛洪《抱朴子·内篇·遐覽》《治百病符》十卷。

壺公符

葛洪《抱朴子·内篇·遐覽》《壺公符》二十卷。

九臺符

葛洪《抱朴子·内篇·遐覽》《九臺符》九卷。

六甲通靈符

葛洪《抱朴子·内篇·遐覽》《六甲通靈符》十卷。

六陰行廚龍胎石室三金五木防終符

葛洪《抱朴子·内篇·遐覽》《六陰行廚龍胎石室三金五木防終符》合五百卷。

軍火召治符

葛洪《抱朴子·内篇·遐覽》《軍火召治符》。

靈寶五嶽真形圖

鄭樵《通志·藝文略·道家類》《靈寶五嶽真形圖》一卷。

又《圖譜略·記有》《五嶽真形神仙圖》。

《宋史·藝文志·神仙類》《五嶽真形圖》一卷。

白雲霽等《道藏目録詳注·洞玄部》 國字號計十一卷。《洞玄靈寶五嶽古本真形圖》。一卷。東方朔圖并序，受圖祭文。

錢東垣等輯《崇文總目・道書類》《靈寶五岳真形圖》一卷。

五嶽真形圖文

鄭樵《通志・藝文略・道家類》《五嶽真形圖文》一卷。葛洪傳。

文廷式《補晉書藝文志・神仙家類》《五岳真形圖文》一卷。見《崇文總目》。

錢東垣等輯《崇文總目・道書類》《五岳真形圖文》一卷。葛洪撰。

晉哀帝丹青符經

文廷式《補晉書藝文志・神仙家類》《晉哀帝丹青符經》五卷。出柳子厚《龍城録》。按《龍城録》雖僞書，要是宋以前作，慮其别有所本，姑録存之。

王獻之畫符及神

文廷式《補晉書藝文志・神仙家類》《王獻之畫符及神》一卷。米芾《畫史》云：王獻之《畫符及神》一卷，咒小字，五斗米道也。

施安五星圖

文廷式《補晉書藝文志・神仙家類》《施安五星圖》。《真誥・協昌期第一》。

三皇内文天地人

葛洪《抱朴子・内篇・遐覽》《三皇内文天地人》三卷。

鄭樵《通志・藝文略・道家類》《三皇内文》一卷。

文廷式《補晉書藝文志・神仙家類》《三皇内文天文》三卷。

河圖記命符

文廷式《補晉書藝文志・神仙家類》《河圖記命符》。《抱朴子・微旨篇》引之。

又《神仙家補》《河圖記命符》。見《抱朴子・微旨篇》。

九鼎經

文廷式《補晉書藝文志・神仙家類》《九鼎經》。見《抱朴子・登涉篇》。

河圖玉版

文廷式《補晉書藝文志・神仙家類》《河圖玉版》。張湛《列子周・穆王篇》注《河圖玉版》云：西王母居崐崘山。

楊羲書靈寶五符

鄭樵《通志・藝文略・道家類》《靈寶五符》三卷。

佚名《道藏闕經目録》卷下《洞玄靈寶五符經》。有符。

白雲霽等《道藏目録詳注・洞玄部》衣字號計十卷。《太上靈寶五符》。一卷。仙人挹服五方諸天氣經、食日月精華法、服食五芝精英法、服巨勝方、延年益壽方、胡麻方、辟穀方、餌杏子方、去三蟲才黄精方、造各仙酒諸方。

文廷式《補晉書藝文志・神仙家類》《楊羲書靈寶五符》一卷。

楊羲書中黄制虎豹符

文廷式《補晉書藝文志・神仙家類》《楊羲書中黄制虎豹符》一卷。見《真誥・翼真檢第二》。

西嶽公禁山符

文廷式《補晉書藝文志・神仙家類》《西嶽公禁山符》一卷。見《真誥・翼真檢第二》。

自來符

文廷式《補晉書藝文志・神仙家類》《自來符》。

玉斧符

文廷式《補晉書藝文志・神仙家類》《玉斧符》十卷。

洞真太上神虎玉經

白雲霽等《道藏目録詳注・正一部》 廣字號計十卷。《洞真太上神虎玉經》。有符。

金書秘字

鄭樵《通志・藝文略・道家類》《金書秘字》一卷。

佚名《道藏闕經目録》卷上 《洞真太上金書祕字》。

洞真黄書

白雲霽等《道藏目録詳注・正一部》 廣字號計十卷。《洞真黄書》。一卷。有符。大度黄書八炁、二十四神人名諱。

元始五老赤書玉篇真文天書經

鄭樵《通志・藝文略・道家類》《靈寶五始五老赤書玉篇真文經》三卷。

白雲霽等《道藏目録詳注・洞真部》 昃字號計十一卷。《元始五老赤書玉篇真文天書經》。三卷。有符。内有《靈寶召伏蛟龍虎豹山精八威策》文，出於赤天之中，挺自然之運，表太空之靈。五嶽保之以長存，山河鎮之而永固。《符圖雲篆》、《玉篇》、《真文》，分爲上、中、下三卷。

北帝說豁落七元經

白雲霽等《道藏目録詳注・正一部》 群字號計十二卷。《北帝説豁落七元經》。有符。内有覩斗燃燈之法，可以挑星撥度，飛步七元，攝伏惡魔，助國扶難。

太上元始天尊説北(斗)〔帝〕伏魔神呪妙經

白雲霽等《道藏目録詳注・正一部》 聚字號計十卷。《太上元始天尊説北(斗)〔帝〕伏魔神呪妙經》。卷一之十。有符圖。上清三洞經籙碧霄洞華太乙吏歐陽雯受。《序議品》、《七元秘訣品》、《酆都戮鬼品》、《九龍品》、《碎屍籙品》、《八字消灾品》、《神兵護國品》，並神符圖篆，七星符、五星符、二十八宿符、治諸病等符。

白羽黑翮雲飛玉符

鄭樵《通志・藝文略・道家類》 《白羽黑翮雲飛玉符》一卷。

白雲霽等《道藏目録詳注・洞真部》 張字號計八卷。《白羽黑翮雲飛玉符》。此符乃素章飛行羽經、登空步虛真訣。

上清瓊宮靈飛六甲左右上符

白雲霽等《道藏目録詳注・洞真部》 張字號計八卷。《上清瓊宮靈飛六甲左右上符》。内有玉精真訣。

太上求仙定録赤素真訣玉文

白雲霽等《道藏目録詳注・洞真部》 成字號計十卷。《太上求仙定録赤素真訣玉文》。一卷。西城王母受王夫人法信訣，三皇、東西南北中五君秘諱，若受赤素内訣策文。乃昇仙上道，以定仙品。

洞真太微黄書九天八籙真文

白雲霽等《道藏目録詳注・洞真部》 張字號計八卷。《洞真太微黄書九天八籙真文》。一卷。有符。玄都交帶訣。此太微八會之書，飛玄紫炁之字，誦其文以攝萬邪佩。其字神遊九天。

太玄八景籙

白雲霽等《道藏目録詳注・洞真部》 果字號計十卷。《太玄八景籙》。一卷。有符。

太上洞玄靈寶真文要解上經

白雲霽等《道藏目録詳注・洞玄部》 人字號計十四卷。《太上洞玄靈寶真文要解上經》。一卷。高玄法師受。内有靈寶五篇真文，藏於太上玄臺七寶上宫。天書宛奥，難可尋詳。

上清太乙金闕玉璽金真紀

白雲霽等《道藏目録詳注・洞玄部》 衣字號計十卷。《上清太乙金闕玉璽金真紀》。與《七元》等三篇同卷。

北帝七元紫庭延生秘訣

白雲霽等《道藏目録詳注・正一部》 吹字號計九卷。《北帝七元紫庭延生秘訣》。有符。内有《北帝七元真形圖》，若人帶佩之，大集福慶也。

太上洞神洞淵神咒治病口章

白雲霽等《道藏目録詳注・正一部》 階字號計十卷。《太上洞神洞淵神咒治病口章》。此靈章也。

洞真太微金虎真符

鄭樵《通志・藝文略・道家類》 《金虎真符》一卷。

白雲霽等《道藏目録詳注・正一部》 廣字號計十卷。《洞真太微金虎真符》。一卷。有符。有佩神虎符、豁落等符。佩之却魔進道。

上清元始譜録太真玉訣

白雲霽等《道藏目録詳注・正一部》 承字號計十一卷。《上清元始譜録太真玉訣》。一卷。有符。内言三惡等門。

上清外國放品青童内文

白雲霽等《道藏目録詳注・正一部》 明字號計十卷。《上清外國放品青童内文》。上、下二卷。有符。内有《高上入國隱元内文》、《六國品録高上九玄三十六天内音》等符。

上清太上元始曜光金虎鳳文章寶經

白雲霽等《道藏目録詳注・正一部》 既字號計十卷。《上清太上元始曜光金虎鳳文章寶經》。一卷。有符。内有《上隱書諱》、地皇鳳章等符。

上清洞真天寶大洞三景寶籙

佚名《道藏闕經目録》卷上 《上清洞真天寶大洞玉清寶籙》。二卷。有符畫。

白雲霽等《道藏目録詳注・正一部》 集字號計九卷。《上清洞真天寶大洞三景寶籙》。上、下二卷。有符。内有《金虎符籙》、《龜山元籙》符篆靈文。

上清元始變化寶真上經九靈太妙龜山玄籙

白雲霽等《道藏目録詳注・正一部》 墳字號計七卷。《上清元始變化寶真上經九靈太妙龜山玄(録)〔籙〕》。上、中、下三卷。有符。論龜山印龍山也，乃九天之根組，萬炁之淵府。在天西北之角，周廻四十萬里，高與玉清連界，内有東明、南光、西精、北玄、中黄等符在内。

上清高上龜山玄籙

白雲霽等《道藏目録詳注・正一部》 墳字號計七卷。《上清高上龜山玄(録)〔籙〕》一卷。有符。

七元真訣語驅疫秘經

白雲霽等《道藏目録詳注・正一部》 群字號計十二卷。《七元真訣語驅疫秘經》。與《豁落七元經》同卷。有符。有靈書秘訣，出乎龍漢之初，北方黑帝有征鬼之法，大著神功於一國。

七元璇璣召魔品經

白雲霽等《道藏目録詳注・正一部》 群字號計十二卷。《七元璇璣召魔品經》。北極之上名曰「九道」，置九宮例八卦，皆有真符九道。學人佩之，大驅鬼神，翻天轉地，攝伏惡魔。上可以助國扶難，下可以理救生民。

太上紫微中天七元真經

白雲霽等《道藏目録詳注・正一部》 群字號計十二卷。《太上紫微中天七元真經》。與《神真靈符經》同卷。常誦此經，可以召呼星光，胎安元命，斗司注禄，永綿壽齡。

洞真太上丹景道精經

白雲霽等《道藏目録詳注・正一部》 内字號計十卷。《洞真太上丹景道精經》。一卷。言道理。

紫文丹章

鄭樵《通志・藝文略・道家類》 《紫文丹章》一卷。

白雲霽等《道藏目録詳注・正一部》 廣字號計十卷。《洞真太上紫文丹章》。有符。一名《九天玉清緑字隱文》。

三皇内音

鄭樵《通志・藝文略・道家類》 《三皇内音》一卷。

佚名《道藏闕經目録》卷上 《洞神三皇内音》。

八道秘言圖

鄭樵《通志・圖譜略・記有》 《八道秘言圖》。

白雲霽等《道藏目録詳注・洞玄部》 國字號計十一卷。《上清八道秘音圖》。一卷。

上清長生寶鑑圖

鄭樵《通志・圖譜略・記有》 《長生寶鑑圖》。

白雲霽等《道藏目録詳注・洞玄部》 國字號計十一卷。《上清長生寶鑑圖》。一卷。内有明鏡七符圖式。

正一上元九星圖

《宋史・藝文志・神仙類》 《正一上元九星圖》一卷。

佚名《道藏闕經目録》卷下 《正一上元九星圖》。

洞神三皇神仙内神寶祝寶録

佚名《道藏闕經目録》卷上 《洞神三皇神仙内神寶祝實録》。

太上洞淵神呪法録

佚名《道藏闕經目録》卷上 《太上洞淵神呪法籙》。有符畫。

上清佩符青券訣

白雲霽等《道藏目録詳注・洞玄部》 位字號計九卷。《上清佩符青(奏)券訣》。

上清佩符白券訣

白雲霽等《道藏目録詳注・洞玄部》 位字號計九卷。《上清佩符白券訣》。

上清佩符文絳券訣

白雲霽等《道藏目録詳注・洞玄部》 位字號計九卷。《上清佩符文絳券訣》。流金火鈴符，赤帝招靈致真攝魔符，上元豁落月精之符，五元豁落熒惑星精符、青帝甲乙通靈符，清微天始青正法，禹餘天元白正法，北帝素靈鬼等文。

上清佩符文黄券訣

白雲霽等《道藏目録詳注・洞玄部》 位字號計九卷。《上清佩符文黄券訣》。與《青券》等五券同卷。上元檢天大籙文，中元檢仙真書，鬱絶上真，三元檢仙炁九靈隱書玄。上真檢仙紫素文，六元豁落辰星等符。

太上正一盟威法籙

白雲霽等《道藏目録詳注・正一部》 逐字號計九卷。《太上正一盟威法籙》。一卷。

洞真太上上清内經

白雲霽等《道藏目録詳注・正一部》 内字號計十卷。《洞真太上上清内經》。一卷。有符。此經隸太上三元君之寶辭也。

元始説度酆都經

白雲霽等《道藏目録詳注・正一部》 群字號計十二卷。《元始説度酆都經》。與《璇璣召魔品經》同卷。凡道士佩太上神呪、豁落經籙者，應佩此經。如違者不得妙源，神靈罔助。

北斗九皇隱諱經

張國祥《續道藏經目録・正一部》 漆字號計四卷。《北斗九皇隱諱經》。

洞真太上神虎隱文

鄭樵《通志・藝文略・道家類》《神虎隱文》一卷。

《宋史・藝文志・神仙類》《上相青童太上八術知慧滅魔神虎隱文》一卷。

白雲霽等《道藏目録詳注・正一部》 廣字號計十二卷。《洞真太上神虎隱文》。與《神虎玉經》同卷。

三洞神符記

白雲霽等《道藏目録詳注・洞真部》 張字號計八卷。《三洞神符記》。

洞真太微黄書天帝君石景金陽素經

白雲霽等《道藏目録詳注・洞真部》 張字號計八卷。《洞真太微黄書天帝君石景金陽素經》。内有服炁、閉炁、胎息等法。

太上洞淵三昧帝心光明正印太極紫微伏魔制鬼拯救惡道集福吉祥神咒

白雲霽等《道藏目録詳注・洞玄部》 服字號計九卷。《太上洞淵三昧帝心光明正印太極紫微伏魔制鬼拯救惡道集福吉祥神咒》。一卷。有符。

太上三五正一盟威籙

白雲霽等《道藏目録詳注・正一部》 逐字號計九卷。《太上三五正一盟威(經)〔籙〕》。卷一之六。以下諸階籙皆太上授祖天師開教度人之信券也。

太上洞玄靈寶五嶽神符

白雲霽等《道藏目録詳注・洞玄部》 衣字號計十卷。《太上洞玄靈寶五嶽神符》。一卷。

青崖子神仙金銀論

鄭樵《通志・藝文略・道家類》《青崖子神仙金銀論》一卷。

錢東垣等輯《崇文總目・道書類》《青霞子神仙金銀論》一卷。蘇元(明)〔朗〕撰。

無上三元鎮宅靈籙

白雲霽等《道藏目録詳注・洞神部》 潔字號計八卷。《無上三元鎮宅靈籙》。安鎮宅籙，以持助天地正氣，轉國助時符籙。

三皇内文遺秘

白雲霽等《道藏目録詳注・洞神部》 深字號計九卷。《三皇内文遺秘》。一卷。有符。遺文乃金闕神章、三皇默秘内文也。有護身符、五岳真形符。

罔象成名圖

《新唐書・藝文志・神仙類》《罔象成名圖》一卷。

鄭樵《通志・藝文略・道家類》《罔象成名圖》一卷。唐張果撰。

佚名《道藏闕經目録》卷下《罔象成名圖》。

錢東垣等輯《崇文總目・道書類》《罔象成名圖》一卷。張果撰。

太上北帝靈文

《新唐書・藝文志・神仙類》葉静能《太上北帝靈文》三卷。

鄭樵《通志・藝文略・道家類》《太上北帝靈文》一卷。唐道士葉静能撰。

錢東垣等輯《崇文總目・道書類》《太上北帝靈文》一卷。葉静能撰。

北帝靈文

鄭樵《通志・藝文略・道家類》《北帝靈文》三卷。唐道士葉静能撰。

錢東垣等輯《崇文總目・道書類》《北帝靈文》三卷。葉静能撰。

寧州通真觀二十七宿真形圖贊

《新唐書・藝文志・神仙類》《寧州通真觀二十七宿真形圖贊》一卷。記天寶中，寧州羅川縣金華洞獲玉像，皆列宿之真，唯少氐宿，改縣爲寧真事。

鄭樵《通志・藝文略・道家類》《寧州寧真縣二十八宿真形圖》一卷。

正一真人二十四治圖

《新唐書・藝文志・神仙類》道士令狐見堯《正一真人二十四治圖》一卷。貞元人。

又《通志・藝文略・道家類》《正一真人二十四治圖》一卷。唐道士令狐見堯撰，敍蜀中二十四治之所名山福地。

鄭樵《通志・藝文略・圖譜略・記無》正一真人《二十四治圖》。

錢東垣等輯《崇文總目・道書類》《正一真二十四治圖》一卷。令狐見堯撰。

真教元符

《新唐書・藝文志・神仙類》戴簡《真教元符》三卷。

鄭樵《通志・藝文略・道家類》《真教元符》三卷。戴簡撰。

又《真教元符》三卷。唐戴簡撰。

錢東垣等輯《崇文總目・道書類》《真教元符》三卷。

五真圖

鄭樵《通志・藝文略・道家類》《五真圖》一卷。

《宋史・藝文志・神仙類》李淳風《正一五真圖》一卷。

上清含象鑑圖

鄭樵《通志・圖譜略・記有》《含象鑑圖》。

白雲霽等《道藏目録詳注・洞玄部》國字號計十一卷。《上清含象劍鑑圖》。一卷。天台白雲司馬承禎進。

上清金母求仙上法

白雲霽等《道藏目録詳注・洞玄部》衣字號計十卷。《上清金母求仙上法》。一卷。廬山李玄真演。

太上赤文洞神三籙

白雲霽等《道藏目録詳注・洞玄部》 五字號計十一卷。《太上赤文洞神三籙》。一卷。

太上通靈八史聖文真形圖

白雲霽等《道藏目録詳注・洞神部》 兢字號計九卷。《太上通靈八史聖文真形圖》。一卷。內有入史通靈符、玄洞八卦神符。上帝秘於華蓋太微斗宿中，如人佩之，心開神朗，名位得仙。

洞神太極北帝紫微神呪妙經

佚名《道藏闕經目録》卷上 《洞神太極北帝紫微神呪妙經》。六卷。有符畫。

白雲霽等《道藏目録詳注・洞真部》 《洞真太極北帝紫微神呪妙經》。

元始天尊説十一曜大消災神咒經

白雲霽等《道藏目録詳注・洞真部》 辰字號計十卷。《元始天尊説十一曜大消災神呪經》。此經乃元始天尊親授青羅真人。靈文燦爛，道力無邊。誦之者星辰順度，奉之者災厄消除。

太上洞淵北帝天蓬護命消災神咒經

白雲霽等《道藏目録詳注・洞真部》 辰字號計十卷。《太上洞淵北帝天蓬護命消災神呪經》。

太上洞淵辭瘟神咒妙經

白雲霽等《道藏目録詳注・洞真部》 辰字號計十卷。《太上洞淵辭瘟神呪妙經》。與《大雨龍王》等四經同卷。

太上老君説益算神符妙經

白雲霽等《道藏目録詳注・洞神部》 女字號計十五卷。《太上老君説益算神符妙經》。一卷。內有貪巨録文、廉武破七星祕符、三台華蓋寶符、誦持佩符祕法。

洞神北帝捍厄保命辟斥温疫中備經

佚名《道藏闕經目録》卷上 《洞神北帝捍厄保命辟斥温疫中備經》。有符。

洞神北帝煞鬼王文經

佚名《道藏闕經目録》卷上 《洞神北帝煞鬼王文經》。有符。

太上洞玄靈寶素靈真符

白雲霽等《道藏目録詳注·洞玄部》 衣字號計十卷。《太上洞玄靈寶素靈真符》。三卷。陸先生受。治百病符、治瘟疫符、治傷寒符、治寒熱符、治頭痛等符。

太上秘法鎮宅靈符

白雲霽等《道藏目録詳注·洞真部》 張字號計八卷。《太上秘法鎮宅(真)〔靈〕符》。漢文帝問劉進平《相宅經》,内有《除滅妖氛靈符》、《璇璣八卦》等圖。

金書玉券

鄭樵《通志·藝文略·道家類》 《金書玉券》一卷。僞蜀任法知撰。

佚名《道藏闕經目録》卷下 《金書玉券》。

錢東垣等輯《崇文總目·道書類》 《金書玉券》一卷。任法知撰。

玉管照神局

顧櫰三《補五代史藝文志·道家類》 《玉管照神局》二卷。

太上老君混元三部符

白雲霽等《道藏目録詳注·洞神部》 潔字號計八卷。《太上老君混元三部符》。三卷。

太上三元飛星冠禁金書玉籙圖

白雲霽等《道藏目録詳注·洞神部》 兢字號計九卷。《太上三元飛星冠禁金書玉籙圖》。一卷。

七元圖

鄭樵《通志·藝文略·道家類》 《七元圖》一卷。

《宋史·藝文志·神仙類》 王欽若《七元圖》一卷。

四斗二十八宿天地大籙

白雲霽等《道藏目録詳注·正一部》 墳字號計七卷。《四斗二十八宿天地大籙》。一卷。有符。

北帝三備經

鄭樵《通志·藝文略·道家類》 《北帝三備經》三卷。

錢東垣等輯《崇文總目·道書類》 《北帝三備經》三卷。

北帝神呪經

鄭樵《通志·藝文略·道家類》 《北帝神呪經》一卷。

佚名《道藏闕經目録》卷上 《北帝神呪妙經》。十卷。

錢東垣等輯《崇文總目・道書類》《北帝神咒經》十卷。

太上延祥滌厄四聖妙經

白雲霽等《道藏目録詳注・洞真部》昃字號計十一卷。《太上延祥滌厄四聖妙經》。一卷。有符。

太上三洞神咒

白雲霽等《道藏目録詳注・洞真部》列字號計十二卷。《太上三洞神呪》。

老子六甲祕符妙籙

鄭樵《通志・藝文略・道家類》《老子六甲祕符妙籙》一卷。《老子六甲祕符妙籙》一卷。

錢東垣等輯《崇文總目・道書類》《老子六甲秘符妙録》一卷。

修六丁八史用事科法

鄭樵《通志・藝文略・道家類》《修六丁八史用事科法》一卷。

錢東垣等輯《崇文總目・道書類》《修六丁八史用事科法》一卷。

九天玄女六甲將軍手訣

鄭樵《通志・藝文略・道家類》《九天玄女六甲將軍手訣》一卷。

錢東垣等輯《崇文總目・道書類》《九天元女六甲將軍手訣》一卷。

九天玄女妙法

鄭樵《通志・藝文略・道家類》《九天玄女妙法》一卷。

祭六丁神法

鄭樵《通志・藝文略・道家類》《祭六丁神法》一卷。

《宋史・藝文志・神仙類》《祭六丁神法》一卷。

佚名《道藏闕經目録》卷下《六丁神法》。

錢東垣等輯《崇文總目・道書類》《祭六丁神法》一卷。

六丁通應玉女真籙手訣

鄭樵《通志・藝文略・道家類》《六丁通應玉女真籙手訣》一卷。

錢東垣等輯《崇文總目・道書類》《六丁通應玉女真籙手訣》一卷。

黃帝六甲符訣

鄭樵《通志・藝文略・道家類》《黃帝六甲符訣》一卷。

靈飛六甲左右内名玉符

鄭樵《通志・藝文略・道家類》《靈飛六甲左右内名玉符》一卷。

錢東垣等輯《崇文總目・道書類》《靈飛六甲左右内名玉符》一卷。

天蓬神咒

鄭樵《通志・藝文略・道家類》《天蓬神呪》一卷。

晁公武《郡齋讀書志・神仙類》《天蓬神呪》一卷。右未詳撰人。《邯鄲書目》載道書最衆，已上八種皆有之。

馬端臨《文獻通考・經籍考・神僊類》《天蓬神呪》一卷。

錢東垣等輯《崇文總目・道書類》《天蓬神咒》一卷。

太上北帝天蓬壇場印圖

鄭樵《通志・藝文略・道家類》《太上北帝天蓬壇場印圖》一卷。

佚名《道藏闕經目録》卷上　《太上北帝天蓬壇場印圖》。有畫。

錢東垣等輯《崇文總目・道書類》《太上北帝天蓬壇場印圖》一卷。

八卦仙人祕訣

鄭樵《通志・藝文略・道家類》《八卦仙人祕訣》一卷。

錢東垣等輯《崇文總目・道書類》《八卦仙人秘訣》一卷。

太清越章

鄭樵《通志・藝文略・道家類》《太清越章》一卷。

錢東垣等輯《崇文總目・道書類》《太清起章》一卷。

太上洞玄靈寶元始五方赤書自然真文經

鄭樵《通志・藝文略・道家類》《太上洞玄靈寶元始五方赤書自然真文經》一卷。

錢東垣等輯《崇文總目・道書類》《太上洞元靈寶元始五方赤書自然真文經》一卷。

太上習仙經契籙

鄭樵《通志・藝文略・道家類》《太上習仙經契籙》一卷。

《宋史・藝文志・神仙類》《太上習仙經契籙》一卷。

佚名《道藏闕經目録》卷上　《太上習仙經契籙》。有符畫。

錢東垣等輯《崇文總目・道書類》《太上習仙經契符録》一卷。

佩符五色券

鄭樵《通志・藝文略・道家類》《佩符五色券》五卷。

太上洞玄靈寶投簡符文要訣

鄭樵《通志・藝文略・道家類》《太上洞玄靈寶投簡符文要訣》一卷。

白雲霽等《道藏目録詳注・洞玄部》　衣字號計十卷。《太上洞玄靈寶拔簡符文要訣》。一卷。

錢東垣等輯《崇文總目・道書類》《太上洞元靈寶投簡符文要訣》一卷。

太上靈寶護身符籙

鄭樵《通志・藝文略・道家類》《太上靈寶護身符籙》一卷。
錢東垣等輯《崇文總目・道書類》《太上靈寶護身符録》一卷。

上清太上元籙

鄭樵《通志・藝文略・道家類》《上清太上元籙》一卷。
錢東垣等輯《崇文總目・道書類》《上清太上元録》一卷。

上清洞真紫蘭北壁真文

鄭樵《通志・藝文略・道家類》《上清洞真紫蘭北壁真文》一卷。
錢東垣等輯《崇文總目・道書類》《太清洞真紫蘭北壁真文》一卷。

太上禳灾解厄吉兆玉篆

鄭樵《通志・藝文略・道家類》《太上禳灾解厄吉兆玉篆》一卷。
錢東垣等輯《崇文總目・道書類》《太上禳解灾厄吉兆玉篆》一卷。

太上玉真章訣

鄭樵《通志・藝文略・道家類》《太上玉真章訣》三卷。
錢東垣等輯《崇文總目・道書類》《太上玉真章訣》三卷。

太上靈寶吞服真文玉字

鄭樵《通志・藝文略・道家類》《太上靈寶吞服真文玉字》一卷。
錢東垣等輯《崇文總目・道書類》《太上靈寶吞服真文玉字》一卷。

天一太一日月星辰二十八宿行藏記

鄭樵《通志・藝文略・道家類》《天一太一日月星辰二十八宿行藏記》一卷。
錢東垣等輯《崇文總目・道書類》《天乙太乙日月星辰二十八宿行藏記》一卷。

洞真龍景九文紫鳳赤書

鄭樵《通志・藝文略・道家類》《洞真龍景九文紫鳳赤書》一卷。
《宋史・藝文志・神仙類》《紫鳳赤書》一卷。
佚名《道藏闕經目録》卷上《洞真龍景九文紫鳳赤書》。有符。

三尸經

鄭樵《通志・藝文略・道家類》《三尸經》一卷。
《宋史・藝文志・神仙類》《三尸經》一卷。
佚名《道藏闕經目録》卷下《三尸經》。
錢東垣等輯《崇文總目・道書類》《三尸經》一卷。

老子三尸經

佚名《道藏闕經目録》卷上 《太上混元上德皇帝三尸經》。

鄭樵《通志·藝文略·道家類》 《老子三尸經》一卷。

孫真人延生長壽經

鄭樵《通志·藝文略·道家類》 《孫真人延生長壽經》一卷。

錢東垣等輯《崇文總目·道書類》 《孫真人長生延壽經》一卷。

太上北帝治病道法

鄭樵《通志·藝文略·道家類》 《太上北帝治病道法》一卷。

錢東垣等輯《崇文總目·道書類》 《太上北帝治病道法》一卷。

高上紫虛法籙

鄭樵《通志·藝文略·道家類》 《高上紫虛法籙》二卷。

佚名《道藏闕經目録》卷上 《洞玄靈寶高上紫虛法籙》。有符畫。

錢東垣等輯《崇文總目·道書類》 《高上紫虛法籙》二卷。

上清洞真瓊宮五帝靈飛六甲内文

鄭樵《通志·藝文略·道家類》 《上清洞真瓊宮五帝靈飛六甲内文》三卷。

佚名《道藏闕經目録》卷上 《洞真上清瓊宮五帝靈飛六甲内文經》。有符。

錢東垣等輯《崇文總目·道書類》 《上清洞真瓊宮五帝靈飛六甲内文》三卷。

北帝元樞内章

鄭樵《通志·藝文略·道家類》 《北帝元樞内章》一卷。

錢東垣等輯《崇文總目·道書類》 《北帝元樞内章》一卷。

三五思神圖

鄭樵《通志·藝文略·道家類》 《三五思神圖》一卷。

錢東垣等輯《崇文總目·道書類》 《三五思神圖》一卷。

山栖要録

鄭樵《通志·藝文略·道家類》 《山栖要録》一卷。

錢東垣等輯《崇文總目·道書類》 《山棲要録》一卷。

守庚申服藥法

鄭樵《通志·藝文略·道家類》 《守庚申服藥法》一卷。楊遇撰。

錢東垣等輯《崇文總目·道書類》 《守庚申服藥法》一卷。楊遇撰。

掌決圖

鄭樵《通志・藝文略・道家類》《掌決圖》一卷。
又《通志・圖譜略・記無》《掌訣圖》。
錢東垣等輯《崇文總目・道書類》《掌訣圖》一卷。

太上三五禁氣步罡法

鄭樵《通志・藝文略・道家類》《太上三五禁氣步罡法》一卷。
錢東垣等輯《崇文總目・道書類》《太上三五禁氣步岡法》一卷。

太上靈寶飛行三界妙經

鄭樵《通志・藝文略・道家類》《太上靈寶飛行三界妙經》一卷。
錢東垣等輯《崇文總目・道書類》《太上靈寶飛行三界妙經》一卷。

禁製虎獸符法

鄭樵《通志・藝文略・道家類》《禁制虎獸符法》一卷。
佚名《道藏闕經目録》卷上《太上洞神禁制虎獸符法》。有符。

太上洞真飛行羽經

鄭樵《通志・藝文略・道家類》《太上洞真飛行羽經》一卷。
錢東垣等輯《崇文總目・道書類》《太上洞真飛行羽經》一卷。

太上靈書三魂七魄經

鄭樵《通志・藝文略・道家類》《太上靈書三魂七魄經》一卷。
晁公武《郡齋讀書志・神仙類》《太上説魂魄經》二卷。右題曰老子撰。載三魂七魄名字、形狀、好惡，以呪術存制之。《崇文》題曰《太上靈書》。李氏亦有其目。
馬端臨《文獻通考・經籍考・神仙類》《太上説魂魄經》二卷。
佚名《道藏闕經目録》卷下《太上魂魄經》。
錢東垣等輯《崇文總目・道書類》《太上靈書三魂七魄經》一卷。

嘯旨

鄭樵《通志・藝文略・道家類》《嘯旨》一卷。玉川子撰。
錢東垣等輯《崇文總目・道書類》《嘯旨》一卷。玉川子撰。

天一神符行度記

鄭樵《通志・藝文略・道家類》《天一神符行度記》一卷。紅金子撰。

醮符傳

鄭樵《通志・藝文略・道家類》《醮符傳》一卷。

左仙翁説神符

鄭樵《通志・藝文略・道家類》《左仙翁説神符》一卷。

靈飛符經

鄭樵《通志・藝文略・道家類》《靈飛符經》一卷。

通靈神印經

鄭樵《通志・藝文略・道家類》《通靈神印經》一卷。

六神經

鄭樵《通志・藝文略・道家類》《六神經》一卷。

玉女秘法

鄭樵《通志・藝文略・道家類》《玉女祕法》一卷。

紫微元律經

鄭樵《通志・藝文略・道家類》《紫微元律經》三卷。

三部符籙

鄭樵《通志・藝文略・道家類》《三部符籙》四卷。

太上符鑑

鄭樵《通志・藝文略・道家類》《太上符鑑》一卷。

《宋史・藝文志・神仙類》《太上符鏡》一卷。

佚名《道藏闕經目録》卷下《太上符鑑》。

祝符文

鄭樵《通志・藝文略・道家類》《祝符文》三卷。

十二真君靈籤

鄭樵《通志・藝文略・道家類》《十二真君靈籤》一卷。

天皇内文

鄭樵《通志・藝文略・道家類》《天皇内文》一卷。

錢東垣等輯《崇文總目・道書類》《天(黄)〔皇〕内文》一卷。【原釋】以下俱闕。見天一閣鈔本。

内諱隱文

鄭樵《通志・藝文略・道家類》《内諱隱文》一卷。

紫微内庭祕籙

鄭樵《通志・藝文略・道家類》《紫微内庭祕籙》二卷。
《宋史・藝文志・神仙類》王長生《紫微内庭祕訣》三卷。
佚名《道藏闕經目録》卷下《紫微内庭祕籙》。三卷。

房山長大篆符

鄭樵《通志・藝文略・道家類》《房山長大篆符》一卷。
佚名《道藏闕經目録》卷下《房山長大篆符》。

雷篆玉牌

鄭樵《通志・藝文略・道家類》《雷篆玉牌》三卷。
佚名《道藏闕經目録》卷上《上宫雷篆玉牌》。有符。

諸天隱語洞章玉訣

鄭樵《通志・藝文略・道家類》《諸天隱語洞章玉訣》一卷。
錢東垣等輯《崇文總目・道書類》《諸天隱語洞章玉訣》一卷。

奔日月二景隱文

《宋史・藝文志・神仙類》《奔日月二景隱文》。

回耀太真隱書

《宋史・藝文志・神仙類》《回耀太真隱書》一卷。

五嶽真形序論

鄭樵《通志・藝文略・道家類》《五嶽真形序論》一卷。
《宋史・藝文志・神仙類》《五嶽真形論》一卷。
白雲霽等《道藏目録詳注・正一部》笙字號計十一卷。《五嶽真形序論》。東方朔述。

三十四鼎爐圖

鄭樵《通志・圖譜略・記有》《三十四鼎爐圖》。
佚名《道藏闕經目録》卷下《二十四鼎爐圖法》。

黄帝鼎圖

鄭樵《通志・圖譜略・記有》《黄帝鼎圖》。
佚名《道藏闕經目録》卷下《黄帝鼎圖》。

竹宮表制

趙希弁《讀書附志・神仙類》《竹宮表制》一卷。右楊至質字休文，太乙宮代言之文也。自號勿齋，聖上嘗書二字以賜之。休文謝表云：「先儒德秀，嘗貽金石之文；督府了翁，復賁蟲魚之篆。」希弁云：「不若用臣真德秀、臣魏了翁。」休文以爲然。

洞真太上太素玉録

《宋史・藝文志・神仙類》《太上太素玉録》一卷。

白雲霽等《道藏目録詳注・正一部》 廣字號計十卷。《洞真太上太素玉籙》。有符。

靈寶聖真品位

《宋史・藝文志・神仙類》《靈寶聖真品位》一卷。

佚名《道藏闕經目録》卷上《洞玄靈寶聖真品位經》。

靈寶飛雲天篆

《宋史・藝文志・神仙類》《靈寶飛雲天篆》一卷。

上清佩文訣

《宋史・藝文志・神仙類》《上清佩文訣》五卷。

上清佩文黑券訣

《宋史・藝文志・神仙類》《上清佩文黑券訣》一卷。

白雲霽等《道藏目録詳注・洞玄部》 位字號計九卷。《上清佩符文黑券訣》。

曲素憂樂慧辭

《宋史・藝文志・神仙類》《曲素憂樂慧辭》一卷。

高上金真元籙

《宋史・藝文志・神仙類》《高上金真元籙》一卷。

太上丹字紫書

《宋史・藝文志・神仙類》《太上丹字紫書》一卷。

太清金闕玉華仙書八極神章三皇内秘文

白雲霽等《道藏目録詳注・洞神部》 深字號計九卷。《太清金闕玉華仙書八極神章三皇内秘文》。三卷。

大通經吉祥神咒

張國祥《續道藏經目録·正一部》 漆字號計四卷。《大通經吉祥神咒》。

太上洞玄三洞開天風雷禹步制魔神咒經

白雲霽等《道藏目録詳注·洞玄部》 服字號計九卷。《太上洞玄三洞開天風雷禹步制魔神咒經》。

洞玄靈寶課中法

白雲霽等《道藏目録詳注·正一部》 肆字號計九卷。《洞玄靈寶課中法》。與《明鏡法》同卷。有圖。

洞真太上金仙紫字

佚名《道藏闕經目録》卷上 《洞真太上金仙紫字》。有符。

洞真太上五帝黄籙

佚名《道藏闕經目録》卷上 《洞真太上五帝黄籙》。有符。

洞真紫鳳赤書符音訣

佚名《道藏闕經目録》卷上 《洞真紫鳳赤書符音訣》。

上清震方存圖

佚名《道藏闕經目録》卷上 《上清震方存圖》。有畫。

上清太上智慧五籍符

佚名《道藏闕經目録》卷上 《上清太上智慧五籍符》。

上清洞真玄經五籍符

佚名《道藏闕經目録》卷上 《上清洞真玄經五籍符》。

白雲霽等《道藏目録詳注·洞真部》 張字號計八卷。《上清洞真元經五籍符》。《五籍符》乃混合之訣，求長生飛仙之道。

上清中央黄老君太丹隱書流金火鈴籙

佚名《道藏闕經目録》卷上 《上清中央黄老君太丹隱書流金火鈴籙》。有符。

太上北帝五真人真符大籙

佚名《道藏闕經目録》卷上　《太上北帝五真人真符大籙》。有符畫。

上清檢人大籙

佚名《道藏闕經目録》卷上　《上清檢人大籙》。有符。

上清消魔真符籙

佚名《道藏闕經目録》卷上　《上清消魔真符籙》。有符。

上清洞天金剛玄籙

佚名《道藏闕經目録》卷上　《上清洞天金剛玄籙》。

上清上皇玉籙

佚名《道藏闕經目録》卷上　《上清上皇玉籙》。有符。

上清神虎真符録

佚名《道藏闕經目録》卷上　《上清神虎真符録》。有符。

上清攝山精圖籙

佚名《道藏闕經目録》卷上　《上清攝山精圖籙》。有符。

上清太微黄書八垣四門高上經

佚名《道藏闕經目録》卷上　《上清太微黄書八垣四門高上經》。有符。

太上白簡青籙經

佚名《道藏闕經目録》卷上　《太上白簡青籙經》。有符。

玉清丹陽性元真一妙經

佚名《道藏闕經目録》卷上　《玉清丹陽性元真一妙經》。

太上洞玄靈寶真文度人本行妙經

佚名《道藏闕經目録》卷上　《太上洞玄靈寶真文度人本行妙經》。

太上真靈寶度人仙經

佚名《道藏闕經目録》卷上　《太上真靈寶度人仙經》。

太上洞玄靈寶太玄生符

佚名《道藏闕經目録》卷上 《太上洞玄靈寶太玄生符》。有符。

洞玄靈寶元始上帝真教玄符經

佚名《道藏闕經目録》卷上 《洞玄靈寶元始上帝真教玄符經》。二卷。

洞玄靈寶太上説六甲直符除厭魅經

佚名《道藏闕經目録》卷上 《洞玄靈寶太上説六甲直符除厭魅經》。

太上洞玄靈寶三元三界圖要經

佚名《道藏闕經目録》卷上 《太上洞玄靈寶三元三界圖要經》。

洞玄靈寶青帝佩符真文經

佚名《道藏闕經目録》卷上 《洞玄靈寶青帝佩符真文經》。有符。

靈寶三部八景二十四生録

佚名《道藏闕經目録》卷上 《靈寶三部八景二十四生録》。有符。

洞玄靈寶三界寶籙經

佚名《道藏闕經目録》卷上 《洞玄靈寶三界寶籙經》。三卷。

洞玄靈寶太上混元神仙六甲祕符法

佚名《道藏闕經目録》卷上 《洞玄靈寶太上混元神仙六甲祕符法》。有符。

洞玄靈寶太上混元金口要訣妙籙

佚名《道藏闕經目録》卷上 《洞玄靈寶太上混元金口要訣妙籙》。有符畫。

洞玄靈寶無上紫虛五千文籙

佚名《道藏闕經目録》卷上 《洞玄靈寶無上紫虛五千文籙》。有符畫。

洞玄靈寶五篇真文籙

佚名《道藏闕經目録》卷上 《洞玄靈寶五篇真文籙》。有符畫。

洞玄靈寶昇玄七十二字真一寶符篆

佚名《道藏闕經目録》卷上 《洞玄靈寶昇玄七十二字真一寶符籙》。有符。

洞玄靈寶太上二十八宿籙

佚名《道藏闕經目録》卷上 《洞玄靈寶太上二十八宿籙》。有符。

洞玄靈寶五嶽四瀆妙籙

佚名《道藏闕經目録》卷上 《洞玄靈寶五嶽四瀆妙籙》。有符畫。

太上靈寶五符保命長生藏身法籙

佚名《道藏闕經目録》卷上 《太上靈寶五符保命長生藏身法籙》。有符畫。

大道生化玄通感應圖

佚名《道藏闕經目録》卷上 《大道生化玄通感應圖》。二卷。

洞玄靈寶二教並文清濁剛柔圖本

佚名《道藏闕經目録》卷上 《洞玄靈寶二教並文清濁剛柔圖本》。

洞神大有録圖

佚名《道藏闕經目録》卷上 《洞神大有録圖》。二卷。有符。

太上洞神圖訣

佚名《道藏闕經目録》卷上 《太上洞神圖訣》。有畫。

太上神籙鬼籙

佚名《道藏闕經目録》卷上 《太上神籙鬼籙》。有符。

太上洞淵三昧神呪祕籙

佚名《道藏闕經目録》卷上 《太上洞淵三昧神呪祕籙》。有符畫。

太上洞淵東西二禁籙

佚名《道藏闕經目録》卷上 《太上洞淵東西二禁籙》。有符畫。

太上洞淵籙

佚名《道藏闕經目録》卷上 《太上洞淵籙》。

太上洞神玉皇寶齋神仙寶祝籙

佚名《道藏闕經目録》卷上 《太上洞神玉皇寶齋神仙寶祝籙》。

太上酆都鬼帝祕籙

佚名《道藏闕經目録》卷上　《太上酆都鬼帝祕籙》。

北帝七元中天祕籙

佚名《道藏闕經目録》卷上　《北帝七元中天祕籙》。有符畫。

洞神三五前下部圖

佚名《道藏闕經目録》卷上　《洞神三五前下部圖》。有畫。

北帝七元聖位旁通圖

佚名《道藏闕經目録》卷上　《北帝七元聖位旁通圖》。有符畫。

太上洪道符

佚名《道藏闕經目録》卷上　《太上洪道符》。有符。

黄帝問八神圖録

佚名《道藏闕經目録》卷上　《黄帝問八神圖録》。

太道三界混元圖翼

佚名《道藏闕經目録》卷上　《太道三界混元圖翼》。十卷。

正一法文法籙部

佚名《道藏闕經目録》卷下　《正一法文法籙部》。

正一法文三天紫宫玉臺無極神仙紫籙

佚名《道藏闕經目録》卷下　《正一法文三天紫宫玉臺無極神仙紫籙》。

正一法文五道八券録

佚名《道藏闕經目録》卷下　《正一法文五道八券籙》。

正一法文妙解籙

佚名《道藏闕經目録》卷下　《正一法文妙解籙》。

正一並進録

佚名《道藏闕經目録》卷下　《正一並進籙》。

正一法文天師符竅祝符文

佚名《道藏闕經目録》卷下 《正一法文天師符竅祝符文》。三卷。

太上三五赤天元命法籙

佚名《道藏闕經目録》卷下 《太上三五赤天元命法籙》。四卷。

太上三五神式真形籙

佚名《道藏闕經目録》卷下 《太上三五神式真形籙》。

太上洞神雷公法籙

佚名《道藏闕經目録》卷下 《太上洞神雷公法籙》。三卷。

太上黑天三五法籙品

佚名《道藏闕經目録》卷下 《太上黑天三五法籙品》。二卷。

太上老君逍遥籙

佚名《道藏闕經目録》卷下 《太上老君逍遥籙》。

太上正一盟威四部禁氣籙

佚名《道藏闕經目録》卷下 《太上正一盟威四部禁氣籙》。

太上太清武甲籙

佚名《道藏闕經目録》卷下 《太上太清武甲籙》。

太上淮南八吏飛星冠斗金書玉籙

佚名《道藏闕經目録》卷下 《太上淮南八吏飛星冠斗金書玉籙》。

太上玉帝章

佚名《道藏闕經目録》卷下 《太上玉帝章》。

太上祕隱靈文

佚名《道藏闕經目録》卷下 《太上祕隱靈文》。三卷。

太上祕隱靈文照法

佚名《道藏闕經目録》卷下 《太上祕隱靈文照法》。

太上老君玉章篆文寶字符竅

佚名《道藏闕經目録》卷下 《太上老君玉章篆文寶字符竅》。二卷。

太上神仙甲籙

佚名《道藏闕經目録》卷下 《太上神仙文甲籙》。

太上老君紫府金丹玉籙書

佚名《道藏闕經目録》卷下 《太上老君紫府金丹玉籙書》。二卷。

太上玄女厭怪符

佚名《道藏闕經目録》卷下 《太上玄女厭怪符》。

太始天元玉册

佚名《道藏闕經目録》卷下 《太始天元玉册》。二十卷。

五星真形圖

佚名《道藏闕經目録》卷下 《五星真形圖》。

神仙威武勝籙

佚名《道藏闕經目録》卷下 《神仙威武勝籙》。

制虎符訣

佚名《道藏闕經目録》卷下 《制虎符訣》。

石室圖

佚名《道藏闕經目録》卷下 《石室圖》。

河圖上篇三五龜文符圖

佚名《道藏闕經目録》卷下 《河圖上篇三五龜文符圖》。一卷。

太上赤天三籙經

佚名《道藏闕經目録》卷下 《太上赤天三籙經》。

太清紫字玉訣

佚名《道藏闕經目録》卷下 《太清紫字玉訣》。

真仙傳道集内存想圖

佚名《道藏闕經目録》卷下 《真仙傳道集内存想圖》。

真仙傳道祕要集

佚名《道藏闕經目録》卷下 《真仙傳道祕要集》。三卷。

玄都紫微上宫天心正法明輪大梵玉字隱書

佚名《道藏闕經目録》卷下 《玄都紫微上宫天心正法明輪大梵玉字隱書》。五卷。

天師真符祕要

佚名《道藏闕經目録》卷下 《天師真符祕要》。三卷。

太上玄天真武無上將軍籙

白雲霽等《道藏目録詳注・正一部》 物字號計十卷。《太上玄天真武無上將軍籙》。一卷。

高上大洞文昌司籙紫陽寶籙

白雲霽等《道藏目録詳注・正一部》 物字號計十卷。《高上大洞文昌司籙紫陽寶籙》。三卷。

太上北極伏魔神咒殺鬼籙

白雲霽等《道藏目録詳注・正一部》 物字號計十卷。《太上北極伏魔神呪殺鬼籙》。一卷。

太上正一延生保命籙

白雲霽等《道藏目録詳注・正一部》 物字號計十卷。《太上正一延生保命籙》。一卷。

太上正一解五音咒詛秘籙

白雲霽等《道藏目録詳注・正一部》 物字號計十卷。《太上正一解五音呪詛秘籙》。一卷。

太上洞真經洞真符

白雲霽等《道藏目録詳注・洞真部》 張字號計八卷。《太上洞真經洞真符》。内有五尸秘呪，朝朝蜜召神靈炁化，尸穢日消。

太上七星神咒經

白雲霽等《道藏目録詳注・洞玄部》　服字號計九卷。《太上七星神咒經》。

太上虛皇保生神咒經

白雲霽等《道藏目録詳注・洞玄部》　服字號計九卷。《太上虛皇保生神咒經》。與《飛仙》等四經同卷。

玄覽人鳥山經圖

白雲霽等《道藏目録詳注・洞玄部》　國字號計十一卷。《玄覽人鳥山經圖》。與《證品圖》同卷。内有《人鳥山真形圖》。

上清丹天三炁玉皇六辰飛綱司命大籙

白雲霽等《道藏目録詳注・洞神部》　潔字號計八卷。《上清丹天三炁玉皇六辰飛綱司命大籙》。一卷。存布南斗飛神之法。

太上清静元洞真文玉字妙經

白雲霽等《道藏目録詳注・太玄部》　取字號計十卷。《太上清静〔元洞真文〕玉字妙經》。清静玉文。

洞真太上金篇虎符真文經

白雲霽等《道藏目録詳注・正一部》　廣字號計十卷。《洞真太上金篇虎符真文經》。有符。與《紫文丹章》同卷。

洞真三天秘諱

白雲霽等《道藏目録詳注・正一部》　内字號計十卷。《洞真三〔天〕秘諱》。與《青芽始生經》同卷。

七元召魔伏六天神呪經

白雲霽等《道藏目録詳注・正一部》　群字號計十二卷。《七元召魔伏六天神呪經》。一卷。有符。内有五方雲雷大符真人，受此符攝五方鬼神、禁忌惡魔之法。

七元真人説神真靈符經

白雲霽等《道藏目録詳注・正一部》　群字號計十二卷。《七元真人説神真靈符經》。有符。内有五靈黑殺神符，若能奉行不怠，遏絶精邪，治安萬病。

寶　籙

楊士奇等《文淵閣書目・道書類》　《寶籙》。一部，一册。

紫靈

楊士奇等《文淵閣書目・道書類》《紫靈》。一部，一册。

銅符鐵券

錢謙益等《絳雲樓書目・道書類》《銅符鐵券》。

元圖符

黄虞稷《千頃堂書目・道家類》劉黄裳《元圖符》一卷。

嶽瀆名山圖

鄭樵《通志・圖譜略・記有》《嶽瀆名山圖》。

佚名《道藏闕經目録》卷上《洞玄靈寶嶽瀆名山圖》。

古今五嶽真形圖

鄭樵《通志・圖譜略・記有》《古今五嶽真形圖》。

大洞九天圖

鄭樵《通志・圖譜略・記有》《大洞九天圖》。

佚名《道藏闕經目録》卷上《大洞九天圖》。

道法分部

正機經

葛洪《抱朴子・内篇・遐覽》《正機經》。

平衡經

葛洪《抱朴子・内篇・遐覽》《平衡經》。

飛龜振經

葛洪《抱朴子・内篇・遐覽》《飛龜振經》。

隱守記

葛洪《抱朴子・内篇・遐覽》《隱守記》。

龜文經

葛洪《抱朴子・内篇・遐覽》《龜文經》。

左右契

葛洪《抱朴子・内篇・遐覽》《左右契》。

入軍經

葛洪《抱朴子・内篇・遐覽》《入軍經》。

六陰玉女經

葛洪《抱朴子・内篇・遐覽》《六陰玉女經》。

移災經

葛洪《抱朴子・内篇・遐覽》《移災經》。

厭禍經

葛洪《抱朴子・内篇・遐覽》《厭禍經》。

中遁經

葛洪《抱朴子・内篇・遐覽》《中遁經》。

見鬼記

葛洪《抱朴子・内篇・遐覽》《見鬼記》。

幻化經

葛洪《抱朴子・内篇・遐覽》《幻化經》。

詢化經

葛洪《抱朴子・内篇・遐覽》《詢化經》。

九陰經

葛洪《抱朴子・内篇・遐覽》《九陰經》。

銀函玉匱記

葛洪《抱朴子・内篇・遐覽》《銀函玉匱記》。

金板經

葛洪《抱朴子・内篇・遐覽》《金板經》。

白虎七變經

葛洪《抱朴子・内篇・遐覽》《白虎七變經》。

道家地行仙經

葛洪《抱朴子・内篇・遐覽》《道家地行仙經》。

尸解經

葛洪《抱朴子・内篇・遐覽》《尸解經》。

收山鬼老魅治邪精經

葛洪《抱朴子・内篇・遐覽》《收山鬼老魅治邪精經》三卷。

入五毒中記

葛洪《抱朴子・内篇・遐覽》《入五毒中記》。

登名山渡江海敕地神法

葛洪《抱朴子・内篇・遐覽》《登名山渡江海敕地神法》三卷。

入温氣疫病大禁

葛洪《抱朴子・内篇・遐覽》《入温氣疫病大禁》七卷。

收治百鬼召五岳丞太山主者記

葛洪《抱朴子・内篇・遐覽》《收治百鬼召五岳丞太山主者記》三卷。

興利宫宅官舍法

葛洪《抱朴子・内篇・遐覽》《興利宫宅官舍法》五卷。

斷虎狼禁山林記

葛洪《抱朴子・内篇・遐覽》《斷虎狼禁山林記》。

召百里蟲蛇記

葛洪《抱朴子・内篇・遐覽》《召百里蟲蛇記》。

萬畢高丘先生法

葛洪《抱朴子・内篇・遐覽》《萬畢高丘先生法》三卷。

移門子記

葛洪《抱朴子・内篇・遐覽》《移門子記》。

鬼兵法

葛洪《抱朴子・内篇・遐覽》《鬼兵法》。

立亡術

葛洪《抱朴子・内篇・遐覽》《立亡術》。

墨子枕中五行記

葛洪《抱朴子・内篇・遐覽》《墨子枕中五行記》五卷。

鄭樵《通志・藝文略・道家類》《墨子枕中記》二卷。

馬端臨《文獻通考・經籍考・神僊類》《太上墨子枕中記》一卷。《中興藝文志》：不知作者，書載匿形幻化之術，殆依託墨子云。

《宋史・藝文志・神仙類》《太上墨子枕中記》二卷。

錢東垣等輯《崇文總目・道書類》《墨子枕中記》二卷。諸家書目並不著撰人。【原釋】以下俱闕。見天一閣鈔本。

姚振宗《隋書經籍志考證・醫方類》《墨子枕内五行紀要》一卷。梁有《神枕方》一卷，疑此即是。《神枕方》前第八條。案《五行變化墨子》五卷。神仙家鈔出一卷，名曰《墨子枕中五行要記》，皆變化之術。詳見前《五行家》第廿六類中，此一卷與前名目略同，或是黄冶藥物之類，亦神仙家鈔出者。

文廷式《補晉書藝文志・神仙家類》《枕中五行記》。

許旌陽度人經釋例

白雲霽等《道藏目録詳注・洞玄部》《太上靈寶浄明飛仙度人經法釋例》。一卷。高明大使神功玅濟真君許旌陽釋，《自然玉字》等章。

文廷式《補晉書藝文志・神仙家類》《許旌陽度人經釋例》一卷。

九天秘記

《宋史・藝文志・五行類》《九天秘記》。一作訣。一卷。

文廷式《補晉書藝文志・神仙家類》《九天祕記》。見《抱朴子・登涉篇》。

太乙遁甲玉鈐經

文廷式《補晉書藝文志・神仙家類》《太乙遁甲玉鈐經》。見《抱朴子・登涉篇》。

太上鎮元榮靈經

白雲霽等《道藏目録詳注・洞神部》履字號計十卷。《太上鎮元榮靈經》。一卷。有符。此經乃大上受與仙公，天目山修行成道，白日登天。

上清大淵神龍瓊胎乘景上玄玉章

白雲霽等《道藏目録詳注・太玄部》取字號計十卷。《上清大淵神龍瓊胎乘景上玄玉章》。有符。與《玉經》同卷。

上清丹景隱地八術經

鄭樵《通志・藝文略・道家類》《上清丹景隱地八術經》二卷。

白雲霽等《道藏目録詳注・正一部》承字號計十一卷。《上清丹景道精地八術經》。上、下二卷。有符。

太上靈寶洞元大道無極自然真一五稱符經

鄭樵《通志・藝文略・道家類》《太上靈寶洞玄大道無極自然真一五稱符經》二卷。

白雲霽等《道藏目録詳注・洞神部》潔字號計八卷。《太上無極大道自然真一五稱符上經》。二卷。此經乃太上寶之於紫微臺衆真藏之於大洞室，黄帝受之爲太乙帝君昇天上仙之道。

錢東垣等輯《崇文總目・道書類》《太上靈寶洞元大道無極自然真一五稱符經》二卷。

玉京九天金霄威神王祝太元上經

白雲霽等《道藏目録詳注・洞真部》果字號計十卷。《玉京九天金霄威神王祝太元上經》。一卷。有符。大虎符、谿落符。此符佩帶持誦者，可以安魂魄、辟惡夢；消萬禍、滅凶妖。

太上洞玄靈寶衆簡文

白雲霽等《道藏目録詳注・洞玄部》位字號計九卷。《太上洞玄靈寶衆簡文》。有符。簡寂先生陸修静撰。元始靈寶告五岳靈山、除罪求仙等法，及五方真文，赤書大字。

太微結帶真文法

白雲霽等《道藏目録詳注・正一部》階字號計十卷。《太微結帶真文法》。與《上清經》三經同卷。

洞玄靈寶攝召北酆鬼魔赤書玉訣

白雲霽等《道藏目録詳注・正一部》階字號計十卷。《洞玄靈寶攝召北酆鬼魔赤書玉訣》。赤書一帙，乃學道之要領。

洞真上清太微帝君步天綱行地紀金簡玉字上經

鄭樵《通志・藝文略・道家類》《太微帝君步天綱行地紀金簡玉字上經》一卷。

白雲霽等《道藏目録詳注・正一部》右字號計九卷。《洞真上清太微帝君步天綱飛地紀金簡玉字上經》。一卷。有符。内有布罡飛斗之法。

洞真太上八素真經占候入定妙訣

白雲霽等《道藏目録詳注・正一部》通字號計十一卷。《洞真太上八素真經占候入定妙訣》。一卷。古候入定法。

洞真太上紫度炎光神元變經

白雲霽等《道藏目録詳注・正一部》 廣字號計十卷。《洞真太上紫度炎光神元變經》。一卷。有符。

洞真太極真人曲晨飛精八景神丹録形靈丸飛仙寶劍上經

佚名《道藏闕經目録》卷上 《洞真太極真人曲晨飛精八景神丹録形靈丸飛仙寶劍上經》。有符。

太上通玄靈應經

范邦甸等《天一閣書目・道家類》 《太上通元靈應經》一卷。藍絲闌鈔本。

白雲霽等《道藏目録詳注・洞神部》 履字號計十卷。《太上通玄靈印經》。一卷。有符。通靈印、攝鬼印、召鬼印。諸印文。其印乃法術之根，若無此印，道術不成。

太上正一呪鬼經

白雲霽等《道藏目録詳注・正一部》 滿字號計十卷。《太上正一呪鬼經》。誦此經者，可消魑魅魍魎、山精鬼蜮。

上清明鑑要經

白雲霽等《道藏目録詳注・正一部》 滿字號計十卷。《上清明鑑要經》。一卷。內作明鏡法、辟穀奇方。

太上明鑑真經

白雲霽等《道藏目録詳注・正一部》 滿字號計十卷。《太上明鑑真經》。一卷。有像。內有服尸蟲符。

洞真太上三九素語玉精真訣

白雲霽等《道藏目録詳注・正一部》 通字號計十一卷。《洞真太上三(元)〔九〕素語玉精真訣》。一卷。有符。夫是訣者，埋命長存，靈關披解，仍有符圖呪訣。

元始説功德法食往生經

白雲霽等《道藏目録詳注・洞真部》 宿字號計十卷。《元始説功德法食往生經》。與《血湖》等五經同卷。法食呪誦之，餓鬼即得超昇。

正一天師告趙昇口訣

白雲霽等《道藏目録詳注・正一部》 吹字號計九卷。《正一天師告趙昇口訣》。授以五芽真符。

靈寶煉度五仙安靈鎮神黄繪章法

白雲霽等《道藏目録詳注・正一部》 階字號計十卷。《靈寶煉度五仙安靈鎮神黄繪章法》。煉度安鎮章法。

洞真上清龍飛九道尺素隱訣

白雲霽等《道藏目録詳注・正一部》 通字號計十一卷。《洞真上清龍飛九道尺素隱訣》。一卷。有符。内有白羽黑翮飛龍玉符隱秘。

老子枕中經

尤袤《遂初堂書目・道家類》 《老子枕中經》。

白雲霽等《道藏目録詳注・正一部》 群字號計十二卷。《枕中經》。言身中三部八景萬神羅布其中，護衛身形，保安元命。

太上混元上德皇帝十六變經

佚名《道藏闕經目録》卷上 《太上混元上德皇帝十六變經》。

洞玄靈寶道士明鏡法

白雲霽等《道藏目録詳注・正一部》 肆字號計九卷。《洞玄靈寶道士明鏡法》。内言鑑形、閉息、思神之法。

太上老君玄妙枕中内德神咒經

范邦甸等《天一閣書目・道家類》 《太上老君元妙枕中内德神咒經》。

白雲霽等《道藏目録詳注・洞神部》 夙字號計八卷。《太上老君玄妙枕中内德神咒經》。受持此呪，可延齡治病。

太上五星七元空常訣

白雲霽等《道藏目録詳注・洞神部》 夙字號計八卷。《太上五星七元空常訣》。一卷。有星圖。圖呼咽訣。

元陽子五假論

范邦甸等《天一閣書目・道家類》 《元陽子五假論》一卷。藍絲闌鈔本。

白雲霽等《道藏目録詳注・洞神部》 薄字號計九卷。《元陽子五假論》。與《寶照法》同卷。言金、木、水、火、土五假論。

錢謙益等《絳雲樓書目・道藏類》 《元陽五假論》一册。

靈寶六丁秘法

白雲霽等《道藏目録詳注・洞玄部》 五字號計十一卷。《靈寶六丁秘法》。一卷。言衛。

神仙煉丹點鑄三元寶照法

白雲霽等《道藏目録詳注・洞神部》 薄字號計九卷。《神仙煉丹點鑄三元寶照法》。鼎天復二年歸耕子述。煉丹鑄天照法、鑄地照法、鑄人照法、煉丹點五金法、金鼎養丹法、爐養丹法、火候法、祭法。

錢謙益等《絳雲樓書目・道藏類》 《三元寶照經法》。

北斗治法武威經

白雲霽等《道藏目録詳注・洞神部》 薄字號計九卷。《北斗治法武威經》二卷。言七星二十八宿、飛罡步斗之法。

上清黄庭養神經

鄭樵《通志・藝文略・道家類》《黄庭養神經》一卷。

白雲霽等《道藏目録詳注・正一部》 典字號計十卷。《上清黄庭養神經》一卷。有符像。内有召呼三部入景神法。

太上除三尸九蟲保生經

范邦甸等《天一閣書目・道家類》《太上除三尸九蟲保生經》一卷。

白雲霽等《道藏目録詳注・洞神部》 夙字號計八卷。《太上除三尸九蟲保生經》。一卷。有符咒、三魂七魄、九蟲圖像。

正一太微天尊説消災請雨經

佚名《道藏闕經目録》卷下 《正一太微天尊説消災請雨經》。

太上洞玄靈寶五帝醮祭招真玉訣

白雲霽等《道藏目録詳注・洞玄部》 位字號計九卷。《太上洞玄靈寶五帝醮祭招真玉訣》。與《簡文》同卷。《靈寶赤書》五篇，真文修持秘訣。

太上召諸神龍安鎮墳墓經

白雲霽等《道藏目録詳注・洞玄部》 乃字號計十一卷。《太上召諸神龍安鎮墳墓經》。

玄圃山靈匧秘籙

白雲霽等《道藏目録詳注・洞玄部》 五字號計十一卷。《玄圃山靈匧秘籙》。上、中、下共二卷。言術。

黄帝太乙八門逆順生死訣

白雲霽等《道藏目録詳注・洞玄部》 五字號計十一卷。《黄帝太乙八門逆順生死訣》。一卷。

鬼谷子天髓靈文

白雲霽等《道藏目録詳注・洞神部》 薄字號計九卷。《鬼谷子天髓靈文》。二卷。有符。法術。

錢謙益等《絳雲樓書目・道藏類》《鬼谷子天髓靈文》一册。

太上太清皇老帝君運雷天童隱梵仙經

白雲霽等《道藏目録詳注・洞神部》 傷字號計十卷。《太上太清皇老帝君運雷天童隱梵仙經》。

玄精碧匣靈寶聚玄經

白雲霽等《道藏目録詳注・太玄部》 取字號計十卷。《玄精碧匣靈寶聚玄經》。三卷。言古王氣。

天老神光經

鄭樵《通志・藝文略・道家類》 《天老神光經》一卷。蔡登撰。

《宋史・藝文志・神仙類》 蘇登《天老神光經》一卷。

白雲霽等《道藏目録詳注・洞神部》 薄字號計九卷。《天老神光經》。一卷。貞觀左僕射衛國公李靖脩。言人出行，將兵攻擊，勝負須察北斗星之傍轉并自巳神光，占驗吉凶之法。

錢東垣等輯《崇文總目・道書類》 《天老神光經》一卷。蔡登撰。

北帝高上滅魔煞鬼上法

佚名《道藏闕經目録》卷上 《北帝高上滅魔煞鬼上法》。有符。

太上洞神玄妙白猿真經

范邦甸等《天一閣書目・道家類》 《太上洞神元妙白猨真經》一卷。藍絲闌鈔本。

白雲霽等《道藏目録詳注・洞神部》 履字號計十卷。《太上洞神玄妙白猿真經》。一卷。有符。孫賓法術。

錢謙益等《絳雲樓書目・道藏類》 《白猿經》。

黄帝太乙八門入式訣

白雲霽等《道藏目録詳注・洞玄部》 五字號計十一卷。《黄帝太乙八門入式訣》。上、中、下同卷。

黄帝太乙八門入式秘訣

白雲霽等《道藏目録詳注・洞玄部》 五字號計十一卷。《黄帝太乙八門入式秘訣》。一卷。

六壬明鑑符陰經

白雲霽等《道藏目録詳注・洞神部》 履字號計十卷。《六(任)〔壬〕明鑑符陰經》。卷一之四。有符。言兵占。

太一衛靈神呪經

佚名《道藏闕經目録》卷下 《太一衛靈神呪經》。

無上三天玉堂大法

白雲霽等《道藏目録詳注・洞真部》 昆字號計十一卷。《無上三天玉堂大法》。卷一之十五。《太上自然三奔昇舉圖》、《昇堂戒律三條》、《玉堂通戒二十四條》、《昇堂科禁》、《每日進三光正炁法》、《朝王堂謁天炁天皇保命符》、《禳雞飛鳴法》、《禳蛇怪法》、《禳鼠怪法》、《星芒煥景寶符》、《治伏上公社鬼法》、《禁塚訟符法》、《解詛法》、《禖誕育嗣續法》、《延壽保命》等法。罔字號計十卷《無上三天玉堂大法》。卷十六之二十五。《濟度幽冥品》、《神虎追攝品》、《仙化成人品》、《三五步罡品》、《生身受度品》、《役使將吏品》、《保制刦運品》、《斷除尸瘵品》、《延生度厄品》暨奏斗度厄法、辯可治不可治法、惟生治産厄法、水池火沼燈法、禳彗孛法、禳寇法、七星却災符法、王將辟毒符辟害符、辟煞氣符、禳人災法、禳地震法、禳蝗蟲法、禳旱祈雨法、治屋傳法、治衣傳法、治食傳法、治尸總法。劍字號計八卷。《無上三天玉堂大法》。卷二十六之三十共四卷。旦暮燒香訣、有事祈請訣、旦望服日月法、昇奔二景法、書符灌筆法、治大祟羣黨就一平符、玉蟾真水十芒秘符。

司世抱陽劍術

《宋史・藝文志・神仙類》 《司世抱陽劍術》一卷。

靈寶領教濟渡金書

范邦甸等《天一閣書目・道家類》 《上清靈寶濟渡大成全書》四十卷。林靈素撰，周思得重脩。

張萱等《内閣藏書目録・技藝部》 《上清靈寶大成全書》。法師林靈真撰集。

白雲霽等《道藏目録詳注・洞玄部》 民字號計十卷。《靈寶領教濟度金書》。卷一之九。《壇信經例品》開度祈禳通用，黄籙壇内合用，投龍簡合用，上章合用，餘齋壇内合用。《修奉節目品》開度黄籙齋五日節目，明真齋三日節目，遷拔道場二日節目，九天生神齋三日節目，青玄黄籙救苦沙齋三日節目，血湖道場一日節目，滅度五煉生月齋三日節目，師友命過行道誦經道場節目，度星滅罪齋三日節目，祈禳黄籙齋五日節目，預修黄籙齋五日節目，祈禳自然齋三日節目，消災集福道場三日節目，安宅齋三日節目，七曜齋三日節目，璇璣齋三日節目，玄靈經懺道場二日節目，保病齋三日節目，傳度道場二日節目，雷霆齋節目。十迴度人經法祈禳道場節目。《壇幕制度品》開度祈禳通用，虛星壇總圖。《聖真班位品》。《朝奏次序品》。伐字號計十卷。《靈寶領教濟度金書》。卷十之二十四。《讚誦應用品》、《科儀立成品》，進拜朱表儀，九靈飛步上章儀禮，金籙燈儀，開啓祝幕儀，立真師幕儀，關發三獻儀，大禁壇儀，竪遷神旛儀，并各儀範。罪字號計十一卷。《靈寶領教濟度金書》。卷二十五之四十一。《科儀立成品》開度通用九厄燈儀，催召儀，沐浴儀，安鎮儀，破獄儀，九幽燈儀，三途五苦燈儀，宿啓儀，陞壇誦經儀，真靈醮儀。《靈寶領教濟度金書》。卷四十二之五十八。《科儀立成品》開度黄籙齋九朝行道儀，宿啓儀，六上轉經儀，謝恩醮儀，投山簡儀，上十方儀，立諸司幕儀，散壇儀。

發字號計八卷。《靈寶領教濟度金書》。卷五十九之六十九。《科儀立成品》開度黄籙齋九煉返生儀，玄都大獻玉山浄供儀，浄供合用大獻自然朝儀，大獻早朝行道儀，大獻謝醮儀，玉清溟涬大梵甘露浄供儀。殷字號計十一卷。《靈寶領教濟度金書》。卷七十之八十五。《科儀立成品》浄供合用甘露浄供壇前煉水火池儀，開啓變壇儀，竪九天旛儀，靈官醮儀，生神開度用催召儀，宿啓儀，九天懺儀，早朝行道儀，煉度儀，陞壇轉經儀，青玄竪旛儀。

湯字號計九卷。《靈寶領教濟度金書》。卷八十六之一百。《科儀立成品》青玄齋用引魂朝禮，沐浴儀，宿啓儀，早朝儀，懺方儀，煉度醮儀，普度浄供儀，謝恩儀，畢朝儀。坐字號計十卷。《靈寶領教濟度金書》。卷百一之百一十六。《科儀立成品》朝真齋用十方懺儀，謝恩醮儀，煉度儀，傳戒儀，早朝行道儀，單朝儀，太極心法，祭煉儀，冥官醮儀。朝字號計八卷。《靈寶領教濟度金書》。卷百十七之一百三十。《科儀立成品》五煉生尸齋用早朝行道儀，謝恩醮儀，真靈醮儀，經法煉度儀。《靈寶領教濟度金書》。卷一百三十一之一百四十七。《科儀立成品》度星齋用講經儀，早朝行道儀，誦經儀，師友命過午朝行道儀，晚朝行道儀，誦經分燈儀。祈禳通用，南斗燈儀，周天燈儀，安鎮真文儀，早朝誦經儀，壇中告符儀。道字號計九卷。《靈寶領教濟度金書》。卷一百四十八之一百六十九。《科儀立成品》祈禳黄籙齋合用，第一日早朝行道儀，二日早朝行道儀，三日早朝行道儀，六上轉經儀。投山簡儀，第一日早朝齋儀，預修黄籙齋用，二日早朝儀，三日早朝儀。垂字號計九卷。《靈寶領教濟度金書》。卷一百七十之一百七十八。《科儀立成品》預修黄籙齋用預修黄籙謝恩醮儀，三官醮儀，十王醮儀，天曹寄庫醮儀，預修懺九幽燈儀，十方懺儀，安鎮真文儀，生身受度儀，齋戒儀。拱字號計十二卷。《靈寶領教濟度金書》。卷一百七十九之一百九十三。《科儀立成品》自然齋用，早朝行道儀，上方懺悔謝恩設醮儀，落景行道儀。消災集福道場行道用午朝行道儀，早朝行道儀，三界醮儀，宿啓建壇儀。七曜齋用早朝行道儀，午朝行道儀，晚朝行道儀，散壇儀。平字號計十卷。《靈寶領教濟度金書》。卷一百九十四之一百二十一。《科儀立成品》安宅齋用早朝行道儀，謝恩醮儀，九官八卦燈儀，早朝行道儀，保命齋午朝行道科儀，晚朝行道儀，禳瘟疫醮儀，早朝行道儀，北帝齋用早朝行道儀，資福齋用天醫醮儀。《靈寶領教濟度金書》。卷二百一十一之二百二十五。《科儀立成品》璇璣齋用早朝行道儀，開啓變壇儀，散壇儀，設醮開啓祝幕儀。玄靈經懺道場用宿啓儀，清旦升壇轉經行道儀，設醮儀。轉度道場用早朝行道儀，除尸累服金液神符儀。愛字號計十卷。《靈寶領教濟度金書》。卷二百二十六之二百三十六。《科儀立成品》受度齋用傳度醮儀，第子謝恩醮儀。雷霆齋合用宿啓儀，懺方儀，午朝行道儀，晚朝行道謝恩儀。十回齋用十回度人經法道場，三十二天燈儀。育字號計十卷。《靈寶領教濟度金書》。卷二百三十七之二百五十四。《科儀立成品》祈嗣用早朝行道儀，祈嗣醮儀，祈禄用祈壽儀，早朝行道儀。祈晴齋合用早朝行道儀，祈晴設醮儀。祈晴齋合用早朝行道儀。禳熒道場早朝行道儀，禳熒設醮等儀。黎字號計十卷。《靈寶領教濟度金書》。卷二百五十五之二百六十六。《科儀立成品》禳熒惑用火部設醮儀。禳蝗道場用早朝行道儀，禳蝗設醮儀。《紫英靈書品》、《錬尸生仙品》、《上清滅度品》，錬尸生仙科法，《符簡軌範品》，開度祈禳通用《開度追攝品》。首字號計八卷。《靈寶領教濟度金書》。卷二百六十七之二百七十四。《符簡軌範品》、《錬度品》五方赤書玉字，二十八宿符，北帝齋用，璇璣齋用解厄將軍符。臣字號計卷。《靈寶領教濟度金書》。卷二百七十五之二百八十二。《書篆旨訣品》開度用頒告諸符書玉丸法，追攝用靈寶召二十四類傷亡符。《存思玄妙品》。伏字號計八卷。《靈寶領教濟度金書》。卷二百八十三之二百九十。《存思玄妙品》開度用。九天朝內誦，水火錬度祈禳用玄靈內誦，資福齋用。《誥命等級品》。戎字號計八卷。《靈寶領教濟度金書》。卷二百九十一之二百九十八。《誥命等級品》祈禳用。《旛蓋陳設品》、《表榜規智品》。羌字號計九卷。《靈寶領教濟度金書》。卷二百九十九之三百七。《表榜規制品》青玄齋合用，祈禳十回度人道場用。玄靈經懺九晨表，開度祈禳通用。《文檄發放品》開度黃籙齋用。遐字號計六卷。《靈寶領教濟度金書》。卷三百八之三百十三。《文檄發放品》開度黃籙齋用，祈禳通用，預修黃籙等用。邇字號計七卷。《靈寶領教濟度金書》。卷三百十四之三百二十。《文檄發放品》祈禳黃籙齋用，消災集福道場用，保命齋用，傳度醮用。《齋醮須知品》。

上清靈寶大法

白雲霽等《道藏目録詳注・正一部》 鬱字號計八卷。《上清靈寶大法》。卷一之八。王契真集。《入門經緯修用門》、《開宗明義門》。《吞服玉札洞視隱文》、神光大定圖、中理五炁修真各圖、默朝煉頂法、朝元法、真静夜卧法、五解法、五方服色五芽真文、服靈芝雲液法、服元氣法、八十一品通玄秘旨。《上清靈寶大法》。卷九之十五。《朝修懺謝門》、《三界所治門》、《降真召靈門》、《濟世立功門》、《治魔伏神門》。九重三十六天圖、諸天星宿各圖、淵源三界五天魔王、九宫八節愈灾法、禳治水怪法、除火怪法、三天驅蝗法、火鈴辟惡愈灾法、火鈴甲治病法、安鎮玉篇等法。觀字號計九卷。《上清靈寶大法》。卷十六之二十四。《鎮禳攝制門》、《經旨訓解門》。玉字三篇、真文寶符、大梵正音章、五嶽真形圖、酆都山真形圖、治身中萬病符法、治病佩帶符法、主十干主人佩帶諸符、誦經科條修誦、內用修誦旨訣。飛字號計九卷。《上清靈寶大法》。卷二十五之三十三。《洞玄仙格品》、《經旨訓解門》、《傳度儀範門》、《傳度科格門》、《齋法壇門》、《經句分類門》。驚字號計九卷。《上清靈寶大法》。卷三十四之四十二。《齋法壇圖門》、《神虎玄範門》、《齋法符象門》、登壇諸品符法。圖字號計九卷。《上清靈寶大法》。卷四十三之五十一。《齋法符篆門》。進簡投龍章。《大煉符篆門》、煉度諸品符秘。寫字號計九卷。《上清靈寶大法》。卷五十二之六十。《大煉符篆門》、《齋法宗旨門》，五炁變九炁圖、煉形行持齋法等法。《上清靈寶大法》。卷六十一之六十六。《審奏門正奏門》、奏各上帝奏章式、正申門申日月五星二十八宿，五斗十二官等宫申式。《齋法章奏門》，牒請各神祇牒式，雜用牒帖關等文檢。獸字號計十卷。《上清靈寶大法目録》。一卷。《洞玄靈寶大法》。金允中編。《本法戒律品》、《元始洞玄靈寶無量度人上品妙經洞章》。《七經八緯品》、《三界功曹品》、《玉札靈章品》、《五芽内煉品》、《元始大定品》，五芽之法。七日七夜、呼吸定息至真工夫在内。《上清靈寶大法》。卷一之九。齋直禁忌等法。畫字號計九卷。《上清靈寶大法》。卷十之十八。《本法印篆品》、《悔過謝愆品》、《濟生陽德品》、《祭煉幽魂品》、《祛妖拯厄品》、《烈字爲符品》、《黃籙次序品》、《颺旛科式品》、《玉文真篆品》。皆音釋正字符篆，并各印文。彩字號計九卷。《上清靈寶大法》。卷十九之二十七。《登壇科範品》、《臨壇符法品》、《章詞表牘品》、《上章科格品》、《六幕啓謝品》。仙字號計九卷。《上清靈寶大法》。卷二十八之三十六。《奏申文檄品》、《青詞昇度符誥品》、《受持策杖品》、《燃燈破獄品》、《神虎攝召品》。靈字號計八卷。《上清靈寶大法》。卷三十七之四七。《水火煉度品》、《施食普度品》、《散壇設醮品》、《投龍送簡品》、《煉度對齋品》、《煉度諸儀》。

太上總真秘要

白雲霽等《道藏目録詳注・正一部》 對字號計十卷。《太上總真秘要》。卷一之十。有符印、圖像。洞幽法師元妙宗編。《上清隱書骨體靈文》、鬼律玉格儀、傳度立獄生天臺顯蓋斗燈推占訣法、太上正法、禹步斗罡掌目訣法圖文、驅除痨瘵衆病符并天蓬馘邪真法。《太上總真秘要》。卷一之十。有符印、圖像。輔正除邪考鬼召法、上清北極天心正法、上清隱書骨髓靈文。

雷法議玄篇

白雲霽等《道藏目録詳注・正一部》 席字號計八卷。《雷法議玄篇》。元虛真人萬宗師撰。言修玄秘旨。

太上登真三蹻經靈應經

范邦甸等《天一閣書目・道家類》《三蹻經》。

白雲霽等《道藏目録詳注・洞真部》 薑字號計九卷。《太上登真三蹻靈應經》。與《玄女經》同卷。夫三蹻者，曰龍蹻，中曰虎蹻，下曰鹿蹻。煉之見其形，能驅使護道。

錢謙益等《絳雲樓書目・道藏類》《三蹻靈（異）〔應〕經》。

無上九霄玉清大梵紫微玄都雷霆玉經

白雲霽等《道藏目録詳注・洞真部》 盈字號計十二卷。《無上九霄玉清大梵紫微玄都雷霆玉經》。一卷。有符。雷霆得天地之中炁，故曰五雷，曰天樞地機。此經爲雷法之宗也。

上清天心正法

鄭樵《通志・藝文略・道家類》《上清天心正法》三卷。

白雲霽等《道藏目録詳注・洞玄部》 四字號計九卷。《上清天心正法》。卷一之七共六卷。浮丘王郭冲掘地，得金函一，所開見金板玉篆，大心秘式，乃玉帝之心術，太清之真文；太上之玅法，三洞之靈書。分爲上、下二卷。内有服三光炁法、治諸病符、煉化大變神法、步罡行持遠罡法、總真大呪法、北極驅邪院帥將姓名禹步法、大禹鑿龍内長陣斗罡燃燈飛章報應法、禹步法、勅符法、遣符法、收水法、天獄等法。

冲虛通妙侍宸王先生家話

白雲霽等《道藏目録詳注・正一部》 席字號計八卷。《冲虛通妙侍宸王先生家話》。通妙侍宸真人王長集。言道法函之於内，然後用之於外。祖炁雷竅本同一源。

上清北極天心正法

白雲霽等《道藏目録詳注・洞玄部》 四字號計九卷。《上清北極天心正法》。一卷。虛静先生得受太上法，法官入患家存變法，書符存思訣法，上清部服飛根赤精金丹上法，上清部吞月華石鏡水母上法，天罡救治法，罡炁法，天罡方所法，收罡水法，和合三光丹法。

高上神霄玉清真王紫書大法

白雲霽等《道藏目録詳注・正一部》 意字號計十二卷。《高上神霄玉清真王紫書大法》。卷二之十二。經序道法、混元神將大法、去三尸法、雷部文、大護身戰鬼伏魔法、神符祈雨秘法、煉度諸階法。

鄧天君玄靈入門報應内旨

白雲霽等《道藏目録詳注・正一部》 吹字號計九卷。《鄧天君玄靈入門報應内旨》。有圖。天君降筆親書《玄靈入門内旨掌上六十甲子秘訣》。其旨乃九宮遁甲入門直日報應占。

靈寶玉鑑

白雲霽等《道藏目録詳注・洞玄部》 賴字號計九卷。《靈寶玉鑑》。卷一之八。《道法釋疑門》、《修齋即次門》、《靈旛寶蓋門》、《申牒頭連門》。及字號計八卷。《靈寶玉鑑》。卷九之十六。《神虎追攝門》、《分燈制器門》、《勑水禁壇門》、《宿啓朝儀門》、《壇儀法式門》、《芟郭龍吏門》、《真文玉字門》。萬字號計九卷。《靈寶玉鑑》。卷十之二十五。《飛神謁帝門》、《告結符籙門》。方字號計八卷。《靈寶玉鑑》。卷二十六之三十四。《告給符籙門》、《投龍進簡門》、《開明幽暗門》、《玉元追度門》、《召攝幽靈門》、《列幕敷化門》。蓋字號計九卷。《靈寶玉鑑》。卷三十五之四十三。《敷化解釋門》、《變化法食門》、《斬尸度户門》、《煉度更生門》。

許真君受煉形神上清畢道法要節文

白雲霽等《道藏目録詳注・洞玄部》 此字號計八卷。《許真君受煉形神上清畢道法要節文》。内有養神、煉形、護魂歸一等法。

天樞院都司須知法文

白雲霽等《道藏目録詳注・洞玄部》 此字號計八卷。《天樞院都司須知法文》。與《節文》等四篇同卷。

靈寶凈明院教師周真公啓請畫一

白雲霽等《道藏目録詳注・洞玄部》 此字號計八卷。《靈寶凈明院教師周真公啓請畫一》。一卷。存日月高奔之法。

靈寶凈明大法萬道玉章秘訣

白雲霽等《道藏目録詳注・洞玄部》 身字號計九卷。《靈寶凈明大法萬道玉章秘訣》。一卷。有符。内有三壇應候三十二天，以應二十四卦隱諱内名。

太上靈寶凈明秘法篇

白雲霽等《道藏目録詳注・洞玄部》 身字號計九卷。《太上靈寶凈明秘法篇》。上、下同卷。内有元綱飛步之圖。

靈寶凈明新修九老神印伏魔秘法

白雲霽等《道藏目録詳注・洞玄部》 身字號計九卷。《靈寶凈明新修九老神印伏魔秘法》。一卷。有符。翼真壇副演教師有守證撰。

上清天樞院回車畢道正法

白雲霽等《道藏目録詳注・洞玄部》 此字號計八卷。《上清天樞院回車畢道正法》。三卷。有符。内印式布氣法、呪水法、諸真符呪法。

靈寶凈明法印式

白雲霽等《道藏目録詳注・洞玄部》 身字號計九卷。《靈寶凈明法印式》。與《人道品》三篇同卷。

金鎖流珠引

楊士奇等《文淵閣書目・道書類》 《金鎖流珠》。一部，一册。

白雲霽等《道藏目録詳注・太玄部》 思字號計九卷。《金鎖流珠引》。卷一之十。有符、圖。內有煞伐之術、行運消災等法。言字號計十卷。《金鎖流珠引》。卷十一之二十。有符、圖。總真大仙宰玉方平、張道陵、趙昇、王長，司命李仲甫、茅盈、許玉斧等一伐選述。內有六甲七星、步躡罡斗、爲國戰賊、救度災厄符法。辭字號計九卷。《金鎖流珠引》。卷二十一之二十九。中華總真大仙宰王方平、張道陵、趙昇、王長，司命李仲甫、茅盈、許玉斧等係代選述。二十八宿旁通曆仰視命星明暗扶衰度厄法、北斗二十八宿醮祭日月時法、醮七星二十八宿法、役使天關助國安家一身出災度厄救人濟物衆法、言赤章助國伐賊法、行符斷邪治病法、治救病疾禁止鬼神追捉妖祟出牒法、伏虎使龍禁蛇法、三會日醮祭言功遷賞吏兵法、爲百姓斷瘟法、爲國除蝗蟲災等法。

太上靈寶净明天尊説禦瘟經

白雲霽等《道藏目録詳注・太平部》 奉字號計九卷。《太上靈寶净明天尊説禦瘟經》。有符。

雨暘氣候親機

白雲霽等《道藏目録詳注・正一部》 笙字號計十一卷。《雨暘氣候親機》。有圖。占天罡、北斗、龍氣、白虎、河炁雷牌，諸雷炁候占驗。

三茅真君靈泉符法

佚名《道藏闕經目録》卷上 《三茅真君靈泉符法》。有符。

太上神録修行法

佚名《道藏闕經目録》卷上 《太上神録修行法》。有符。

解真文衆訣

佚名《道藏闕經目録》卷上 《解真文衆訣》。有符。

洞神太一一言至真衆訣要集經

佚名《道藏闕經目録》卷上 《洞神太一一言至真衆訣要集經》。有符。

北帝衡山中籙要術經

佚名《道藏闕經目録》卷上 《北帝衡山中籙要術經》。有符畫。

洞神太上洞淵龍王神呪妙經

佚名《道藏闕經目録》卷上 《洞神太上洞淵龍王神呪妙經》。

太上洞神訣

佚名《道藏闕經目録》卷上 《太上洞神訣》。四卷。

北帝秘訣

佚名《道藏闕經目録》卷上　《北帝祕訣》。有符。

洞神鴻寶祕訣祭法

佚名《道藏闕經目録》卷上　《洞神鴻寶祕訣祭法》。

洞神北帝酆都山上主領萬鬼刻石隱銘

佚名《道藏闕經目録》卷上　《洞神北帝酆都山上主領萬鬼刻石隱銘》。

斬食六天魔王神呪

佚名《道藏闕經目録》卷上　《斬食六天魔王神呪》。

更漏法象用水滴候經訣

佚名《道藏闕經目録》卷下　《更漏法象用水滴候經訣》。

數術記遺

佚名《道藏闕經目録》卷下　《數術記遺》。

正一考召斬邪引

佚名《道藏闕經目録》卷下　《正一考召斬邪引》。

真君昇騰經

佚名《道藏闕經目録》卷下　《真君昇騰經》。三卷。

天元祕演

佚名《道藏闕經目録》卷下　《天元祕演》。十卷。

皇王元首禁法

佚名《道藏闕經目録》卷下　《皇王元首禁法》。二卷。

中嶽大神教通山宫見仙聖法

佚名《道藏闕經目録》卷下　《中嶽大神教通山宫見仙聖法》。

許真君雜忌法

佚名《道藏闕經目録》卷下　《許真君雜忌法》。

水玉訣

佚名《道藏闕經目録》卷下 《水玉訣》。

皇人授黄帝三一昇玄圖訣

佚名《道藏闕經目録》卷下 《皇人授黄帝三一昇玄圖訣》。

天剛武威斗璇璣訣勝

佚名《道藏闕經目録》卷下 《天剛武威斗璇璣決勝》。三卷。

北帝天蓬法文

佚名《道藏闕經目録》卷下 《北帝天蓬法文》。二卷。

通玄先生張果隱化法

佚名《道藏闕經目録》卷下 《通玄先生張果隱化法》。

神仙留形住世法

佚名《道藏闕經目録》卷下 《神仙留形住世法》。

鑄劍術

佚名《道藏闕經目録》卷下 《鑄劍術》。

清微元降大法

白雲霽等《道藏目録詳注・洞真部》 號字號計十卷。《清微元降大法》。卷一之十。元始清微應景玉京流派，太極自然大道雲篆天經，無極隱文空同靈章符秘，無極無量天寶洞章紫霄演慶五雷元始神運雷霆玄經，篆文雷霆樞要碧虚至道雲篆紫虚洞輝五雷大法，元靈鎮玄天經，并治病符法。《清微元降大法》。卷十一之二十。元始一炁冲玄策法、混洞大劫始青天經、酉梵碧落五雷法、清微龍光内法、上清神烈五雷大法、上清昇真火鈴雷法、紫虚洞耀五雷大法、太乙炎明五雷等法。 闕字號計七卷。《清微元降大法》。卷二十一之二十五。清微衝法、祝禱通用諸符、高上神霄玉府西臺斬勘五雷大法、清微秘妙五陽符法、紫皇天乙玄初五雷秘篆、道宗統系、正一統派、救苦簡十二品。

清微神烈秘法

白雲霽等《道藏目録詳注・洞真部》 劒字號計八卷。《清微神烈秘法》。二卷。雷奥秘論、習定坐功法、驅治大祟符法。

太極祭煉内法

白雲霽等《道藏目録詳注・洞玄部》 此字號計八卷。《太極祭煉内法》。三卷。有符像。天師張宇初字，内煉法三外老夫鄭所南集。

太上靈寶浄明飛仙度人經法

白雲霽等《道藏目録詳注・洞玄部》 髮字號計七卷。《太上靈寶浄明飛仙度人經法》。五卷。高明太史神功玅濟真君許旌陽釋。卷一《啓運章》、《真應章》、《識神章》、《昭應章》、《開界章》、《護身章》、《傳授章》、《説戒科目章》、《識品章》、《存思章》。卷二《敘經開化章》、《化生章》、《建立章》、《度世章》、《保生章》、《普告章》、《符命章》、《立券章》、《製卷章》、《歷閲諸天章》。卷三《運化章》、《隱化章》、《靈圖章》、《赤文章》、《玉訣章》、《五方亦書真文》。卷四《龍策章》、《元綱章》、《靈茅章》、《仁濟章》。卷五《秘藏章》、《著例章》、《内音章》、《玉字章》、《真符章》、《服字章》、《字訣章》、《自然章》、《復命章》、《釋例自然章》、《自然真理章》、《自然成真章》。

貫斗忠孝五雷武侯秘法

白雲霽等《道藏目録詳注・洞玄部》 五字號計十一卷。《貫斗忠孝五雷武侯秘法》。一卷。

法海遺珠

白雲霽等《道藏目録詳注・太平部》 次字號計十卷。《法海遺珠》。卷一之十。神霄秘旨、神霄火府等法。弗字號計十卷。《法海遺珠》。卷十一之三十三。内袪治祈禱法、急告斗法、遺鶴等符法。離字號計十一卷。《法海遺珠》。卷三十四之四十四。起天罡法、遁月等法。節字號計十三卷。《法海遺珠》。卷四十五之五十六。紫微玉音召雷太法、大歲武雷大法、趙帥、劉帥、辛天君、關帥、六一使者、殷帥等階符法。

錢謙益等《絳雲樓書目・道藏類》 《法海遺珠》五冊。

道法會元

白雲霽等《道藏目録詳注・正一部》 移字號計九卷。《道法會元》。卷一之十二。《目録》一卷。總計二百六十八卷。《清微宗旨》、《清微符章經道》、《清微祈禱内旨》、《清微天寶玄經》。堅字號計十一卷。《道法會元》。卷十三之二十三。《玉宸登齋符品》、《玉宸煉度符法》、《煉度内旨》、《煉度科儀清微齋法》，發遣科文、文移、符簡。持字號計十二卷。《道法會元》。卷二十四之三十五。《清微灌斗五雷大法》、告奏科儀清微道法、上清龍天通明煉度大法、玄樞玉訣秘旨、清微祈禱大法、紫極玄樞奏告大法。雅字號計十卷。《道法會元》。卷三十六之四十六。上清紫庭秘法、上清武春烈雷大法、馬、温、殷、趙等帥符法。操字號計十卷。《道法會元》。卷四十六之五十五。上清神烈飛捷五雷大法、祈雨、祈雪、遣蝗蟲等法。好字號計九卷。《道法會元》。卷五十六之六十五。上清玉府五雷大法、高上神霄玉樞斬勘五雷大法、祈禱、驅治兼天干地支、起雷、罡煞方位等法。爵字號計九卷。《道法會元》。卷六十六之七十五。雷霆綱目、雷説雷霆玄論、玉侍宸八段錦、白玉蟾玄珠歌、虛靖天師破妄章、天書雷篆等秘。自字號計七卷。《道法會元》。卷七十六之八十二。火師汪真君雷霆奥旨、雷霆妙契、雷霆契勘、歘火律令、鄧天君大法、負風猛吏辛天君大法、火雷張使者大法。靡字號計十卷。《道法會元》。卷八十三之九十二。先天雷晶隱書、先天一炁雷法、雷霆六一天喜使者祈禱大法、九天雷晶等章。一炁雷機先天祈禱諸階秘法。都字號計十一卷。《道法會元》。卷九十三之一百三。雷霆三要一炁火雷使者大法、雷霆歘火張使者秘法、雷霆飛捷使者大法、雷霆碧潭雷禱雨大法、上清金闕五雷祈禱秘法、雷霆鐵劄召龍致雨符秘、五雷祈禱行持秘法。邑字號計十卷。《道法會元》。卷一百四之一百十三。高上景霄三五混合都天大雷琅書、混元玄書、混沌玄書大法、帝令寶珠五雷祈禱大法，並厭妖星符。華字號計十一卷。《道法會元》。卷一百十四之一百二十一。太極都雷隱書、南昌火府烏暘雷師秘法。夏字號計八卷。《道法會元》。卷一百二十二之一百三十三。太上三五邵陽鐵面火車五雷大法、九州社令蠻雷大法、九州社令雷法、九州社令陽雷大法、雷霆箭煞年月樞機、北真水部飛火擊雷大法、石匣水府起風雷致雨法。東字號計七卷。《道法會元》。卷一百三十三之一百三十九。太乙真雷霹靂大法、太乙天章陽雷霹靂大法。西字號計七卷。《道法會元》。卷一百四十之一百四十六。太乙天章陽雷霹靂大法、正一忠孝家書白捉五雷大法。二字號計九卷。《道法會元》。卷一百四十七之一百五十五。洞玄玉樞雷霆大法、混元六天妙道一炁如意大法。京字號計八卷。《道法會元》。卷一百五十六之一百六十三。天蓬伏魔大法，内有遺蝗蟲符、還魂等法。背字號計九卷。《道法會元》。卷一百六十四之一百七十四。上清天蓬伏魔大法、混元飛捷伏魔大法。邙字號計八卷。《道法會元》。卷一百七十一之一百七十八。上清童初五元素府玉册大法、元應太皇府玉册元景丹天府玉册、元府太皇府玉册、元和遷教府玉册、元素元輝府玉册。而字號計九卷。《道法會元》。卷一百七十九之一百八十七。上清五元玉册、九靈飛步章奏秘法。洛字號計十卷。《道法會元》。卷一百八十八之一百九十七。太乙火府五雷大法、太乙火府通神内殿秘法、祈禱秘法、太乙火府内旨、混元一炁八卦洞神天醫五雷大法。浮字號計十卷。《道法會元》。卷一百九十八之二百一十。神霄金火天丁大法、金火天丁神霄三炁火鈴歌、金火天丁鳳炁紫書、金火天丁玉神解關雲篆、玉陽祭煉内旨、太極先翁施食法。渭字號計十一卷。《道法會元》。卷二百一十一之二百二十一。天罡主煞大法、中天總制飛星活曜天罡大法、廣靈宣化陳將軍秘法、玉旨乾元丹天雷法、元皇月孛秘法、九天玄女竈告秘法、紫庭追伐補斷大法、神霄斷殟大法、神霄遣殟送船儀神霄遣瘟治病秘訣。據字號計十卷。《道法會元》。卷二百二十二之二百三十一。正一吽神靈官火犀大仙考召秘法、上清都統馬元帥驅邪秘法、金臂圓光火犀大仙正一靈官馬元帥秘法、雷霆火府朱仙考邪大法、靈官陳、馬、朱三帥考召等法。涇字號計八卷。《道法會元》。卷二百三十二之二百四十三。正一玄壇六陰草野舞袖雷法、清微西靈崇明月華大法、正一玄壇金輪如意大法、雷霆三五火車靈官王元帥秘法。宫字號計八卷。《道法會元》。卷二百四十四之二百五十二。玉清靈寶無量度人上道、上清靈寶無量度人上道、天心地師大法、北帝司殷元帥秘法、太上天壇玉格太上女青天律。殿字號計九卷。《道法會元》。卷二百五十三之二百六十一。地祇法、東嶽温太保考召秘法、東平張元帥秘法、地祇鹹魔上將關元帥秘法、酆都車下二元帥大法。盤字號計六卷。《道法會元》。卷二百六十二之二百六十八。酆都考召大法、北陰酆都太玄制魔黑律、靈都太玄酆都黑律。

秘藏通玄變化六陰洞微遁甲真經

范邦甸等《天一閣書目・道家類》《祕藏通元變化六陰洞微遁甲真經》三卷。藍絲闌鈔本。

白雲霽等《道藏目録詳注・洞神部》履字號計十卷。《秘藏通玄變化六陰洞微循甲真經》。三卷。有符。甲秘法。

太上説六甲直符保胎護命妙經

白雲霽等《道藏目録詳注・洞真部》辰字號計十卷。《太上説六甲直符保胎護命妙經》。與《紫微》二經同卷。有符。

靈寶大煉内旨行持機要

白雲霽等《道藏目録詳注・洞玄部》位字號計九卷。《靈寶大煉内旨行持機要》。與《玉經》二經同卷。存神内煉秘法。

魁罡六鎖秘法

白雲霽等《道藏目録詳注・洞玄部》五字號計十一卷。《魁罡六鎖秘法》。一卷。言術。

太上三辟五解秘法

白雲霽等《道藏目録詳注・洞玄部》五字號計十一卷。《太上三辟五解秘法》。一卷。

上清六甲祈禱秘法

白雲霽等《道藏目録詳注・洞玄部》五字號計十一卷。《上清六甲祈禱秘法》。一卷。

太上飛步五星經

白雲霽等《道藏目録詳注・洞神部》 傷字號計十卷。《太上飛步五星經》。存五星之精藏注五臟法。

太上飛步南斗太微玉經

白雲霽等《道藏目録詳注・洞神部》 傷字號計十卷。《太上飛步南斗太微玉經》。與《五星》二經同卷。内有五星魂名、七星魄名、六星祕諱。

思印氣訣法

白雲霽等《道藏目録詳注・洞神部》 薄字號計九卷。《思印氣訣法》。一卷。有咒。解厄除瘟。

錢謙益等《絳雲樓書目・道藏類》 《思印氣訣法》。

靈書肘後鈔

白雲霽等《道藏目録詳注・正一部》 笙字號計十一卷。《靈書肘後鈔》。内有禹步之法。

靈寶施食法

張國祥《續道藏經目録・正一部》 漆字號計四卷。《靈寶施食法》。

酆都大法序

楊士奇等《文淵閣書目・道書類》 《酆都大法序》。一部，一册。

社令神法

楊士奇等《文淵閣書目・道書類》 《社令神法》。一部，一册。

禁虎法

楊士奇等《文淵閣書目・道書類》 《禁虎法》。一部，一册。

六甲白猿經

楊士奇等《文淵閣書目・道書類》 《六甲白猿經》。一部，一册。

錢謙益等《絳雲樓書目・道書類》 《六甲天書白猿真經》。

金蟬脱殼

楊士奇等《文淵閣書目・道書類》 《金蟬脱殼》。一部，一册。

道法權衡玄髓歌

高儒《百川書志・神仙類》 《道法權衡玄髓歌》一卷。皇明通靈真人著。

黃虞稷《千頃堂書目・道家類》 通靈真人《道法權衡玄髓歌》一卷。

皇玉訣

徐𤊹《徐氏家藏書目・道類》《皇玉訣》三卷。

多男三煉法

徐𤊹《徐氏家藏書目・道類》《多男三煉法》一卷。屠僧忍。

天書遁甲符咒

徐𤊹《徐氏家藏書目・道類》《天書遁甲符呪》一卷。

靈寶度人上品妙經大法

白雲霽等《道藏目録詳注・洞真部》 霜字號計九卷。《靈寶度人上品妙經大法》。卷一之十。《入明開聰品》、《五譯成書品》、《齋戒節度品》、《靈寶降世品》、《修誦瓊章品》、《靈寶符命品》、《訓釋經義品》、《神光入定品》、《十轉廻靈品》、《洞視降詔品》、《混元玉劄品》、《洞視修用品》、《遏絶魔試品》，並天章雲篆各符圖諸品。 金字號計十卷。《靈寶度人上品妙經大法》。卷十一之二十。《六甲武剛氣符》、《靈寶洞視品》、《洞視神真品》、《佩服内音品》，并諸天諸帝各諱符秘等訣。《靈寶度人上品妙經大法》。卷二十一之三十。《五嶽真形圖》、《招靈求仙品》、《食吸元和品》、《吐納正炁品》、《内朝三景品》、《神受大法品》、《首愆謝過品》、《玄憲仙格品》、《上清所治品》、《禳度施用》等品文圖。 麗字號計十卷。《靈寶度人上品妙經大法》。卷三十一之四十。《禳度施用品》、《修禳條格品》、《五帝育物品》、《自煉形神品》、《還元敘玄品》，並赤書玉文、隱學修應條格、各十方飛天神王罡法、祈嗣符法、起死回生符法、治萬病符法、祈禳五災等符法。 水字號計十卷。《靈寶度人上品妙經大法》。卷四十一之五十二。《章表思存品》、《元綱流演品》、《運神合景品》、《十魔境化品》、《思神儀訣品》、《壇圖幕式品》、《十魔化境品》、《燃燈破獄品》，并元綱流演飛步神合景之法，太陽太陰煉形之法，習真入定法，禦凶邪法，夜卧法，禦内邪法，壇圖諸階符秘。 玉字號計十二卷。《靈寶度人上品妙經大法》。卷五十三之六十四。九厄生神明燈科靈寶五符，神虎召攝八門之壇式、神虎現形等符，煉度諸法，披黄受道紫府誥五篇，玉章諸符秘。 出字號計八卷。《靈寶度人上品妙經大法》。卷六十五之七十二。《九煉生尸品》、《神虎追攝品》、《煉度諸符品》、《凝香昭應品》、《修齋受詞品》、《發明大道品》、《真師戒律品》、《存真修證品》、《降奔内景品》、《昇斗奔神品》、《太玄制魔品》、《建壇威儀品》、《通真達靈品》、《厭怪勝妖品》、《驅邪輔正品》、《慧光燭幽品》、《幽獄追攝品》、《驅拔禳襘品》、《福壽增崇品》、《延生度厄品》，并九厄生神明燈科神虎隱書符法，降太上真水火法、九天寶誥道德香符、變食符法、傳度詞式。

鑄劍祕訣

錢謙益等《絳雲樓書目・道藏類》《鑄劍祕訣》。

五雷大法

錢謙益等《絳雲樓書目・道書類》《五雷大法》。

火鏡天法

錢謙益等《絳雲樓書目・道書類》《火鏡天法》。

祈禱問答

黃虞稷《千頃堂書目・道家類》 王惟一《祈禱問答》。

行雷心傳

黄虞稷《千頃堂書目・道家類》 王惟一《行雷心傳》。

道法精微

黄虞稷《千頃堂書目・道家類》 王惟一《道法精微》。

鶴林類集

《四庫全書總目提要・道家類存目》 《鶴林類集》。無卷數。浙江鮑士恭家藏本。明道士郭本中、步履常同編。以述其師周元真之靈異者也。元真字元初，吴縣人，居元妙觀。以雨暘祈禱頗有應驗，故一時文士多以詩文投贈。本中等因萃爲是編。又以元真所授五雷法本於宋道士王文卿、莫起炎二人，故卷首先列二人繪像及事蹟碑傳像贊，以明淵源所自云。

神光占方來經

葛洪《抱朴子・内篇・遐覽》 《神光占方來經》。

記傳分部

列仙圖

姚振宗《漢書藝文志拾補・神僊類》 阮倉《列仙圖》一卷。今本劉向《列仙傳》贊曰：余嘗得秦大夫阮倉撰《仙圖》，自六代迄今，有七百餘人。

《論衡・無形篇》傳稱赤松、王喬好道爲仙，度世不死，是虚語也；圖仙人之形體生毛，臂變爲翼行於雲，則年增矣千歲不死，此虚圖也。世有虚語，亦有虚圖。

《抱朴子・論仙篇》曰：劉向撰《列仙傳》删秦大夫阮倉書中出之。又《神仙傳》序曰：弟子滕升嘗問古之仙者豈有其人乎？余答曰：秦阮倉所記有數百人，劉向所簒七十一人。

《玉海・藝文》後漢東平王蒼傳，帝特留蒼，賜以祕書《列仙圖》道術祕方。《隋經籍志》：漢時阮倉作《列仙圖》，唐許南容策陳留神仙阮倉述其事，《集賢注記》云：阮倉《仙圖》一卷。《集賢》無本。

李少君家録

文廷式《補晉書藝文志・神仙家類》 董仲舒《李少君家録》。《抱朴子・論仙篇》引之。

列仙傳

《新唐書・藝文志・道家類》 劉向《列仙傳》二卷。

鄭樵《通志・藝文略・道家類》 《列仙傳》二卷。漢劉向撰。

尤袤《遂初堂書目・道家類》 劉向《列仙傳》。

陳振孫《直齋書録解題・神仙類》 《列仙傳》二卷。漢劉向撰。凡七十二人。每傳有贊，似非向本書，西漢人文章不爾也。《館閣書目》三卷六十二人。《崇文總目》作二卷七十二人，與此合。

馬端臨《文獻通考・經籍考・神僊類》 《列仙傳》二卷。

《宋史・藝文志・神僊類》 劉向《列仙傳》三卷。

楊士奇等《文淵閣書目・道書類》 《列仙傳》。一部，一冊。《列仙傳》。一部，一冊。《列仙傳》。一部，一冊。《列仙傳》。一部，一冊。

高儒《百川書志・神仙類》 《列仙傳》二卷。漢光禄大夫劉向撰。

范邦甸等《天一閣書目・道家類》 《列仙傳》二卷。漢劉向撰。

徐𤊹《徐氏家藏書目・道類》 劉向《列仙傳》二卷。

白雲霽等《道藏目録詳注・洞真部》 海字號計十卷。《列仙傳》。二卷。漢光禄大夫劉向譔。赤松子等七十餘仙。

《四庫全書總目提要・道家類》 《列仙傳》二卷。兩淮鹽政採進本。舊本題漢劉向撰。紀古來仙人，自赤松子至元俗凡七十一人，人係以讚，篇末又爲總讚一首。其體全仿《列女傳》。陳振孫《書録解題》謂不類西漢文字，必非向撰。黄伯思《東觀餘論》謂是書雖非向筆，而事詳語約，詞旨明潤，疑東京人作。今考是書，《隋志》著録則出於梁前。又葛洪《神仙傳序》亦稱此書爲向作，則晉時已有其本。然《漢志》列劉向所序六十七篇，但有《新序》、《説苑》、《世説》、《列女傳圖頌》，無《列仙傳》之名。又《漢志》所録，皆因《七略》，其總讚引《孝經援神契》，爲《漢志》所不載；《涓子傳》稱其《琴心》三篇有條理，與《漢志》、《蜎子》十三篇不合，《老子傳》稱作《道德經》上、下二篇，與《漢志》但稱《老子》亦不合。均不應自相違異。或魏、晉間方士爲之，託名於向耶？振孫又云：《館閣書目》作二卷，七十二人。李石《續博物志》亦云劉向傳列仙七十二人。皆與此本小異。惟葛洪《神仙傳序》稱七十一人。此本上卷四十人，下卷三十人，内江斐二女應作二人，與洪所記適合。檢李善《文選註》及唐初《藝文類聚》諸書所引，文亦相符，當爲舊本。其篇末之讚，今概以爲向作。《隋志》載《列仙傳讚》三卷，劉向撰，鬷續，孫綽讚。案鬷續上似脱一字蓋有《續傳》一卷，故爲三卷也。今無從校補，姑仍舊文。又《列仙傳讚》二卷，劉向撰，晉郭元祖讚。此本二卷，較孫綽所讚少一卷。又劉義慶《世説新語》載孫綽作《商邱子胥讚》曰：所牧何物，殆非真豬。儻遇風雲，爲我龍攄。此本《商邱子胥讚》亦無此語。然則此本之讚，其郭元祖所撰歟？以舊刻未列郭名，疑以傳疑，今亦姑闕焉。

孫星衍《平津館鑒藏書籍記補遺・舊寫本》 《列仙傳》二卷。題漢光禄大夫劉向撰，在《道藏》海字號，自赤松子至元俗，七十人，人爲之傳，傳各有讚，後又有總讚。明吴琯《古今逸史》刊本，每傳後無讚，此本有，《館閣書目》、《續博物志》，俱作七十二人，此本較宋本尚少二人。洪熙煊曰：《漢書郊祀志》：應劭注引《列仙傳》「崔文子」一條，《司馬相如傳》應劭注引《列仙傳》「陵陽子明」一條，俱與今本絶不相同，《世説新語・規箴篇》注：東方朔《列仙傳》作楚人，今本作平原厭次人，此非劉向所撰原本。

張之洞《書目答問・釋道家》 《列仙傳》二卷。舊題漢劉向。王照圓校、《郝氏遺書》本，又《古今逸史》本、《琳琅祕室》本。

錢東垣等輯《崇文總目・道書類》 《列仙傳》二卷。【原釋】劉向撰。凡七十二人。見《玉海・蓺文類》。

姚振宗《漢書藝文志拾補・神仙類》 劉向《列仙傳》二卷。向始末具《六藝・禮家》。《太平御覽・道部・仙經門》劉向《列仙傳》敍曰：《列仙傳》漢光禄大夫劉向所撰也。成帝時向既司典籍，見上頗修神仙事，遂修上古以來及三代秦漢博采諸家言神仙事。按晉郭元祖有列仙讚序一卷，見隋《經籍志》。此序疑即郭元祖撰。

今本《列仙傳》總讚曰：余嘗得秦大夫阮倉撰《仙圖》，自六代迄今七百餘人。始皇好遊仙之事，庶幾有獲，故方士霧集，祈祀彌布。殆必因迹託虚，寄空爲實，不可信用也。若周公《黄録》記太白下爲王公，歲星變爲寧壽公等，所見非一家，聖人所以不開其事者，以其無常。然雖有時著，蓋道不可棄，距而閉之，尚貞正也。而《論語》云「怪力亂神」，其微旨可知矣。按此贊紀文達疑爲郭元祖撰。其云周公《黄録》似是《讖書》中篇目。

《抱朴子・論仙篇》曰：向本不解道術，至於撰《列仙傳》，自删秦大夫阮倉書中出之，或所親見，然後記之，非妄言也。又曰：劉向博學則究微極妙，經深涉遠，思理則清澄真僞，研覈有無，其所撰《列仙傳》，仙人七十有餘，誠無其事，妄造何爲乎？邃古之事，何可親見，皆賴記籍傳聞於往耳。《列仙傳》炳然，其必有矣。然書不出周公、仲尼，世人終於不信，多謂劉向非聖人，其所撰録，不可孤據，尤所以使人歎息者也。向爲漢世名儒，其所記述庸可棄哉？

《顔氏家訓・書證篇》曰：《列仙傳》劉向所造，而贊云「七十四人，出佛經」，由後人所羼，非本文也。

《隋志・史部・雜傳篇》敍曰：又漢時阮倉作《列仙圖》，劉向典校經籍，始作《列仙》、《列士》、《列女》之傳，皆因其志尚率爾而作，不在正史。又曰《列仙傳贊》三卷，劉向撰，鬷續。《四庫全書總目提要》曰：「鬷續」上似脱一字，蓋有續傳一卷，故三卷也。孫綽贊。《列仙傳贊》二卷劉向撰，晉郭元祖贊。《唐經籍志》、《列仙傳贊》二卷，劉向撰。《藝文志》劉向《列仙傳》二卷，《宋史・藝文志》三卷。

《玉海・藝文》：《史記正義》、《七略》云：《列仙傳》二卷，劉向撰。《崇文目》同。凡七十二人。按七略似七録之譌

陳氏《書録解題》曰：《列仙傳》二卷，漢劉向撰，凡七十二人。每傳有贊，似非向本書，西漢人文章不爾也。《館閣書目》三卷，六十二人，《崇文總目》作「二卷，七十二人」與此合。

《四庫簡明目録》曰：《列仙傳》二卷，舊本題劉向撰，自赤松子至元俗凡七十一人，人係一贊，篇末又爲總贊，全如《列女傳》之體。然《漢志》載劉向六十七篇，無此書，疑魏晉間方士所依託。故葛洪《神仙傳》已引之，其總贊引《孝經》、《援神契》，亦《七略》不載之書，疑即《隋志》所謂郭元祖《列仙傳》贊也。孫志祖《讀書脞録》曰：李石《續博物志》云：《列仙傳》七十二人，《書録解題》亦云七十二人，每傳有贊，是宋本尚不誤也，今本七十人。《四庫全書總目提要》曰：葛洪《神仙傳》序稱七十一人，今本上卷四十人，下卷三十人，内「江斐二女」應作二，與葛洪所記適合。末有《總贊》一篇，亦無出佛經之語，蓋後人綴集，非向書之舊。《文選》、《西京賦》、《吴都賦》、《天台賦》、《海賦》、《思玄賦》注「登江中孤嶼」詩注引文，今本皆無之。

按今本載及東方朔、鈎弋夫人，劉中壘必不若是之妄。且既云據阮倉之圖取以爲傳，而傳中有成帝時事，必無識道流所爲，亦非真是綴集之本也。

蘇君記

《新唐書・藝文志・神仙類》 周季通《蘇君記》一卷。

鄭樵《通志・藝文略・道家類》 《元州上卿蘇君記》一卷。漢周季通撰。又《蘇君記》一卷。周季通撰。

《宋史・藝文志・神仙類》 周季通《玄洲上卿蘇君記》一卷。

錢東垣等輯《崇文總目・道書類》 《元洲上卿蘇君記》一卷。周季通撰。

峨嵋山神異記

鄭樵《通志・藝文略・道家類》 《峨嵋山神異記》三卷。漢張道陵撰。

錢東垣等輯《崇文總目・道書類》 《峨嵋山神異記》三卷。張道陵撰。

漢武帝外傳

白雲霽等《道藏目録詳注・洞真部》 海字號計十卷。《漢武帝外傳》。東方朔述。

上清高聖太上大道君洞真金元人景玉籙

《宋史・藝文志・神仙類》 《洞真金元八景玉録》一卷。

白雲霽等《道藏目録詳注・正一部》 集字號計九卷。《上清高聖太上大道君洞真金元人景玉(録)〔籙〕》。一卷。此録乃太上八素隱書。

紫陽真人周君傳

《新唐書・藝文志・神仙類》 華嶠《紫陽真人周君傳》一卷。

鄭樵《通志・藝文略・道家類》 《紫陽真人周君傳》一卷。華嶠撰。《周義山内傳》一卷。後漢人，居紫陽山。

《宋史・藝文志・神仙類》 華嶠《真人周君内傳》一卷。

白雲霽等《道藏目録詳注・洞真部》 《紫陽真人内傳》。一卷。真人姓周名義山字季通，汝陰人也。

錢東垣等輯《崇文總目・道書類》 《周義山内傳》一卷。

錢謙益等《絳雲樓書目・道藏類》 《紫陽真人内傳》。一卷。《紫陽内傳》。

文廷式《補晉書藝文志・神仙家類》 華嶠《紫陽真人周君傳》一卷。按「嶠」當作「僑」。《真誥・真胄世譜》云：華僑者，晉陵冠族，世事俗禱。僑入道鬼，事得息，積年乃見裴清靈、周紫陽。又云：今世中《周紫陽傳》即僑所造。

《御覽》六百六十九《真人周君内傳》曰：紫陽真人周義山，字季通，汝陰人也，漢丞相勃七世孫，父浚，官至陳留内史。《類聚》七十八《真人周君傳》曰：紫陽真人周義山，汝陰人，聞有欒先生得道在蒙山，能讀《龍嶠經》，乃追尋之。

老子化胡經

鄭樵《通志・藝文略・道家類》 《老子化胡經》十卷。

晁公武《郡齋讀書志・神仙類》《老子化胡經》十卷。右魏明帝爲之序。經言老子歸崑崙化胡，次授罽賓，次及天竺。按裴松之《三國志注》言「世稱老子西入流沙，化胡成佛」。其説蓋起於此。《議化胡經八狀》附於後。《唐志》云：「萬歲通天元年，僧惠澄上言乞毀《老子化胡經》，秋官侍郎劉如璿等議狀。」證其非僞，此是也。

馬端臨《文獻通考・經籍考・神仙家類》《老子化胡經》十卷。

文廷式《補晉書藝文志・神仙家類》王浮《老子化胡經》十卷。《高僧傳》卷一：帛遠平素之日與王浮屢争邪正，浮瞋不自忍，乃作《老子化胡經》誣謗佛法。《郡齋讀書志》云：魏明帝爲之序。按裴松之《三國志注》言：世稱老子西入流沙，化胡成佛，其説蓋起於此。

庚闡列仙論

文廷式《補晉書藝文志・神仙家類》《庚闡列仙論》。《藝文類聚》卷七十八引之。

神仙傳略

鄭樵《通志・藝文略・道家類》《神仙傳略》一卷。葛洪撰。

文廷式《補晉書藝文志・神仙家類》葛洪《神仙傳略》一卷。見《崇文總目》。

錢東垣等輯《崇文總目・道書類》《神仙傳畧》一卷。葛洪撰。

馬陰二君内傳

《宋史・藝文志・神仙類》葛洪《馬陰二君内傳》一卷。

佚名《道藏闕經目録》卷上《馬陰二君内傳》。

神仙傳

《隋書・經籍志・雜傳類》葛洪《列仙傳》。

《舊唐書・經籍志・雜傳類》《神仙傳》十卷，葛洪撰。

《新唐書・藝文志・神仙類》葛洪《神仙傳》十卷。

鄭樵《通志・藝文略・道家類》《列仙傳》十卷。葛洪撰。

尤袤《遂初堂書目・道家類》葛洪《神仙傳》。

馬端臨《文獻通考・經籍考・神僊類》《神仙傳》十卷。晁氏曰：晉葛洪弟子滕升嘗問洪曰：「古人之仙者，豈有其人乎？」洪答以秦阮倉所記有數百人，劉向所纂又七十一人，今《後録》集古之仙者以傳真識之士云。

《宋史・藝文志・神仙類》葛洪《神仙傳》十卷。

楊士奇等《文淵閣書目・道書類》《神仙傳》。一部，四十二册。

佚名《道藏闕經目録》卷上《神仙傳》。十卷。

范邦甸等《天一閣書目・道家類》《神仙傳》十卷。晉葛洪撰。

徐𤊹《徐氏家藏書目・道類》葛洪《神仙傳》十卷。鬱儀校正，又見夷門。

《四庫全書總目提要・道家類》《神仙傳》十卷。兩淮鹽政採進本。晉葛洪撰。是書據洪自序，蓋於《抱朴子・内篇》既成之後，因其弟子滕升問仙人有無而作。所録凡八十四人。序稱：秦大夫阮倉所記凡數百人，劉向所撰又七十一人。今復鈔集古之仙者見於仙經服食方百家之書，先師所説，耆儒所論，以爲十卷。又稱劉向所述，殊甚簡略，而自謂此傳有愈於向。今考其書，惟容成公、彭祖二條與《列仙傳》重出，餘皆補向所未載。其中如黄帝之見廣成子，盧敖之遇若士，皆莊周之寓言，不過鴻濛雲將之類，未嘗實有其人。淮南王劉安謀反自殺，李少君病死，具載《史記》、《漢書》，亦實無登仙之事，洪一概登載，未免附會。至謂許由、巢父服箕山石流黄丹，今在中岳中山，若二人晉時尚存，洪目覩而記之者，尤爲虛誕。然《後漢書・方術傳》載壺公、薊子訓、劉根、左慈、甘始封君達諸人，已多與此書相符。疑其亦據舊文，不盡僞撰。又流傳既久，遂爲故實，歷代詞人，轉相沿用，固不必一一核其真僞也。諸家著録皆作十卷，與今本合。惟《隋書・經籍志》稱爲《葛洪列仙傳》，其名獨異。考新、舊《唐書》竝作《葛洪神仙傳》。知今本《隋志》殆承上

《列仙傳讚》之文，偶然誤刊，非書有二名也。此本爲毛晉所刊。考裴松之《蜀志・先生傳註》，引李意其一條，《吴志・士燮傳註》引董奉一條，《吴範、劉惇、趙達傳註》引介象一條，併稱葛洪所記，近爲惑衆，其書文頗行世，故撮舉數事，載之篇末。是徵引此書以《三國志註》爲最古。然悉與此本相合，知爲原帙。《漢魏叢書》別載一本，其文大略相同，而所載凡九十二人。核其篇第，蓋從《太平廣記》所引，鈔合而成。《廣記》標題，閒有舛誤，亦有與他書複見，即不引《神仙傳》者。故其本頗有譌漏。即如盧敖若士一條，李善註《文選》、江淹《別賦》、鮑照《升天行》，凡兩引之，俱稱《葛洪神仙傳》，與此本合。因《太平廣記》未引此條，《漢魏叢書》本遂不載之，足以證其非完本矣。

張之洞《書目答問・釋道家》　《神仙傳》十卷。晉葛洪。龍威本。

文廷式《補晉書藝文志・神仙家類》　葛洪《神仙傳》十卷。今存。

漢武内傳

《隋書・經籍志・雜傳類》　《漢武内傳》三卷。

《新唐書・藝文志・神仙類》　《漢武帝傳》二卷。

鄭樵《通志・藝文略・道家類》　《漢武内傳》三卷。

白雲霽等《道藏目録詳注・洞真部》　海字號計十卷。《漢武帝内傳》。東方朔述。

文廷式《補晉書藝文志・神仙家類》　葛洪《漢武内傳》三卷。《日本見在書目》題葛洪，今從之。

枕中書

鄭樵《通志・藝文略・道家類》　《元始上真記》一卷。

《宋史・藝文志・神仙類》　葛洪《上真衆仙記》一卷。

王世貞《讀書後》　《書〈元始上真衆仙記〉後》。此記別標爲《葛洪枕中書》，而序辭稱於羅浮山夜半靜齋，忽降一真人授書，謂二儀未分，溟涬鴻濛，狀若雞子，有盤古真人自稱元始天王游於其中。凡六劫而忽生太元玉女，相與通氣結精，還居玉京山宮殿，凡一劫而一施。太元母生天皇，十三頭，治三萬六千歲。其後天皇生地皇，地皇生人皇。太元母又生扶桑大帝東王公號元陽父；九光玄女，號太真西王母。太上真人，元始天王弟子也；金闕老子，太上弟子也。其職如世之有司徒、丞相耳。它靈真銜名往往與《位業圖》相出入。至所稱張衡、楊雲爲北方鬼帝，治羅浮山；嵇康爲中央鬼帝，治抱犢山；伯夷、叔齊爲九天僕射；周公旦爲北帝師，屈原爲海伯，王弼爲北海盥，皆真誥所不載，却又有大可笑者。洪化去在晉惠中，而許暎、許穆、許玉斧、郭景純皆生南渡以後與洪不相及。又云二許爲「真人」，未有掌領，又似未見《真誥》全文者。夫好夸飾而不核古，以是作僞書久而始逗露，一何幸也。《道藏》若此類多，不可盡摘，摘其尤著者。

白雲霽等《道藏目録詳注・洞真部》　騰字號計十卷。《元始上真衆仙紀》。一卷。葛洪《枕中記》。

錢謙益等《絳雲樓書目・道藏類》　葛洪《枕中書》。

《四庫全書總目提要・道家類》　《枕中書》一卷。江蘇巡撫採進本。舊本題晉葛洪撰。考隋、唐、宋《藝文志》但有《墨子枕中記》及《枕中素書》，而無葛洪《枕中書》。此本別載《説郛》中，一名《元始上真衆仙記》，而《通志》所列《元始上真記》無「衆仙」字，似亦非此書。書中説多謬悠。若稱太昊氏治岱宗山，顓頊治恒山，祝融氏治衡霍山，黄帝治嵩高山，金天氏治華陰山，堯治熊耳山，舜治積石山，禹治蓋竹山，湯治元極山，武王爲田極明公，漢高祖、光武爲四明賓友之類，已屬不經；至謂元始天尊與太元玉女通氣結精，遂生扶桑大帝、九天元女，誕妄尤甚，又在《真靈位業圖》諸書之下，其出後人僞撰無疑也。

錢東垣等輯《崇文總目・道書類》　《元始上真記》一卷。

文廷式《補晉書藝文志・神仙家類》　葛洪《枕中書》一卷。《四庫全書提要》云：考隋、唐、宋志，但有《墨子枕中記》，無洪《枕中書》，此本別載《説郛》中。一名《元始上真衆仙記》，而《通志》所列《元始上真記》無「衆仙」字，似亦非此書。説多謬悠，後人僞撰也。

仙人馬陰君内傳

《新唐書・藝文志・神仙類》　趙昇等《仙人馬君陰君内傳》一卷。

鄭樵《通志・藝文略・道家類》《仙人馬君陰君內傳》。趙昇等撰。

文廷式《補晉書藝文志・神仙家類》《仙人馬君陰君內傳》一卷。《唐志》題趙昇等撰。

許先生傳

《新唐書・藝文志・神仙類》 王羲之《許先生傳》一卷。

鄭樵《通志・藝文略・道家類》《仙人許遠遊傳》一卷。王羲之撰。

尤袤《遂初堂書目・道家類》《許先生傳》。

錢東垣等輯《崇文總目・道書類》《許邁傳》一卷。

文廷式《補晉書藝文志・神仙家類》《王羲之許先生傳》一卷。見《唐志》。《崇文總目》有《許邁傳》一卷。金錫鬯云：疑即此書。《通志》作《許遠遊傳》，《藝文類聚》、《太平御覽》屢引之。

清虛真人王君內傳

《新唐書・藝文志・神仙類》《清虛真人王君內傳》一卷。

鄭樵《通志・藝文略・道家類》《清虛真人王君內傳》一卷。弟子華存撰。

錢東垣等輯《崇文總目・道書類》《王清虛真人內傳》一卷。

文廷式《補晉書藝文志・神仙家類》《華存清虛真人王君內傳》一卷。《御覽》六百九十三引稱《王褒內傳》，餘所引多稱《王君內傳》或稱《真人王君傳》。《隋志》題弟子華存傳。

南嶽魏夫人內傳

《新唐書・藝文志・神仙類》 項宗《紫虛元君魏夫人內傳》一卷。

鄭樵《通志・藝文略・道家類》《紫虛元君魏夫人內傳》一卷。項宗撰。

佚名《道藏闕經目録》卷上《上清紫虛元君南嶽夫人內傳》。三卷。有符。

錢東垣等輯《崇文總目・道書類》《南嶽魏夫人內傳》一卷。

文廷式《補晉書藝文志・神仙家類》《南嶽夫人內傳》一卷。《崇文總目》：《南嶽魏夫人內傳》一卷。金錫鬯云：按《宋志》范邈撰，《唐志》作《紫虛玄君魏夫人內傳》項宗撰，《初學記》二十八引作《南嶽夫人傳》，《藝文類聚・菓部》亦引之，《唐志》亦云范邈撰，與項宗書，蓋兩部宜分録。《書抄》一百二十九《真人三君內傳》云：南極夫人被錦服青羽裙。

馬明生別傳

文廷式《補晉書藝文志・神仙家類》《馬明生別傳》。《書鈔》作「名生」。《書鈔》一百三十三，《類聚》八十七並引之。《御覽》七百六，《文選》卷二十八注作《馬明先生別傳》。

太玄真人東鄉司命茅君內傳

《新唐書・藝文志・神仙類》 李遵《茅君內傳》一卷。

鄭樵《通志・藝文略・道家類》《清虛真人裴君內傳》一卷。鄭雲千撰。

《宋史・藝文志・神仙類》 李遵《三茅君內傳》一卷。

文廷式《補晉書藝文志・神仙家類》 李遵《太玄真人東鄉司命茅君內傳》一卷。《御覽》六百六十一引此書云：以晉興寧三年七月四日夜降楊君家，則晉人書也。餘書引之，或稱《茅君內傳》，或稱《茅盈傳》。九百十六稱李尊《太玄真人茅君內傳》。《隋志》題弟子李遵。《初學記》三十引李遵《太玄真人茅君傳》。《真誥・甄命授第四》云：李中候名遵撰《茅三君傳飛步》。《真誥・協昌期第一》有《答長史諮飛步經》。

仙經

文廷式《補晉書藝文志・神仙家類》《仙經》。《抱朴子・論仙篇》引之。

周公城名疏

文廷式《補晉書藝文志・神仙家類》《周公城名疏》。見《抱朴子・登涉篇》。

杜蘭香傳

文廷式《補晉書藝文志・神仙家類》曹毗《杜蘭香傳》。見本傳。《御覽》卷五百、卷九百八十四兩引之。《類聚》屢引之，題《杜蘭香列傳》，三百九十六引作《曹毗神女杜蘭香傳》。

成公興内傳

文廷式《補晉書藝文志・神仙家類》《成公興内傳》。《御覽》七百九引之。

列仙傳讚

《隋書・經籍志・雜傳類》《列仙傳》三卷。劉向撰鬷續孫綽讚。

鄭樵《通志・藝文略・道家類》《列仙傳贊》三卷。孫綽撰。

文廷式《補晉書藝文志・神仙家類》孫綽《列仙傳讚》三卷。劉向撰，鬷續。今存二卷。

靈人率元子自序

《隋書・經籍志・雜傳類》《靈人率玄子自序》一卷。

《舊唐書・經籍志・雜傳類》《靈人率玄子自序》一卷，辛玄子撰。

《新唐書・藝文志・神仙類》《靈人辛玄子自序》一卷。

鄭樵《通志・藝文略・道家類》《靈人辛元子自序》一卷。

文廷式《補晉書藝文志・神仙家類》《靈人率元子自序》一卷。《隋志・領傳雜》。

列仙傳讚

鄭樵《通志・藝文略・道家類》《列仙傳贊》二卷。郭元祖撰。

文廷式《補晉書藝文志・神仙家類》郭元祖《列仙傳讚》二卷《序》一卷。《真誥・闡幽微第二》録之。今存。

清虚真人裴君内傳

《隋書・經籍志・雜傳類》《清虚真人裴君内傳》一卷。

《新唐書・藝文志・神仙類》鄭雲千《清虚真人裴君内傳》一卷。

鄭樵《通志・藝文略・道家類》《裴元人傳》一卷。鄧子雲撰。

《宋史・藝文志・神仙類》鄧雲子《清虚真人裴君内傳》一卷。

文廷式《補晉書藝文志・神仙家類》《清虚真人裴君内傳》一卷。《真誥》屢引裴靈期語，即此人。

王君傳

文廷式《補晉書藝文志・神仙家類》《王君傳》一卷。見《真誥・翼真檢第二》。

神異經

《新唐書・藝文志・神仙類》 東方朔《神異經》二卷。張華注。

佚名《道藏闕經目録》卷下 《神異經》。二卷。

書酆宮事

文廷式《補晉書藝文志・神仙家類》 楊羲《書酆宮事》一卷。《真誥・翼真檢第二》。

孔安國祕記

文廷式《補晉書藝文志・神仙家補》 《孔安國祕記》。《抱朴子・至理篇》引之。魏晉間僞書往往託之安國，誠不可解。

黄山公記

文廷式《補晉書藝文志・神仙家補》 《黄山一作石公記》。《抱朴子・極言篇》引之。《勤求篇》云：干吉、容嵩、桂帛諸家各著手所編。

華陽子自序

《隋書・經籍志・雜傳類》 《華陽子自序》一卷。

《舊唐書・經籍志・雜傳類》 《華陽子自序》一卷。茅處玄撰。

《新唐書・藝文志・神仙類》 《華陽子自序》一卷。茅處玄。

鄭樵《通志・藝文略・道家類》 華陽子《自序》一卷。

文廷式《補晉書藝文志・神仙家補》 《茅處玄華陽子自序》一卷。見《新唐志》。

搜神記

楊士奇等《文淵閣書目・道書類》 《搜神記》。一部，一册。《搜神記》。一部，一册。

高儒《百川書志・神仙類》 《搜神記》二卷。干寶編。

張國祥《續道藏目録・正一部》 高字號計六卷。《搜神記》。

高士傳

佚名《道藏闕經目録》卷上 《高士傳》。十卷。

錢謙益等《絳雲樓書目・僞書類》 皇甫氏《高士傳》。

穆天子傳

白雲霽等《道藏目録詳注・洞真部》 海字號計十卷。《穆天子傳》。卷一之五共二卷。

靈寶自然九天生神三寶大有金書

白雲霽等《道藏目録詳注・洞真部》 騰字號計十卷。《靈寶自然九天生神三寶大有金書》。一卷。始《青清微天寶章》、《白元禹餘靈寶章》、《玄黄太赤神寶章》。天寶君太洞尊神、靈寶君洞玄尊神、神寶君洞神尊神。故三天寶乃化九天生神也。

周氏冥通記

尤袤《遂初堂書目・道家類》 《周氏冥通記》。

徐𤊹《徐氏家藏書目・道類》 《周氏冥通記》四卷。陶宏景。

白雲霽等《道藏目録詳注・洞真部》 翔字號計十卷。《周氏冥通記》。卷一之四。周子良字元龢，茅山陶隱居之弟子也。

錢謙益等《絳雲樓書目・道藏類》 《冥通記》。一卷。陶宏景。

《四庫全書總目提要・道家類存目》 《冥通記》四卷。内府藏本。梁周子良撰。《隋志》作一卷，《宋志》作十卷，與今本皆不同。然第四卷目録末云：大凡四卷真本書雜色合六十五番，或真或草行。所言乃與今本合，則《隋志》、《宋志》均誤也。首有陶宏景所作《子良傳》，稱子良字元畝，本汝南縣人，寓居丹陽。年十二，從宏景於永嘉，受《仙靈籙》、《老子五千文》、《西嶽公禁虎豹符》。十一年從還茅山，受《五岳圖》、《三星内文》。十四年乙未歲五月二十三日，遂通真靈。後一年卒，年二十。其説荒誕不經。此書所記遇仙之事，起乙未五月十三日，至丙申七月末，逐日縷載，亦宏景《真誥》之流也。然其文頗古雅，時有奥字。黄生《義府》第二卷末附此書《訓釋》一篇，如治堂爲道士之居，瀰淪爲夢魘，道義爲道友，婁羅一作覼縷，猶言委曲。水湯讀爲蕩，謂以水滌器。道子爲弟子，約尺爲壓書尺，五尺爲牀之别名，忛忛爲夢魘鼻中作聲，塸字即甌字，角家爲風角家，壇靖皆爲修道之所，攣屐之攣音洛官反，爲二屐相叠。扆爲横展兩臂，乙爲以墨滅字，甲乙告之爲次第，[illegible]請爲以財事神，登爲登時，栟檔爲安置，傳寫誤從木。畔等爲同伴，扇削爲起屋犯鬼神禁忌，靖檽爲道室之窗，輔病爲口頰病。各有考證，亦頗賅洽。惟薰陸爲乳香，則可不必箋註耳。

真靈位業圖

徐𤊹《徐氏家藏書目・道類》 《真靈位業圖》一卷。陶宏景。

白雲霽等《道藏目録詳注・洞真部》 騰字號計十卷。《洞玄靈寶真靈位業圖》。一卷。梁貞白先生陶弘景纂。内論上真仙聖天人等級分别，宗源條目，果位圖録。

錢謙益等《絳雲樓書目・道藏類》 《真靈位業圖》。一卷。陶宏景。其書依約《真誥》爲之，必是後人附會耳。王司寇之言甚當。

王士禛《漁洋書跋》 《真靈位業圖》。世傳陶貞白所造，然荒唐謬悠可笑。其云長史虞翻，字長翔，武昌人。庚亮江州引爲上佐，不就。此似别一虞翻，非吴之仲翔矣。抑俚鄙誤記時代耶？至以夫子爲太極上真公，顔子爲明晨侍郎；帝舜以服九轉神丹入九疑山得道，夏禹受鍾山真人靈寶九迹法治水；周公爲西明公，召公爲南明公，武主爲鬼官北斗君，又皆傅會吾儒所稱述以自重。如釋氏以至聖先師爲儒童菩薩之類，尤可恨也。弇州固常駁其非通明作，然何物道流，敢于侮聖如此。當墮泥犂地獄，或是林靈素、劉煉一輩所造作耳。

《四庫全書總目提要・道家類存目》 《真靈位業圖》一卷。内府藏本。舊本題梁陶宏景撰。宏景有《真誥》，已著録。《真誥》見於唐《宋志》，朱子謂其竊佛家至鄙至陋者。此書杜撰鑿空，又出《真誥》之下。其用緯書靈威仰、赤熛怒、曜魄寶、含樞紐之名，已屬附會，而易叶光紀爲隱侯局，尤爲無據。至以孔子爲第三左位太極上真公，顔回爲明晨侍郎，秦始皇爲酆都北帝上相，曹操爲太傅，周公爲西明公，比少傅，周武王爲鬼官北斗君，則誕妄殆不足辨。王世貞、胡震亨乃取《真誥》及《玉檢大録》諸書，詳爲考核，殆亦好奇之過矣。

洞仙傳

錢東垣等輯《崇文總目・道書類》 《洞仙傳》九卷。

《新唐書・藝文志・神仙類》 見素子《洞仙傳》十卷。

鄭樵《通志・藝文略・道家類》 《洞仙傳》十卷。見素子撰。

《宋史・藝文志・神仙類》 見素子《洞仙傳》十卷。

范邦甸等《天一閣書目・道家類》 《洞仙傳》一册。藍絲闌鈔本。□□□郎張君房撰進。

佚名《道藏闕經目録》卷上 《洞仙傳》。九卷。

《四庫全書總目提要・道家類存目》 《洞仙傳》一卷。浙江汪汝瑮家藏本。不著撰人名氏。晁、陳諸家書目皆未著録，然《太平廣記》嘗引之。《雲笈七籤》第十卷、第十一卷亦全載其文，則宋以前人作也。所録自元君迄姜伯，凡爲傳七十有七。

元始高上玉檢大録

白雲霽等《道藏目録詳注・洞真部》 騰字號計十卷。《元始高上玉檢大録》。一卷。

上清後聖道君列紀

白雲霽等《道藏目録詳注・洞玄部》 有字號計十卷。《上清後聖道君列紀》。方諸東宮青童君傳弟子王遠遊。上清金闕後聖帝君李元一，諱玄水，字子光，一字山淵。蓋地皇之胄，玄帝時人也。

錢謙益等《絳雲樓書目・道藏類》 《道君列紀》。

道跡靈仙記

白雲霽等《道藏目録詳注・洞玄部》 惟字號計八卷。《道跡(異)〔靈〕仙記》。一卷。《六宫名》第一，《鬼神王》第二，《人卧法》第三，《夜行啄齒法》第四，《太常官吏》第五。

上清高上玉真衆道綜鹽寶諱

白雲霽等《道藏目録詳注・洞玄部》 有字號計十卷。《上清高上玉真衆道綜鹽寶諱》。有符。與《列紀》同卷。内係諸天仙真神人隱諱。

正一法文出官圖

佚名《道藏闕經目録》卷下 《正一法文出官圖》。

華陽陶先生内傳

鄭樵《通志・藝文略・道家類》 《華陽陶先生内傳》三卷。賈嵩撰。

《宋史・藝文志・神仙類》 賈嵩《陶先生傳序》三卷。

范邦甸等《天一閣書目・道家類》 《華陽陶隱居傳》三卷。薛蘿孺子賈嵩撰。

白雲霽等《道藏目録詳注・洞真部》 翔字號計十卷。《華陽陶隱居傳》。三卷。薛蘿孺子賈嵩譔。

錢謙益等《絳雲樓書目・道藏類》 《華陽陶隱居傳》一册。一卷。

樓觀本行傳

鄭樵《通志・藝文略・道家類》 《樓觀本行傳》一卷。

《宋史・藝文志・神仙類》 尹文操《樓觀先師本行内傳》一卷。

太上老君玄元皇帝聖紀

《舊唐書・經籍志・道家類》 《太上老君玄元皇帝聖紀》十卷。尹父操撰。

鄭樵《通志・藝文略・道家類》 《混元聖紀經》一卷。道士尹文操撰。

《宋史・藝文志・道家類》 尹文操《玄元聖記經》十卷。

高士老君内傳

《新唐書・藝文志・神仙家類》 尹喜《高士老君内傳》三卷。

鄭樵《通志・藝文略・道家類》 《老君内傳》三卷。尹喜撰。

錢東垣等輯《崇文總目・道書類》 《老子内傳》三卷。尹喜撰。

廣黄帝本行記

鄭樵《通志・藝文略・道家類》 《廣黄帝本行記》一卷。王瓘撰。

白雲霽等《道藏目録詳注・洞真部》 海字號計十卷。《廣黄帝本行記》。唐閬州晉安縣主簿王瓘進。

錢謙益等《絳雲樓書目・道藏類》 《黄帝本行紀》。《廣黄帝本行經》。

鍾吕傳道記

陳振孫《直齋書録解題・神仙類》 《鍾吕傳道記》三卷。施肩吾撰。敍鍾離權雲房、吕巖洞賓傳授論議。

馬端臨《文獻通考・經籍考・神仙類》 《鍾吕傳道記》三卷。

混元實録

楊士奇等《文淵閣書目・道書類》 《混元實録》。一部，一册。《混元實録》。一部，一册。《混元實録》。一部，一册。《混元實録》。一部，一册。

白雲霽等《道藏目録詳注・洞神部》 川字號計八卷。《太上混元實録》。一卷。太上以上皇元年丁卯下爲周師，到無極元年癸丑去周西度者。此乃鬼谷子、郭子、張天師、葛仙翁等引諸年號以配人問時代者也。歷歷考詳，紀爲真録。

藍關記

范邦甸等《天一閣書目・道家類》 《藍關記》一卷。唐瑶華帝君韓若雲撰。

上清三尊譜録

白雲霽等《道藏目録詳注・洞真部》 騰字號計十卷。《上清三(洞)〔尊〕譜録》。一卷。上清、靈寶、三王、五嶽等譜録。

上清衆經諸真聖秘

白雲霽等《道藏目録詳注・洞玄部》 有字號計十卷。《上清衆經諸真聖秘》。八卷。有符。外國放品，青童内文，上清太上八素真經，高上元始玉皇譜録，太上道君秘旨，黄庭内景訣，并諸聖師真神諱。

孝道吴許二真君傳

白雲霽等《道藏目録詳注・洞玄部》 虞字號計八卷。《孝道吴許二真君傳》。吴猛、許都仙二大真人傳。

上清侍帝晨桐柏真人真圖讚

白雲霽等《道藏目録詳注・洞玄部》 養字號計八卷。《上清侍帝晨桐栢真人真圖讚》。一卷。天台白雲司馬承禎録。

沈隱濟枕中記

錢謙益等《絳雲樓書目・道藏類》《枕中記》。唐沈隱濟記邯鄲呂翁事。李肇稱其有良史才，北宋末人，更有《枕中記》一卷，多載高宗初事，見《通記》。

韓仙傳

《四庫全書總目提要・道家類存目》《韓仙傳》一卷。兩江總督採進本。舊本題唐瑶華帝君韓若雲撰。篇中自序：祖爲韓仲卿，父爲韓會，叔父爲韓愈。即世俗所傳韓湘事，然湘字北渚，不識何以稱韓若雲也。傳中自稱遇呂洞賓傳授得道。考呂巖爲呂渭之孫，當在湘後。何以湘轉師之？又《太平廣記》載「解造逡巡酒，能開頃刻花」，及牡丹瓣上現「雲横秦嶺家何在，雪擁藍關馬不前」句，稱爲愈之疎從自江淮來者，不云即湘。而愈集秦嶺藍關一詩題云「示姪孫湘」，亦不云姪。與此傳皆不合，其爲僞託明矣。元陳櫟跋《韓昌黎畫圖》一篇，辨湘事甚詳，見所作《定宇集》中。

太極左仙公葛君内傳

《新唐書・藝文志・神仙類》呂先生《太極左仙公葛君内傳》一卷。

鄭樵《通志・藝文略・道家類》《太極左仙公葛君内傳》一卷。按《隋志》已有此傳，而《唐》云，呂先生撰。

紫虚元君南岳夫人内傳

《新唐書・藝文志・神仙類》范邈《紫虚元君南岳夫人内傳》一卷。

鄭樵《通志・藝文略・道家類》《紫虚元君南岳夫人内傳》一卷。范邈撰。

《宋史・藝文志・神仙類》范邈《南嶽魏夫人内傳》一卷。

關令尹喜傳

《新唐書・藝文志・神仙類》鬼谷先生《關令尹喜傳》一卷。四皓注。

鄭樵《通志・藝文略・道家類》《關令尹喜内傳》一卷。鬼谷先生撰。

三天法師張君内傳

《新唐書・藝文志・神仙類》王萇《三天法師張君内傳》一卷。

鄭樵《通志・藝文略・道家類》《正一真人三天法師張君内傳》一卷。王萇撰。

九華真妃内記

《新唐書・藝文志・神仙類》《九華真妃内記》一卷。

鄭樵《通志・藝文略・道家類》《九華真妃内記》一卷。

嵩高少室寇天師傳

《新唐書・藝文志・神仙類》宋都能《嵩高少室寇天師傳》三卷。

鄭樵《通志・藝文略・道家類》《嵩高寇天師傳》一卷。宋都能撰。

王喬傳

《新唐書・藝文志・神仙類》《王喬傳》一卷。

鄭樵《通志・藝文略・道家類》《王喬傳》一卷。

顧櫰三《補後漢書藝文志・道家類》《王喬傳》一卷。《後漢書》有傳。《風俗通・俗説》：孝明帝時尚書郎河東王喬遷爲葉令，喬有神術，每月朔嘗詣臺朝。帝怪其數而無車騎，密令太史候望。言其臨至時常有雙鳧從南飛來，因伏伺見鳧舉羅，但得一雙舄耳，使尚方識視四年中所賜尚書官屬履也，每當朝時，葉門鼓不擊自鳴，聞於京師。後天下一玉棺於廳事前，令臣吏試入，終不動摇。喬曰：天帝獨欲召我。沐浴服飾寢其中，蓋便立覆，宿夜葬於城東，土自成墳，縣中牛皆流汗吐舌，而人無知者，號葉君祠。牧子班録，皆先謁拜，吏民祈禱，無不如意。若有違犯，立得禍。明帝迎取其鼓，置都亭下，略無聲音，但云葉公鼓。太史候望在上西門上，遂以占星辰省察氛祥言，此令即仙人王喬者也。謹案《春秋左氏傳》：葉公子高姓沈名諸，梁古者令曰，公忠於社稷，惠恤萬民，方城之外，莫不欣戴。白公勝作亂，葉公自葉而入，與國人攻白公，迎反惠王，整肅官司，退老於葉。及其終也，葉人追思而立祠，功施於民以勞定國，兼其二事，固祀典之所先也。此乃春秋之時，何有近孝明乎？《周書》稱靈王太子晉幼有盛德，聰明博達，師曠與言，弗能尚也。晉年十五，顧而問曰：吾聞太師能知人年之長短也。師曠對曰：女色赤白，女聲清，女色不壽。晉曰：然。吾後三年將上賓於天，女慎無言，禍將及女。其後三年，太子果死。孔子聞之，曰：惜夫，殺吾君也。後世以其自豫知其死，傳稱王子喬仙，或人問仙。揚雄以爲伏羲、神農、黄帝、堯舜殞落，文王葬畢，孔子葬魯城之北，獨不愛其死乎？知非人之所能也。生乎生乎，吾恐名生而實死也。國家畏天之威，思求譴告。故於上西門城上候望，近太史寺丞躬親靈臺位國之陽之安陽門，禱祠齋戒，别在宫中，懼有得失，故參之也。何有伺一飛鳧遂建其處乎？世之矯誣豈一事哉？蔡邕《王子喬碑》：永和元年冬十二月，當臘之時，夜有哭聲，其音甚哀，附居者王伯怪之，明則登而察焉。時天鴻雪下無人徑，有大鳥跡在祭祀處，左右咸以爲神。其後有人著大冠絳單衣杖竹立冢上，呼采薪孺子伊永昌曰：「我王子喬也，勿得取我墳上樹」。忽然不見。時太山令萬喜稽故老之言，感精瑞之應，乃造靈廟以休厥神，於是好道之儔自遠方集，或絃琴以歌太乙，或覃思以歷丹田，知至德之宅兆實真人之祖先延熹八年，皇帝遣使者奉犧牲致禮祇懼之敬肅如也，國相東萊王璋字伯義，以爲神聖所興必有銘表，乃與長史邊乾樹之玄石，紀頌遺烈。《水經注》：蒙城縣有王子喬冢，冢側有碑曰：王子喬者，蓋上世之仙人，聞其仙不知其興於何代也。傳聞道家或云潁川，或云産蒙，初建此城，則有斯丘傳承先民曰王氏墓。櫰三案《香案牘》：武陽山三祠有三王喬：一太子晉，一葉令王喬，一食肉芝王喬。

學道傳

《新唐書・藝文志・神仙類》馬樞《學道傳》二十卷。

鄭樵《通志・藝文略・道家類》《學道傳》二十卷。馬樞撰。

漢武帝別國洞冥記

《新唐書・藝文志・神仙類》郭憲《漢武帝別國洞冥記》四卷。

佚名《道藏闕經目録》卷上《漢武帝別國洞冥記》。四卷。

太上玄元皇帝聖紀

《新唐書・藝文志・神仙類》楊上器注《太上玄元皇帝聖紀》十卷。

鄭樵《通志・藝文略・道家類》《太上混元皇帝聖紀》十卷。楊上器注。

皇天原太上老君現跡記

《新唐書・藝文志・神仙類》《皇天原太上老君現跡記》一卷。文明元年老子降事。

鄭樵《通志・藝文略・道家類》 《皇天原太上老君現跡記》一卷。唐文明元年，現于虢州閿鄉縣皇天原，與豫章人鄔元宗語唐世祚運事。

錢東垣等輯《崇文總目・道書類》 《皇天原太上老君現迹記》一卷。

神仙後傳

《新唐書・藝文志・神仙類》 王方慶《神仙後傳》十卷。

鄭樵《通志・藝文略・道家類》 《神仙後傳》十卷。唐王方慶撰。

馬陰二君内傳

《新唐書・藝文志・神仙類》 孫思邈《馬陰二君内傳》一卷。

鄭樵《通志・藝文略・道家類》 《仙人馬君陰君内傳》一卷。孫思邈撰。

錢東垣等輯《崇文總目・道書類》 《馬陰二君内傳》一卷。孫思邈撰。

神仙内傳

《新唐書・藝文志・神仙類》 道士胡慧超《神仙内傳》一卷。

鄭樵《通志・藝文略・道家類》 《神仙内傳》一卷。唐道士胡慧超撰。

錢東垣等輯《崇文總目・道書類》 《神仙内傳》一卷。胡慧超撰。

晉洪州西山十二真君内傳

《新唐書・藝文志・神仙類》 《晉洪州西山十二真君内傳》一卷。

鄭樵《通志・藝文略・道家類》 《晉洪州西山十二真君内傳》一卷。唐天師胡慧超撰。

趙希弁《讀書附志・神仙類》 《西山十二真君傳》一卷。右晉許遜、吴猛、陳勳、周廣、曾亨、時荷、甘戰、施岑、彭抗、盱烈、鍾離嘉、黄仁覽，皆得道於西山者。政和玉册誥詞在其中。

尤袤《遂初堂書目・道家類》 《西山十二真君列傳》。

錢東垣等輯《崇文總目・道書類》 《晉洪州西山十二真君内傳》一卷。胡慧超撰。

續仙傳

《新唐書・藝文志・神仙類》 沈汾《續神仙傳》三卷。

鄭樵《通志・藝文略・道家類》 《續神仙傳》三卷。唐沈汾撰。

尤袤《遂初堂書目・道家類》 《續仙傳》。

陳振孫《直齋書録解題・神仙類》 《續仙傳》三卷。唐溧水令沈汾撰。或作「玢」。

馬端臨《文獻通考・經籍考・神僊類》 《續仙傳》三卷。

《宋史・藝文志・神仙類》 沈汾《續仙傳》三卷。

楊士奇等《文淵閣書目・張字號・道書類》 《續仙傳》。一部，一册。《續仙傳》。一部，一册。

范邦甸等《天一閣書目・道家類》 《續仙傳》一卷。唐溧水縣令沈汾傳，明黄省曾贊。

徐𤊹《徐氏家藏書目・道類》 《續仙傳》一卷。唐沈汾。黄省曾替。

白雲霽等《道藏目録詳注・洞真部》 海字號計十卷。《續仙傳》。三卷。朝請郎前行溧水縣令沈汾譔。飛昇者一十六人，内女真三人，隱化三十人。

《四庫全書總目提要・道家類》 《續仙傳》三卷。兩淮鹽政採進本。 舊本題唐溧水令沈汾撰。陳振孫《書録解題》曰：汾或作玢。案吴淑《江淮異人録》載有侍御沈汾游戲坐蜕事，亦道家者流，疑即其人。書中記及譚峭，而稱楊行密曰吴太祖，則所謂唐者，南唐也。其書上卷載飛昇一十六人，以張志和爲首；中卷載隱化十二人，以孫思邈爲首；下卷載隱化八人，以司馬承禎爲首。雖其中附會傳聞，均所不免，而大抵因事緣飾，不盡子虚烏有。如張志和見《顔真卿集》，藍采和見《南唐書》，謝自然見《韓愈集》，許宣平見《李白集》，孫思邈、司馬承禎、譚峭各有著述傳世，皆非鑒空。他如馬自然、許碏、戚逍遥、許宣平、李昇、徐釣者、譚峭、李陽冰諸詩，亦頗藉其採録。惟泛海遇仙使、歸師司馬承禎事，上卷以爲女貞謝自然，下卷又以爲女貞焦静真，不應二人同時均有此異。是其虚構之詞，偶忘其自相矛盾者矣。

錢謙益等《絳雲樓書目・道藏類》《續仙傳》一册。重出。見前史傳記類。

錢東垣等輯《崇文總目・道書類》《續仙傳》三卷。沈汾撰。

真系傳

《新唐書・藝文志・神仙類》李渤《真系傳》一卷。

鄭樵《通志・藝文略・道家類》《真系傳》一卷。李渤撰。

尤袤《遂初堂書目・道家類》《真系傳》。

《宋史・藝文志・神仙類》李渤《真系傳》一卷。

佚名《道藏闕經目録》卷下《真係傳》。

錢東垣等輯《崇文總目・道書類》《真系傳》一卷。李渤撰。

茅三君内傳

《新唐書・藝文志・神仙類》李遵《茅三君内傳》一卷。

鄭樵《通志・藝文略・道家類》《太元真人東鄉司命茅君内傳》一卷。唐李遵撰。

錢東垣等輯《崇文總目・道書類》《茅三君内傳》一卷。【原釋】唐李遵撰。見《東觀餘論》。

許遜脩行傳

《新唐書・藝文志・神仙類》道士胡法超《許遜脩行傳》一卷。

鄭樵《通志・藝文略・道家類》《許遜修行傳》一卷。道士胡法超撰。

錢東垣等輯《崇文總目・道書類》《許遜修行傳》一卷。胡法超撰。

洪崖先生傳

《新唐書・藝文志・神仙類》張説《洪崖先生傳》一卷。張氳先生，唐初人。

鄭樵《通志・藝文略・道家類》《洪崖先生傳》一卷。張説撰。

尤袤《遂初堂書目・道家類》《洪厓先生傳》。

錢東垣等輯《崇文總目・道書類》《洪崖先生傳》一卷。張説撰。

胡慧超傳

《新唐書・藝文志・神仙類》沖虚子《胡慧超傳》一卷。失名。慧超，高宗時道士。

鄭樵《通志・藝文略・道家類》《胡慧超傳》一卷。沖虚子撰，慧超，高宗時道士。

錢東垣等輯《崇文總目・道書類》《胡慧超傳》一卷。沖虚子撰。

潘尊師傳

《新唐書・藝文志・神仙類》《潘尊師傳》一卷。師正。

鄭樵《通志・藝文略・道家類》《潘導師傳》一卷。唐武后時人。

《宋史・藝文志・神仙類》《潘尊師傳》一卷。

錢東垣等輯《崇文總目・道書類》《潘真師傳》一卷。沖虚子撰。

洪崖先生別傳

鄭樵《通志・藝文略・道家類》《洪崖先生別傳》一卷。

蔡尊師傳

《新唐書・藝文志・神仙類》《蔡尊師傳》一卷。名南玉，字叔寶，宋祠部尚書廓七世孫，歷金部員外郎，棄官入道。大曆中卒。

鄭樵《通志・藝文略・道家類》《蔡尊師傳》一卷。

葉法善傳

《新唐書・藝文志・神仙類》劉谷神《葉法善傳》二卷。

鄭樵《通志・藝文略・道家類》《葉法善傳》一卷。劉谷神撰。

錢東垣等輯《崇文總目・道書類》《葉君善傳》二卷。劉谷神撰。

謫仙崔少元傳

《新唐書・藝文志・神仙類》正元師《謫仙崔少元傳》二卷。

鄭樵《通志・藝文略・道家類》《謫仙崔少元傳》一卷。唐王元師撰，少元者，崔氏女也。

錢東垣等輯《崇文總目・道書類》《謫仙崔少元傳》二卷。王元師撰。

傳仙宗行記

《新唐書・藝文志・神仙類》陰日用《傳仙宗行記》一卷。仙宗，開元資陽道士。

鄭樵《通志・藝文略・道家類》《傳仙宗行記》一卷。陰日用撰。

吴天師内傳

《新唐書・藝文志・神仙類》謝良嗣《吴天師内傳》一卷。吴筠。

鄭樵《通志・藝文略・道家類》《吴天師内傳》一卷。唐謝良嗣撰。

《宋史・藝文志・神仙類》謝良嗣《中嶽吴天師内傳》一卷。

錢東垣等輯《崇文總目・道書類》《吴天師内傳》一卷。

瞿童述

《新唐書・藝文志・神仙類》温造《瞿童述》一卷。大曆辰溪童子瞿柏庭升仙，造爲朗州刺史，追述其事。

鄭樵《通志・藝文略・道家類》《瞿童述》一卷。温造撰，大曆八年，辰溪童子瞿柏庭於桃源觀升仙。

錢東垣等輯《崇文總目・道書類》《瞿童述》一卷。温造撰。

東極真人傳

《新唐書・藝文志・神仙類》李堅《東極真人傳》一卷。果州謝自然。

鄭樵《通志・藝文略・道家類》《東極真人傳》一卷。李堅撰，記果州謝自然升仙事。

《宋史・藝文志・神仙類》 李堅《東極謝真人傳》一卷。

錢東垣等輯《崇文總目・道書類》 《東極真人傳》一卷。李堅撰。

八仙傳

《新唐書・藝文志・神仙類》 江積《八仙傳》一卷。大中後事。

鄭樵《通志・藝文略・道家類》 《八仙傳》一卷。唐江積撰。

説仙傳

鄭樵《通志・藝文略・道家類》 《説仙傳》一卷。朱思祖撰。

仙隱傳

鄭樵《通志・藝文略・道家類》 《仙隱傳》十卷。周孫夷中撰。

佚名《道藏闕經目録》卷下 《仙隱傳》。十卷。

墉城集仙録

鄭樵《通志・藝文略・道家類》 《墉城集仙録》十卷。杜光庭集古今女子成仙者百九人。

《宋史・藝文志・神仙類》 杜光庭《墉城集仙録》十卷。

范邦甸等《天一閣書目・道家類》 《墉城集仙録》六卷。藍絲闌鈔本。蜀杜光庭撰。

白雲霽等《道藏目録詳注・洞神部》 竭字號計六卷。《墉城集仙録》。卷一之六。廣成先生杜光庭集。仙録所載聖母元君、金母元君、上元夫人、靈華夫人、太真夫人、麻姑、太微玄女、左夫人、東華上房靈妃、此微王夫人、雲林右英夫人、玄女孫夫人、嬰母鉤弋夫人、湘江二妃、洛川宓妃、楊都女、肝母、九天玄女、孫夫人、蠶女、彭女、弄玉女、園客妻、昌容、漢中婦、河間王女、采女、太陽女、太陰女、太玄女、樊夫人、東陵聖女、西河少女，已上皆女真登仙者三十二位。

錢謙益等《絳雲樓書目・道藏類》 《墉城集仙録》十卷。杜光庭。集古今女子成仙者，凡一百九人。

《四庫全書總目提要・道家類存目》 《墉城集仙録》六卷。兩淮鹽政採進本。蜀杜光庭撰。記古今仙女凡三十七人。云「墉城」者，以女仙統於王母，而王母居金墉城也。張君房《雲笈七籤》所載，與此本互異，然此本前數卷皆襲《漢武内傳》、陶宏景《真誥》之文，真僞蓋不可知。疑君房所録爲原本，而此本爲後人雜摭他書砌合成編。然均一荒唐悠謬之談，真僞亦無足深辯耳。

錢東垣等輯《崇文總目・道書類》 《墉城集仙録》十卷。杜光庭撰。

顧櫰三《補五代史藝文志・道家類》 《墉城集僊録》十卷。杜光庭。

仙傳拾遺

鄭樵《通志・藝文略・道家類》 《仙傳拾遺》四十卷。杜光庭撰。

《宋史・藝文志・神仙類》 杜光庭《仙傳拾遺》四十卷。

佚名《道藏闕經目録》卷下 《仙傳拾遺》。四十卷。

錢東垣等輯《崇文總目・道書類》 《仙傳拾遺》四十卷。杜光庭撰。

王氏神仙傳

鄭樵《通志・藝文略・道家類》 《緱氏嶺會真王氏神仙傳》五卷。杜光庭撰。

陳振孫《直齋書録解題・神仙類》 《王氏神仙傳》一卷。杜光庭撰。當王氏有國時，爲此書以媚之。謂光庭有道，吾不信也。

馬端臨《文獻通考・經籍考・神仙類》 《王氏神仙傳》四卷。

顧櫰三《補五代史藝文志・道家類》《王氏神僊傳》一卷。杜光庭。

道教靈驗記

鄭樵《通志・藝文略・道家類》《道教靈驗記》二十卷。杜光庭撰。

陳振孫《直齋書録解題・神仙類》《道教靈驗記》二十卷。蜀道士杜光庭撰。

馬端臨《文獻通考・經籍考・神僊類》《道教靈驗記》二十卷。

《宋史・藝文志・神仙類》杜光庭《道教靈驗記》二十卷。

白雲霽等《道藏目録詳注・洞玄部》常字號計九卷。《道教靈驗記》。卷一之十五。宋徽宗御製，杜光庭撰。宮觀靈驗，老君靈驗，尊像靈驗，真人靈驗，王母將軍神王董子靈驗，經法符籙鍾磬靈驗，法物靈驗，齋醮拜章靈驗。

錢謙益等《絳雲樓書目・道藏類》《靈驗記》。

《四庫全書總目提要・道家類存目》《道教靈驗記》十五卷。兩淮鹽政採進本。蜀杜光庭撰。光庭有《了證歌》，已著録。其書歷述奉道之顯應，以自神其教。凡《宮觀靈驗》三卷，《尊像靈驗》二卷，《天師靈驗》一卷，《真人王母等神靈驗》一卷，《經法符籙靈驗》三卷，《鐘磬法物靈驗》一卷，《齋醮拜章靈驗》二卷。以光庭自序及宋徽宗序考之，尚闕五卷。張君房《雲笈七籤》亦載此書，僅六卷，一百十八條，又節删之本，更非其舊矣。陶岳《五代史補》載：光庭，長安人，僖宗時應九經舉不第，嘗從道士潘尊師遊。會僖宗求可領蜀中道教者，潘薦光庭，遂奉詔披戴，賜號廣成先生。而《青城山志》載元符中彭崇一序，則云光庭字賓聖，京兆杜陵人，與鄭云更應百篇舉不第，入天台爲道士。扈僖宗入蜀，留居青城以卒。其説小異，未詳孰是。然其爲由儒入道則同，故所述皆嫻於文字，較他道家之書詞采可觀。惜其純爲神怪之説，不足據爲典要耳。舊本題曰唐人，考朱子《通鑑綱目》書王建以道士杜光庭爲諫議大夫，而光庭《廣成集》中又有《謝户部侍郎表》，則非惟入蜀，且仕蜀矣。故今改題焉。

顧櫰三《補五代史藝文志・道家類》《道教神驗記》二十卷。杜光庭。

歷代帝王崇道記

鄭樵《通志・藝文略・道家類》《歷代帝王崇道記》一卷。杜光庭撰。

《宋史・藝文志・神仙類》杜光庭《歷代帝王崇道記》一卷。

白雲霽等《道藏目録詳注・洞玄部》惟字號計八卷。《歷代崇道記》。一卷。內言十洲二島洞天福地得道真仙事跡。

錢東垣等輯《崇文總目・道書類》《歷代帝王崇道記》一卷。杜光庭撰。

顧櫰三《補五代史藝文志・道家類》《歷代帝王崇道記》一卷。杜光庭。

道經降代傳授年載記

鄭樵《通志・藝文略・道家類》《道經降代傳授年載記》一卷。杜光庭撰。

《宋史・藝文志・神仙類》杜光庭《道經降傳世授年載圖》一卷。

錢東垣等輯《崇文總目・道書類》《道經降代傳授年載記》一卷。杜光庭撰。

顧櫰三《補五代史藝文志・道家類》《道經傳授年載記》一卷。杜光庭。

混元圖

鄭樵《通志・藝文略・道家類》《混元圖》十卷。唐道士杜光庭撰。

錢東垣等輯《崇文總目・道書類》《混元圖》十卷。杜光庭撰。

顧櫰三《補五代史藝文志・道家類》《混元圖》十卷。杜光庭。

録異記

尤袤《遂初堂書目・道家類》杜光庭《録異記》。

白雲霽等《道藏目録詳注・洞玄部》 恭字號計九卷。《録異記》。卷一之八共四卷。廣成先生杜光庭纂。言仙異、神人各異，言夢異、龍異、虎異、龜異、黿異、蛇異、魚異、洞異、水異、石異、墓異。

二十四化詩

《宋史・藝文志・神仙類》 杜光庭《二十四化詩》一卷。

聖祖歷代應見圖

鄭樵《通志・藝文略・道家類》 《聖祖歷代應見圖》三卷。杜光庭撰。

《宋史・藝文志・神仙類》 杜光庭《應現圖》三卷。

顧懷三《補五代史藝文志・道家類》 《聖祖歷代瑞見圖》三卷。杜光庭。

神仙感遇傳

《宋史・藝文志・神仙類》 《神仙感遇傳》十卷。

范邦甸等《天一閣書目・道家類》 《神仙感遇傳》五卷。藍絲闌鈔本。蜀杜光庭撰。

白雲霽等《道藏目録詳注・洞玄部》 恭字號計九卷。《神仙感遇傳》。五卷。廣成先生杜光庭撰。紀神仙顯化感遇事跡。

錢謙益等《絳雲樓書目・道藏類》 《神仙感遇傳》。五卷。

《四庫全書總目提要・道家類存目》 《神仙感遇傳》五卷。兩淮鹽政採進本。蜀杜光庭撰。記古來遇仙之事。《雲笈七籤》所載凡四十四條，此本凡七十五條，然第五卷末尚有闕文，不知凡佚幾條也。

東瀛子

顧懷三《補五代史藝文志・道家類》 《東瀛子》一卷。杜光庭。

洞玄靈寶三師記

白雲霽等《道藏目録詳注・洞玄部》 有字號計十卷。《洞玄靈寶三師記》。廣成先生劉處静撰。經、籍、度爲三師之稱。蓋經師南嶽上清大洞田君，諱虛應，字良逸，齊國人也；籍師天台山桐栢觀上清大洞三徵君馮君，諱惟良，長樂人也；度師天台山道元院上清大洞道元先生賜紫應君，諱夷節，字適中，東陽郡人也。

天壇王屋山聖跡記

白雲霽等《道藏目録詳注・洞神部》 不字號計九卷。《天壇王屋山聖跡記》。唐廣成先生杜光庭撰。

太元金闕三洞八景陰陽仙班朝會圖

鄭樵《通志・藝文略・道家類》 《太元金闕三洞八景陰陽仙班朝會圖》五卷。孫光憲撰。

鄭樵《通志・圖譜略・記有》 《仙班朝會圖》。

《宋史・藝文志・神仙類》 《仙班朝會圖》五卷。

佚名《道藏闕經目録》卷上 《太玄都金闕三洞八景陰陽仙班朝會圖》。

錢東垣等輯《崇文總目・道書類》 《太元金闕三洞八景陰陽仙班朝會圖》五卷。

顧懷三《補五代史藝文志・道家類》 《太元金闕三洞八景陰陽僊班朝會圖》

五卷。孫光憲撰。

賓仙傳

鄭樵《通志・藝文略・道家類》《賓仙傳》三卷。何光遠撰。

《宋史・藝文志・神仙類》晞暘子《賓仙傳》三卷。

錢東垣等輯《崇文總目・道書類》《賓仙傳》一卷。

顧櫰三《補五代史藝文志・道家類》《賓僊傳》三卷。何光遠撰。

湖湘神仙顯異

鄭樵《通志・藝文略・道家類》《湖湘神仙顯異》三卷。

尤袤《遂初堂書目・道家類》《湖湘顯異》。

顧櫰三《補五代史藝文志・道家類》《湘湖神僊顯異傳》三卷。曹衍撰。

逍遥大師問政先生聶君傳

鄭樵《通志・藝文略・道家類》《逍遥大師問政先生聶君傳》一卷。徐鍇撰。

顧櫰三《補五代史藝文志・道家類》《問政先生聶君傳》一卷。徐鍇撰。

仙苑編珠

鄭樵《通志・藝文略・道家類》《仙苑編珠》一卷。王松年撰。

尤袤《遂初堂書目・道家類》《仙苑編珠》。

馬端臨《文獻通考・經籍考・神僊類》《仙苑編珠》二卷。

楊士奇等《文淵閣書目・道書類》《仙苑編珠》。一部，一册。《仙苑編珠》。一部，一册。《仙苑編》。一部，一册。

《宋史・藝文志・神仙類》王松年《仙苑編珠》一卷。

范邦甸等《天一閣書目・道家類》《仙苑編珠》三卷。藍絲闌鈔本。後唐王松年撰。

白雲霽等《道藏目録詳注・洞玄部》惟字號計八卷。《仙苑編珠》。三卷。天台道士王松年撰。

《四庫全書總目提要・道家類存目》《仙苑編珠》三卷。浙江汪啓淑家藏本。舊本題唐王松年撰。松年，天台道士，《文獻通考》作唐人，然書中有梁開成二年事，則已入五代矣。是書以古來聖帝明王竝在仙籍，與後世修真好道者竝數得三百餘人。倣蒙求體，以四字比韻，撮舉事要，而附箋註於下。《通考》作二卷，又序文及《通考》所舉人數，皆與今書不符，或後人有所附益歟？

上清天中真鑑録

鄭樵《通志・藝文略・道家類》《上清天中真鑑録》一卷。王松年撰。

佚名《道藏闕經目録》卷上《上清天中真境録》。三卷。

太極左仙公神仙本起内傳

《宋史・藝文志・神仙類》吴先主孫氏《太極左仙公神仙本起内傳》一卷。

佚名《道藏闕經目録》卷上《洞玄靈寶太極左仙公神仙本起内傳》。

緱嶺會真傳

顧櫰三《補五代史藝文志・道家類》《緱嶺會真傳》一卷。

神和子傳

顧櫰三《補五代史藝文志・道家類》《神和子傳》一卷。陳希夷撰。

太上説玄天大聖真武本傳神咒妙經

白雲霽等《道藏目録詳注・洞神部》孝字號計九卷。《太上説玄天大聖真武本傳神咒妙經》。内載金闕詔文。

翊聖保德真君傳

鄭樵《通志・藝文略・道家類》《翊聖保德真君傳》三卷。宋朝王欽若撰，建隆中有神降于燕南山，告符命之事，故加以號焉。

《宋史・藝文志・神仙類》王欽若《翊聖保德傳》三卷。

白雲霽等《道藏目録詳注・正一部》陛字號計九卷。《翊聖保德傳》。三卷。宋仁宗御製翊聖應感儲慶保德傳序。

《四庫全書總目提要・道家類存目》《翊聖保德傳》三卷。兩淮鹽政採進本。宋王欽若撰。欽若爵里事蹟具《宋史》本傳。初，澶淵之役，欽若忌寇準功，以孤注之説進，真宗以爲恥，乃謀以符命誇四裔，於是天書之事起。東封西祀，諸説竝興。欽若嘗自言少時見天中赤文成「紫薇」二字。復於褒城道見異人，告以他日當位至宰相，視其刺，乃唐裴度。自以爲深達道教，遂創修醮儀，領校道書，凡增六百餘卷。復自著道書數種，此傳其一也。傳中所言，翊聖真君降盩厔民張守真家，太祖、太宗皆崇信之，事殊怪妄。蓋自張魯之教有三官，天、地之外，獨有水官，而木、金、火、土不與。故道家獨尊元武。此所謂翊聖真君，即元武也。欽若，小人，借神怪之説以固寵，不足多責。至著而爲書，則無忌憚之甚矣。

錢東垣等輯《崇文總目・道書類》《翊聖保德真君傳》三卷。

真宗得道録

鄭樵《通志・藝文略・道家類》《真宗得道録》一卷。王欽若撰。

先天紀

鄭樵《通志・藝文略・道家類》《先天紀》三十六卷。王欽若撰。

馬端臨《文獻通考・經籍考・神僊類》《先天記》三十六卷。

《宋史・藝文志・神仙類》王欽若《先天紀》三十六卷。

佚名《道藏闕經目録》卷上《先天紀》。三十六卷。

三才定位圖

鄭樵《通志・圖譜略・記有》《三才定位圖》。

白雲霽等《道藏目録詳注・洞真部》調字號計十卷。《三才定位圖》。張商英進。

皇宋拾遺仙傳

趙希弁《讀書附志・神仙類》《皇宋拾遺仙傳》一卷。右陳希夷、張虚静、朱觀妙、徐神公、王侍宸、劉静一、趙道翁、皇甫清虚之事蹟也。其中所載御製及誥詞與夫詩記之類爲多。

降聖記

馬端臨《文獻通考・經籍考・神仙類》《降聖記》五十卷。晁氏曰：皇朝丁謂撰。大中祥符五年十月十七日，聖祖降七年，謂請編次事跡。詔李維、宋綬、晏殊同編，天禧元年上之。

《宋史・藝文志・神仙類》丁謂《降聖記》三十卷。

章獻明肅皇后受上清畢法籙記

白雲霽等《道藏目録詳注・洞神部》孝字號計九卷。《章獻明肅皇后受上清畢法籙記》。《本傳》三經同卷。師壇度師上清大洞法師賜紫臣朱自英撰。

天真示現記

《宋史・藝文志・神仙類》徽宗《天真示現記》三卷。

集仙録

王圻《續文獻通考・經籍考・道家類》《集仙録》。徐夢莘著。

真武靈應真君增上佑聖尊號册文

白雲霽等《道藏目録詳注・洞神部》孝字號計九卷。《真武靈應真君增上佑聖尊號册文》。大觀二年戊子三月，增上佑聖尊號册文。

集仙傳

鄭樵《通志・藝文略・道家類》《集仙傳》十卷。

陳振孫《直齋書録解題・神仙類》《集仙傳》十二卷。曾慥撰。自岑道願而下一百六十二人。

馬端臨《文獻通考・經籍考・神僊類》《集仙傳》十二卷。

楊士奇等《文淵閣書目・道書類》《集仙傳》。一部，二冊。

《四庫全書總目提要・道家類存目》《集仙傳》十五卷。江蘇巡撫採進本。不著撰人名氏。《書録解題》載《集仙傳》十二卷，曾慥撰。稱其書記岑道願而下一百六十二人。今《説郛》所載，雖非完本，然與此書體例迥殊，知非慥作。焦竑《國史經籍志》載《集仙傳》十卷，亦不著撰人名氏。竑書鈔本、刊本皆多譌誤，豈「十」字下脱一「五」字歟？此書所載皆唐事，每條各註出典，如《太平廣記》之例。以《廣記》核之，無不符合。蓋即好事者從《廣記》鈔出耳。

元始天尊説北方真武妙經

白雲霽等《道藏目録詳注・洞真部》昃字號計十一卷。《元始天尊説北方真武妙經》。一卷。

江淮異人録

鄭樵《通志・藝文略・道家類》《江淮異人録》三卷。宋朝吴淑撰。

白雲霽等《道藏目録詳注・洞玄部》惟字號計八卷。《江淮異人録》。一卷。

總仙記

鄭樵《通志・藝文略・道家類》《總仙記》一百三十卷。宋朝樂史撰。

《宋史・藝文志・神仙類》 樂史《總仙祕録》一百三十卷。

佚名《道藏闕經目録》卷下 《總仙記》。一百三十七卷。

王圻《續文獻通考・經籍考・道家類》《總仙記》一百四十卷。知黄州樂黄目集。

錢東垣等輯《崇文總目・道書類》《總仙記》一百三十卷。樂史撰。

洞仙集

尤袤《遂初堂書目・道家類》 樂史《洞仙集》。

疑仙傳

鄭樵《通志・藝文略・道家類》《疑仙傳》三卷。

尤袤《遂初堂書目・道家類》《疑仙傳》。

徐𤊹《徐氏家藏書目・道類》《疑仙傳》一卷。王簡。

范邦甸等《天一閣書目・道家類》《疑仙傳》三卷。藍絲闌鈔本。隱夫玉簡撰。

白雲霽等《道藏目録詳注・洞真部》 翔字號計十卷。《疑仙傳》。上、中、下同卷。隱夫王簡譔。

錢謙益等《絳雲樓書目・道藏類》《疑仙傳》一册。

《四庫全書總目提要・道家類存目》《疑仙傳》三卷。兵部侍郎紀昀家藏本。舊本題隱夫玉簡撰，不著名氏。諸書或引作王簡，字形相似，莫能詳也。亦不著時代。中卷「朱子真趙穎」一條，稱鑾輿將幸蜀，忽失子真，穎服其藥，果得二百餘歲。考唐元宗、僖宗皆嘗幸蜀。即以元宗幸蜀計之，自天寶十四載乙未，下推二百餘年，亦當乾德、開寶之間，知爲宋人所撰矣。所録凡二十二人，皆開元以後事。前有自序，稱不敢便以神仙爲名，因目之曰《疑仙傳》。其詞皆宂沓拙陋，或不成文，殆粗知字義者所爲。雖宋人舊本，無足採録也。

錢東垣等輯《崇文總目・道書類》《疑仙傳》一卷。《通志畧》不著撰人。

聶鍊師傳

錢東垣等輯《崇文總目・道書類》《鍊師傳》一卷。吴淑撰。

鄭樵《通志・藝文略・道家類》《聶鍊師傳》一卷。宋朝吴淑撰，記僞吴道士聶紹元事。

南嶽九真人傳

鄭樵《通志・藝文略・道家類》《南嶽九真人傳》一卷。

范邦甸等《天一閣書目・道家類》《南嶽九真人傳》一卷。藍絲闌鈔本。奉議郎騎都尉賜緋魚袋廖侁撰。

白雲霽等《道藏目録詳注・洞玄部》 虞字號計八卷。《南嶽九真人傳》。廖侁撰。

東華司命楊君傳

鄭樵《通志・藝文略・道家類》《東華司命楊君傳》一卷。

《宋史・藝文志・神仙類》《司命楊君傳記》一卷。

白雲霽等《道藏目録詳注・正一部》 群字號計十二卷。《侍帝晨東華上佐司命楊君傳記》。二卷。紫清上宫九華真妃受經姓楊諱羲，和南嶽夫人之弟子許仙矦及帝晨，度經之師也。君與紫微夫人有仙録，邂逅之會，酬和仙詩隱顯之迹，靈奇玄妙紀述傳中。

海陵三仙傳

《宋史・藝文志・神仙類》 王禹錫《海陵三仙傳》一卷。

范邦甸等《天一閣書目・道家類》 《海陵三仙傳》一卷。藍絲闌鈔本。宋通直郎僉書鎮江軍節度判官廳公事賜緋魚袋王禹錫撰。

錢謙益等《絳雲樓書目・道藏類》 《海陵三仙傳》。宋人記徐神翁周恪唐甘弼三人之事。

混元聖紀

白雲霽等《道藏目録詳注・洞神部》 與字號計九卷。《混元聖紀》。卷一之九。宋觀復大師高士謝守灝編。論太上老君乃大道之宗祖，三才之根本。隨方設教，歷刦爲師，隱顯有無，罔得而測，如是垂世立教。應現之迹昭昭然若日月，其可無紀述乎？幸高士謝君備考《仙鑑》、《總仙傳》、《猶龍傳》、《列仙》諸傳，編成八百二十章，名曰《混元聖紀》。

太上老君年譜要略

白雲霽等《道藏目録詳注・洞神部》 敬字號計十卷。《太上老君年譜要略》。永喜謝守灝編集。譜考太上在天皇時降世號通玄天師起，以至三皇五帝，夏、商、周、秦、漢、晉、宋，歷代爲帝王師，顯迹《年譜要略》紀。

太上混元老子史略

白雲霽等《道藏目録詳注・洞神部》 敬字號計十卷。《太上混元老子史略》。三卷。謝守灝編。言太上老君乃應號治世，爲上三皇師、中三皇師、下三皇師、五帝師，從開闢至虞舜間，爲師不絶。經二百七十五萬八千四百餘年，老君嘗命宛委山之神玄(以)夷使者，受禹玉書，編得治水之(述)〔術〕，登位統天之道，述紀斯篇。

三茅真君加封事典

白雲霽等《道藏目録詳注・洞真部》 致字號計十一卷。《三茅真君加封事典》。二卷。張大淳編。

高道傳

尤袤《遂初堂書目・道家類》 《高道傳》。

《宋史・藝文志・神仙類》 賈善翔《高道傳》十卷。

佚名《道藏闕經目録》卷下 《高道傳》。十卷。

老子猶龍傳

鄭樵《通志・藝文略・道家類》 《老子猶龍傳》三卷。賈善翊撰。

高似孫《子略》卷二 賈善翊。《老子傳》三卷。

《宋史・藝文志・神仙類》 賈善翔《猶龍傳》三卷。

楊士奇等《文淵閣書目・張字號・道書類》 《猶龍傳》。一部，一册。《猶龍傳》。一部，一册。《猶龍傳》。一部，一册。

白雲霽等《道藏目録詳注・洞神部》 敬字號計十卷。《猶龍傳》。卷一之六。左街都監同僉書教門公事崇德悟真大師賈善淵編。傳內言太上起無始，禀自然，見真身，啓師資。歷刦運，造天地，興靈篇撰仙圖經，蘊爲帝師，降生年代明宗緒七十二相八十一好，爲柱史。去周試徐甲，度關試關令、試關令。《道德》二篇等要典籍，皆叙述傳內。

徐神翁語録

尤袤《遂初堂書目・道家類》《徐神翁語録》。

《宋史・藝文志・神仙類》朱宋卿《徐神翁語録》一卷。

白雲霽等《道藏目録詳注・正一部》席字號計八卷。《虛靖沖和先生徐神公語録》。二卷。天慶觀道士苗希頤集。乃真人顯道至言。

三洞羣仙録

范邦甸等《天一閣書目・道家類》《三洞羣仙録》十卷。藍絲闌鈔本。宋陳葆光撰。

白雲霽等《道藏目録詳注・正一部》設字號計十卷。《三洞羣仙録》。卷一之十。正一道士陳葆光撰集。言上古大羅天仙，始自盤古以及歷代飛昇登天神仙真人等第，分爲三洞。《三洞羣仙籙》。卷十一之二十。正一道士陳葆光撰集。

《四庫全書總目提要・道家類存目》《三洞羣仙録》二十卷。浙江吴玉墀家藏本。宋陳葆光撰。葆光，江陰道士。是書採摭古來仙人事實集爲四字儷語，而自註之。蓋王松年《仙苑編珠》之續。然所載但取怪異，不盡仙人事也。

許真君人十五化録

白雲霽等《道藏目録詳注・洞玄部》虞字號計八卷。《許真君人十五化録》。三卷。西山勇悟真人施岑編。

錢謙益等《絳雲樓書目・道藏類》《許真君八十五化録》一册。

太上説玄天上帝真武傳神咒妙經注

白雲霽等《道藏目録詳注・洞神部》陰字號計九卷。《太上説玄天上帝真武本傳神呪妙經註》。卷一之六。劇人方田子佩昇玄内教籙陳伀集疏。

唐葉真人傳

白雲霽等《道藏目録詳注・洞神部》孝字號計九卷。《唐葉真人傳》。一卷。真人姓葉，名法善，字道元，一字太素，本南陽人也。大唐開元年登仙，闡教度人事實紀述傳内。

錢謙益等《絳雲樓書目・道藏類》《廣葉真人傳》。一册，三卷。

地祇上將温太保傳

白雲霽等《道藏目録詳注・洞神部》孝字號計九卷。《地祇上將温太保傳》。《補遺》附。黄公瑾述。太保姓温名瓊，字子玉，乳名卓郎，温州平陽人也。蓋太保威靈顯化傳内甚詳。

亳州太清宫混元皇帝變見靈跡圖

鄭樵《通志・藝文略・道家類》《亳州太清宫混元皇帝變見靈跡圖》一卷。薛玉撰。

修真登昇三十六天位圖

鄭樵《通志・藝文略・道家類》《修真登昇三十六天位圖》一卷。

佚名《道藏闕經目録》卷上《道門修真登昇三十六天位圖》。

萬靈朝真圖

鄭樵《通志・藝文略・道家類》《萬靈朝真圖》五卷。
又《圖譜略・記有》《萬靈朝真圖》。
佚名《道藏闕經目録》卷上《新集萬靈朝真圖》。五卷。

三皇真形圖

鄭樵《通志・藝文略・道家類》《三皇真形圖》一卷。
又《圖譜略・記有》《三皇真形圖》。
佚名《道藏闕經目録》卷上《洞神三皇真形圖》。有畫。

森羅萬象北斗星君圖

鄭樵《通志・藝文略・道家類》《森羅萬象北斗星君圖》一卷。
佚名《道藏闕經目録》卷下《森羅萬像北斗星君圖》。

列宿朝真圖

鄭樵《通志・圖譜略・記有》《列宿朝真圖》。
佚名《道藏闕經目録》卷上《列宿朝真圖》。

五帝修行圖

鄭樵《通志・圖譜略・記無》《五帝修行圖》。

二十八宿下降真(刑)〔形〕圖

鄭樵《通志・圖譜略・記無》《二十八宿真形圖》。
錢東垣等輯《崇文總目・道書類》《二十八宿下降真(刑)〔形〕圖》一卷。

裴元人傳

錢東垣等輯《崇文總目・道書類》《裴元人傳》一卷。

老子開天紀

錢東垣等輯《崇文總目・道書類》《老子開天紀》一卷。

八仙圖

鄭樵《通志・藝文略・道家類》《八仙圖》一卷。鄭氏撰。
又《圖譜略・記無》《八仙圖》。
錢東垣等輯《崇文總目・道書類》《八仙圖》一卷。

神仙纂要録

鄭樵《通志・藝文略・道家類》《神仙纂要録》一卷。

錢東垣等輯《崇文總目・道書類》《神仙纂要録》一卷。

玉清祕籙

鄭樵《通志・藝文略・道家類》《玉清祕籙》二十卷。

又《玉清祕録》二十卷。太白山冲隱子集。

佚名《道藏闕經目録》卷上《玉清祕録》。二十卷。

錢東垣等輯《崇文總目・道書類》《玉清秘録》二十卷。冲隱子撰。

黄帝内傳

鄭樵《通志・藝文略・道家類》《黄帝内傳》三卷。又，一卷。

《宋史・藝文志・神仙類》《黄帝内傳》一卷。籛鏗得於石室。

仙史類辭

鄭樵《通志・藝文略・道家類》《仙史類辭》十卷。

佚名《道藏闕經目録》卷下《仙史類辭》。十卷。

劉真人内傳

錢東垣等輯《崇文總目・道書類》《劉真人内傳》一卷。

鄭樵《通志・藝文略・道家類》《劉真人内傳》一卷。漢王珍遇劉根事。

《宋史・藝文志・神仙類》《劉真人傳》一卷。

桐柏真人升仙太子内傳

鄭樵《通志・藝文略・道家類》《桐柏真人升仙太子内傳》一卷。

雲中先生内傳

鄭樵《通志・藝文略・道家類》《雲中先生内傳》一卷。

尤袤《遂初堂書目・道家類》《王雲中内傳》。

許氏神仙内傳

鄭樵《通志・藝文略・道家類》《許氏神仙内傳》二卷。

漢天師内傳

鄭樵《通志・藝文略・道家類》《漢天師内傳》一卷。

樓觀内傳

鄭樵《通志・藝文略・道家類》《樓觀内傳》三卷。尹軌、韋節等撰。

錢東垣等輯《崇文總目・道書類》《樓觀内傳》二卷。

青城山羅真人記

鄭樵《通志・藝文略・道家類》《青城山羅真人記》一卷。

劉君内記

鄭樵《通志・藝文略・道家類》《劉君内記》一卷。王珍撰。

太上真人内記

鄭樵《通志・藝文略・道家類》《太上真人内記》一卷。李氏撰。

陸先生傳

鄭樵《通志・藝文略・道家類》《陸先生傳》一卷。孔稚珪撰。

陳述《補南齊書藝文志・道家類》《陸先生傳》一卷。金紫光禄大夫孔稚珪撰。

見《通志略》，今佚。按此書各家並不著録。陸先生者，亦不知爲誰何也。別撰有褚先生《百玉碑》，今存《藝文類聚》三十七《人部》。

《南齊書》本傳：稚珪字德璋，會稽山陰人也。少學涉有美譽，太守王僧虔見而重之，引爲主簿。太祖以稚珪有文翰，取爲記室參軍，與江淹對掌辭筆。風韻清疎，好文詠，飲酒七八斗與外兄張融情趣相得，不務世務，居宅勝營山水，憑几獨酌。門庭之内，草萊不剪，卒贈金紫光禄大夫。

成仙君傳

鄭樵《通志・藝文略・道家類》《成仙君傳》一卷。

《宋史・藝文志・神仙類》《成仙君傳》一卷。

老君傳

鄭樵《通志・藝文略・道家類》《老君傳》一卷。

蘇耽傳

鄭樵《通志・藝文略・道家類》《蘇耽傳》一卷。漢人。

錢東垣等輯《崇文總目・道書類》《蘇耽傳》一卷。

顧櫰三《補後漢書藝文志・道家類》《蘇耽傳》一卷。蘇仙公者，桂陽人也。漢文帝時得道。先生早喪所怙，鄉中以仁孝聞，宅在郡城東北，出入往來不避燥濕，至於食物不憚精粗。先生家貧，常自牧牛，與里中小兒更日爲牛郎。先生牧之牛，則徘徊側近，不驅自歸。餘小兒牧牛，則四散跨岡越險。諸兒問曰：爾何術也？先生曰：非汝輩所知。嘗與母共食，母曰：食無鮓，它日可往市鮓也。先生以箸插飯中，攜錢而去斯須即以鮓至，母食未畢。母曰：何處買來？對曰：便縣市也。母曰：便縣去此一百二十里，道途極險，往來遲至，汝欺我也。欲杖之。先生跪曰：買鮓之時，見舅在市，與我語曰：明日來此，請待舅至，以驗虚實。母遂寬之。明曉舅果到，云：昨見先生便縣買鮓。母即驚駭，方知其神異。先生曾持一竹杖，時人謂曰蘇生竹杖，固是龍也。數歲之後，先生灑掃門風，修飾牆宇。友人曰：有何邀迎？答曰：仙侶當降。俄頃之間，乃見西北隅紫氣氤氳，有數十白鶴飛翔其中，翩翩然降於蘇氏之門，皆化爲少年，儀形端美如十八九歲人，怡然輕舉。先生斂容逢迎，乃跽白母曰：某受命當仙，被召有期，儀衛已至，當違色養，即便拜辭，母子欷歔。母曰：汝去之後，使我如何存活？先生曰：明歲天下疾疫，庭中井水，檐前橘樹，可以代養。井水一升，橘葉一枚，可療一人，兼封一櫃留之。有所缺乏，可以叩櫃，言之所須當至，慎勿開也。言畢踟躕顧望，聳身入雲。紫雲捧足翱翔，羣鶴昇雲而去。來年果有疾疫，遠近悉求母療，皆以水及橘葉，無不愈者，有所缺乏，即叩櫃所説即至。三年之後，母心疑，因即開之，見雙白鶴飛去，自後叩之，無復有應。母年歲盡，一旦無疾而終。鄉人共葬之如世人之禮，葬後忽見州東北山牛脾山紫雲蓋上，有號哭之聲，咸知蘇君之神也。郡守鄉人皆就山弔慰，但聞哭聲，不見其形。鄉人苦請相見，空中答曰：出俗日久，形貌殊凡，若當露見，誠恐驚怪。固請不已，即出半面，示一手，皆有細毛，異常人也。因謂郡守鄉人曰：遠勞見慰，途徑險阻，可從直路而還，不須回顧。言畢即見橋亘嶺旁直至郡城。行次有一官吏輒回顧，遂失橋所在，墜落河濱，乃見一赤龍於橋下宛轉而去。先生哭處有桂竹兩枝，無風自掃，其地恒浄。三年之後，無復哭聲也。因見白鶴常在嶺上，遂改牛脾山爲白鶴嶺。自後有白鶴來止郡城東北樓上，或挾彈彈之，鶴以爪攫樓板以黍書：城郭非人民，非三百甲子一來歸。吾是蘇君，彈我何爲？至今脩道之人，每至甲子日，焚香禮於蘇君之第也。桂陽先賢畫贊蘇耽，嘗聞夜有衆賓來，耽告母曰：人招耽去，已種藥後園，梅樹下治百病，一葉愈一人，賣，此藥足以供養。

成武丁傳

鄭樵《通志・藝文略・道家類》《成武丁傳》附。

劉善慶傳

鄭樵《通志・藝文略・道家類》《劉善慶傳》一卷。劉珍字善慶。

錢東垣等輯《崇文總目・道書類》《劉善慶傳》一卷。

侯真人傳

鄭樵《通志・藝文略・道家類》《侯真人傳》一卷。盧播撰。

尤袤《遂初堂書目・道家類》《侯真人傳》。

《宋史・藝文志・神仙類》盧潘《侯真人傳》一卷。

零陵先賢傳

鄭樵《通志・藝文略・道家類》《零陵先賢傳》一卷。

陶弘景傳

鄭樵《通志・藝文略・道家類》《陶弘景傳》一卷。

三茅處士王潛傳

鄭樵《通志・藝文略・道家類》《三茅處士王潛傳》一卷。

九天玄女傳

鄭樵《通志・藝文略・道家類》《九天玄女傳》一卷。

九天採訪真君傳

鄭樵《通志・藝文略・道家類》《九天採訪真君傳》一卷。

成都山望仙宫十真記

鄭樵《通志・藝文略・道家類》《成都山望仙宫十真記》一卷。

《宋史・藝文志・神仙類》《十真記》一卷。

錢東垣等輯《崇文總目・道書類》《成都山望仙宫十真記》一卷。

委羽山人有空明天真人司馬君傳

鄭樵《通志・藝文略・道家類》《委羽山人有空明天真人司馬君傳》一卷。

李先生傳

鄭樵《通志・藝文略・道家類》《李先生傳》一卷。

顧櫰三《補後漢書藝文志・道家類》《李先生傳》。李意期者蜀人。劉先生欲伐吴，報關羽之死，使迎意期，至甚敬之，問伐吴吉凶。意期不答，求紙畫作兵馬器仗十數萬，乃一一裂壞之，又畫一大人掘地埋之，乃逕去。備不悦，後果爲吴軍所敗，十餘萬纔數百人得還。先生忿怒，遂崩於永安宫。意期少言，人有所問，略不對答。蜀有憂患往問之，吉凶自有常候，但占其顔色，若歡悦則善，慘戚則惡。後入琅邪山不復見出也。裴松之《三國志注》。櫰三案道書名目煩猥，見於甄鸞《笑道》及《抱朴子》所引者凡千餘卷，皆依託謬誕，與佛經無異，概不著録。

王仙聖母傳

鄭樵《通志・藝文略・道家類》《王仙聖母傳》一卷。

謝自然别傳

鄭樵《通志・藝文略・道家類》《謝自然别傳》三卷。

廣成先生劉天師傳

鄭樵《通志・藝文略・道家類》《廣成先生劉天師傳》一卷。趙橹撰。

華頂先生張天師本傳

鄭樵《通志・藝文略・道家類》《華頂先生張天師本傳》一卷。

桐栢真人王君外傳

鄭樵《通志・藝文略・道家類》《桐栢真人王君外傳》一卷。

《宋史・藝文志・神仙類》王褒《桐柏真人王君外傳》一卷。

漢天師外傳

鄭樵《通志・藝文略・道家類》《漢天師外傳》一卷。

賀蘭先生傳

鄭樵《通志・藝文略・道家類》《賀蘭先生傳》一卷。

碧虚先生傳

鄭樵《通志・藝文略・道家類》《碧虚先生傳》一卷。

江西續仙録

鄭樵《通志・藝文略・道家類》《江西續仙録》一卷。

尤袤《遂初堂書目・道家類》《江西續仙録》。

申儒先遇神和子傳

鄭樵《通志・藝文略・道家類》《申儒先遇神和子傳》一卷。

老君始終記

鄭樵《通志・藝文略・道家類》《老君始終記》一卷。

佚名《道藏闕經目録》卷上《太上混元上德皇帝始終記》。

混元皇帝升天記

鄭樵《通志・藝文略・道家類》《混元皇帝升天記》一卷。

老子出塞記

鄭樵《通志・藝文略・道家類》《老子出塞記》一卷。宣虞撰。

《宋史・藝文志・神仙類》《老君出塞記》一卷。

佚名《道藏闕經目録》卷下《太上老君出塞記》。

錢東垣等輯《崇文總目・道書類》《老子出塞記》一卷。宣虞撰。

開元天記

鄭樵《通志・藝文略・道家類》《開元天記》一卷。

尹喜本行記

鄭樵《通志・藝文略・道家類》《尹喜本行記》一卷。

《宋史・藝文志・神仙類》《尹真人本行記》一卷。

錢東垣等輯《崇文總目・道書類》《尹喜本行記》一卷。

邊洞元升天記

鄭樵《通志・藝文略・道家類》《邊洞元升天記》一卷。

道教經記

鄭樵《通志・藝文略・道家類》《道教經記》一卷。

錢東垣等輯《崇文總目・道書類》《道教記》一卷。

神光寺聖跡記

鄭樵《通志・藝文略・道家類》《神光寺聖跡記》一卷。

錢東垣等輯《崇文總目・道書類》《神光寺聖跡記》一卷。

紀聖賦

鄭樵《通志・藝文略・道家類》《紀聖賦》一卷。

佚名《道藏闕經目録》卷下《紀聖賦》。

錢東垣等輯《崇文總目・道書類》《紀聖賦》一卷。

元化圖

鄭樵《通志・藝文略・道家類》《元化圖》一卷。朱閑集，敍福地十洲之地。

又《圖譜略・記無》《元化圖》。

錢東垣等輯《崇文總目・道書類》《元化圖》一卷。

太上老君青羊肆瑞甎應見記

鄭樵《通志・藝文略・道家類》《太上老君青羊肆瑞甎應見記》一卷。

佚名《道藏闕經目録》卷下《太上老君青羊符瑞記》。二卷。

道源宗師圖

鄭樵《通志・圖譜略・記有》《道源宗師圖》。

青城山靈異記

尤袤《遂初堂書目・道家類》《青城山靈異記》。

佚名《道藏闕經目録》卷下《青城山神仙靈異記》。三卷。

陳真人傳

尤袤《遂初堂書目・道家類》《陳真人傳》。

唐吴簡傳

尤袤《遂初堂書目・道家類》《唐吴簡傳》。

瀨鄉記

尤袤《遂初堂書目・道家類》《瀨鄉記》。

《宋史・藝文志・神仙類》《賴卿記》一卷。

佚名《道藏闕經目録》卷下《瀨鄉記》。

祥符奉迎聖像記

尤袤《遂初堂書目·道家類》《祥符奉迎聖像記》。

穎陽記

尤袤《遂初堂書目·道家類》《穎陽記》。

聶真人傳

尤袤《遂初堂書目·道家類》《聶真人傳》。

傅仙師傳

尤袤《遂初堂書目·道家類》《傅仙師傳》。

李天師傳

《宋史·藝文志·神仙類》 李渤《李天師傳》一卷。

廣仙録

《宋史·藝文志·神仙類》 刁琰《廣仙録》一卷。

應緣道傳

《宋史·藝文志·神仙類》 傅元鎮《應緣道傳》十一卷。

南嶽夫人清虛玉君内傳

《宋史·藝文志·神仙類》《南嶽夫人清虛玉君内傳》一卷。

王茅君雜記

《宋史·藝文志·神仙類》《王茅君雜記》一卷。

少來苦樂傳

《宋史·藝文志·神仙類》 建平然先生《少來苦樂傳》一卷。

十二真君傳

《宋史·藝文志·神仙類》 余卞《十二真君傳》二卷。

玉笥山祖記實録

《宋史·藝文志·神仙類》 謝修通《玉笥山祖記實録》一卷。

楊士奇等《文淵閣書目・道書類》《玉笥山實録》。一部,二册。
佚名《道藏闕經目録》卷下　《玉笥山祖記實録》。
王圻《續文獻通考經籍考・道家類》《玉笥仙祖記實録》。謝修道著。

二仙傳

《宋史・藝文志・神仙類》《二仙傳》一卷。

師　譜

《宋史・藝文志・神仙類》《師譜》一卷。

裴君傳行事訣

《宋史・藝文志・神仙類》《裴君傳行事訣》一卷。

太和樓觀内紀本草記

《宋史・藝文志・神仙類》《太和樓觀内紀本草記》一卷。
佚名《道藏闕經目録》卷下　《太和樓觀内紀本章記》。

西昇記

《宋史・藝文志・神仙類》《西昇記》一卷。

老君金書内序

《宋史・藝文志・神仙類》《老君金書内序》一卷。
白雲霽等《道藏目録詳注・洞神部》敬字號計十卷。《太上老君金書内序》。與《要略》二篇同卷。

三天君烈紀

《宋史・藝文志・神仙類》《三天君烈紀》一卷。

席上腐談

《席上腐談》二卷。紅絲蘭鈔本。宋俞琬撰。
《四庫全書總目提要・道家類》《席上腐談》二卷。兩淮鹽政採進本。宋俞琬撰。是書乃其劄記雜説,惟上卷前數十條爲考證名物之語,詞意多膚淺無稽。如謂婦人俗稱媽媽。乃取坤卦利牝馬之貞意;謂氍毹之名因出於渠搜;謂毾㲪之名取於蹋以登牀,多附會穿鑿,不足據。其餘則皆闡容成之術,及論褚氏遺書胎孕之説。下卷則備述丹書,而終以黄白爲戒。大旨皆不出道家,而在道家之中持論獨爲近正。由其先明儒理,故不惑方士之詭説也。朱存理《樓居雜著》有是書跋語二條。其一稱:石澗先生註《易》外,別有《席上腐談》。《易説》既有刻,此編特手筆存於家。黄巖林公守郡時,持之而去,其家别無副本,至今吴中失其傳。庚戌秋,與海昌董子壬會於逆旅,偶談家有是書,又已失去。遂同過祝秋官處,轉爲假之歸。幸此書又復來吴中云云。是此書之傳,出於存理。其一稱:《俞氏家集》云《腐談》四卷,今止二卷。今本曰「輔談」者,雖聲相近,而字畫轉譌不同,必有據也云云。考《永樂大典》所引,或作輔,或作腐,參差不一。觀存理跋,知當時本自異文,非有兩書矣。
黄丕烈《蕘圃藏書題識・子類三》《席上腐談》□卷。鈔本。道光癸未秋七月，余病暑初愈，復理冷淡生活，故古書亦復喜寓目。中澣二日，余不在家，有持書三種相示者未之留，兒輩述其名，中有《席上輔談》，係金俊明跋本。此書檢所見古書録尚無有。越日往觀，始悟即試飲堂顧氏書也，是昔年見過者。賈人亦含糊答應，總以名人手跡存需直昂，較余向爲顧氏直估數且十倍之，思還之而意猶眷戀。賈人亦曉余重視此書，又憐余無錢買書之病，許以余重出書相易，卒留案頭，繙閲一過，中多論煉金丹事，蓋玉吾曾究心於《參同契》，有著述，故於丹書頗詳。又男女陰陽、先後感應之説取三谷子《金丹百問》及雲閒儲華谷祛疑説，不取褚氏遺書説，似爲有據，可爲求嗣者法。又「查先生」一條，是姑蘇人，可入《府志・雜記門》。并曉近時查先生巷名所自來，因略舉有裨于多學而識者。表出之俾知此書所由重也。七月既望秋清逸叟。時年六十有一歲。本書六十一番，跋三番。

此書本名《席上腐談》，故宋旡欲作一書曰《枕邊孚語》與之作對，因憶我輩以文字爲業，往往于筆墨閒作游戲語。予向名藏書所曰「百宋一廛」，其時海昌吴槎客聞之，即自題其居曰「千元十駕」，蓋吴亦臧書者謂千部之元板，遂及百部之宋板如駑馬十駕耳；繼後嘉定錢灊研老人著説部名曰《十駕齋養新録》即此十駕之義。八月廿有五日命工重裝訖，晨起書此。此書近三松老人命侍史手録其副，故稍疲熟，屬爲題後，以目病艱於書未加墨云。蕘夫并記。

越日，書估來議，直估五餅金，以家刻書易之。又記。

玄元十子圖

范邦甸等《天一閣書目・道家類》 《元元十子圖》一卷。藍絲闌鈔本。宋路道通刊張與材序。

白雲霽等《道藏目録詳注・洞真部》 雲字號計十一卷。《玄元十子圖》。一卷。南谷老師圖傳十章。

靈寶净明院真師密誥

白雲霽等《道藏目録詳注・洞玄部》 身字號計九卷。《靈寶净明院真師密誥》。有符。内有神仙辟穀方，服柏葉等方。

長春真人西遊記

白雲霽等《道藏目録詳注・正一部》 群字號計十二卷。《長春真人西遊記》。上、下二卷。門人真常子述。大元成吉思皇帝特詔長春丘真人問答顯道事蹟。

黄虞稷《千頃堂書目・道家類》 丘長春《西遊記》二卷。

倪燦《補遼金元藝文志・道家類》 丘長春《西遊記》二卷。

周中孚《鄭堂讀書記補逸・道家類》 《長春真人西游記》二卷。嘉慶甲子，九梅書屋刊本。元李志常撰。志常，號真常子，邱長春弟子。倪氏《補元志》屬之邱長春作，不知書記長春事而出真常手也。長春子乃邱處機之號，少爲全真得道，其往萊州昊天觀時，元太祖遣侍臣劉。仲禄。萬里迎之，乃以至元十五年挈弟子十有九人啓行。十七年見太祖於西域，十八年辭歸，居燕京天長觀，真常亦在侍行之列，乃備記其所歷，而於山川道里風俗，皆詳載之，堪資攷證。其記至長春卒而止，末附録《詔書》、《請疏》，侍行門人姓氏，前有同時孫錫序此本從《道藏》鈔出付梓，末有乾隆乙卯錢竹汀大昕跋。

凝陽董真人遇仙記

白雲霽等《道藏目録詳注・洞真部》 帝字號計十一卷。《凝陽董真人遇仙記》。一卷。陸昭閒編纂。真人家世隆安，本姓本虎，俗稱董氏，諱守志，字寬甫，號凝陽子，原係女直人也。

外史出世集

黄虞稷《千頃堂書目・道家類》 張天雨《外史出世集》三卷。字伯雨，吴郡人，年三十棄家入道，道名嗣真，別號嗣真，別號真居。常從開元道士王宗衍入朝，被璽書賜傳成道門擢任，非其志也。隱於茅山，爲《尋山志》，考索極博云。

倪燦《補遼金元藝文志・道家類》 張天雨《外史出世集》三卷。字伯雨，吴郡人，道名嗣真，别號真居。

錢大昕《補元史藝文志・釋道類》 張天雨《外史出世集》二卷。

碧巖玄會録

黄虞稷《千頃堂書目・道家類》 張天雨《碧巖玄會録》二卷。字伯雨，吴郡人，年二十棄家入道，道名嗣真，别號貞居。常從開元道士王宗衍入朝，被璽書賜驛傳成道門擢任，非其志也。隱於茅山，爲《尋山志》，考索極博云。

倪燦《補遼金元藝文志・道家類》 張天雨《碧巖玄會録》二卷。字伯雨，吴郡人，道名嗣真，别號真君。

錢大昕《補元史藝文志・釋道類》 張天雨《碧巖縣會録》二卷。

玄品録

楊士奇等《文淵閣書目・道書類》 《元品録》。一部，一册。

白雲霽等《道藏目録詳注・洞神部》 當字號計八卷。《玄品録》。卷一之五。句曲外史吴郡海昌張天羽集。《道德品》、《道品》、《道權》、《道化》、《道儒》、《道術》、《道隱》、《道默》、《道言》、《道質》、《道華》等篇。

錢謙益等《絳雲樓書目・道藏類》 《元品録》。

《四庫全書總目提要・道家類存目》 《元品録》五卷。兩淮鹽政採進本。元張雨撰。雨字伯雨，一字天雨，别號貞居子。錢塘人，宋崇國公九成後也。年二十餘，棄家爲道士，往來華陽、雲右間，自稱句曲外史。能詩詞，工書翰，當時虞集、楊維楨亟稱之。是編載歷代道家者流，起周訖宋，列爲十品：曰道品、道權、道化、道儒、道術、道隱、道默、道言、道質、道華，得百三十五人。然書名《元品》，自應以清浄爲宗，故曹參、張良之流可以類入。至於神仙方士，别自成家；隱士逸人，各爲一傳，溷而一之，已昧老氏之宗。乃至范蠡權謀之士，鬼谷捭闔之師，亦復借材，未知其可。蒐羅雖富，難免無雜之譏矣。又雨自序中稱題曰《元史》，今標題之目與序不同，豈書後改名，而序則偶未及改歟？

錢大昕《補元史藝文志・釋道類》 張天雨《玄品録》五卷。

玄風慶會録

王世貞《讀書後》卷八 《書〈玄風慶會録〉後》。長春丘真人見太祖於西域雪山之陽，所面告者幾三千言。畧叙師傅之旨，戒以太怒則傷身，太喜則傷神，太思慮則傷氣。而惓惓以節色慾爲首，旁及保國愛民、用賢薄賦之事。元太祖性好殺，疑其枘鑿；而太祖乃歎賞不已，呼爲「神仙」，錫以便宜金虎符，領天下道教。夫以佛圖澄之神奇，能海鷗石勒，然亦危者數四，而勒亦不能用其言。長春何以得此於元祖耶？一説長春能呪缾水生金蓮花，元祖是以信之。攷譜傳俱不載，録者曰移剌楚材，疑移剌或耶律訛也。其官稱侍臣昭武大將軍尚書禮部侍郎，元至元後始有侍郎，亦不屬尚書省，此恐誤。其二後孝湛居士《西征記》，頗稱長春之短。湛然即楚材别號也。此移剌者，當别是一楚材。其三丘長春道門之法嗣也，其學實得之禪，以片言悟蒙古太祖，俾總領其教。而其徒不能盡賢，往往侵占寺剎以爲宫觀；或改塑三教像，以老子居中，孔子居左，釋迦居右；或皆侍立。後四傳而至所謂孟格皇帝，用少林僧裕奏辨審，得道士李志常等義，墮焚《化人》等經，斥道士爲僧者十七人，還佛寺三十七所。又至色辰皇帝再焚諸道經，復僧寺二百三十七所，塑像悉令改正，而道教屈矣。昔寇天師謙之以符籙法佐拓拔世祖，世祖因而盡廢釋氏，僇僧人。寇悔而欲諫之，則無及矣。嗚呼！其師爲醫，弟子蓄毒以殺人，師亦烏得無罪哉？

白雲霽等《道藏目録詳注・洞真部》 致字號計十一卷。《玄風慶會録》。一卷。元太祖成吉思皇帝手詔丘長春真人對御問答，皆大道無爲、理身治國之語。

黄虞稷《千頃堂書目・道家類》 《玄風慶會録》五卷。

倪燦《補遼金元藝文志・道家類》 《玄風慶會録》五卷。失名。

錢大昕《補元史藝文志・釋道類》 《玄風慶會録》一卷。移剌楚才奉勅編。

玄天上帝啓聖靈異録

白雲霽等《道藏目録詳注・洞神部》 流字號計八卷。《玄天上帝啓聖靈異録》。一卷。翰林侍讀學士兼户部侍郎徐世隆譔。

錢大昕《補元史藝文志・釋道類》 徐世隆《真武啓聖靈異録》一卷。

體玄真人顯異録

白雲霽等《道藏目録詳注・洞玄部》 惟字號計八卷。《體玄真人顯異録》。一卷。

錢大昕《補元史藝文志・道家類》 《體元真人顯異録》一卷。

金丹大要仙派

白雲霽等《道藏目録詳注・太玄部》 夫字號計十二卷。《上陽子金丹大要仙派》。一卷。內序先天老子開教，以繼五祖七真、南宗北派、仙真源流。

錢大昕《補元史藝文志・道家類》 陳致虛《金丹大要仙派》一卷。字觀吾，自號上陽子。

金丹大要列仙志

白雲霽等《道藏目録詳注・太玄部》 夫字號計十二卷。《上陽子金丹大要列仙誌》。一卷。敘歷代真仙譜録。

錢大昕《補元史藝文志・道家類》 陳致虛《金丹大要列仙志》一卷。字觀吾，自號上陽子。

金蓮正宗仙源像傳

白雲霽等《道藏目録詳注・洞真部》 致字號計十一卷。《金蓮正宗仙源像傳》。一卷。劉天素謝西蟾編。蓋《仙源像傳》乃元世祖皇帝褒封五祖、七真徽號。惟東華已稱帝君，贈紫府少陽之字；其正陽、純陽、海蟾、重陽四祖錫封真君之名；丹陽已下七真俱封真人。并歷代勅書、御製、手札、傳記、碑文、像讃等跡，皆序傳內。

錢大昕《補元史藝文志・道家類》 劉志玄《金蓮正宗仙源像傳》一卷。字天素。

七真年譜

白雲霽等《道藏目録詳注・洞真部》 致字號計十一卷。《七真年譜》。一卷。門下夷山李道謙編。

錢謙益等《絳雲樓書目・道藏類》 《七真年譜》。

錢大昕《補元史藝文志・道家類》 李道謙《七真年譜》一卷。

甘水仙源録

范邦甸等《天一閣書目・道家類》 《甘水仙源録》十卷。藍絲闌鈔本。元夷門天樂道人李道謙集并序。云我重陽祖師，于金正隆己卯夏遇真仙于終南山甘河鎮。飲之神水，付以真訣。自是盡斷諸緣，同情萬有，即養浩于劉蔣南時等處者三年。故得心符至道，東游海濱，度高第弟子。道謙爰從弱冠，寓迹于終南劉蔣之祖庭，迄今甫五十載。每因教事，歷覽多方，既經所見隨即記録，集爲一書，目之曰《甘水仙源録》，侵梓以傳。

白雲霽等《道藏目録詳注・洞神部》 息字號計十卷。《甘泉仙源録》。卷一之十。夷門天樂道人李道謙集，內五祖七真等仙碑文、傳記勅。

《四庫全書總目提要・道家類存目》　《甘水仙源録》十卷。兩淮鹽政採進本。元道士李道謙撰。自老子言清静，佛言寂滅，神仙家言養生術，而張魯等教人以符籙祈禱之事，四者各别。至金源初，咸陽人王嘉，棄家學道，狀若狂疾。正隆中自稱遇仙人於河鎮，飲神水，疾愈，遂自號重陽子。大定中，聚徒寧海州，立三教平等會，以《孝經》、《心經》、《老子》教人諷誦，而自名其教曰「全真」。元興之後，其教益盛。《都印三餘贅筆》曰：今之道家，有南、北二宗。其南宗者，謂自東華少陽君，得老聃之道，以授漢鍾離權，權授唐進士吕巖，遼進士劉操，操授宋張伯端，伯端授石泰，泰授薛道光，道光授白玉蟾，玉蟾授彭侣。其北宗者，謂吕巖授金王嘉，嘉授七弟子：其一邱處機，次譚處端，次劉處元，次王處一，次郝大通，次馬珏及珏之妻孫不二。此外又有所謂全真者，其名始嘉。蓋嘉大定中抵寧海州，馬珏夫婦築菴事之，題曰「全真」。由是四方之人，凡宗其道者，皆號全真道士云云。其説甚詳，然孰見其授受乎？厥後三教歸一之説，浸淫而及於儒者，明代講學之家，矜爲祕密，實則嘉之緒餘耳。是書作於至元中，集文士所爲碑記、詩歌，合爲此編。以其源出重陽子，故取甘河鎮神水之事名焉。

錢大昕《補元史藝文志・釋道類》　李道謙《甘水仙源録》十卷。

終南山祖庭仙真内傳

白雲霽等《道藏目録詳注・洞神部》　川字號計八卷。《終南山祖庭仙真内傳》。三卷。夷山天樂道人李道謙編。

《四庫全書總目提要・道家類存目》　《終南山祖庭仙真内傳》三卷。兩淮鹽政採進本。《終南山祖庭仙真内傳》，元道士李道謙編。《終南山説經臺歷代仙真碑記》，元道士朱象先編。終南山樓觀，爲尹喜故居，故其徒目曰祖庭。是編載歷代羽流居是觀者。道謙所編，皆金元人；象先所纂，則自尹喜而下，周、漢以來人也。象先自跋云：《樓觀先師傳》者，尹喜之弟尹軌所撰。至唐有尹文操者，續紀三十人，各列一傳，爲書三卷。

錢大昕《補元史藝文志・道家類》　李道純《終南山祖庭仙真内傳》三卷。

純陽帝君神化妙通紀

白雲霽等《道藏目録詳注・洞真部》　帝字號計十一卷。《純陽帝君神化妙通紀》。卷一之七。玄門苗善時較正編次。詩象并度人顯化事蹟。

錢大昕《補元史藝文志・道家類》　《純陽帝君神化妙通紀》七卷。苗善時校。

武當福地總真集

范邦甸等《天一閣書目・道家類》　《武當福地總真集》三卷。藍絲闌鈔本。元劉道明撰。

白雲霽等《道藏目録詳注・洞神部》　不字號計九卷。《武當福地總真集》。三卷。林下洞陽道人劉道明集譔。

錢大昕《補元史藝文志・釋道類》　劉道明《武當福地總真集》三卷。

清微仙譜

白雲霽等《道藏目録詳注・洞真部》　致字號計十一卷。《清微仙譜》。一卷。《清微道宗》，以元始上帝祖泒起；《上清啓圖》玉宸大道君次泒；《靈寶宗旨》，以靈寶天尊列泒；《道德正宗》，以玄元老君嗣泒；《正一淵源》，以天師爲法籙傳教之祖。以上諸祖皆清微上仙，列於譜録。

錢大昕《補元史藝文志・道家類》　《清微仙譜》一卷。不著撰人。

《四庫全書總目提要・道家類存目》　《清微仙譜》一卷。《附録》三卷。兩淮鹽政採進本。元陳采撰。采，建安道士。是書自序，道教啓於元始，一再傳至老君，分爲四派：曰真元，曰太華，曰關令，曰正一。十傳至清微侍元昭凝元君，複合於一。元君，零陵女子也，繼是八傳，至混隱真人南公；南公傳雷困黄先生，黄傳之於采，因著是譜。其所序四派傳授，亦不甚明瞭。大概今所云全真者，乃關令派。張道陵者，乃正一派。四派皆可以有清微之名。而采又自以會合四派，别爲清微派也。後附《道蹟靈仙記》一卷、《上清後聖道君列記》一卷、《洞元靈寶三師記》一卷。每卷各編爲一、致一、有一、有二等號。蓋自《道藏》鈔出別行者也。

洞玄法書宗派圖

錢大昕《補元史藝文志・道家類》 蔡棲雲《洞玄法書宗派圖》一卷。臨湘人。

古樓觀紫雲衍慶集

楊士奇等《文淵閣書目・道書類》 《衍慶集》。一部，一册。

白雲霽等《道藏目録詳注・洞神部》 川字號計八卷。《古樓觀紫雲衍慶集》。三卷。句曲宋象先集。《大唐宗聖觀記尹尊師碑》、《大唐聖祖玄元皇帝靈應碑》、《古樓觀宗聖宫紀》、《終南山古樓觀川關尹子後序》、《尹真人道行碑》，共一十六通，並名公題咏，載在集中。

金蓮正宗記

楊士奇等《文淵閣書目・道書類》 《金蓮正宗記》。一部，一册。《金蓮正宗傳》。一部，一册。

白雲霽等《道藏目録詳注・洞真部》 致字號計十一卷。《金蓮正宗紀》。卷一之五。林間羽客樗櫟道人編。皆五祖、七真事跡。

黄虞稷《千頃堂書目・道家類》 《金蓮正宗記》□卷。

倪燦《補遼金元藝文志・道家類》 《金蓮正宗記》。失名。

錢大昕《補元史藝文志・釋道類》 《金蓮正宗記》五卷。樗櫟道人編。

太華希夷志

楊士奇等《文淵閣書目・道書類》 《希夷志》。一部，一册。《希夷志》。一部，一册。

白雲霽等《道藏目録詳注・洞真部》 帝字號計十一卷。《太華希夷誌》。二卷。登仕郎河中府知事納齋張輅纂集補譔。

歷代真仙體道通鑑

楊士奇等《文淵閣書目・道書類》 《真仙通鑑》。一部，二十册。《真仙通鑑》。一部，一册。《真仙通鑑》。一部，八册。

王世貞《讀書後》卷八 《書〈真仙通鑑〉後》。《麻姑壇祠記》顔魯公所撰，而趙道一倚之撰《蔡經傳》。第其中所云麻姑再拜，但不相見，忽已五百餘年；又説接待以來，已見東海三爲桑田。及姑取米擲地變爲丹砂，方平笑曰：姑故作少年戲也，吾老矣，不復喜作此狡獪變化。然則方平之得道，當在盤古氏以前。而及其作《方平傳》云：東漢之東海人，舉孝廉除郎中，稍加至中散大夫。孝桓帝時主太尉陳耽家三十餘年，尸解而去。則方平之再過蔡經家百餘年事耳。度其終始不過二百歲許人，而何以老於麻姑？又云滄海三變爲桑田也，豈方平間於東漢時一出耶？或別有一方平耶？或過蔡經家事有之，而傳方平者耳傳其名姓而不嘗見其文耶？前傳言鎮青城山丸仙寶室天，而後云鎮崑崙，亦自相牴牾。

車子侯，扶風人，漢武帝愛其清静，稍遷其位至侍中。一朝語家云：我今補仙官，武帝思之爲作歌云云。按此即奉車子侯也。奉車子侯，霍去病之子也。帝使從封禪太山，一夕而死，帝思而歌之。又語其家道士皆言子侯得仙不足悲。案桓氏《新論》謂武帝惡子侯而殺之，今乃以爲仙去。又不識奉車子侯爲去病子，而謂之車子侯，尤可笑也。

太極真人杜冲，以周昭王二十七年聞文始尹先生登真，乃靈宅棲玄學道。康王特賜金百鎰完葺本第；賜號曰樓觀。聞老子在周爲藏史，孔子猶及問禮，後始西度函谷。尹先生挽之爲草五千言。今云昭王十七年尹先生得道，一誤也；康王者，昭王之祖也，今云賜金百鎰完葺本第，二誤也。恐係傅會不可信。又云周穆王好尚黄老，崇建靈壇，立廟置老君及尹真人像，尤可笑。彼謂穆王時有老君觀耶？又杜冲真以昭王二十七年始學道道成，而宗年二十受業焉，年一百五十餘歲至厲王十三年而上昇，彼謂昭王去厲王時有百七八十歲耶？楚康王事尤誕，王翦滅楚已虜其王負芻矣，何得復有康王？

《周義山傳》是一博暢才人文字，然歷引所見諸仙真皆傳記紀載，無一創聞。至所謂黄老、無英、白元君，則又《黄庭經》傳世以後語。今云是漢宣元時人得道，恐未可信。費長房以失符爲鬼所殺，華佗以愆期爲曹瞞所誅，此方術人也，而列之仙可乎？長房之得符自壺公，見范曄《漢書》甚詳，《丹臺録》云：壺公姓謝，名元一，恐附會語。劉寬不聞其有仙道，特《真誥》載之。

《路大安傳》尤爲不經，據大安以順帝漢安元年壬午生，至晉惠帝永康二年辛酉當爲壽一百八十年矣，而是時王戎僅七十耳。乃謂大安爲甥，而戎爲舅，其鹵莽一至此。且惠帝永康元年四月趙王倫反，自爲相國。明年正月廢帝於金墉城，四月反正，改元永寧，是永康無二年也。惠帝不辨菽惠人也，一年之内見廢於趙王倫。復辟之後，齊王冏專政，帝食息不自制，而何以能召大安驅禳厲疫？所謂上真授記年與名同可以冲天，遂以大安元年白日上昇，然年號實太安非大安也。此類殊不一，聊辨而志之。

據《真誥》陶隱居所紀許黄民原無得道，不當列之仙傳也。胡長仙事甚奇幻俶儻，第在中宗、武后朝，當遠出葉静能、張果上，而史於方術不載。又《太平廣記》搜剔不遺餘力，於葉法善、羅公遠輩紀載甚詳，而獨不及長仙，何也？得非有所增飾耶？

許真君除殄妖蛟，及拔宅飛昇事神奇俶儻，足以辣動凡俗，照耀一世。今遺跡尚存，識記都在。獨《晉史》搜羅神怪，不減虞初，旁及義雲，而乃遺敬之，一不可曉也；郭景純之抗王處仲於行刑，人及鵲巢樹亦載之，而顧絶真君化鴿之跡，二不可曉也；真君所居既非深僻，壽至百三十六歲，白日冲舉，家屬門故何止百人？而有司都不舉聞，三不可曉也；《真誥》揚、許所載晉室諸賢迨盡，豈有長史係真君從弟而了不之齒？四不可曉也；陶隱居徧訪仙跡，若渴若狂，而於真君事獨杳然，五不可曉也；今者龍沙高過豫章城，地仙之事，當有驗者。而先師《曇陽子詩》所謂五陵教主，世多不能悉，而注真君傳者以東門之鎮爲宛陵、南門之鎮爲浩陵、西門之鎮爲鵲陵、北門之鎮爲涪陵、中門之鎮爲泰陵，以實其分野太遠而名亦創新，未知其是否。

王子年能預知苻堅南伐之必敗而不能守，能預知姚萇之子無畧得苻登而不能知身之見殺於萇手，此大謬也。豈釋氏所謂還債邪？將無以述讖緯談休咎爲真宰所罪耶？正史不言兵解，恐傳者增飾之。其所著《拾遺記》十卷蓋不待畢，而知其詭於道也。

項曼都者，誕士也。與昔所傳古强、蔡京之流相表裏。其曰斥仙人者，人而指目之耳，而以爲真仙，何無識也？徐啓玄爲王大夫治女金英事怪甚，不可言；而又涉無謂得非啓玄者，欲竊其女，故爲障眼隱形之術譸張以攝之耶？

蕭子雲據《南史》以侯景之亂避地而卒，今云還蕭山，再徙居清虚館，遇神人降言。館之東北有都水坑，水自東注，可以徙居。蕭又徙家寓焉，歷二紀餘。一旦上帝賜玉册封元洲長史，仍司郁木福庭之籍，神仙之府，八十二口同隱，世不復見。吾不敢以爲的然。夫子雲，名卿大夫也。清虚館在蕭山之近隅，非若地肺桃源之深阻也。其家八十二口，又非一人也，何以居二紀而不致人主之旁求族黨之蹤跡？其卒之地與歲史無異書者，何也？且書家者流必舉子雲以爲口實，寧有遷化之奇彰彰如是而一不之及意？或羽客之棲止清虚者，會張杜曇永之仙跡，而牽引子雲以爲重耳。

吴道子畫蹟雖神奇，然是一工師耳。正史、野史載其出處甚詳，且明末有以爲仙者。而今云得神仙術，周游人間，玄宗聞而召入宫庭，有粉墻數尋，俾畫山水。道子請用墨漿一缶潑於壁，以幕覆之。俄頃，請上臨視，山水、林木、人煙、鳥獸無不備具，而且精妙。道子徐步指點巖下一小洞。叩之，忽開，一童子在側。道子奏曰：此洞有佳致，臣請入爲陛下先。遂躍而入，俄頃，門閉。守城卒曰：道子出矣。上再往視所畫處，乃瑩壁無復山水何。齊東野人誕謾無稽一至此也。是不知吴道子之供奉明皇最久，畫蹟滿宫禁及長安寺宇也。可鄙可笑一至此。

許栖巖事不可知，而所稱對太乙元君引《黄庭》、《老》、《莊》三語云。但思一部壽無窮真人之息以踵其精，甚真却似有解悟。後令道士算劈太華何神立海橋何鬼，又是寐語。大約此文唐人傳奇如《嵩岳嫁女》、《南溟夫人》之類。

劉忠州晏所遇王十八事，見《太平廣記》。其文典其事亦覈，但以所好如此，所遇復如此，而位宰相，領鹽鐵不思轉首，而取竄僇。利令智昏，其斯之謂歟？

《嵇叔夜傳》謂舜聽佞臣言而殺伶倫八人；又云晉文帝令康北面受詔教官人，康不肯從，帝殺康於市。又一齊東野人矣。

司空在南北朝爲三公，齊明帝之世寧有司空張岊耶？東昏嗣位，日尋殺僇，豈有容司空解官令百僚餞送事耶？大抵多宋徽時緣飾以乞恩澤者。種種皆此類也。

玄真子，隱淪之無累者也，幾於道矣。然所謂鋪席水上安坐飲酒，來往若飛。與顔魯公作别，揮手上升，則正史、稗官與吴興掌故俱無之。可謂畫蛇之足矣。

張果，宇宙初闢白蝙蝠精也。葉法善既以太極紫微左仙卿謫降，其格高果遠甚。何以一泄果宿因遽殞絶耶？明皇月夜事一於西凉州觀燈，兩游月宫，而其所奉引之人曰葉法善、曰羅公遠、曰申元之，蓋一事一人，而所傳聞異辭耳。然恐亦誣罔不足信也。申元之、張雲容事别有傳奇甚詳。

鄭遨跡極奇，然是隱逸之有致趣者也，非仙也。歐陽子《五代史》何以遺之？譚紫霄在五代時已識得《莊》、《列》之旨與釋氏合，豈不開士哉？辭榮謝施百五十而恬然以解，賢於杜光庭遠矣。

黄損仕，南漢時爲尚書僕射，忽遁去。三十二歲而歸，題詩竟去，亦奇矣。然此詩所云「惟有門前鑑湖水，春風不改舊時波」，凡四句，皆見賀季真詩，恐好事者妄傳之耳。

崔偉事誕幻不足信，灰袋道士張口如箕，五臟悉露，見《酉陽雜俎》。然已於《舒虚寂傳》見之，而又皆翟天師乾祐弟子，疑必有一誤。

《李昇傳》與元白飲，有絶句。所謂「誰能無路趣名利，臣事玉皇歸上清」者，《鍾離、雲房傳》亦有之，謂爲吕先生作，當以昇傳爲是。

《純陽傳》不當入邯鄲盧生事，邯鄲吕翁開元中所遇也，純陽尚未生。

《賀員外傳》謂有喬仝者，少得大風疾，去家，自棄荒山遇。水部教之啗松腴，年八十，上下水如飛數，從水部東游。過濰縣。元祐初來見蘇子瞻曰：吾師嘗游密州，識君於常山道中，意若喜君者。子瞻留之，不可。又曰：吾師以上元期我於蒙山矣。子瞻作詩送仝，并以絶句五解寄水部，自是世無有見者。攷《子瞻集》有之詩，甚佳；子由亦有贈。然其時有識者云：仝，妄人也。元無識賀員外，得詩竟去誇於人，遂絶不見子瞻。

陶隱居、孫思邈、陳圖南三先生，皆不能斷九重還往覺。陶公微涉有意，余素好博綜負才鬼之慕，則陶公我師晚來殊厭射，欲從孫先生乞數丸藥，救道上貧子歸、借希夷一枕，傳五龍睡法耳。

水丘子語不多，而煞有至理，當是得道者。

《王筌傳》始遇一婦人，乳長於臍，曰：我蕭三娘也。按《西京雜記》，婦人乳垂三尺者，北斗中第七星，東方朔知之。

《張拱傳》載道士語曰：神仙以辟穀爲下，然却粒則無滓濁，無滓濁則不漏，由此亦可入道。子房諸人乃以丹藥療饑，固已迂矣。汝欲得此道，自此不淫色可也。灼然之事，吾所服膺。

余讀《宋史·林靈素傳》，怪其誕幻甚口而無它奇術，今覽此傳，則又甚矣。中間有與《史》不合者，故記之。《傳》言靈素本名靈蘁，靈素者，宣和所賜名也。其所稱以術召致劉后事，比之少君致李夫人，尤怪偉。《史》云：靈素謂蔡京爲左元仙伯，王黼爲褚慧。而今云蔡京乃北都六洞魔王第二洞大鬼頭，童貫則飛天大鬼母，勸帝誅之；又云與張虚静侍帝晏游禁中，見《元祐姦黨碑》。因與虚静各俛首致敬上詩云：蘇黄不作文章客，童蔡翻爲社稷臣；三十年來無定論，不知姦黨是何人。帝翌日以示蔡京，京皇恐乞出而已。靈蘁居通真宫密室，人所不能入。京探知其有黄龍帳、金龍牀、朱紅几案，以爲僭妄而疏論之。上即與京掩入其室，則明窻净几，别無一物，京乃伏罪而至云。即時致西王母降於其室，則又誕也。《史》言大水犯都城，靈素竭其術不能退。而《傳》云水自太子致，但請太子拜之當自退。其後復上疏云：臣初奉上帝命，爲陛下去陰魔、斷妖異、崇大道、贊忠賢，今蔡京鬼魁、童貫國賊任以重權，付之兵衛，國事不修，奢華太甚。切忌丙午丁未兵馬長驅，腥血萬里，兩宫天眷不能保守。因乞骸骨歸鄉，降詔不允。至冬全臺攻之，靈素即日封閉賜物，携一童子，步出國門。帝賜宫於温州，居之。明年八月朔携奏數托温守上於朝，授弟子張如晦偈而化去。先於郭外相墓，令於穴下更開深五尺，見龜蛇即下棺，見五色氣候，蓋土即走，至百步外，俄而山崩石裂，不知所在。帝聞而震悼，賜文而祭之。其官曰高上神霄玉清府右極西臺仙卿、雷霆玉樞元明普化天師、洞明文逸契元應真傳道輔教宗師、金門羽客冲和殿侍宸行特進太宰同中書門下平章事、上柱國魯郡開國公食邑八千七百户，實封三千户賜紫玉方符通真達靈元妙護國先生云。至淵聖即位，索取元賜七寶珠。尋墓所不可得，復有雷電蛇獸之異。淵聖大驚，使使賜御香設醮致謝，封爲通真達靈真人。據此《傳》稱爲尚書左僕射趙鼎謫後所撰，似必有據。而史辭第云食邑實封云云，不知政和官制無封邑也。

皇甫坦即嘗爲淳熙定光宗后者，淳熙晚見間椒風遏之，至死所謂「皇甫誤我」，即此人也。此公故有道術，然《傳》不過據碑誌諛墓之辭耳。陸務觀《西游録》嘗過其居，時有軒輊語。

姚平仲朱仙事，大有紀之者，絶類鍾離雲房。若此夜功成，即不終裹馬革，亦當於通侯甲第五愻甕中淹殺。

蘇養直事，蓋别有紀之者。非趙所張飾，第嘗見一小説，忘其名。云蘇晩年病殆，得丹藥以起與洪慶善云云。後竟以老病終，亦無所爲。元日歡飲達旦，披衣曳杖出門，馳而立化事也。養直少有文行，眉山長公嘗爲作研銘太陽、太陰、女几諸仙，此稍晦其辭耳。《列仙傳》記之，蓋容成、素女之術也。如《楞嚴經》所稱堅固而不休息者，天地間自有此理，亦自有此事，第不可爲訓耳。

鉤弋夫人，奇女也，爲武帝所識，孕十四月而産昭帝。燕齊方伎之餘士尚好言之。若以爲仙，則夢囈耳。

傳以麻姑爲王方平妹，尤可笑。此事惟顔魯公所撰《壇記》一見之，何嘗有兄弟語？

《紫素元君傳》所載任生事，疑即傳奇所稱封生也。韓太華爲韓安國妹，貳師將軍之婦，得道在易遷宫中。若貳師婦則以巫蠱僇矣，意化不在事後耶？安國老死者三十年而貳師始貴，當是最稚妹耳。

《王進賢傳》尚書令衍之小女，爲愍懷太子妃。洛陽亂，劉曜掠得之，渡孟津，欲亂之。進賢駡曰：我皇太子婦，司徒公女，而胡羌小虜敢干我乎？即投河死。其婢田六出亦不屈投河死。遇嵩高女真韓西華，得度居華陽易遷宫，《真誥》記之甚詳。按本傳太子妃字惠風，劉曜拔洛陽得之，以賜其將喬屬，欲妻之。惠風拔劍抗詈而死，其死節同，特死水、死刃小異耳。惠風以抗劉曜得死，而父衍以勸石勒即位亦得死。死等耳，不有愧其女乎？

《徐仙姑傳》僕射之才女，年數百歲常如二十四五人。獨游江湖間，寓止寺院，有惡少數輩欲以刃制而辱之。姑笑曰：我女子也，而能棄家雲水，不避蛟龍虎兕，豈懼汝鼠輩乎？即解衣臥遽徹燭焉。衆大喜，欲趨之，忽皆僵坐，口不能言。明日，姑徐理策出山，久之乃解。姑往來江表，顔色轉少，其行如飛，所至神明畏敬，亡敢以非意干者。愚謂毋論姑得仙道，即之才有女能如此，真所謂淤泥中蓮花也。第不知少時何以過活。花姑爲女道士黄靈微也，行止亦相類。

李騰空乃李林甫女，人以爲疑，不知林甫亦謫仙也，而況其女乎？大抵宰官貴臣多夙生有來歷者，要在籍失之耳。

白雲霽等《道藏目録詳注・洞真部》 鹹字號計十卷。《歷世真仙體道通鑑》。卷一之十。浮雲山聖壽萬年宫道士趙道一編修。軒轅黄帝等飛昇者大仙共一百八十一人。蓋《仙鑑》内考詳神仙傳記所紀千有餘人，劉綱法師復綴一千六百餘人，有飛昇、冲昇、上昇、昇天、登天、軒舉、冲舉、昇舉、飛舉、登真、昇真、尸解、解化、昇化、羽化、隱化、示化、示卒、示終等。今述所得仙者五萬餘人，謂之仙史。河字號計十卷。《歷世真仙體道通鑑》。卷十一之二十。浮雲山聖壽萬年宫道士趙道一編修。秦始皇時孔丘明起，至漢鍾離簡止。登仙飛昇者共計一百三十四人。淡字號計十二卷。《歷世真仙體道通鑑》。卷二十二之二十一。趙道一編修。魏武帝時封衡起，至袁亢止，飛昇登仙者共計一百二十八人。鱗字號計十一卷。《歷世真仙體道通鑑》。卷三十三之四十三。趙道一編修。陳興明等飛昇等仙者一百三十八人。潛字號計十卷。《歷世真仙體道通鑑》。卷四十四之五十三。趙道一編。登仙盧生等飛昇冲舉者一百四十二人。

錢謙益等《絳雲樓書目・道藏類》 《真仙通鑒》四册。元人編類。

又 《真仙通鑒》。重出見前道藏類。

黄虞稷《千頃堂書目・道家類》 趙道一《歷代真仙體道通鑑前集》三十八卷。浮雲山道士。劉辰翁爲之序。

倪燦等《補遼金元藝文志・道家類》 趙道一《歷代真仙體道通鑑前集》三十八卷。

錢大昕《補元史藝文志・釋道類》 趙道一《歷代真仙體道通鑑前集》六十卷。

歷世真仙體道通鑑續編

白雲霽等《道藏目録詳注・洞真部》 羽字號計十一卷。《歷世真仙體道通鑑續編》。卷一之五。

歷世真仙體道通鑑後集

白雲霽等《道藏目録詳注・洞真部》 羽字號計十一卷。《歷世真仙體道通鑑後集》。卷一之六。重陽王嘉等飛昇登仙者共一百四十四人。

黄虞稷《千頃堂書目・道家類》 《歷世真仙體道通鑑後集》四卷。浮雲山道士，劉辰翁爲之序。

倪燦《補遼金元藝文志・道家類》 趙道一《歷世真仙體道通鑑後集》四卷。

錢大昕《補元史藝文志・釋道類》 趙道一《歷世真仙體道通鑑後集》四卷。

廬山太平興國宮采訪真君事實

范邦甸等《天一閣書目・道家類》 《廬山太平興國宮采訪真君事實》八卷。宋葉義問撰。

白雲霽等《道藏目録詳注・正一部》 陛字號計九卷。《廬山太平宮採訪真君事實》。卷一之七共六卷。有歷代褒封傳記碑文事實。

七真仙傳

范邦甸等《天一閣書目・道家類》 《七真仙傳》一卷。藍絲闌鈔本。元彭志祖序。云《七真仙傳》自河内張邦直爲之張本。北平王粹實增飾之。太原李鼎又從而繼述之，前後歷二十餘稔，始克完備。今翰林諸先生又各爲序，引以冠其篇首。

黄虞稷《千頃堂書目・道家類》 《七真仙傳》七卷。俱不知撰人。

玄帝實録

楊士奇等《文淵閣書目・道書類》 《玄帝實録》。一部，一册。《玄帝實録》。一部，一册。

洞元記傳

范邦甸等《天一閣書目・道家類》 《洞元記傳》。朱絲闌鈔本。《洞天福地嶽瀆名山記》一卷。唐廣成先生杜光庭撰。《梅仙觀記》一卷。仙壇觀道士楊志遠撰。《金華赤松山志》一卷。松山羽士竹泉倪守約撰。《仙都志》二卷。玉虛住山少微陳性定撰。《天台山志》一卷。龍瑞觀禹山人撰。《陽明洞天圖經》一卷。宋翰林學士李宗鶚撰。《四明洞天丹山圖詠》一卷。唐木元虛撰，賀知章註。《南嶽總勝集》一卷。不著撰人名氏。

清河内傳

白雲霽等《道藏目録詳注・洞真部》 騰字號計十卷。《清河内傳》。一卷。文昌梓潼帝君傳。

許太史真君圖傳

白雲霽等《道藏目録詳注・洞玄部》 國字號計十一卷。《許太史真君圖傳》。二卷。玉陛賜詔，玉陛再詔，真君聖誥等蹟。

許真君仙傳

白雲霽等《道藏目録詳注・洞玄部》 虞字號計八卷。《許真君仙傳》。一卷。九州都仙大史神功妙濟真君，諱遜，字敬之，許昌人也。蓋仙君功高萬劫，斯傳未盡讚揚。

雲阜山申仙翁傳

白雲霽等《道藏目録詳注・洞玄部》 虞字號計八卷。《雲阜山申仙翁傳》。一卷。仙翁姓中名泰芝，字廣祥，洛陽人也。

太上説紫微神兵護國消魔經

白雲霽等《道藏目録詳注・洞神部》 女字號計十五卷。《太上説紫微神兵護國消魔經》。與《天公》二經同卷。

佚名《道藏闕經目録》卷下 《三天真皇説太上紫神兵護國消魔經》。

終南山説經臺歷代真仙碑記

白雲霽等《道藏目録詳注・洞神部》 川字號計八卷。《終南山説經臺歷代真仙碑記》。一卷。碑考有九天仙伯、文始先生、無上真人等碑記，共三十二位真人。

《四庫全書總目提要・道家類存目》 《終南山説經臺歷代仙真碑記》一卷。兩淮鹽政採進本。《碑記》僅一卷，而有三十五人。蓋象先節録文操所傳，又增入文操等五人耳。所言多涉神怪，異學之徒，自尊其教，不足與辨真僞也。

玄天上帝啓聖録

白雲霽等《道藏目録詳注・洞神部》 流字號計八卷。《玄天上帝啓聖録》。卷一之六。顯道八十二化。

徐仙翰藻

張國祥《續道藏經目録・正一部》 卿字號計四卷。《徐仙翰藻》。一之十四。

《四庫全書總目提要・道家類存目》 《徐仙翰藻》十四卷。浙江范懋柱家天一閣藏本。不著編輯者名氏。前有至元乙未福州教諭周壯翁序，似元時舊本矣。所載皆唐末徐温二子知證、知諤詩文，稱降神於閩所作。然不言其所自來。考第三卷《塞謗文》中有「今之箕筆」語，乃知皆附乩書也。考倪岳集有《正祀典疏》其第十條云金闕上帝、玉闕上帝。謹案《大明一統志》：福州府閩縣南舊有洪恩靈濟宮一所，祀二徐真人，即今之金闕、玉闕二真人也。真人，五代時徐温子，曰知證，封江王；曰知諤，封饒王。嘗提兵定福建，父老戴之，圖像以祀，宋賜今額。又考《御製碑文》云：太宗文皇帝臨御之十有五年，適遇疾，弗愈，百藥罔效。或有言神靈驗者，禱之輒應，脱然卒復。於是大新閩地廟云云。又《春明夢餘録》載劉健《革除濫祀疏》云：謹案正史載，徐温養子知誥，篡僞吴王。楊氏諸子，皆爲節度使。知證夭死，知諤病死。五代石晉時，無故立廟，稱之爲神。成化末年，加爲上帝云云。是徐仙之祀肇於晉，顯於宋，而大盛於明。此書元人輯之，明人刊之，蓋有以矣。後附。

文昌化書

楊士奇等《文淵閣書目・道書類》 《文昌化書》。一部，一册。《梓潼化書》。一部，一册。

白雲霽等《道藏目録詳注・洞真部》 騰字號計十卷。《梓潼帝君化書》。卷一之四。文昌帝君顯道感應九十七化事實。

黄虞稷《千頃堂書目・道家類》 《文昌化書》□卷。

上清元盟九誓舊事

佚名《道藏闕經目録》卷上 《上清元盟九誓舊事》。

上清元始譜録

佚名《道藏闕經目録》卷上 《上清元始譜録》。有符。

上清高上元始玉皇譜録

佚名《道藏闕經目録》卷上 《上清高上元始玉皇譜録》。有符。

白雲霽等《道藏目録詳注・正一部》 集字號計九卷。《上清元始高上玉皇九天譜録》。一卷。有符。

上清真道要録

佚名《道藏闕經目録》卷上 《上清真道要録》。

洞玄靈寶太極左仙公起居注

佚名《道藏闕經目録》卷上 《洞玄靈寶太極左仙公起居注》。

洞玄靈寶大洞仙源祕録

佚名《道藏闕經目録》卷上 《洞玄靈寶大洞仙源祕録》。二卷。

洞玄靈寶受經符尊號師譜

佚名《道藏闕經目録》卷上 《洞玄靈寶受經符尊號師譜》。

洞玄靈寶齋三内事述

佚名《道藏闕經目録》卷上 《洞玄靈寶齋三内事述》。

玄　鑑

佚名《道藏闕經目録》卷上 《玄鑑》。十卷。

續高識傳

佚名《道藏闕經目録》卷上 《續高識傳》。十卷。

續洞仙傳

佚名《道藏闕經目録》卷上 《續洞仙傳》。十卷。

劉根真君傳王玲真人修行記

佚名《道藏闕經目録》卷下 《劉根真君傳王玲真人修行記》。

道學傳

佚名《道藏闕經目録》卷下 《道學傳》。

寶應傳

佚名《道藏闕經目録》卷下　《寶應傳》。

元中石室神宫異記

佚名《道藏闕經目録》卷下　《元中石室神宫異記》。

靈芝神萊瑞像記

佚名《道藏闕經目録》卷下　《靈芝神萊瑞像記》。五卷。

太上衆仙記

佚名《道藏闕經目録》卷下　《太上衆仙記》。

徐𤊹《徐氏家藏書目・道類》　《衆仙記》一卷。

太上真君石室記

佚名《道藏闕經目録》卷下　《太上真君石室記》。

正一法文記傳

佚名《道藏闕經目録》卷下　《正一法文記傳》。

正一法文治病消災千二百官號

佚名《道藏闕經目録》卷下　《正一法文治病消災千二百官號》。

三洞四階宗師譜畧

佚名《道藏闕經目録》卷下　《三洞四階宗師譜畧》。

宋梓州天慶觀道經藏記

佚名《道藏闕經目録》卷下　《宋梓州天慶觀道經藏記》。

歷鑒天元主物簿

鄭樵《通志・藝文略・道家類》　《歷鑒天元主物簿》三卷。

佚名《道藏闕經目録》卷下　《歷鑒天元主物簿》。三卷。

古今刀劍録

佚名《道藏闕經目録》卷下　《古今刀劍録》。

道源傳教圖

佚名《道藏闕經目録》卷下　《道源傳教圖》。二卷。

煙霞録

佚名《道藏闕經目録》卷下 《煙霞録》。十卷。

繹仙傳

佚名《道藏闕經目録》卷下 《繹仙傳》。十卷。

婺仙傳

佚名《道藏闕經目録》卷下 《婺仙傳》。四卷。

御製周顛仙人傳

楊士奇等《文淵閣書目・天字號國朝》 《御製周顛仙人傳》。一部，一册。完全。《御製顛人傳》。一部，一册。闕。

黄虞稷《千頃堂書目・道家類》 太祖製《周顛仙傳》一卷。

《明史・藝文志・道家類》 《周顛仙傳》一卷。太祖製。

《四庫全書總目提要・道家類存目》 《周顛仙傳》一卷。户部尚書王際華家藏本。明太祖高皇帝御製，紀周顛仙事蹟。顛仙，建昌人，少得狂病，其蹤蹟甚怪。初謁太祖於南昌，隨至金陵，後從征陳友諒，旋即辭去。友諒既平，太祖遣使往廬山求之不得。洪武二十六年，太祖親製此傳，命中書舍人詹希庾書之，勒石廬山。後人録出别行，并附以太祖御製祭天眼尊者文一首，羣仙詩及赤脚僧詩各一首。《明史・方技傳》敘周顛事，即據此文也。

逍遥墟

張國祥《續道藏經目録・正一部》 槐字號計四卷。《逍遥墟》。二卷。

鐵柱延真萬年紀録類編

楊士奇等《文淵閣書目・道書類》 《紀録類篇》。一部，一册。

范邦甸等《天一閣書目・道家類》 《紀録類編》五卷。明熊釗編輯。

黄虞稷《千頃堂書目・道家類》 熊常静《鐵柱延真萬年紀録類編》。明初道士。

洪恩靈濟真君事實

白雲霽等《道藏目録詳注・洞玄部》 壹字號計十四卷。《洪恩靈濟真君事實》。一卷。

老君實録

楊士奇等《文淵閣書目・道書類》 《老君實録》。一部，一册。

道釋志

楊士奇等《文淵閣書目・道書類》 《道釋志》。一部，一册。

啓聖記

楊士奇等《文淵閣書目·道書類》《啓聖記》。一部，四册。《啓聖記》。一部，一册。

啓聖實録

楊士奇等《文淵閣書目·道書類》《啓聖實録》。一部，一册。《啓聖實録》。一部，一册。《啓聖實録》。一部，一册。《啓聖實録》。一部，一册。

逍遥子事實録

楊士奇等《文淵閣書目·道書類》《逍遥子事實録》。一部，三册。

玉陽王真人録

楊士奇等《文淵閣書目·道書類》《玉陽王真人録》。一部，一册。

瑶池勝集

楊士奇等《文淵閣書目·道書類》《瑶池勝集》。一部，一册。

五祖七真傳

楊士奇等《文淵閣書目·道書類》《五祖七真傳》。一部，一册。

華蓋三真雜録

楊士奇等《文淵閣書目·道書類》《華蓋三真雜録》。一部，二册。

瀛海記言

楊士奇等《文淵閣書目·道書類》《瀛海記言》。一部，一册。《瀛海記言》。一部，一册。《瀛海記言》。一部，一册。

延真記言録

楊士奇等《文淵閣書目·道書類》《延真言記録》。一部，一册。

三教始末

楊士奇等《文淵閣書目·道書類》《三教始末》。一部，一册。

梓潼事蹟

楊士奇等《文淵閣書目·道書類》《梓潼事蹟》。一部，一册。

知常先生

楊士奇等《文淵閣書目·道書類》《知常先生》。一部，五册。

靈靖真君録

楊士奇等《文淵閣書目·道書類》《靈靖真君録》。一部，一册。

旌陽實録

楊士奇等《文淵閣書目·道書類》《旌陽實録》。一部，一册。

天妃靈應集

楊士奇等《文淵閣書目·道書類》《天妃靈應集》。一部，一册。

金鼇仙集

楊士奇等《文淵閣書目·道書類》《金鼇仙集》。一部，二册。《金鼇集》。一部，一册。《金鼇集》。一部，一册。

歷代真仙贊

楊士奇等《文淵閣書目·道書類》《歷代真仙贊》。一部，一册。

女仙傳

楊士奇等《文淵閣書目·道書類》《女仙傳》。一部，一册。

仰山孚惠實録

楊士奇等《文淵閣書目·道書類》《仰山孚惠實録》。一部，一册。

感山雲記談

楊士奇等《文淵閣書目·道書類》《感山雲記談》。一部，一册。

隨用紀述

楊士奇等《文淵閣書目·道書類》《隨用紀述》。一部，一册。

峽山神異記

楊士奇等《文淵閣書目·道書類》《峽山神異記》。一部，一册。

廣福廟蔣侯行實録

楊士奇等《文淵閣書目·道書類》《廣福廟蔣侯行實録》。一册。

徐仙真録

范邦甸等《天一閣書目・道家類》 《徐仙真録》五卷。明正德辛酉知泉州府同安縣事後學新安朱徽序。云《徐仙真録》者,洪恩靈濟二真君之行實也。官方文照等彙而集之,釐爲上下之編,凡若干卷。是書舊有刊本,年久漫不可考。適遇鎮國將軍孟城孫公景康奉命來鎮福唐都。閫居無何,躬謁真君于鰲峯之祖宫,以嚴祀禮。公即取是編讀之,忻躍讚嘆,樂然捐資,期在必刻,以昭靈蹟于不朽。甫庀工,俾予言以識之。予齋沐焚香披誦連日,則知真君積功累仁、極忠至孝、慕道成仙、利物濟人之真蹟。悉載是編,靡有遺缺,亘萬古而不能泯也。《真録》詳備已成全書,其端則有前福建布政司鳳陽麻公洎諸文人之序。予不復贅。

張國祥《續道藏經目録・正一部》 户字號計三卷。《徐仙真録》。一之五。

三茅真君傳

王世貞《讀書後》卷七 《書〈三茅真君傳〉後》。關中王令賜紱自白光禄啓常所來,携光禄手刻《三茅真君仙傳》,伏讀之,即《真仙通鑑》所傳而頗加詳者也。真君化跡顯在名山,紀之《真誥》與南真《石函》並炳烺耳目,夫復何疑?所恨玄門操觚之士,不通史學,猥加藻飾,以召瑕攻,竟成蛇足耳。不佞請得而畧言之。夫所謂百十二字寶號者,受之天乎?受之人乎?受之天不過《真誥》所稱而已,受之人不過唐宋以後所封而已,不應煩雜至此。且襲北極、文昌之紕漏也。秦時封徹侯至少,不過蜀應文信及始皇時王賁、王離、趙亥、趙成、馮毋擇而已,以李斯爲丞相尚不得侯,而何以有長平侯偃、廣信侯熹也?戰國有號無謚,始皇不立謚,何以又有長平恭侯也?定録仲君以景帝戊戌生,至武帝元朔元年舉賢良拜五官中郎將。按元年爲癸丑,仲君僅十五耳,是歲雖下郡國舉孝廉,不聞舉賢良也。西漢官無所謂五官中郎,其以上書拜郎中者,主父偃三人耳,不聞拜中郎也。征和二年轉太子太傅。按是歲爲癸丑,戾太子反若在前,則與少傅石德及宫臣皆從誅在後,則不立太子設太傅也。元鳳元年拜破胡校尉武威太守。是歲爲辛丑,時不設破胡校尉官。保命季君以庚子生武帝建元三年,舉方正不就。按是歲爲癸卯,君僅四歲耳。又云游梁國爲孝王上賓。時孝王薨十餘年矣。宣帝地節二年自洛陽令轉西城校尉。是歲爲甲寅,君年已七十五,然是時亦無西城校尉官也。元帝即位仲君拜執金吾,季君拜五更大夫轉西河太守。按是歲爲初元元年癸酉,仲君年九十五、季君亦九十三,不應上之官籍。今九卿二千石有此壽,後人主必當旌異,史必爲立傳,亦不應寂寂乃爾。且《九卿年表》執金吾爲馮奉世,無所謂仲君也,亦不設五更大夫官。大抵事玄者不當以其飾而恣爲,談守儒者不必惡其飾而遂生謗,取理而節可也。長夏無事,偶書於後以示王令。倘可遺光禄,小删之何如?

桓真人昇仙記

王世貞《讀書後》卷七 《書〈桓真人昇仙記〉後》。吾於丁卯秋中避跡弘法寺,抽《道藏》翔字函小帙曰《桓真人昇仙記》,吾甚愛之,因手書一通。蓋謂《記》内所稱西蜀華蓋山李桓仙君授覬金丹大藥與飛步隱身諸訣,既成而誨之,俾從陶隱居爲門弟子。披髮跣足,執鋤爲圃十二年。吾當舉之,上帝詔昇雲天。且謂陶有三是,有四非。所四非者,其一註藥餌方書,殺禽魚蟲獸,救治病;其二好算星度,窮究天機,潛厭鬼神,言人休咎;其三種植花木,耕鋤山林,伐木匠屋,自恃聲勢,親近朝廷;其四望想太重,便希昇仙,創待仙樓,造降真館。又謂陶雕琢文詞,勞神典籍,窮究經旨,好述異事;且求真不一,潛神二門。言善提行,修西天記,作往生文,道釋並修,則上帝未見用也。凱如言而往,果如期上升。四非之説,故余所甚契,及後稍暇,讀其全文而鄙之。以其沓拖猥雜,殊無六朝風氣。而偏考諸藏有《高道傳》云: 桓法闓,字法舒,不知何許人。事隱居華陽館十餘年,一日有二青童白鶴自空而下。隱居忻然謂已當之。童曰:「太上所命桓先生也。」隱居計門人無桓姓,推執役者,得法闓。詰之。曰:「常行默朝之道,親朝上帝已九年矣。」隱居更欲師之,法闓辭不許,乃懇曰:「某於求道勤矣,而尚淹世者,非有過耶?幸爲訪之。」法闓駕白鶴而昇。三日,密降隱居室,謂先生陰功著矣,而所脩《本草》以虻蟲水蛭之類爲藥,利在人,害在物,以此小淹一紀。乃解形當投蓬萊都水監。此傳乃道士賈善翔撰,進成都李汝成,駁之。以隱居玄門董狐,豈有異人居門下而不識者?又得隱居墨跡,南平王所造清隱館即弟子桓法闓所居。邵陵王又有隱居化後，法闓猶存，無先期上升之説。而法闓受法高弟其非執役固明甚也。據賈高撰傳謂都水監之説爲門弟子女真錢所預告者；又攷隱居所著《冥通記》，則周太玄從定録趙丞得之南真夫人者，都不言法闓也。若此，《上升記》絶似唐末宋初人所作。其前載李桓命法闓師隱居語尤誕妄，且是時隱居尚存，何得稱貞白先生？蓋不知「貞白」爲化後所賜謚也。造僞書者賴有逗漏，不爾令人頭眩。

白雲霽等《道藏目録詳注・洞真部》 翔字號計十卷。《桓真人升仙記》。一卷。內有涵養天和、默朝帝闕真理。

錢謙益等《絳雲樓書目・道藏類》 《桓真人升仙記》。

張道陵傳

王世貞《讀書後》卷八 《書〈張道陵傳〉後》。天師一傳，蓋因世譜而作，其牽合傅會不可言。請得而條辨之。其云和帝即位，聞其有道，以三品印綬徵。是時漢未有三品也。徵爲太傅，封冀縣侯。此又因卓茂事而傳之者也。太傅位三公上，大邑通侯，豈平世而遽及草野？且此豈細事，而史册之不載也神符所受，能執筆一遥畫而千萬鬼衆俱死，又能使之活，則一時西川之厲，太上固頤指靖之而有餘，又何必縱之爲害至極而假手天師制之也？陽都之人，多深山窮谷，王法所不及施，故天師以便宜攝之彼地，即生齒亦不過數萬耳，何以有三萬六千種外道也？夫一畫而能殺鬼，太上實授之，而又責其過當殺氣穢空者，又何也？張魯以漢中降魏，封侯善終，史傳甚明，而云不受封爵，白日昇天。且曹子建著論稱其時道術之士甚詳，而不及魯。魯子衛、隗俱無所謂奇術者，而況上昇也？且豈有子女十餘輩累代昇天而無一紀者？自晉世而昭成，而椒，而仲回，而迥，而符，而子祥，而通，而仲常，而光，而順，而士元，而修，而諶，而秉一，而善，而季文，而正隨，而乾。其壽高者皆百歲，小亦不下九十，何至乾曜召見之後，子孫之壽皆與常人等？蓋前代系數不明而又少；少則不得不以壽彌縫，不明則可以影響故也。大要與鎮南而後其印劍符籙雖存，而未必一一修持；其修持者，未必一一皆驗。至宋真宗之世，頗好其事，以故稍稍出而應之，然亦無可以聳動者。至宣、政而虚静先生繼先出，其倜儻變幻，君臣各相競爲文彩，而其後人因之有世譜耶？《真誥》雖時時稱天師第呼之曰陵耳，亦不甚重之。

詆仙賦

王圻《續文獻通考・經籍考・道家類》 《詆仙賦》。宋祁著。其自序曰：予守壽春，覽郡圖得八公山，故老争言上有車轍馬跡，是淮南王上賓之遺，耕者往往得金焉，丹砂所化，可以療病，因取班固書葛洪神仙二傳合而質之。嗟乎，人之好名而不責實也。而洪又非愚無知者，猶憑浮證僞，況鄙人委巷語耶？作《詆仙賦》。

洞霄録

王圻《續文獻通考・經籍考・道家類》 《洞霄録》十卷。沙縣羅畸著。

神仙傳

王圻《續文獻通考・經籍考・道家類》 《神仙傳》。李光著。

神仙傳

王圻《續文獻通考・經籍考・道家類》 《神仙傳》。永樂十七年命侍臣輯。

黄虞稷《千頃堂書目・道家類》 《成祖神仙傳》。永樂十七年命侍臣編。

《明史・藝文志・道家類》 《神仙傳》一卷。成祖製。

道餘録

王圻《續文獻通考・經籍考・道家類》 《道餘録》。長洲姚廣孝著。

列仙正續全傳

徐㶿《徐氏家藏書目・道類》《列仙正續全傳》十八卷。

文昌帝君傳

徐㶿《徐氏家藏書目・道類》《文昌帝君傳》一卷。洧上范守己。

黃虞稷《千頃堂書目・道家類》 范守己《文昌帝君傳》一卷。

曇陽太師傳

徐㶿《徐氏家藏書目・道類》《曇陽太師傳》一卷。

蜀中神仙傳

徐㶿《徐氏家藏書目・道類》《蜀中神仙記》十卷。曹學佺。

黃虞稷《千頃堂書目・道家類》 曹學佺《蜀中神仙記》十卷。

《明史・藝文志・道家類》 曹學佺《蜀中神仙傳》十卷。

國朝仙傳

徐㶿《徐氏家藏書目・道類》《國朝仙傳》二卷。池顯方著。

黃虞稷《千頃堂書目・道家類》 池顯方《國朝仙傳》二卷。

《明史・藝文志・道家類》 池顯方《國朝仙傳》二卷。

太極葛仙翁傳

白雲霽等《道藏目録詳注・洞玄部》 虞字號計八卷。《太極葛仙翁傳》。一卷。青元觀道士譚嗣先進。仙公諱玄，字孝先，姓葛氏，句曲人也。天台得道，閤皂成真。昔受東華，復傳西蜀，詔命玉京金闕，位登太極仙班。帝號太極左仙公雷霆玄省天樞内相玉虛紫靈普化玄静常道冲應孚佑真君之上位。

錢謙益等《絳雲樓書目・道藏類》《太極葛仙翁傳》一卷。

華蓋山浮丘王郭三真君事實

白雲霽等《道藏目録詳注・洞神部》 孝字號計九卷。《華蓋山浮丘王郭三真君事實》。卷一之六。浮丘者與容成子、黃帝遊。周末授靈王太子，晉漢授詩於申公，與楚元王友。度王褒以仙郎，古浮丘公也。王、郭二真君，本汴州陳留人。王則方平之遠孫；郭乃王之簇弟。蓋登仙度人，顯迹事實亦載有歷代褒封册文，并傳記、碑圖、詩文典籍共六卷計六十篇。

大明玄天上帝瑞應靈圖

白雲霽等《道藏目録詳注・洞神部》 流字號計八卷。《大明玄天上帝瑞應靈圖》。一卷。永樂十六年十二月初三日《御製太嶽太和道官之碑》並呈瑞諸圖。

上清七聖玄紀經

白雲霽等《道藏目録詳注・正一部》 承字號計十一卷。《上清七(靈)〔聖〕玄紀經》。與《百神内名經》同卷。

皇明恩命世録

張國祥《續道藏經目録·正一部》 書字號計四卷。《皇明恩命世録》。(四)〔九〕卷。

漢天師世家

張國祥《續道藏經目録·正一部》 壁字號計四卷。《漢天師世家》。一之四。

黄虞稷《千頃堂書目·道家類》 《漢天師世家》一卷。

周中孚《鄭堂讀書記·道家類》 《漢天師世家》一卷。萬曆四年重刊本。明張國祥撰。國祥字文徵，號心湛，嗣漢五十代天師。按漢天師張道陵既傳教，累世歷唐宋入明復世掌道教，蓋其盛幾與孔氏相終始。洪武初四十二代正常因仿《史記·孔子世家》之例，撰成《世家》，自漢始祖道陵迄于四十一代正言止。宋濳谿濂爲之序。宋集亦載之。其子宇初始爲删校增次，以廣諸梓并序，其後至國祥復續以後來數代而重刊之。周天球、喻文偉、王德新皆爲之序，有萬曆甲子國祥跋。其書之牽合傳會更僕難數，王弇州《讀書後》八有《書張道陵傳後》一篇，其所條辨大都皆此書所有之文，蓋當時《世家》之外又别有傳，故弇州據以條辨，文繁不録。余謂道陵之爲名，明見於《後漢書》、《三國志·張魯傳》，而是書開口曰諱道陵，其他俱可以不辨辨之矣。

呂祖志

張國祥《續道藏經目録·正一部》 輦字號計六卷。《呂祖誌》。

元風慶會圖文説

錢謙益等《絳雲樓書目·道藏類》 《元風慶會圖文説》。

雲仙雜記

錢謙益等《絳雲樓書目·道書類》 《雲仙雜記》。此書及《龍城録》，皆王性之僞撰。見《墨莊漫録》，亦極貶散録之怪誕。

真武全傳

黄虞稷《千頃堂書目·道家類》 孫希化《真武全傳》八卷。

《明史·藝文志·道家類》 孫希化《真武全傳》八卷。

真武化書

黄虞稷《千頃堂書目·道家類》 蔡淑達《真武化書》七卷。

張三丰外傳

黄虞稷《千頃堂書目·道家類》 《張三丰外傳》。

真仙遺事

黃虞稷《千頃堂書目・道家類》 張三丰《真仙遺事》一卷。萬曆丙申平越守王恩民偕都勻司理李珏同輯。

玄風録辨衍

黃虞稷《千頃堂書目・道家類》 王崇慶《玄風録辨衍》一卷。

五真玄脈

黃虞稷《千頃堂書目・道家類》 《五真玄脈》八卷。不知撰人。

紫府奇玄

黃虞稷《千頃堂書目・道家類》 顧起元《紫府奇玄》十一卷。

《明史・藝文志・道家類》 顧起元《紫府奇玄》十一卷。

曇陽子傳

黃虞稷《千頃堂書目・道家類》 王世貞《曇陽子傳》一卷。

宜貞子傳

黃虞稷《千頃堂書目・道家類》 王士騏《宜貞子傳》一卷。

神事日搜

黃虞稷《千頃堂書目・道家類》 胡文煥《神事日搜》二卷。

仙媛紀事

黃虞稷《千頃堂書目・道家類》 楊爾曾《仙媛紀事》九卷。

蓬玄雜録

黃虞稷《千頃堂書目・道家類》 李先芳《蓬玄雜録》十卷。

《明史・藝文志・道家類》 李先芳《蓬玄雜録》十卷。

神隱志

《四庫全書總目提要・道家類存目》 《神隱志》二卷。江西巡撫採進本。明寧王權撰。權有《漢唐祕史》，已著録。此書多言神仙、隱逸、攝生之事。權本封大寧，爲燕王所劫，置軍中，使草檄。永樂元年，改封南昌。會有謗之者，乃退講黃、老之術，自號臞仙。別構精廬，顔曰「神隱」。併爲此書以明志。永樂六年上之。蓋借此韜晦以免患，非真樂恬退者也。

莊子故事圖

嵇璜等《清通志・圖譜略・御定學術》 《莊子故事圖》。謹按是圖自姑射神人、庖人解牛、支離鼓筴、壺子示機、列子食豕、儵忽鑿竅、象罔得珠，並輪扁斲輪、東施捧心、濠梁觀魚、痀僂承蜩、伯昏論射，共十有二事。皆仰經。御題。

列仙通紀

《四庫全書總目提要・道家類存目》《列仙通紀》六十卷。江蘇巡撫採進本。國朝薛大訓撰。大訓字六詁，吳縣人。是書採摭《道藏》神仙故實，始於黃帝，次爲《穆天子傳》，次爲《廣黃帝本行記》，次爲《元始上真衆仙記》，次爲《老子史略》，次關尹子以下至孫仙姑，凡八百七十七人。往往時代參錯，莫明其列。次以《文昌化書》，次以《元天上帝啓聖録》，次以《金蓮正宗》，次以《純陽神化妙道通紀》，次以《六仙外傳》、《桓真人昇仙記》、《洞天福地記》、《十洲記》、《閻祖師傳》、《吳許二真君傳》、《羣仙總會録》。前有華亭王宗熙、王辰熙二序，竝稱親見許旌陽。辰熙又稱見潛山司命神，與其兄宗熙對談。其言尤怪異無稽。二序皆不署年月。考此書先刊於崇禎庚辰，名《神仙通鑑》，卷數相符。則序中所謂壬午者，崇禎壬午；己丑者，順治己丑。蓋先刊於明，名《神仙通鑑》。至國朝版燬，重刊改此名云。

果山修道居志

《四庫全書總目提要・道家類存目》《果山修道居誌》二卷。江蘇周厚堉家藏本。國朝葉鈞撰。鈞有《續小學》，已著録。果山在嘉興，鈞卜居其地，創修道居。此其所自爲誌也。其所居，以釋教、道教與儒教合爲一堂，殊爲乖誕。後一卷爲同時諸人贈言，亦大抵荒謬之談。蓋明林兆恩等之流亞也。

六安記

葛洪《抱朴子内篇・遐覽》《六安記》。

鶴鳴記

葛洪《抱朴子内篇・遐覽》《鶴鳴記》。

平都記

葛洪《抱朴子内篇・遐覽》《平都記》。

南闕記

葛洪《抱朴子・内篇・遐覽》《南闕記》。

十洲記

《新唐書・藝文志・神仙類》東方朔《十洲記》一卷。

《宋史・藝文志・神仙類》東方朔《十洲三島記》一卷。

白雲霽等《道藏目録詳注・洞玄部》《十洲記》。一卷。

福地記

《宋史・藝文志・神仙類》《福地記》一卷。

錢東垣等輯《崇文總目・道書類》《福地記》一卷。

南岳小録

《新唐書・藝文志・神仙類》道士李沖昭《南岳小録》一卷。

白雲霽等《道藏目録詳注・洞玄部》虞字號計八卷。《南嶽小録》。與《九真人傳》同卷。道士李沖昭述。

錢東垣等輯《崇文總目・道書類》《南嶽小録》一卷。李沖昭撰。

二十四化記

鄭樵《通志・藝文略・道家類》《二十四化記》三卷。唐段道士世貴撰，記蜀中二十四山神仙之所。

佚名《道藏闕經目録》卷下《正一二十四化記》。三卷。

錢東垣等輯《崇文總目・道書類》《二十四化記》三卷。叚四貴撰。

上清天地宮府圖經

陳振孫《直齋書録解題・神仙類》《上清天地宮府圖經》二卷。唐司馬子微撰。

馬端臨《文獻通考・經籍考・神仙類》《上清天地宮府圖經》二卷。

佚名《道藏闕經目録》卷上《上清天地宮府圖經》。二卷。

西川青羊宮碑銘

范邦甸等《天一閣書目・道家類》《西川青羊宮碑銘》。藍絲闌鈔本。不著撰人名氏。

白雲霽等《道藏目録詳注・洞神部》不字號計九卷。《西川青羊宮碑銘》。一卷。樂朋龜譔。

唐王屋山中巖臺正一先生廟碣

白雲霽等《道藏目録詳注・洞神部》不字號計九卷。《唐王屋山中巖臺正一先生廟碣》。中巖知宮陳道阜撰。

唐嵩山啓母廟碑銘

白雲霽等《道藏目録詳注・洞神部》不字號計九卷。《唐嵩高山啓母廟碑銘》。與《聖跡》三篇同卷。

二十四化圖

《宋史・藝文志・神仙類》杜光庭《二十四化圖》一卷。

太清宮簡要記

鄭樵《通志・藝文略・道家類》《太清宮簡要記》一卷。王坤撰。

尤袤《遂初堂書目・道家類》《唐太清宮簡要記》。

《宋史・藝文志・神仙類》王紳《太清宮簡要記》一卷。

晉州羊角山唐觀記

鄭樵《通志・藝文略・道家類》《晉州羊角山唐觀記》一卷。道士李用能撰。

《宋史・藝文志・神仙類》 李用德《晉州羊角山慶曆觀記》一卷。

洞天福地嶽瀆名山記

白雲霽等《道藏目録詳注・洞玄部》 鞠字號計九卷。《洞天福地嶽瀆名山記》。一卷。廣成先生杜光庭撰。言嶽瀆衆山、中國五嶽、大洞十天、海鎮嶽瀆、十洲三島、三十六靖廬、七十二福地、二十四化、四鎮諸山，以及宫城處所，得道姓名，洞府主張，仙曹品秩等跡。

《四庫全書總目提要・道家類存目》 《洞天福地嶽瀆名山記》一卷。兩淮馬裕家藏本。蜀杜光庭撰。首仙山，次五岳，次十大洞天，附以青城山，次五鎮海瀆，次三十六精廬，次三十六洞天，次七十二福地，次靈化二十四，皆神仙幻窅之言。故雖紀山川，不隸之地理類焉。

顧櫰三《補五代史藝文志・道家類》 《洞天福地記》一卷。杜光庭。

嶽瀆福地圖

錢東垣等輯《崇文總目・道書類》 《嶽瀆福地圖》一卷。

福地經

尤袤《遂初堂書目・道家類》 《福地經》。

玉笥山小記

《新唐書・藝文志・神仙類》 道士令狐見堯《玉笥山記》一卷。

宋東太一宫碑銘

白雲霽等《道藏目録詳注・洞神部》 不字號計九卷。《宋東太一宫碑銘》。扈蒙譔。

宋西太一宫碑銘

白雲霽等《道藏目録詳注・洞神部》 不字號計九卷。《宋西太一宫碑銘》。宋綬譔。

宋中太一宫碑銘

白雲霽等《道藏目録詳注・洞神部》 不字號計九卷。《宋中太一宫碑銘》。與東、西三銘同卷。

梅仙觀記

白雲霽等《道藏目録詳注・洞玄部》 鞠字號計九卷。《梅（山）〔仙〕觀記》。一卷。仙聖觀道士楊志遠編。梅山植壇觀在豐城縣宣風鄉南歧里，有梅仙君隱焉。蓋佔君河南壽春府人，名福，字子真。乃西漢成帝時受命洪州南昌縣尉，居官清節，志厭浮華。初至雞籠山修煉，被尸鬼相魔，後至劍江西嶺修煉。一日，祥雲瑞氣覆於山巔，開户視之，乃道師空洞君降舍，於是受道。梅君嗣後修煉千日，神遊體外，丹光燭天。成道燈雲位，證仙品。其仙君顯道實蹟，并勅書、碑文、記傳、詩文，皆録記内。

《四庫全書總目提要・道家類存目》 《梅仙觀記》一卷。浙江汪汝瑮家藏本。宋楊智遠編。智遠，仙壇觀道士。其始末未詳，是編記漢梅福仙迹，首列梅仙事實，不著撰人。稱自漢至今凡二十二丙寅，自元始中至今貞元二年丙申，計一千二百五十九年。則當爲唐人作。然其文前列福王莽時所上書,全録漢史。自「變名爲吳門市卒」以下備言煉丹遇魔,逢師昇舉之事。其詞甚鄙。至稱王莽爲國舅,殆粗野道流所依託也。次列羅隱碑及蕭山明蕭泰來題後。次列宋敕誥。次列宋人贊詞及題詠,有後林李義山詩一首。考厲鶚《宋詩紀事》,宋別有李義山,非唐之商隱也。蕭山明碑陰文稱咸淳六年六月朔,則此書成於度宗時矣。

茅山新小紀

錢東垣等輯《崇文總目・道書類》《茅山新小記》一卷。

平都山仙都觀記

鄭樵《通志・藝文略・道家類》《平都山仙都觀記》二卷。山在忠州,陰長生成仙之所。

《宋史・藝文志・神仙類》《平都山仙都觀記》二卷。

錢東垣等輯《崇文總目・道書類》《平都山仙都觀記》一卷。

山水穴寶圖

鄭樵《通志・藝文略・道家類》《山水穴寶圖》一卷。

又《圖譜略・記有》《山水穴寶圖》。

《宋史・藝文志・神仙類》《山水穴寶圖》一卷。

佚名《道藏闕經目録》卷上《山水穴寶圖》。五卷。

錢東垣等輯《崇文總目・道書類》《山水穴實圖》一卷。

龍角山記

白雲霽等《道藏目録詳注・洞神部》不字號計九卷。《龍角山記》。一卷。

《唐明皇御製唐觀記》並聖銘等記。

宮觀碑志

白雲霽等《道藏目録詳注・洞神部》不字號計九卷。《宮觀碑志》。一卷。

翰林學士陶穀撰。

武當嘉慶圖

黃虞稷《千頃堂書目・道家類》《武當嘉慶圖》三卷。

佛教部

論述

佛經

《隋書·經籍志·佛經》《大乘經》六百一十七部，二千七十六卷。五百五十八部，一千六百九十七卷，經。五十九部，三百七十九卷，疏。《小乘經》四百八十七部，八百五十二卷。《雜經》三百八十部，七百一十六卷。雜經目殘缺甚，見數如此。《雜疑經》一百七十二部，三百三十六卷。《大乘律》五十二部，九十一卷。《小乘律》八十部，四百七十二卷。七十七部，四百九十卷，律。二部，二十三卷，講疏。《雜律》二十七部，四十六卷。《大乘論》三十五部，一百四十一卷。三十部，九十四卷，論。十五部，四十七卷，疏。《小乘論》四十一部，五百六十七卷。二十一部，四百九十一卷，論。十部，七十六卷，講疏。《雜論》五十一部，四百三十七卷。三十二部，二百九十九卷，論。九部，一百三十八卷，講疏。《記》二十部，四百六十四卷。

右一千九百五十部，六千一百九十八卷。

佛經者，西域天竺之迦維衛國浄飯王太子釋迦牟尼所説。釋迦當周莊王之九年四月八日，自母右脅而生，姿貌奇異，有三十二相，八十二好。捨太子位，出家學道，勤行精進，覺悟一切種智，而謂之佛，亦曰佛陀，亦曰浮屠，皆胡言也。華言譯之爲浄覺。其所説云，人身雖有生死之異，至於精神，則恒不滅。此身之前，則經無量身矣。積而修習，精神清浄，則成佛道。天地之外，四維上下，更有天地，亦無終極，然皆有成有敗。一成一敗，謂之一劫。自此天地已前，則有無量劫矣。每劫必有諸佛得道，出世教化，其數不同。今此劫中，當有千佛。自初至于釋迦，已七佛矣。其次當有彌勒出世，必經三會，演説法藏，開度衆生。由其道者，有四等之果。一曰須陁洹，二曰斯陁含，三曰阿那含，四曰阿羅漢。至羅漢者，則出入生死，去來隱顯，而不爲累。阿羅漢已上，至菩薩者，深見佛性，以至成道。每佛滅度，遺法相傳，有正、象、末三等淳醨之異。年歲遠近，亦各不同。末法已後，衆生愚鈍，無復佛教，而業行轉惡，年壽漸短，經數百千載間，乃至朝生夕死。然後有大水、大火、大風之災，一切除去之，而更立生人，又歸淳朴，謂之小劫。每一小劫，則一佛出世。

初天竺中多諸外道，並事水火毒龍，而善諸變幻。釋迦之苦行也，是諸邪道，並來嬲惱，以亂其心，而不能得。及佛道成，盡皆摧伏，並爲弟子。弟子，男曰桑門，譯言息心，而總曰僧，譯言行乞。女曰比丘尼。皆剃落鬚髮，釋累辭家，相與和居，治心修浄，行乞以自資，而防心攝行。僧至二百五十戒，尼五百戒。俗人信憑佛法者，男曰優婆塞，女曰優婆夷，皆去殺、盜、淫、妄言、飲酒，是爲五誡。釋迦在世教化四十九年，乃至天龍人鬼並來聽法，弟子得道，以百千萬億數。然後於拘尸那城娑羅雙樹間，以二月十五日，入般涅槃。涅槃亦曰泥洹，譯言滅度，亦言常樂我浄。初釋迦説法，以人之性識根業各差，故有大乘小乘之説。至是謝世，弟子大迦葉與阿難等五百人，追共撰述，綴以文字，集載爲十二部。後數百年，有羅漢菩薩，相繼著論，贊明其義。然佛所説，我滅度後，正法五百年，像法一千年，末法三千年，其義如此。

推尋典籍，自漢已上，中國未傳。或云久以流布，遭秦之世，所以堙滅。其後張騫使西域，蓋聞有浮屠之教。哀帝時，博士弟子秦景使伊存口授浮屠經，中土聞之，未之信也。後漢明帝，夜夢金人飛行殿庭，以問於朝，而傅毅以佛對。帝遣郎中蔡愔及秦景使天竺求之，得《佛經四十二章》及釋迦立像。并與沙門攝摩騰、竺法蘭東還。愔之來也，以白馬負經，因立白馬寺於洛城雍門西以處之。其經緘于蘭臺石室，而又畫像於清涼臺及顯節陵上。章帝時，楚王英以崇敬佛法聞，西域沙門，齎佛經而至者甚衆。永平中，法蘭又譯《十住經》。其餘傳譯，多未能通。至桓帝時，有安息國沙門安静，齎經至洛，翻譯最爲通解。靈帝時，有月支沙門支讖、天竺沙門竺佛朔等，並翻佛經。而支讖所譯《泥洹經》二卷，學者以爲大得本旨。漢末，太守竺融，亦崇佛法。三國時，有西域沙門康僧會，齎佛經至吴譯之，吴主孫權，甚大敬信。魏黄初中，中國人始依佛戒，剃髮爲僧。先是西域沙門來此，譯《小品經》，首尾乖舛，未能通解。甘露中，有朱仕行者，往西域，至于闐國，得經九十章，晉元康中，至鄴譯之，題曰《放光般若經》。太始中，有月支沙門竺法護，西遊諸國，大得佛經，至洛翻譯，部數甚多。佛教東流，自此而盛。

石勒時，常山沙門衛道安，性聰敏，誦經日至萬餘言。以胡僧所譯《維摩》、《法華》，未盡深旨，精思十年，心了神悟，乃正其乖舛，宣揚解釋。時中國紛擾，四方隔絶，道安乃率門徒，南遊新野，欲令玄宗所在流布，分遣弟子，各趣諸方。法性詣揚州，法和入蜀，道安與慧遠之襄陽。後至長安，苻堅甚敬之。道安素聞天竺沙門鳩摩羅什，思通法門，勸堅致之。什亦聞安令問，遥拜致敬。姚萇弘始二年，羅什至長安，時道安卒後已二十載矣，什深慨恨。什之來也，大譯經論，道安所正，與什所譯，義如一，初無乖舛。

初，晉元熙中，新豐沙門智猛，策杖西行，到華氏城，得《泥洹經》及《僧祇律》，東至高昌，譯《泥洹》爲二十卷。後有天竺沙門曇摩羅讖復賫胡本，來至河西。沮渠蒙遜遣使至高昌取猛本，欲相參驗，未還而蒙遜破滅。姚萇弘始十年，猛本始至長安，譯爲三十卷。曇摩羅讖又譯《金光明》等經。時胡僧至長安者數十輩，惟鳩摩羅什才德最優。其所譯則《維摩》、《法華》、《成實論》等諸經，及《曇無懺》所譯《金光明》，曇摩羅懺所譯《泥洹》等經，並爲大乘之學。而什又譯《十誦論》，天竺沙門佛陀耶舍譯《長阿含經》及《四方律》，兜佉勒沙門曇摩難提譯《增一阿含經》，曇摩耶舍譯《阿毗曇論》，並爲小乘之學。其餘經論，不可勝記。自是佛法流通，極於四海矣。東晉隆安中，又有罽賓沙門僧伽提婆譯《增一阿含經》及《中阿含經》。義熙中，沙門支法領，從于闐國得《華嚴經》三萬六千偈，至金陵宣譯。又有沙門法顯，自長安遊天竺，經三十餘國。隨有經律之處，學其書語，譯而寫之。還至金陵，與天竺禪師跋羅，參共辯定，謂《僧祇律》，學者傳之。

齊梁及陳，並有外國沙門。然所宣譯，無大名部可爲法門者。梁武大崇佛法，於華林園中，總集釋氏經典，凡五千四百卷。沙門寶唱，撰《經目録》。又後魏時，太武帝西征長安，以沙門多違佛律，羣聚穢亂，乃詔有司，盡坑殺之，焚破佛像。長安僧徒，一時殲滅。自餘征鎮，豫聞詔書，亡匿得免者十一二。文成之世，又使修復。熙平中，遣沙門慧生使西域，采諸經律，得一百七十部。永平中，又有天竺沙門菩提留支，大譯佛經，與羅什相埒。其《地持》、《十地論》，並爲大乘學者所重。後齊遷鄴，佛法不改。至周武帝時，蜀郡沙門衛元嵩上書，稱僧徒猥濫，武帝出詔，一切廢毁。

開皇元年，高祖普詔天下，任聽出家，仍令計口出錢，營造經像。而京師及并州、相州、洛州等諸大都邑之處，並官爲一切經，置于寺内；而又别寫，藏于祕閣。天下之人，從風而靡，競相景慕，民間佛經，多於六經數十百倍。大業時，又令沙門智果，於東都内道場，撰諸經目，分别條貫，以佛所説經爲三部：一曰大乘，二曰小乘，三曰雜經。其餘似後人假託爲之者，别爲一部，謂之疑經。又有菩薩及諸深解奥義，贊明佛理者，名之爲論，及戒律並有大、小及中三部之别。又所學者，録其當時行事，名之爲記。凡十一種。今舉其大數，列於此篇。

右道，佛經二千三百二十九部，七千四百一十四卷。

道，佛者，方外之教，聖人之遠致也。俗士爲之，不通其指，多離以迂怪，假託變幻亂於世，斯所以爲弊也。故中庸之教，是所罕言，然亦不可誣也。故録其大綱，附于四部之末。

大凡經傳存亡及道、佛，六千五百二十部，五萬六千八百八十一卷。

馬端臨《文獻通考・經籍考・釋氏》 《文獻通考經籍考》卷五十三。

子釋氏

《隋・經籍志》曰：佛經者，天竺之迦維衛國净飯王太子釋迦牟尼所説。釋迦當周莊王之九年四月八日，自母右脅而生，資貌奇異，有三十二相，八十二好。捨太子位，出家學道，勤行精進，覺悟一切種智，而謂之佛，亦曰佛陀，亦曰浮屠，皆胡言也。華言譯之爲净覺。其所説云，人身雖有生死之異，至於精神，則常不滅。此身之前，則經無量身矣。積而修習，則成佛道。天地之外，四維上下，更有天地，亦無終極，然皆有成有敗。一成一敗，謂之一劫。自此天地已前，則有無量劫矣，每劫必有諸佛得道，出世教化，其數不同。今此劫中，當有千佛。自初至於釋迦，已七佛矣。其次當有彌勒出世，必經三會，演説法藏，開度衆生。由是道者，有四等之果，一曰須陁洹，二曰斯陁含，三曰阿那含，四曰阿羅漢。至羅漢者，則出入生死，去來隱顯而不爲累。阿羅漢已上至菩薩者，深見佛性，以至成道。每佛滅度，遺法相傳，有正、象、末三等醇醨之異，年歲遠近，亦各不同。末法已後，衆生愚鈍，無復佛教，而業行轉惡，年壽漸短，經數百千載間，乃至朝生夕死。然後有大火、大水、大風之災，一切除去之，而更立生人，又歸淳朴，謂之小劫。每一小劫，則一佛出世。初，天竺中多諸外道，並事水火毒龍，而善諸變幻。釋迦之苦行也，是諸邪道，並來嬲惱，以亂其心，而不能得。及佛道成，盡皆摧伏，並爲弟子。弟子，男曰桑門，譯言息心，而總曰僧，譯言行乞。女曰比邱尼。皆剃落鬚髮，釋累辭家，相與和居，治心修净，行乞以自資，而防心攝行，僧至二百五十戒，尼五百戒。俗人信憑佛法者，男曰優婆塞，女曰優婆夷，皆去殺、盗、淫、妄言、飲酒，是爲五戒。釋迦在世，教化四十九年，乃至天龍人鬼並來聽法，弟子得道以百千萬億數。然後於拘尸那城娑羅雙樹間，以二月十五日入般涅槃。涅槃亦曰泥洹，譯言滅度，亦言常樂我净。初，釋迦説法，以人之性識根業各差，故有大乘、小乘之説。至是謝世，弟子大迦葉與阿難等五百人，追共撰述，綴以文字，集載爲十二部。後數百年，有羅漢、菩薩，相繼著論，贊明其義。然佛所説，我滅度後，正法五百年，像法一千年，末法三千年，其義如此。推尋典籍，自漢已上，中國未傳。或云久已流布，遭秦之世，所以湮滅。其後張騫使西域，蓋聞有浮屠之教。哀帝時，博士弟子秦景使伊存口授浮屠經，中土聞之，未之信也。後漢明帝夜夢金神飛行殿庭，以問於朝，而傅毅以佛對。帝遣郎中蔡愔及秦景使天竺求之，得佛經四十二章及釋迦立像，並與沙門攝摩騰、竺法蘭東還。愔之來也，以白馬負經，因立白馬寺於洛城雍門西以處之。其經緘於蘭臺石室，而又畫像於清源臺及顯節陵上。章帝時，楚王英以崇敬佛法聞，西域沙門齎佛經而至者甚衆。永平中，法蘭又譯《十住經》。其餘傳譯，多未能通。至桓帝時，有安息國沙門安静齎經至洛翻譯，最爲通解。靈帝時，有月支沙門支讖、天竺沙門竺佛朔等並翻佛經，而支讖所譯泥洹經二卷，學者以爲大得本旨。漢太守竺融亦崇佛法。三國時，有西域沙門康僧會齎佛經至吴譯之，吴主孫權甚大敬信。魏黄初中，國人始依佛戒，剃髮爲僧。先是西域沙門來此，譯《小品經》，首尾乖舛，未能通解。甘露中，有朱仕行者往西域，至于闐國，得經九十章，晉元康中至鄴譯之，題曰《放光般若經》。太始中，有月支沙門竺法護西遊諸國，大得佛經，至洛翻譯，部數甚多。佛教東流，自此而盛。石勒時，常山沙門衛道安性聰敏，誦經日至萬餘言。以胡僧所譯維摩、法華未盡深旨，精思十年，心了神悟，乃正其乖舛，宣揚解釋。時中國紛擾，四方隔絶，道安乃率門徒南遊新野，欲令玄宗所在流布，分遣弟子，各趨諸方。法往諳揚州，法和入蜀，道安與惠遠之襄陽，後至長安，苻堅甚敬之。道安素聞天竺沙門鳩摩羅什思通法門，勸堅致之。什亦聞安令問，遥拜致敬。姚萇弘始二年，羅什至長安，時道安卒後已二十載矣，什深慨恨。什之來也，大譯經論，道安所正與什所譯，辭義如一，初無乖舛。初，晉元熙中，新豐沙門智猛策杖西行，到華氏城，得《泥洹經》及《僧祇律》，東至高昌，譯《泥洹》爲二十卷。後有天竺沙門曇摩羅讖復齎胡本來至河西，沮渠蒙遜遣使至高昌取猛本，欲相參驗，未還而蒙遜破滅。姚萇弘始十年，猛本始至長安，譯爲三十卷。曇摩羅讖又譯《金光明》等經。時胡僧至長安者數十輩，惟鳩摩羅什才德最優，其所譯則《維摩》、《法華》、《成實論》等諸經，及曇無懺所譯《金光明》，曇摩懺所譯《泥洹》等經，並爲大乘之學。而什又譯《十誦律》，天竺沙門佛陁耶舍譯《長阿含經》及《四分律》，兜法勒沙門曇摩難提譯《增一阿含經》，曇摩耶含譯《阿毗曇論》，並爲小乘之學。其餘經論，不可勝紀。自是佛法流通，極於四海矣。東晉隆安中，又有罽賓沙門僧伽提婆譯《增一阿含經》及《中阿含經》。義熙中，沙門支法領從于闐國得《華嚴經》三萬六千偈，至金陵宣譯。又有沙門法顯自長安遊天竺，經三十餘國，隨有經律之處，學其書語，譯而寫之。還至金陵，與天竺禪師跋羅參共辯定，謂《僧祇律》，學者傳之。齊、梁及陳，並有外國沙門，然所宣譯，無大名部可謂法門者。梁武帝大崇佛法，於華林園中總集釋氏經典，凡五千四百卷，沙門寶唱，撰經目録。又後魏時，太武帝西征長安，以沙門多違法律，群聚穢亂，乃詔有司盡坑殺之，焚破佛像，長安僧徒，一時殲滅，自餘征鎮，豫聞詔書，亡匿得免者十一二。文成之世，又更修復。熙平中，遣沙門慧生使西域，采諸經律，得一百七十部，永平中，又有天竺沙門菩提留支大譯佛經，與羅什相埒。其《地持》、《十地論》，並爲大乘學者所重。後齊遷鄴，佛法不改。至周武帝時，蜀郡沙門衛元嵩上書，稱僧徒猥濫，武帝出詔，一切廢毁。開皇元年，高祖普詔天下，任聽出家，仍令計口出錢，營造金像。而京師及并州。相州、洛州等諸大都邑之處，並官寫一切經，置於寺内，又别寫，藏於祕閣。天下之人從風而靡，競相景慕，民間佛經多於《六經》十百倍。大業時，又令沙門智果於東都内道場撰諸經目，分别條貫，以佛所説經爲三部，一曰大乘，二曰小乘，三曰雜經。其餘自後人假托爲之者，别爲一部，謂之疑經。又有菩薩及諸深解奥義、贊明佛理者，名之爲論，及戒律並有大小及中三部之别。又所學者，録其當時行事，名之爲記，凡十一種。今舉其大數，列於此篇。

《四庫全書總目提要・釋家》　子部　釋家類

梁阮孝緒作《七録》，以二氏之文别録於末。《隋書》遵用其例，亦附於志末，有部數卷數而無書名。《舊唐書》以古無釋家，遂併佛書於道家，頗乖名實。然惟録諸家之書爲二氏作者，而不録二氏之經典，則其義可從。今録二氏於子部末，用阮孝緒例。不録經典，用劉昫例也。諸志皆道先於釋。然《魏書》已稱釋老志。《七録》舊目載於釋道宣《廣宏明集》者，亦以釋先於道。故今所叙録，以釋家居前焉。

雜録

馬端臨《文獻通考・經籍考・釋氏》　《隋志》：一千九百五十部，六千一百九十八卷。

《唐志》：二十五家，四十部，三百九十五卷。失姓名一家，元苑以下不著録七十四家，九百四十一卷。

《宋三朝藝文志》曰：唐《開元釋藏目》凡五千四十八卷，《貞元藏目》又二百七十五卷，而禪觀之書不預焉。迄於皇朝，復興翻譯，太平興國後至道二年，二百三十九卷。又至大中祥符四年，成一百七十五卷，潤文官趙安仁等編纂新目，爲《大中祥符法寶》。咸平初，雲勝奉詔編《藏經隨函索隱》六百六十卷，又令詔訪唐貞元以後未附藏諸經益之，並令摹刻。劉安仁又分《太宗妙覺祕銓》爲名《真宗法音》，集論，頌，贊，詩爲三卷，以《法音旨要》爲名，摹印頒行。訖於天禧末，又譯成七十卷。凡大乘經三百三十四卷，大乘律一卷，大乘論二十九卷，小乘經八十一卷，小乘律五卷，西方聖賢集二十九卷。今取傳記禪纂之書參儒典者具之。

《宋三朝志》：五十八部，六百一千六卷。

《宋兩朝志》：一百一十三部。

《宋四朝志》：十部。

《宋中興志》：一百家，一十部，七百七十五卷。

鄭樵《通志·藝文略·釋家》 釋家

記、塔寺、論議、詮述、章鈔、儀律、目録、音義、頌贊、語録。

焦竑《國史經籍志·子類》 釋家

經、律、論、義、疏、語、録、偈、雜、傳、記、□寺。

祁承㸁《澹生堂藏書目》 釋家之目爲大乘經、小乘經，爲續入大小諸經，爲東土著述經，爲律儀，爲經典疏註，爲大小乘論，爲宗旨，爲語録，爲詮述，爲止觀，爲浄土，爲警策，爲因果，爲記傳，爲禪餘，爲文集，計十八則。

釋家

大乘、小乘、續入諸經、東土著述、律儀、經典疏註、大小乘論、宗旨、語録、止觀、警策、銓述、提唱、浄土、因果、記傳、禪餘、文集。

經律論分部

阿闍世王太子經

智昇《開元釋教録》 《阿闍世王太子經》一卷。與舊《太子刷護經》等同本。

文殊師利浄律經

智昇《開元釋教録》 《文殊師利浄律經》一卷。或直云《浄律經》。西晉三藏竺法護譯。第一譯。

文殊悔過經

智昇《開元釋教録》 《文殊悔過經》一卷。一名《文殊五體悔過經》。西晉三藏竺法護譯。第一譯，兩譯一闕。

文殊師利般涅槃經

智昇《開元釋教録》 《文殊師利般涅槃經》一卷。西晉居士聶道真譯。

浄土盂蘭盆經

智昇《開元釋教録》 《浄土盂蘭盆經》一卷。五紙。右一經，新、舊之録皆未曾載。時俗傳行將爲正典。細尋文句亦涉人情事，須審詳且附疑録。

妙色王因緣經

智昇《開元釋教録》 《妙色王因緣經》一卷。大唐天后代三藏義浄譯。新編入録。

獅子素馱娑王斷肉經

智昇《開元釋教録》《獅子素馱娑王斷肉經》一卷。大唐至相寺沙門釋智嚴譯。新編入録。

般泥洹後灌臘經

智昇《開元釋教録》《般泥洹後灌臘經》一卷。一名《四輩灌臘經》亦直云《灌臘經》。西天三藏竺法護譯。右此《灌臘經》，大周等録，皆爲重譯。《去與盂蘭盆經》等，同本異譯者，誤也。今尋文異，故爲單本。

長者法志妻經

智昇《開元釋教録》《長者法志妻經》一卷。失譯。安公《涼土異經録》中有名，今亦附《涼録》。

長者女庵提遮師子吼了義經

智昇《開元釋教録》《長者女菴提遮師子吼了義經》一卷。失譯。今附《梁録拾遺》編入。

甚深大回向經

智昇《開元釋教録》《甚深大迴向經》一卷。《僧祐録》中失譯經。今附《宋録》。

天王太子辟羅經

智昇《開元釋教録》《天王太子辟羅經》一卷。或無天王字，亦云辟羅。《僧祐録》云：「安公闕《中異經》。」今附《秦録拾遺》編入。

清浄毗尼方廣經

智昇《開元釋教經》《清浄毗尼方廣經》一卷。姚秦三藏鳩摩羅什譯。出《法上録》第二譯。

寂調音所問經

智昇《開元釋教録》《寂調音所問經》一卷。一名《如來所説清浄調伏經》。宋沙門釋法海譯。第四譯。右三經同本異譯。前後四譯，一譯闕本。

大乘三聚懺悔經

智昇《開元釋教録》《大乘三聚懺悔經》一卷。隋天竺三藏闍那崛多等譯。出《内典録》單本。

舍利弗悔過經

智昇《開元釋教録》《舍利弗悔過經》一卷。亦直云《悔過經》。後漢安息三藏安世高譯。第一譯，譯二闕。

大愛道比丘尼經

智昇《開元釋教録》 《大愛道比丘尼經》二卷。亦云《大愛道受誡》，或直云《大愛道經》。失譯。《僧祐録》云：「安公涼土異經，今附《北涼録》，單本。

犯戒報應輕重經

智昇《開元釋教録》 《犯戒報應輕重經》一卷。出《目連問毗尼經》，或云《目連問經》。後漢安息三藏安世高譯。《拾遺》編入，單本。

大比丘三千威儀經

智昇《開元釋教録》 《大比丘三千威儀經》二卷。亦云《大僧威儀經》，或四卷。後漢安息三藏安世高譯。單本。上二經十卷，同帙。其《毗尼母經》，《大周録》云：「東晉太安年苻蘭譯」。此《法上録》謹按：《帝王代録》於東晉代，无太安年。其太安年乃在西晉惠帝代。其《法上録》尋之，未獲年代。既錯，未可依憑。又檢文中有翻梵語處，皆曰秦言。故是秦時譯也。今爲夫原編於《秦録》其《三千威儀經》，僧祐《失譯録》中分爲兩部，各二卷。房等諸録，並云兩本合之成其四卷。今只有二，餘二莫存。

無量清净平等覺經

智昇《開元釋教録》 《無量清净平等覺經》二卷。曹魏西域三藏帛延譯。第五譯。又長房等録。帛延譯中更有《平等覺經》一卷即是《開元釋教録》第十四卷，第三張階。前經無繁重載。

大智度無極經

智昇《開元釋教録》 《大智度無極經》四卷。非藏中者。

智度無極辟經

智昇《開元釋教録》 《智度無極辟經》三卷。或云《無極辟經》或四卷，或加「大」字。

總攝無盡交經

智昇《開元釋教録》 《總攝無盡義經》二卷。

虛空藏所問經

智昇《開元釋教録》 《虛空藏所問經》八卷。亦云《方等王虛空藏經》，或直云《虛空藏經》或五卷。右一經是《大集經》中《虛空藏菩薩品》，別抄流行。《大周録》云「乞伏秦代沙門聖堅譯者」，謬也。彼聖堅譯者闕本。

一切施王所行檀波羅蜜經

智昇《開元釋教録》 《一切施王所行檀波羅蜜經》一卷。右一經出《六度集經》。施度無極中諸録皆云姚秦三藏鳩摩羅什譯者，誤也。

大方廣如來性起微密藏經

智昇《開元釋教録》《大方廣如來性起微密藏經》二卷。右一經即是舊《華嚴經寶王如來性起品》，別出流行，初加證信序。及取第二會初緣起置之於首。長房等録並云西晉失譯者，謬也。

藥師琉璃光經

智昇《開元釋教録》《藥師琉璃光經》一卷。亦名《灌頂拔除過罪生死得度經》。右一經是《大灌頂經》第十二卷，或有經本在第十一。長房等録皆云宋代鹿野寺沙門慧簡譯者，謬。

授幻師跋陀羅記經

智昇《開元釋教録》《授幻師跋陀羅記經》一卷。與舊《幻士仁賢經》同本。

廣博仙人問經

智昇《開元釋教録》《廣博仙人問經》一卷。與舊《毗耶娑問經》同本。在第四十九會。

温室洗浴衆僧經

智昇《開元釋教録》《温室洗浴衆僧經》一卷。

救護身命濟人病苦厄經

智昇《開元釋教録》《救護身命濟人病苦厄經》一卷。與《救疾經》文勢相似，一真一僞，將爲未可。

觀世音三昧經

智昇《開元釋教録》《觀世音三昧經》一卷。

忠國師解心經

晁公武《郡齋讀書志》《忠國師解心經》一卷。袁本前志卷三下釋書類第二十一。右唐僧慧忠，肅宗師事之。此其所著書也。

馬端臨《文獻通考・經籍考・釋氏》《忠國師解心經》一卷。晁氏曰：唐僧慧忠，肅宗師事之，此其所著書也。

御注大圓覺了義經

趙希弁《讀書附志》《御注大圓覺了義經》二卷。右孝宗皇帝賜徑山興聖萬壽禪寺僧寶印者也。前刻唐裴休序。

維摩詰所説經

馬端臨《文獻通考・經籍考・釋氏》《維摩詰所説經》十卷。晁氏曰：天竺維摩詰撰。西域謂净名曰維摩詰，廣嚴城處士也。佛聞其病，使十弟子、四菩薩往問訊，皆以不勝任固辭，最後遣文殊行，因共談妙道，遂成此經。其大旨明真俗不二而已。净名演法要者，居世出世也。不以十弟子、四菩薩爲知法者，斥其有穢净之别也。文殊大智，法身之體也。净名處俗，法身之用也。俾體用相酬對，皆真俗不二之喻也。姚秦僧鳩摩羅什譯。按《開元釋教録》云，羅什者，華言童壽，天竺人。苻堅遣吕光破西域，俘之以歸，姚興迎長安，譯經於逍遥園，凡四十部，此其一也。本三卷十四品，其後什之徒僧肇、道生、道融等爲之注，釐爲十卷。予得之董太虚家，蓋襄陽本也。唐李繁頗言此注後人依托者。

陳振孫《直齋書録解題》《維摩詰所説經》一卷。案：《文獻通攷》作十卷。鳩摩羅什譯。

楞伽阿跋多羅寶經

楊士奇等《文淵閣書目・寒・佛書》《楞伽阿跋多羅寶經》一部四册。

正宗大覺法經

楊士奇等《文淵閣書目・寒字號・佛書》《正宗大覺法經》一部十二册。

圓覺等經總秩

楊士奇等《文淵閣書目・寒字號・佛書》《圓覺等經總秩》一部一册。

圓覺經總秩

楊士奇等《文淵閣書目・寒字號・佛書》《圓覺經總秩》一部一册。

過去現存因果經

楊士奇等《文淵閣書目・寒字號・佛書》《過去現存因果經》一部四册。

楞伽阿跋多羅寶經

范邦甸等《天一閣書目・釋家》《楞伽阿跋多羅寶經》四卷。胥臺沙門正受註。

大方廣圓覺修多羅了義經

范邦甸等《天一閣書目・釋家》《大方廣圓覺修多羅了義經》二册。唐罽賓沙門佛陀多羅譯，裴休序。

血書五大部經

王圻《續文獻通考・經籍考・釋家》《血書五大部經》一百十三卷。《華嚴》、《合論》太原僧昌海校正。

仁孝皇后大功德經

徐𤊹《徐氏家藏書目・子部・釋類》《仁孝皇后大功德經》一卷。

大乘本生心地觀經

徐𤊹《徐氏家藏書目·子部·釋類》《大乘本生心地觀經》八卷。

大乘本生心地觀經

徐𤊹《徐氏家藏書目·子部·釋類》《大乘本生心地觀經》八卷。唐憲宗御製序。嘉興板。

薩曇芬陀利經

徐𤊹《徐氏家藏書目·子部·釋類》《薩曇芬陀利經》一卷。

觀音普門品經

徐𤊹《徐氏家藏書目·子部·釋類》《觀音普門品經》一卷。

藥師琉璃光如來本願經

徐𤊹《徐氏家藏書目·子部·釋類》《藥師琉璃光如來本願經》二函。

夢感佛説大功德經

《明史·藝文志·釋家》《仁孝皇后夢感佛説大功德經》一卷,《佛説大因緣經》三卷。

黄虞稷《千頃堂書目·釋家》 仁孝皇后夢感《佛説第一希有大功德經》一卷,又佛《説五十三佛大因緣經》三卷,又《諸佛世尊如來菩薩尊者神僧名經》四卷。

比丘尼十戒經

姚振宗《後漢藝文志·佛經》《比丘尼十戒經》一卷。

庾伽三磨斯經

姚振宗《後漢藝文志·佛經》《庾伽三磨斯經》一卷。譯言《修行略》,一名《達磨多羅禪法》,或言達磨多羅菩薩撰《禪經要集》。

沙門爲十二頭陀經

姚振宗《後漢藝文志·佛經》《沙門爲十二頭陀經》一卷。

色比丘念本起經

姚振宗《後漢藝文志·佛經》《色比丘念本起經》一卷。

欲從本相有經

姚振宗《後漢藝文志·佛經》《欲從本相有經》一卷。或云《欲從本經》。

道德舍利日經

姚振宗《後漢藝文志・佛經》《道德舍利日經》一卷。

河中大聚沫經

姚振宗《後漢藝文志・佛經》《河中大聚沫經》一卷。或云《水沫所飄經》，或云《聚沫譬經》。《衆經録》出雜阿含。

獨坐思惟意中生念經

姚振宗《後漢藝文志・佛經》《獨坐思惟意中生念經》一卷。

自見自知爲能盡結經

姚振宗《後漢藝文志・佛經》《自見自知爲能盡結經》一卷。

比丘所求色經

姚振宗《後漢藝文志・佛經》《比丘所求色經》一卷。

凡人有三事愚癡不足經

姚振宗《後漢藝文志・佛經》《凡人有三事愚癡不足經》一卷。

魔王入目犍蘭腹經

姚振宗《後漢藝文志・佛經》《魔王入目犍蘭腹經》一卷。亦云《弊魔試目連經》。《魔王入目連腹中經》出《中阿含》第三十卷。

色爲非常念經

姚振宗《後漢藝文志・佛經》《色爲非常念經》一卷。

兩比邱得割經

姚振宗《後漢藝文志・佛經》《兩比邱得割經》一卷。

舍利日在王舍國經

姚振宗《後漢藝文志・佛經》《舍利日在王舍國經》一卷。

比丘一法相經

姚振宗《後漢藝文志・佛經》《比丘一法相經》一卷。

披羅門不信重經

姚振宗《後漢藝文志・佛經》《披羅門不信重經》一卷。

説人自説人骨不知腐經

姚振宗《後漢藝文志・佛經》《説人自説人骨不知腐經》一卷。《色比丘念下二十五經》。安公云：「並出《雜阿含》。」

身爲無有反復經

姚振宗《後漢藝文志・佛經》《身爲無有反復經》一卷。

不聞者類相聚經

姚振宗《後漢藝文志・佛經》《不聞者類相聚經》一卷。《舊録》云《類相聚經》與《相應相可經》同本。

生聞披羅門經

姚振宗《後漢藝文志・佛經》《生聞披羅門經》一卷。《舊録》云《生聞梵志經》。

署杜乘披羅門經

姚振宗《後漢藝文志・佛經》《署杜乘披羅門經》一卷。

披羅門子名不侵經

姚振宗《後漢藝文志・佛經》《披羅門子名不侵經》一卷。

是時自梵守經

姚振宗《後漢藝文志・佛經》《是時自梵守經》一卷。

師子畜生王經

姚振宗《後漢藝文志・佛經》《師子畜生王經》一卷。

阿須倫子披羅門經

姚振宗《後漢藝文志・佛經》《阿須倫子披羅門經》一卷。

天上釋爲故世在人中經

姚振宗《後漢藝文志・佛經》《天上釋爲故世在人中經》一卷。或作「無上」，誤也。

天王下作猪經

姚振宗《後漢藝文志・佛經》《天王下作猪經》一卷。

阿難問何因緣持戒見世間貧亦現道貧經

姚振宗《後漢藝文志・佛經》《阿難問何因緣持戒見世間貧亦現道貧經》一卷。

給孤獨四姓家問應受施經

姚振宗《後漢藝文志·佛經》《給孤獨四姓家問應受施經》一卷。

摩訶厥彌難問經

姚振宗《後漢藝文志·佛經》《摩訶厥彌難問經》一卷。或云《大厥彌經》。

曉所諍不解經者經

姚振宗《後漢藝文志·佛經》《曉所諍不解經者經》一卷。今疑上「經」字錯。

摩訶遮曷淀經

姚振宗《後漢藝文志·佛經》《摩訶遮曷淀經》一卷。

説阿難持戒經

姚振宗《後漢藝文志·佛經》《説阿難持戒經》一卷。

奇異道家難問法本經

姚振宗《後漢藝文志·佛經》《奇異道家難問法本經》一卷。

奇異道家難問住處經

姚振宗《後漢藝文志·佛經》《奇異道家難問住處經》一卷。

四姓長者難經

姚振宗《後漢藝文志·佛經》《四姓長者難經》一卷。

大方便報恩經

姚振宗《後漢藝文志·佛經》《大方便報恩經》一卷。見吴録。

阿闍世王問五逆經

姚振宗《後漢藝文志·佛經》《阿闍世王問五逆經》一卷。亦云《阿闍世王經》，初出見《長房録》。《别録》云第一譯。

寶積三昧文殊問法身經

姚振宗《後漢藝文志·佛經》《寶積三昧文殊問法身經》一卷。一名《遺日寶積三昧文殊師利菩薩問法身經初出與入法界體性經》，同本見《房録》。《别録》云第一譯。

明度五十校計經

姚振宗《後漢藝文志・佛經》《明度五十校計經》一卷。或直云《明度校計》，亦云《五十校計》。元嘉元年出，見朱士行《漢録》。

阿育王太子壞目因緣經

姚振宗《後漢藝文志・佛經》《阿育王太子壞目因緣經》一卷。佛涅槃後一百餘年育王方出，故非佛説，或無經字。初出，見《長房録》。《别録》云第一譯。以上一十一部四十一卷，闕本。慧皎《高僧傳・支婁迦讖》亦直云：「支讖，本月支人。操行純深，性度開敏。稟持法戒，以精懃著稱。諷誦羣經，志在宣法。漢靈帝時游于雒陽，以光和、中平之間，傳譯梵文。出《般若道行》、《般舟》、《首楞嚴》等三經。又有《阿闍世王寶積》等十餘部經，歲久無録。安公校定《古今精尋文體》云似讖所出。凡此諸經，皆審得本旨，了不加飾。可謂善宣法要，弘道之士也。後不知所終。」

《開元釋教録・沙門支婁迦讖》亦云：「支讖，月支國人。桓、靈之代，游于洛陽。從桓帝建和元年丁亥至靈帝中平三年景寅唐諱丙，故曰景。于洛陽譯《道行》等經二十三部，審得本旨，曾不加飾。河南清信士孟福、張蓮筆受。」

《隋書・經籍志》曰：「靈帝時有月支沙門支讖、天竺沙門竺佛朔等並翻佛經。而支讖所譯《泥洹經》二卷，學者以爲大得本旨。」

温室洗浴衆僧經

姚振宗《後漢藝文志・佛經》《温室洗浴衆僧經》一卷。亦直云《温室經》。初出見《長房録》。《别録》云第一譯。

尸迦羅越六向拜經

姚振宗《後漢藝文志・佛經》《尸迦羅越六向拜經》一卷。或云《尸迦羅越六方禮經》出《長阿含》第十一卷，異譯見《長房録》。《别録》云《中阿含》卅三卷中亦有此經。

大乘方等要慧經

姚振宗《後漢藝文志・佛經》《大乘方等要慧經》一卷。初出與《寶積彌勒問入法會》同本，見《長房録》。《别録》云後漢安息三藏安世高譯，第一譯。《别録》云第四譯按當是第一譯。

大方等大集經

姚振宗《後漢藝文志・佛經》《大方等大集經》二十七卷。初出與《曇無讖》等出者同。本見《李廓録》。《别録》云第一譯。

伅真陀羅所問經

姚振宗《後漢藝文志・佛經》《伅真陀羅所問經》二卷。初云《伅真陀羅所問寶如來三昧經》。《舊録》云《伅真陀羅尼王經》，或三卷。初出與《大樹緊那羅經》同，本《安録》。無見朱士行《漢録》及《僧祐録》。《别録》云第一譯。

無量清浄平等覺經

姚振宗《後漢藝文志・佛經》《無量清浄平等覺經》二卷。亦直云《無量清浄經》第二出，與《大阿彌陀》及《寶積無量壽會》等並同。本見吴録。《別録》云第二譯。

阿那邠邸化七子經

姚振宗《後漢藝文志・佛經》《阿那邠邸化七子經》一卷。出《增一阿含》第四十九卷。異譯見《長房録》。《別録》云出《非常品》。

婆羅門子命終愛念不離經

姚振宗《後漢藝文志・佛經》《婆羅門子命終愛念不離經》一卷。出《中阿含》第六十卷。異譯見《長房録》。

舍利弗悔過經

姚振宗《後漢藝文志・佛經》《舍利弗悔過經》一卷。亦直云《悔過經》。初出見《長房録》。《別録》云第一譯。

婆羅門避死經

姚振宗《後漢藝文志・佛經》《婆羅門避死經》一卷。出《增一阿含》第二十三卷。異譯見《長房録》。《別録》云出《增一阿含增上品》。

父母恩難報經

姚振宗《後漢藝文志・佛經》《父母恩難報經》一卷。亦云《難報》，見《長房録》。房云出《中阿含》，檢無。

分別善惡所起經

姚振宗《後漢藝文志・佛經》《分別善惡所起經》一卷。見《長房録》。

大安般守意經

姚振宗《後漢藝文志・佛經》《大安般守意經》二卷。或一卷，或無「守意」字，或直云《安般經》。安公云《小安般》兼注解，見士行、僧祐、李廓三録。

長者子懊惱三處經

姚振宗《後漢藝文志・佛經》《長者子懊惱三處經》一卷。一名《長者忕惱三處經》，亦直云《三處惱經》，見《長房録》。

奈女祇域因緣經

姚振宗《後漢藝文志・佛經》《奈女祇域因緣經》一卷。初出或無「因緣」字，亦云《奈女經》，見《長房録》。《別録》作《耆域》，云第一譯。

罪業報應教化地獄經

姚振宗《後漢藝文志・佛經》《罪業報應教化地獄經》一卷。初出或云《地獄報應經》，見《長房録》。《別録》云第一譯。

大比丘三千威儀經

姚振宗《後漢藝文志・佛經》　《大比丘三千威儀經》二卷。或四卷，亦云《大僧威儀經》。房云見《別録》。

犯戒報應輕重經

姚振宗《後漢藝文志・佛經》　《犯戒報應輕重經》一卷。出《目連問毘尼經》，亦云《犯戒罪報輕重》，或云《目連問經》，見《長房録》。

阿毗曇五法行經

姚振宗《後漢藝文志・佛經》　《阿毗曇五法行經》一卷。或無「行」字，亦云《阿毘曇苦慧經》，見《僧祐録》。

空浄天感應三昧經

姚振宗《後漢藝文志・佛經》　《空浄天感應三昧經》一卷。《舊録》云《空浄三昧經》，初出見《長房録》。《別録》云第一譯。

禪行三十七經

姚振宗《後漢藝文志・佛經》　《禪行三十七經》一卷。或加「品」字，見《寶唱録》。

卒逢賊結衣帶咒經

姚振宗《後漢藝文志・佛經》　《卒逢賊結衣帶咒經》一卷。見《長房録》。

雜四十四篇經

姚振宗《後漢藝文志・佛經》　《雜四十四篇經》二卷。或云《雜經四十四篇》。既不題名，未知何經。安公云出《增一阿含》，見《僧祐録》。

禪定方便次第法經

姚振宗《後漢藝文志・佛經》　《禪定方便次第法經》一卷。見《長房録》。《別録》云單譯本。

難提迦羅越經

姚振宗《後漢藝文志・佛經》　《難提迦羅越經》一卷。見《僧祐録》。別録云單譯本。

阿毘曇九十八結經

姚振宗《後漢藝文志・佛經》　《阿毘曇九十八結經》一卷。見《僧祐録》。《別録》云單譯本。以上四十一部五十六卷闕本。慧皎《高僧傳》：安清，字世高。安息國王正后之太子也。幼以孝行見稱。志業聰敏，剋意好學。外國典籍及七曜、五行、醫方、異術，乃至鳥獸之聲，無不綜達。故儁異之聲，早被西域。王薨，嗣父位。乃深惟苦空，厭離形器。行服既畢，遂讓國與叔，出家修道。博曉經藏，尤精阿毘曇學。諷持禪經，備盡其妙。既而游方弘化，遍歷諸國。以漢桓之初始到中夏，才悟機敏，一聞能達至止。未久即通習華言。于是宣譯衆經，改梵爲漢。出安般、守意陰持入經，大小十二門及百六十品。初，外國三藏，衆護撰述經要爲二十七章。高乃剖析護所集七章，譯爲漢文，即《道地經》也。其先後所出經論凡三十九部。義理明析，文字允正，辨而不華，質而不野。凡在讀者皆亹亹而不倦焉。

《開元釋教録》：世高本既王子，名高，外國。所以西方賓旅猶呼安侯，至今爲號焉。天竺自稱書爲天書，語爲天語。音訓詭譶，與漢殊異。先後傳譯多致謬濫，惟世高所出爲羣譯之首。安公以爲若及面稟，不異見聖。列代明德咸讚而思焉。《道安録》僧祐《出三藏記》、惠皎《高僧傳》等，止云高譯三十九部。《費長房録》便載一百七十六部。今以房録所載，多是別生，從大部出，未可以爲翻譯正數。今隨次删之。按删去八十五部八十五卷，録中亦并具其目。高以桓帝建和二年戊子至，靈帝建寧三年庚戌，二十餘載譯《大乘要慧》等經九十五部一百一十五卷。

《隋書・經籍志》曰：至桓帝時，有安息國沙門安静齋經至洛，翻譯最爲通解。

成具光明定意經

姚振宗《後漢藝文志・佛經》 《成具光明定意經》一卷。或云《成具光明三昧經》，或直云《成具光明經》第二出。見朱士行、支敏度、僧祐等三録及《高僧傳》。《別録》云後漢西域三藏支曜譯，第二譯。

舍利弗摩訶目揵連游四衢經

姚振宗《後漢藝文志・佛經》 《舍利弗摩訶目揵連游四衢經》一卷。出《增一阿含》第四十一卷。異譯見《別録》。《別録》云出《阿含經・馬王品》。後漢外國三藏康孟詳譯。

阿那律八念經

姚振宗《後漢藝文志・佛經》 《阿那律八念經》一卷。或直云《八念經》，一名《禪行斂意經》。《舊録》云禪行檢意出《中阿含經》第十八卷，異譯。

聞城十二因緣經

姚振宗《後漢藝文志・佛經》 《聞城十二因緣經》一卷。第二出與世高譯《十二因緣經》同本。房云見《吴録》。《別録》云第二譯。

太子本起瑞應經

姚振宗《後漢藝文志・佛經》 《太子本起瑞應經》二卷。亦云《瑞應本起第二出》，與《過現因果經》等同本。《別録》云第二譯。

馬有八態譬人經

姚振宗《後漢藝文志・佛經》 《馬有八態譬人經》一卷。亦直云《馬有八態經》，一名《馬有八弊惡態經》。出《雜阿含經》第三十三卷。異譯，房云見《吴録》。

頂生王因緣經

姚振宗《後漢藝文志・佛經》 《頂生王因緣經》一卷。《舊録》云《頂生王經》。

取血氣神咒經

姚振宗《後漢藝文志·佛經》《取血氣神咒經》一卷。舊録血呪。

泥洹後千歲變經

姚振宗《後漢藝文志·佛經》《泥洹後千歲變經》四卷。一名《千歲變經》。祐云《泥洹後千歲中變記》一卷。

觀世音所説行法經

姚振宗《後漢藝文志·佛經》《觀世音所説行法經》一卷。是《呪經》。

大方便佛報恩經

姚振宗《後漢藝文志·佛經》《大方便佛報恩經》七卷。

内身觀章句經

姚振宗《後漢藝文志·佛經》《内身觀章句經》一卷。或無句字。

優波離問經

智昇《開元釋教録》《優波羅問經》一卷。與舊《决定毗尼經》同本。在第二十四會。

優陀延王經

智昇《開元釋教録》《優陁延王經》一卷。與舊《優填王經》同本。

恒河上優婆夷經

智昇《開元釋教録》《恒河上優婆夷經》一卷。在第三十一會。

優填王經

智昇《開元釋教録》《優填王經》一卷。西晉沙門釋法炬譯。

優婁頻經

智昇《開元釋教録》《優婁頻經》一卷。《僧法尼誦》中有名，疑此經是。右一經。長房《内典二録》直云：「梁天監十年一木道賢獻上，更不辯委曲。既无其本，真僞難定。且附疑録。」

優婆夷净行法門經

智昇《開元釋教録》《優婆夷净行法門經》二卷。亦直云《净行經》或無「經」字。《僧祐録》云：「安公凉土異經。」今附《凉録》。

優婆塞戒經

智昇《開元釋教録》《優婆塞戒經》七卷。是在家菩薩戒。或五或六或十卷。北涼天竺三藏曇無讖於姑臧譯。單本。

文廷式《補晉書藝文志・釋録》《優婆塞戒經》七卷。玄始六年譯。

優婆塞五戒威儀經

智昇《開元釋教録》《優婆塞五戒威儀經》一卷。宋罽賓三藏求那跋摩譯。出《寶唱録》單本。右此《優婆塞五戒威儀經》、《羣録》編在小乘律中者，誤也。初是菩薩戒本，後是受菩薩戒文及捨懺等法。既非小宗，故移編此。

優波離問佛經

智昇《開元釋教録》《優波離問佛經》一卷。或云《優波離律》。失譯。在《後録》。單本。

優婆塞五戒相經

智昇《開元釋教録》《優婆塞五戒相經》一卷。一名《優婆塞五戒略論》。宋罽賓三藏求那跋摩譯。第一譯，兩譯一闕。右已上經律正調伏藏。已。下，論等，《開元釋教録》卷第十三第三十八張陞字號。爲順前宗，故名眷屬。其戒心羯磨，但依文纂要，無增減，故列之於前。其律攝等，據其本文，屢有增減，輒編於後。

優婆塞威儀經

姚振宗《後漢藝文志・佛經》《優婆塞威儀經》一卷。

憂墮羅迦葉經

姚振宗《後漢藝文志・佛經》《憂墮羅迦葉經》一卷。

墮落優婆塞經

姚振宗《後漢藝文志・佛經》《墮落優婆塞經》一卷。或云《優披塞房》云，見《吴録》。〇《别録》云單譯本以上五部六卷，闕本。慧皎《高僧傳》又有沙門支曜譯成《具定意經》及小本起等。

《開元釋教録》：沙門支曜，西域人。博通羣典，妙解幽微。以靈帝中平二年乙丑，于洛陽譯成《具光明》等經十部一十一卷。

孛經

智昇《開元釋教録》《孛經》一卷。吴優婆塞支謙譯。

孛本經

姚振宗《後漢藝文志・佛經》《孛本經》二卷。初出見《僧祐録》。《别録》云第一譯。

壇經

錢東垣等輯《崇文總目·釋書》《壇經》一卷。宋志不著撰人。錫鬯按：《五行類》上有《壇經》一卷，與此異。

尤袤《遂初堂書目》《六祖壇經》。

晁公武《郡齋讀書志》《六祖壇經》三卷。袁本《前志》卷三下《釋書類》第十一。

右唐僧惠昕撰。記僧盧慧能學佛本末。慧能號六祖。凡十六門。周希復有序。

六祖壇經三卷 袁本《前志》卷三下此書複出，俱作《六祖壇經》二卷，複出居該類第十一者與原本解題同；居第二十五者解題獨異，俱録於下：「右唐僧慧能授禪學于弘忍，韶州刺史韋據請説無相心地戒，門人紀録，目曰《壇經》，盛行于世。」按弘忍乃禪宗五祖，慧能從之受學，事見《宋高僧傳》卷八、《景德傳燈録》卷三、卷五，「授」當作「受」。袁録何校本何焯校語云：「《壇經》有兩書，今所見者此耳。」袁録顧校本顧廣圻校語云：「按《經籍考》所引但有前文，而無此，乃趙希弁誤複也。何説非。」按今存《壇經》有四本：一敦煌寫本，題作《南宗頓教最上大乘摩訶般若波羅蜜經六祖慧能大師于韶州大梵寺施法壇經》一卷，慧能弟子法海集記；一日本興聖寺複刻宋紹興年間晁子健蘄州刊本，題作《六祖壇經》二卷，晚唐僧人惠昕改編；一曹溪原本，題作《六祖大師法寶經曹溪原本》一卷，不著撰人（或題「門人法海録」，或據郎簡《六祖壇經序》，以爲乃契嵩改編）；一元至正二十八年僧宗寶改編本，一卷。以上四種有普慧大藏經刊行會合編本。晁子健乃公武之姪，《讀書志》所收似子健刊本，疑原本「三卷」當從袁本，作「二卷」。

陳振孫《直齋書録解題》《六祖壇經》一卷。案：《文獻通攷》作三卷。僧法海集。

《宋史·藝文志·釋氏》《壇經》一卷。

馬端臨《文獻通考·經籍考·釋氏》《六祖壇經》三卷。晁氏曰：唐僧惠昕撰。記僧盧慧能學佛本末。慧能號六祖。凡十六門，周希後有序。陳氏曰：僧法海集。

楊士奇等《文淵閣書目·寒字號》《六祖壇經》。一部一册。

范邦甸等《天一閣書目·釋家》《六祖大師法寶壇經》一卷。永嘉張遜業有功校正。

徐𤊹《徐氏家藏書目·子部·釋類》《六祖壇經》一卷。

王世貞《讀書後》《讀壇經》一。《壇經》，其聖人之言乎哉。然而非聖人教也。其教行天下，遂無祖矣。非無祖也，夫人而能爲祖也。黄梅之徒，蓋千餘焉。引而不發，躍如也。達磨之示旨微矣。子曰：「參乎吾道，一以貫之。」曾子曰：「唯子出門，人問曰何謂也。」曾子曰：「夫子之道，忠恕而已矣。」夫悟解悟也，解悟非悟也。酥乳醍醐品列而人嘗之，而味得也。日攜醍醐，而食人知味者寡矣。

《讀壇經》二。阿難親從世尊，且數十年受楞嚴，時幾隳法。身而不支，數現聖光。屈金色臂指，示要理而不悟六祖一謁。黄梅而即覺其入可知也。然至遷化現虚，空變分骸二國抑何其通達靈妙邪。夫子曰：「或生而知之，或學而知之」，及其知之一也。

南華寺壇經

徐𤊹《徐氏家藏書目·子部·釋類》《南華寺壇經》一卷。附《六祖碑文題賛》。

壇經注

《宋史·藝文志·釋氏》 僧慧昕注《壇經》二卷。

心經

范邦甸等《天一閣書目·釋家》《心經》一卷。唐三藏法師元裝奉詔譯。明洪武十一年御製序文。

宗泐全室禪師注心經

黄虞稷《千頃堂書目·釋家》《宗泐全室禪師注心經》一卷。

金剛經注

黄虞稷《千頃堂書目·釋家》 又《金剛經注》一卷。

禪經

姚振宗《後漢藝文志・佛經》 《禪經》一卷。初出，房云見《别録》。《别録》云第一譯。

禪經

姚振宗《後漢藝文志・佛經》 《禪經》一卷。第二出，房云見《别録》。《别録》云第二譯。

禪經

文廷式《補晉書藝文志・釋録》 《禪經》三卷。與《坐禪三昧》經同。

禪經

文廷式《補晉書藝文志・釋家補》 《禪經》四卷。

生經

文廷式《補晉書藝文志・釋録》 《生經》五卷。或四卷。

法社經

智昇《開元釋教録》 《法社經》二卷。内題云：《業報輪轉償債引導地獄慈善在嚴法社經》。右一經，《大周録》云：西晉三藏竺法護譯。謹按《長房》等録，竺法護所譯有《法社經》一卷。脚下注云，世注爲疑。此應多是舊僞録中《小法社經》。前經初題復云皇函三藏翻胡經出。然尋此文意，狀涉人情，題注参考，難爲楷准。且編疑録，待更詳之。

道行經

智昇《開元釋教録》 《道行經》一卷。安公云：是《般若抄》，外國高明者所撰，安爲之製序。後漢天竺沙門竺佛朔譯。右一經，雖名道行，卷部全小。不可與前道行等以爲同本，且别記之。

姚振宗《後漢藝文志・佛經》 《道行經》一卷。光和二年十月八日出，見經後記、朱士行《漢録》、《僧祐録》等。安公云：《道行品者般若抄》也。外國高明者所撰，安爲之序并注。《别録》云：後漢天竺沙門竺佛朔譯。

吴品經

智昇《開元釋教録》 《吴品經》五卷。即是《小品般若》。吴天竺三藏康僧會譯。第三譯。

賢愚經

智昇《開元釋教録》 《賢愚經》十三卷。或十五或十六或十七。元魏涼州沙門慧覺等在高昌郡譯。出翻經圖，單本。謹按：梁沙門僧祐《賢愚序》云：河西慧覺等八僧，遊方問道到于闐大寺。遇五年大會，八人分聽各記所聞。還至高昌，乃集爲一部，即上《賢愚經》。是上代群録，皆編藏今以共集所聞。則非慶喜本。誦與餘集等。亦復何殊，編入正經，理將未當。故今移附集傳録中，其出《釋百經》二經亦是别集，還非本誦，亦附此焉。上二集三十三卷四帙。上三帙各八，第四帙九卷。

道地經

智昇《開元釋教録》 《道地經》一卷。或加「大」字，是《修行經抄》，元外國略本。後漢安息三藏安世高譯。《拾遺》編入第二譯。右一經，是後修《行道地經》之少分異譯。准安法師序云，沙門衆護。撰述經要以爲一部二十七章。世高析護所集者七章，以爲漢文。今以章名，與數二種皆同。故知即是安高所出。此經七章揔十八紙。釋録皆云二卷者，誤也。

姚振宗《後漢藝文志・佛經》 《道地經》一卷。初出或加「大」字。是《修行經抄》，元外國略本。道安注解見《僧祐録羣録》，並云二卷。准安公序云：凡有七章，此之一卷，文亦備矣。《別録》云第二譯，安法師序云沙門衆護撰述經要，以爲一部二十七章。世高析護所集者七章，以爲漢文。

出曜經

智昇《開元釋教録》 《出曜經》二十卷。或云《出曜論》或十九卷。姚秦涼州沙門竺佛念於苻秦代譯。單本。

文廷式《補晉書藝文志・釋録》 《出曜經》十九卷。

梵網經

智昇《開元釋教録》 《梵網經》二卷。姚秦三藏鳩摩羅什譯。第二譯，前本闕。

姚振宗《後漢藝文志・佛經》 《梵網經》二卷。初出或三卷，見《吴録》。《別録》云第一譯。

楞伽經

晁公武《郡齋讀書志》 《楞伽經》四卷。袁本《前志》卷三下《釋書類》第二。右宋天竺僧求那跋陀羅譯。楞伽，山名也。佛爲大慧演道於此山。元魏僧達磨以付僧慧可，曰：「吾觀中國所有經教，唯《楞伽》可以印心。」謂此書也。釋延壽謂此經，以佛語心爲宗，而李通玄則以爲五法、三自性、八識、二無我爲宗。按經説第八業種之識，名爲如來藏，言其性不二，明僞即出世也。延壽所云者，指其理，通玄所云者，指其事，非不同也。

陳振孫《直齋書録解題》 《楞伽經》四卷。有宋、魏、唐三譯。宋譯四卷，唐譯七卷。正平張戒集注。蓋以三譯參校研究，得舊注本，莫知誰氏，頗有倫理，亦多可取，句讀遂明白。其八卷者，分上下也。

馬端臨《文獻通考・經籍考・釋氏》 《楞伽經》四卷。晁氏曰：宋天竺僧求那跋陁羅譯。楞伽，山名也。佛爲大慧演道爲此山。元魏僧達磨以付僧慧可，曰：「吾觀中國所有經教，唯楞伽可以印心。」謂此書也。釋延壽謂此經以「佛語心」爲宗，而李通玄則以爲「五法三自性、八識二無我」爲宗。按經説第八業種之識，名爲如來藏，言其性不二，明僞即出世也。延壽所云者指其理，通玄所云者指其事，非不同也。陳氏曰：有宋、魏、唐三譯，宋譯四卷，唐譯七卷。正平張戒集註，蓋以三譯參校。同舊注本，莫知誰氏，頗有倫理，亦多可取，句讀遂明白。其八卷者，分上下也。

東坡蘇氏書後曰：《楞伽阿跋多羅寶經》，先佛所説，微妙第一，真實了義，故謂之《佛語心品》。祖師達磨以付二祖，曰：「吾觀震旦所有經教，惟楞伽四卷可以印心。」祖祖相受，以爲心法。如醫之有《難經》，句句皆理，字字皆法。後世達者，神而明之，如槃走珠，如珠走槃，無不可者。若出新意而棄舊學，以爲無用，非愚無知，則狂而已。近歲學者，各宗其師，務從簡便，得一句一偈，自謂了證，至使婦人女子抵掌嬉笑，争談禪説。高者爲名，下者爲利，餘波末流，無所不至，而佛法微矣。譬如俚俗醫師，不由經論，直授方藥，以之療病，非不或中，至於遇病輒應，懸斷死生，則與知經學古者不可同日語矣。世徒見其有一至之功，或捷於古人，因謂《難經》不學而可，豈不誤哉？《楞伽》義趣幽眇，文字簡古，或不能句，而況遺文以得義，志義以了心者乎！此其所以寂寥於世，幾廢而僅存也。

楞伽經詳解

楊士奇等《文淵閣書目・寒字號》 《楞伽經詳解》。一部四册。

楞伽經注解

徐𤊹《徐氏家藏書目・子部・釋類》《楞伽經注解》四卷。宋沙門正受注。

圓覺經

尤袤《遂初堂書目・釋家》《圓覺經》。

《宋史・藝文志・釋氏》佛陁多羅譯《圓覺經》二卷。

楊士奇等《文淵閣書目・寒字號・佛書》《圓覺經》。一部一册。

王世貞《讀書後》欽定四庫全書　明王世貞撰

讀書後卷六《讀圓覺經》余讀《圓覺經》所稱四大各離。今者妄身當在何處，未嘗不悦然。自失至云四緣，假合妄有六根。六根四大，中外合成。妄有緣氣，于中積聚。似有緣相假，名爲心則又未嘗不洒然悟也。余自束髮而來，所身受榮辱、憂喜、悲樂、亡慮數十百矣。日憧憧焉，役余而受之。若以爲真境焉，抑何謬盭失計邪。不得已而强受之，而假名之得已而不已。而又强執之，嗚呼。余之纍余深矣。不即不離，無縛無脱，此是吾人善證第一義。我愛既絶，萬境皆空。不願作佛，何况生天亦庶幾矣。莊氏言至人入水，不濡入火，不熱嗚呼。是奚啻水火哉。

宋孝宗注圓覺經

楊士奇等《文淵閣書目・寒・佛書》《宋孝宗注圓覺經》。一部二册。

圓覺經白文

徐𤊹《徐氏家藏書目・子部・釋類》《圓覺經白文》一卷。三教堂刊。

圓覺經了義

徐𤊹《徐氏家藏書目・子部・釋類》《圓覺經了義》四卷。天都俞王言刊，汪道昆批點。

圓覺經略疏

徐𤊹《徐氏家藏書目・子部・釋類》《圓覺經畧疏》四卷。宗密。

維摩經

陳振孫《直齋書録解題》《維摩經》一卷。蘇轍所書。

《宋史・藝文志・釋氏》僧肇譯《維摩經》十卷。

楊士奇等《文淵閣書目・寒字號・釋家》《維摩經》。一部一册。

遺教經

陳振孫《直齋書録解題》《遺教經》一卷。佛涅槃時所説。唐碑本。以下三種同。

馬端臨《文獻通考・經籍考》《遺教經》一卷。陳氏曰：佛涅槃時所説。唐碑本。山谷黄氏曰：《遺教經》譯於姚秦弘始四年，在王右軍没後數年。弘始中雖有譯本，不至江南。至陳氏時，有譯師出《遺教經論》，於是並行。今長安雷氏家《遺教經》，石上行書。貞觀中，行《遺教經》，勅令擇善書經生書本頒焉。勅與經字是一手，但真行異耳。余平生疑《遺教》非右軍書，比來考尋，遂決定知非右軍書矣。

西山真氏跋曰：《遺教經》蓋瞿曇氏最後教諸弟子語，今學佛者罕常誦而習之也。蓋自禪教既分，學者往往以爲不階言語文字而佛可得，於是脱略經教，而求所謂禪者。高則高矣，至其身心顛倒，有不堪檢點者，則反不如誦經持律之徒，循循規矩中，猶不至大謬也。今觀此經，以端心正念爲首，而深言持戒爲禪定智慧之本。至謂制心之道，如牧牛，如馭馬，不使縱逸，去瞋，止妄，息欲，寡求，然後由遠離以至精進，由禪定以造智慧，具有漸次梯級。非如今之談者，以爲一起可到如來地位也。宜學佛者，患其迂而不若禪之捷歟。以吾儒觀之，聖門教人以下學爲本，然後可以上達，亦此理也。學佛者不由持戒，而欲至定慧，亦猶吾儒捨離經辨志，而急於大成，去洒掃應對，而語性與天道之妙，其可得哉？余謂佛氏之有此經，猶儒家之有《論語》，而《金剛》、《楞嚴》、《圓覺》等經，則《易》、《中庸》之比，未有不先《論語》而可遽及《易》、《中庸》者也。儒、釋之教，其趣固不同，而爲學之序，則有不可易者。

文廷式《補晉書藝文志・釋録》《遺教經》一卷。

仁孝皇后夢感經

楊士奇等《文淵閣書目・天字號・國朝》《仁孝皇后夢感經》。一部一册，闕。

觀音經

楊士奇等《文淵閣書目・寒字號・釋氏》《觀音經》。一部一册。

藥師經

徐𤊹《徐氏家藏書目・佛經》《藥師經》四卷。吴張應文刊。

地獄經

姚振宗《後漢藝文志・佛經》《地獄經》一卷。

惡人經

姚振宗《後漢藝文志・佛經》《惡人經》一卷。

讓德經

姚振宗《後漢藝文志・佛經》《讓德經》一卷。

象液經

姚振宗《後漢藝文志・佛經》《象液經》一卷。初出見《法上録》。《别録》云第一譯。

兜沙經

姚振宗《後漢藝文志・佛經》《兜沙經》一卷。見《僧祐録》及《吴録》。是《華嚴名號品》異譯。

處處經

姚振宗《後漢藝文志・佛經》《處處經》一卷。見《長房經》。

堅意經

姚振宗《後漢藝文志·佛經》《堅意經》一卷。初出一名《堅心正意經》亦名《堅心經》。見《長房録》。《別録》云第一譯。

罵意經

姚振宗《後漢藝文志·佛經》《罵意經》一卷。見《長房録》。

内藏經

姚振宗《後漢藝文志·佛經》《内藏經》一卷。第二出，一名《内藏百品》或云《百寶》。元嘉二年十月出，見朱士行《漢録》。《別録》云第二譯。

恒水經

姚振宗《後漢藝文志·佛經》《恒水經》一卷。初出亦云《恒水不説戒經》，見《法上録》、《寶唱録》、《恒水誡經》。《別録》云第一譯。

呪賊經

姚振宗《後漢藝文志·佛經》《呪賊經》一卷。一名《辟除賊害呪》，見《長房録》。

法句經

姚振宗《後漢藝文志·佛經》《法句經》四卷。初出見《長房録》。《別録》云第一譯。

正齋經

姚振宗《後漢藝文志·佛經》《正齋經》一卷。見《長房録》。《別録》云單譯本。

禪法經

姚振宗《後漢藝文志·佛經》《禪法經》一卷。見《長房録》。《別録》云《祐録》無「經」字，單譯本。

法鏡經

姚振宗《後漢藝文志·佛經》《法鏡經》二卷。安公云出《方等部》。初出與《寶積郁伽長者會》等同本。或一卷。沙門嚴佛調康僧會注，見《僧祐録》。《別録》云後漢安息優婆塞安玄，共沙門嚴佛調譯。第一譯。

思意經

姚振宗《後漢藝文志·佛經》《思意經》一卷。亦云《益意經》。初出見《長房録》。《別録》云第一譯。以上四部十卷本，闕。

報福經

姚振宗《後漢藝文志・佛經》 《報福經》一卷。或云《福報》。《別録》云單譯本。慧皎《高僧傳》又有沙門支曜康、巨康、孟詳等並以漢靈、獻之間，有慧學之譽，馳于京、雒。《開元釋教録》：沙門康孟詳，其先康居國人。以獻帝興平元年甲戌至建安四年己卯，于洛陽譯游四衢等經六部。安公云孟詳所翻，奕奕流便足騰玄趣也。

梵本經

姚振宗《後漢藝文志・佛經》 《梵本經》四卷。舊云胡本。新改爲梵，似長安中出。

菩薩經

姚振宗《後漢藝文志・佛經》 《苦陰經》一卷。出《中阿含經》第二十五卷，異譯。

放光經

文廷式《補晉書藝文志・釋録》 《放光經》二十卷。晉元康元年譯。梁釋僧祐《出三藏集記》卷二云：魏高貴鄉公時沙門朱士行，以甘露五年到于闐國，寫得此經正品，梵書梵本十九章。梁慧皎《高僧傳》作九十章。到晉武帝元康初，於陳留倉垣水南寺譯出。《高僧傳云》竺叔蘭譯爲晉文，稱爲《放光般若皮牒》。故本今在豫章。士行，潁川人。《魏書・釋老志》，晉元康中有胡沙門支恭明譯佛經《維摩》、《法華》、《三本起》等，微言隱義，未之能究。

支遁注安般四禪諸經

文廷式《補晉書藝文志・釋録》 《支遁注安般四禪諸經》。

無量壽經

智昇《開元釋教録》 《無量壽經》二卷。後漢安息三藏安世高譯。第一譯。

徐𤊹《徐氏家藏書目・子部・釋類》 《無量壽佛經》一卷。

龔顯曾《金藝文志補録・釋家》 《無量壽經》。承安二年印一萬卷。

文廷式《補晉書藝文志・釋録》 《無量壽經》一卷。或云《阿彌陀經》。

姚振宗《後漢藝文志・佛經》 《無量壽經》二卷。初出與《寶積無量壽會》等同。本房云見《別録》。《別録》云第一譯。

老女人經

智昇《開元釋教録》 《老女人經》一卷。吴優婆塞支謙譯。

善德天經

智昇《開元釋教録》 《善德天經》一卷。與舊《文殊不思議境界經》四本。

大神變經

智昇《開元釋教録》 《大神變經》二卷。在第二十二會。

抄寶積經

智昇《開元釋教録》《抄寶積經》一卷。出《普明菩薩會》。

善肩品經

智昇《開元釋教録》《善肩品經》一卷。出《善辟菩薩會》。

具善根經

智昇《開元釋教録》《具善根經》一卷。出《富樓郍會》下卷。即舊三卷《菩薩藏經抄》。

大智度經

智昇《開元釋教録》《大智度經》四卷。東晉西域三藏祇多蜜譯。第五譯。右三經與《大般若》第四會同本。前後八譯，五本在藏，三本闕。長房等録：《羅什經》數復有《放光般若》二十卷者，不然什公既譯，大品不合重出放光有者，誤也。

文廷式《補晉書藝文志・釋家補》《大智度經》四卷。以上四部二十四卷見《南來新録》。

新道行經

智昇《開元釋教録》《新道行經》十卷。亦名《小品》或七卷。《祐録》名更出小品。西晉三藏竺法護譯。第四譯。又按長房等録：竺法護譯《中更》有《小品經》七卷者，不然。護公既有《新道行經》，不合别出小品。又《道行》脚注亦名小品。又《義善寺録》中有《大智度无極經》四卷。亦云護公所出，既與道行同本，更亦不合别翻。既並繁重，故不存也。

戒銷灾經

智昇《開元釋教録》《戒銷灾經》一卷。或名《戒伏銷灾經》。吴月支優婆塞支謙譯。單本。

毗尼母經

智昇《開元釋教録》《毗尼母經》八卷。亦云《毗尼母論》。失譯。今附《秦録》單本。

當來變經

智昇《開元釋教録》《當來變經》一卷。或云《當來變識經》西晉三藏竺法護譯。

文廷式《補晉書藝文志・釋録》《當來變經》一卷。

樹提伽經

智昇《開元釋教録》《樹提伽經》一卷。宋天竺三藏求那跋陁羅譯。

法常住經

智昇《開元釋教録》《法常住經》一卷。《僧祐録》云：安公失譯經。今附《西晉録》。上二十三經二十五卷，同帙。從《優婆夷浄行經》下。十經舊録之中皆編小乘部內。今檢尋大理多涉大義。編在小中，恐乘至理，故移於此。

浄業障經

智昇《開元釋教録》《浄業障經》一卷。失譯。今附《秦録》單本。上二經十卷，同帙。其《浄業障經注上録》云：竺法護譯。詳其文句，與護公譯經文勢全異，故爲失譯。

法滅盡經

智昇《開元釋教録》《法滅盡經》一卷。《僧祐録》中失譯經。今附《宋録》。

法没盡經

文廷式《補晉書藝文志·釋録》《法没盡經》一卷。太熙元年譯。

法没盡經

文廷式《補晉書藝文志·釋家補》《法没盡經》一卷。第二出。

薩羅國經

智昇《開元釋教録》《薩羅國經》一卷。或云《薩羅國王經》。失譯。今附《東晉録》。右二經《法上録》中並云姚秦三藏鳩摩羅什譯。今詳二經文句，並非什公所翻，似是晉魏代譯，其法《志妻經》。安公《涼土異經録》中先有其名，今亦附《涼録》、《薩羅國經》附於《晉録》。

長壽王經

智昇《開元釋教録》《長壽王經》一卷。《僧祐録》云：安公失譯經。今附《西晉録》。右此《長壽王經》，《大周録》等云出阿含。謹按四《阿含》內並無此經。雖《增一》第十六中有《長壽王録起》，文意全異。此乃大乘，故編於此。

阿彌陀經

陳振孫《直齋書録解題》《阿彌陀經》一卷。唐陳仁稜所書。刻於襄陽。

楊士奇等《文淵閣書目·天字號·國朝》《仁廟御書阿彌陀經》一本闕。

徐𤊹《徐氏家藏書目·子部·釋類》《阿彌陀經》一卷。

法藏心經

《宋史·藝文志·釋氏》 法藏《心經》一卷。

普門品經

楊士奇等《文淵閣書目·寒字號·釋家》《普門品經》。一部一册。

文廷式《補晉書藝文志·釋家補》《普門品經》一卷。第二出，與法護出大同。見《道祖録》及《三藏記》。《歷代三寶記》卷七云：右二十五部合四十六卷。西域沙門祇多蜜，晉言歌友譯。諸録盡云祇多蜜，晉世出。譯名多同，計不應虛。若非咸、洛，應是江南，未詳何帝。一部見僧祐《出三藏集記》，以外並出雜別諸録所載。

摩利支經

楊士奇等《文淵閣書目·寒字號·釋家》《摩利支經》。一部一册。

大涅槃經

楊士奇等《文淵閣書目·寒字號·佛書》《大涅槃經》。一部四册。

金光明經

楊士奇等《文淵閣書目·寒字號·佛書》《金光明經》。一部十册。

大莊嚴經

楊士奇等《文淵閣書目·寒字號·佛書》《大莊嚴經》。一部十二册。

入楞伽經

楊士奇等《文淵閣書目·寒字號·佛書》《入楞伽經》。一部十册。

命字號經

楊士奇等《文淵閣書目·寒字號·釋家》《命字號經》。一部十一册。

浄土三經

楊士奇等《文淵閣書目·寒字號·釋家》《浄土三經》。一部一册。

陀羅尼經

楊士奇等《文淵閣書目·寒字號·釋家》《陀羅尼經》。一部一册。

維摩詰經

徐𤊹《徐氏家藏書目·子部·釋類》《維摩詰經》三卷。

維摩詰經

文廷式《補晉書藝文志·釋録》《維摩詰經》一卷。或云《維摩詰名解》。

文廷式《補晉書藝文志·釋家補》《維摩詰經》四卷。第三出。

無量義經

徐𤊹《徐氏家藏書目·子部·釋類》《無量義經》一卷。齊曇摩伽陀耶譯。

無量義經

徐𤊹《徐氏家藏書目·子部·釋類》《無量義經》二卷。已下四種共一册。

月上女經

徐𤊹《徐氏家藏書目・子部・釋類》《月上女經》二卷。

大涅槃經

錢大昕《補元史藝文志・釋道類》《大涅槃經》。

金字心經

顧櫰三《補五代史藝文志・釋氏》《金字心經》一卷。李後主妃黄保儀施。

魔嬈亂經

姚振宗《後漢藝文志・佛經》《魔嬈亂經》一卷。一名《弊魔試目連經》，一名《魔王入目揵蘭腹經》出，中《阿含經》第三十卷，異譯。

旃檀樹經

姚振宗《後漢藝文志・佛經》《旃檀樹經》一卷。

有四求經

姚振宗《後漢藝文志・佛經》《有四求經》一卷。

阿鳩留經

姚振宗《後漢藝文志・佛經》《阿鳩留經》一卷。

善惡意經

姚振宗《後漢藝文志・佛經》《善惡意經》一卷。

有三力經

姚振宗《後漢藝文志・佛經》《有三力經》一卷。

有四力經

姚振宗《後漢藝文志・佛經》《有四力經》一卷。

有隂竭經

姚振宗《後漢藝文志・佛經》《有隂竭經》一卷。

爪頭土經

姚振宗《後漢藝文志・佛經》《爪頭土經》一卷。

憂多羅經

姚振宗《後漢藝文志・佛經》《憂多羅經》一卷。或作「夏」字。

入法行經

姚振宗《後漢藝文志・佛經》《入法行經》一卷。

愛欲聲經

姚振宗《後漢藝文志・佛經》《愛欲聲經》一卷。一本云《愛欲一聲經》。

大本藏經

姚振宗《後漢藝文志・佛經》《大本藏經》一卷。

摩鄧女經

姚振宗《後漢藝文志・佛經》《摩鄧女經》一卷。或云《摩鄧女》，一名《阿難爲蠱道女惑經》。見《長房録》初出，與《摩鄧伽經》等同本。《別録》云第一譯。

轉法輪經

姚振宗《後漢藝文志・佛經》《轉法輪經》一卷。或云《法輪轉經》，出《雜阿含》第十五卷，異譯。與其本經後同，前異見《僧祐録》。

入正道經

姚振宗《後漢藝文志・佛經》《入正道經》一卷。出《雜阿含》第二十八卷。異譯見士行、僧祐二録。

雜譬喻經

姚振宗《後漢藝文志・佛經》《雜譬喻經》一卷。凡十一事。祐云失譯。房云見《別録》。以上十一部二十六卷見在。

雜譬喻經

姚振宗《後漢藝文志・佛經》《雜譬喻經》二卷。一名《菩薩度人經》。

文廷式《補晉書藝文志・釋録》《雜譬喻經》一卷。比邱道略所集。

法海藏經

姚振宗《後漢藝文志・佛經》《法海藏經》一卷。一本無「藏」字。初出與《法海經》等同本。見《高僧傳》及《長房録》等。《別録》云第一譯。

普法義經

姚振宗《後漢藝文志・佛經》《普法義經》一卷。亦名《普義經》。一名《具法行經》，出《中阿含》。元嘉二年出，與《廣義法門經》同本。見士行、僧祐二録。《別録》云第一譯。

漏分布經

姚振宗《後漢藝文志・佛經》《漏分布經》一卷。出《中阿含》第二十七卷，異譯。見士行、僧祐二録。安公云出《長阿含》者，或誤也。

出家緣經

姚振宗《後漢藝文志・佛經》《出家緣經》一卷。一名《出家因緣經》，見《長房録》。

法受塵經

姚振宗《後漢藝文志・佛經》《法受塵經》一卷。見《僧祐録》。

陰持入經

姚振宗《後漢藝文志・佛經》《陰持入經》二卷。或一卷。祐云除持入，誤也。亦云住陰持入。安公注解見士行、僧祐二録。

迦葉結經

姚振宗《後漢藝文志・佛經》《迦葉結經》一卷。初出見《長房録》。《別録》云第一譯。

瑠璃王經

姚振宗《後漢藝文志・佛經》《瑠璃王經》一卷。或云流離房，云出《增一》。檢，無見《長房録》。《別録》云第二譯。

文廷式《補晉書藝文志・釋録》《琉璃王經》一卷。

悔過法經

姚振宗《後漢藝文志・佛經》《悔過法經》一卷。見《長房録》。《別録》云：小乘經。單譯，闕本。

義決律經

姚振宗《後漢藝文志・佛經》《義決律經》一卷。或無「經」字，亦云《義決律法行經》。安公云出《長阿含》，見《僧祐録》。

舍頭諫經

姚振宗《後漢藝文志・佛經》《舍頭諫經》一卷。見《舊録》第二出，亦云《舍頭諫太子明二十八宿經》，亦云《虎耳經》。《別録》云第二譯。

太子夢經

姚振宗《後漢藝文志・佛經》《太子夢經》一卷。初出，見《長房録》。《別録》云第一譯。

興起行經

姚振宗《後漢藝文志·佛經》《興起行經》二卷。亦名《嚴誡宿緣經》，題云出《雜藏》，見《吴録》。以上二部三卷見在。

小本起經

姚振宗《後漢藝文志·佛經》《小本起經》二卷。或云《修行本起》，或云《宿行本起》。近加「小」字耳。初出與《瑞應本起經》等同本。見《舊録》及《高僧傳》。《别録》云第一譯。

大摩耶經

姚振宗《後漢藝文志·佛經》《大摩耶經》一卷。或無「大」字，或二卷。初出與《摩訶摩耶經》同本。房云見《吴録》。《别録》云第一譯。

小道地經

姚振宗《後漢藝文志·佛經》《小道地經》一卷。房云見《吴録》。以上五部五卷見存。

中本起經

姚振宗《後漢藝文志·佛經》《中本起經》二卷。或云《太子中本起經》，見《始興録》。經初題云出《長阿含》。《别録》云：後漢西域沙門曇果共康孟詳譯。右一部二卷，其本見在。慧皎《高僧傳》，先是沙門曇果于迦維羅衛國，得梵本《中本起經》及《修行本起經》。孟詳共竺大力譯爲漢文。《開元釋教録》：沙門曇果，西域人。學該内外，解通真俗。于迦維羅衛國賫經梵本，屆于洛陽以獻帝。建安十二年丁亥譯《中本起經》，康孟詳度語。《内典録》中以曇果與孟詳共出，遂與孟詳《太子本起瑞應》合爲一本者，非也。二經全異，不可合之。祐云《中本起》，康孟詳出者，據其共譯故耳。右後漢緇素一十二人，共翻譯經、律、集一百五十一部二百三十七卷。于中七十八部一百二卷見在。七十三部一百三十五卷闕本。

未曾有經

姚振宗《後漢藝文志·佛經》《未曾有經》一卷。初出，與唐譯《甚希有經》等同本。

決定持經

文廷式《補晉書藝文志·釋録》《決定持經》一卷。

首意女經

文廷式《補晉書藝文志·釋録》《首意女經》一卷。

無盡意經

文廷式《補晉書藝文志·釋録》《無盡意經》四卷。

阿耨達經

文廷式《補晉書藝文志·釋録》《阿耨達經》二卷。

聖法印經

文廷式《補晉書藝文志·釋録》《聖法印經》一卷。

誡羅云經

文廷式《補晉書藝文志·釋録》《誡羅云經》一卷。

超日明經

文廷式《補晉書藝文志·釋録》《超日明經》二卷。《出三藏集記》云：晉武帝時沙門竺法護先譯、梵文，而詞義煩重。優婆塞聶承遠整理文偈，删爲二卷。《高僧傳》云：承遠明解有才，護公出經，多參正文句。

解無常經

文廷式《補晉書藝文志·釋録》《解無常經》一卷。

新小品經

文廷式《補晉書藝文志·釋録》《新小品經》七卷。弘治十年譯。

新大品經

文廷式《補晉書藝文志·釋録》《新大品經》二十四卷。僧祐云：僞秦姚興弘始五年於逍遥園譯出。

新賢劫經

文廷式《補晉書藝文志·釋録》《新賢劫經》七卷。

自在王經

文廷式《補晉書藝文志·釋録》《自在王經》二卷。弘始元年譯。

思益義經

文廷式《補晉書藝文志·釋録》《思益義經》四卷。

虚空藏經

文廷式《補晉書藝文志·釋録》《虚空藏經》一卷。或云《虚空藏菩薩經》。三藏後還外國，於罽賓得此經。附商人送至涼州。

金光明經

文廷式《補晉書藝文志·釋録》《金光明經》四卷。玄始六年譯。

阿術達經

文廷式《補晉書藝文志·釋家補》《阿術達經》一卷。

普賢觀經

文廷式《補晉書藝文志・釋家補》 《普賢觀經》一卷。一名《觀普賢菩薩經》，見《道慧録》。

寶女施經

文廷式《補晉書藝文志・釋家補》 《寶女施經》一卷。

寂志果經

文廷式《補晉書藝文志・釋家補》 《寂志果經》一卷。唐釋智昇《開元釋教録》卷十三云：東晉西域沙門竺曇無蘭譯。按《釋教録・拾遺》編入之經甚多，茲不悉録。

逝童子經

文廷式《補晉書藝文志・釋家補》 《逝童子經》一卷。第三出亦名《長者制經》。《善生子經》一卷。第三出見支敏度及竺道祖録。

沙彌尼戒經

智昇《開元釋教録》 《沙彌尼戒經》一卷。失譯。在《後漢録拾遺》編入。

浄度三昧經

智昇《開元釋教録》 《浄度三昧經》三卷。蕭子良抄撰。中有《浄度三昧經》三卷，疑此經是。《益意經》二卷。僧、法尼誦中有《益意經》二卷，疑此經是。右二部五卷，《大周録》中編之，入藏。尋閲，文句亦涉入。

清浄法行經

智昇《開元釋教録》 《清浄法行經》一卷。記説孔老顔回事。

最妙勝定經

智昇《開元釋教録》 《最妙勝定經》一卷。與《最妙初教經》文勢相似，一真一僞，亦將未可。

毗羅三昧經

智昇《開元釋教録》 《毗羅三昧經》二卷，《決定罪福經》一卷。

自誓三昧經

智昇《開元釋教録》 《自誓三昧經》一卷。後漢三藏安世高譯。

姚振宗《後漢藝文志・佛經》 《自誓三昧經》一卷。題下注云《獨證品第四》出，《比邱浄行》中初出。與法護出者大同小異。見《長房録》。《別録》云第一譯。

勝鬘夫人經

智昇《開元釋教録》 《勝鬘夫人經》一卷。與《舊勝鬘經》同本。在第四十八會。

陀鄰尼鉢經

智昇《開元釋教録》 《陁鄰尼鉢經》一卷。東晉沙門竺曇无蘭譯。

太子沐魄經

智昇《開元釋教録》 《太子沐魄經》一卷。西晉三藏竺法護譯。

太子慕魂經

姚振宗《後漢藝文志・佛經》 《太子慕魂經》一卷。初出《出六度集》中，異譯見《長房録》。《別録》云《太子慕魄經》或作沐魄，第一譯。

文廷式《補晉書藝文志・釋録》 《太子慕魄經》一卷。

持句神咒經

智昇《開元釋教録》 《持句神咒經》一卷。吳優婆塞支謙譯。

浄信童女經

智昇《開元釋教録》 《浄信童女經》一卷。在第四十會。

發勝志樂經

智昇《開元釋教録》 《發勝志樂經》二卷。與舊《發覺浄心經》同本。在第二十五會。

勤授長者經

智昇《開元釋教録》 《勤授長者經》一卷。在第二十八會。

妙慧童女經

智昇《開元釋教録》 《妙慧童女經》一卷。與舊《須摩提經》同本。

隨願往生經

智昇《開元釋教録》 《隨願往生經》一卷。亦名《灌頂隨願往生十方浄土經》，亦云《普廣菩薩經》。右一經，是《大灌頂經》第十一卷普廣品，或有經本在第十二。長房等録皆云吳代優婆塞支謙譯，或云西晉三藏竺法護譯者，二俱謬也。

修行道地經

智昇《開元釋教録》 《修行道地經》六卷。或直云《修行經》或七卷。 西晉三藏竺法護譯。第三譯，三譯一闕。 右二經同本異譯，佛圓寂後七百年中西域沙門衆護所撰。衆護者，是此方言。天竺梵。

撰集百緣經

智昇《開元釋教録》 《撰集百緣經》十卷。一帙。 吴月支優婆塞支謙譯。出《内典録》單本，《拾遺》編入。

迦葉禁戒經

智昇《開元釋教録》 《迦葉禁戒經》一卷。一名《摩訶比丘經》，亦名《真僞沙門經》。 宋居士沮渠京聲譯。第二譯。兩譯一闕。又群録中更有《真僞沙門經》一卷，云是宋代沙門慧簡所譯。與《迦禁禁戒經》同本。撿尋文句，與《禁戒經》首末全同，既無異文。故不雙出。

文廷式《補晉書藝文志·釋家補》 《迦葉禁戒經》一卷。《三寶記》云：晉末未詳何帝年。云沙門釋退公出，見《始興録》。

法律三昧經

智昇《開元釋教録》 《法律三昧經》一卷。亦直云《法律經》。 吴月支優婆塞支謙譯。第二譯，兩譯一闕。

姚振宗《後漢藝文志·佛經》 《法律三昧經》一卷。初出見《法上録》。《別録》云第一譯。

舍利弗問經

智昇《開元釋教録》 《舍利弗問經》一卷。失譯。今附《東晉録》單本。 上十經十卷同帙。

受十善戒經

智昇《開元釋教録》 《受十善戒經》一卷。漢後失譯。《拾遺》編入單本。 上三經十卷同帙。

要行捨身經

智昇《開元釋教録》 《要行捨身經》一卷。三紙餘後有《捨身》，願文共有五紙。 右一經，不知何人所造，邪黨盛行。經題云三藏法師玄奘譯。按法師所譯无有此經，僞謬之情昭然可見。且述四件用曉愚心。一僞經初云：王舍城靈鷲山者，靈鷲山名。古譯經有奘法師譯，皆曰鷲峯，今言靈鷲，一僞彰也。一僞經初又云：靈鷲山，屍陁林側者。按諸傳記，其鷲峯山在摩伽陁國山城之内。行迹元非。是經置法寶中，誤謬之甚。又如第九卷云：南无富樓郁，南无彌多羅尼子，此是一人之名，分爲二唱。次云南无阿難羅睺羅，此乃二人之名合之爲一。如斯謬妄，其數寔繁不能廣陳。略指如右，群愚倣習，邪黨共傳。若不指明，恐穢真教。故述之也。

無盡伏藏經

智昇《開元釋教録》 《無盡伏藏經》二卷。在第二十會。

圓覺了義經

陳振孫《直齋書録解題》《圓覺了義經》十卷。唐罽賓佛陀多羅譯。

馬端臨《文獻通考・經籍考・釋氏》《圓覺了義經》十卷。陳氏曰：唐罽賓佛陀多羅譯。

起世因本經

楊士奇等《文淵閣書目・寒字號・佛書》《起世因本經》。一部十册。

造像功德經

楊士奇等《文淵閣書目・寒字號》《造像功德經》。一部一册。

正法眼藏經

王圻《續文獻通考・經籍考・佛家》《正法眼藏經》三卷。奚宗杲著。師少居寧國，入山東惠雲寺爲苾蒭，與吕左丞張魏公張横浦談辯，出入儒釋，排闔不窮。孝宗賜號大慧禪師。

大阿彌陀經

徐𤊹《徐氏家藏書目・子部・釋類》《大阿彌陀經》二卷，袁中道音注。

大阿彌陀經

徐𤊹《徐氏家藏書目・子部・釋類》《大阿彌陀經》一卷，《無量壽佛經》二卷。

目連開戒經

徐𤊹《徐氏家藏書目・子部・釋類》《目連開戒經》二卷。

浄土攝受經

徐𤊹《徐氏家藏書目・子部・釋類》《浄土攝受經》一卷。

法句譬喻經

姚振宗《後漢藝文志・佛經》《法句譬喻經》一卷。《祐録》云凡十七事，或無「喻」字。以上四十三部五十卷，闕本。《開元釋教録》曰：右五十九部七十六卷，並見僧祐《失譯録》。按長房等録，後漢失譯總有一百二十五部一百四十八卷，今以餘六十六部七十一卷，子細酬校，非是失譯。或翻譯有憑，或別生疑僞，今並删也。按所删六十六部名目，智昇并附載于篇。其云失譯者，失傳譯人姓名也。

安宅神咒經

姚振宗《後漢藝文志・佛經》《安宅神咒經》一卷。亦云《安宅咒法》，祐云《安宅咒》。

受十善戒經

姚振宗《後漢藝文志·佛經》《受十善戒經》一卷。

賢者五戒經

姚振宗《後漢藝文志·佛經》《賢者五戒經》一卷。

沙彌十戒經

姚振宗《後漢藝文志·佛經》《沙彌十戒經》一卷。舊録云《沙彌戒》。

便賢者坑經

姚振宗《後漢藝文志·佛經》《便賢者坑經》一卷。「坑」字或作「旃」。

所非汝所經

姚振宗《後漢藝文志·佛經》《所非汝所經》一卷。

問所明種經

姚振宗《後漢藝文志·佛經》《問所明種經》一卷。

道有比丘經

姚振宗《後漢藝文志·佛經》《道有比丘經》一卷。

有二力本經

姚振宗《後漢藝文志·佛經》《有二力本經》一卷。

人有五力經

姚振宗《後漢藝文志·佛經》《人有五力經》一卷。

有三方便經

姚振宗《後漢藝文志·佛經》《有三方便經》一卷。《舊録》云：《三方便經》，《法録》云出《七處三觀》。

説善惡道經

姚振宗《後漢藝文志·佛經》《説善惡道經》一卷。

旃檀調佛經

姚振宗《後漢藝文志·佛經》《旃檀調佛經》一卷。

賢者手力經

姚振宗《後漢藝文志・佛經》《賢者手力經》一卷。

有賢者法經

姚振宗《後漢藝文志・佛經》《有賢者法經》一卷。

難提和難經

姚振宗《後漢藝文志・佛經》《難提和難經》一卷。或云《難提和羅經》。

鬼問目連經

姚振宗《後漢藝文志・佛經》《鬼問目連經》一卷。初出與《餓鬼報應經》等同本。見《長房録》。《別録》云第一譯。

長者子制經

姚振宗《後漢藝文志・佛經》《長者子制經》一卷。一名《制經》，初出與《逝童子經》同本，見《長房録》。

人本欲生經

姚振宗《後漢藝文志・佛經》《人本欲生經》一卷。元嘉二年出《長阿含》第十卷，異譯。道安法解見朱士行《漢録》及《僧祐録》。

本相倚致經

姚振宗《後漢藝文志・佛經》《本相倚致經》一卷。出中《阿含》第十卷，異譯。《吴録》云《大相倚致》與《縁本致經》同本。或作「猗」字，見《漢録》。

内藏百寶經

姚振宗《後漢藝文志・佛經》《内藏百寶經》一卷。亦云《内藏百品》。初出與世高譯者小異。安公云出《方等部》，見《僧祐録》。《別録》云第一譯。

梵般泥洹經

姚振宗《後漢藝文志・佛經》《梵般泥洹經》二卷。或一卷。初出與《大涅槃經》等同本。見朱士行《漢録》及《僧祐録》。舊云《胡般》新改爲梵。《別録》云第一譯。

般舟三昧經

姚振宗《後漢藝文志・佛經》《般舟三昧經》一卷。是後十品重翻。祐有此一卷，無三卷者。見《静泰録》，或加「大」字第三出。《祐録》云光和二年十月八日出。《別録》云第三譯。

般舟三昧經

姚振宗《後漢藝文志・佛經》《般舟三昧經》三卷。一名《十方現在佛悉在前立定經》，舊録云《大般舟三昧經》或一卷，光和二年譯。初出與《大集賢護經》等同本。見《聶道真録》及《吴録》。《别録》云或二卷，第一譯。

般舟三昧經

姚振宗《後漢藝文志・佛經》《般舟三昧經》二卷。光和二年十月八日出，見經後記。《高僧傳》等二經同時啓表，故出日同也。舊録云《大般舟三昧經》，或一卷第二出。與《大集賢護經》等同本。《别録》云第二譯。右二部三卷，其本並闕。慧皎《高僧傳》：時有天竺沙門竺佛朔，亦漢靈之時，賫道行經，來適雒陽。即轉梵爲漢譯，人時滯雖有失旨。然棄文存質，深得經意朔。又以光和二年于雒陽出《般舟三昧》云。《開元釋教録》：沙門竺佛朔，印度人也。識性明敏，博綜多能。以靈帝光和之初，賫道行經等來洛陽轉梵爲漢。月支沙門支讖傳語，河南孟福字元士，張蓮字少安筆受。並見經後記。《隋書・經籍志》曰：「靈帝時有月支沙門支讖，天竺沙們竺佛朔並翻佛經。」

文廷式《補晉書藝文志・釋録》《般舟三昧經》二卷。

諸法勇王經

姚振宗《後漢藝文志・佛經》《諸法勇王經》一卷。初出見《法上録》。《别録》云第一譯。

光明三昧經

姚振宗《後漢藝文志・佛經》《光明三昧經》一卷。初出。祐云出《别録》，《安録》無。房云亦見《吴録》。《别録》云第一譯。

阿闍世王經

姚振宗《後漢藝文志・佛經》《阿闍世王經》二卷。初出與《普超三昧經》等同本，見《僧祐録》。安公云出《長阿含》者，非也。《别録》云第一譯。

阿難同學經

姚振宗《後漢藝文志・佛經》《阿難同學經》一卷。題云出《增一阿含》檢，無見《長房録》。《别録》云出《增一阿含》中。

是法非法經

姚振宗《後漢藝文志・佛經》《是法非法經》一卷。出《中阿含》第二十一卷，異譯。見士行、僧祐二録。

犍陀國王經

姚振宗《後漢藝文志・佛經》《犍陀國王經》一卷。或無「國」字，見《長房録》。

禪行法想經

姚振宗《後漢藝文志・佛經》《禪行法想經》一卷。見《僧祐録》、《寶唱録》。

阿鋡正行經

姚振宗《後漢藝文志・佛經》《阿鋡正行經》一卷。一名《正意經》，見《長房録》。

如幻三昧經

姚振宗《後漢藝文志·佛經》《如幻三昧經》二卷。或一卷，初出與《寶積善住意會》等同本。見《長房録》。《別録》云第一譯。

文廷式《補晉書藝文志·釋録》《如幻三昧經》二卷。太安二年譯。

文廷式《補晉書藝文志·釋録》《如幻三昧經》二卷。第二出與漢世支讖譯《般若三昧》二卷本同名。及文句小異，見竺道祖《晉世雜録》。

月燈三昧經

姚振宗《後漢藝文志·佛經》《月燈三昧經》一卷。出《大月燈經》第七，異譯見《長房録》。《別録》云第一別譯。

百六十品經

姚振宗《後漢藝文志·佛經》《百六十品經》一卷。舊録云出《增一阿含》百六十章，經見《僧祐録》。

大十二門經

姚振宗《後漢藝文志·佛經》《大十二門經》二卷。或一卷出《長阿含》，安公注解見《寶唱》及《僧祐録》。

道意發行經

姚振宗《後漢藝文志·佛經》《道意發行經》二卷。或一卷見道安及《僧祐録》。房云出《長阿含》。

多增道章經

姚振宗《後漢藝文志·佛經》《多增道章經》一卷。舊録無「道」字，云異出十報法。見《長房録》，云出《長阿含》。

分明罪福經

姚振宗《後漢藝文志·佛經》《分明罪福經》一卷。見《長房録》。《別録》云單譯本。

小般泥洹經

姚振宗《後漢藝文志·佛經》《小般泥洹經》一卷。房云見《別録》。云或名《泥洹後變記經》，或云《泥洹後諸比邱經》，或云《泥洹後比邱世變經》，或云《佛般泥洹後比邱世變經》。《別録》云小乘經，單譯本。

小十二門經

姚振宗《後漢藝文志·佛經》《小十二門經》一卷。出《長阿含》。安公注解見《寶唱》及《僧祐録》。

修行道地經

姚振宗《後漢藝文志·佛經》《修行道地經》一卷。或六卷。初出或云《順道行經》。漢永康元年譯，支敏度製序。見《寶唱録》及《別録》。《別録》云第一譯。

當來變滅經

姚振宗《後漢藝文志・佛經》《當來變滅經》一卷。見《長房録》。《別録》云第二譯，單譯本。

思惟要略經

姚振宗《後漢藝文志・佛經》《思惟要略經》一卷。或直云《思惟經》，初出見《僧祐録》。《別録》云第一譯。

問地獄事經

姚振宗《後漢藝文志・佛經》《問地獄事經》一卷。見朱士行《漢録》及《高僧傳》。《別録》云後漢外國沙門康臣譯，單譯本。慧皎《高僧傳》又有沙門康巨譯《問地獄事經》。《開元釋教録》：沙門康臣或作康巨，未詳孰是。西域人。心存游化，志在弘宣。以靈帝中平四年丁卯，于洛陽譯《問地獄經》。言直理詣，不加潤飾。

古維摩詰經

姚振宗《後漢藝文志・佛經》《古維摩詰經》二卷。初出與唐譯《無垢稱經》等同本。見《古録》、《漢録》。《別録》云第一譯。

賴吒和羅經

姚振宗《後漢藝文志・佛經》《賴吒和羅經》一卷。出《中阿含》第三十一卷，異譯。房云見《吴録》，安云出《方等部》者，或恐誤也。

馬有三相經

姚振宗《後漢藝文志・佛經》《馬有三相經》一卷。亦云《善馬有三相經》，出《雜阿含經》第三十三卷，異譯。房云見《吴録》。

修行本起經

姚振宗《後漢藝文志・佛經》《修行本起經》二卷。一名《宿行本起第三》，出與《瑞應舊本起經》同本，見《始興録》。《別録》云後漢西域沙門竺大力共康孟詳譯，第三譯。右一部二卷，其本見在。《開元釋教録》：沙門竺大力，西域人。情好遠游，無憚艱險。以獻帝建安二年丁丑三月，于洛陽譯《修行本起經》。其經梵本，並是曇果與康孟詳于迦維羅衛國賫來。康孟度語。

梵志喪女經

姚振宗《後漢藝文志・佛經》《梵志喪女經》一卷。

長者賢首經

姚振宗《後漢藝文志・佛經》《長者賢首經》一卷。

勤苦泥犂經

姚振宗《後漢藝文志・佛經》《勤苦泥犂經》一卷。

獛狗齧王經

姚振宗《後漢藝文志·佛經》《獛狗齧王經》一卷。《舊録》云《獛狗經》。

沙彌尼戒經

姚振宗《後漢藝文志·佛經》《沙彌尼戒經》一卷。或無「經」字。

禪要呵欲經

姚振宗《後漢藝文志·佛經》《禪要呵欲經》一卷。題云《禪要經呵欲品》。

阿維越致經

文廷式《補晉書藝文志·釋録》《阿維越致經》四卷。太康五年譯。

月明童子經

文廷式《補晉書藝文志·釋録》《月明童子經》一卷。

離垢施女經

文廷式《補晉書藝文志·釋録》《離垢施女經》一卷。太康十年譯。

德光太子經

文廷式《補晉書藝文志·釋録》《德光太子經》一卷。泰始六年譯。

濟諸方等經

文廷式《補晉書藝文志·釋録》《濟諸方等經》一卷。

頂真天子經

文廷式《補晉書藝文志·釋録》《頂真天子經》泰始二年譯。

幻士仁賢經

文廷式《補晉書藝文志·釋録》《幻士仁賢經》一卷。

如來興顯經

文廷式《補晉書藝文志·釋録》《如來興顯經》四卷。元康元年譯。

文廷式《補晉書藝文志·釋録》《大浄法門經》一卷。建始元年譯。

郁迦長者經

文廷式《補晉書藝文志·釋録》《郁迦長者經》一卷。

採蓮違王上佛授決號妙華經

智昇《開元釋教録》《採蓮違王上佛授決號妙華經》一卷。東晉沙門竺曇无蘭譯。

過去佛分衛經

智昇《開元釋教録》《過去佛分衛經》一卷。或云《過世》。西晉三藏竺法護譯。

佛名經

智昇《開元釋教録》《佛名經》十六卷。本經雖真，以有僞雜編之於此，或三十二卷。右一經，時俗號爲《馬頭羅刹佛名》，似是近代所集。乃取留支所譯十二卷者，錯綜而成。於中取諸經名目，取後《辟支佛名》及《菩薩名》諸經。阿羅，漢名以爲三寶，次第總有三十二件禮。三寶後皆有懺悔。懺悔之下仍引《馬頭羅刹》僞經置之。於後乃以凡俗鄙語雜於聖言。經言抄前著後，抄後著前，前後著中，中著前後，此正當也。尋其所集之者，全是庸愚。只如第四卷中云：《南无法顯傳經》在法寶中列。此傳乃是東晉平陽沙門法顯往遊天竺自記。

佛爲海龍王説法印經

智昇《開元釋教録》《佛爲海龍王説法印經》一卷。大唐三藏義净譯。新編入録。

八部佛名經

智昇《開元釋教録》《八部佛名經》一卷。亦云《八佛經》。元魏婆羅門瞿曇般若泳支譯。上二十二經二十二卷，同帙。其《八部佛名經》、《大周録》云：與《八吉祥咒經》等同本。異譯者，誤也。八數雖同，説處全異。所爲復別，故爲單本。

師子月佛本生經

智昇《開元釋教録》《師子月佛本生經》一卷。新爲失譯。附《三秦録》。《古金剛清浄經》。群録並云，吴代外國優婆塞支謙譯。漢後失譯，復有其名《師子月佛經》。群録並云：西晉三藏竺法護譯。今詳二經文句，並非謙護所譯，似是秦凉已來什公翻，今爲失源，附於《秦録》。

佛阿毗曇經

智昇《開元釋教録》《佛阿毗曇經》二卷。亦云《佛阿毗曇論》。陳天竺三藏真諦譯。單本。上二經二十卷二帙。其《佛阿毗曇論》，群録並云九卷。《開元釋教録》卷第十三，第三十九張，陛字號。未詳所以，今只有二卷。舊録編在《大乘論》中，今者尋其文理，多説度人受戒等事，與此相應，故移編此。

佛本行經

智昇《開元釋教録》《佛本行經》七卷。一名《佛本行護傳》。宋涼州沙門釋寶雲譯。單本。右《大周録》編在《大乘重譯經》中。云與六十卷《佛本行集經》同本，異譯《開元釋教録》卷第十三，第四十七張；陛字號。者，誤也。上二集十二卷同帙。

姚振宗《後漢藝文志・佛經》《佛本行經》一卷。

佛本行經

姚振宗《後漢藝文志·佛經》《佛本行經》五卷。永平十一年出，見《高僧傳》及《長房録》等。《别録》云小乘經，單譯，闕本。

佛藏經

智昇《開元釋教録》《佛藏經》四卷。一名《選擇諸法經》，或二卷，或三卷。姚秦三藏鳩摩羅什譯。單本。

佛印三昧經

姚振宗《後漢藝文志·佛經》《佛印三昧經》一卷。見《長房録》。

智昇《開元釋教録》《佛印三昧經》一卷。後漢三藏安世高譯。

灌洗佛形像經

智昇《開元釋教録》《灌洗佛形像經》一卷。西晉沙門釋法炬譯。

佛説法句經

錢東垣等輯《崇文總目·釋書》《佛説法句經》一卷。《宋志》注失譯。

《宋史·藝文志·釋氏》《佛説法句經》一卷。

佛垂涅槃略説教戒經

《宋史·藝文志·釋氏》《佛垂涅槃略説教戒經》一卷。

佛説垂涅槃略説教戒經

錢東垣等輯《崇文總目·釋書》《佛説垂涅槃略説教戒經》一卷。錫鬯按《宋志》無「説」字，注失譯。

佛説一乘竟究佛心成經

錢東垣等輯《崇文總目·釋書》《佛説一乘竟究佛心成經》一卷。錫鬯按《宋志》「成」作「戒」，註失譯。

《宋史·藝文志·釋氏》《佛説一乘究竟佛心戒經》一卷。

佛説三停厨法經

錢東垣等輯《崇文總目·釋書》《佛説三停厨法經》一卷。錫鬯按《宋志》「停」作「亭」，二卷。不著譯人。

《宋史·藝文志·釋氏》《佛説三亭厨法經》二卷。

佛説未曾有因緣經

錢東垣等輯《崇文總目·釋書》《佛説未曾有因緣經》一卷。釋曇景譯。錫邑按《宋志》二卷。

《宋史·藝文志·釋氏》 沙門曇景譯《佛説未曾有因緣經》二卷。

佛本行集經

楊士奇等《文淵閣書目·寒字號·佛書》 《佛本行集經》。一部四十八册。

稱揚諸佛功德經

楊士奇等《文淵閣書目·寒字號·釋家》 《稱揚諸佛功德經》。一部一册。

文廷式《補晉書藝文志·釋録》 《稱揚諸佛功德經》三卷。一名《集華》。

尊佛王經

楊士奇等《文淵閣書目·寒字號·釋家》 《尊佛王經》。一部一册。

金佛梵覺經

王圻《續文獻通考經籍考·佛家》 《金佛梵覺經》。遼回紇僧所撰。

高麗佛經

王圻《續文獻通考·經籍考·佛家》 《高麗佛經》。遼太康十年，高麗進，命僧善智校讐頒行。

大方便佛報恩經

徐𤊹《徐氏家藏書目·子部·釋類》 《大方便佛報恩經》七卷。

佛祖三經

徐𤊹《徐氏家藏書目·子部·釋類》 《佛祖三經》。《四十二章經》、《僞山警策》、宋守遂注《遺教經》。

佛説梵網經

徐𤊹《徐氏家藏書目·子部·釋類》 《佛説梵網經》二卷。

作佛形像經

姚振宗《後漢藝文志·佛經》 《作佛形像經》一卷。一名《優填王作佛形像經》，一名《作像因緣經》，與《造立形像福報經》同本。

佛語諸比丘經

姚振宗《後漢藝文志·佛經》 《佛語諸比丘經》一卷。言我以天眼，視天下人生死好醜，尊者、卑者。安公云上三經《出中阿含》。

佛有五百比丘經

姚振宗《後漢藝文志・佛經》《佛有五百比丘經》一卷。

佛説如是有諸比邱經

姚振宗《後漢藝文志・佛經》《佛説如是有諸比邱經》一卷。

佛告舍日經

姚振宗《後漢藝文志・佛經》《佛告舍日經》一卷。

佛在優墮國經

姚振宗《後漢藝文志・佛經》《佛在優墮國經》一卷。「經」作「優隨」。

佛在拘薩國經

姚振宗《後漢藝文志・佛經》《佛在拘薩國經》一卷。

始造浴佛時經

姚振宗《後漢藝文志・佛經》《始造浴佛時經》一卷。

支曜抄首至問佛十四事經

姚振宗《後漢藝文志・佛經》《支曜抄首至問佛十四事經》一卷。《開元釋教録》、《沙門支曜傳》云費長房等録又有《首至問佛十四事經》，或無「佛」字。余親見其本，乃是經抄，未可以爲翻譯正數。已編別生録内，此删不載。

沙彌十慧經

姚振宗《後漢藝文志・佛經》 嚴佛調撰《沙彌十慧經》一卷。慧皎《高僧傳》，調又撰《十慧》亦傳于世。《開元釋教録・沙門嚴佛調傳》云：「又有《沙彌十慧經》。」云佛調自撰，并注序。既非聖言，又闕其本。今並删之。嚴可均《全後漢文編》曰：「嚴佛調《沙彌十慧章句》序見《釋藏》跡字號十。又見僧祐《出三藏記》第十卷。」

迦葉詰阿難經

姚振宗《後漢藝文志・佛經》 嚴佛調抄《迦葉詰阿難經》一卷。《開元釋教録・沙門嚴佛調傳》云，又長房等録更有《迦葉詰阿難經》。亦云「佛調所譯，余親見其本。乃是諸經之抄有數條事，既是別生抄經。不爲翻譯正數，今亦删之。」

佛併父弟調達經

姚振宗《後漢藝文志・佛經》《佛併父弟調達經》一卷。或五十五法下九經。安公云出《阿毘曇》。

折拂經

姚振宗《後漢藝文志·佛經》《折拂經》一卷。

佛遺日摩尼寶經

姚振宗《後漢藝文志·佛經》《佛遺日摩尼寶經》一卷。安公云出《方等部》。初出與《寶積普明菩薩會》等同本。一名《古品遺日説般若》，一名《大寶積經》，一名《摩訶衍寶嚴經》。見僧祐、長房二録。《別録》云第一譯。

阿閦佛國經

姚振宗《後漢藝文志·佛經》《阿閦佛國經》二卷。建和元年譯，或一卷。初出與《寶積不動如來會》等同本。見朱士行《漢録》及《僧祐録》。亦云《阿閦佛刹諸菩薩學成品經》，或無「國」字。《別録》云第一譯。

佛本生經

姚振宗《後漢藝文志·佛經》《佛本生經》一卷。見《高僧傳》及《長房録》等。《別録》云小乘經，單譯，闕本。右四部一十五卷，其本並闕。慧皎《高僧傳》：竺法蘭，中天竺人。自言誦經、論數萬章，爲天竺學者之師。時蔡愔既至彼國，蘭與摩騰共契游化，遂相隨而來。既達雒陽，與騰同止，少時便善漢言。愔于西域獲經即爲翻譯，所謂《十地》、《斷結》、《佛本生》、《法海藏》、《佛本行》、《四十二章》等五部。移都寇亂，四部失本不傳。蘭後卒于雒陽，春秋六十餘矣。《開元釋教録》：沙門竺法蘭，中印度人。既達洛陽與摩騰共譯《四十二章經》。騰卒，蘭自譯《十地》、《斷結經》等四部。《隋書經籍志》曰：永平中竺法蘭又譯《十住經》。其餘傳譯多未能通。章帝時楚王英以崇敬佛法聞，西域沙門齎佛經而至者甚衆。

阿難問事佛吉凶經

姚振宗《後漢藝文志·佛經》《阿難問事佛吉凶經》一卷。或云《阿難問事經》，亦云《事佛吉凶經》，見長房録。初出與《阿難分別經》等同本。《別録》云第一譯。

七佛安宅神咒經

姚振宗《後漢藝文志·佛經》《七佛安宅神咒經》一卷。

受持佛名不墮惡道經

姚振宗《後漢藝文志·佛經》《受持佛名不墮惡道經》一卷。

賢劫千佛名經

姚振宗《後漢藝文志·佛經》《賢劫千佛名經》一卷。祐云唯有《佛名與曇無蘭所出四諦經》、《千佛名異出賢劫經》中，異譯。

文廷式《補晉書藝文志·釋録》《賢劫千佛名經》一卷。《出三藏集記》云：右二部，凡二卷。晉孝武帝時天竺沙門竺曇無蘭，在揚州謝鎮西寺譯出。《歷代三寶記》：東晉沙門竺曇無蘭譯，一百一十部一百一十卷經、咒、戒。按有《義足經》等，不悉載。

稱揚百七十佛名經

姚振宗《後漢藝文志·佛經》《稱揚百七十佛名經》一卷。直亦名《百七十佛名》，今疑出《稱揚功悳經》。

後出阿彌陀佛偈經

姚振宗《後漢藝文志・佛經》《後出阿彌陀佛偈經》一卷。或無「經」字，第二出。

優波離問佛經

姚振宗《後漢藝文志・佛經》《優波離問佛經》一卷。或云《優波離律》。

諸佛經名

姚振宗《後漢藝文志・佛經》《諸佛經名》二卷。今疑是《不思議功德經》。

南方佛名經

姚振宗《後漢藝文志・佛經》《南方佛名經》一卷。舊云一名《治城寺經》者，非也。此乃題寺爲記，非是經之異名。

般舟三昧念佛章經

姚振宗《後漢藝文志・佛經》《般舟三昧念佛章經》一卷。是行品別翻，第四出。

嚴浄佛土經

文廷式《補晉書藝文志・釋録》《嚴浄佛土經》二卷。

佛昇忉和天品經

文廷式《補晉書藝文志・釋録》《佛昇忉和天品經》二卷。

佛爲菩薩五夢經

文廷式《補晉書藝文志・釋録》《佛爲菩薩五夢經》一卷。太安二年譯。

彌勒成佛經

文廷式《補晉書藝文志・釋録》《彌勒成佛經》一卷。僧祐云與羅什所出異本。

舍利佛目連游諸國經

文廷式《補晉書藝文志・釋録》《舍利佛目連游諸國經》一卷。

過去佛分衛經

文廷式《補晉書藝文志・釋録》《過去佛分衛經》一卷。

諸佛方經

文廷式《補晉書藝文志・釋録》《諸佛方經》一卷。

百佛名經

文廷式《補晉書藝文志・釋録》《百佛名經》一卷。

佛悔過經

文廷式《補晉書藝文志・釋録》《佛悔過經》一卷。

彌勒成佛經

文廷式《補晉書藝文志・釋録》《彌勒成佛經》一卷。

佛藏經

文廷式《補晉書藝文志・釋録》《佛藏經》三卷。一名《選擇諸法》，或二卷。

觀佛三昧經

文廷式《補晉書藝文志・釋録》《觀佛三昧經》八卷。《高僧傳》云：《觀佛三昧海》六卷。《三寶記》云見竺道祖《晉世雜録》，或云宋世出。

佛開解梵志阿颰經

文廷式《補晉書藝文志・釋家補》《佛開解梵志阿颰經》一卷。《三寶記》云晉末，未詳何帝年。云沙門釋法勇出，見《趙録》。

菩薩内習六波羅蜜經

智昇《開元釋教録》《菩薩内習六波羅蜜經》一卷。或云《内六波羅蜜經》，安公出《方等部》。後漢臨淮沙門嚴佛調譯。《拾遺》編入。

菩薩内習六波羅蜜經

智昇《開元釋教録》《菩薩内習六波羅蜜經》一卷。後漢沙門嚴佛調譯。

姚振宗《後漢藝文志・佛經》《菩薩内習六波羅蜜經》一卷。安公云出《方等部》。或云《内六波羅蜜經》，亦云内外者，見《長房録》。此一部一卷見在。慧皎《高僧傳》：沙門嚴佛調，本臨淮人。綺年穎悟敏而好學，世稱安侯謂安清、都尉謂安玄、佛調三人傳譯，號爲難繼。安公稱佛調出經省而不煩，全本巧妙。《開元釋教録》：沙門嚴佛調亦云浮調。《費長房録》稱清信士者，非也。臨淮郡人，出家修道。通譯經典，見重于時。以靈帝中平五年戊辰于洛陽譯《輭首》、《菩薩》等經五部。嚴可均《全後漢文編》曰：嚴佛調或作浮調，臨淮人，官都尉。見支謙《法句經序》。靈帝末出家，通譯佛經，與安世高，安玄齊名。按此與慧皎、智昇稱安玄爲騎都尉異。《法句經序》今未得見，或佛調亦嘗爲騎都尉歟。

菩薩投身餓虎起塔因緣經

智昇《開元釋教録》 《菩薩投身餓虎起塔因緣經》一卷。《僧祐録》云《以身施餓虎經》。北涼高昌沙門釋法盛譯。出經後記。

菩薩地持經

智昇《開元釋教録》 《菩薩地持經》十卷。或名《地持論》或八卷一帙。北涼天竺三藏曇無讖於姑臧譯。右一經，初有《歸敬頌》。出《瑜伽論》本地分中《菩薩地》。昔高齊昭玄統沙門法上，答高白麗問云：地持是阿僧佉比丘從彌勒受得阿僧佉者，即無著菩薩是也。又按梁沙門《僧祐地持記》云：《菩薩地持經》八卷，有二十七品，分爲三段。第一段十八品，第二段四品，第三段五品，文中不出有異名。而今此本或題云《菩薩戒經》，或題云《菩薩地經》。今檢尋經來亦有多名，文云名爲菩薩地，名爲菩薩藏摩得勒伽名，摩訶行攝名，不壞顯示不然。又檢羣録曇無讖。所譯別存《菩薩戒經》或云《菩薩地經》者，誤也。

菩薩善戒經

智昇《開元釋教録》 《菩薩善戒經》九卷。一云《菩薩地》或十卷。宋罽賓三藏求那跋摩等譯。右一經，羣録皆云與《地持經》同本，異譯。今詳文理，非不差殊。其《善戒經》前有序品，後有《泰行地持經》。並無其《地持戒品》。中有《受菩薩戒文》及《菩薩戒》本《善戒經》，即無自餘之外，文意大同。《地持》復出，《瑜伽諸録》成編入論。既有差殊，未敢爲定。又按梁沙門僧祐《菩薩善戒經記》云，此名善戒，名菩薩地，名菩薩毗尼摩戒，名如來藏，名一切善法根本，名安樂國，名諸波羅蜜，聚凡有七名。第一卷先出優波離問受戒法，第二卷始方有如是我聞，次第别品，乃有三十而復。有別本題爲《菩薩地經》。今按尋經本與祐記不同。經初即有如是我聞，而無優波離問受戒法。但有九卷，其優波離問受戒法即後單卷。《菩薩善戒經》是若將此爲初卷，即與祐記符同。然此地經本離之已久，乍合成十，或恐生疑。此《善戒經》亦同《地持作》其三段。第一段名菩薩地有三十品，第二段名如法住有四品，第三段名畢竟地有六

品，祐云次第列品者，或恐尋之未審也。《開元釋教録》卷第十二，第四十張陛。

《菩薩善戒經》一卷。優波離問菩薩受戒法。宋罽賓三藏求那跋摩譯。出《寶唱録》，單本。

菩薩瓔珞本業經

智昇《開元釋教録》 《菩薩瓔珞本業經》二卷。或無「菩薩」字，新編爲律。姚秦涼州沙門竺佛念譯。第一譯，三譯，二闕。

菩薩戒本

智昇《開元釋教録》 《菩薩戒本》一卷。出《地持戒品》中《慈氏菩薩説》。北涼天竺三藏曇無讖於姑臧譯。《拾遺》編入第二譯。

《菩薩戒本》一卷。出《瑜伽論》本地分中《菩薩地彌勒菩薩説》。大唐三藏玄奘譯。出《内典録》第三譯。右二經同本，異譯。前後三譯，一譯闕本。

菩薩戒羯磨文

智昇《開元釋教録》 《菩薩戒羯磨文》一卷。出《瑜伽論》本地分中《菩薩地彌勒菩薩説》。大唐三藏玄奘譯。出《内典録》單本。

菩薩内戒經

智昇《開元釋教録》 《菩薩内戒經》一卷。宋罽賓三藏求那跋摩譯。出《法上録》單本。

菩薩五法懺悔文

智昇《開元釋教録》《菩薩五法懺悔文》一卷。或云《菩薩五法懺悔經》。失譯。今附《梁録》，單本。

菩薩藏經

智昇《開元釋教録》《菩薩藏經》一卷。梁扶南三藏僧伽婆羅譯。單本。

菩薩受齊經

智昇《開元釋教録》《菩薩受齊經》一卷。西晉清信士聶道真譯。第二譯、三譯。二闕。《開元釋教録》卷第十二，第四十二張，陛。

濡首菩薩無上清浄分衛經

智昇《開元釋教録》《濡首菩薩無上清浄分衛經》二卷。一名《決了諸法如幻三昧經》。後漢臨淮沙門嚴佛調譯，第一譯，或一卷。右一經與《大般若第八會》同本，前後三譯。兩本在藏，一本闕。

菩薩見實三昧經

智昇《開元釋教録》《菩薩見實三昧經》二卷。出《菩薩見實會抄録界差別品》中重文。新編上。

虚空藏菩薩問持經得幾福經

智昇《開元釋教録》《虚空藏菩薩問持經得幾福經》一卷。右一經，亦是《大集虚空藏品》中別文抄出。諸録皆云姚秦三藏鳩摩羅什譯者，謬也。

善順菩薩經

智昇《開元釋教録》《善順菩薩經》一卷。在第二十七會。

功德寶花敷菩薩經

智昇《開元釋教録》《功德寶花敷菩薩經》一卷。

彌勒菩薩所問經

智昇《開元釋教録》《彌勒菩薩所問經》一卷。與舊《彌勒所問本願經》同本。後漢三藏安世高譯。

菩薩十住行道品

智昇《開元釋教録》《菩薩十住行道品》一卷。西晉三藏竺法護譯。

異出菩薩本起經

智昇《開元釋教録》《異出菩薩本起經》一卷。西晉居士聶道真譯。

無盡慧菩薩經

智昇《開元釋教録》《無盡慧菩薩經》一卷。在第四十五會。

文殊師利問菩薩署經

智昇《開元釋教録》《文殊師利問菩薩署經》一卷。後漢三藏支婁迦讖譯。

姚振宗《後漢藝文志·佛經》《文殊師利問菩薩署經》一卷。亦直云《問署經》,見《僧祐録》及《吴録》。安公云出《方等經》。

慧定普遍國土神菩薩經

智昇《開元釋教録》《慧定普遍國土神通菩薩經》一卷。余親見其本,全非聖言。

菩薩戒義疏

鄭樵《通志·藝文略》《菩薩戒義疏》四卷。並僧慧旻撰。

摩利支菩薩經

楊士奇等《文淵閣書目·寒字號·佛書》《摩利支菩薩經》。一部一册。

諸佛如來菩薩羅漢名號

楊士奇等《文淵閣書目·寒字號·釋家》《諸佛如來菩薩羅漢名號》。一部一册。

佛菩薩

楊士奇等《文淵閣書目·寒字號》《佛菩薩》。一部一册。

地藏菩薩本願經

徐𤊹《徐氏家藏書目·子部·釋類》《地藏菩薩本願經》二卷。

梵綱經菩薩戒

徐𤊹《徐氏家藏書目·子部·釋類》《梵綱經菩薩戒》一卷。後秦僧肇序。

拔陂菩薩經

姚振宗《後漢藝文志·佛經》《拔陂菩薩經》一卷。或爲《拔波》,或云《颰披陀》。安公云出《方等部》,是《般舟經》第四品,異譯。第五出。

菩薩道地經

姚振宗《後漢藝文志·佛經》《菩薩道地經》一卷。安公云出《方等部》。

輭首菩薩無上清浄分衛經

姚振宗《後漢藝文志·佛經》《輭首菩薩無上清浄分衛經》二卷。一名《決了諸法如幻化三昧經》，初出與《大般若那伽室利分》等同本。或一卷，見《長房録》。《別録》云後漢臨淮沙門嚴佛調譯第一譯。

慧上菩薩問大善權經

姚振宗《後漢藝文志·佛經》《慧上菩薩問大善權經》二卷。初出與《寶積大乘方便會》等同本，或無「菩薩」字，或一卷見《長房録》。《別録》云第一譯。

初發意菩薩常晝夜六時行五事

姚振宗《後漢藝文志·佛經》《初發意菩薩常晝夜六時行五事》一卷。

藥王藥上菩薩觀經

姚振宗《後漢藝文志·佛經》《藥王藥上菩薩觀經》一卷。初出，見《長房録》。《別録》云第一譯。

菩薩受戒法經

姚振宗《後漢藝文志·佛經》《菩薩受戒法經》一卷。《祐録》無「經」字，房云異出本。

薩陀波崘菩薩求深般若圖像經

姚振宗《後漢藝文志·佛經》《薩陀波崘菩薩求深般若圖像經》一卷。

持人菩薩經

文廷式《補晉書藝文志·釋録》《持人菩薩經》三卷。泰始七年譯。

菩薩悔過經

文廷式《補晉書藝文志·釋録》《菩薩悔過經》一卷。

菩薩十住經

文廷式《補晉書藝文志·釋録》《菩薩十住經》一卷。太安元年譯。

文廷式《補晉書藝文志·釋家補》《菩薩十住經》一卷。第二出。《摩調王經》一卷。《指鬘經》一卷。或作《指髻經》。《浮光經》一卷。或作《乳光經》。《彌勒所問本願經》一卷。

等目菩薩經

文廷式《補晉書藝文志·釋録》《等目菩薩經》二卷。僧祐云《別録》所載，《安録》先闕。

菩薩齋法經

文廷式《補晉書藝文志·釋録》 《菩薩齋法經》一卷。以上六十四部，凡一百一十六卷。僧祐云經，今闕。《出三藏集記》云：右一百五十四部，合三百九卷。晉武帝時沙門竺法護到西域得梵本。還自太始中至懷帝永嘉二年以前所譯出。祐捃摭羣録，遇護公所出，更得四部。安録先闕，今條入録中。安公云遭亂録散，小小錯涉。故知今之所獲，審是護出也。

惟逮菩薩經

文廷式《補晉書藝文志·釋録》 《惟逮菩薩經》一卷。《出三藏集記》云：晉惠帝時沙門帛法祖譯出。案《高僧傳》：帛遠，字法祖。《歷代三寶記》曰法祖出二十三經，合二十五卷。有《嚴浄》、《佛上經》等。唐智昇《開元釋教録》云長房等録更有七經。亦云祖出，今以並是別生，故删不主。案此余所以據《三藏集》爲主，不悉用後來之目也。

菩薩瓔珞經

文廷式《補晉書藝文志·釋録》 《菩薩瓔珞經》十二卷。

菩薩處胎經

文廷式《補晉書藝文志·釋録》 《菩薩處胎經》五卷。或爲四卷。

文廷式《補晉書藝文志·釋録》 《菩薩藏經》三卷。一名《富樓那問亦名大悲心》，或爲二卷。

菩薩呵色欲經

文廷式《補晉書藝文志·釋録》 《菩薩呵色欲經》一卷。

菩薩戒經

文廷式《補晉書藝文志·釋録》 《菩薩戒經》八卷。

文廷式《補晉書藝文志·釋家補》 《菩薩正齋經》一卷。第二出。

金剛三昧本性清浄不壞不滅經

智昇《開元釋教録》 《金剛三昧本性清浄不壞不滅經》一卷。新爲失譯。附《三秦録》亦名《金剛清浄經》。

金剛三昧經

智昇《開元釋教録》 《金剛三昧經》二卷。或一卷。北涼失譯。《拾遺》編入。

密迹金剛力士經

智昇《開元釋教録》 《密迹金剛力士經》二卷。出《密迹力士會》下文。《内典》等録編入正經中者，誤也。新編上。

金剛般若論

智昇《開元釋教録》《金剛般若論》二卷。無著菩薩造。隋天竺三藏達摩笈多譯。出《内典録》，單本。

能斷金剛般若波羅蜜多經論頌

智昇《開元釋教録》《能斷金剛般若波羅蜜多經論頌》一卷。無著菩薩造。大唐三藏義浄譯。新編入録。上三論十卷，同帙。

金剛般若波羅蜜經論

智昇《開元釋教録》《金剛般若波羅蜜經論》三卷。天親菩薩造。元魏天竺三藏菩提留支譯。第一譯。

能斷金剛般若波羅蜜多經論釋

智昇《開元釋教録》《能斷金剛般若波羅蜜多經論釋》三卷。無著菩薩頌，世親菩薩釋。大唐三藏義浄譯。新編入，第二譯。右二論及頌同本，異譯。

金剛般若波羅蜜經破取着不壞假名論

智昇《開元釋教録》《金剛般若波羅蜜經破取着不壞假名論》二卷。功德施菩薩造，亦云《功德施論》。大唐中天竺三藏地婆訶羅譯。單本。出《大周録》。上四論及頌，造者雖異，並釋《金剛般若經》。又有《金剛仙論》十卷。尋閲文理，乃是元魏三藏菩提留支所撰。《釋天親論》既非梵本翻傳，所以此中不載。

金剛經口訣義

錢東垣等輯《崇文總目・釋書》《金剛經口訣義》一卷。釋惠能撰。

《新唐書・藝文志・釋氏》慧能《金剛般若經口訣正義》一卷。姓盧氏，曲江人。

鄭樵《通志・藝文略》《金剛經口訣正義》一卷。六祖慧能撰。

《宋史・藝文志・釋氏》惠能《金剛經口訣義》一卷。

金剛經報應記

錢東垣等輯《崇文總目・釋書》《金剛經報應記》三卷。錫鬯按：《通志畧》，盧永撰。《宋志》作盧求。

鄭樵《通志・藝文略》《金剛經報應記》三卷。唐西川安撫使盧永撰。

金剛經訣

錢東垣等輯《崇文總目・釋書》《金剛經訣》一卷。錫鬯按：《通志畧》，大白和尚撰。

鄭樵《通志・藝文略》《金剛經訣》一卷。唐太白和尚撰。

《宋史・藝文志・釋氏》《大白和尚金剛經訣》一卷。

六祖大師金剛經大義訣

錢東垣等輯《崇文總目・釋書》《六祖大師金剛經大義訣》二卷。

金剛般若經集注

《新唐書・藝文志・釋氏》《金剛般若經集注》三卷。

金剛般若經

《新唐書・藝文志・釋氏》玄範注《金剛般若經》一卷。

注金剛般若經

《新唐書・藝文志・釋氏》《注金剛般若經》一卷。

金剛般若經

《新唐書・藝文志・釋氏》玄宗注《金剛般若經》一卷。

龔顯曾《金藝文志補録・釋家》《金剛般若經註》。張珣。

御注金剛般若經疏宣演

《新唐書・藝文志・釋氏》道氤《御注金剛般若經疏宣演》三卷。

唐賢金剛贊

鄭樵《通志・藝文略》《唐賢金剛贊》一卷。

解金剛經贊頌

鄭樵《通志・藝文略》《解金剛經贊頌》一卷。梁傅大士與僧寶誌頌。

金剛經會解

晁公武《郡齋讀書志》《金剛經會解》一卷。袁本《前志》卷三下釋書類第三。右後秦僧鳩摩羅什譯。唐僧宗密、僧知恩、皇朝僧元仁、賈昌朝、王安石五家注。予弟公愬日誦三過。予靳之曰：「汝亦頗知其義乎？」對曰：「知之。其義明萬物皆空，故古人謂以空爲宗也。」予曰：「金剛者，堅固不壞之義也。萬物之空，何以謂之金剛？」復曰：「『六如偈』其言明甚，獨奈何？」因語之曰：「汝之過，正在以有爲法同無爲法，以真空同頑空耳。張湛曰：『身與萬物同有，其有不有；心與太虚同無，其無不無。』庶幾知此哉！」

六祖解金剛經

晁公武《郡齋讀書志》《六祖解金剛經》一卷。袁本《前志》、《後志》未收。右唐僧惠能注。《金剛經》凡六譯，其文大概既同，時小異耳，而世多行姚秦鳩摩羅什本。

禪宗金剛經解一卷。袁本《後志》卷二釋書類第十。右皇朝安保衡采摭禪宗自達磨而下發明是經者參釋之。序稱：其有言涉修證者，北宗法門也；舉心即佛者，江西法門也；無法無物者，本來如是者，曹溪法門也。

尤袤《遂初堂書目・釋家》《六祖金剛經解義》。

馬端臨《文獻通考・經籍考・釋氏》《六祖解金剛經》一卷。晁氏曰：唐僧惠能注。《金剛經》凡六譯，其文大概既同，時小異耳，而世多行姚秦鳩摩羅什本。

楊士奇等《文淵閣書目・寒字號・釋家》《六祖注解金剛經》。一部一册。

修己金剛經旨要

晁公武《**郡齋讀書志**》《修己金剛經旨要》一卷。袁本《前志》卷三下釋書類第二十八。右皇朝僧修己，住持峨眉山白水寺，道楷之法嗣也。

金剛經

尤袤《**遂初堂書目**》《金剛經》。

陳振孫《**直齋書録解題**》《金剛經》一卷。唐武敏之所書。在長安。

又《金剛經》一卷。唐鄔彤所書。在吴興墨妙亭。

楊士奇等《**文淵閣書目·寒字號·釋家**》《金剛經》。一部一册。

范邦甸等《**天一閣書目·釋家**》《金剛經》一卷。姚秦三藏法師鳩摩羅什譯。

石本金剛經

陳振孫《**直齋書録解題**》《石本金剛經》一卷。南唐保大五年壽春所刻。乾道中劉岑季高再刻於建昌軍。不分三十二分，相傳以爲最善。

顧櫰三《**補五代史藝文志·釋氏**》《石刻金剛經》一卷。蜀刻。

王荆公注金剛經

尤袤《**遂初堂書目·釋家**》《王荆公注金剛經》。

金剛般若經

陳振孫《**直齋書録解題**》《金剛般若經》一卷。姚秦三藏鳩摩羅什譯。

馬端臨《**文獻通考·經籍考·釋氏**》《金剛般若經》一卷。晁氏曰：後秦僧鳩摩羅什譯，唐僧宗密、僧知恩、皇朝思元仁、賈昌朝、王安石五家注。予弟公愬日誦三過，予靳之曰：「汝亦頗知其義乎？」對曰：「知之，其義明萬物皆空，故古人謂以空爲宗也。」予曰：「金剛者，堅固不壞之義也，萬物之空，何以謂之金剛？」復曰：「六如偈，其言明甚，獨柰何？」因語之曰：「汝之過正在以有爲法同無爲法，以真空同頑空耳。張湛曰：『身與萬物同有，其有不有，心與太虚同無，其無不無。』庶幾知此哉！」

文廷式《**補晋書藝文志·釋録**》《金剛般若經》一卷。

六譯金剛經

陳振孫《**直齋書録解題**》《六譯金剛經》一卷。此經前後六譯，各有異同，有弘農楊顒者集爲此本。太和中，中貴人楊永和集右軍書，案：《文獻通攷》作「承和」。刻之興唐寺。

馬端臨《**文獻通考·經籍考·釋氏**》《六譯金剛經》一卷。陳氏曰：此經前後六譯，各有異同。有弘農楊顒者，集爲此本。大和中，中貴人楊承和集右軍書，刻之興唐寺。

禪宗金剛經解

馬端臨《**文獻通考·經籍考·釋氏**》《禪宗金剛經解》一卷。晁氏曰：皇朝安保衡採摭禪宗自達磨而下發明是經者參釋之。序稱其有言涉修證者，北宗法門也；舉心即佛者，江西法門也；無法無物本來如是者，曹溪法門也。

六祖序：如來所説金剛般若波羅蜜，與法爲名，其意謂何？以金剛，世界之寶，其性猛利，能壞諸物。金雖至剛，羚羊角能壞。金剛喻佛性，羚羊角喻煩惱。金雖堅剛，羚羊角能碎；佛性雖堅，煩惱能亂；煩惱雖堅，般若智能破；羚羊雖堅，賓鐵能壞。悟此理者，了然見性。《涅槃經》云，見佛性者，不名衆生，如來所説金剛喻者，祇爲世人性無堅固，定慧即亡，口誦心行，定慧均等，是名究竟。金在山中，不知是寶，亦不知是山，何以故？爲無性故。人則有性。取其寶用，得遇金師，鏨鑿山破，取礦烹煉，遂成精金，隨意使用，得免貧苦。四大身中，佛性亦爾。身喻世界，人我喻山，煩惱爲礦，佛性喻金，智慧喻工匠，精進勇猛喻鏨鑿。身世界中有人我山，人我山中有煩惱礦，煩惱礦中有佛性寶，佛性寶中有智慧工匠。用智慧工匠鑿破人我山，見煩惱礦，以覺悟火烹煉，見自金剛佛性，了然明淨。是故以金剛爲喻，因以爲名也。

又曰：大藏教《般若經》合六百卷，四處共十六會，此《金剛經》是十六會中第九會，六百卷中第五百七十七卷。謂談般若有八部，謂《大品》、《小品》、《放光》、《光讚》、《道行》、《勝天王》、《文殊問》、《金剛》屬第八部中。自佛滅度後九百年間，西竺天穎菩薩師事無著，天親欲釋《金剛經》，乃問無著，無著遂入日光定。上兜率問慈氏，慈氏以八十行偈授無著。天視依此造論三卷，躡須菩提三種問答，斷二十七疑，釋此《金剛》一卷經文。

穎濱蘇氏曰：《金剛經》所謂一切賢聖皆以無爲法而有差別者，謂以無而爲法耳，非別有無爲之法也。然自六祖以來，皆讀作無爲之法，蓋僧家拙於文義耳。餘見《楞嚴》條下。

按：經文言以無爲法而有差別，又言一切有爲法，語意相對，故誤讀作無爲。然有即有爲，無則不必言爲矣。有爲法而視同夢幻、泡影、露電，則終歸於無而已。無與無爲是兩義。無爲者，清淨之謂也，老氏之説。無者，空寂之謂也，佛氏之説。

了翁陳氏曰：佛法之要，不在文字，而亦不離於文字。文字不必多讀，只《金剛經》一卷足矣。世之賢士大夫，無營於世而致力於此經者，昔嘗陋之，今知其亦不癡也。此經要處只九箇字，「阿耨多羅三藐三菩提。」梵語九字，華言一字，一「覺」字耳。《中庸》「誠」字即此字也。此經於一切有名、有相、有覺、有見，皆掃爲虚妄。佛非佛，法非法，衆生我相非我相之類。其所建立者，獨此九字。惟阿耨菩提則不曰非阿耨菩提，蓋世念盡空，則實體自見也。其字九，其物一。是「一以貫之」之「一」，非一二三四之「一」也。是「不誠無物」之物，非萬物散殊之物也。年過五十，宜即留意，勿復因循，此與日用事百不相妨，獨在心不忘耳。但日讀一遍，讀之千遍，其旨自明，蚤知則蚤得力。朱子曰：《金剛經》大意，只在須菩提問「云何住」、「云何降伏其心」兩句上。故説「不應住法生心，不應住色生心，應無所住而生其心」，此是答「云何住」。又説「若胎生、卵生、濕生、化生，我皆令入無餘涅槃而滅度之」，此是答「云何降伏其心」。彼所謂降伏者，非謂欲遏伏此心，謂盡降收世間衆生之心，入他無餘涅槃中滅度，都教爾無心了方是，只是一箇「無」字。自此以後，只管纏去，只是這兩句。如這卓子，則云若此卓子是名卓子，若見諸相非相，則見如來，離一切相，即名佛，皆是此意。要之只是説箇「無。」

金剛經解

楊士奇等《文淵閣書目・寒字號・釋家》 《金剛經解》。一部一册。

金剛經贊

《宋史・藝文志・釋氏》 傅大士、寶誌《金剛經贊》一卷。

金剛經大義訣

《宋史・藝文志・釋氏》 《金剛經大義訣》二卷。

金剛經口訣

《宋史・藝文志・釋氏》 撰《金剛經口訣》一卷。

唐六譯金剛經贊

《宋史・藝文志・釋氏》 《唐六譯金剛經贊》一卷。鄭覃等撰。

四注金剛經

《宋史・藝文志・釋氏》 僧應之《四注金剛經》一卷。

金剛經解

《宋史・藝文志・釋氏》 王日休《金剛經解》四十二卷。

新注心經金剛經

楊士奇等《文淵閣書目・寒字號・佛家》 《新注心經金剛經》。一部一册。

金剛經感應篇

楊士奇等《文淵閣書目・寒字號・釋家》 《金剛經感應篇》。一部一册。

金剛經注解

楊士奇等《文淵閣書目・寒字號》 《金剛經注解》。一部一册。

注解金剛經

王圻《續文獻通考・經籍考・釋家》 《注解金剛經》。僧無聰字汝水。至元初資福寺無碍請註，註時有紫雲覆寺，座下産靈芝。

金剛經註解

范邦甸等《天一閣書目・釋家》 《金剛經註解》一卷。藍絲闌鈔本。明釋宗泐釋，如玘奉詔同註。

黄虞稷《千頃堂書目・釋家》 《如玘金剛經注解》一卷，又《圓覺心經合注》一卷。

金剛經集解

楊士奇等《文淵閣書目・寒字號・釋家》 《金剛經集解》。一部一册。

金剛懺悔定

楊士奇等《文淵閣書目・寒字號》 《金剛懺悔定》。一部一册。

金剛經論

范邦甸等《天一閣書目・釋家》 《金剛經論》二卷。藍絲闌鈔本。無著菩薩造。隋南天竺三藏法師達靡岌多譯。《金剛經論》二卷。藍絲闌鈔本。天親菩薩造。元魏三藏法師菩提留支奉詔譯。

徐𤊹《徐氏家藏書目・子部・釋類》 《金剛經論》一卷。趙觀本刻。

註金剛般若經

王圻《續文獻通考經籍考・佛家》《註金剛般若經》。金張珣字仲仁。以律學進，尤善内典，自註此經。

金剛經真解

徐𤊹《徐氏家藏書目・子部・釋類》《金剛經真解》一卷。宗泐、如玘同注。

金剛經本旨

徐𤊹《徐氏家藏書目・子部・釋類》《金剛經本旨》一卷。沙門真愚。

金剛經林子統論

徐𤊹《徐氏家藏書目・子部・釋類》《金剛經林子統論》二卷。林兆恩。

金剛經六祖口訣解

徐𤊹《徐氏家藏書目・子部・釋類》《金剛經六祖口訣解》一卷。

古本金剛經正文

徐𤊹《徐氏家藏書目・子部・釋類》《古本金剛經正文》一卷。三教堂刊陳標序。

古音增註括頌金剛經

徐𤊹《徐氏家藏書目・子部・釋類》《古音增註括頌金剛經》一卷。

金剛別傳

徐𤊹《徐氏家藏書目・子部・釋類》《金剛別傳》一卷。袁中道。

心經注

《明史・藝文志・釋家》宗泐《心經注》一卷，《金剛經注》一卷。

集注金剛經

《明史・藝文志・釋家》太祖《集注金剛經》一卷。成祖製序。

黃虞稷《千頃堂書目・釋家》太祖《集注金剛經》一卷。成祖御製序。

金剛經解義

《明史・藝文志・釋家》洪恩《金剛經解義》一卷，《心經説》一卷。

仁王般若經

智昇《開元釋教録》《仁王般若經》一卷。或二卷，三十一紙。西晉三藏竺法護譯。第一譯。

《仁王般若經》一卷。梁天竺三藏真諦譯。第三譯。《開元釋教録》第十四卷，第二張，階。右前後三譯，一本在藏，二本闕。

摩訶般若隨心經

智昇《開元釋教録》《摩訶般若隨心經》一卷。大唐天后代于闐三藏實義難陁譯。《新編》入録。從《吴品經》下十部二十七卷，般若部中闕本。

大般若第二會經

智昇《開元釋教録》《大般若第二會經》七十八卷。時俗題《新譯大品放光般若》。新編上。《大般若第二會經》七十八卷。時俗題云《新譯大品放光般若》。

大般若第四會經

智昇《開元釋教録》《大般若第四會經》一十八卷。時俗題云《新譯道行小品般若》新編上。

《大般若第四會經》一十八卷。時俗題云《新譯道行小品般若》。右二經，時俗共傳。云是三藏義浄所譯。别改題目抄寫。

最勝天王般若經

智昇《開元釋教録》《最勝天王般若經》八卷。亦云《新譯勝天王般若》，是《大般若》第六會。新編上。

曼殊般若經

智昇《開元釋教録》《曼殊般若經》二卷。亦云《新譯文殊般若》是《大般若》第七會。新編上。

理趣般若經

智昇《開元釋教録》《理趣般若經》一卷。是《大般若》第十會。新編上。

般若經品頌偈

《新唐書・藝文志・釋氏》 楚南《般若經品頌偈》一卷。

般若經品頌偈

鄭樵《通志・藝文略》《般若經品頌偈》一卷。釋楚南撰。

般若精義

趙希弁《讀書附志》《般若精義》四卷。右《金剛般若波羅蜜經》解義也。

般若波羅蜜多那經

智昇《開元釋教録》《般若波羅蜜多那經》一卷。大唐天后代天竺三藏菩提流志譯。新編入録，第三譯。右與《大明呪經》等同本，前後三譯。兩本在藏，一本闕。

摩訶般若波羅蜜咒經

智昇《開元釋教録》《摩訶般若波羅蜜咒經》一卷。或无摩訶字。吴月支優婆塞支謙譯。

般若波羅蜜神咒

智昇《開元釋教録》《般若波羅蜜神咒經》一卷。《大智度无極》下四經，隋衆經録云並出，大品。

摩訶般若波羅蜜道行經

智昇《開元釋教録》《摩訶般若波羅蜜道行經》二卷。亦《直云道行經》。新編上。右一經，長房等録並云西晉惠帝代優婆塞衛士度略出。從舊《道行》中删改，亦是小品及放光等要别名耳。撰録者日既從大經略出，即類别生編。正經中恐將乖設，故附斯録。

文廷式《補晉書藝文志・釋録》《摩訶般若波羅蜜道行經》二卷。《出三藏集記》云：晉惠帝時衛士度略出。《高僧傳》云，士度，司州汲郡人。

注般若波羅密多心經

錢東垣等輯《崇文總目・釋書》《注般若波羅密多心經》一卷。釋懷深撰。

般若波羅密多心經疏

錢東垣等輯《崇文總目・釋書》《般若波羅密多心經疏》一卷。

金剛般若波羅密經贊誦

錢東垣等輯《崇文總目・釋書》《金剛般若波羅密經讚誦》一卷。

金剛般若波羅蜜經

《宋史・藝文志・釋氏》 鳩摩羅什譯《金剛般若波羅蜜經》一卷。

波般若波羅蜜多心經

《宋史・藝文志・釋氏》 玄奘譯《波般若波羅蜜多心經》一卷。

般若波羅密多心經

《宋史・藝文志・釋氏》 僧懷深注《般若波羅密多心經》一卷。

道行般若波羅密經

姚振宗《後漢藝文志・佛經》 《道行般若波羅密經》十卷。題云《摩訶般若波羅密道行經》，亦云《般若道行品經》或八卷。初出與《明度小品》及《大般若第四會》同本。光和二年七月八日出，見敏祐二録。《別録》云後漢月支三藏支婁迦讖譯。

一切智光明仙人慈心因緣不食肉經

智昇《開元釋教録》 《一切智光明仙人慈心因緣不食肉經》一卷。失譯。今附《素録》。

三厨經

智昇《開元釋教録》 《三厨經》一卷。右一經，新舊諸録並未曾載。然尋文理亦涉人謀。依而行之，獲驗非一。復須詳審且附疑科。

三品弟子經

智昇《開元釋教録》 《三品弟子經》一卷。亦云弟子學有《三輩經》。《開元釋教康》卷第十二，第三十八張，陞。吴月支優婆塞支謙譯。

三曼陀颰陀羅菩薩經

智昇《開元釋教録》 《三曼陁颰陁羅菩薩經》一卷。西晉清信士聶道真譯。單本。

三千佛名經

楊士奇等《文淵閣書目・寒字號・佛書》 《三千佛名經》。一部三册。

姚振宗《後漢藝文志・佛經》 《三千佛名經》一卷。

三品修行經

文廷式《補晉書藝文志・釋録》 《三品修行經》一卷。

三轉月明經

文廷式《補晉書藝文志・釋録》 《三轉月明經》一卷。

三品悔過經

文廷式《補晉書藝文志・釋録》 《三品悔過經》一卷。太始三年譯。

三十七品經

文廷式《補晉書藝文志・釋録》 《三十七品經》一卷。太元二十年譯。

四輩經

智昇《開元釋教録》《四輩經》一卷。或云《四輩弟子經》，亦云《四輩學經》。西晉三藏竺法護譯。出《法上録》。

四十二章經

晁公武《郡齋讀書志》《四十二章經》一卷。袁本前志、後志未收。右天竺釋迦牟尼佛所説也。「釋迦」者，華言「能仁」。以周昭王二十四年甲寅四月八日生。十九學道，三十學成，處世演道者四十九年而終，蓋年七十九也。没後，弟子大迦葉與阿難纂掇其平生之言成書。自漢以上，中國未傳，或云雖傳而泯絶於秦火。張騫使西域，已聞有浮屠之教，及明帝感傅毅之對，遣蔡愔、秦景使天竺求之，得此經以歸。中國之有佛書自此始，故其文不類他經云。佛書自愔、景以來至梁武帝華林之集，入中國者五千四百卷。曰經、曰論、曰律，謂之「三藏」，傳於世盛矣。其徒又或摘出別行，爲之注釋、疏鈔，至不可選紀，而通謂之律學。厥後達磨西來，以三藏皆筌蹄，不得佛意，故直指人心，俾之見性，衆尊之爲祖，學之者布於天下。雖曰不假文字，而弟子録其善言，往往成書，由是禪學興焉。觀今世佛書，三藏之外，凡講説之類，律學也；凡問答之類，禪學也。藏經猥衆，且所至有之，不録，今取其餘者列於篇。此經雖在《藏》中，然以其見於《經籍志》，故特取焉。

陳振孫《直齋書録解題》《四十二章經》一卷。後漢竺法蘭譯。佛書到中國，此其首也，所謂「經來白馬寺者」。其後千經萬論，一大藏教乘，要不出於此。中國之士，往往取老、莊之遺説以附益之者多矣。

馬端臨《文獻通考・經籍考・釋氏》《四十二章經》一卷。晁氏曰：天竺釋迦牟尼佛所説也。釋迦者，華言能仁，以周昭王二十四年甲寅四月八日生。十九學道，三十學成，處世演道者四十九年而終，蓋年七十九也。没後，弟子大迦葉與阿難纂掇其平生之言成書。自漢以上，中國未傳。或云雖傳而泯絶於秦火，張騫使西域，已聞有浮屠之教，及明帝感傅毅之對，遣蔡愔、秦景使天竺求之，得此經以歸，中國之有佛書自此始，故其文不類他經云。佛書自愔、景以來，至梁武帝華林之集，入中國者五千四百卷，曰經，曰論，曰律，謂之三藏，傳於世盛矣。其徒又或摘出別行，爲之註釋疏抄，至不可選紀，而通謂之律學。厥後達磨西來，以三藏皆筌蹄不得佛意，故直指人心，俾之見性，衆尊之爲祖，學之者布於天下。雖曰不假文字，而弟子録其善言，往往成書，由是禪學興焉。觀今世佛書，三藏之外，凡講説之類，律學也；凡問答之類，禪學也。藏經猥衆，且所至有之，不録，今取其餘者列於篇。此經雖在藏中，然其見於《經籍志》，故特取焉。

陳氏曰：後漢竺法蘭譯。佛書到中國，此其首也，所謂經來白馬寺者，其後千經萬論，一大藏教乘，要不出於此。

水心葉氏曰：按《四十二章經》，質略淺俗，是時天竺未測漢事，採摘大意，頗用華言以復命，非浮屠氏本書也。夫西戎僻阻，無有禮義忠信之教，彼浮屠者直以人身喜怒哀樂之間，披折解剥，別其真妄，究其終始，爲聖狂賢不肖之分，蓋世外奇偉廣博之論也。與中國之學，皎然殊異，豈可同哉！世之儒者，不知其淺深，猥欲强爲攘斥，然反以中國之學佐佑異端，而曰吾能自信不惑者，其於道鮮矣。

《朱子語録》曰：釋氏書，其初只有《四十二章經》，所言甚鄙俚。後來日添月益，皆是中華文士相助撰集。如晉、宋間自立講師，孰爲釋迦，孰爲阿難，孰爲迦葉，各自問難，筆之於書，轉相欺誑，大抵皆是剽竊老、列意思，變換以文其説。《四十二章經》之説，却自平實，如言彈琴弦急則絶，慢則不響，不急不慢乃是，大抵是偷老、莊之意。後來達磨出來，一切掃盡。至《楞嚴經》，做得極好。

楊士奇等《文淵閣書目・寒字號・釋家》《四十二章經》。一部一册。

姚振宗《後漢藝文志・佛經》《四十二章經》一卷。永平十年丁卯于白馬寺與法蘭共譯初出。舊録云，孝明皇帝《四十二章經》，其本見在。第乙譯。《別録》云，後漢天竺沙門迦葉摩騰共竺法蘭譯。凡此所注皆《開元釋教録》，下並同。梁會稽嘉祥寺沙門慧皎《高僧傳》：攝摩騰，本中天竺人。善風儀解大小乘經，常游化爲任。漢永平中至雒邑，明帝甚加賞接。于城西門外立精舍以處之。漢地有沙門之始也。後卒于雒陽。有記云騰譯《四十二章經》一卷，初緘在蘭臺石室第十四間中。騰所住處，今雒陽城西雍門外白馬寺是也。唐西京崇福寺沙門智昇《開元釋教録》：沙門迦葉摩騰，或云竺葉摩騰，亦云攝摩騰，印度人。幼而聰敏，博學多聞。思力精拔，特明經律。明帝以永平七年夢見金人，身長丈六，項佩日輪。光明赫奕，飛在殿前。明旦博問羣臣，通人傅毅進曰：「臣聞西域有得道者，號之曰佛。陛下所夢得毋是乎。」帝以爲然。詔遣郎中蔡愔、郎將秦景、博士弟子王遵等一十八人，往天竺尋訪佛法。于大月支國與摩騰相遇，遂與同來。明帝甚加賞接，所將佛經及畫像，馱以白馬。因起伽藍名白馬寺，出《四十二章經》。初緘蘭臺石室第十四間內，即是漢地經法之祖也。舊録云，此經本是外國經鈔，元出大部。撮要引俗似《孝經》。騰以大化初傳，人未深信，藴其妙解，不即多翻，且撮經要以導時俗。騰後於于洛陽。《隋書·經籍志》曰：推尋典籍，自漢以上中國未傳。或云久以流布，遭秦之世所以堙滅。其後張騫使西域，蓋聞有浮屠之教。哀帝時博士弟子秦景使，伊存口授浮屠經。中土聞之，未之信也。後漢明帝遣郎中蔡愔及秦景使天竺，得佛經《四十二章》，又曰其經緘于蘭臺石室。按慧皎《高僧傳》云，《四十二章經》可二千餘言也。漢地諸經惟此爲始。《牟子理惑論》云，于是遣羽林將軍秦景等十二人之大月氏國，寫取佛經《四十二部》，在蘭臺石室。袁宏《後漢紀》云，有經書數千卷。《法苑珠林·感應録》引漢明帝《内記》云，鈔聖教六十萬五千言。以白馬馱還。是其來也，實有四十二部。此《四十二章》者，摩騰等以華言述其大要耳。亦見《文獻通考》，今亦有刊入叢書者。

四意止經

姚振宗《後漢藝文志·佛經》《四意止經》一卷。舊録云《四意止》本《行法經》。録云出《中阿含》。

四部本文經

姚振宗《後漢藝文志·佛經》《四部本文經》一卷。安公云上二經出《長阿含》。一本云出《阿毘曇》。

御註四十二章經

趙希弁《讀書附志》《御註四十二章經》一卷。右御注未詳歲月。希弁嘗聞朱文公云：「釋氏只《四十二章經》是他古書，其餘皆中國文士潤色成之。《維摩經》亦是南北時人作。」

四諦經

姚振宗《後漢藝文志·佛經》《四諦經》一卷。出《中阿含》第七卷。異譯見《僧祐録》。安公云出《長阿含》者，或誤也。

四諦經

姚振宗《後漢藝文志·佛經》《四諦經》一卷。興平元年出。第二譯出《中阿含》第七卷。異譯與世高出者小異，見竺道祖《漢録》。

四不可得經

姚振宗《後漢藝文志·佛經》《四不可得經》一卷。初出或無「可」字，見《長房録》。

五百問事經

智昇《開元釋教録》《根本説一切有部》。《毗奈耶頌》五卷。尊者毗含佉造。

大唐三藏義浄譯。新編入録，單本。《根本説一切有部》《毗奈耶雜事攝頌》一卷。大唐三藏義浄譯。新編入録，單本。《根本説一切有部》《毗奈耶尼陁那目得迦攝頌》一卷。大唐三藏義浄譯。新編入録，單本。《五百問事經》一卷。失譯。今附《東晉録》、《拾遺》編入。上九經十四卷，同帙。

五百梵志經

智昇《開元釋教録》《五百梵志經》一卷。亦名《五百婆羅門問有无經》。經云，人身，從五穀生。右《毗羅三昧經》下，八部九卷。古舊録中皆編僞妄。大周刊定附入正經。尋閲宗徒，理多乖舛。論量義句，頗涉凡情。且附疑科，難從正録。或云貶量聖教，罪有所歸。佛有誠言，此非責難經云。於我所説，若生疑者，尚不應受。況如是等准。斯道理須簡，是非仍俟諸賢共詳真僞。上之八經，舊録編僞。今此僞録之，次亦存而不削。舊録僞經，《周録》刊爲正者，更有數部。余未見本，故此不論。

五十五法誡經

姚振宗《後漢藝文志・佛經》《五十五法誡經》一卷。或云《五十五法行》。

五陰譬喻經

姚振宗《後漢藝文志・佛經》《五陰譬喻經》一卷。或無「譬」字。一名《水沫所漂經》出，《雜阿含》第十卷。異譯。見士行，僧祐二録。

五法經

姚振宗《後漢藝文志・佛經》《五法經》一卷。見《僧祐録》。《別録》云小乘經，單譯，闕本。

五行經

姚振宗《後漢藝文志・佛經》《五行經》一卷。見《長房録》。《別録》云小乘經，單譯，闕本。

五門禪要用法經

姚振宗《後漢藝文志・佛經》《五門禪要用法經》一卷。初出見《長房録》。《別録》云第一譯。

五龍咒毒經

姚振宗《後漢藝文志・佛經》《五龍咒毒經》一卷。

五十緣身行經

文廷式《補晉書藝文志・釋録》《五十緣身行經》一卷。

五百弟子本起經

文廷式《補晉書藝文志・釋録》《五百弟子本起經》一卷。太安二年譯。

五福施經

文廷式《補晉書藝文志・釋録》《五福施經》一卷。

六祖解心經

晁公武《郡齋讀書志》《六祖解心經》一卷。袁本《前志》卷三下釋書類第二十二。右唐僧慧能解。慧能，其徒尊之爲六祖。

馬端臨《文獻通考・經籍考・釋氏》《六祖解心經》一卷。晁氏曰：唐僧慧能解。慧能，其徒尊之以爲六祖。

文廷式《補晉書藝文志・釋録》《六十二見經》一卷。

七處三觀經

姚振宗《後漢藝文志・佛經》《七處三觀經》一卷。出《雜阿含中》。或二卷元嘉元年出，見士行、僧祐二録。

七法經

姚振宗《後漢藝文志・佛經》《七法經》一卷。舊録云《阿毘曇七法行經》，或直云《七法行經》，見《僧祐録》。房云出《長阿含》。

八大人覺經

智昇《開元釋教録》《八大人覺經》一卷。後漢安息三藏安世高譯。出《寶唱録》。

姚振宗《後漢藝文志・佛經》《八大人覺經》一卷。見《寶唱録》。

九横經

姚振宗《後漢藝文志・佛經》《九横經》一卷。或云出《雜阿含》，檢，無。見《長房録》。

十吉祥經

智昇《開元釋教録》《十吉祥經》一卷。失譯。今附《秦録》。

十二頭陀經

智昇《開元釋教録》《十二頭陀經》一卷。一名《沙門頭陁經》。宋天竺三藏求那跋陁羅譯。

十善業道經

智昇《開元釋教録》《十善業道經》一卷。大唐天后代于闐三藏實叉難陁譯。新編入録，單本。上十四經十四卷，同帙。謹按：舊《録大乘》律中有《寶梁經》、《迦葉經》，今爲編入《寶積會》中。故不重出。其《大方廣三戒經》與《寶積三律儀會》同本，《決定毗尼經》與《寶積優波離會》同本，今並編入《寶積部》中。故此不載。

十號經

楊士奇等《文淵閣書目・寒字號・佛書》《十號經》。一部一册。

十一因緣章經

姚振宗《後漢藝文志・佛經》《十一因緣章經》一卷。《舊録》云《十一因緣經》，黄云《十二》。

十二賢者經

姚振宗《後漢藝文志・佛經》《十二賢者經》一卷。

十地斷結經

姚振宗《後漢藝文志・佛經》《十地斷結經》八卷。或四卷。亦云《十住》初出與竺佛念《十住斷結經》同本。永平十三年出，見朱士行《漢録》及《高僧傳》、《長房録》等。《别録》云，後漢天竺三藏竺法蘭于白馬寺譯。第一譯地之與住其義大同。

十支居士入城人經

姚振宗《後漢藝文志・佛經》《十支居士入城人經》一卷。出《中阿含經》第六十卷。異譯見《長房録》。《别録》云，亦云《十支經》。

十八泥犂經

姚振宗《後漢藝文志・佛經》《十八泥犂經》一卷。或云《十八地獄經》，見長房録。

十二因緣經

姚振宗《後漢藝文志・佛經》《十二因緣經》一卷。初出亦云《聞城十二因緣經》，見《僧祐録》。《别録》云第一譯。

文廷式《補晉書藝文志・釋録》《十二因緣經》一卷。

十四意經

姚振宗《後漢藝文志・佛經》《十四意經》一卷。《舊録》云《菩薩十四意經》，見《僧祐録》。

十地經

文廷式《補晉書藝文志・釋録》《十地經》一卷。太安二年譯。

文廷式《補晉書藝文志・釋家補》《十地經》一卷。

十方佛名經

文廷式《補晉書藝文志・釋録》《十方佛名經》一卷。

十等藏經

文廷式《補晉書藝文志·釋録》《十等藏經》一卷。永興二年譯。

十二遊經

文廷式《補晉書藝文志·釋録》《十二遊經》一卷。與彊梁譯者小異。《三寶記》：孝武帝世，外國沙門迦留陀伽晉言。時永太元十七年譯。見《晉世雜録》及《寶唱録》。

文廷式《補晉書藝文志·釋家補》《十二遊經》一卷。《歷代三寶記》卷六云：武帝世，外國沙門彊梁婁至晉言真喜。太始二年於廣州譯。見《始興》及《寶唱録》。按晉世譯經甚多，兹獨據《出三藏集記》者，以梁世去晉最近，所言當可從也。其《歷代三寶記》、《開元釋教録》等書所補，目録間採一二，不及備列。

十住斷結經

文廷式《補晉書藝文志·釋録》《十住斷結經》十一卷。

大沙門百一羯磨法

智昇《開元釋教録》《大沙門百一羯磨法》一卷。出《十誦律》。《僧祐録》中失譯經。今附《宋録》。

十誦羯磨比丘要用

智昇《開元釋教録》《十誦羯磨比丘要用》一卷。出《十誦律》。或二卷。宋沙門釋僧璩於楊都中興寺依律撰出。

五分羯磨

智昇《開元釋教録》《五分羯磨》一卷。題云：彌沙塞羯磨本。大唐大開葉寺沙門釋愛同集。新編八録。

四分雜羯磨

智昇《開元釋教録》《四分雜羯磨》一卷。題云：曇無德律部雜羯磨，以結戒場爲首。曹魏天竺三藏康僧鎧譯。拾遺編入。

曇無德羯磨

智昇《開元釋教録》《曇無德羯磨》一卷。以結大界爲首，或二卷。曹魏安息沙門曇諦譯。

四分比丘尼羯磨法

智昇《開元釋教録》《四分比丘尼羯磨法》一卷。祐云曇無德羯磨，或云雜羯磨。宋罽賓三藏永那跋摩譯。上七經七卷，同帙。

四分律删補隨機羯磨

智昇《開元釋教録》《四分律删補隨機羯磨》一卷。大唐崇義寺沙門釋道宣集。新編入録。

四分僧羯磨

智昇《開元釋教録》《四分僧羯磨》三卷。題云：羯磨卷上。出四分律。大唐西太原寺沙門釋懷素依律集出。新編入録。

四分尼羯磨

智昇《開元釋教録》《四分尼羯磨》三卷。題云尼羯磨卷上，出四分律。大唐西太原寺沙門釋懷素依律集出。新編入録。上三經七卷，同帙。上六本羯磨並出四分。然文有廣略，先後異耳。

注羯磨

《新唐書藝文志・釋氏》《注羯磨》二卷。

鄭樵《通志・藝文略》《注羯磨》二卷。又《疏》三卷。僧法礪撰。又《疏記》四卷。

尼衆竭磨

《新唐書・藝文志・釋氏》《尼衆竭磨》二卷。

鄭樵《通志・藝文略》《尼衆羯磨》二卷。

楞嚴經

錢東垣等輯《崇文總目・釋書》《楞嚴經》十卷。釋般剌密帝譯。

尤袤《遂初堂書目・釋家》《楞嚴經》。

《宋史・藝文志・釋氏》般剌密諦譯《楞嚴經》十卷。

楊士奇等《文淵閣書目・寒字號・佛書》《楞嚴經》。一部十二册。

文廷式《補晉書藝文志・釋録》《合首楞嚴經》八卷。合支讖支謙、竺法護、竺叔蘭出《首楞嚴》四本合爲一部，或爲五卷。《出三藏集記》云：「右二部，凡十三卷。晉惠帝時支敏「敏」亦當作「愍」度所集。」其合首楞嚴傳云亦愍度所集。既闕注目，未詳信否。三寶記云：「合兩支兩竺三白五本爲一部，見《支敏度録》。」

又《新首楞嚴經》二卷。

首楞嚴經疏

錢東垣等輯《崇文總目・釋書》《首楞嚴經疏》六卷。釋惟慤撰。原釋以下闕。見天一閣鈔本。

楞嚴經疏

晁公武《郡齋讀書志》《楞嚴經疏》二十卷。袁本《前志》卷三下釋書類第六。右唐神龍二年，天竺國僧彼岸於廣州譯，房融筆授，皇朝僧子璿撰疏，王隨爲之序。

尤袤《遂初堂書目・釋家》《楞嚴經疏》。

馬端臨《文獻通考・經籍考・釋氏》《楞嚴經疏》二十卷。晁氏曰：唐神龍二年，中天竺國僧彼岸於廣州譯，房融筆授，皇朝僧子璿撰。

楞嚴標旨

晁公武《郡齋讀書志》《楞嚴標旨》十卷。袁本《前志》卷三下釋書類第八。右皇朝僧曉月撰。其弟子應乾録，范峋爲之序。《圓覺經》云：「修多羅教，如標指月。」其名書之意，蓋取此。

馬端臨《文獻通考・經籍考・釋氏》《楞嚴標指》十卷。晁氏曰：皇朝僧曉月撰，其弟子應乾録，范峋爲之序。《圓覺經》云：「修多羅教，如標指月。」其名書之意，蓋取此。

會解楞嚴經

晁公武《郡齋讀書志》《會解楞嚴經》十卷。袁本《前志》卷三下釋書類第二十七。右唐僧彌伽釋迦譯語，房融筆授。皇朝井度集古今十二家解，去取之，成書。予嘗爲之序。

馬端臨《文獻通考・經籍考・釋氏》《會解楞嚴經》十卷。晁氏曰：唐僧彌伽釋迦譯語，房融筆授。皇朝井度集古今十二家解，去取之成書，予嘗爲之序。潁濱蘇氏曰：《楞嚴經》，如來諸大弟子多從六根入至，返流全一，六用不行，混入性海，雖凡夫可以直造佛地矣。又曰：予讀《楞嚴》，知六根源出於一，外緣六塵，流而爲六，隨物淪逝，不能自返。如來憐愍衆生，爲設方便，使知出門即是歸路，故於此經指涅槃門，初無隱蔽。若衆生能洗心行法，使塵不相緣，根無所偶，返流全一，六用不行，晝夜中，中流入與如來法流水接，則自其內身便可成佛。如來猶恐衆生於六根中未知所從，乃使二十五弟子各説所證。而觀世音以聞、思、修爲圓通第一，其言曰：「初於聞中入流無所，所入既寂，動静二相了然不生，如是漸增。聞所聞盡，盡聞不住；覺所覺空，空覺極圓；空所空滅，生滅既滅，寂滅見前。」若能如是，圓拔一根，則諸根皆脱。於一彈指頃，遍歷三空，即與諸佛無異矣。既又讀《金剛經》説四果人，須陀洹名爲入流而無所入，不入色、聲、香、味、觸、法，是名須陀洹。乃廢經而嘆曰：須陀洹所證，則觀世音所謂「初於聞中入流無所」者邪？入流非有法也，唯不入六塵，安然常住，斯入流矣。至於斯陀含名一往來而實無往來，阿那含名爲不來而實無來，蓋往則入塵，來則返本。斯陀含雖能來矣，而未能無往，阿那含非徒不往，而亦無來。至阿羅漢則往來意盡，無法可得。然則所謂四果者，其實一法也。但歷三空有淺深之異耳！予觀二經之言，本若符契，而世或不喻，故明言之。

《朱子語録》曰：《楞嚴經》只是强立一箇意義，只管叠將去，數節之後，全無意味。《楞嚴》前後只是説呪，中間皆是增入，蓋中國好佛者覺其陋而加之耳。又譯經而不譯呪，想其徒見呪本淺近，故特地不譯。因説程子「耳無聞，目無見」之語，答曰：「决無此理。」遂舉釋教中有「塵既不緣，根無所著，反流全一，六用不行」之説，蘇子由以爲此理至深至妙，蓋他意謂六根既不與六塵相緣，則收拾六根之用，反復歸於本體，而使之不行。顧烏有此理！廣因舉程子之説：「譬如静坐時，忽有人喚自家，只得應他，不成不應。」曰：「彼説出《楞嚴經》，此經，唐房融訓譯，故説得如此巧。佛書中唯此經最巧，然佛當初也，不如是説。如《四十二章經》，最先傳來中國底文字，然其説却平實。」

楞嚴經會解

楊士奇等《文淵閣書目・寒字號・佛書》《楞嚴經會解》。一部二册。

徐𤊹《徐氏家藏書目・子部・釋類》《楞嚴經會解》十卷。沙門惟則。

釋道開《藏逸經書》《楞嚴會解》元天如則師所述。今南北講席宗之，世多流行本。

錢大昕《補元史藝文志・釋道類》《惟則楞嚴經會解》十卷。

楞嚴經解

趙希弁《讀書附志》《楞嚴經解》十卷。右王荆公安石所解也。

黄虞稷《千頃堂書目・釋家》《方允文楞嚴經解》十二卷。字希文，淳安人。

龔顯曾《金藝文志補録・釋家》《楞嚴經解》，李純甫一作《楞嚴外解》。《金剛經解》。李純甫耶律楚材有屏山居士《金剛經别解序》。一作《金剛經别解》。

萬行首楞嚴經

陳振孫《直齋書録解題》《萬行首楞嚴經》十卷。唐天竺般剌密諦、烏長國彌迦釋迦譯語，宰相房融筆受。所謂譯經潤文者也。

《宋史・藝文志・釋氏》般剌密帝彌伽釋迦譯《首楞嚴經》十卷。

姚振宗《後漢藝文志・佛經》《首楞嚴經》二卷。中平三年二月八日出第一譯。又云三卷，見朱士行《漢録》及《僧祐録》、《吴録》。

文廷式《補晉書藝文志・釋録》《首楞嚴經》二卷。

又《首楞嚴經》三卷。《出三藏集記》云：「右二部五卷。晉惠帝時竺叔蘭以元康元年譯出。」《高僧傳》卷四云：「河南居士竺叔蘭，本天竺人。父世避難居於河南。」

楞嚴經標指要義

《宋史・藝文志・釋氏》僧應乾《楞嚴經標指要義》二卷。

楞嚴經注解

楊士奇等《文淵閣書目・寒字號・佛書》《楞嚴經注解》。一部一册。

楞嚴經廣注

楊士奇等《文淵閣書目・寒字號・佛書》《楞嚴經廣注》。一部五册。

釋道開《藏逸經書》《楞嚴廣註》。浄行所述。今秀水楞嚴寺有舊本。

楞嚴經圖

楊士奇等《文淵閣書目・寒字號》《楞嚴經圖》。一部一册。

楞嚴要解

楊士奇等《文淵閣書目・寒字號》《楞嚴要解》。一部一册。

釋道開《藏逸經書》《楞嚴要解》，温陵環師撰。今南北有板流行。

大佛頂首楞嚴經

范邦甸等《天一閣書目・釋家》《大佛頂首楞嚴經》十卷。天竺沙門般剌密帝譯。烏長國沙門彌伽釋迦譯語《菩薩戒》，弟子前正議大夫同中書門下平章事清河房融筆授。

首楞嚴經元覽

范邦甸等《天一閣書目・釋家》《首楞嚴經元覽》一卷。四明沙門柏庭善月述。

首楞嚴經今解

范邦甸等《天一閣書目・釋家》《首楞嚴經會解》十卷。師子林沙門惟則會解。

楞嚴經纂要註

王圻《續文獻通考・經籍考・釋家》《楞嚴經纂要註》十卷。《金剛方語集解》、《華嚴心鏡》二卷、《玄談輔翼》八卷、《外集》三卷，妙觀和尚著。諱定，字如觀。

楞嚴白文

徐𤊹《徐氏家藏書目・子部・釋類》《楞嚴白文》十卷。

楞嚴經要解

徐𤊹《徐氏家藏書目・子部・釋類》《楞嚴經要解》十卷。徽州刻本、汪道昆纂注。

大佛頂首楞嚴經咒

徐𤊹《徐氏家藏書目・子部・釋類》《大佛頂首楞嚴經咒》三卷。

楞嚴經元覽

徐𤊹《徐氏家藏書目・子部・釋類》《楞嚴經元覽》一卷。四明善月。

楞嚴經義疏

徐𤊹《徐氏家藏書目・子部・釋類》《楞嚴經義疏》二十卷。子璿集。

楞嚴正脈

《明史・藝文志・釋家》交光法師《楞嚴正脈》十卷。

楞嚴纂注

《明史・藝文志・釋家》汪道昆《楞嚴纂注》十卷。

錢大昕《補元史藝文志・釋道類》《楞嚴擲丸》一卷。

楞嚴外解

錢大昕《補元史藝文志・釋道類》李純甫《楞嚴外解》。

釋華嚴游復偈

錢東垣等輯《崇文總目・釋書》《釋華嚴游復偈》一卷。釋惟勁撰。錫鬯按《通志畧》、《宋志》「游復」並作「漩澓」。

華嚴法界觀門

錢東垣等輯《崇文總目·釋書》《華嚴法界觀門》一卷。釋法順撰。

華嚴十地維摩纘義章

《新唐書·藝文志·釋氏》慧覺《華嚴十地維摩纘義章》十三卷。姓范氏，武德人。

鄭樵《通志·藝文略》《華嚴十地維摩贊義章》十二卷。釋慧覺撰。

華嚴疏

《新唐書·藝文志·釋氏》智正《華嚴疏》十卷。姓白氏，安喜人，貞觀中。

鄭樵《通志·藝文略》《華嚴疏》十卷。釋智正撰。

略華嚴長者論

《新唐書·藝文志·釋氏》《略華嚴長者論》一卷。

鄭樵《通志·藝文略》《略華嚴長者論》一卷。唐僧光仁撰。

華嚴法界觀門

鄭樵《通志·藝文略》《華嚴法界觀門》一卷。僧法順撰。

《宋史·藝文志·釋氏》《華嚴法界觀門》一卷。僧法順集，僧宗密注。

釋華嚴漩澓偈

鄭樵《通志·藝文略》《釋華嚴漩》、《澓偈》一卷。梁僧惟勁撰。

華嚴經合論

晁公武《郡齋讀書志》《華嚴經合論》一百二十卷。右按《纂靈記》云，《華嚴》大經，龍宮有三本：佛滅度後六百年，有龍樹菩薩入龍宮，誦下本十萬偈，四十八品，流傳天竺。晉有沙門支法領得下本，分三萬六千偈，至此土，義熙十四年，譯成六十卷。唐證聖元年，于闐沙門喜學再譯舊文，兼補諸闕，通舊總四萬五千頌，成八十卷，三十九品。《合論》者，唐李通玄所撰。通玄，太原人，宗室子也。當武后時，隱居不仕。舊學佛者皆曰佛説此經時，居七處九會，獨通玄以爲十處十會云。

馬端臨《文獻通考·經籍考·釋氏》《華嚴合論》一百二十卷。晁氏曰：按《纂靈記》云，《華嚴大經》，龍宮有三本。佛滅度後六百年，有龍樹菩薩入龍宮，誦下本十萬偈、四十八品，流傳天竺。晉有沙門支法，領得下本，分三萬六千偈，至此土。義熙十四年，譯成六十卷。唐證聖元年，于闐沙門喜學再譯舊文，兼補諸闕，通舊總四萬五千頌，成八十卷，三十九品。《合論》者，唐李通玄所撰。通玄，太原人，宗室子也。當武后時，隱居不仕。舊學佛者，皆曰佛説此經時居七處九會，獨通玄以爲十處十會云。《朱子語録》曰：佛書中説六根、六塵、六識、四大、十二緣生之類，皆極精巧，故前輩學佛者，必謂此孔子所不及。今學者且須截斷，必欲窮究其説，恐不能得身已出來。他底後點者出，却言實際理地，不染一塵，萬事門中，不舍一法。

《宋史·藝文志·釋氏》李通玄《華嚴合論》一卷。

釋道開《藏逸經書》《華嚴合論》，唐太宗李長者造。《大論》一百二十卷，後某釐入經，改名《合論》。北京本真座主，嘉興東塔寺思修禪人，南京聚寶門内西小衚衕機房伍宅，俱有宋元板善本。伍宅本乃北京報國寺僧所遺者。今秀水東禪寺刊板流行。

華嚴經清涼疏

晁公武《郡齋讀書志》 《華嚴經清涼疏》一百五十卷。袁本《後志》卷二釋書類第二。右唐僧澄觀撰。澄觀居清涼山，號清涼國師，即韓愈贈之詩者。文元公有言曰：「明法身之體者，莫辯於《楞嚴》；明法身之用者，莫辯於《華嚴》。」學佛者以爲不刊之論云。

馬端臨《文獻通考・經籍考・釋氏》 《華嚴經清涼疏》一百五十卷。晁氏曰：唐僧澄觀撰。澄觀居清涼山，號清涼國師，即韓愈贈之詩者。文元公有言曰：「明法身之體者，莫辯於《楞嚴》；明法身之用者，莫辯於《華嚴》。」學佛者以爲不刊之論。

華嚴決疑論

晁公武《郡齋讀書志》 《華嚴決疑論》四卷。右唐李通玄撰。通玄既爲《華嚴合論》，又著此書。皇朝張商英使河東，得之壽陽縣東浮屠廢書中。

馬端臨《文獻通考・經籍考・釋氏》 《華嚴決疑論》四卷。晁氏曰：李通玄撰。通玄既爲《華嚴合論》，又著此書。皇朝張商英使河東，得之壽陽縣東浮屠廢書中。

華嚴經略

晁公武《郡齋讀書志》 《華嚴經略》一卷。右唐僧澄觀撰。澄觀既疏《華嚴》，又撮其大意爲此，凡四十二章。

馬端臨《文獻通考・經籍考・釋氏》 《華嚴經略》一卷。晁氏曰：唐僧澄觀撰。澄觀既疏《華嚴》，又撮其大意爲此，凡四十二章。

華嚴起信文

晁公武《郡齋讀書志》 《華嚴起信文》一卷。右唐僧善孜撰。善孜，潭州太平寺僧也。每品一章，撮其大指，凡三十九章。

馬端臨《文獻通考・經籍考・釋氏》 《華嚴起信文》一卷。晁氏曰：唐僧善孜撰。孜，潭州太平寺僧也。每品一章，撮其大指，凡三十九章。

華嚴經百門義海

晁公武《郡齋讀書志》 《華嚴經百門義海》二卷。右唐僧法藏撰。法藏，長安崇福寺僧也。

馬端臨《文獻通考・經籍考・釋氏》 《華嚴經百門義海》兩卷。晁氏曰：唐僧法藏撰。藏，長安崇福寺僧也。分十章。

華嚴奧旨

晁公武《郡齋讀書志》 《華嚴奧旨》一卷。右唐僧法藏撰。又曰《妄盡還源觀》。凡六門。

馬端臨《文獻通考・經籍考・釋氏》 《華嚴奧旨》一卷。晁氏曰：唐僧法藏撰。又曰《妄盡還源觀》，凡六門。

華嚴呑海集

晁公武《郡齋讀書志》 《華嚴呑海集》一卷。袁本後志卷二釋書類第八。右皇朝僧道通述。《華嚴經》七處、九會、三十九品、五萬四千偈，其文浩博。澄觀爲之疏，尤難觀覽。

道通約之，成萬三千言，以便初學。

《注維摩詰所説經》十卷。右天竺維摩詰撰。西域謂浄名曰維摩詰，廣嚴城處士也。佛聞其病，使十弟子、四菩薩往問訊，皆以不勝任固辭。最後遣文殊行，因共談妙道，遂成此經。其大旨明真俗不二而已。浄名演法要者，居世出世也。不以十弟子、四菩薩爲知法者，斥其有浄穢之别也。文殊大智，法身之體也。浄名處俗，法身之用也。俾體用相酬對，皆真俗不二之喻也。姚秦僧鳩摩羅什譯。按《開元釋教録》云「羅什」者，華言「童壽」，天竺人也。苻堅遣吕光破西域，俘之以歸。姚興迎致長安，譯經於逍遥園。凡四十部，此其一也。本三卷十四品，其後什之徒僧肇、道生、道融等爲之注，釐爲十卷。予得之董太虚家，蓋襄陽木本也。唐李繁頗言此注後人依託者。

馬端臨《文獻通考・經籍考・釋氏》《華嚴吞海集》一卷。晁氏曰：皇朝僧道通述。《華嚴經》七處九會，三十九品，五萬四千偈，其文浩博，澄觀爲之疏，尤難觀覽，道通約之成萬三千言，以便初學。

大方廣佛華嚴經

趙希弁《讀書附志》《大方廣佛華嚴經》八十卷，《普賢行願品》一卷。右于闐國三藏沙門實義難詑譯。序云「天册金輪聖神皇帝製」者，唐武后也。希弁嘗攷：晋義熙中六十卷，唐聖曆中八十卷。《普賢行願品》，乃貞元十二年，南天竺烏荼國王手書以進，通爲八十一卷。厥後李長者製爲《合論》四十卷，提舉坑冶鑄錢朝奉張大夫乃以經、論合爲一書云。李忠定公綱曰：「廣博妙圓，極諸經之閫奥，莫如《大方廣佛華嚴經》；精微條暢，爲《華嚴》之指南，莫如李長者所製合論。」

楊士奇等《文淵閣書目・寒字號・佛書》《華嚴經》。一部八十一册。

顧懷三《補五代史藝文志・釋氏》《華嚴經》八十二卷。闍支提山。

尤袤《遂初堂書目・釋家》《華嚴經》。

陳振孫《直齋書録解題》《華嚴經》八十一卷。唐于闐實叉難陀譯。

華嚴合論法相撮要

陳振孫《直齋書録解題》《華嚴合論法相撮要》一卷。青谷真際禪師案：「真際」原本作「真除」，今據《文獻通攷》改正。以唐李長者通玄合論，撮其要義，手藁爲圖。

馬端臨《文獻通考・經籍考・釋氏》《華嚴合論法相撮要》一卷。陳氏曰：青谷真際禪師以唐李長者通玄《合論》撮其要，入手藁爲圖。

釋華嚴漩澓偈

《宋史・藝文志・釋氏》《釋華嚴漩澓偈》一卷。

華嚴道場儀

楊士奇等《文淵閣書目・寒》《華嚴道場儀》。一部二十二册。

華嚴原人論

楊士奇等《文淵閣書目・寒》《華嚴原人論》。一部一册。

華嚴節目

楊士奇等《文淵閣書目・寒》《華嚴節目》。一部三册。

華嚴縣談會元記

范邦甸等《天一閣書目・釋家》《華嚴縣談會元記》十五卷。蒼山再光寺比邱普瑞集。

華嚴法界觀通元記

范邦甸等《天一閣書目・釋家》《華嚴法界觀通元記》五册。宋餘杭靈芝蘭若釋，元照序。東京夷門山釋廣智大師本嵩集。

釋道開《藏逸經書》《華嚴法界觀通玄記》三卷。本嵩法師述，北京有板。

華嚴經要解

徐𤊹《徐氏家藏書目・子部・釋類》《華嚴經要解》一卷。戒環集。

華嚴綸貫

徐𤊹《徐氏家藏書目・子部・釋類》《華嚴綸貫》一卷。復菴和尚。

釋道開《藏逸經書》《華嚴論貫》一卷。復庵和尚撰。北京有板。

華嚴經品旨

徐𤊹《徐氏家藏書目・子部・釋類》《華嚴經品旨》一卷。別山續乘。

天台止觀

錢東垣等輯《崇文總目・釋書》《天台止觀》一卷。釋智顗撰。

鄭樵《通志・藝文略》《天台止觀》一卷。隋僧智顗禪師撰。

天台國師百會語要

錢東垣等輯《崇文總目・釋書》《天台國師百會語要》一卷。釋義榮撰。

鄭樵《通志・藝文略》《天台國師百會語要》一卷。唐僧義榮纂天台般若和尚語。

《宋史・藝文志・釋氏》 義榮《天台國師百會語要》一卷。

私記天台智者詞旨

《新唐書・藝文志・釋氏》 僧灌頂《私記天台智者詞旨》一卷。

鄭樵《通志・藝文略》《天台智者詞旨》一卷。隋僧灌頂私記。又《義記》一卷。

天台四教儀

王圻《續文獻通考・經籍考・釋家》《天台四教儀》。天台智者作，王世貞序。

天台小止觀

徐𤊹《徐氏家藏書目・子部・釋類》《天台小止觀》一卷。隋智顗。

天台四教儀要正

倪燦《補遼金元藝文志・釋家》《天台四教儀要正》。字天如，永新人。

錢大昕《補元史藝文志・釋道類》《天台四教儀要正》。字天如，永新人。

法華經論

智昇《開元釋教録》《法華經論》二卷。初有歸敬頌者，或一卷。《開元釋教録》卷第十二，第四十五張，陛。

妙法蓮華經論

智昇《開元釋教録》《妙法蓮華經論》一卷。婆藪盤豆菩薩造。元魏中天竺三藏勒那摩提共僧朗等譯。第一譯。上五論十一卷，同帙。

法華經纘述

《新唐書藝文志・釋氏》《法華經纘述》十卷。

法華言句

晁公武《郡齋讀書志》《法華言句》二十卷。袁本《後志》卷二釋書類第九。右唐僧智顗撰。智顗居天台山，號天台教。五代兵亂，其書亡。錢俶聞高麗有本，因賈人厚賂求得之，至今盛行於江浙。

妙法蓮華經觀世音普門品

馬端臨《文獻通考・經籍考》《妙法蓮華經觀世音普門品》。姚秦三藏鳩摩羅什譯。西山真氏跋曰：余自少讀《普門品》，雖未能深解其義，然嘗以意測之曰，此佛氏之寓言也。昔唐李文公問藥山禪師曰：「如何是惡風吹船，飄入鬼國？」師曰：「李翱小子，問此何爲？」文公怫然，怒形於色。師笑曰：「發此瞋恚心，便是黑風吹船，飄入鬼國也。」吁，藥山可謂善啟發人矣！以是推之，則知利欲熾然，即是火坑，貪愛沉溺，便是苦海。一念清浄，烈燄成池，一念警覺，船到彼岸。災患纏縛，隨處而安，我無畏怖，如械自脱。惡人侵淩，待以横逆，我無忿嫉，如獸自奔。讀是經者作如是觀，則知彌陀大士真實爲人，非浪語者。

法華言句

馬端臨《文獻通考・經籍考・釋氏》《法華言句》二十卷。晁氏曰：唐僧智顗撰。智顗居天台山，號天台教。五代兵亂，其書亡。錢俶聞高麗有本，厚賂，因賈人求得之，至今盛行於江、浙。

妙法蓮華經

趙希弁《讀書附志》《妙法蓮華經》七卷。右姚秦三藏法師鳩摩羅什譯。經本十卷，後三卷朝廷所禁云。

楊士奇等《文淵閣書目・寒字號・佛書》《妙法蓮華經》。一部七册。

范邦甸等《天一閣書目・釋家》《法華經》七卷。唐終南山釋道宣序。

吴越金書法華經

王圻《續文獻通考經籍考・佛家》《吴越金書法華經》一帙。未詳何人撰。

錢塘西湖浄社録法華言句

王圻《續文獻通考·經籍考·釋家》《錢塘西湖浄社録法華言句》。僧省常著。

法華問答

王圻《續文獻通考經籍考·釋家》《法華問答若干篇》、《法華隨品讚》三十篇《辨正教門關鍵録》若干卷。宋景濂曰：僧善學所見著述咸有可觀，嘗與同學原澄以一乘同别之義，更質疊難，爲《法華問答》；復因主修法華期懺，撰《法華隨品讚》。並有詩文並行於世。師號古庭，善學其諱也。

法華三昧經

徐𤊹《徐氏家藏書目·子部·釋類》《法華三昧經》一卷。

妙法蓮華經解

徐𤊹《徐氏家藏書目·子部·釋類》《妙法蓮華經解》七卷。斗峰刻板。

妙經蓮花經白文

徐𤊹《徐氏家藏書目·子部·釋類》《妙經蓮花經白文》七卷。

妙法蓮花經白文

徐𤊹《徐氏家藏書目·子部·釋類》《妙法蓮花經白文》七卷。

法華三昧識

徐𤊹《徐氏家藏書目·子部·釋類》《法華三昧識》一卷。遵式述。

法華經要解

徐𤊹《徐氏家藏書目·子部·釋類》《法華經要解》七卷。戒環。

法華本旨

徐𤊹《徐氏家藏書目·子部·釋類》《法華本旨》一卷。雪峰定林如浄。

蓮華經科解

徐𤊹《徐氏家藏書目·子部·釋類》《蓮華經科解》一卷。

法業華嚴旨歸

文廷式《補晉書藝文志·釋録》《法業華嚴旨歸》二卷。華嚴玄談云：「業公未詳世族，遇覺賢請譯華嚴，數歲之後，廓然有所通悟，著《旨歸》兩卷行於世。」今不見本。

法華玄經

張鵬一《隋書經籍志補・雜家》《法華玄經》二十卷。隋柳䛒。本傳：「仁壽初爲東宫洗馬。以其好内典，令撰《法華玄經》爲二十卷。奏之太子，覽而大悦。」

長阿含經

智昇《開元釋教録》《長阿含經》二十二卷。二帙。姚秦罽賓三藏佛陁耶舍共竺佛念譯。單重合譯。右此部經，凡有四分總三十經別。《僧肇序》云：長含四分四誦，合三十經以爲一部。

文廷式《補晉書藝文志・釋録》《長阿含經》二十二卷。秦弘始十五年出，竺佛念傳譯。

中阿含經

智昇《開元釋教録》《中阿含經》六十卷。或五十八卷，六帙。東晉罽賓三藏瞿曇僧伽提婆譯。第二譯。兩譯，一闕。右此部經凡有五誦都十八品，總二百二十二經別。僧肇《長含序》云：中含四分五誦。

文廷式《補晉書藝文志・釋録》《中阿含經》五十九卷。同建元二十年譯。《出三藏集記》云：「右二部凡九十二卷。晉孝武帝時兜佉勒國沙門曇摩難提，以苻堅時入長安。難提口誦梵本，竺佛念譯出。」《高僧傳》云惠嵩筆受。

又《中阿含經》六十卷。僧祐云：晉隆安元年十一月十日，於東亭寺譯出，至二年六月二十五日訖。與曇摩難提所出本不同。《三寶記》云：見《道祖録》、《三寶記》又有《增一阿含經》五十卷。隆安元年出，與難提譯者小異，竺道祖筆受。見道祖及《寶唱録》。

增壹阿含經

智昇《開元釋教録》《增壹阿含經》五十一卷。或五十卷，或四十二，或三十三，五帙。東晉罽賓三藏瞿曇僧伽提婆譯。第二譯。兩譯，一闕。右此部經，凡有五十品，總四百七十二經別。僧肇《長含序》云：增壹阿含四分八誦。

文廷式《補晉書藝文志・釋録》《增一阿含經》三十三卷。秦建元二十年譯，或分爲三十三卷。

雜阿含經

智昇《開元釋教録》《雜阿含經》五十卷。五帙。宋天竺三藏求那跋陁羅譯。單重合譯。右此部經，説事既雜，故無品次，誦等差別。僧肇《長含序》云：雜含四分十誦。

別譯雜阿含經

智昇《開元釋教録》《別譯雜阿含經》二十卷。二帙。失譯。經中子註有秦言字，雖不的知譯人姓名，必是三秦代譯。今附《秦録》。

《調伏藏者經》云：勝故秘故，佛獨制故。如契經中諸弟子説法，或諸天説法，律則不尒，一切佛説。自古群録，皆將《摩得勒伽》、《善見論》等，編爲正毗奈耶藏。今者尋思，恐將非當。此等並是分部，已後諸聖賢等依宗贊述，非佛金口所宣，又非千聖結集。今之撰録，分爲二例。初明五部正調伏藏，次明諸論奈耶眷屬。庶根條不雜，本末區分，幸諸達人，重垂刊正。

雜阿含三十章經

姚振宗《後漢藝文志・佛經》 《雜阿含三十章經》一卷。《法經録》云：出《雜阿含》。異本。

長阿含十報法經

姚振宗《後漢藝文志・佛經》 《長阿含十報法經》二卷。一名《多增道章經》，或直云《十報經》，出《長阿含》第九卷。異譯。《舊録》亦云：出《長阿含》，見《僧祐録》。《一切流攝守因經》一卷。出《中阿含》第二卷。異譯。《舊録》云《一切流攝經》。《吴録》云《流攝守因經》，亦云《受因》，亦直云《流攝》，亦云《一切流攝守》。見朱士行及僧祐二録。

阿含口解十二因緣經

姚振宗《後漢藝文志・佛經》 《阿含口解十二因緣經》一卷。亦云《斷十二因緣經》，亦直云《阿含口解》。《別録》云單本。右二部三卷，其本並在。 慧皎《高僧傳》：時又有優婆塞安元，安息國人。志性貞白，深沈有理。致博誦羣經，多所通習。亦以漢靈之末游賈雒陽，以功號曰騎都尉。性虚靖温恭，常以法事爲己任。漸解漢言，志宣經典。常與沙門講論道義，世所謂都尉者也。元與沙門嚴佛調共出《法鏡經》。元口譯梵文，佛調筆受，理得音正，盡經微旨。郢匠之美見述後代。

《開元釋教録》：玄以光和四年辛酉與沙門嚴佛調共出《法鏡》等經。祐云《法鏡》，佛調出者。據其共譯以說。又稱《阿含口解》世高譯者，此乃姓同相濫也。謂梁釋僧祐《三寶記》以《法鏡經》出佛調，《阿含口解》出安世高，故智昇辨之云。

金壇經

《宋史・藝文志・釋氏》 僧慧能注《金壇經》一卷。

維摩詰經

《宋史・藝文志・釋氏》 王安石注《維摩詰經》三卷。

心經會解

晁公武《郡齋讀書志》 《心經會解》一卷。袁本《前志》卷三下釋書類第四。右唐陳留僧玄奘譯并注。「般若」者，華言「智慧」，「波羅蜜多」者，華言「到彼岸」，謂智可以濟物入聖域也。長安中，僧法藏爲之疏。元豐中，僧法泉亦注之。

馬端臨《文獻通考・經籍考・釋氏》 《心經會解》一卷。晁氏曰：唐陳留僧玄奘譯并注。般若者，華言智慧，波羅蜜多者，華言到彼岸，謂智可以濟物入聖域也。長安中，僧法藏爲之疏。元豐中，僧法泉亦注之。司馬温公《書心經後》曰：余嘗聞學佛者言，佛書入中國，經、律、論三藏合五千四十八卷，《般若經》獨居六百卷。學者撮其要，爲《心經》一卷。爲之注者，鄭預最簡而明。余讀鄭注，乃知佛書之要，盡於「空」一字而已。或問揚子：「人有齊死生，同貧富，等貴賤，何如？」揚子曰：「作此者，其有懼乎？」此經云「照見五蘊皆空，度一切苦厄」，似與揚子同指。然則釋、老之道，皆宜爲憂患之用乎？世稱韓文公不喜佛，嘗排之。余觀其與孟尚書論大顛，云「能以理自勝，不爲事物侵亂」，乃知文公於書無所不觀，蓋嘗徧觀佛書，取其精粹而排其糟粕耳。不然，何以知不爲事物侵亂爲學佛書者所先邪？今之學佛者，自言得佛心，作佛事，然皆不免侵亂於事物，則其人果何如哉？

《朱子語録》：問：「《心經》既說空，又說色，如何？」曰：「他蓋欲於色見空耳，大抵只要鶻突人。」

心經註解

楊士奇等《文淵閣書目・寒字號・佛書》《心經註解》。一部一册。

范邦甸等《天一閣書目・釋家》《心經註解》一卷。藍絲闌鈔本。明釋宗泐、釋如玘奉詔同註。《心經集註》一卷。

心經宋濂注

徐𤊹《徐氏家藏書目・子部・釋類》《心經宋濂注》一卷。

心經文句

《明史・藝文志・釋家》宋濂《心經文句》一卷。

黄虞稷《千頃堂書目・釋家》宋濂《心經文句》一卷。至正辛巳序。

心經宗泐注

徐𤊹《徐氏家藏書目・子部・釋類》《心經宗泐注》一卷。

心經陳翰臣新解

徐𤊹《徐氏家藏書目・子部・釋類》《心經陳翰臣新解》一卷。

心經林子釋略

徐𤊹《徐氏家藏書目・子部・釋類》《心經林子釋畧》二卷。林兆恩。

心經科注

徐𤊹《徐氏家藏書目・子部・釋類》《心經科注》二卷。宋釋性澄。

心經無垢注解

徐𤊹《徐氏家藏書目・子部・釋類》《心經無垢注解》一卷。

心經大顛注解

徐𤊹《徐氏家藏書目・子部・釋類》《心經大顛注解》一卷。

心經集義

徐𤊹《徐氏家藏書目・子部・釋類》《心經集義》一卷。僧真受。

圓覺心經合刻

徐𤊹《徐氏家藏書目・子部・釋類》《圓覺心經合刻》如圯注。

曾如春心經解

徐𤊹《徐氏家藏書目·子部·釋類》 《曾如春心經解》一卷。臨川人。

心經宋濂宗泐合註

徐𤊹《徐氏家藏書目·子部·釋類》 《心經宋濂宗泐合註》一卷。法海寺板廣旭刊。

心經妙義

徐𤊹《徐氏家藏書目·子部·釋類》 《心經妙義》一卷。武夷林明壽。

摩訶僧祇律

智昇《開元釋教録》 《摩訶僧祇律》四十卷。或云三十卷，四帙。東晉天竺三藏佛陁羅共法顯譯。單本。右一經，是根本調伏藏即大衆部毗奈耶也。佛圓寂後，尊者迦葉集千應真，於王舍城竹林石室之所結也。

文廷式《補晉書藝文志·釋録》 《摩訶僧祇律》四十卷。

十誦律

智昇《開元釋教録》 《十誦律》六十一卷。六帙。前五十八卷，姚秦三藏弗若多羅等共羅什譯。後《毗尼序》三卷，東晉三藏卑摩羅叉續譯。右一經，即説一切有部毗奈耶藏。佛圓寂後三百年，初從上座部之所出也。此《十誦律》中《毗尼序》三卷，或有經本。編在第九誦後，第十誦前。從第五十五卷至五十七卷者，錯也。今檢古本，皆在其末，今者仿古爲正。

文廷式《補晉書藝文志·釋録》 《十誦律》六十一卷。《高僧傳》卷二：鳩摩羅什云唯十誦一部未及删煩，存其本旨必無差失。按《高僧傳》、《十誦律》弗若多羅誦本、梵本。羅什及曇摩流支譯爲晉文。又云本五十八卷，卑摩羅叉開爲六十一卷。

五分律

智昇《開元釋教録》 《五分律》三十卷。亦云《彌沙塞律》，或三十四卷，三帙。宋罽賓三藏佛陁什共竺道生等譯。單本。右一經即化地部毗奈耶藏。佛圓寂後三百年，中從説一切有部之所出也。

四分律

智昇《開元釋教録》 《四分律》六十卷。或四十五或七十卷，六帙。姚秦罽賓三藏佛陁耶舍共竺佛念等譯。單本。右一經即法密部毗奈耶藏。佛圓寂後三百年，中從化地部之所出也。其《飲光部》但有戒本，律藏未翻。

鼻奈耶律

智昇《開元釋教録》 《鼻奈耶律》十卷。一帙。一名《戒因緣經》。姚秦涼州沙門竺佛念於苻秦代譯。單本。

比丘諸禁律

姚振宗《後漢藝文志·佛經》 《比丘諸禁律》一卷。

王仁俊《遼史藝文志補證·釋家》 燕僧利正撰《長慶人事軍律》三卷。厲、繆有。見鄭《略》道家類。

曇無德律

文廷式《補晉書藝文志·釋録》 《曇無德律》四十五卷。《高僧傳》云四分律四十四卷。

僧祇律

文廷式《補晉書藝文志·釋家補》 《僧祇律》四十卷。義熙十二年十一月共法顯譯。見竺道祖《晉世雜録》。《别録》，或三十卷。《三寶記》云：安帝世北天竺國三藏禪師佛馱跋陀羅、晉言覺賢於揚都及廬山二處譯。沙門法業、慧義、慧嚴等詳共筆授。按原文一十五部一百一十五卷，茲不悉録。

略論

《新唐書·藝文志·釋氏》 《略論》二卷。

鄭樵《通志·藝文略》 《略論》二卷。僧玄惲撰。

通論

顧櫰三《補五代史藝文志·釋氏》 《通論》十卷。同上。

百論

文廷式《補晉書藝文志·釋録》 《百論》二卷。弘治六年譯。

中論

文廷式《補晉書藝文志·釋録》 《中論》四卷。

起信論

錢東垣等輯《崇文總目·釋書》 《起信論》二卷。釋宗密撰。錫鬯按：《通攷》一卷。

鄭樵《通志·藝文略》 《起信論》二卷。唐僧宗密注。

《新唐書·藝文志·釋氏》 《起信論》二卷。

晁公武《郡齋讀書志》 《起信論》一卷。袁本《後志》卷二釋書類第十六。右唐僧宗密注，僧真諦譯。天竺第十二祖馬鳴大士所造也。雖云名相，蓋明心宗，指義玄微，文辭明緻，故盛行於世，若《肇論》、《百法》、《唯識》及此學者，皆顓門名家，故《藏》中所收亦録於此。

馬端臨《文獻通考·經籍考·釋氏》 《起信論》一卷。晁氏曰：唐僧宗密註，僧真諦譯，天竺第十二祖馬鳴大士所造也。雖云名相，蓋明心宗，指義玄微，文辭明緻，故盛行於世。若《肇論》、《百法》、《唯識》及此義者，皆專門名家，故藏中所收，亦録於此。

《宋史·藝文志·釋氏》 《起信論》二卷。

僧肇論

錢東垣等輯《崇文總目・釋書》 《僧肇論》二卷。錫鬯按：《宋志》：「論」上有「寶」字。《唐志》：三卷。

《新唐書・藝文志・釋氏》 光瑶注《僧肇論》二卷。

鄭樵《通志・藝文略》 《僧肇論》二卷。僞秦釋僧肇撰，唐僧光瑶注。

馬端臨《文獻通考・經籍考・釋氏》 《肇論》四卷。晁氏曰：姚秦僧洪肇撰。師羅什規模莊周之言，以著此書。物不遷，不真空，涅槃無知，般若無名，四論。《傳燈録》云，肇後爲姚興所殺。

徐𤊹《徐氏家藏書目・子部・釋類》 《肇論》三卷。秦僧肇。唐光淫注。

文廷式《補晉書藝文志・釋録》 僧洪肇《肇論》四卷。今存。《郡齋讀書後志》云：《肇論》四卷。姚秦僧洪肇撰。師羅什規摹莊周之言，以著此書。《物不遷》、《不真空》、《涅槃無知》、《般若無名》四論。《傳燈録》云：肇後爲姚興所殺。《高僧傳》不載其事。《御選語録》云：《傳燈録》載僧肇在姚秦間大辟。乞七日假，著《寶藏論》畢，臨刑説偈曰：四大元無主，五陰本來空。將頭臨白刃，猶似斬春風。然此偈非肇作也。肇爲鳩摩羅什高弟，秦王姚興命入逍遥園助什譯定經論，尊禮有加。《十六國春秋・僧肇傳》云以姚秦弘始十六年卒於長安，時晉義興十年也。況典刑之人，豈有給假著論之理。則肇之以吉祥滅度信矣。《朱子語類》卷百二十二。云至晉時，肇法師釋氏之教始興。

辨正論

《新唐書・藝文志・釋氏》 法琳《辯正論》八卷。陳子良注。

鄭樵《通志・藝文略》 《辨正論》八卷。唐僧法琳撰。

晁公武《郡齋讀書志》 《辨正論》八卷。袁本後志卷二釋書類第十七。右唐釋法琳撰。潁川陳良序云：「法琳，姓陳，關中人。著此書，窮釋、老之教源，極品藻之名理。」宣和中，以其《斥老子》語，焚毁其第二、第四、第五、第六、第八凡五卷，序文亦有翦棄者。

馬端臨《文獻通考・經籍考・釋氏》 《辯正論》八卷。晁氏曰：唐釋法琳撰。潁川陳良序云：「法琳姓陳，關中人。著此書，窮釋、老之教源，極品藻之名理。」宣和中，以其老子語，焚毁其第二、第四、第五、第八凡五卷，序文亦有剪棄者。

《宋史・藝文志・釋氏》 法琳《辨正論》八卷。陳子良注。

《宋史・藝文志・釋氏》 又《辨正論》八卷。

楊士奇等《文淵閣書目・寒字號》 《辨正論》。一部八册。

錢東垣等輯《崇文總目・釋書》 《辨正論》八卷。釋法琳撰。

孫星衍《平津館鑒藏書籍記・補遺》 《辨正論》八卷。題唐沙門釋法琳撰。前有東宫學士陳子良序。在釋藏陪字號，書共十二篇。晁氏《讀書志》云：宣和中，以其斥老子語，焚毁其第二、第四、第五、第六、第八，凡五卷。序文亦有翦棄者，此本八卷俱完，其中徵引古書最多。如鄭康成《六藝論》之類，近時輯者皆未之見，尤足以資考證。每葉十二行，行十七字。卷後有「聚寶門來賓樓姜家印行」木長印。

寶藏論

錢東垣等輯《崇文總目・釋書》 《寶藏論》一卷。釋僧肇撰。錫鬯按：《通志畧》、《宋志》並三卷。

鄭樵《通志・藝文略》 《寶藏論》三卷。僞秦釋僧肇撰。

《宋史・藝文志・釋氏》 僧肇《寶藏論》三卷。

《宋史・藝文志・釋氏》 僧肇《寶藏論》一卷。

楊士奇等《文淵閣書目・寒字號》 《寶藏論》。一部一册。

文廷式《補晉書藝文志・釋録》 僧肇《寶藏論》三卷。見《傳燈録》及《通志》，今存。

金砂論

錢東垣等輯《崇文總目・釋書》 《金砂論》一卷。錫鬯按：《通志畧》「砂」作

「沙」，不著撰人。《宋志》亦作「沙」。釋政覺撰。

鄭樵《通志・藝文略》《金沙論》一卷。

《宋史・藝文志・釋氏》《金沙論》一卷。

《宋史・藝文志・釋氏》僧政覺《金沙論》一卷。

福田論

錢東垣等輯《崇文總目・釋書》《福田論》一卷。釋彥琮撰。錫鬯按：《宋志》作「彥宗」，誤。

《新唐書・藝文志・釋氏》《福田論》一卷。

鄭樵《通志・藝文略》《福田論》一卷。唐僧彥琮撰，序沙門不拜王者之事。

《宋史・藝文志・釋氏》彥琮《福田論》一卷。

夷夏論

《新唐書・藝文志・釋氏》顧歡《夷夏論》二卷。

笑道論

《舊唐書・經籍志・道家類》《笑道論》三卷。甄鸞撰。

《新唐書・藝文志・釋氏》甄鸞《笑道論》三卷。

鄭樵《通志・藝文略》《笑道論》三卷。甄鸞撰。

尤袤《遂初堂書目・釋家》《笑道論》。

《宋史・藝文志・釋氏》甄鸞《笑道論》三卷。

甄正論

《新唐書・藝文志・釋氏》玄嶷《甄正論》三卷。

鄭樵《通志・藝文略》《甄正論》三卷。唐僧玄嶷撰。

晁公武《郡齋讀書志》《甄正論》三卷。袁本後志卷二釋書類第十九。右唐釋法琳撰。已上三書，皆經宣和焚毀，《藏》中多闕，故録之。

楊士奇等《文淵閣書目・寒字號》《甄正論》。一部三册。

范邦甸等《天一閣書目・釋家》《甄正論》三卷。唐佛授記寺沙門元嶷撰。

《脩集止觀坐禪法要》一卷。卷首有天一閣圖章。天台山脩禪寺沙門智顗述，宋餘杭釋元照序。

孫星衍《平津館鑒藏書籍記・補遺》《甄正論》三卷，題唐佛授記寺沙門元嶷撰。在《釋藏》輦字號。此書託滯俗公子甄正先生答問，仿桓寬《鹽鐵論》，反覆辨難，大旨屈老以申佛，雖不及《辨正論》之博洽，其文筆古雅，詞藻富麗，頗足相匹。每葉十二行，行十七字。

《宋史・藝文志・神仙類》僧玄嶷《甄正論》三卷。

心鏡論

《新唐書・藝文志・釋氏》李思慎《心鏡論》十卷。

鄭樵《通志・藝文略》《心鏡論》十卷。李思慎撰。

崇正論

《新唐書・藝文志・釋氏》僧彥琮《崇正論》六卷。

鄭樵《通志・藝文略》《崇正論》六卷。僧彥琮撰。

破邪論

《新唐書・藝文志・釋氏》 又《破邪論》二卷。琳，姓陳氏。太史令傅弈請廢佛法，琳諍之，放死蜀中。

《新唐書・藝文志・釋氏》 《破邪論》一卷。大順中人。

鄭樵《通志・藝文略》 《破邪論》二卷。僧法琳撰。又，一卷。楚南撰。

晁公武《郡齋讀書志》 《破邪論》二卷。袁本後志卷二釋書類第十八。右唐釋法琳撰。辨傅奕所排毁。虞世南爲之序。

破邪論　甄正論

馬端臨《文獻通考・經籍考・釋氏》 《破邪論》二卷。《甄正論》三卷。晁氏曰：唐釋法琳撰。已上三書，皆經宣和焚毁，藏中多闕，故録之。

按：《破邪》、《甄正》二論，《昭德讀書記》以爲「宣和焚毁，藏中多闕。」然愚嘗於村寺經藏中見其全文。《破邪論》專詆傅奕，而併非毁孔、孟，所謂詖淫邪遁之辭，無足觀者。《甄正論》譏議道家，如《度人經》「璇璣停輪」處，以爲璇璣無停輪之理，使停輪至七日七夜，則宇宙顛錯，而生人之類滅矣。「無極曇誓天」及「龍變梵度天」處，以爲「曇」與「梵」二字出自佛書，佛法未入中國之前，經傳中並無此二字，豈有天地名號而剽竊佛書字義乎？又如河上公《道德經章句》序言，漢文帝駕詣河上公問道，而河上公一躍騰雲，帝知是神人，下輦稽首，從受《章句》二卷。以爲《漢史》帝紀，車駕每出必書，何獨不書駕詣河上公問道之事，且孝文好黄、老言，立渭陽五帝廟則因新垣平，平一方士，其説至卑陋，帝尊寵之，而史亦備述之，河上公之事奇偉如此，何獨見遺於班、馬乎？乃羽人道士輩自創此説。大意如此，不能悉記其詞語。此論頗當，意必借筆於文學之士，沙門輩恐不能道也。

《宋史・藝文志・釋氏》 僧法琳《破邪論》三卷。

六趣論

《新唐書・藝文志・釋氏》 楊上善《六趣論》六卷。

三德論

《新唐書・藝文志・釋氏》 《三德論》一卷。姓楊氏，新豐人。貞觀十年上。

鄭樵《通志・藝文略》 《三德論》一卷。僧玄琬撰。

鏡諭論

《新唐書・藝文志・釋氏》 《鏡諭論》一卷。

鄭樵《通志・藝文略》 《鑑諭論》一卷。

十不論

《新唐書・藝文志・釋氏》 《十不論》一卷。

鄭樵《通志・藝文略》 《十不論》一卷。並同上。

内德論

《新唐書・藝文志・釋氏》 李師政《内德論》一卷。上黨人，貞觀門下典儀。

鄭樵《通志・藝文略》 《内德論》一卷。唐李師正撰。

敬福論

《新唐書・藝文志・釋氏》 玄惲《敬福論》十卷。

鄭樵《通志・藝文略》 《敬福論》十卷。唐僧玄惲撰。

釋疑論

《新唐書・藝文志・釋氏》 《釋疑論》一卷。

鄭樵《通志・藝文略》 《釋疑論》一卷。

浄土論

《新唐書・藝文志・釋氏》 道綽《浄土論》二卷。姓衛氏，并州文水人。

鄭樵《通志・藝文略》 《浄土論》二卷。唐僧道綽撰。

原人論

《新唐書・藝文志・釋氏》 《原人論》一卷。

鄭樵《通志・藝文略》 《原人論》一卷。

晁公武《郡齋讀書志》 《原人論》一卷。右唐僧宗密撰。《斥執迷》、《徧淺》、《直顯真源》、《會通本末》，凡四篇。

尤袤《遂初堂書目・釋家》 《原人論》。

馬端臨《文獻通考・經籍考・釋氏》 《原人論》一卷。晁氏曰：唐僧宗密撰。《斥執迷》、《徧淺》、《直顯真源》、《會通本末》，凡四篇。

《宋史・藝文志・釋氏》 又《原人論》一卷。

楊士奇等《文淵閣書目・寒字號》 《原人論》。一部一册。

范邦甸等《天一閣書目・釋家》 《原人論》。藍絲闌鈔本。無名氏撰并自序。其文凡四篇。

徐𤊹《徐氏家藏書目・子部・釋類》 《原人論》一卷。

六趣論

鄭樵《通志・藝文略》 《六趣論》六卷。楊上善撰。

觀心論

鄭樵《通志・藝文略》 《觀心論》一卷。

晁公武《郡齋讀書志》 《觀心論》一卷。右魏菩提達磨撰。

馬端臨《文獻通考・經籍考・釋氏》 《觀心論》一卷。晁氏曰：魏菩提達磨撰。

楊士奇等《文淵閣書目・寒字號》 《觀心論》。一部一册。

中觀論三十六門勢疏

鄭樵《通志・藝文略》 《中觀論》、《三十六門勢疏》一卷。沙門元康撰。

百法論

晁公武《郡齋讀書志》 《百法論》一卷。右唐僧玄奘譯。西域僧天親所造。所謂一切法者，其畧有語：一心法，二心所有法，三色法，四心不相應行法，五無爲法。心法八種，心所有法五十一種，色法十一種，心不相應行法二十四種，無爲法六種，故曰「百法」。

楊士奇等《文淵閣書目·寒字號》《百法論》。一部一册。

非韓論

尤袤《遂初堂書目》《非韓論》。

通明論

尤袤《遂初堂書目·釋家》《通明論》。

百法論

馬端臨《文獻通考·經籍考·釋氏》《百法論》一卷。晁氏曰：唐僧玄奘譯，西域僧天親所造。所謂一切法者，其略有語，一心法，二心所有法，三色法，四心不相應行法，五無爲法。心法八種，心所有法五十一種，色法十一種，心不相應行法二十四種，無爲法六種，故曰百法。

護法論

楊士奇等《文淵閣書目·寒字號》《護法論》。一部一册。

析疑論

楊士奇等《文淵閣書目·寒字號》《析疑論》。一部一册。

高儒《百川書志·佛家》《析疑論》一卷。元京兆賜紫潤國大師妙明子成撰。設爲來客難詰折之辭，事盡理明，義深文約。凡二十篇。

釋道開《藏逸經書》《析疑論》，釋妙明子撰。

因革論

楊士奇等《文淵閣書目·寒字號》《因革論》。一部四册。

原教論

楊士奇等《文淵閣書目·寒字號》《原教論》。一部一册。

護法論

楊士奇等《文淵閣書目·寒字號》《護法論》。一部一册。

高儒《百川書志·佛家》《護法論》一卷。宋大丞相無盡居士張商英述。凡一萬二千三百四十五言。

重刻護法論

王圻《續文獻通考·經籍考·釋家》《重刻護法論》衢州天寧住持端文曰：論凡一萬二千三百二十五言，相傳宋觀文殿大學士太保張天覺所撰，兵火之餘，板久不存，復令印生刻之。

護法析疑平心三論

錢謙益等《絳雲樓書目・子釋家》《護法析疑平心三論》。宋張商英撰。

破迷論

徐𤊹《徐氏家藏書目・子部・釋類》《破迷論》一卷。

影響論

徐𤊹《徐氏家藏書目・子部・釋類》《影響論》一卷。釋憨山。

理惑論

徐𤊹《徐氏家藏書目・子部・釋類》《理惑論》一卷。漢牟融。

釋道開《藏逸經書》《平心論》。

錢大昕《補元史藝文志・釋道類》耶律楚材《辨邪論》。

大智論

文廷式《補晉書藝文志・釋録》《大智論》百卷。僧祐云於逍遥園譯出。或分爲七十卷。廷式案：當作《大智度論》。據《僧叡序》一名《摩訶般若波羅蜜經釋論》。

誠實論

文廷式《補晉書藝文志・釋録》《誠實論》十六卷。廷式案當作「成實」。

道賢論　喻道論　名德沙門論　正像論

文廷式《補晉書藝文志・釋録》孫綽《道賢論》、《喻道論》、《名德沙門論》、《正像論》，並《高僧傳》卷四引之。又卷一云，孫綽作《道賢論》以天竺七僧方竹林七賢。

立命論　六識指歸

文廷式《補晉書藝文志・釋録》《立命論》九篇一卷。《六識指歸》一卷。《法苑珠林》云：《立命論》九篇，《六識指歸》十二首。晉孝武帝時荆州上明寺沙門釋曇微撰。

通三世論

文廷式《補晉書藝文志・釋録》姚興《通三世論》。《高僧傳》卷二《鳩摩羅什傳》云：興以佛道沖邃，其行唯善信爲出苦之良津。御世之洪則故託意九經，遊心十二，乃著《通三世論》，以勗示因果。

實相論

文廷式《補晉書藝文志・釋録》鳩摩羅什《實相論》二卷。《晉書・藝術傳》。

立本論

文廷式《補晉書藝文志·釋家補》《立本論》九篇，一卷。《六識旨歸》十二首，一卷。《三寶記》云：右二卷。孝武帝世荆州上明寺沙門釋曇微作。微，釋道安弟子。

張鵬一《隋書經籍志補·雜家》《佛性論》。後周蘇綽，北齊僧明藏。按《北史·杜弼傳》：奉使詣闕。魏帝問經中佛性、法性同異。弼曰：「正是一理。」又問曰：「説者妄皆言法性寬，佛性狹，如何？」弼曰：「在寬成寬，在狹成狹。若論性體，非狹非寬。」詔曰：「既言成寬成狹，何得非狹非寬？」弼曰：「若定是寬則不能爲狹，若定是狹亦不能爲寬。以非寬非狹，故能成寬成狹。所成雖異，能成恒一。」上稱善。明藏、蘇綽二家之論，今不傳，當亦不出杜氏所云。杜又有《與邢邵論生死神形》，載《北史》本傳。

大智度論

智昇《開元釋教録》《大智度論》一百卷。或一百一十，或七十卷，十帙。姚秦三藏鳩摩羅什譯。單本。右龍樹菩薩造。釋摩訶般若波羅蜜經。什法師云：若具足翻，應有千卷。秦人識弱，故略之十分存一。

部執異論

智昇《開元釋教録》《部執異論》一卷。亦名《部異執論》。陳天竺三藏真諦譯。第二譯。

明道宗論

錢東垣等輯《崇文總目·釋書》《明道宗論》一卷。諸家書目並不著撰人。

錫鬯按：《宋志》無「論」字。

鄭樵《通志·藝文略》《明道宗論》一卷。

《宋史·藝文志·釋氏》《明道宗論》一卷。

偈宗秘論

錢東垣等輯《崇文總目·釋書》《偈宗秘論》十卷。諸家書目並不著撰人。

錫鬯按：《宋志》一卷。

鄭樵《通志·藝文略》《偈宗秘論》一卷。

《宋史·藝文志·釋氏》《偈宗秘論》一卷。

齊三教論

《新唐書·藝文志·釋氏》衛元嵩《齊三教論》七卷。

鄭樵《通志·藝文略》《齊三教論》七卷。衛元嵩撰。

摩訶衍論

《宋史·藝文志·釋氏》馬鳴大師《摩訶衍論》五卷。

夾科肇論

《宋史·藝文志·釋氏》 僧慧達《夾科肇論》二卷。

頓悟要論

徐𤊹《徐氏家藏書目·子部·釋類》 《頓悟要論》二卷。唐沙門慧海。

遺教經論

徐𤊹《徐氏家藏書目·子部·釋類》 《遺教經論》一卷。陳天竺真諦譯。

成唯識論

徐𤊹《徐氏家藏書目·子部·釋類》 《成唯識論》十卷。元奘譯。

廣放生論

徐𤊹《徐氏家藏書目·子部·釋類》 《廣放生論》一卷。陳薦夫。

黄虞稷《千頃堂書目·釋家》 陳薦夫《廣放生論》一卷。

續原教論

徐𤊹《徐氏家藏書目·子部·釋類》 《續原教論》二卷。國初建安沈士榮。

釋道開《藏逸經書》 《續原教論》，我明沈士榮太史撰。

黄虞稷《千頃堂書目·釋家》 《真可心經要論》一卷，又《心經直談》一卷，又《心經淺説》一卷，又《心經出指》一卷。字達觀，吴江人。世稱紫柏大師。

錢大昕《補元史藝文志·釋道類》 《指要餘論》一卷。

文廷式《補晉書藝文志·釋録》 《神無形論》一卷。《法苑珠林》卷一百云：東晉帝時揚都瓦官寺沙門釋僧敷撰。

大乘起信論

《宋史·藝文志·釋氏》 《大乘起信論》一卷。

楊士奇等《文淵閣書目·寒字號》 《大乘起信論》。一部四册。

徐𤊹《徐氏家藏書目·子部·釋類》 《大乘起信論》一卷。法藏述。

分別功德論

智昇《開元釋教録》 《分別功德論》四卷。或云《分別功德經》，或三卷，或五卷。失譯。在《後漢録》，單本。右此一論，釋《增壹阿含經》義，從《初序品》至《弟子品》過半，釋王比丘即止。《法上録》云竺法護譯者。不然，此中滕經解釋文句並同本經，似與《增壹阿含》同一人譯。而餘録並云失源，且依此定。《僧祐録》云，迦葉阿難撰者，此亦不然。如論第一卷中引外國師及薩婆多説，故知非是二尊所撰。

異部宗輪論

智昇《開元釋教録》《異部宗輪論》一卷。世友菩薩造。大唐三藏玄奘譯。出翻經四，第三譯。右三論同本異譯。上六論十三卷，同帙。

釋摩訶衍論

錢東垣等輯《崇文總目・釋書》《釋摩訶衍論》五卷。錫鬯按：《通志畧》云：馬鳴大師論，龍樹菩薩釋。

鄭樵《通志・藝文略》《釋摩訶衍論》五卷。馬鳴大師論，龍樹菩薩釋。

《宋史・藝文志・釋氏》僧馬鳴《釋摩訶衍論》十卷。

勸修破迷論

錢東垣等輯《崇文總目・釋書》《勸修破迷論》一卷。錫鬯按：《通志畧》：探微子撰。《宋志》，注不知撰人。

鄭樵《通志・藝文略》《勸修破迷論》一卷。探微子撰。

《宋史・藝文志・釋氏》《勸修破迷論》一卷。

仰山辨宗論

錢東垣等輯《崇文總目・釋書》《仰山辨宗論》一卷。錫鬯按：《通志畧》，不著撰人。《宋志》，釋惠能撰。

鄭樵《通志・藝文略》《仰山辨宗論》一卷。

《宋史・藝文志・釋氏》惠能《仰山辨宗論》一卷。

十門辨惑論

《新唐書・藝文志・釋氏》復禮《十門辨惑論》二卷。永隆二年，答太子文學權無二《釋典稽疑》。

鄭樵《通志・藝文略》《十門辨惑論》二卷。唐僧復禮撰。

安養蒼生論

《新唐書・藝文志・釋氏》又《安養蒼生論》一卷。

鄭樵《通志・藝文略》《安養蒼生論》一卷。唐僧玄琬。

十王正業論

《新唐書・藝文志・釋氏》《十王正業論》十卷。絳州人。

鄭樵《通志・藝文略》《十王正業論》十卷。僧法雲撰。

辨量三教論

《新唐書・藝文志・釋氏》僧法雲《辨量三教論》三卷。

鄭樵《通志・藝文略》《辨量三教論》三卷。唐僧法雲撰。

那提大乘集議論

《新唐書・藝文志・釋氏》那提《大乘集議論》四十卷。

涅槃無名論

鄭樵《通志・藝文略》《涅槃無名論》一卷。

般若無知論

鄭樵《通志・藝文略》《般若無知論》一卷。

《宋史・藝文志・釋氏》《般若無知論》一卷。

達摩血脈論

《宋史・藝文志・釋氏》僧慧可《達摩血脈論》一卷。

涅槃無名論

《宋史・藝文志・釋氏》《涅槃無名論》一卷。

達摩觀心論

楊士奇等《文淵閣書目・寒字號》《達摩觀心論》。一部一册。

蓮華經合論

楊士奇等《文淵閣書目・寒字號》《蓮華經合論》。一部四册。

入道要門論

楊士奇等《文淵閣書目・寒字號》《入道要門論》。一部一册。

分別功德論

姚振宗《後漢藝文志・佛經》《分別功德論》四卷。或云《分別功悳經》，或三卷、五卷。

大乘寶積經論

智昇《開元釋教録》《大乘寶積經論》四卷。元魏天竺三藏菩提留支譯。第一譯，兩譯，一闕。右釋舊單卷《大寶積經》即《寶積第四十三會》是。

律二十二明了論

智昇《開元釋教録》《律二十二明了論》一卷。亦直云《明了論》。陳天竺三藏真諦譯。單本。上二經十卷，同帙。其《明了論》出正量部《波羅提木叉論》中。其大論未譯。凡有六千頌。彼部法師，阿那含人，厥名覺護，依律毗婆沙及足等造。於《中與律》相應者略成一卷，謂《明了》。謂此論解釋律藏中二十二條《貞實要義》，能除正法人，迷闇心，通達律義，故釋《明了》。隨沙門《法經録》，及長房入藏録中。並分爲兩部律，二十二卷。編在律中《明了論》一卷。載《於論録》又律二十二，乃是《明了論》半題。彼存二十二卷，誤之甚也。誤之甚也。

辟支佛因緣論

智昇《開元釋教録》《辟支佛因緣論》二卷。失譯。今附《秦録》，單本。

默論

錢東垣等輯《崇文總目・釋書》 東平大師《默論》一卷。

鄭樵《通志・藝文略》 東平大師《默論》一卷。

《宋史・藝文志・釋氏》 東平大師《默論》一卷。

大乘入道坐禪次第要論

錢東垣等輯《崇文總目・釋書》 《大乘入道坐禪次第要論》一卷。釋道信撰。

鄭樵《通志・藝文略》 《大乘入道坐》、《禪次第要論》一卷。三十一相，道信撰。

入道要門論

錢東垣等輯《崇文總目・釋書》 慧海大師《入道要門論》一卷。

鄭樵《通志・藝文略》 慧海大師《入道要門論》一卷。

《宋史・藝文志・釋氏》 慧海大師《入道要門論》一卷。

頓悟入道要門論

《宋史・藝文志・釋氏》 僧慧海《頓悟入道要門論》一卷。

浄本和尚語論

錢東垣等輯《崇文總目・釋書》 《浄本和尚語論》一卷。

鄭樵《通志・藝文略》 《浄本和尚語論》一卷。

圓覺經皆證論

趙希弁《讀書附志》 《圓覺經皆證論》二卷。右臨川謝逸序。謂王荆公嘗問真浄文禪師曰：「一切衆生，皆證《圓覺》，而圭峯禪師易『證』爲『具』，謂譯者之訛，其義是否？」真浄曰：「圭峯之説非是。真浄法子德洪述其師之説而爲之論。」

大乘入道坐禪次第要論

《宋史・藝文志・釋氏》 道信《大乘入道坐禪次第要論》一卷。

妙明子析疑論

楊士奇等《文淵閣書目・寒字號》 《妙明子析疑論》。一部一册。

佛法不可滅論

高儒《百川書志・佛家》 《佛法不可滅論》一卷。明太子少師資善大夫贈榮國恭靖公吴郡姚廣孝述。

心經林子槩論

徐𤊹《徐氏家藏書目・子部・釋類》 《心經林子槩論》一卷。林兆恩。

大乘百法明門論

徐𤊹《徐氏家藏書目・子部・釋類》《大乘百法明門論》一卷。普泰。

佛教編年通論

徐𤊹《徐氏家藏書目・子部・釋類》《佛教編年通論》二十卷。宋沙門祖秀編。

佛法不可滅論

《明史・藝文志・釋家》姚廣孝《佛法不可滅論》一卷。

劉謐静齋學士三教平心論

倪燦《補遼金元藝文志・釋家》《劉謐静齋學士三教平心論》二卷。

阿毗達磨法藴足論

智昇《開元釋教録》《阿毗達磨法藴足論》十二卷。尊者大採菲氏造。一帙。大唐三藏玄奘譯。出《内典録》，單本。

阿毗達磨集異門足論

智昇《開元釋教録》《阿毗達磨集異門足論》二十卷。尊者舍利子説。二帙。

大唐三藏玄奘譯。出《内典録》，單本。《三施設足論》有一萬八千頌，尊者大迦多衍那造。迦多，此云剪剃衍。此云種那，是男聲婆羅門中一姓。其論未譯。上三足論，並佛在世時造。

阿毗達磨發智論

智昇《開元釋教録》《阿毗達磨發智論》二十卷。迦多衍尼子造。二帙。大唐三藏玄奘譯。出《内典録》，第二譯。右上二論同本異譯。即是説一切有部對法藏之根本。佛圓寂後三百年，中論師迦多衍尼子之所造也。後代傳人本有廣略，此《發智論》文義具足傳習之者，號爲身論。以餘六論，各辯一支，有異於身，故名爲足，次編於後諸部繼焉。

衆事分阿毗曇論

智昇《開元釋教録》《衆事分阿毗曇論》十二卷。宋天竺三藏永那跋陁羅共菩提耶舍譯。第一譯。右二論同本，異譯。上二論三十卷，三帙。

阿毗曇毗婆沙論

智昇《開元釋教録》《阿毗曇毗婆沙論》六十卷。六帙或八十四卷，或一百九卷。北涼天竺沙門浮陁跋摩共道泰等譯。第一譯。右此論，創譯百卷成部。沙門道挻製序，屬魏併涼失四十卷，今唯六十卷在。但單第三揵度下五揵度時，闕其本。新譯之者八，藴並足其。

文廷式《補晉書藝文志・釋録》《雜阿毗曇毗婆沙論》四卷。僞秦建元十九年譯。

阿毗曇八揵度論

智昇《開元釋教録》　《阿毗曇八揵度論》三十卷。迦旃延子造，或二十卷，三帙。苻秦罽賓三藏僧伽提婆共竺佛念譯。第一譯。

彌勒菩薩所問經論

智昇《開元釋教録》　《彌勒菩薩所問經論》五卷。或六卷，或七卷，或十卷。元魏天竺三藏菩提留支譯。單本。右《釋彌勒所問經》即《寶積經第四十一會》是。

寶髻菩薩四法經論

智昇《開元釋教録》　《寶髻菩薩四法經論》一卷。天親菩薩造。元魏天竺三藏毗目智仙等譯。出《序記》，單本。右《釋大集經寶髻品》，今入《寶積》，在第四十七會。《論序記》云：「魏興和三年歲次辛酉九月庚午日，烏萇國人剎利王種，三藏法師，毗目智仙中天竺國連羅門人，瞿曇深支護法大士，驃騎大將軍開府儀同三司御史中尉勃海高仲密，愛法之人沙門曇林，道俗相假，於鄴城内在金華寺譯四千九百九十七字。諸録皆云菩提留支譯者，誤也。今依序記爲正。上三論十卷，同帙。

文殊師利菩薩問菩提經論

智昇《開元釋教録》　《文殊師利菩薩問菩提經論》二卷。一名《伽耶山頂經論》，婆藪般豆菩薩造。元魏天竺三藏菩提留支譯。單本，第一譯。

佛地經論

智昇《開元釋教録》　《佛地經論》七卷。親光等菩薩造，《釋佛地經》。大唐三藏玄奘譯。出《内典録》，單本。

十地經論

智昇《開元釋教録》　《十地經論》十二卷。或十五卷，一帙。元魏天竺三藏菩提留支等譯，單本。右天親菩薩造。《釋十地經》即《華嚴十地品》是。《論序》云：「菩提留支、勒那摩提在洛陽殿内，二人同譯《佛陁扇多傳語》，帝親筆受。」《長房録》中留支摩提二録俱載者，不然。今合爲一本，在留支録。

四阿毗達磨識身足論

智昇《開元釋教録》　《四阿毗達磨識身足論》十六卷。大唐三藏玄奘譯。出《内典録》單本。右一論，佛圓寂後一百年中，尊者提婆設磨唐云天寂。阿羅漢造。

五阿毗達磨品類足論

智昇《開元釋教録》　《五阿毗達磨品類足論》十八卷。大唐三藏玄奘譯。出《内典録》第二譯。右一論，佛圓寂後三百年中，尊者筏蘇蜜多羅唐云世友。造。

六阿毗達磨界身足論

智昇《開元釋教録》　《六阿毗達磨界身足論》三卷。大唐三藏玄奘譯。出《翻經圖》，單本。右一論佛圓寂後三百年中，尊者世友造。與上《識身足論》共十九卷，二帙。

四諦論

智昇《開元釋教録》《四諦論》四卷。婆藪跋摩造。陳天竺三藏真諦譯。單本。

十八部論

智昇《開元釋教録》《十八部論》一卷。新爲失譯，附秦録。第一譯。右《十八部論》，按尋羣録，並云梁代二藏真諦所譯。今詳真諦三藏已譯《十八部論》，不合更譯部異執論。其《十八部論》初首引《文殊問經》分別部品，後次云羅什法師集。後方是論。若是羅什所翻。秦時未有文殊門經，不合引之置於初也。或可准《別録》中《文殊問經》編爲失譯。秦時引證，此亦無疑。若是真諦再譯論中子註，不合有秦言之字。詳其文理，多是秦時羅什譯出。諸録脱漏致有疑焉。其真諦《十八部疏》即部異執疏是。雖有斯理，未敢指南。後諸博問請求實録。

三教平心論

楊士奇等《文淵閣書目·寒字號》《三教平心論》。一部一册。

高儒《百川書志·佛家》《三教平心論》二卷。静齋學士劉謐撰。意謂儒以正道，道以尊佛。以大其設教，以迹異議之。未始不異，以理推之，而未始不同。大抵三教皆引人之歸於善耳。

黄虞稷《千頃堂書目·釋家》 劉謐静齋學士《三教平心論》二卷。

錢大昕《補元史藝文志·釋道類》 劉謐静齋學士《三教平心論》二卷。

三教圖論

楊士奇等《文淵閣書目·寒字號》《三教圖論》。一部一册。

三法度論

文廷式《補晉書藝文志·釋録》《三法度論》二卷。同以太元十六年於廬山出。《出三藏集記》云：右六部凡一百一十六卷。晉孝武帝及安帝時，罽賓沙門僧伽提婆所譯出。

十二門論

文廷式《補晉書藝文志·釋録》《十二門論》一卷。

圓覺經疏

錢東垣等輯《崇文總目·釋書》《圓覺經疏》六卷。釋宗密撰。錫鬯按：《通攷》三卷。

晁公武《郡齋讀書志》《圓覺經疏》三卷。袁本《前志》卷三下釋書類第五。右唐長壽二年，天竺僧覺救譯，宗密疏解。《圓覺》之旨，佛爲十二大士，説如來本起因地，終之以三觀。《楞嚴》之旨，阿難因遇魔嬈，問學菩提最初方便，終之以二義。蓋《圓覺》自誠而明，《楞嚴》自明而誠，雖若不同，而二義三觀，不出定慧，其歸豈有二哉！

尤袤《遂初堂書目·釋家》《圓覺經疏》。

馬端臨《文獻通考·經籍考·釋氏》《圓覺經疏》三卷。晁氏曰：唐長壽二年，天竺僧覺救譯，宗密疏解。《圓覺》之旨，佛爲十二大士説如來本起因地，修之以三觀。《楞嚴》之旨，阿難因遇魔障嬈，問學菩提最初方便，終之以二義。蓋《圓覺》自誠而明，《楞嚴》自明誠，雖若不同，而二義、三觀，不出定慧，其歸豈有二哉？

《宋史・藝文志・釋氏》 宗密《圓覺經疏》六卷。

大乘百法明門論疏

錢東垣等輯《崇文總目・釋書》 《大乘百法明門論疏》二卷。

百法明門論疏

《宋史・藝文志・釋氏》 忠師《百法明門論疏》二卷。

中觀論三十六門勢疏

錢東垣等輯《崇文總目・釋書》 《中觀論三十六門勢疏》一卷。釋元康撰。原釋以下俱闕。見天一閣鈔本。

《宋史・藝文志・釋氏》 元康《中觀論三十六門勢疏》一卷。

三藏本疏

《新唐書・藝文志・釋氏》 道岳《三藏本疏》二十二卷。姓孟氏，河陽人，貞觀中。

鄭樵《通志・藝文略》 《三藏本疏》二十二卷。釋道岳撰。

大莊嚴論文疏

《新唐書・藝文志・釋氏》 《大莊嚴論文疏》三十卷。

鄭樵《通志・藝文略》 《大莊嚴論文疏》三十卷。

俱舍論文疏

《新唐書・藝文志・釋氏》 又《俱舍論文疏》三十卷。

鄭樵《通志・藝文略》 《俱舍論文疏》三十卷。同上。

雜心玄章鈔疏

《新唐書・藝文志・釋氏》 慧休《雜心玄章鈔疏》卷亡。姓樂氏，瀛州人。

起信論疏

《新唐書・藝文志・釋氏》 法藏《起信論疏》二卷。

鄭樵《通志・藝文略》 《起信論疏》二卷。唐僧法藏撰。

《宋史・藝文志・釋氏》 法深《起信論疏》二卷。

涅槃義疏

《新唐書・藝文志・釋氏》 靈潤《涅槃義疏》十三卷。

鄭樵《通志・藝文略》 《涅槃義疏》十三卷。釋靈潤撰。又《玄章》三卷。

攝論疏

《新唐書・藝文志・釋氏》 辯相《攝論疏》五卷。辯相，居浄影寺。

鄭樵《通志・藝文略》 《攝論疏》五卷。釋辯相撰。

攝論義疏

《新唐書・藝文志・釋氏》 法常《攝論義疏》八卷。

鄭樵《通志・藝文略》 《攝論義疏》八卷。釋法常撰。又《玄章》五卷。

四分疏

《新唐書・藝文志・釋氏》 法礪《四分疏》十卷。

鄭樵《通志・藝文略》 《四分疏》十卷。釋法礪撰。

羯磨疏

《新唐書・藝文志・釋氏》 《羯磨疏》三卷。法礪。

四分律疏

《新唐書・藝文志・釋氏》 慧滿《四分律疏》二十卷。姓梁氏，京兆長安人。

鄭樵《通志・藝文略》 《四分律疏》二十卷。釋慧滿撰。

菩薩戒義疏

《新唐書・藝文志・釋氏》 《菩薩戒義疏》四卷字玄素，河東人。

維摩經疏

《新唐書・藝文志・釋氏》 神楷《維摩經疏》六卷。

鄭樵《通志・藝文略》 《維摩經疏》六卷。釋神楷撰。

尤袤《遂初堂書目・釋家》 《維摩經疏》。

首楞嚴經疏

《宋史・藝文志・釋氏》 惟慤《首楞嚴經疏》六卷。

華嚴經疏

《宋史・藝文志・釋氏》 僧澄觀《華嚴經疏》十卷。

圓覺經略疏

楊士奇等《文淵閣書目・寒字號・佛書》 《圓覺經略疏》。一部二册。

范邦甸等《天一閣書目・釋家》 《圓覺經畧疏》十二卷。唐終南山草堂寺沙門宗密述。

原人論注疏

楊士奇等《文淵閣書目・寒字號》《原人論注疏》。一部一册。

心經略疏

楊士奇等《文淵閣書目・寒字號》《心經略疏》。一部一册。
《心經略疏》一部四册。

心經界疏

釋道開《藏逸經書》《心經界疏》，慧燈集。南北有流行板。

盂蘭盆經疏

楊士奇等《文淵閣書目・寒字號》《盂蘭盆經疏》。一部二册。

注肇論疏

楊士奇等《文淵閣書目・寒字號》《注肇論疏》。一部一册。

肇論新疏

楊士奇等《文淵閣書目・寒字號》《肇論新疏》。一部三册。

圓覺略疏

徐𤊹《徐氏家藏書目・子部・釋類》《圓覺畧疏》四卷。宗密述，如山注。

別行疏

范邦甸等《天一閣書目・釋家》《別行疏》一卷。敕太原府大崇福寺沙門澄觀述。

圓覺大疏

徐𤊹《徐氏家藏書目・子部・釋類》《圓覺大疏》十二卷。宗密。
釋道開《藏逸經書》《圓覺經大疏》，江西省城北龍光寺應方禪師有舊本，其徒號竺章。

維則楞嚴會解疏

倪燦《補遼金元藝文志・釋家》元《維則楞嚴會解疏》十卷。
黃虞稷《千頃堂書目・釋家》《維則楞嚴會解疏》十卷。至正壬午序。又《楞嚴擲丸》一卷，又《天台四教儀要正》。字天如，永新人。少學於天目，在吳所居地名獅子林。

經道行經義疏

文廷式《補晉書藝文志・釋録》《經道行經義疏》，僧衛《十住經注解》。並見《高僧傳》。

法華義疏

文廷式《補晉書藝文志・釋録》 竺法崇《法華義疏》四卷。見《高僧傳》。

撰述分部

寶臺四法藏目録

《隋書・經籍志・雜家》 《寶臺四法藏目録》一百卷。大業中撰。

開皇三寶録總目

《宋史・藝文志・釋氏》 《開皇三寶録總目》一卷。

大藏經總目

楊士奇等《文淵閣書目・寒字號》 《大藏經總目》。一部二册。

衆經目録

《新唐書・藝文志・釋氏》 《衆經目録》五卷。

三藏目録

范邦甸等《天一閣書目・釋家》 《三藏目録》四卷。藍絲闌鈔本。不著編輯人姓名。

釋藏目録

《明史・藝文志・釋家》 《釋藏目録》四卷。

唐衆經目録

鄭樵《通志・藝文略》 《唐衆經目録》五卷。

開元釋教録

馬端臨《文獻通考・經籍考・釋氏》 《開元釋教録》三十卷。晁氏曰：「唐僧智昇撰。智昇在開元中纂釋氏諸書入中國歲月，及翻譯者姓氏，以《楞嚴經》爲唐僧懷迪譯。張天覺以懷迪與菩提流支，後魏僧，其言殆不可信也。」

楊士奇等《文淵閣書目・寒字號》 《開元釋放録》。一部四册。

《四庫全書總目提要・釋家》 《開元釋教録》二十卷。江西按察使王昶家藏本。

唐釋智昇撰。智昇開元中居長安西崇福寺。是編以三藏經論編爲目録。不分門目，但以譯人時代爲先後。起漢明帝永平十年丁卯，迄開元十八年庚午，凡六百六十四載。中間傳經緇素總一百七十六人。所出大小二乘、三藏聖教及聖賢集傳并及失譯總二千二百七十八部，合七千四十六卷。分爲二録。一曰《總括羣經録》。皆先列譯人名氏，次列所譯經名、卷數及或存或佚，末列小傳，各詳其人之始末。

凡九卷。其第十卷則載列代佛經目録，凡古目録二十五家，僅存其名。新目録十六家，具列其數。首爲《古經録》一卷，謂爲秦始皇時釋利防等所齎，其説恍惚無徵。次爲《舊經録》一卷，稱爲劉向校書天禄閣所見。蓋依據向《列仙傳序》稱七十二人已見佛經之文。至稱爲孔壁所藏，則無庸置辨矣。餘自漢時佛經目録以後，則固皆有實徵者也。一曰《別分乘藏録》，凡爲七類。一曰有譯有本，二曰有譯無本，三曰支派別行，四曰刪略繁重，五曰拾遺補闕，六曰疑惑再譯，七曰僞邪亂真。則各以經論類從，州列部分，與總録一經一緯，凡八卷。其第十九卷則大乘經律論入藏目録，第二十卷則小乘經律論聖賢集傳入藏目録也。佛氏舊文，玆爲大備，亦玆爲最古。所列諸傳，尤足爲考證之資。朱彝尊作《經義考》，號爲善本。而核其體例，多與此符。或爲規仿，或爲闇合，均未可定。然足見其爲緇流之中嫻於著作者矣。考《隋書》載王儉《七志》，以道佛附見，合爲七門。阮孝緒《七録》則以佛録第六，道録第七，共爲七門。《隋志》則於四部之末附載道經、佛經之總數，而不列其目。《唐志》以下頗載經目，而挂漏實多。今於二氏之書皆擇體裁猶近儒書者略存數家，以備參考。至經典叙目則惟録此書及白雲霽《道藏目録》以存梗概。亦猶《隋志》但列總數之意云爾。

張金吾《愛日精廬藏書志・釋家》《開元釋教録》二十卷。明支那本。唐崇福寺沙門智昇撰。自序。

張之洞《書目答問・釋道家》《開元釋教録》二十卷。唐釋智昇。釋藏本。

起信論鈔

錢東垣等輯《崇文總目・釋書》《起信論鈔》三卷。釋宗密撰。

鄭樵《通志・藝文略》《起信論鈔》二卷。僧宗密撰。

《新唐書・藝文志・釋氏》《起信論鈔》三卷。

《宋史・藝文志・釋氏》《起信論鈔》三卷。

雜心玄章并鈔

《新唐書・藝文志・釋氏》道基《雜心玄章并鈔》八卷。

鄭樵《通志・藝文略》《雜心玄章并鈔》八卷。釋道基撰。

大乘章鈔

《新唐書・藝文志・釋氏》《大乘章鈔》八卷。姓吕氏，東平人，貞觀時。

鄭樵《通志・藝文略》《大乘章鈔》八卷。釋道基撰。

時文釋鈔

《新唐書・藝文志・釋氏》《時文釋鈔》四卷。

鄭樵《通志・藝文略》《時文釋鈔》四卷。釋玄會撰。

遍攝大乘論義鈔

《新唐書・藝文志・釋氏》《遍攝大乘論義鈔》十三卷。

五部區分鈔

《新唐書・藝文志・釋氏》智首《五部區分鈔》二十一卷。姓皇甫氏。

鄭樵《通志・藝文略》《五部區分鈔》二十卷。釋智首撰。

圓覺經大小疏鈔

《新唐書・藝文志・釋氏》《圓覺經大小疏鈔》各一卷。

四明妙宗抄

徐𤊹《徐氏家藏書目·子部·釋類》 《四明妙宗抄》六卷。

雙樹幼抄

徐𤊹《徐氏家藏書目·子部·釋類》 《雙樹幼抄》三卷。胡應麟。

阿彌陀經疏鈔

徐𤊹《徐氏家藏書目·子部·釋類》 《阿彌陀經疏鈔》四卷。雲栖蓮池述。

釋道開《藏逸經書》 《圓覺經大鈔》，常州府有舊本。

釋道開《藏逸經書》 《圓覺經略疏小鈔》，秀水東禪寺有板。

釋道開《藏逸經書》 《肇論遊刃鈔》，未經閲覽。

釋道開《藏逸經書》 《地藏經孝衡疏鈔》，圭峰疏遇榮鈔。

般若約鈔

黄虞稷《千頃堂書目·釋家》 李登《般若約鈔》。字士龍，上元人。以貢授新野令，左遷崇仁教諭。

心王傳語

錢東垣等輯《崇文總目·釋書》 傅大士《心王傳語》一卷。錫鬯按：舊本「士心」二字并作「志」字，今據《宋志》校改。

鄭樵《通志·藝文略》 傅大士《心王傳語》一卷。

《宋史·藝文志·釋氏》 傅大士《心王傳語》一卷。

相傳雜語

錢東垣等輯《崇文總目·釋書》 《相傳雜語》一卷。

忠國師語

錢東垣等輯《崇文總目·釋書》 《忠國師語》一卷。釋惠忠撰。

鄭樵《通志·藝文略》 《忠國師語》一卷。唐僧惠忠語。

紫陵語

錢東垣等輯《崇文總目·釋書》 《紫陵語》一卷。《通志略》、《宋志》並不著撰人。

鄭樵《通志·藝文略》 《紫陵語》一卷。

《宋史·藝文志·釋氏》 《紫陵語》一卷。

百文廣語

錢東垣等輯《崇文總目·釋書》 《百文廣語》一卷。釋懷和撰。

《宋史·藝文志·釋氏》 懷和《百丈廣語》一卷。

語

鄭樵《通志·藝文略》《語》一卷。僧懷和語。

釋氏要語

鄭樵《通志·藝文略》《釋氏要語》一卷。

妙中語

鄭樵《通志·藝文略》《妙中語》三卷。

五位語

鄭樵《通志·藝文略》《五位語》一卷。

三轉語

鄭樵《通志·藝文略》《三轉語》一卷。

寂感禪師法語

趙希弁《讀書附志》《寂感禪師法語》五卷。右寂感禪師印肅語也。程公許爲之序。淳熙中，謝艮齋諤所作《塔銘》附。

無庵法語

趙希弁《讀書附志》《無庵法語》一卷。右孟少保珙與公安僧法東往復之語也。陳犇趙希杍爲之序。

惠忠國師語

《宋史·藝文志·釋氏》《惠忠國師語》一卷。冉氏。

諸祖法語

楊士奇等《文淵閣書目·寒字號》《諸祖法語》。一部一册。

傳燈要語

范邦甸等《天一閣書目·釋家》《傳燈要語》一卷。明嘉靖庚申畏齋子序。

精　語

王圻《續文獻通考·經籍考·佛家》《精語》。王當陽，元初遇異人，能幻化之術，後遊武當，歸郡南平頂山，建昇平道院，修煉其中，撰《精語》，後端坐而化。

二會語

王圻《續文獻通考・經籍考・佛家》《二會語》四卷。宋景濂曰：佛智弘辨禪師傑峰愚公著。已刊行叢林中。

經山悦堂禪師四會語

王圻《續文獻通考・經籍考・佛家》《經山悦堂禪師四會語》。悦堂禪師顔公著。

永寧四會語

王圻《續文獻通考・經籍考・佛家》《永寧四會語》。永寧和尚著。

重刻寂照四會語

王圻《續文獻通考・經籍考・佛家》《重刻寂照四會語》。宋景濂曰：寂照和尚元叟端公既示寂，蜀郡虞文靖公爲序其四會語矣，兹其入室弟子清泰子梗、金山惠明、天寧祖闡，復以舊所録先師語，不幸燬於兵，竊懼不傳，故命印生重雕，而屬予序之。

碣石鬘語

徐𤊹《徐氏家藏書目・子部・釋類》《碣石鬘語》一卷。阮自華。

蒲團上語

徐𤊹《徐氏家藏書目・子部・釋類》《蒲團上語》一卷。鮑在齊。

浄慈要語

徐𤊹《徐氏家藏書目・子部・釋類》《浄慈要語》二卷。元賢。

慱山參禪警語

徐𤊹《徐氏家藏書目・子部・釋類》《慱山參禪警語》二卷。

法舟和尚剩語

徐𤊹《徐氏家藏書目・子部・釋類》《法舟和尚剩語》一卷。嘉靖初人。

法界僧圖

《新唐書・藝文志・釋氏》《法界僧圖》一卷。

鄭樵《通志・藝文略》《法界僧圖》一卷。

鄭樵《通志・圖譜略・記無》《法界僧圖》。

行圖

《新唐書・藝文志・釋氏》 道綽《行圖》一卷。

道綽行圖

鄭樵《通志・圖譜略・記無》 《道綽行圖》。

西傳宗派圖

鄭樵《通志・圖譜略・記有》 《西傳宗派圖》。

聲鐘圖

鄭樵《通志・圖譜略・記有》 《聲鐘圖》。

辨才法師繫念圖

鄭樵《通志・圖譜略・記有》 趙少保《辨才法師繫念圖》。

六想圖

鄭樵《通志・圖譜略・記有》 《六想圖》。

重元圖

鄭樵《通志・圖譜略・記有》 《重元圖》。

綱格圖

鄭樵《通志・圖譜略・記有》 《綱格圖》。

古今譯圖

鄭樵《通志・圖譜略・記無》 《古今譯圖》。

禪門承襲圖

楊士奇等《文淵閣書目・寒字號》 《禪門承襲圖》。一部一册。

九圜史圖

徐𤊹《徐氏家藏書目・子部・釋類》 《九圜史圖》一卷。趙宧光。

因果記

《隋書・經籍志・雜家》 《因果記》十卷。

歷代三寶記

《隋書・經籍志・雜家》《歷代三寶記》三卷。費長房撰。

《舊唐書・經籍志・道家類》《歷代三寶記》三卷。

《新唐書・藝文志・釋氏》費長房《歷代三寶記》三卷。長房，成都人，隋翻經學士。

鄭樵《通志・藝文略》《歷代三寶記》三卷。費長房撰。

《宋史・藝文志・釋氏》費長房《開皇歷代三寶記》十四卷。

義　記

《隋書・經籍志・雜家》《義記》二十卷。蕭子良撰。

《新唐書・藝文志・釋氏》又《義記》一卷。字法雲，姓吴氏，章安人。

皇帝菩薩清浄大捨記

《隋書・經籍志・雜家》《皇帝菩薩清浄大捨記》三卷。謝吴撰，亡。

鄭樵《通志・藝文略》《皇帝菩薩清浄大捨記》三卷。謝吴撰。

無住和尚説法記

錢東垣等輯《崇文總目・釋書》《無住和尚説法記》二卷。錫鬯按：《通志畧》，釋純休撰。《宋志》，「住」作「性」，一卷。「純休」作「統休」。又重出《無住和尚説法記》二卷。作《鈍林集》，未知孰是。

鄭樵《通志・藝文略》《無住和尚説法記》三卷。唐僧純休集。

菩提心記

錢東垣等輯《崇文總目・釋書》《菩提心記》一卷。《通志畧》、《宋志》並不著撰人。

鄭樵《通志・藝文略》《菩提心記》一卷。

《宋史・藝文志・釋氏》《菩提心記》一卷。

金陵塔寺記

錢東垣等輯《崇文總目・釋書》《金陵塔寺記》三十六卷。釋清徹撰。

《新唐書・藝文志・釋氏》清徹《金陵塔寺記》三十六卷。

鄭樵《通志・藝文略》《金陵寺塔記》三十六卷。唐僧清徹撰。

六祖法寶記

錢東垣等輯《崇文總目・釋書》《六祖法寶記》一卷。釋法海撰。

《新唐書・藝文志・釋氏》僧法海《六祖法寶記》一卷。

鄭樵《通志・藝文略》《六祖法寶記》一卷。唐僧法海撰。

《宋史・藝文志・釋氏》法海《六祖法寶記》一卷。

舍利塔記

錢東垣等輯《崇文總目・釋書》《舍利塔記》一卷。高越撰。錫鬯按：舊本「舍」譌作「金」，今校改。

鄭樵《通志・藝文略》《舍利塔記》一卷。僞唐高越撰。

《宋史・藝文志・釋氏》 高越《舍利塔記》一卷。

顧懷三《補五代史藝文志・釋氏》 《舍利塔記》一卷。高越撰。

瑞象歷年記

錢東垣等輯《崇文總目・釋書》 《瑞象歷年記》一卷。釋十朋撰。

鄭樵《通志・藝文略》 《瑞像歷年記》一卷。僞吴僧十朋撰。

《宋史・藝文志・釋氏》 《瑞象歷年記》一卷。

華嚴經纂靈記

錢東垣等輯《崇文總目・釋書》 《華嚴經纂靈記》五卷。釋賢首撰。錫鬯按：《宋志》無卷數。

鄭樵《通志・藝文略》 《華嚴經纂靈記》五卷。唐僧賢首撰。

前代國王修行記

錢東垣等輯《崇文總目・釋書》 《前代國王修行記》五十卷。釋師哲撰。錫鬯按：《唐志》、《通志畧》並五卷，《宋志》無國字一卷，「師哲」作「師質」。

《新唐書・藝文志・釋氏》 師哲《前代國王脩行記》五卷。盡中宗時。

鄭樵《通志・藝文略》 《前代國王修行記》五卷。唐僧師哲撰。

攝山棲霞寺記

錢東垣等輯《崇文總目・釋書》 《攝山棲霞寺記》一卷。釋靈湍撰。錫鬯按：《通志略》作「靈偳」。

《新唐書・藝文志・釋氏》 靈湍《攝山棲霞寺記》一卷。

鄭樵《通志・藝文略》 《攝山棲霞寺記》一卷。唐僧靈湍撰。

《宋史・藝文志・釋氏》 靈湍《攝山棲霞寺記》一卷。

迦葉祖裔記

錢東垣等輯《崇文總目・釋書》 《迦葉祖裔記》一卷。《通志畧》、《宋志》：並不著撰人。

鄭樵《通志・藝文略》 《迦葉祖裔記》一卷。

《宋史・藝文志・釋氏》 《迦葉祖裔記》一卷。

洛陽伽藍記

《新唐書・藝文志・釋氏》 陽衒之《洛陽伽藍記》五卷。

鄭樵《通志・藝文略》 《洛陽伽藍記》五卷。後魏楊衒之撰。

疏　記

《新唐書・藝文志・釋氏》 《疏記》四卷。

大唐西域記

《新唐書・藝文志・釋氏》 玄奘《大唐西域記》十二卷。姓陳氏，緱氏人。

張之洞《書目答問・釋道家》 《大唐西域記》十二卷。唐釋元奘。守山閣本、金壺本、津逮本、學津本。此書與《佛國記》意在紀述釋教，不爲地理而作。故入此類。

西域記

《新唐書・藝文志・釋氏》 辯機《西域記》十二卷。

十誦私記

《新唐書・藝文志・釋氏》 慧旻《十誦私記》十三卷。

鄭樵《通志・藝文略》 《十誦私記》十三卷。唐僧慧旻撰。

古今譯經圖紀

《新唐書・藝文志・釋氏》 靖邁《古今譯經圖紀》四卷。

鄭樵《通志・藝文略》 《古今譯經圖記》一卷。唐僧靖邁撰。

續古今譯經圖紀

《新唐書・藝文志・釋氏》 智昇《續古今譯經圖紀》一卷。

鄭樵《通志・藝文略》 《續古今譯經圖記》一卷。唐僧智昇撰。

梁皇大捨記

鄭樵《通志・藝文略》 《梁皇大捨記》三卷。嚴昺撰。

四天王行藏記

鄭樵《通志・藝文略》 《四天王行藏記》一卷。

廬山南陵精舍記

鄭樵《通志・藝文略》 《廬山南陵精舍記》一卷。

華山精舍記

鄭樵《通志・藝文略》 《華山精舍記》一卷。張光禄撰。

成都大慈寺記

鄭樵《通志・藝文略》 《成都大慈寺記》三卷。

《宋史・藝文志・釋氏》 《成都大慈寺記》二卷。

十四科元贊義記

鄭樵《通志・藝文略》 竺道生法師《十四科元贊義記》一卷。

《宋史・藝文志・釋氏》 竺道生《十四科元贊義記》一卷。

三乘入道記

鄭樵《通志・藝文略》 《三乘入道記》一卷。

法界摭要記

晁公武《郡齋讀書志》 《法界摭要記》四卷。袁本《前志》卷三下釋書類第二十四。

右皇朝僧遵式述。其序云：「元豐初，覽清凉《玄鏡》，圭峯注，取其合者録之。」

馬端臨《文獻通考・經籍考・釋氏》 《法界摭要記》四卷。晁氏曰：「皇朝僧遵式述。其序云，元豐初，覽清凉、玄鏡、圭峰注，取其合者録之。」

鮑埜宗記

馬端臨《文獻通考・經籍考・釋氏》 《鮑埜宗記》。永嘉鮑埜撰。水心序曰：佛學由可至能自爲宗，其説蔓肆數十萬言。永嘉鮑埜删擇要語，定著百篇，此非佛之學然也，中國之學爲佛者然也。佛學入中國，其書具在，學之者固病其難而弗省也，有胡僧教以盡棄舊書不用，即己爲佛而已，學之者又疑其誕而未從也。獨可、璨數人大喜，決從之，故流行至今。嗚呼。佛之果非己乎？予不得而知也！己之果爲佛乎？予不得而知也。余所知者，中國之人，畔佛之學而自爲學，倒佛之言而自爲言，皆自以爲己即佛，而甚者至以爲過於佛也。是中國人之罪，非佛之過也。今夫儒者不然，於佛之學不敢言，曰異國之學也，於佛之書不敢觀，曰異國之書也。彼夷術狄技，絶之易爾，不幸以吾中國之人爲非佛之學，以吾中國文字爲非佛之書，行於不可行，立於不可立，草野倨侮，廣博茫昧，儒者智不能知，力不能救也。則中國之人非佛非己，蕩逸縱恣，終於不返矣，是不足爲大慼歟！予嘗問埜：「儒之强者愊，弱者眩，皆莫之睨，子以何道知之，又爲之分高而別下，取要而舍煩哉？」埜曰：「無道也，悟而已矣。其爲是宗者，亦曰無道也，悟而已矣。」予聞其言，愈悲夫「不憤不啟，不悱不發。」故曰：「亦可以弗畔矣。今悟而遂畔之，庸知非迷之大乎？雖然，考之於其書，則信悟矣。」

無性和尚説法記

《宋史・藝文志・釋氏》 統休《無性和尚説法記》一卷。

前代國王修行記

《宋史・藝文志・釋氏》 師哲《前代國王修行記》一卷。

金剛經報應記

《宋史・藝文志・釋氏》 盧求《金剛經報應記》三卷。

華嚴經纂靈記

《宋史・藝文志・釋氏》 賢首《華嚴經纂靈記》五卷。

荷澤顯宗記

《宋史・藝文志・釋氏》 僧神會《荷澤顯宗記》一卷。

佛祖統記

楊士奇等《文淵閣書目・寒字號》 《佛祖統記》。一部一册。

成道記

楊士奇等《文淵閣書目・寒字號》《成道記》。一部一册。

善惡報應記

楊士奇等《文淵閣書目・寒字號》《善惡報應記》。一部一册。

《善惡報應記》。一部三册。

《善惡報應記》。一部一册。

釋迦如來成道記

高儒《百川書志・佛家》《釋迦如來成道記》一卷。唐太原王勃撰。錢塘慧悟大師道成註。

范邦甸等《天一閣書目・釋家》《釋迦如來成道記》一卷。唐王勃撰，慧悟大師道誠註。

釋氏私記

王圻《續文獻通考經籍考・佛家》《釋氏私記》。僧灌頂著。

重刻傳法正宗記

王圻《續文獻通考・經籍考・佛家》《重刻傳法正宗記》十二卷。宋景濂曰：宋明教大師契嵩博採三藏記洎諸家紀載釋迦爲表三十三祖爲傳，持法一千三百四人爲分家略傳，而旁出宗證繼焉，名曰《傳法正宗記》。復盡佛祖相承之像，明其世系，名曰《定祖圖》。申述禪經及西域諸師爲證，以闢學者之妄，名曰《正宗論》。其衛道之嚴，凜凜乎不可犯也。甬東祖杲禪師以誠篤契道，恐法輪不運，合衆緣重刻以傳。

資持記

王圻《續文獻通考經籍考・佛家》《資持記》、《濟緣記》、《行宗記》、《應法記》、《報恩記》、《刪定尼戒本》、《金剛疏》，錢塘僧元照著。

釋迦成道記

徐𤊹《徐氏家藏書目・子部・釋類》《釋迦成道記》一卷。王渤撰，道誠注。

西遊記

徐𤊹《徐氏家藏書目・子部・釋類》《西遊記》廿卷。

佛國記

徐𤊹《徐氏家藏書目・子部・釋類》《佛國記》一卷。宋法顯。

顧櫰三《補五代史藝文志・釋氏》《佛國記》十卷。馬裔孫撰。

張之洞《書目答問・釋道家》《佛國記》一卷。宋釋法顯。津逮本、學津本、漢魏叢書本、唐宋叢書本。

蜀中高僧記

徐𤊹《徐氏家藏書目・子部・釋類》《蜀中高僧記》十卷。

黃虞稷《千頃堂書目・釋家》曹學佺《蜀中高僧記》十卷。

瞻禮阿育舍利記

徐𤊹《徐氏家藏書目・子部・釋類》《瞻禮阿育舍利記》一卷。王應遴。

黃虞稷《千頃堂書目・釋家》王應遴《瞻禮阿育舍利記》一卷。

瞻禮舍利記

徐𤊹《徐氏家藏書目・子部・釋類》《瞻禮舍利記》一卷。李封若。

回生記

徐𤊹《徐氏家藏書目・子部・釋類》《回生記》一卷。

親聞記

徐𤊹《徐氏家藏書目・子部・釋類》《親聞記》二卷。净土論、幽溪沙門受教著。

釋道開《藏逸經書》《夢譚記》，武林妙峰座主所撰。板在昭慶寺。

黃虞稷《千頃堂書目・釋家》俞汝爲《長水塔院記》六卷。

顧櫰三《補五代史藝文志・釋氏》《異僧記》一卷。

文廷式《補晉書藝文志・釋録》《佛游天竺記》一卷。《初學記》二十九引作《釋法顯佛游本記》。《出三藏集記》：右六部當作七部。凡六十三卷。晉安帝時，沙門釋法顯以隆安三年遊西域。於中天竺師子國得梵本，歸京都住道場寺，就天竺禪師佛馱跋陀羅共譯出。

請禱集

錢東垣等輯《崇文總目・釋書》《請禱集》十卷。釋十朋撰。

鄭樵《通志・藝文略》《請禱集》十卷。僞吳僧十朋撰。

《宋史・藝文志・釋氏》十朋《請禱集》一卷。

法喜集

錢東垣等輯《崇文總目・釋典》《法喜集》二卷。馬允孫撰。

鄭樵《通志・藝文略》《法喜集》二卷。晉太子賓客致仕馬胤孫撰。

《宋史・藝文志・釋氏》《法喜集》二卷。

顧櫰三《補五代史藝文志・釋氏》《法喜集》二卷。

竹林集

錢東垣等輯《崇文總目・釋書》《竹林集》一卷。釋本宣撰。

鄭樵《通志・藝文略》《竹林集》十卷。僧本先撰。

《宋史・藝文志・釋氏》本先《竹林集》一卷。

祖堂集

錢東垣等輯《崇文總目・釋書》《祖堂集》一卷。《通志畧》不著撰人。

鄭樵《通志・藝文略》《祖堂集》一卷。

遺聖集

錢東垣等輯《崇文總目・釋書》《遺聖集》一卷。《通志畧》、《宋志》並不著撰人。

鄭樵《通志・藝文略》《遺聖集》一卷。雜鈔諸禪宗問對之語。

《宋史・藝文志・釋氏》《遺聖集》一卷。

積元集

錢東垣等輯《崇文總目・釋書》《積元集》一卷。《通志畧》、《宋志》並不著撰人。

鄭樵《通志・藝文略》《積玄集》一卷。

《宋史・藝文志・釋氏》《積元集》一卷。

德山集

錢東垣等輯《崇文總目・釋書》《德山集》一卷。原釋不詳何人。見《東觀餘論》。錫鬯按：黄長睿校正，《崇文總目》云德山在朗州。蓋宣鑒禪師，乃唐僖宗朝人。此云不知何人，疎繆如此。

鄭樵《通志・藝文略》《德山集》一卷。

《宋史・藝文志・釋氏》《德山集》一卷。仰山、潙山語。

廬山集

錢東垣等輯《崇文總目・釋書》《廬山集》十卷。釋惠遠撰。

鄭樵《通志・藝文略》《廬山集》十卷。晋僧惠遠集。

楊士奇等《文淵閣書目・寒字號》《廬山集》。一部二册。

弘明集

錢東垣等輯《崇文總目・釋書》《洪明集》十卷。釋僧祐撰。錫鬯按：諸家書目「洪」並作「宏」，下書同。《舊唐志》、《唐志》、《通志畧》及今本並十四卷。

《新唐書・藝文志・釋氏》《弘明集》十四卷。

鄭樵《通志・藝文略》《弘明集》十四卷。僧祐撰。

晁公武《郡齋讀書志》《弘明集》十四卷。袁本《前志》卷三下釋書類第十。右梁釋僧祐纂。僧祐居鍾山定林寺，號祐律師。采前代勝士書記文述有益於釋教者，集之成此書。

尤袤《遂初堂書目》《宏明集》。

《四庫全書總目提要・釋家》《宏明集》十四卷。兵部侍郎紀昀家藏本。梁釋僧祐編。僧祐姓俞氏，彭城下邳人。初出家揚都建初寺，武帝時居鍾山定林寺。《唐書・藝文志》載僧祐《宏明集》十四卷。此本卷數相符，蓋猶釋藏之舊。末有僧祐後序，而首無前序，疑傳寫佚之。所輯皆東漢以下至於梁代闡明佛法之文。其學主於戒律，其説主於因果。其大旨則主於抑周、孔，排黄老，而獨伸釋氏之法。夫天不言而自尊，聖人之道不言而自信，不待夸，不待辨也。恐人不尊不信而囂張其外以彌縫之，是亦不足於中之明證矣。然六代遺編，流傳最古。梁以前名流著作，今無專集行世者，頗賴以存。終勝庸俗緇流所撰述。就釋言釋，猶彼教中雅馴之言也。

張金吾《愛日精廬藏書志・釋家》《宏明集》十四卷。明支那本。梁釋僧祐撰。自序曰：余所集《宏明》爲法禦侮。通人雅論，勝士妙説，摧邪破惑之衝，宏道護法之塹，亦已備矣。然智者不迷，迷者乖智。若導以深法，終於莫領。故復撮舉世典指事，取徵言非榮華理歸質實，庶迷塗之人不遠而復。總釋衆疑，故曰《宏明論》云：夫二諦差别，道俗斯分。道法空寂，包三界以等觀。俗教封滯，執一國以限心。心限一國，則耳目之外皆疑。等觀三界，則神化之理常照。執疑以迷照，羣生所以永淪者也。詳檢俗教並憲章五經，所尊唯天，所法唯聖。然莫測天形，莫窺聖心，雖敬而信之，猶矇矇弗了。況乃佛尊於天，法妙於聖，化出域中，理絶繫表肩。吾猶驚怖於河漢，俗士安得不疑駭於覺海哉。既駭覺海則驚同河漢。一疑經説迂誕，大而無徵。二疑人死神滅，無有三世。三疑莫見真佛，無益國治。四疑古無法教，近出漢世。五疑教在戎方，化非華俗。六疑漢魏法微，晉代始盛。以此六疑，信心不樹將溺，宜拯故較而論之。若疑經説迂誕大而無徵者，蓋以積劫不極，世界無邊也。今世咸知百年之外，必至萬歲而不信積萬之變，至於曠劫。是限心以量造化也。咸知赤縣之表，必有四極，而不信積極之遠，復有世界。是執見以判大虚也。昔湯問革曰：「上下八方有極乎。」革曰：「無極之外，復無無極。無盡之中，復無無盡。朕是以知其無極無盡也。」上古大賢據理訓聖、千載符契，懸與經合。并識之徒何智得異。夫以方寸之心，謀己身而致謬。圓分之眸、隔墻壁而弗見。而乃侮尊經，背聖説，誣積劫，罔世界可爲愍傷者，一也。若疑人死神滅無，有三世，是自誣其性靈而蔑棄其祖禰也。然則周、孔制典，昌言鬼神。易曰：「游魂爲變」，是以知鬼神之情狀。既情且狀，其無形乎？《詩》云：「三后在天，王配于京。」升靈上旻，豈曰滅乎？《禮》云：「夏尊命，是鬼敬神。」大禹所祇，甯虚誕乎？《書》稱周公代武云：「能事鬼神。」姬旦禱親，可虚罔乎？苟亡而有靈，則三世如鏡變化，輪回，孰知其極。俗士執禮而背叛五經，非真誣佛亦侮聖也。若信鬼於五經，而疑神於佛説，斯固聾瞽之徒，非議所及，可爲哀矜者，二也。若疑莫見真佛無益國治，則禋祀望秩亦宜廢棄，何者。蒼蒼積空，誰見上帝之貌。茫茫累塊，安識后祇之形。民自躬稼，社神何方。人造庸啜，蜡鬼奚功。然猶盛其犧牲之費，繁其歲時之祀者，豈不以幽靈宜尊，教民美報耶。況佛智周空界，神凝域表。上帝成天，緣其陶鑄之慈。聖王爲人，依其亭育之戒。崇法則六天咸喜，廢道則萬神斯怒。今人莫見天形而稱郊祀，有福不覩金容而謂敬事。無報輕本重末，可爲震懼者，三也。若疑古無佛教，近出漢世者。夫神化隱顯，孰測始終哉。尋羲農緬邈，政績猶湮。彼有法教，亦安得聞之。昔佛圖澄知臨淄伏石，有舊像露盤。犍陀勒見槃鵄山中有古寺基墌，衆人試掘並如其言。此萬代之遺徵晉世之顯驗，誰判上古必無佛乎。列子稱周穆王時西極有化人來。入水火、貫金石、反山川、移城邑、乘虚不墜，觸實不礙。千變萬化不可窮極既能變人之形，又且易人之慮。穆王敬之若神，事之若君。觀其靈跡，乃開士之化，大法萌兆已見周初。感應之漸非起漢世。而封執一時可爲嘆息者，四也。若疑教在戒方，化非華夏者。則是前聖執地以定教，非設教以移俗也。昔三皇無爲、五帝德化、三王禮形，七國權勢，地當諸夏而世教九變。今反以至道之源，鏡以大智之訓，感而遂通，何往不被夫。禹出西羌，舜生東夷，孰云地賤而棄其聖。某欲居夷，聃適西戎。道之所在、甯選於地。夫以俗聖設教，猶不繫於華夷。況佛統大千，豈限化於西域哉。案《禮·王制》云：「四海之內，方三千里。」中夏所據亦已不曠，伊洛本夏而鞠爲戎墟。吴楚本夷而翻成華邑。道有運流而地無恒化矣，且夫厚載無疆，寰域異統，北辰西北，故知天竺居中。今已區分中土；稱華以距正法，雖欲距塞而神化常通，可爲悲凉者，五也。若疑漢魏法微，晉代始盛者，道運崇替，未可致詰也。尋沙門之修釋教，何異孔氏之述唐虞乎。孔修五經垂範百主，然春秋諸侯莫肯遵用，戰伐蔑之，將墜于地。爰至秦皇復加燔燼，豈仲尼之不肖而詩書之淺鄙哉。邇及漢武始顯儒教，舉明經之相崇孔聖之術，甯可以見輕七國而遂廢後代乎。案漢元之世，劉向序仙云，七十四人出在佛經，故知經流中夏其來已久。逮明帝感夢而傳毅稱佛。於是秦景東使而攝騰西至乃圖像於關陽之觀，藏經於蘭臺之室。不講深文，故莫識奧義。是以楚王修仁潔之祠，孝桓建華蓋之祭。法相未融，唯神之而已。至魏武英鑒，書述妙化。孫權雄略，崇造塔寺。晉武之初，機緣漸深。耆域耀神通之跡，竺護集法寶之藏。所以百辟縉紳洗心以進德，萬邦黎憲刻意而遷善。暨晉明叡悟，秉壹棲神。手畫寶像，表觀樂覽。既而安上宏經於山東，什公宣法於關右。精義既敷，實相彌照。英才碩智並驗理而伏膺矣。故知法雲始於觸石，慧水流于濫觴。教必有漸神化之常，感應因時非緣如何。故儒術非愚於秦而智於漢，用與不用耳，佛法非淺於漢而深於晉，明與不明耳。故知五經恒善而崇替隨運，佛化常熾而通塞在緣。一以此思，可無深惑。而執疑莫悟，可爲痛悼者，六也。夫信順福基，迷謗禍門。而況矇矇之徒，多不量力。以己所不知而誣先覺之徧知，以其所不見而罔至人之明見。鑒達三世，反號邪僻。事拘目前，自謂明智。於是迷疑塞胷，謗讟盈口。輕議以市重苦，顯誹以賈幽罰。言無錙銖之功，慮無毫釐之益。逝川若飛，藏山如電。一息不還，奄然後世。報隨影至，悔其可追。夫神化茫茫，幽明代運。五道變化，于何不之。天官顯驗，趙簡、秦穆之錫是也。鬼道交報，杜伯、彭生之見是也。修德福應，殷代宋景之驗是也。多殺禍及，白起、程普之證是也。現世幽徵，備詳典籍。來生冥應，布在尊經。但緣感理奧，因果義微，微奧難領故畧而不陳。前哲所辨，關鍵已正。聊率鄙懷繼之于末，雖文非珪璋而事足鞶鑑。惟愷悌君子自求多福焉。

馬端臨《文獻通考・經籍考・釋氏》《弘明集》十四卷。晁氏曰：梁釋僧祐纂。僧祐居鍾山定林寺，號右律師，采前代勝士書記文述有益於釋教者。

《宋史・藝文志・釋氏》僧佑《弘明集》十四卷。

楊士奇等《文淵閣書目・寒字號》《宏明集》。一部四册。

張之洞《書目答問・釋道家》《宏明集》十四卷。梁僧祐。明刻本。

正宏集

《四庫全書總目提要・釋家》《正宏集》一卷。編修周永年家藏本。國朝釋本果撰。本果字曠圜，潮州靈山寺僧。是編皆述唐僧大顛事迹。而大旨主於誣韓愈歸依佛法，以伸彼教。首列寺圖，次爲元大德辛丑僧了性所作《大顛本傳》，次爲韓愈《與大顛三書》，次爲歐陽修《别傳跋》，次爲虞集《别傳贊》，次爲諸家詩文，而終以本果自跋。據朱子《韓文考異》，以與大顛書爲真。而陳振孫《書録解題》力辨其僞，且言其因仍方崧卿所編外集之誤。然崧卿所刻《韓集舉正》，今尚有淳熙舊刻。考其外集所列二十五篇之目，實無此三書，疑不能明也。愈與大顛往返事，見《與孟簡書》中，而所傳《大顛别傳》即稱簡作。其爲依託，灼然可見。《韓文考異》亦引之，不知何所證驗。考陳善《捫蝨新話》引《宗門統要》所載憲宗詰愈佛光、及愈皈依大顛屢參不悟事，一一與此書相合。《宋史・藝文志》載《宗門統要》十卷，僧宗永所撰。蓋緇徒造作言語以復闢佛之讎，不足爲怪。至儒者亦採其說，則未免可訝矣。

破胡集

錢東垣等輯《崇文總目・釋書》《破胡集》一卷。原釋釋氏興于西域，自漢末始流于中國。見《東觀餘論》。錫鬯按：舊本「胡」譌作「明」，今校改。黄長睿校正《崇文總目》云：《破胡集》後云云，非漢末陳詩庭。曰《唐志》注云，會昌沙汰佛法，詔勅。又按以上原卷五十六。

《新唐書・藝文志・釋氏》《破胡集》一卷。會昌沙汰佛法詔勅。

鄭樵《通志・藝文略》《破胡集》一卷。會昌沙汰佛法詔敕。

會昌破胡集

《宋史・藝文志・釋氏》《會昌破胡集》一卷。

法苑集

《新唐書・藝文志・釋氏》僧僧祐《法苑集》十五卷。

鄭樵《通志・藝文略》《法苑集》十五卷。梁釋僧祐撰。

永嘉集

《新唐書・藝文志・釋氏》玄覺《永嘉集》十卷。慶州刺史魏靖編次。

鄭樵《通志・藝文略》《元覺永嘉集》十卷。

楊士奇等《文淵閣書目・寒字號》《禪宗永嘉集》。一部一册。

徐𤊹《徐氏家藏書目・子部・釋類》《永嘉集》一卷。唐沙門元覺，宋行靖注。

顯宗集

鄭樵《通志・藝文略》《顯宗集》一卷。

五峰集

鄭樵《通志・藝文略》 《五峰集》三卷。

祖英集

鄭樵《通志・藝文略》 明覺《祖英集》一卷。

楊士奇等《文淵閣書目・寒字號》 明覽《祖英集》。一部一册。

添泉集

鄭樵《通志・藝文略》 明覺《添泉集》一卷。

玉英集

晁公武《郡齋讀書志》 《玉英集》十五卷。袁本《前志》卷三下釋書類第十四。右皇朝王隨撰。先是楊億編次《傳燈録》三十卷，隨删去其繁大半，上之。

馬端臨《文獻通考・經籍考・釋氏》 《玉英集》十五卷。晁氏曰：皇朝王隨撰。先是楊億編次《傳燈録》三十卷，隨删去其繁大半，上之。致堂胡氏序曰：「學必有疑，疑必有問，問必資於賢智於我者。問非所疑，答不酬問，與夫不待問而自告之，此師弟子之失也。《傳燈録》所載，釋子以葛藤目之，其失在此矣。今獨取其敷揚明白者，庶易以考其是非焉。若夫談鬼怪、舉詩句、類俳戲、如譌誕者，則盡削之。或誚予爲蔽，曰：「曾不聞粗言細語，無非第一義，而於其間妄生揀擇，是豈禪意？」予曰：「以鬼怪、詩句、俳戲、誕誑之説，相唱和於穿穴空籠、滉漾無實之中，是爲遁辭，乃得法者之所訶也。觀少林啟迪姬光，警發梁武，莫非的確要論，何有如末流蘿蔓轇轕不可致詰者哉？雖然，此亦就其心聲而去取之，非宗其道也。夫意由心生而意非心，心由性有而初非性也。今釋者之論心，纔及意耳，其論性，纔及心耳，是自名見性，而未嘗見性也。未嘗見性，於是以世界爲幻，以性命爲欲，以秉彝爲妄，以事理爲障，雖清浄寂滅，不著根塵，而大用大機，不足以開物成務，特以擎拳植拂，揚眉瞬目，遂爲究極，則非天地之純全、中庸之至德也。」

分燈集

晁公武《郡齋讀書志》 《分燈集》二十五卷。袁本《前志》卷三下釋書類第十六。右皇朝井度編。蓋續三《燈録》也。

馬端臨《文獻通考・經籍考・釋氏》 《分燈集》二十五卷。晁氏曰：皇朝井度編，蓋續三《燈録》也。

碧巖集

晁公武《郡齋讀書志》 《碧巖集》十卷。右皇朝僧克勤解《雪竇頌古》，名曰《碧巖集》。

《肇論》四卷。右姚秦僧洪肇撰。師羅什，規模莊周之言，以著此書。《物不遷》、《不真空》、《般若無知》、《涅槃》無名四論。《傳燈録》云，肇後爲姚興所殺。

馬端臨《文獻通考・經籍考・釋氏》 《碧巖集》十卷。晁氏曰：皇朝僧克勤解《雪竇頌古》，曰《碧巖集》。

評唱碧巖集

釋道開《藏逸經書》 《評唱碧巖集》十卷，雪竇頌，圜悟評。《從容菴録》三卷，天童頌，萬松評。《空谷集》三卷，投子頌。《虛堂集》三卷，丹霞頌，俱林泉評。今以少林師資上堂所講演，入室所背誦者，此也。嗟夫，一花五葉，節外春光。印度真丹，其來向矣。故凡一語一默，一棒一喝，乃至竪拳竪指，斬貓斬蛇，百千三味，如金剛王寶劍出匣，毒盡肝腸，剜盡心膽，直下合人命根斷，偷心死，更無汝立地轉身處，亦無抵當迴避處。奈何繼此而拈頌，代別出焉。此亦萬不得已。借刀殺人曲就俯循，傍敲暗繫，其用心亦良苦矣。奈何繼此而評唱又出焉，波濤洶涌，已者夫何異。《碧巖集》，大慧業已斧其板，火其書，正所謂當仁不讓，圓頓教勿人枝葉蔓延，而根源喪盡。此殆與癡婦養兒，惟念饑寒，健與衣食。兒不至病且死不情也。奈何近代以來，講評唱抄秘要者又出焉。此其禍蓋始自無智比丘，濫膺住持。參學者雲集，上堂啞口。入室無言，何以鏖學衆而度時光，飾檀越而需利養。遂剙講席而出此計，少智多愚，一唱百和。垂至今日，醜不可言。以秘要爲奇貨，以尋行數墨，識字問義爲作家。又其表表者，則習學現成句語。流滑口耳，規取絹帕。以爲他日利養張本。如近日幻休老人得法子領絹帕者，不下千人。雖從昔諸大老，得人未有如斯之盛。翻令直指真風，不啻三乘曲説。不立正脈，無殊義學繁文。而不知末後拈花，東來面壁，乃至立雪斷臂，覆舟捐軀。種種不恤以横身唱此者，此其心何心哉。而震旦衆生，所賴以不滯名言，得翻情自而出生死者，亦恃有此。故雪竇有一言之失，而來枯椿獵犬之譏。大陽有密付之宗，而致揭牓告人之辱。此其心又何心哉。且古人上堂，奔雷掣電，倒嶽傾河，寧有解説文字者乎。古人入室，或一喝耳聾，或微言而熱，或推門拆足，吹毛死心，寧有抄寫秘要，口耳傳習，類世儒童、蒙訓詁之學者乎。古人參學一點不到，則結舌填胸。一語有差，則毛寒骨竪。五斗蓋不可謂不了生死，一絡索不可謂已絶凡情，要在真參實悟而已。寧有習爲現語以油滑口嘴者乎。古者得人，獨馬祖、石霜、雪峰、雲門爲盛，其餘不過鑁頭邊覓取一箇，半箇寧有領絹帕法子至千人者乎。是今日宗門，誠講席不若。而今日少林，誠戲場利局無貳矣。上負佛祖熱血心腸，下瞎衆生清浄眼目。吾恐鑊湯鑪炭，拔舌釘身，端不爲十惡衆生設，而于此輩有待也，嗚呼。習染未久，公道猶存。斬新改圖，是所望于智者。雖然愚人之情，習高尚則不足，習汚下則有餘。源不塞，流不止。根不撥，枝不亡。非復大慧一炬，悉皆合人無餘、火光三昧，欲其不講演，不背誦，不抄謄，不可得也。或曰如師所言，則十二部修多羅，千七百則舊葛藤，亦將付之一炬乎。余曰：「不然。凡在教乘，不獨經論。即註疏，家一句一字一音一義，有補經論者，無妨珍重流通。獨宗門下事，誠無舌人解語，即終日言説，累牘盈篇，實未嘗談一事。而況古人葛藤，雖千七百則，欲覓一元字脚，寧可得耶。第有半滴野狐涎吐唾未盡者，則豈惟千言萬語，簇錦攢花，敷布世間，足以亂朱混雅。所當不惜身命以争，深惡痛絶，以謝佛祖而報深恩。即一言半偈，亦不可不嚴辨緇素，别是非而垂一定之鑒。孟柯氏曰：「經正則庶民興」，此又繼祖位、報佛恩者大綱要令。又曰：「孔子作《春秋》而亂臣賊子懼。」此又不肖區區鐃舌狗馬心也。

碧巖集

楊士奇等《文淵閣書目・寒字號》《碧巖集》。一部一册。

《碧巖集》。一部六册。

《碧巖集》。一部五册。

金園集

陳振孫《直齋書録解題》《金園集》三卷。錢塘天竺僧遵式撰。

馬端臨《文獻通考・經籍考・釋氏》《金園集》三卷，《天竺別集》三卷。陳氏曰：並錢塘天竺僧遵式撰。世所謂式懺主是也。

楊士奇等《文淵閣書目・寒字號・釋家》《金園集》。一部一册。

衆吼集

《宋史・藝文志・釋氏》僧延昭《衆吼集》一卷。

瀑布集

《宋史・藝文志・釋氏》僧重顯《瀑布集》一卷。

連室集

楊士奇等《文淵閣書目·寒字號》《連室集》一部一册。

雪峯集

楊士奇等《文淵閣書目·寒字號》《雪峯集》。一部五册。

延光集

楊士奇等《文淵閣書目·寒字號》《延光集》。一部二册。

洞源集

楊士奇等《文淵閣書目·寒字號》《洞源集》。一部一册。

慧燈集

楊士奇等《文淵閣書目·寒字號》《慧燈集》。一部一册。

指南集

楊士奇等《文淵閣書目·寒字號》《指南集》。一部一册。

大成集

楊士奇等《文淵閣書目·寒字號》《大成集》。一部一册。

錢大昕《補元史藝文志·釋道類》《清筏宗門統要續集》十二卷。

普會禪宗頌古連珠通集

倪燦《補遼金元藝文志·釋家》《普會禪宗頌古連珠通集》四十卷。

黄虞稷《千頃堂書目·釋家》《普會禪宗頌古連珠通集》四十卷。

錢大昕《補元史藝文志·釋道類》《普會禪宗頌古連珠通集》四十卷。

清筏宗門統要續集

倪燦《補遼金元藝文志·釋家》《清筏宗門統要續集》十二卷。

黄虞稷《千頃堂書目·釋家》《清筏宗門統要續集》十二卷。

釋藻集

范邦甸等《天一閣書目·釋家》《釋藻集》六卷。刊本。明楊慎麋集，鄧繼曾序。稱是書從佛典《宏明集》、《三教珠英》、《法苑珠林》、《高僧傳》采取而成。所附文人詩，若梁簡文、昭明太子輩，多借禪喻心，詠空激世者。

王觀集

王圻《續文獻通考·經籍考·佛家》《王觀集》僧遵式著。

四教儀紀

王圻《續文獻通考·經籍考·佛家》 《四教儀紀》，《正天岸外集》。宋景濂曰：普福法師弘濟字天岸所著，刊行於世。又嘗覽諸家所著《楞嚴經》煩簡失當，方將折衷其説爲之疏解，疾作而止。

西岳集

王圻《續文獻通考·經籍考·佛家》 《西岳集》二十卷。蘭谿僧黄休著。

金室集

王圻《續文獻通考·經籍考·佛家》 《金室集》。臨海僧宗泐著。

蒲菴集

王圻《續文獻通考·經籍考·佛家》 《蒲菴集》。豐城僧來復著。

禪藻集

王圻《續文獻通考·經籍考·佛家》 《禪藻集》，《禪林鈎玄》，楊慎著。

《明史·藝文志·釋家》 楊慎《禪藻集》六卷，《禪林鈎玄》九卷。

逃虚子

王圻《續文獻通考經籍考·佛家》 《逃虚子》，《石城霞外集》。少師姚廣孝著。廣孝，長洲人。

禪要集

徐㶿《徐氏家藏書目·子部·釋類》 《禪要集》一卷。信心銘、心王銘、證道歌、頓悟論。

吞海集披雲集

徐㶿《徐氏家藏書目·子部·釋類》 《吞海集披雲集》三卷。道通。

慈向集

徐㶿《徐氏家藏書目·子部·釋類》 《慈向集》十三卷。沈泰鴻纂。

正訛集

徐㶿《徐氏家藏書目·子部·釋類》 《正訛集》一卷。雲栖蓮池。

徑山集

徐𤊹《徐氏家藏書目・子部・釋類》《徑山集》三卷。金華宗浄集。

禪餘集

徐𤊹《徐氏家藏書目・子部・釋類》《禪餘集》三卷。元賢著。

問羊集

徐𤊹《徐氏家藏書目・子部・釋類》《問羊集》四卷。戒殺事。

黄虞稷《千頃堂書目・釋家》《問羊集》四卷。

真言要集

《隋書・經籍志・雜家》《真言要集》十卷。

《新唐書・藝文志・釋氏》 僧賢明《真言要集》十卷。

鄭樵《通志・藝文略》《真言要集》十卷。唐僧賢明撰。

廣弘明集

錢東垣等輯《崇文總目・釋書》《廣洪明集》三十卷。釋道宣撰。錫鬯按：《宋志》無「廣」字，疑脱也。

《新唐書・藝文志・釋氏》《廣弘明集》三十卷。

鄭樵《通志・藝文略》《廣弘明集》三十卷。唐僧道宣撰。

晁公武《郡齋讀書志》《廣弘明集》三十卷。右唐僧道宣撰。道宣，麟德初居西明寺。以中原自周、魏以來，重老輕佛，因采輯自古文章，下逮齊隋發明其道者，以廣僧祐之書，分《歸正》、《辨惑》、《佛德》、《法義》、《僧行》、《慈惻》、《成功》、《啓福》、《滅罪》、《統歸》等十門。

尤袤《遂初堂書目・釋家》《廣宏明集》。

馬端臨《文獻通考・經籍考・釋氏》《廣宏明集》三十卷。晁氏曰：唐僧釋道宣撰。道宣，麟德初居西明寺，以中原自周、魏以來重老輕佛，因采輯自古文章，下逮齊、隋，發明其道者，以廣僧祐之書。分《歸正》、《辯惑》、《佛德》、《法義》、《僧行》、《慈惻》、《誡功》、《啟福》、《滅罪》、《統歸》等十門。

《宋史・藝文志・釋氏》《廣弘明集》三十卷。

范邦甸等《天一閣書目・釋家》《廣宏明集》六卷。藍絲闌鈔本。唐終南山釋道宣撰。

徐𤊹《徐氏家藏書目・子部・釋類》《廣宏明集》四十卷。

《四庫全書總目提要・釋家》《廣宏明集》三十卷。兵部侍郎紀昀家藏本。唐釋道宣撰。道宣姓錢氏，丹徒人。隋末居終南白泉寺，又遷豐德寺、淨業寺。至唐高宗時乃卒。持戒精苦，釋家謂之宣律師。唐志載《廣宏明集》三十卷，與此本合。然二十七卷以後，每卷各分上下，實三十四卷也。其書續梁僧祐《宏明集》而體例小殊，分爲十篇。一曰歸正，二曰辨惑，三曰佛德，四曰法義，五曰僧行，六曰慈濟，七曰戒功，八曰啟福，九曰悔罪，十曰統歸。每篇各爲小序。大旨排斥道教，與僧祐書相同。其中如《魏書・釋老志》本於二氏，神異各有紀録。雖同爲粉飾，而無所抑揚。道宣乃於叙釋氏者具載其全文，叙道家者潛删其靈蹟。然則寃親無等，猶爲最初之佛法。迨其後世味漸深，勝負互軋，雖以叢林古德，人天瞻禮如道宣者，亦不免於門户之見矣。其書採摭浩博，卷帙倍於僧祐。如梁簡文帝被幽述志詩，及連珠三首之類，頗爲泛濫。然道宣生隋唐之間，古書多未散佚，故墜簡遺文，往往而在。如阮孝緒《七録》序文及其門目部分，儒家久已失傳。《隋志》僅存其説。而此書第三卷内乃載其大綱，尚可推尋崖略。是亦禮失求野之一端，不可謂無裨考證也。《神僧傳》稱僧祐前身爲南齊剡溪隱嶽寺僧護，道宣前身即爲僧祐。殆因道宣續僧祐之書，故附會是説。又稱道宣卒於乾封二年，而書末有遊大慈恩寺詩，乃題高宗之謚，殊不可解。又註曰「一作唐太宗」，蓋知其牴牾，爲之遷就。

考《雍録》載慈恩寺，貞觀二十二年高宗在春宫時爲文德皇后立，則太宗猶及見之。然大慈恩之名，可以出高宗之口，不可以出太宗之口。殆原本題爲御製，後人追改歟。

顧廣圻《思適齋集外書跋輯存・子類》《廣弘明集》十卷。明刊本。明中葉以後刻書無不臆改，此吴中珩本。後印者有題名，初無。以梵夾勘之，乖錯極多。道光丁亥借平山堂藏家字號來粗正如右。又平津館收復印修板者，已補《音釋》。而子目及分卷等，皆無從追换矣。附記，備博覽者詳。七月廿八日，千翁書。

張之洞《書目答問・釋道家》《廣宏明集》三十卷。唐釋道宣。明吴勉學刻本。

張金吾《愛日精廬藏書志・釋家》《廣宏明集》三十卷。明刊本。唐釋道宣撰。

王世貞《讀書後》《弘明集》者，梁釋彦悰述，《廣弘明集》者，唐釋道宣述也。大要與黄冠諍角，以掊擊、拒閑爲功。姑取其衛教而已，而不計其辭之憤與夸也。悰公所述，多東晉、宋、齊人語。既不能暢其筆札，而於所覽西竺文言亦淺鮮。口若吐而吃，指若舒而掔者，蓋理爲辭窒，辭爲理困。攻固非輸，守亦非墨，如是而已。若宣公述則緇衣諸賢承梁武弘法之後，其書盡出而脩辭亦漸暢第。姍詈誕慢不特彼教之所不堪承，而我古先生亦爲之噦嘔矣。其佳者不能勝陳琳之檄，張湯之案，而拙者則一村社鬨訐耳，彼黄冠又其下者無一息，猶龍公派何足與辨也。尋宣此述與《續高僧傳》可謂篤信好學，不可謂之知道也。其志于釋門立功名，其事則史，其文則藻於吾儒。蓋鄭康成、范甯之倫，不可與望濂、洛、關、閩也。余因妄有所評，若達磨而下諸祖，其造類孟子，智顗類朱子，而皆勝之。永明壽業可與朱子埒而大勝之，大慧杲性質類程叔子，學類陸子，静而微有低昂。此語出兩家，故當皆不喜。然自有識者。

天竺别集

楊士奇等《文淵閣書目・寒字號》《天竺别集》。一部一册。

肇論要集

楊士奇等《文淵閣書目・寒字號》《肇論要集》。一部三册。

全室外集

楊士奇等《文淵閣書目・寒字號》《全室外集》。一部一册。

聯珠通集

楊士奇等《文淵閣書目・寒字號》《聯珠通集》。一部十册。《聯珠通集》一部一册。

宏秀詩集

楊士奇等《文淵閣書目・寒字號》《宏秀詩集》。一部一册。

無爲别集

楊士奇等《文淵閣書目・寒字號》《無爲别集》。一部三册。

竹室内集

高儒《百川書志・佛家》《竹室内集》一卷。皇明大巍上人浄倫著。

陀羅尼集

楊士奇等《文淵閣書目・寒字號》 《陀羅尼集》。一部一册。

獨菴外集

王圻《續文獻通考經籍考・佛家》 《獨菴外集》，浮屠獨菴禪師著。

慈無量集

徐𤊹《徐氏家藏書目・子部・釋類》 《慈無量集》四卷。王應璘。

徹空内集

徐𤊹《徐氏家藏書目・子部・釋類》 《徹空内集》五卷。天印。

心經要集

徐𤊹《徐氏家藏書目・子部・釋類》 《心經要集》一卷。真受。

真門聖胄集

錢東垣等輯《崇文總目・釋書》 《真門聖胄集》五卷。釋元偉撰。

《新唐書・藝文志・釋氏》 元偉《真門聖胄集》五卷。

鄭樵《通志・藝文略》 《真門聖胄集》五卷。唐僧元偉撰。

《宋史・藝文志・釋氏》 元偉《真門聖胄集》五卷。

法門名義集

錢東垣等輯《崇文總目・釋書》 《法門名義集》一卷。李師政撰。

鄭樵《通志・藝文略》 《法門名義集》一卷。李師政撰。

釋道開《藏逸經書》 《冰壺集》，師名號蘭風，當時以静坐得少光景，無師承喝破，遂認爲悟道。生大歡喜，爲魔所乘。由是豎指擎拳，胡言漢語，馮陵南北。以鐵嘴自稱，恬不知恥。蚤年著此書，後住蘇州天池山。年老力强，著作尤盛。萬曆辛巳，余坐夏武林，盡得覽閲，今忘其名矣。有于羅道五部六册，悉爲評頌。而羽翼其流通者，其知見混濫，視法舟、慈度、法光輩。僅倍蓰什伯，而貪婪媢惡，則千萬億。乃至算數譬喻所不能盡也。真近代魔種哉。法光不知何人。

笑巖集

釋道開《藏逸經書》 《笑巖集》，此老悟處不如梵絶深切，而知見稍正。然亦有氣息，無血脉，照到而用常不及。其殆有識治亂之智，而無敷治戡亂之才者乎？大都應機接物，權衡多執持不定，翻合藻鑑亦模糊不清。而面前多學人，立地狐鬼輩。且得以潛竊而依憑之，此其過安在哉？一則以自己悟處，不曾痛快徹底掀翻，猶存窠臼。二則以時無德山、臨濟雲門、石霜，毒手辣心，大爲叱咤。一轉擣巢穴，而盡死其偷心。三則以既非天挺豪傑，又未嘗從尊貴胞胎中誕生。其紀綱政令，不能出自朕躬，而大寶真符，且無的紹，故坐此耳。嗟夫，我明二百年來，楚石季潭而後拈花一脉，幾乎熄矣。幸師稍能識好惡，辨邪正，尚迺爾爾。彼淺解學語，顢頇儱侗輩，又惡足較哉？諺云：「字更三寫，烏焉成馬。」奈何吾師落筆，便爾淆譌而何責於二三。嗚呼，痛哉。

内典叙記集

錢東垣等輯《崇文總目・釋書》《内典叙記集》十卷。《通志畧》不著撰人。

鄭樵《通志・藝文略》《内典序記集》十卷。無名氏。

禪源諸詮集

錢東垣等輯《崇文總目・釋書》《禪源諸詮集》二卷。釋宗密撰。錫鬯按：《通志畧》作一百一卷。陳詩庭云《宋志》卷與此同。

《新唐書・藝文志・釋文》 宗密《禪源諸詮集》一百一卷。

鄭樵《通志・藝文略》《禪源諸詮集》一百一卷。唐僧宗密撰。

法眼禪師集

錢東垣等輯《崇文總目・釋書》《法眼禪師集》一卷。錫鬯按：《通志畧》不著撰人。《宋志》文益撰。

鄭樵《通志・藝文略》《法眼禪師集》一卷。

《宋史・藝文志・釋氏》 文益《法眼禪師集》一卷。

傳燈玉英集

鄭樵《通志・藝文略》《傳燈玉英集》三十卷。楊億撰。

法界披雲集

晁公武《郡齋讀書志》《法界披雲集》一卷。袁本《後志》卷二釋書類第七。右皇朝僧道通述。杜順纂《華嚴經義》，撰《法界觀》，道通又分十玄門。

馬端臨《文獻通考・經籍考・釋氏》《法界披雲集》一卷。晁氏曰：皇朝僧道通述。杜順纂《華嚴經義》，撰《法界觀》，道通又分十玄門。

祖門悟宗集

《宋史・藝文志・釋氏》 僧智達《祖門悟宗集》二卷。

八方珠玉集

《宋史・藝文志・釋氏》《八方珠玉集》四卷。大圓、塗毒二僧集諸家禪語。

迴光唱道集

楊士奇等《文淵閣書目・寒字號》《迴光唱道集》。一部一册。

浄土指歸集

楊士奇等《文淵閣書目・寒字號》《浄土指歸集》。一部一册。

心經慧燈集

楊士奇等《文淵閣書目・寒字號》《心經慧燈集》。一部一册。

台宗精微集

楊士奇等《文淵閣書目・寒字號》《台宗精微集》。一部一册。

永明物外集

楊士奇等《文淵閣書目・寒字號》《永明物外集》。一部一册。

宗門統要集

楊士奇等《文淵閣書目・寒字號》《宗門統要集》。一部二册。

筠溪牧潛集

楊士奇等《文淵閣書目・寒字號》《筠溪牧潛集》。一部一册。

萬善同歸集

楊士奇等《文淵閣書目・寒字號》《萬善同歸集》。一部一册。
《萬善同歸集》。一部三册。

花五葉集

楊士奇等《文淵閣書目・寒字號》《花五葉集》。一部一册。

一花五葉集

倪燦《補遼金元藝文志・釋家》中峯廣慧禪師《一花五葉集》四卷。

錢大昕《補元史藝文志・釋道類》《一花五葉集》四卷。

大藏一覽集

范邦甸等《文淵閣書目・釋家》《大藏一覽集》十卷。明寧德優婆塞陳實原編。

寒山子詩集

范邦甸等《天一閣書目・釋家》《寒山子詩集》一卷，《豐干拾得詩》附。刊本。宋閭邱允序。

寒山子詩

錢東垣等輯《崇文總目・釋書》《寒山子詩》七卷。錫鬯按：《唐志》作《釋智昇對寒山子詩》。

鄭樵《通志・藝文略》《寒山子詩》七卷。

楊士奇等《文淵閣書目・寒・佛書》《寒山詩》。一部一册。

對寒山子詩

《新唐書・藝文志・釋氏》《對寒山子詩》七卷。天台隱士。台州刺史閭丘胤序，僧道翹集。寒山子隱唐興縣寒山巖，於國清寺與隱者拾得往還。

寒山拾得豐干詩

徐𤊹《徐氏家藏書目・子部・釋類》《寒山拾得豐干詩》五卷。

印心指歸集

徐𤊹《徐氏家藏書目・子部・釋類》《印心指歸集》二卷。善粲。

净土指歸集

徐𤊹《徐氏家藏書目・子部・釋類》《净土指歸集》二卷。沙門大祐。

朽菴和尚集

錢謙益等《絳雲樓書目・子釋家》《朽菴和尚集》。宗林，正嘉間名僧。

盛勤源宗集

倪燦《補遼金元藝文志・釋家》《盛勤源宗集》，嘉興資善寺僧。

黄虞稷《千頃堂書目・釋家》《盛勤源宗集》。嘉興資善寺僧。

錢大昕《補元史藝文志・釋道類》《盛勤源宗集》。嘉興資善寺僧。

大唐國師小録要集

錢東垣等輯《崇文總目・釋書》《大唐國師小録要集》一卷。諸家書目並不著撰人。錫鬯按：《宋志》，「小録」下有「法」字。

鄭樵《通志・藝文略》《大唐國師小録法要集》一卷。

《宋史・藝文志・釋氏》《大唐國師小録法要集》一卷。

永嘉一宿覺禪師宗集

錢東垣等輯《崇文總目・釋書》《永嘉一宿覺禪師宗集》一卷。錫鬯按：《通志畧》不著撰人。《宋志》無「師」字，魏静撰。

鄭樵《通志・藝文略》《永嘉一宿覺禪師宗集》一卷。唐慶州刺史魏靖纂。

《宋史・藝文志・釋氏》魏静《永嘉一宿覺禪宗集》一卷。

《宋史・藝文志・釋氏》魏静《永嘉一宿覺禪師集》一卷。

掬泉集

鄭樵《通志・藝文略》悦禪師《掬泉集》三卷。

後　集

鄭樵《通志・藝文略》 明覺《後集》一卷。

禪宗頌古聯珠集

晁公武《直齋書録解題》 《禪宗頌古聯珠集》一卷。僧法應編。

錢東垣等輯《文獻通考・經籍考・釋氏》 《禪宗頌古聯珠集》一卷。陳氏曰：僧法應編。

顯宗集

《宋史・藝文志・釋氏》 大閫和尚《顯宗集》一卷。

成都大悲寺集

《宋史・藝文志・釋文》 李之純《成都大悲寺集》二卷。

傳翕小録要集

《宋史・藝文志・釋氏》 樓穎《傳翕小録要集》一卷。

北磵禪師詩集

楊士奇等《文淵閣書目・寒字號》 《北磵禪師詩集》。一部四册。

所南翁謬餘集

楊士奇等《文淵閣書目・寒字號》 《所南翁謬餘集》。一部一册。

錢大昕《補元史藝文志・釋道類》 《真覺慧燈集》。

宏明全集

徐𤊹《徐氏家藏書目・子部・釋類》 《宏明全集》十四卷。

天竺別集

陳振孫《直齋書録解題》 《天竺別集》三卷。遵式撰。世所謂「式懺主」者也。

摩訶僧祇律比丘要集

姚振宗《後漢藝文志・佛經》 《摩訶僧祇律比丘要集》一卷。一名《摩訶僧祇部比丘隨用要集法》。

感應傳

《隋書・經籍志・雜家》 《感應傳》八卷。宋尚書郎王延秀撰。

文廷式《補晉書藝文志・釋録》 王延秀《感應傳》八卷。尚書郎。此書原入雜家，今移於此。梁慧皎《高僧傳》序稱太原王延秀《感應傳》。

衆僧傳

《隋書・經籍志・雜家》 《衆僧傳》二十卷。裴子野撰。

鄭樵《通志・藝文略》 《衆僧傳》二十卷。裴子野撰。

高僧傳

《隋書・經籍志・雜家》 《高僧傳》六卷。虞孝敬撰。

《新唐書・藝文志・釋氏》 虞孝敬《高僧傳》六卷。

鄭樵《通志・藝文略》 《高僧傳》六卷。虞孝恭撰。

高僧傳

《新唐書・藝文志・釋氏》 僧惠皎《高僧傳》十四卷。

鄭樵《通志・藝文略》 《高僧傳》十四卷。僧惠皎撰。

高僧傳

鄭樵《通志・藝文略》 《高僧傳》十四卷。梁釋僧祐撰。

高僧傳

馬端臨《文獻通考・經籍考・釋氏》 《高僧傳》六卷。晁氏曰：蕭梁僧惠敏撰。分《譯經》、《義解》兩門。

高僧傳

馬端臨《文獻通考・經籍考・釋氏》 《高僧傳》十四卷。晁氏曰：蕭梁僧釋慧皎，以劉義宣《靈驗記》、陶潛《搜神録》等數十家，並書諸僧殊疎略。乃博采諸書，咨訪古老，起於永平十年，終於天監十八年，凡五百五十二載，二百五十七人。又附見者二百餘人，分爲《譯經》、《義解》、《神異》、《習禪》、《明律》、《遺身》、《誦經》、《興福》、《經師》、《唱道》十科。

《宋史・藝文志・釋氏》 僧慧皎《高僧傳》十四卷。

楊士奇等《文淵閣書目・寒字號》 《高僧傳》。一部六册。

范邦甸等《天一閣書目・釋家》 《高僧傳》十三卷。梁會稽嘉祥寺沙門慧皎撰。

顧櫰三《補五代史藝文志・釋氏》 《高僧傳》三十卷。

張之洞《書目答問・釋道家》 《高僧傳》十三卷，《序録》一卷。梁釋慧皎。海山仙館本。

文廷式《補晉書藝文志・釋録》 梁慧皎《高僧傳》□卷。一云竺曇摩羅刹，此云法護。世居燉煌，八歲出家。遊歷諸國大賫梵經。還歸中夏，寫爲晉文。所獲《賢劫正》、《法華》、《光贊》等一百六十五部，終身寫譯，勞不告惓。經法所以廣流中華，護之力也。釋慧琳《大藏音義》卷十九云：「此《阿差末經》及前《大哀》等經，並是西晉竺法護譯。詞理膚拙，質朴不妙。」

孫星衍《平津館鑒藏書籍記・補遺》 《高僧傳》十四卷。題梁嘉祥沙門釋慧皎撰。第二卷題梁會稽嘉祥寺沙門慧皎撰。在釋藏輦、驅二字號，書分十例。曰譯經，曰義解，曰神異，曰習禪，曰明律，曰遺身，曰誦經，曰興福，曰經師，曰唱導。每僧各爲之傳，始於漢明帝永平十年冬，至梁天監十八年，凡四百五十三年，二百五十七人。又傍出附見者二百餘人。《三國志・吴書》：孫皓以天紀四年三月降晉，此書《康僧會傳》作四月。《通鑑》：宋文帝元嘉十年，沮渠牧健改元永和。此書浮《陀跋摩傳》作承和，與《北史》同。皆足以資考證。卷末有僧果跋，梁末承聖二年太歲癸酉，避侯景難，來湓城。甲戌歲二月，捨化，葬於廬山禪閣寺墓。每葉十二行，行十七字。末卷後有「聚寶門來賓樓姜家印行」木長印。

張金吾《愛日精廬藏書志・釋家》《高僧傳》十四卷。舊抄本。梁會稽嘉祥寺沙門慧皎撰。採自漢至梁六代高僧，分爲十科，曰譯經，曰義解，曰神異，曰習禪，曰明律，曰遺身，曰誦經，曰興福，曰經師，曰唱導。凡二百五十七人。

寶林傳

錢東垣等輯《崇文總目・釋書》《寶林傳》十卷。釋智矩撰。

鄭樵《通志・藝文略》《寶林傳》十卷。唐僧智矩撰。

《新唐書・藝文志・釋氏》智矩《寶林傳》十卷。

法顯傳

錢東垣等輯《崇文總目・釋書》《法顯傳》一卷。諸家書目並不著撰人。錫鬯按：《通志畧》二卷。

鄭樵《通志・藝文略》《法顯傳》二卷。

法顯傳

《宋史・藝文志・釋氏》《法顯傳》一卷。

孫星衍《平津館鑒藏書籍記・補遺》《法顯傳》一卷。題東晉沙門法顯，自記遊天竺事。在釋藏兵字八號。法顯以宏治二年，與慧景、道整、慧應、慧嵬等，至天竺尋求戒律。因記凡所遊歷卅國。沙河已西，迄於天竺，具叙本末。酈道元《水經注》引此書，明胡震亨刻本，作《佛國記》。每葉十二行，行十七字。卷後有「聚寶門來賓樓姜家印行」木長印。

六祖傳

錢東垣等輯《崇文總目・釋書》《六祖傳》一卷。《通志畧》，不著撰人。

鄭樵《通志・藝文略》《六祖傳》一卷。

名僧傳

《新唐書・藝文志・釋氏》僧寶唱《名僧傳》二十卷。

鄭樵《通志・藝文略》《名僧傳》三十卷。釋寶唱撰。

一行傳

《新唐書・藝文志・釋氏》李吉甫《一行傳》一卷。

鄭樵《通志・藝文略》《一行傳》一卷。李吉甫撰。

法師傳

鄭樵《通志・藝文略》《法師傳》十卷。王巾撰。

僧寶傳

晁公武《直齋書録解題》《僧寶傳》三十卷。案：《文獻通攷》作三十二卷。僧惠洪撰。

馬端臨《文獻通考・經籍考・釋氏》《僧寶傳》三十二卷。晁氏曰：皇朝僧德洪撰。其序云，五家宗派，嘉祐中，達觀曇穎嘗爲之傳，載其機緣語句，而略其終始行事。德洪謂入道之緣，臨終之效，有不可闕者，遂盡掇遺編別記，補以諸方之傳。又自嘉祐至政和，取雲門、臨濟兩宗之裔絶出者，合八十七人，各爲傳，係之以贊云。

楊士奇等《文淵閣書目・寒字號》《僧寶傳》。一部三册。

釋道開《藏逸經書》《僧寶傳》，宋寂音尊者撰。松江馬杜陵、常熟瞿元立有宋元本。

《四庫全書總目提要・釋家》《僧寶傳》三十二卷。安徽巡撫採進本。宋釋惠洪撰。惠洪有《冷齋夜話》，已著録。禪宗自六祖以後，分而爲二。一曰青原，其下爲曹洞、雲門、法眼。一曰南岳，其下爲臨濟、溈仰。是爲五宗。嘉祐中，達觀曇穎嘗爲之傳。載其機緣語句，而略其終始行事。惠洪因綴輯舊聞，各爲之傳，而系以贊。凡八十一人。前有寶慶丁亥臨川張宏敬序，稱舊本藏在廬阜，後失於回禄。錢塘風篁山僧廣遇慮其湮没，因校讎鋟梓。然卷末題明州府大慈名山教忠報國禪寺住持比邱寶定刊版。又似刻於四明者，疑爲重鋟之本也。陳氏《書録解題》作三十卷。《文獻通考》作三十二卷。蓋原書本三十卷，後有《補禪林僧寶傳》一卷，又有《臨濟宗旨》一卷，共爲三十二卷。《臨濟宗旨》亦惠洪所撰。《補禪林僧寶傳》題舟峯菴僧慶老，蓋亦北宋人也。

真覺傳

《宋史・藝文志・釋氏》《真覺傳》一卷。

諸天傳

《宋史・藝文志・釋氏》《諸天傳》二卷。僧行霆述。

楊士奇等《文淵閣書目・寒字號》《諸天傳》。一部一册。

范邦甸等《天一閣書目・釋家》《諸天傳》二卷。吴興烏戍釋行霆述。

神僧傳

楊士奇等《文淵閣書目・寒字號》《神僧傳》。一部九册。

范邦甸等《天一閣書目・釋家》《神僧傳》八卷。不著撰人名氏。明永樂十五年御製。

《林間録》卷。刊本。宋釋惠洪撰。

王圻《續文獻通考・經籍考・釋家》《神僧傳》永樂間命侍臣輯。

徐𤊹《徐氏家藏書目・子部・釋類》《神僧傳》九卷。

《四庫全書總目提要・釋家》《神僧傳》九卷。通行本。不著撰人名氏。焦竑《國史經籍志》載此書，卷帙相符，亦不云誰作。所載始於漢明帝時摩騰法蘭，終於元世祖時國師帕克巴，凡二百八人。蓋元人所撰。帕克巴傳稱大德七年卒，皇慶間追號大覺普惠廣照無上帝師。則書成於仁宗以後也。二百八人中，宋僧僅十六人。十六人中北宋十三人，南宋僅三人。似爲北僧所著。然遼、金竟無一人，又不知其何意矣。大旨自神其教，必有靈怪之蹟者乃載，故以神僧爲名。而諸方古德談禪持律者，則槩不録焉。

錢大昕《補元史藝文志・釋道類》《神僧傳》九卷。起摩騰法蘭，終八思巴。不著撰人。

平津館鑑藏書籍記明版《神僧傳》九卷。自摩騰至元帝師膽巴，凡二百八人。不題撰人名氏，前後亦無序跋。王圻《續文獻通考・神僧傳》：永樂間，命侍臣輯其言，當有所據。錢少詹載入《元史・藝文志》，非也。黑口板，每葉廿四行，行廿一字。

補陀傳

楊士奇等《文淵閣書目・寒字號》《補陀傳》一部一册。

釋傳

黄虞稷《千頃堂書目・釋家》 劉鳳吴《釋傳》一卷。

支遁傳

文廷式《補晉書藝文志・釋録》 《支遁傳》、《御覽》六百五十五引兩條。《世説・文學門》注引《支法師傳》。《高僧傳》云：郄超爲之序傳，袁宏爲之銘贊。周曇寶爲之作誄。

道安傳

文廷式《補晉書藝文志・釋録》 《道安傳》□卷。《世説・雅量門》注引《安和上傳》，《御覽》六百五十五引《道安傳》。

比邱尼傳

錢東垣等輯《崇文總目・釋書》 《比邱尼傳》四卷。釋寶唱撰。錫鬯按：《宋志》五卷。

鄭樵《通志・藝文志》 《比丘尼傳》四卷。釋寶唱撰。

比丘尼傳

《新唐書・藝文志・釋氏》 《比丘尼傳》四卷。裴子野。

馬端臨《文獻通考・經籍考・釋氏》 《比邱尼傳》四卷。晁氏曰：蕭梁僧寶唱撰。起晉升平，訖梁天監，得尼六十五人，爲之傳，以檢浄爲首。寶唱，金陵人，《藝文志》有其目。

《宋史・藝文志・釋氏》 僧寶唱《比丘尼傳》五卷。

楊士奇等《文淵閣書目・寒字號》 《比丘尼傳》。一部四册。

《比丘尼傳》一部四册。

僧法琳别傳

錢東垣等輯《崇文總目・釋書》 《僧法琳别傳》三卷。錫鬯按：《唐志》無「僧」字，二卷。不著撰人。《通志畧》亦二卷，釋彦源撰。《宋志》作「彦琮」。

《新唐書・藝文志・釋氏》 《法琳别傳》二卷。

鄭樵《通志・藝文略》 《法琳别傳》二卷。唐僧彦源撰。

續高僧傳

《新唐書・藝文志・釋氏》 《續高僧傳》二十卷。起梁初，盡貞觀十九年。道宣。

《新唐書・藝文志・釋氏》 僧道宗《續高僧傳》三十二卷。

鄭樵《通志・藝文志》 《續高僧傳》三十二卷。釋道宗撰。

又 道宗《續高僧傳》三十二卷。

鄭樵《通志・藝文略》 《續高僧傳》二十卷。釋道宣撰。

馬端臨《文獻通考・經籍考・釋氏》 《續高僧傳》三十卷。晁氏曰：唐僧道宣撰。《藝文志》作道宗，大明寺僧也。以慧皎會稽人，故其書詳於吴、越而略於燕、魏。故上距梁天監，下終唐貞觀十九年，百四十四載，編載二百四十人，附見者又一百六十人。分《譯經》、《解義》、《集禪》、《明律》、《護法》、《感通》、《遺身》、《讀誦》、《興福》、《雜科》凡十門。

《宋史・藝文志・釋氏》 僧道宣《續高僧傳》三卷。

楊士奇等《文淵閣書目・寒字號》《續高僧傳》。一部三十三册。

范邦甸等《天一閣書目・釋家》《續高僧傳》三十一卷。唐釋道宣撰。

徐𤊹《徐氏家藏書目・子部・釋類》《續高僧傳》三十卷。道宣。

黄虞稷《千頃堂書目・釋家》明河《續高僧傳》。

稠禪師傳

《新唐書・藝文志・釋氏》《稠禪師傳》一卷。陽衒之。

鄭樵《通志・藝文略》《稠禪師傳》一卷。

法顯行傳

鄭樵《通志・藝文略》《法顯行傳》三卷。

釋氏系傳

鄭樵《通志・藝文略》《釋氏系傳》一卷。一行撰。

古清涼傳

鄭樵《通志・藝文略》《古清涼傳》二卷。

《宋史・藝文志・釋氏》僧慧祥《古清涼傳》二卷。

楊士奇等《文淵閣書目・寒字號》《古清涼傳》一部一册。

《四庫未收書目提要・釋家類》《古清涼傳》二卷，《廣清涼傳》三卷，《續清涼傳》二卷。明洪武刊本。唐釋慧祥撰《古清涼傳》，宋釋延一撰《廣清涼傳》，《續清涼傳》。宋張商英、朱并所撰。廣續二編，藏書家多未著録。惟《古清涼傳》見《宋史・藝文志》。凡方域名勝，及高僧靈跡，莫不詳載。延一收捃故實，推廣祥傳。更記寺名勝蹟，以及靈異藥物。其中多涉及儒家，且有六朝人文。如晉釋支遁《文殊像贊序》，又殷晉安《郄濟川讚》，并世所希見。而遁序尤足補本集之所佚。若王勃《釋迦如來成道記》、《釋迦佛賦》，今《四傑集》、《文苑英華》俱無之。是編或以爲金大定時寺中藏板，末附《補陀傳》、《峨嵋讚》，乃元人所集。明釋又從而附綴之也。

續清涼傳

鄭樵《通志・藝文略》《續清涼傳》一卷。

僧倜禪師傳

王世貞《讀書後》《書〈僧倜禪師傳〉後》。一曰僧稠。

六學僧傳

楊士奇等《文淵閣書目・寒字號》《六學僧傳》。一部四册。

廣清涼傳

楊士奇等《文淵閣書目・寒字號》《廣清涼傳》一部一册。

宋高僧傳

范邦甸等《天一閣書目・釋家》《宋高僧傳》三十卷。藍絲闌鈔本。宋左街天寺通慧大師，賜紫贊寧左街相國寺講經論大德，賜紫智輪同奉敕撰。

王圻《續文獻通考經籍考・佛家》 《宋高僧傳》三十卷，《三教聖賢事蹟》一百卷，《鷲嶺聖賢録内典集》一百五十二卷，《外學集》四十九卷贊寧著。寧，德清人，生於金鵞山，嘗受詩訣於前進士龔林。太平興國三年，太宗聞其名，召對資福殿，賜紫衣，改號通惠。

《四庫全書總目提要・釋家》 《宋高僧傳》三十卷。内府藏本。宋釋贊寧撰。贊寧有《筍譜》，已著録。是書乃太平興國七年奉太宗敕旨編撰。至端拱元年十月書成，遣天壽寺僧顯忠等於乾明節奉表上進。有敕奬諭，賜絹三十匹，仍令僧録司編入大藏。而《宋史・藝文志》不著録。蓋史志於外教之書粗存梗概，不必求全，於例當然，亦於理當然也。《高僧傳》之名起於梁釋惠敏，分譯經、義解兩門。釋慧皎復加推擴，分立十科。至唐釋道宣《續高僧傳》，蒐輯彌博，於是分譯經、義解、習禪、明律、護法、感通、遺身、誦讀、興福、雜科十門，所載迄唐貞觀而止。贊寧此書，蓋又以續道宣之後，故所録始於唐高宗時，門目亦一仍其舊。凡正傳五百三十三人，附見一百三十人。傳後附以論斷，於傳授源流最爲賅備。中間如武后時人皆系之周朝，殊乖史法。又所載既託始於唐，而雜科篇中乃有劉宋、元魏二人，亦爲未明限斷。然其於誄銘記志摭採不遺，實稱詳博，文格亦頗雅贍。考釋門之典故者，固於兹有取焉。

顧櫰三《補五代史藝文志・釋氏》 《續寶林傳》四卷。閩僧寶聞撰。

竺法曠傳

文廷式《補晉書藝文志・釋録》 顧愷之《竺法曠傳》。見《高僧傳》。

支遁别傳

文廷式《補晉書藝文志・釋録》 《支遁别傳》。《文學門》注引《支法師傳》。又《文學門》注引《張野遠法師銘》，賞《譽門》注引《支遁别傳》，《傷逝門》注引《支遁傳》。

安法師傳

文廷式《補晉書藝文志・釋録》 《安法師傳》、《世説・文學門》注，《雅量門》注，引《安和上傳》。

一宿覺傳

錢東垣等輯《崇文總目・釋書》 《一宿覺傳》一卷。錫鬯按：《通志畧》不著撰人。《宋志》釋元覺撰。

鄭樵《通志・藝文略》 《一宿覺僧傳》一卷。

《宋史・藝文志・釋氏》 元覺《一宿覺傳》一卷。

往生浄土傳

鄭樵《通志・藝文略》 《往生浄土傳》五卷。唐僧飛錫集。

《宋史・藝文志・釋氏》 飛錫《往生浄土傳》五卷。

錢東垣等輯《崇文總目・釋書》 《往生浄土傳》五卷。釋飛錫撰。

真覺大師傳

錢東垣等輯《崇文總目・釋書》 《真覺大師傳》一卷。《通志畧》、《宋志》並不著撰人。

鄭樵《通志・藝文略》 《真覺大師傳》一卷。

禪門法印傳

錢東垣等輯《崇文總目・釋書》《禪門法印傳》五卷。錫鬯按：《通志畧》「法令」作「法師句令元」撰。《宋志》作「句令」。

鄭樵《通志・藝文略》《禪門法師傳》五卷。蜀居士句令元撰。

高僧嬾殘傳

錢東垣等輯《崇文總目・釋文》《高僧嬾殘傳》一卷。《唐志》、《通志畧》並不著撰人。

《新唐書・藝文志・釋氏》《高僧嬾殘傳》一卷，天寶人。

鄭樵《通志・藝文略》《高僧懶殘傳》一卷。

草堂法師傳

《新唐書・藝文志・釋氏》陶弘景《草堂法師傳》一卷。

又　蕭回理《草堂法師傳》一卷。

鄭樵《通志・藝文略》梁故《草堂法師傳》一卷。陶弘景撰。

又，一卷。蕭回理撰。

己知沙門傳

《新唐書・藝文志・釋氏》行友《己知沙門傳》一卷。序僧海順事。

江東名德傳

鄭樵《通志・藝文略》《江東名德傳》三卷。釋法進撰。

菩薩多部傳

鄭樵《通志・藝文略》《薩婆多部傳》五卷。釋僧祐撰。

求法高僧傳

馬端臨《文獻通考・經籍考・釋氏》《求法高僧傳》二卷。晁氏曰：唐僧義浄撰。義浄，垂拱中往天竺求佛經，既還，因纂集唐僧往西域者五十六人行事。

《宋史・藝文志・釋氏》義浄《求法高僧傳》二卷。

《宋史・藝文志・釋氏》僧義浄《求法高僧傳》三卷。

禪門法印傳

《宋史・藝文志・釋氏》句令《禪門法印傳》五卷。

釋法琳別傳

《宋史・藝文志・釋氏》僧彦琮《釋法琳別傳》三卷。

四明三佛傳

楊士奇等《文淵閣書目・寒字號・釋家》《四明三佛傳》。一部一册。

徐𤊹《徐氏家藏書目・子部・釋類》《四明三佛傳》一卷。

僧寶正續傳

楊士奇等《文淵閣書目・寒字號》《僧寶正續傳》。一部一册。

禪林僧寶傳

楊士奇等《文淵閣書目・寒字號》《禪林僧寶傳》。一部一册。

徐𤊹《徐氏家藏書目・子部・釋類》《禪林僧寶傳》三十卷。惠洪。

錢謙益等《絳雲樓書目・子釋家》《禪林僧寶傳》三十卷。宋沙門德洪撰。

曇陽大師傳

范邦甸等《天一閣書目・釋家》《曇陽大師傳》一卷。

《釋氏源流》二卷。不著撰人名氏，王勃序并銘。

五臺清涼傳

王圻《續文獻通考經籍考・釋家》《五臺清涼傳》、《本宗二百問》。僧昌海著。

有宋高僧傳

徐𤊹《徐氏家藏書目・子部・釋類》《有宋高僧傳》三十卷。贊寧著。

釋道開《藏逸經書》《諸方宿衲傳》，宋覺範師撰。《門文字禪》，宋覺範撰。

已上二書，宜購求之。

噩夢堂唐宋高僧傳

倪燦《補遼金元藝文志・釋家》《噩夢堂唐宋高僧傳》。

佛圖澄別傳

文廷式《補晉書藝文志・釋録》《佛圖澄別傳》。《世説・言語門》注《御覽》六十四。

高逸沙門傳

文廷式《補晉書藝文志・釋録》孫綽《高逸沙門傳》。《世説・言語門》注，《文學門》注，《方正門》注，《雅量門》注，《賞譽門》注，《排調門》注。以上並見《世説新語》注。

于法蘭別傳

文廷式《補晉書藝文志・釋録》《于法蘭別傳》。《高僧傳》卷四引之云，蘭亦感枯泉漱水事，與竺法護同。

佛所行贊經傳

智昇《開元釋教録》《佛所行贊經傳》五卷。馬鳴菩薩撰。亦云《佛本行經》。北涼天竺三藏曇無讖譯。單本。

西域求法高僧傳

錢東垣等輯《崇文總目・釋書》《西域求法高僧傳》二卷。釋義静撰。錫鬯按：《唐志》上有「大唐」二字。

《新唐書・藝文志・釋氏》義浄《大唐西域求法高僧傳》二卷。

鄭樵《通志・藝文略》《大唐西域求法高僧傳》二卷。僧義浄撰。

薩婆多師資傳

《新唐書・藝文志・釋氏》《薩婆多師資傳》四卷。僧祐。

大唐京寺録

《新唐書・藝文志・釋氏》僧彦琮《大唐京寺録傳》十卷。

鄭樵《通志・藝文略》《大唐京寺録傳》十卷。僧彦琮撰。

尼傳

鄭樵《通志・藝文略》《尼傳》二卷。皎法師撰。

後集續高僧傳

《新唐書・藝文志・釋氏》《後集續高僧傳》十卷。道宣。

鄭樵《通志・藝文略》《後集續高僧傳》十卷。

梁智者國師傳

楊士奇等《文淵閣書目・寒字號》《梁智者國師傳》。一部一册。

馬鳴王菩薩傳

楊士奇等《文淵閣書目・寒字號》《馬鳴王菩薩傳》。一部一册。

大顛祖師别傳

徐𤊹《徐氏家藏書目・子部・釋類》《大顛祖師别傳》一卷。潮州刊。

法苑珠林

錢東垣等輯《崇文總目・釋書》《法苑珠林》一百卷。釋道世撰，錫鬯按：《唐志》作《法苑珠林集》，今本一百二十卷。

《新唐書・藝文志・釋氏》《法苑珠林集》一百卷。

鄭樵《通志・藝文略》《法苑珠林集》一百卷。唐僧道世纂。

《宋史・藝文志・釋氏》僧道世《法苑珠林》一百卷。

《四庫全書總目提要・釋家》《法苑珠林》一百二十卷。大理寺卿陸錫熊家藏本。唐釋道世撰。道世字元惲，上都西明寺僧。是書成於高宗總章元年，朝散大夫蘭臺侍郎隴西李儼爲之序。稱事總百篇，勒成十帙。此本乃一百二十卷。蓋百篇乃其總綱，書中則約略篇頁而分卷帙。如《千佛篇》、《十惡篇》則一篇分七八卷。《善友篇》、《惡友篇》、《擇交篇》則兩三篇共一卷。故書凡一百一十八卷。而目録二卷，亦入卷數，與陸德明《經典釋文》例同。合之共爲百二十也。每篇各有述意，如史傳之序。子目之首則或有述意，或無述意，爲例不一。大旨以佛經故實分類排纂，推明罪福之由，用生敬信之念。

張之洞《書目答問・釋道家》《法苑珠林》一百二十卷。唐釋道世。燕園蔣氏刻本。

浄住子

《隋書・經籍志・雜家》《浄住子》二十卷。齊竟陵王蕭子良撰。

《舊唐書・經籍志・道家類》《浄住子》二十卷。蕭子良撰，王融頌。

《新唐書・藝文志・釋氏》蕭子良《浄注子》二十卷。王融頌。

鄭樵《通志・藝文略・道家類》《浄住子》二十卷。蕭子良撰。

統略浄住子

《新唐書・藝文志・釋氏》道宣《統略浄住子》二卷。

根本薩婆多部律攝

智昇《開元釋教録》《根本薩婆多部律攝》二十卷。尊者勝友集，或十四卷二帙。大唐天后代三藏義浄譯。新編入録，單本。

毗尼摩得勒伽

智昇《開元釋教録》《毗尼摩得勒伽》十卷。一帙。宋天竺三藏僧伽跋摩譯，單本。

善見律毗婆沙

智昇《開元釋教録》《善見律毗婆沙》十八卷。或云《毗婆沙律》，亦直云《善見律》。蕭齊外國沙門僧伽跋陁羅譯。單本。

薩婆多毗尼毗婆沙

智昇《開元釋教録》《薩婆多毗尼毗婆沙》九卷。失譯。今附《秦録》，單本。

元聖蘧廬

錢東垣等輯《崇文總目・釋書》《元聖蘧廬》一卷。李繁撰。

《新唐書・藝文志・釋氏》李繁《玄聖蘧廬》一卷。

鄭樵《通志・藝文略》《玄聖蘧廬》一卷。唐李繁撰。

晁公武《郡齋讀書志》《玄聖蘧廬》二卷。袁本《後志》卷二釋書類第二十一。右唐李繁撰。繁學於江西僧道一，敬宗時，嘗與丁公著、陸亘入殿中抗佛、老，講論唐、虞。愈稱其家多書，一覽終身不忘。大和中，舒元輿誣其濫殺不辜，繫獄。知且死，著書十六篇，以明禪理。自謂臨死生而不懼，賢於顔回在陋巷不改其樂。嗚呼，可謂賢矣！而史載其生平行事甚醜，獨何歟？

馬端臨《文獻通考・經籍考・釋氏》《玄聖蘧廬》二卷。晁氏曰：唐李繁撰。繫學於江西僧道一。敬宗時，嘗與丁公著、陸亘入殿中，抗佛、老，講論唐、虞。愈稱其家多書，一覽終身不忘。大和中，舒元輿誣其濫殺不辜，繫獄。知且死，著書十六篇，以明禪理。自謂臨死生而不懼，賢於顏回在陋巷不改其樂。嗚乎，可謂賢矣！而史載其平生行事甚醜，獨何歟？

紹興重雕大藏音

張金吾《愛日精廬藏書志・釋家》《紹興重雕大藏音》三卷。明支那本。

大藏經音

錢東垣等輯《崇文總目・釋書》《大藏經音》四卷。《通志畧》、《宋志》並不著撰人。

《宋史・藝文志・釋氏》《大藏經音》四卷。

鄭樵《通志・藝文略》《大藏經音》四卷。

藏經音義隨函

錢東垣等輯《崇文總目・釋書》《藏經音義隨函》三十卷。釋可洪撰。

《宋史・藝文志・釋氏》可洪《藏經音義隨函》三十卷。

渾混子

錢東垣等輯《崇文總目・釋書》《渾混子》三卷。《通志畧》、《宋志》並不著撰人。

鄭樵《通志・藝文略》《渾混子》三卷。不知名氏。所釋肇法師《法藏論》之義。

《宋史・藝文志・釋氏》《渾混子》三卷。解《寶藏論》。

拾遺問

錢東垣等輯《崇文總目・釋書》裴休《拾遺問》一卷。錫鬯按：舊本「休」譌作「修」，今校改。

《宋史・藝文志・釋氏》裴休《拾遺問》一卷。

達摩血脉

錢東垣等輯《崇文總目・釋書》《達摩血脉》一卷。釋惠可撰。錫鬯按：《宋志》不著撰人。

《新唐書・藝文志・釋氏》惠可《達摩血脉》一卷。

鄭樵《通志・藝文略》《達摩血脉》一卷。唐僧惠可撰。

《宋史・藝文志・釋氏》《達摩血脈》一卷。

石頭和尚參同契

錢東垣等輯《崇文總目・釋書》《石頭和尚參同契》一卷。釋希還撰。

《新唐書・藝文志・釋氏》希還《參同契》一卷。

鄭樵《通志・藝文略》《石頭和尚參同契》一卷。唐僧希還撰，唐宗美注。

《宋史・藝文志・釋氏》《石頭和尚參同契》一卷宗美注。

統略浄住子浄行法門

錢東垣等輯《崇文總目・釋書》《統畧浄住子浄行法門》一卷。錫鬯按：是書本二卷，蕭子良撰。釋道宣删爲一卷。陳詩庭云《唐志》作《統畧浄注子》，《宋志》無「子浄」二字。

鄭樵《通志・藝文略》《統略浄住子浄行法門》一卷。齊蕭子良嘗夢佛授以浄行二法，因著爲二十卷。

棲賢法雋

錢東垣等輯《崇文總目・釋書》《棲賢法雋》一卷。釋惠明撰。

《新唐書・藝文志・釋氏》《棲賢法雋》一卷。僧惠明與西川節度判官鄭愚、漢州刺史趙璘論佛書。

鄭樵《通志・藝文略》《棲賢法雋》一卷。唐僧惠明撰。

《宋史・藝文志・釋氏》惠明《棲賢法雋》一卷。

脩多羅法門

《新唐書・藝文志・釋氏》郭瑜《脩多羅法門》二十卷。

通惑決疑録

《新唐書・藝文志・釋氏》《通惑決疑録》二卷。道宣。

鄭樵《通志・藝文略》《通應決疑》二卷。唐僧道宣撰。

入道方便門

《新唐書・藝文志・釋氏》《入道方便門》二卷。

鄭樵《通志・藝文略》《入道方便門》二卷。僧玄琬撰。

無礙縁起

《新唐書・藝文志・釋氏》《無礙縁起》一卷。

鄭樵《通志・藝文略》《無礙縁起》一卷。

發戒縁起

《新唐書・藝文志・釋氏》《發戒縁起》二卷。

鄭樵《通志・藝文略》《發戒縁起》二卷。

大小乘觀門

《新唐書・藝文志・釋氏》《大小乘觀門》十卷。

鄭樵《通志・藝文略》《大小乘觀門》十卷。僧玄惲撰。

百願文

《新唐書・藝文志・釋氏》《百願文》一卷。玄惲，本名道世。

鄭樵《通志・藝文略》《百願文》一卷。玄惲撰。

二帝三藏聖教序

《新唐書・藝文志・釋氏》注《二帝三藏聖教序》一卷。太宗、高宗。

雜心玄文

《新唐書・藝文志・釋氏》 慧浄《雜心玄文》三十卷。姓房，隋國子博士徽遠從子。

諸經講序

《新唐書・藝文志・釋氏》《諸經講序》一卷。

義源文本

《新唐書・藝文志・釋氏》 玄會《義源文本》四卷。

涅槃義章句

《新唐書・藝文志・釋氏》《涅槃義章句》四卷。字懷默，姓席氏，安定人，貞觀中。

鄭樵《通志・藝文略》《涅槃義章句》四卷。釋玄會撰。

玄　章

《新唐書・藝文志・釋氏》《玄章》三卷。

玄　章

《新唐書・藝文志・釋氏》《玄章》三卷。姓梁氏，虞鄉人。

玄　章

《新唐書・藝文志・釋氏》《玄章》五卷。姓張氏，南陽人，貞觀末。

大乘要句

《新唐書・藝文志・釋氏》 空藏《大乘要句》三卷。姓王氏，新豐人。

垂　誡

《新唐書・藝文志・釋氏》 無殷《垂誡》十卷。

鄭樵《通志・藝文略》《無殷垂誡》十卷。

師　號

鄭樵《通志・藝文略》《師號》一卷。

法寶記血脉

鄭樵《通志・藝文略》《法寶記血脉》一卷。

尼蒙求

鄭樵《通志・藝文略》《尼蒙求》一卷。釋道誠撰。

三教名數

鄭樵《通志・藝文略》《三教名數》十二卷。

覺海元珠藏

鄭樵《通志・藝文略》《覺海元珠藏》三卷。

空門事鑒

鄭樵《通志・藝文略》《空門事鑑》三卷。

輔教編

鄭樵《通志・藝文略》《輔教編》三卷。釋契嵩撰。

晁公武《郡齋讀書志》《輔教編》五卷。袁本《後志》卷二釋書類第二十。右皇朝僧契嵩撰。藤州人。皇祐間，以世儒多詆釋氏之道，因著此書，廣引經籍，以證三家一致，輔相其教云。

馬端臨《文獻通考・經籍考・釋氏》《輔教編》五卷。晁氏曰：皇朝僧契嵩撰。藤州人。皇祐間，以世儒多詆釋氏之道，因著此書，廣引經籍，以證三家一致，輔相其教云。

《宋史・藝文志・釋氏》僧契嵩《輔教編》三卷。

楊士奇等《文淵閣書目・寒字號》《輔教編》。一部一册。

《輔教編》。一部六册。

《輔教編》。一部一册。

重刊夾註輔教編

王圻《續文獻通考經籍考・釋家》《重刊夾註輔教編》宋景濂曰：宋大士曰，鐔津嵩禪師以二氏末流之弊或不相能，取諸書會而同之，曰《原教》、曰《廣原教》、曰《勸書》、曰《孝論》、而《壇經贊》輔焉。復恐人不悉其意，自註釋之，名爲《輔教編》。若禪師者，可謂攝萬理於一心矣。後虛白杲公重刻是編，有功學者甚大。

雜心玄文

鄭樵《通志・藝文略》《雜心玄文》三十卷。釋慧净撰。

義源文本

鄭樵《通志・藝文略》《義源文本》四卷。釋玄會撰。

大乘要句

鄭樵《通志・藝文略》《大乘要句》三卷。釋空藏撰。

那提大乘集議

鄭樵《通志・藝文略》 《那提大乘集議論》四十卷。

水陸法事儀式

鄭樵《通志・藝文略》 《水陸法事儀式》一卷。

王梵志詩

鄭樵《通志・藝文略》 《王梵志詩》一卷。

玄中語寶

鄭樵《通志・藝文略》 《玄中語寶》三卷。張雲表集禪門弟子紹修纂。

《宋史・藝文志・釋氏》 張雲《元中語寶》三卷。

百丈廣

鄭樵《通志・藝文略》 《百丈廣》、《僧齊堂禪師語要》三卷。

裴休拾遺問

鄭樵《通志・藝文略》 《裴休拾遺問》一卷。

唐僧宗密與清涼國師書

鄭樵《通志・藝文略》 唐僧宗密《與清涼國師書》一卷。

法燈禪師拈古

鄭樵《通志・藝文略》 《法燈禪師拈古》一卷。

明覺拈古

鄭樵《通志・藝文略》 《明覺拈古》一卷。

法界觀

晁公武《郡齋讀書志》 《法界觀》一卷。袁本《前志》卷三下釋書類第二十三。右唐僧杜順撰。《華嚴》最後品，法名曰「法界」，叙善財參五十三位善知識，經文廣博，罕能通其説。杜順乃著是書，宗密注之，裴休爲之序。

馬端臨《文獻通考・經籍考・釋氏》 《法界觀》一卷。晁氏曰：唐僧杜順撰。《華嚴》最後品，法名曰《法界》，叙善財參五十三位善知識，經文廣博，罕能通其説。杜順乃著是書，宗密注之，裴休爲之序。

禪苑瑶林

晁公武《郡齋讀書志》 《禪苑瑶林》一百卷。袁本《前志》卷三下釋書類第十七。

右皇朝井度編。取三《燈録》所載祖師言行，附入諸方闡提語句，且是正其差誤云。

馬端臨《文獻通考・經籍考・釋氏》《禪苑瑶林》一百卷。晁氏曰：井度編。取三《燈録》所載祖師言行，附入諸方闡提語句，且考正其差誤云。

雪竇頌古

晁公武《郡齋讀書志》《雪竇頌古》八卷。右皇朝僧道顯撰。道顯居雪竇山。所謂「頌古」者，猶詩人之「詠史」云。

馬端臨《文獻通考・經籍考・釋氏》《雪竇頌古》八卷。晁氏曰：皇朝僧道顯居雪竇山，所謂頌古者，猶詩人之詠古云。

浄土文

趙希弁《讀書附志》《浄土文》一卷。右王日休所編，歷陽張孝祥爲之序。日休，字虛中，龍舒人。嘗爲國學進士。

《宋史・藝文志・釋氏》《浄土文》十一卷。王日休撰。

龍舒浄土文

范邦甸等《天一閣書目・釋家》《龍舒浄土文》十二卷。刊本。王日休撰，吕師説等序。

徐𤊹《徐氏家藏書目・子部・釋類》《龍舒浄土文》五卷。王日休。

釋道開《藏逸經書》《龍舒浄土文》。

宗門統要十卷

陳振孫《直齋書録解題》《宗門統要》十卷。建谿僧宗永集。

法藏碎金

陳振孫《直齋書録解題》《法藏碎金》十卷。太子少傅晁迥撰。

馬端臨《文獻通考・經籍考・釋氏》《法藏碎金》十卷。陳氏曰：太子少傅晁迥撰。

《宋史・藝文志・釋氏》晁迥《法藏碎金》十卷。

徐𤊹《徐氏家藏書目・子部・釋類》《法藏碎金》十卷。宋晁迥。

法藏碎金抄

徐𤊹《徐氏家藏書目・子部・釋類》《法藏碎金抄》四卷。宋晁迥，安成劉應鈳抄。

景祐天竺字源

陳振孫《直齋書録解題》《景祐天竺字源》七卷。僧惟浄等集進。案：《文獻通攷》「惟浄」作「相浄」。以華梵對翻，有十二轉聲、三十四字母，各有齒、牙、舌、喉、唇五音。仁宗御製序，鏤板頒行。吴郡虎丘寺有賜本如新，已亥借録。

馬端臨《文獻通考・經籍考・釋氏》《景祐天竺字源》七卷。陳氏曰：僧相浄等集進，以華、梵對翻，有十二聲、三十字母，各有牙、齒、舌、喉、唇五音。仁宗御製序，吴郡虎邱寺有賜本如新。

水懺

馬端臨《文獻通考・經籍考・釋氏》《水懺》三卷。

緇林古鑑

馬端臨《文獻通考・經籍考・釋氏》 《緇林古鑑》二十四卷。浮屠慧邃撰。雲龕李氏序略曰：邃以所著《緇林古鑑》示予，曰：「此書起漢永平，訖唐貞觀，上下數百年，用《高僧》、《續高僧》、《求法》、《法顯》等數家之書，芟其繁冗，以類相從，爲四十九門，二十四卷，總二千二百七十一事。傳授之本末、教法之興替、高勝之行業、幽顯之報應，莫不畢載。慧邃之爲此書，非務博聞而已，將俾學者考古以鑑，令知所畏慕，誘掖其善意，而策發其怠惰。於教法有序焉，請序而行之。」某曰：「人之學道，要臻其極，而剛柔緩急，受才有不同。今子之書，以事從人，以人從目，覽者各以類求之，而知慕向焉，所得斯過半矣。」

法寶標目

馬端臨《文獻通考・經籍考・釋氏》 《法寶標目》十卷。陳氏曰：户部尚書三槐王古敏仲撰。以譯藏諸函隨其次第爲之目録，而釋其因緣。凡佛會之先後，華譯之異同，皆是著之。

《宋史・藝文志・釋氏》 《法寶標目》十卷。王右編。

統略净住行法門

《宋史・藝文志・釋氏》 蕭子良《統略净住行法門》一卷。

勸孝文

《宋史・藝文志・釋氏》 僧宗頤《勸孝文》二卷。

諸經譯梵

《宋史・藝文志・釋氏》 蹇序辰《諸經譯梵》三卷。

閑居編

《宋史・藝文志・釋氏》 僧智圓《閑居編》五十一卷。

耄智餘書

《宋史・藝文志・釋氏》 晁迥《耄智餘書》三卷。

崇正辨

《宋史・藝文志・釋氏》 《崇正辨》三卷。胡寅撰。

五公符

《宋史・藝文志・釋氏》 《五公符》一卷。

阿育王錫哩寶塔

楊士奇等《文淵閣書目・寒字號・釋家》 《阿育王錫哩寶塔》。一部一册。

大悲神咒

楊士奇等《文淵閣書目·寒字號》《大悲神咒》。一部一册。

大藏撮集經咒

楊士奇等《文淵閣書目·寒字號》《大藏撮集經咒》。一部一册。

大藏一覽

楊士奇等《文淵閣書目·寒字號》《大藏一覽》。一部十册。

釋道開《藏逸經書》《大藏一覽》。

《四庫全書總目提要·釋家》《大藏一覽》十卷。内府藏本。明陳實原編。實原，寧德人。始末未詳。是編以藏經浩繁，難於尋覽，因録其大要，括爲一書。分八門六十品，系以因緣一千一百八十一則。

徐𤊹《徐氏家藏書目·子部·釋類》《大藏一覽》十卷。寧德陳實編。

《明史·藝文志·釋家》陳實《大藏一覽》十卷。

多心經義鏡

楊士奇等《文淵閣書目·寒字號》《多心經義鏡》。一部一册。

藥師道師提綱

楊士奇等《文淵閣書目·寒字號》《藥師道師提綱》。一部九册。

道場提綱儀文

楊士奇等《文淵閣書目·寒字號》《道場提綱儀文》。一部七册。

報恩道場三師提綱

楊士奇等《文淵閣書目·寒字號》《報恩道場三師提綱》。一部三册。

諸銓集都序

楊士奇等《文淵閣書目·寒字號》《諸銓集都序》。一部一册。

龍華道場儀文

楊士奇等《文淵閣書目·寒字號》《龍華道場儀文》。一部十五册。

救苦報恩道場

楊士奇等《文淵閣書目·寒字號》《救苦報恩道場》。一部七册。

三昧水懺

楊士奇等《文淵閣書目·寒字號》《三昧水懺》。一部一册。

沙彌十戒法并威儀

智昇《開元釋教録》《沙彌十戒法并威儀》一卷。亦云《沙彌威儀戒本》。失譯。今附《東晉録》。

沙彌威儀

智昇《開元釋教録》《沙彌威儀》一卷。或有「經」字，與前《威儀》大同小異。宋罽賓三藏求那跋摩譯。

圓覺道場修證儀

錢東垣等輯《崇文總目・釋書》《圓覺道場修證儀》十八卷。釋宗密撰。《顯宗集》一卷。錫鬯按：《通志畧》，不著撰人。《宋志》，釋大闓撰。

十種讀經儀

《新唐書・藝文志・釋氏》《十種讀經儀》一卷。

鄭樵《通志・藝文略》《十種讀經儀》一卷。唐僧玄琬撰。

無盡藏儀

《新唐書・藝文志・釋氏》《無盡藏儀》一卷。

鄭樵《通志・藝文略》《無盡藏儀》一卷。

行事删補律儀

《新唐書・藝文志・釋氏》《行事删補律儀》三卷。或六卷。

釋門正行懺悔儀

《新唐書・藝文志・釋氏》《釋門正行懺悔儀》三卷。

鄭樵《通志・藝文略》《釋門正行懺悔儀》三卷。

釋門亡物輕重儀

《新唐書・藝文志・釋氏》《釋門亡物輕重儀》二卷。

釋文立物輕重儀

鄭樵《通志・藝文略》《釋門立物輕重儀》二卷。

釋門章服儀

《新唐書・藝文志・釋氏》《釋門章服儀》二卷。

鄭樵《通志・藝文略》《釋門章服儀》二卷。

釋門歸敬儀

《新唐書・藝文志・釋氏》《釋門歸敬儀》二卷。

鄭樵《通志・藝文略》《釋門歸敬儀》二卷。

釋門護法儀

《新唐書・藝文志・釋氏》《釋門護法儀》二卷。

鄭樵《通志・藝文略》《釋門護法儀》二卷。

捨懺儀

《新唐書・藝文志・釋氏》《捨懺儀》一卷。

鄭樵《通志・藝文略》《捨懺悔儀》一卷。

輕重儀

《新唐書・藝文志・釋氏》《輕重儀》一卷。姓李氏，趙郡人。

鄭樵《通志・藝文略》《輕重儀》一卷。

圓覺道場修證儀

鄭樵《通志・藝文略》《圓覺道場修證儀》十八卷。唐僧宗密撰。

圓覺道場修證儀

《宋史・藝文志・釋氏》《圓覺道場修證儀》十八卷。

水陸儀

《宋史・藝文志・釋氏》楊諤《水陸儀》二卷。

觀音大齋儀

楊士奇等《文淵閣書目・寒字號》《觀音大齋儀》。一部五册。

水陸大齋壇儀

楊士奇等《文淵閣書目・寒字號》《水陸大齋壇儀》。一部五册。

修齋科儀

楊士奇等《文淵閣書目・寒字號》《修齋科儀》。一部一册。

普覺心藏法儀

楊士奇等《文淵閣書目・寒字號》《普覺心藏法儀》。一部一册。

白蓮寶懺

楊士奇等《文淵閣書目・寒字號》《白蓮寶懺》。一部一册。

慈悲水懺法

楊士奇等《文淵閣書目・寒字號》《慈悲水懺法》。一部一册。

盂蘭盆經科

楊士奇等《文淵閣書目・寒字號》《盂蘭盆經科》。一部二册。

人天寶鑑

楊士奇等《文淵閣書目・寒》《人天寶鑑》。一部一册。

人天寶鑑

楊士奇等《文淵閣書目・寒》《人天寶鑑》。一部一册。

山家緒餘

楊士奇等《文淵閣書目・寒》《山家緒餘》。一部二册。

百丈清規

楊士奇等《文淵閣書目・寒字號》《百丈清規》。一部一册。

錢大昕《補元史藝文志・釋道類》《百丈清規》八卷。

芝苑遺編

楊士奇等《文淵閣書目・寒字號》《芝苑遺編》。一部三册。

律宗會元

楊士奇等《文淵閣書目・寒字號》《律宗會元》。一部三册。

三教會通

楊士奇等《文淵閣書目・寒字號》《三教會通》。一部二册。

修行法門

楊士奇等《文淵閣書目・寒字號》《修行法門》。一部一册。

五燈會元

楊士奇等《文淵閣書目・寒字號》《五燈會元》。一部十册。

范邦甸等《天一閣書目・釋家》《五燈會元》二十卷。每卷首有天一閣、古司馬氏二圖章。宋靈隱大川禪師撰。元至正甲辰萬壽永祚禪寺住持翻譯，釋廷俊序。云宋景德間，吴僧道原作《傳燈録》。真宗詔翰林學士楊億裁正而序之。天聖中駙馬都尉李遵勗爲《廣燈録》，仁宗御製序。建中靖國元年佛國白禪師成《續燈録》，徽宗作序。淳熙十年浄慈晦翁明禪師作《聯燈會》，洩齋李泳序之。嘉泰中雷庵受禪師作《普燈録》，陸游序。斯五燈之所由始，與藏典並傳。宋季靈隱大川禪師濟公以《五燈》爲書，浩博學者罕能通究。廼集學徒作《五燈會元》以惠後學，恩至渥也。會稽開元大沙門業海清公，每慨《五燈會元》板燬，學者于佛祖機語無所攷見。于是罄衣鉢之資，募衆而樂成之。

釋道開《藏逸經書》《五燈會元》。《五燈》，今藏中止收《景德傳燈》，餘盡未收。而世亦鮮流行本。則此會元不得不收矣。今秀水東禪寺有板流行。

《四庫全書總目提要・釋家》《五燈會元》二十卷。内府藏本。宋釋普濟撰。普濟字大川，靈隱寺僧也。其書取釋道原《景德傳燈録》、駙馬都尉李遵勗《天聖廣燈録》、釋維白《建中靖國續燈録》、釋道明《聯燈會要》、釋正受《嘉泰普燈録》，撮其要旨，彙爲一書，故曰《五燈會元》。以七佛爲首，次四祖、五祖、六祖。南嶽青原以下，各按傳法世數載入焉。蓋禪宗自慧能而後，分派滋多。有良價號洞下宗，文偃號雲門宗，文益號法眼宗，靈祐慧寂號潙仰宗，義元號臨濟宗。學徒傳授，幾徧海内。宗門撰述，亦日以紛繁。名爲以不立語言文字爲不二法門，實則轇轕紛紜，愈生障礙。蓋唐以前各尊師説，儒與釋爭。宋以後機巧日增，儒自與儒爭，釋亦自與釋爭。人我分而勝負起，議論所以多也。是書删掇精英，去其冗雜，叙録較爲簡要。其考論宗系，分篇臚列，於釋氏之源流本末，亦指掌瞭然。固可與僧寶諸傳同資釋門之典故，非諸方語録、掉弄口舌者比也。

錢大昕《補元史藝文志・釋道類》《普濟五燈會元》二十卷。字大川，宋末靈隱僧。

張之洞《書目答問・釋道家》《五燈會元》二十卷。宋釋普濟。釋藏本。

林泉老人評唱

楊士奇等《文淵閣書目・寒字號》《林泉老人評唱》。一部六册。

圓菴文匯

楊士奇等《文淵閣書目・寒字號》《圓菴文稾》。一部三册。

圓菴詩匯

楊士奇等《文淵閣書目・寒字號》《圓菴詩稾》。一部一册。

圓菴偈匯

楊士奇等《文淵閣書目・寒字號》《圓菴偈稾》。一部一册。

蓮宗寶鑑

楊士奇等《文淵閣書目・寒字號》《蓮宗寶鑑》。一部二册。

百種明門

楊士奇等《文淵閣書目・寒字號》《百種明門》。一部三册。

玉泉志略

楊士奇等《文淵閣書目・寒字號》《玉泉志略》。一部三册。

諸上善人詠

楊士奇等《文淵閣書目・寒字號》《諸上善人詠》。一部一册。

蒙極樂邦家信

楊士奇等《文淵閣書目・寒字號》《蒙極樂邦家信》。一部一册。

西齋浄土詩

楊士奇等《文淵閣書目・寒字號》《西齋浄土詩》。一部一册。

浄土指歸

楊士奇等《文淵閣書目・寒字號》《浄土指歸》。一部一册。

釋道開《藏逸經書》《浄土指歸》，大祐師述。秀水楞嚴寺有板。

《明史・藝文志・釋家》大祐《浄土指歸》二卷。

道　果

楊士奇等《文淵閣書目・寒字號》《道果》。一部一册。

頓悟要門

楊士奇等《文淵閣書目・寒字號》《頓悟要門》。一部一册。

雲門頌古

楊士奇等《文淵閣書目・寒字號》《雲門頌古》。一部一册。

宗門武庫

楊士奇等《文淵閣書目・寒字號》《宗門武庫》。一部一册。

徐𤊹《徐氏家藏書目・子部・釋類》《宗門武庫》一卷。

釋道開《藏逸經書》《宗門武庫》，大慧杲師所撰。秀水精嚴寺有板。

緇門警訓

楊士奇等《文淵閣書目・寒字號》《緇門警訓》。一部一册。

范邦甸等《天一閣書目・釋家》《緇門警訓》二卷。明成化甲午嘉禾釋如卺重刊。

釋道開《藏逸經書》《緇門警訓》。

投子和尚頌古

楊士奇等《文淵閣書目・寒字號》《投子和尚頌古》。一部一册。

藏乘法數

楊士奇等《文淵閣書目·寒字號》《藏乘法數》。一部一册。

林間事實

楊士奇等《文淵閣書目·寒字號》《林間事實》。一部一册。

寶公行實

楊士奇等《文淵閣書目·寒字號》《寶公行實》。一部五册。

雪寶明覽

楊士奇等《文淵閣書目·寒字號》《雪寶明覽》。一部一册。

圓明大會

楊士奇等《文淵閣書目·寒字號》《圓明大會》。一部二册。

人天眼目

楊士奇等《文淵閣書目》《人天眼目》。一部一册。

正法眼藏

楊士奇等《文淵閣書目·寒字號》《正法眼藏》。一部一册。

釋道開《藏逸書經》《正法眼藏》三卷。大慧杲和尚所録。今常熟刊行。

宗門獅子筋

楊士奇等《文淵閣書目·寒字號》《宗門獅子筋》。一部一册。

東谷唯此編

楊士奇等《文淵閣書目·寒字號》《東谷唯此編》。一部一册。

一花五葉

楊士奇等《文淵閣書目·寒字號》《一花五葉》。一部一册。

法門事表

楊士奇等《文淵閣書目·寒字號》《法門事表》。一部一册。

法　數

楊士奇等《文淵閣書目·寒字號》《法數》。一部三册。

丹霞頌古

楊士奇等《文淵閣書目・寒字號》 《丹霞頌古》。一部一册。

瑜伽科範

楊士奇等《文淵閣書目・寒字號》 《瑜伽科範》。一部一册。

天竺籤

楊士奇等《文淵閣書目・寒字號》 《天竺籤》。一部一册。

九乘綱目

楊士奇等《文淵閣書目・寒字號》 《九乘綱目》。一部一册。

蓮宗寶鑒

高儒《百川書志・佛家》 《蓮宗寶鑑》十卷。元僧廬山蓮宗優曇普度輯。念佛正道也。一百三十二章，名德十一題跋。

尚直編

高儒《百川書志・佛家》 《尚直編》一卷。

尚理編

高儒《百川書志・佛家》 《尚理編》一卷。皇明正統中，中吴沙門空谷景隆述。設儒、道二教，問難之辭，又衍其宗旨也。

廬山寶鑒

范邦甸等《天一閣書目・釋家》 《廬山寶鑑》十卷。元釋普度編集。

師子林天如和尚浄土或問

范邦甸等《天一閣書目・釋家》 《師子林天如和尚浄土或問》一卷。小師善遇編，明崇德住山比邱際聲重刊。

住慈明晦

范邦甸等《天一閣書目・釋家》 《住慈明晦》二卷。沙門袾宏撰并註，沈泰鴻序。治父星朗和尚廣録。

大藏音

范邦甸等《天一閣書目・釋家》 《大藏音》二卷。宋宣德郎柳預重刊。

華亭船子和尚機緣詩

范邦甸等《天一閣書目・釋家》《華亭船子和尚機緣詩》一卷。刊本。宋大觀步松澤叟吕益柔識。云「雲間船子和尚法嗣藥山。飄然一舟汎於華亭吴江朱涇之間，夾山一見悟道，常爲撥櫂歌。其播傳人口者纔一二首。益柔於先子遺編中得三十九首，因書以遺風涇海惠卿老俾鑱之石，以資禪客玩味」云。船子事實，備見《傳燈》，此不復載。

青州百問

王圻《續文獻通考・經籍考・佛家》《青州百問》一卷。元辯和尚，青州人，世稱青州辯和尚。禪教盛行北方二百餘年，燕齊秦趙之間入是宗者皆其後學。此書皆其與覺和尚及林泉老人問答頌偈也。

池陽百問

王圻《續文獻通考・經籍考・佛家》《池陽百問》。永嘉陳氏子懷義得法於雪竇，住景德禪寺。有《百問》行於世，謂之《池陽百問》。

閒居編

王圻《續文獻通考・經籍考・佛家》《閒居編》五十一卷。智圓字無外，錢塘徐氏，八歲出家，自號中庸子，居孤峯瑪瑙寺，與林逋爲友，以詩文自娱。嘗作《十疏通經》，又雜著五十一卷題曰《閒居編》。

瑜伽文

王圻《續文獻通考・經籍考・佛家》《瑜伽文》、《羅漢文》、《彌陀文》，永素著。永素，祁門人。居柏山院，日誦《華嚴經》。紹興間，住嚴州烏龍山，歲久回柏山，撰《瑜伽文》。一日，沐浴升堂説法，作偈曰：看不上面，笑不出唇，淡軒之上，獨對松雲。呵呵！有人若問西來意，山僧元是大朝人。言訖而逝。

妙玄文句正觀

王圻《續文獻通考・經籍考・佛家》《妙玄文句正觀》三大部。《增治助文法華涅槃二經講義》、《荆谿章安法智三祖禮文詩偈二編》。宋景濂曰：佛鑑圓照論師必才所著述，並行於世。詩偈别傳。

决疑心願

徐𤊹《徐氏家藏書目・子部・釋類》《决疑心願》一卷。宋遵式浄土。

修浄業文

徐𤊹《徐氏家藏書目・子部・釋類》《修浄業文》一卷。

大藏經贊覽

徐𤊹《徐氏家藏書目・子部・釋類》《大藏經贊覽》一卷。袁員融。

大乘止觀

徐𤑔《徐氏家藏書目·子部·釋類》《大乘止觀》一卷。天竺遵式。

青州通元

徐𤑔《徐氏家藏書目·子部·釋類》《青州通元》一卷。

一礶醍醐

徐𤑔《徐氏家藏書目·子部·釋類》《一礶醍醐》二卷。閩古音上人著蔡沈之裔。正德間人。

沙彌律儀要畧

徐𤑔《徐氏家藏書目·子部·釋類》《沙彌律儀要畧》一卷。

旃檀林

徐𤑔《徐氏家藏書目·子部·釋類》《旃檀林》一卷。瞿汝稷輯。

買靴圖説

徐𤑔《徐氏家藏書目·子部·釋類》《買靴圖説》一卷。王應璘刻。

擬寒山詩

徐𤑔《徐氏家藏書目·子部·釋類》《擬寒山詩》一卷。宋慈受。

浄土或問

徐𤑔《徐氏家藏書目·子部·釋類》《浄土或問》一卷。天如。

竺乾宗解

徐𤑔《徐氏家藏書目·子部·釋類》《竺乾宗解》、《浄土稽》一卷。

持齋辦惑

徐𤑔《徐氏家藏書目·子部·釋類》《持齋辦惑》一卷。

三教會編

徐𤑔《徐氏家藏書目·子部·釋類》《三教會編》九卷。

戒殺放生文

徐𤑔《徐氏家藏書目·子部·釋類》《戒殺放生文》一卷。株宏註。

赤水元珠

徐𤊹《徐氏家藏書目・子部・釋類》《赤水元珠》一卷。翟仲子。

發曚篇

徐𤊹《徐氏家藏書目・子部・釋類》《發曚篇》一卷。屠隆。

經懺直音

徐𤊹《徐氏家藏書目・子部・釋類》《經懺直音》一卷。鴦湖海心。

斗降宗派

徐𤊹《徐氏家藏書目・子部・釋類》《斗降宗派》一卷。

浄土神咒

徐𤊹《徐氏家藏書目・子部・釋類》《浄土神咒》一卷。附《不思議神力傳》。

明州舍利塔緣起

徐𤊹《徐氏家藏書目・子部・釋類》《明州舍利塔緣起》一卷。

正法眼

徐𤊹《徐氏家藏書目・子部・釋類》《正法眼》一卷。

永明道蹟

徐𤊹《徐氏家藏書目・子部・釋類》《永明道蹟》一卷。

修塔緣起

徐𤊹《徐氏家藏書目・子部・釋類》《修塔緣起》一卷。

中峯浄土詩

徐𤊹《徐氏家藏書目・子部・釋類》《中峯浄土詩》一卷。

竹窻二筆

徐𤊹《徐氏家藏書目・子部・釋類》《竹窻二筆》二卷。株宏。

山居詩

徐𤊹《徐氏家藏書目・子部・釋類》《山居詩》一卷。

蓮宗寶鑒

徐𤊹《徐氏家藏書目·子部·釋類》《蓮宗寶鑑》十卷。釋優曇著。

長松茹退

徐𤊹《徐氏家藏書目·子部·釋類》《長松茹退》二卷。憨山。

黄虞稷《千頃堂書目·釋家》德清《長松茹退》二卷。

《四庫全書總目提要·釋家》《長松茹退》二卷。浙江孫仰曾家藏本。明釋可真撰。可真字達觀，吴江人。世號紫柏大師。始居蘇州楞嚴寺，既而游《大房石經》，進隋僧浄琬所藏佛舍利。慈聖太后迎入宫中，特賜紫伽黎。俄以獄詞牽連論死。著有《茹退集》。是書乃其别撰語録。閒及物理，不盡爲釋氏之言。惟其以《茹退》爲名，殊不可解。李日華《六研齋筆記》稱佛經以牛糞爲茹退，其名甚新。其自謙之詞歟。然謙亦不應至此，或别有取義也。

真心直説

徐𤊹《徐氏家藏書目·子部·釋類》《真心直説》一卷。古德。

蓬居問疑

徐𤊹《徐氏家藏書目·釋家》《蓬居問疑》二卷。張蔚然。

戒殺放生辨疑

徐𤊹《徐氏家藏書目·釋家》《戒殺放生辨疑》一卷。聞淶。

觀音音六部經呪

徐𤊹《徐氏家藏書目·子部·釋類》《觀音音六部經呪》一卷。漳州王志超刊。

四家頌古

徐𤊹《徐氏家藏書目·子部·釋類》《四家頌古》八卷。天童　雪竇　投子　丹霞芃絶老人注。

宗門七志

徐𤊹《徐氏家藏書目·子部·釋類》《宗門七志》一卷。古之愚。

天法城池

徐𤊹《徐氏家藏書目·子部·釋類》《天法城池》一卷。

止觀法門

徐𤊹《徐氏家藏書目·子部·釋類》《止觀法門》四卷。

諸經日誦

徐𤊹《徐氏家藏書目·子部·釋類》《諸經日誦》二卷。

八識略説

徐𤊹《徐氏家藏書目·子部·釋類》《八識畧説》一卷。

無諍三昧法門

徐𤊹《徐氏家藏書目·子部·釋類》《無諍三昧法門》二卷。陳南岳思大撰。

中峯四十八願文

徐𤊹《徐氏家藏書目·子部·釋類》《中峯四十八願文》一卷。

顯密圓通

徐𤊹《徐氏家藏書目·子部·釋類》《顯密圓通》二卷。

頂門針

徐𤊹《徐氏家藏書目·子部·釋類》《頂門針》一卷。徐卷石。

永明禪師道蹟

徐𤊹《徐氏家藏書目·子部·釋類》《永明禪師道蹟》一卷。

山樓小品

徐𤊹《徐氏家藏書目·子部·釋類》《山樓小品》一卷。陳澄。

造福寶筏

徐𤊹《徐氏家藏書目·子部·釋類》《造福寶筏》二卷。雲谷禪谷。

宗傳咏古

徐𤊹《徐氏家藏書目·子部·釋類》《宗傳咏古》十卷。周汝登。

永明懷浄土師

徐𤊹《徐氏家藏書目·子部·釋類》《永明懷浄土師》一卷。宋議徹。

袁生懺法

徐𤊹《徐氏家藏書目·子部·釋類》《袁生懺法》一卷。袁黄。

德山暑譚

徐𤊹《徐氏家藏書目·子部·釋類》《德山暑譚》一卷。袁宏道。

護生品

徐𤊹《徐氏家藏書目·子部·釋類》《護生品》三卷。趙宧光。

斷肉編

徐𤊹《徐氏家藏書目·子部·釋類》《斷肉編》一卷。閻舍卿。

無盡燈

徐𤊹《徐氏家藏書目·子部·釋類》《無盡燈》一卷。元名客邸塵談來道之。

梁皇懺

徐𤊹《徐氏家藏書目·子部·釋類》《梁皇懺》十卷。

方外一得

徐𤊹《徐氏家藏書目·子部·釋類》《方外一得》一卷。蜀曾曰唯。

二諦義

徐𤊹《徐氏家藏書目·子部·釋類》《二諦義》一卷。梁蕭統。

諸經釋字

徐𤊹《徐氏家藏書目·子部·釋類》《諸經釋字》。

沙彌律儀要畧

徐𤊹《徐氏家藏書目·子部·釋類》《沙彌律儀要畧》一卷。

鶩湖養庵家常飯

徐𤊹《徐氏家藏書目·子部·釋類》《鶩湖養庵家常飯》一卷。

定林浄土吟

徐𤊹《徐氏家藏書目·子部·釋類》《定林浄土吟》一卷。如浄。

雪關答問

徐𤊹《徐氏家藏書目・子部・釋類》《雪關答問》一卷。智誾。

四明崇教寺紀緣

徐𤊹《徐氏家藏書目・子部・釋類》《四明崇教寺紀緣》一卷。

好生篇

徐𤊹《徐氏家藏書目・子部・釋類》《好生篇》一卷。吴從誠。

餤口施食規範

徐𤊹《徐氏家藏書目・子部・釋類》《餤口施食規範》一卷。

慈海和中峰净土詩

徐𤊹《徐氏家藏書目・子部・釋類》《慈海和中峰净土詩》一卷。

傳山宗説等錫

徐𤊹《徐氏家藏書目・子部・釋類》《傳山宗説等錫》一卷。

教乘法數

徐𤊹《徐氏家藏書目・子部・釋類》《教乘法數》十二卷。圓净。

法界次第初門

徐𤊹《徐氏家藏書目・子部・釋類》《法界次第初門》四卷。陳隋國師智者大師撰。

諸經字音

徐𤊹《徐氏家藏書目・子部・釋類》《諸經字音》四卷。

教苑清規

徐𤊹《徐氏家藏書目・子部・釋類》《教苑清規》十卷。

五部六册

釋道開《藏逸經書》《五部六册》。正德間山東即墨縣有運糧軍人，姓羅名静者，蚤年持齋，一日遇邪師授以法門口訣，静坐十三年，忽見東南一光，遂以爲得道。妄引諸經語作證，説卷五部。曰苦功悟道，曰嘆世無爲。曰破邪顯正鑰匙，曰泰山巍巍不動。其一則余忘之矣。破邪卷有上下二册，故曰六册。時有僧大寧者親承而師事之，而蘭風又私淑而羽翼之。俾其教至今猖熾宇内，無從撲滅。曰無爲，曰大乘，曰無念等，皆其教之名也。或三更静夜，呪詛盟誓，以密傳口訣。或緊閉六門，握拳拄舌，默念默提，救拔當人以出苦海。或謂夫人眼視耳聽，手持足行的，現成是佛。大佛小佛，男佛女佛，所作所爲，無非佛事。何分浄染，何事取舍，何假修持，但臨命終時，一絲不挂，即歸家鄉耳。如此則皆其教之法也。蟻屯鵶聚，唱偈和佛，邪婬混雜，貪昧卑污，莫可名狀。而愚夫愚婦，率多樂於從事。而恣其貪婬，雖禁之使不歸向，有不可得此。其教雖非白蓮，而爲害殆有甚于白蓮者乎。大寧復著有《孝義》二册，歸空記、法舟偈。其徒寓江西南城縣北羊血渡者，復著有《心經了義》，《金剛了義》等卷若干册，皆山歌野曲之文也。

鳴道集説

錢謙益等《絳雲樓書目・子釋家》《鳴道集説》。李屏山，金人。純甫，字之純。

倪燦《補遼金元藝文志・釋家》〔金〕李之純《鳴道集説》五卷。

黄虞稷《千頃堂書目・釋家》李之純《鳴道集説》五卷。

錢大昕《補元史藝文志・釋道類》《鳴道集説》五卷。

三藏法數

《明史・藝文志・釋家》一如《三藏法數》十八卷。

御製諸佛名稱歌

《明史・藝文志・釋家》成祖《御製諸佛名稱歌》一卷，《普法界之曲》四卷，《神僧傳》九卷。

大訢松雲普鑑

倪燦《補遼金元藝文志・釋家》《大訢松雲普鑑》二卷。

楞嚴擲丸

倪燦《補遼金元藝文志・釋家》《楞嚴擲丸》一卷。

優曇蓮宗寶鑑

倪燦《補遼金元藝文志・釋家》《優曇蓮宗寶鑑》十卷。丹陽僧。

浄髮須知

倪燦《補遼金元藝文志・釋家》《浄髮須知》二卷。

黄虞稷《千頃堂書目・釋家》《浄髮須知》二卷。

錢大昕《補元史藝文志・釋道類》《浄髮須知》二卷。不詳撰人。

中峯懷浄土詩

倪燦《補遼金元藝文志・釋家》《中峯懷浄土詩》一卷。

庵事須知

倪燦《補遼金元藝文志・釋家》《庵事須知》一卷。

發矇篇

黃虞稷《千頃堂書目・釋家》 屠隆《發矇篇》一卷。別本矇作朦。

廣仁品

黃虞稷《千頃堂書目・釋家》 李長科《廣仁品》十八卷。

護生品

黃虞稷《千頃堂書目・釋家》 趙宧光《護生品》一卷。

好生編

黃虞稷《千頃堂書目・釋家》 張位《好生編》一卷。

又 《大艤博山和尚信地説》一卷。

又 袾宏《戒殺放生文》一卷，又《往生集》三卷。

戒牛書

黃虞稷《千頃堂書目・釋家》 丁明登《戒牛書》。

方外別志

黃虞稷《千頃堂書目・釋家》 龔弘《方外別志》。字元之，嘉定人。成化戊戌進士，工部尚書。

三教會編

黃虞稷《千頃堂書目・釋家》 林兆恩《三教會編》九卷。別本有注文云。字懋勛，莆田人。

法喜隨筆

黃虞稷《千頃堂書目・釋家》 丘東昌《法喜隨筆》五卷。

又 夏樹芳《法喜志》四卷，又《續法喜志》四卷，又《冰蓮集》四卷。

《四庫全書總目提要・釋家》《法喜志》三卷。浙江巡撫採進本。明夏樹芳撰。樹芳有《棲真志》，已著録。是編取歷代知名之人，摭其一事一語近乎佛理者，皆謂得力於禪學。凡二百餘人。至於韓愈、程子、周子、朱子亦羅織入之。姚江末派，至明季而横流，士大夫無不以心學爲宗。故有此援儒入墨之書，以文飾其謬。可謂附會不經。前有萬曆六年顧憲成序。憲成所見必不如是，殆亦樹芳嫁名耳。

恒和尼百句

姚振宗《後漢藝文志・佛經》　《恒和尼百句》一卷。

五言詠頌本起

姚振宗《後漢藝文志・佛經》　《五言詠頌本起》。

數練意章

姚振宗《後漢藝文志・佛經》　《數練意章》一卷。《舊録》云:《數練經》。安公云上二經出《生經》。祐案今《生經》無此章名。《開元釋教録》曰:「右八十二部八十三卷。」初拔陂等三經見在,餘者並闕。並是《僧祐録》中集。安公《古典經》既云「古典」,明是遠代。今者編于漢末,通前舊失譯經五十九部七十六卷,總一百四十一部一百五十八卷,並爲漢代失源云。

《釋教録》曰:「又後漢劉氏都洛陽,從明帝永平十年丁卯至獻帝延康元年庚子,凡一十一帝一百五十四年。緇素一十二人,所出經律并新舊集,失譯諸經總二百九十二部三百九十五卷。於中九十七部一百三十一卷見在,一百九十五部二百六十四卷闕本。以爲《後漢經録》」云。按《法苑珠林・翻譯部》云:後漢朝傳譯道俗一十二人,所出經、律、集等三百三十四部四百一十六卷,失譯經一百二十五部一百四十八卷。此蓋據道宣《大唐内典録》所載之數。《内典録》今未得見。其分別釐訂似不及智昇《開元釋教録》所次之密,今故取以爲志。右翻譯之屬。

道地經中要語章

姚振宗《後漢藝文志・佛經》　《道地經中要語章》一卷。或云《小道地經》,今疑支曜出者是。

六菩薩名

姚振宗《後漢藝文志・佛經》　《六菩薩名》一卷。房入藏云《六菩薩名》亦當誦持。

東林和尚雲門庵主頌古

潘祖蔭《滂喜齋藏書記》　宋刻《東林和尚雲門庵主頌古》一册。侍者悟本録。首有紹興癸丑吕本中序。云:「予嘗以爲趙州説禪如項羽用兵,直行徑前無復轍迹。所當者破,所摧者服。雲門杲公以予爲知言。杲公既與東林珪公判斷古人公案,得一百一十篇,已成編矣。縱横自在,氣蓋諸方,蓋得趙州宗旨。後之觀斯文而悟斯理,則必復以予言爲然。每半葉十一行,行二十字。

歸元直指

范邦甸等《天一閣書目・釋家》　《歸元直指》二卷。明嘉靖四明延慶講寺傳天台教觀。沙門一元宗本序,寧波府副都綱延慶講寺梅川道中重刊。

徐𤊹《徐氏家藏書目・子部・釋類》　《歸元直指》二卷。四明一元禪師。隆慶中。

萬善同歸

徐𤊹《徐氏家藏書目・子部・釋類》　《萬善同歸》三卷。延壽集。屠本畯刊。

釋道開《藏逸經書》《萬善同歸》。永明壽師撰。秀水楞嚴寺有板。五臺、北臺溝中庵師亦新刊行。

佛祖通載

倪燦《補遼金元藝文志・釋家》念常《佛祖通載》二十二卷。

黃虞稷《千頃堂書目・釋家》念常《佛祖通載》二十二卷。

錢大昕《補元史藝文志・釋道類》念常《佛祖通載》二十二卷。華亭人，嘉興祥符寺僧。

《四庫全書總目提要・釋家》《佛祖通載》二十二卷。兩淮鹽政採進本。元釋念常撰。念常姓黃氏，號梅屋，華亭人。延祐中居嘉興大中祥符禪寺。是編前有至正元年虞集序。所叙釋氏故實，上起七佛，下迄元順帝元統元年，皆編年紀載。念常於至治癸亥嘗驛召至京師，繕寫金字佛經，因受法於帝師帕克巴。原作發合思巴，今改正。是以卷首七佛偈後，即繼以帕克巴所撰《彰所知論》。又所謂莊嚴劫，賢劫不知當中國何年，不能編次。故盤古以至周康王但略存帝王統系。自周昭王二十五年釋迦牟尼佛誕生以後，始據内典編年。每條之後，多附論斷。大旨主於侈神異，陳罪福，起人敬畏之心，以自尊其教。然知儒者之禮樂刑政必不可廢。故但援儒入墨，與闢佛者力争，而仍尊孔子。又知道家清浄與佛同源，故但攻擊齋醮、章呪、服餌、修鍊之術，而仍尊老子。其論唐憲宗、懿宗之迎佛爲崇奉太過。論王縉、杜鴻漸但言福業報應，故人事置而不修，爲泥佛太過。亦時能自彌其罅漏。其立言，頗巧。至韓愈爲一代偉人，乃引西蜀龍氏之書，詆其言行悖戾。扎木楊喇勒智，原作楊璉真伽。窮凶極惡，乃没其事迹，但詳述其談禪之語，竟儼。然古德宗風，尤不免顛倒是非，不足爲據。然念常頗涉儒書，在緇流之中較爲賅洽。於佛教之廢興，禪宗之授受，言之頗悉。於唐以來碑碣、誌傳之類，採掇尤詳，亦足以資考訂。其黨同伐異，負氣囂争，乃釋道二氏之通例。心知其意，置而不論可也。

大慧年譜

楊士奇等《文淵閣書目・寒字號》《大慧年譜》。一部四册。

釋道開《藏逸經書》《大慧年譜》。秀水馮開之太史有舊本。已上三書，宜入。附《大慧語録》後。

念佛寶鑑

楊士奇等《文淵閣書目》《念佛寶鑑》。一部一册。

佛祖慧命

楊士奇等《文淵閣書目・寒字號》《佛祖慧命》。一部十一册。

念佛直指

楊士奇等《文淵閣書目・寒字號》《念佛直指》。一部一册。

佛祖命燈

楊士奇等《文淵閣書目・寒字號》《佛祖命燈》。一部一册。

念佛三昧

楊士奇等《文淵閣書目・寒字號》《念佛三昧》。一部一册。

佛山

楊士奇等《文淵閣書目・寒字號》《佛山》。一部一册。

《佛山》。一部一册。

《佛山》。一部一册。

《佛山》。一部一册。

釋氏古詩

范邦甸等《天一閣書目・釋家》《釋氏古詩》一卷。

《釋門古詩》一卷。紅絲闌鈔本。無編選名氏。

釋氏詞旨

王圻《續文獻通考・經籍考・佛家》《釋氏詞旨》。天台僧智者著。

佛曲

徐𤊹《徐氏家藏書目・子部・釋類》《佛曲》一卷。

醒佛真機

徐𤊹《徐氏家藏書目・子部・釋類》《醒佛真機》一卷。陳勸。

佛法金湯

徐𤊹《徐氏家藏書目・子部・釋類》《佛法金湯》十卷。沙門心泰編，皆帝王宰官護法姓名。

張萱等《内閣藏書目録・聖制部》《御製三教文》。宣宗章皇帝御製佛經諸序及寺觀碑文。

心泰佛法金湯編

倪燦《補遼金元藝文志・釋家》《心泰佛法金湯編》十卷。

黄虞稷《千頃堂書目・釋家》《心泰佛法金湯編》十卷。

錢大昕《補元史藝文志・釋道類》《心泰佛法金湯編》十卷。

釋迦觀音志

黄虞稷《千頃堂書目・釋家》《釋迦觀音志》一卷。

釋氏源流

黄虞稷《千頃堂書目・釋家》《釋氏源流》二卷。

釋氏稽古略

楊士奇等《文淵閣書目・寒字號》《稽古略》。一部四册。

《稽古略》。一部四册。

黃虞稷《千頃堂書目・釋家》《覺岸釋氏稽古略》四卷。

《四庫全書總目提要・釋家》《釋氏稽古略》四卷。編修汪如藻家藏本。元釋覺岸撰。覺岸字寶洲，烏程人。其書皆叙述釋氏事實，用編年之體。以歷代統系爲綱，而以有佛以來釋家世次行業爲緯。始於太昊庖犧氏，終於南宋瀛國公德祐二年。初名《稽古手鑑》。既以所載尚未賅備，復因舊輯而廣之，始改今名。書成於至正初，中山李恒爲之序。覺岸記誦該博，故所録自内典以外，旁及雜家傳記、文集、志乘、碑碣之類，多能搜採源流派別，詳贍可觀。惟於列朝興廢盛衰，絶無關於釋氏者，亦復分條摘列，參雜成文，未免傷於枝贅。且據《藏經》所記佛生於周昭王九年。既欲甄叙宗門，自當斷以是歲爲始。顧乃侈談邃古，遠引洪荒，於體例亦爲氾濫。又唐代紀年於昭宣帝後別有少帝濮王紃一代，謂爲朱全忠所立，年號天壽，旋復被鴆。求之正史，全無事實，尤不知其何所依據。然其援據既富，亦頗有出自僻書，足資考證者。其於叢林古德記莂流傳，亦多攷覈詳明，備徵典故。録存其説，未始非緇林道古之一助也。

倪燦《補遼金元藝文志・釋家》《覺岸釋氏稽古略》四卷。

錢大昕《補元史藝文志・釋道類》《覺岸釋氏稽古略》四卷。字靈洲，湖州僧。

僧名數事行

姚振宗《後漢藝文志・佛經》《僧名數事行》一卷。

滅罪得福佛名

姚振宗《後漢藝文志・佛經》《滅罪得福佛名》一卷。按滅罪似滅罪之誤。

禪關入門

錢東垣等輯《崇文總目・釋書》《禪關入門》一卷。錫鬯按：諸家書目並有《禪關八問》一卷。唐志云：楊士達問，唐宗美答疑，即是書。

禪門規式

《新唐書・藝文志・釋氏》懷海《禪門規式》一卷。

鄭樵《通志・藝文略》《禪門規式》一卷。僧懷海撰。

禪關八問

《新唐書・藝文志・釋氏》《禪關八問》一卷。楊士達問，唐宗美對。

鄭樵《通志・藝文略》《禪關八問》一卷。

《宋史・藝文志・釋氏》楊士達《禪關八問》一卷。宗美。

禪　關

鄭樵《通志・藝文略》《禪關》一卷。唐楊士達問，唐宗美對。

禪苑清規

《宋史・藝文志・釋氏》《禪苑清規》十卷。

禪語問答

楊士奇等《文淵閣書目》《禪語問答》。一部一册。

禪林秘用

楊士奇等《文淵閣書目・寒字號》《禪林秘用》。一部二册。

禪苑聯芳

楊士奇等《文淵閣書目・寒字號》《禪苑聯芳》。一部五册。

禪林頌古

楊士奇等《文淵閣書目・寒字號》《禪林頌古》。一部十册。

禪林類聚

楊士奇等《文淵閣書目・寒字號》《禪林類聚》。一部十册。

王圻《續文獻通考經籍考・釋家》《禪林類聚》。維揚雍熙寺主僧來峯泰編。釋永寧曰：此古人糟粕耳，點檢何爲？

倪燦《補遼金元藝文志・釋家》《禪林類聚》二十卷。以下失名。

黄虞稷《千頃堂書目・釋家》《禪林類聚》二十卷。

錢大昕《補元史藝文志・釋道類》《禪林類聚》二十卷。不詳撰人。

石門文字禪

楊士奇等《文淵閣書目・寒字號》《石門文字禪》。一部二册。

禪法正宗

楊士奇等《文淵閣書目・寒字號》《禪法正宗》。一部二册。

大慧禪師説

楊士奇等《文淵閣書目・寒字號》《大慧禪師説》。一部三册。

禪中無門關

楊士奇等《文淵閣書目・寒字號》《禪中無門關》。一部一册。

禪林寶訓

楊士奇等《文淵閣書目・寒字號》《禪林寶訓》。一部一册。

《禪林寶訓》一部一册。

范邦甸等《天一閣書目・釋家》《禪林寶訓》二卷。東吴沙門浄善重集。

徐𤊹《徐氏家藏書目・子部・釋類》《禪林寶訓》二卷。浄善。

釋道開《藏逸經書》《禪林寶訓》。

大慧禪師書問

楊士奇等《文淵閣書目・寒字號》《大慧禪師書問》。一部一册。

禪宗正脉

范邦甸等《天一閣書目・釋家》《禪宗正脉》十卷。明宏治嘉興釋如巹著。

釋道開《藏逸經書》《禪宗正脉》。嘉興真如寺蔤庵巹師採摘《五燈會元》中文成書十卷。既有《五燈會元》，則此書可無收矣。況此師所摘，多已意也。

禪家六籍

范邦甸等《天一閣書目・釋家》《禪家六籍》十六册。不著編書人姓名。

禪談格致

徐𤊹《徐氏家藏書目・子部・釋類》《禪談格致》一卷。僧文欽。

禪關策進

徐𤊹《徐氏家藏書目・子部・釋類》《禪關策進》一卷。蓮池。

禪林僧寶

徐𤊹《徐氏家藏書目・子部・釋類》《禪林僧寶》三十一卷。惠洪。

普覺禪師書牘

徐𤊹《徐氏家藏書目・子部・釋類》《普覺禪師書牘》二卷。慧然録。

禪髓

徐𤊹《徐氏家藏書目・子部・釋類》《禪髓》二卷。池顯方。

禪林餘藻

《明史・藝文志・釋家》陸樹聲《禪林餘藻》一卷。

禪宗正統

徐𤊹《徐氏家藏書目・子部・釋類》《禪宗正統》一卷。袁中道。

禪宗正脉

徐𤊹《徐氏家藏書目・子部・釋類》《禪宗正脉》十卷。

文廷式《補晉書藝文志・釋録》《禪法要解》二卷。或云《禪要經》。

僧史略

錢東垣等輯《崇文總目・釋書》《僧史畧》三卷。釋賛寧撰。

鄭樵《通志・藝文略》《僧史略》三卷。宋朝僧贊寧撰。

《宋史・藝文志・釋氏》僧贊寧《僧史略》三卷。

僧美

錢東垣等輯《崇文總目・釋書》《僧美》三卷。釋智月撰。

《新唐書・藝文志・釋氏》智月《僧美》三卷。

鄭樵《通志・藝文略》《僧美》三卷。唐僧智月撰。

《宋史・藝文志・釋氏》智月《僧美》三卷。

四分律僧尼討要略

《新唐書・藝文志・釋氏》《四分律僧尼討要略》五卷。

鄭樵《通志・藝文略》《四分律僧尼討要略》五卷。

僧尼行事

《新唐書・藝文志・釋氏》《僧尼行事》三卷。

鄭樵《通志・藝文略》《僧尼行事》三卷。

考試講僧經義

楊士奇等《文淵閣書目・寒字號》《考試講僧經義》。一部一册。

心經釋義

徐𤊹《徐氏家藏書目・子部・釋類》《心經釋義》一卷。廷山道沖。

禪宗永嘉集註解

徐𤊹《徐氏家藏書目・子部・釋類》《禪宗永嘉集註解》二卷。唐元覺撰。宋行靖注。

心經初參

徐𤊹《徐氏家藏書目・子部・釋類》《心經初參》一卷。楊德周。

釋道開《藏逸經書》《原人論解》。圓覺法師述。

釋道開《藏逸經書》《心經管視》。武林妙峰座主述，板在昭慶寺。

釋道開《藏逸經書》《心經無垢子註》。此解甚邪見惡業，不足取也。即大顛註亦邪淺。

釋道開《藏逸經書》《大彌陁經註》，四川某師述。北京某庵新刻流行，但未經覽閱，未辨其邪正得失。

智覺禪師注心經

楊士奇等《文淵閣書目・寒》《智覺禪師注心經》一部一冊。

注解楞伽經

《明史・藝文志・釋家》弘道《注解楞伽經》四卷。

全室心經註

錢謙益等《絳雲樓書目・子釋家》《全室心經註》。宗泐，明初高僧。

通行品諸經梵音解

姚振宗《後漢藝文志・佛經》《通行品諸經梵音解》一卷。舊云胡音。

釋道開《藏逸經書》《維摩詰經註》。肇法師撰。南藏已收入。世亦多流行本，五臺山龍翻石有古本善。

勝鬘經注

文廷式《補晉書藝文志・釋録》竺慧超《勝鬘經注》。並見《高僧傳》。

八漸通真議

錢東垣等輯《崇文總目・釋書》《八漸通真議》一卷。白居易撰。錫鬯按：《宋志》無「通」字。

《新唐書・藝文志・釋氏》白居易《八漸通真議》一卷。

鄭樵《通志・藝文略》《八漸通真議》。

《宋史・藝文志・釋氏》白居易《八漸通真議》一卷。

竺道生法師十四科元贊義

錢東垣等輯《崇文總目・釋書》竺道生法師《十四科元贊義》一卷。錫鬯按：《宋志》下有「記」字。

廣法門名義

錢東垣等輯《崇文總目・釋書》《廣法門名義》三卷。錫鬯按：《通志畧》：釋修静撰。《宋志》一卷，釋居本撰。

鄭樵《通志・藝文略》《廣法門名義》三卷。宋朝僧修浄撰。

《宋史・藝文志・釋氏》僧居本《廣法門名義》一卷。

沙門不拜俗議

《新唐書・藝文志・釋氏》又集《沙門不拜俗議》六卷。彦琮。

鄭樵《通志・藝文略》《沙門不拜俗議》六卷。彦琮撰。

孫星衍《平津館鑒藏書籍記・補遺》《集沙門不應拜俗等事》六卷。題宏福寺沙門釋彦悰纂録。前有太原王隱容序。在釋藏冠字號，書分三篇。故是篇皆集自晉迄隋至敬沙門等事。《議不拜篇》皆集唐龍朔四年羣臣議沙門不應拜俗事，《議不拜篇》又集羣臣議應拜俗者而糾彈之。雖屬釋氏自尊其教，所録皆六朝唐人之文，頗爲世所罕覯，每葉十二行，行十七字。卷後有「聚寶門來賓樓姜家印行」木長印。

張金吾《愛日精廬藏書志・釋家》《集沙門不應拜俗等事》六卷。明支那本。唐宏福寺沙門釋彦悰纂録。集東晉至唐，議沙門不應拜俗等文，凡詔、敕、表、狀、書、啟、論、議、答難。按代編載，分三篇。曰《故事篇》，明隋以上沙門致敬等事也。曰《議不拜篇》，明沙門不應拜俗也。曰《議拜篇》，明沙門應致拜也。王隱容序。

大唐衆經音義

《新唐書・藝文志・釋氏》玄應《大唐衆經音義》二十五卷。

鄭樵《通志・藝文略》《大唐衆經音義》二十五卷。僧玄應撰。

遍攝大乘論義

鄭樵《通志・藝文略》《遍攝大乘論義鈔》十三卷。又《玄章》三卷。

行事删補律議

鄭樵《通志・藝文略》《行事删補律議》三卷。

藏經音義

鄭樵《通志・藝文略》《藏經音義》隨函二十卷。僧可洪撰。

唐一切經音義

《宋史・藝文志・釋氏》僧元應《唐一切經音義》一十五卷。

顧廣圻《思適齋書跋・子部》《一切經音義》二十六卷。校本。此藏在東，用盧抱經鈔本所校。始段君懋堂模寫浙江嘉興府梵本二部，即盧本所從出。乃盧鈔書往往以意改，補兼之多作盧習用字體，遂變其真。在東不知其故，指爲浙本，是其誤也。今欲是正茲書，刻校均未可據。當借段君所景本，乃得之爾。顧廣圻記。

顧廣圻《思適齋書跋・子部》《一切經音義》二十六卷。鈔本。右順治十八年刻本，廿六卷。《一切經音義》及經韻樓校，皆從鈕匪石轉録。暇日仍當向若膺先生借底本覆勘之。顧廣圻記。

王仁俊《遼史藝文志補證・釋家》僧希麟《續一切經音義》十卷。日本刊。

寒鐙衍義

高儒《百川書志・佛家》《寒鐙衍義》二卷。皇明賜紫傳法宗師朽菴山人宗林著。以讚宗疏頌判五例，以表五鐙一室之象也。凡二十四則，自序冠諸首簡。

黄虞稷《千頃堂書目・釋家》宗林《寒鐙衍義》二卷。松庵山人。

大涅槃元義

徐𤊹《徐氏家藏書目・子部・釋類》《大涅槃元義》二卷。天台灌頂。

輔教編原教要義

徐𤊹《徐氏家藏書目・子部・釋類》《輔教編原教要義》三卷。契嵩。

楞伽通義

徐𤊹《徐氏家藏書目・子部・釋類》《楞伽通義》六卷。沙門善月述。

釋氏譜

《隋書・經籍志・雜家》《釋氏譜》十五卷。

釋氏六帖

錢東垣等輯《崇文總目・釋書》《釋氏六帖》十四卷。釋義楚撰。

鄭樵《通志・藝文略》《釋氏六帖》四卷。周顯德中，僧義楚撰。

釋氏稽古畧

張金吾《愛日精廬藏書志・釋家》《釋氏稽古畧》四卷。元刊本。元釋覺岸寶洲編集。吴興有大比丘曰寶洲岸公，博學通古今。嘗考釋氏事實上下數千載，年經而國緯，著書一編曰《稽古手鑑》。既又以爲未備，復因其舊，輯而廣之爲《稽古畧》。至正十四年秋九月，太原劉堯輔爲之持其書，請於余爲序，以冠其編首。因取而閱之。蓋自有佛以來，凡名師大德之行業、出處，以及塔廟之興壞，僧侶之衆置，靡不具載。本之内典，參之諸史，旁及於傳記。而間以事之著顯者爲之據。將以侈歷代之際遇，而寓勸戒於其間。歲月先後，考覈精審，無所遺闕，可謂贍且詳矣。然猶以畧名之，寶洲自謙也。竊嘗恠夫佛之爲教，自身毒萬里遠至於中國，愈久益盛。根本深固而不可摇拔其故，何也？豈非扶植其教者，代有其人與？若是編之所記，往往皆英偉魁傑之才，自重不屈，卓然有立。而使王公卿大夫向慕崇信，奔走之不暇，則其扶植之功爲何如此？師所以加之纂述，表而出之之意也。傳之言曰：「道不同不相爲謀。」佛氏之書非余之所學，余特嘉其聞見之博，用心與力之勤。道雖不同，而不可以不序。嗚呼，觀其書而見其教之盛，知彼之扶植爲有人，則亦可以有感也。夫中山李桓序。

釋迦氏譜略

錢東垣等輯《崇文總目・釋書》《釋迦氏譜畧》一卷。錫鬯按：《通志畧》二卷。不著撰人。

鄭樵《通志・藝文略》《釋迦譜略》二卷。

釋氏譜略

《新唐書・藝文志・釋氏》《釋氏譜略》二卷。

鄭樵《通志・藝文略》《釋氏譜略》二卷。

禮佛儀式

《新唐書・藝文志・釋氏》《禮佛儀式》二卷。

鄭樵《通志・藝文略》《禮佛儀式》一卷。並玄琬撰。

釋氏蒙求

錢東垣等輯《崇文總目・釋書》《釋氏蒙求》五卷。錫鬯按：《通志畧》，程讜撰。《宋志》同。又重出一部，釋靈操撰。

鄭樵《通志・藝文略》《釋氏蒙求》五卷。宋朝程讜撰。

《宋史・藝文志・釋氏》程讜《釋氏蒙求》五卷。

《宋史・藝文志・釋氏》 僧靈操《釋氏蒙求》一卷。

釋迦譜

《新唐書・藝文志・釋氏》 《釋迦譜》十卷。僧祐。

鄭樵《通志・藝文略》 《釋迦譜》十卷。南齊佐律師撰。

馬端臨《文獻通考・經籍考・釋氏》 《釋迦氏譜》十卷。晁氏曰：唐釋僧祐撰。僧祐以《釋迦譜記》雜見於經論，覽者難通，因纂成五卷。又取内外族姓及弟子名氏附於後。

《宋史・藝文志・釋氏》 僧佑《釋迦譜》五卷。

釋迦方志

《新唐書・藝文志・釋氏》 《釋迦方志》二卷。

鄭樵《通志・藝文略》 《釋迦方志》二卷。

《宋史・藝文志・釋氏》 《釋迦方志》一卷。唐終南大一山僧撰。

張金吾《愛日精廬藏書志・釋家》 《釋迦方志》三卷。明支那本。唐終南太一山釋氏道宣撰。分八篇，曰封疆，曰統攝，曰中邊，曰遺跡，曰游履，曰通局，曰時住，曰教相。

釋氏化源

鄭樵《通志・藝文略》 《釋氏化源》三卷。

釋氏要覽

晁公武《郡齋讀書志》 《釋氏要覽》三卷。袁本《前志》卷三下釋書類第二十九。右皇朝僧道誠集。雜録釋典，旁求書傳，分門編次，成二十類。天禧三年書成。

《錦囊集》一卷。袁本《前志》卷三下釋書類第三十三。右皇朝僧瑞光集。皆教其徒答問也。

馬端臨《文獻通考・經籍考・釋氏》 《釋氏要覽》三卷。晁氏曰：皇朝僧道誠集。雜録釋典，旁求書傳，分門編次，成二十類，天禧三年書成。

《宋史・藝文志・釋氏》 僧道誠《釋氏要覽》三卷。

楊士奇等《文淵閣書目・寒字號》 《釋氏要覽》。一部二册。

《釋氏要覽》。一部一册。

正法世譜

馬端臨《文獻通考・經籍考・釋氏》 《正法世譜》。王質景文撰。自序略曰：其書始周昭王二十四年甲寅釋迦佛生，至隆興元年癸未大慧卒，得二千二百八十五年，以《史記》、《通鑑》及《皇極經世》相參以爲正。其間諸宗師出某鄉，姓某氏，舍某家，所從師某人，受具所，游方某所，出世某所，得法某人，授法某人，其平生所可見某事，終某所，塔某所，壽若干，臘若干，倣《史記》年表列之，此《世譜》大略也。蓋自《大藏經》之餘，諸史、諸集、四方圖經、諸誌銘，若近儒、釋之徒所著，未及入藏者，皆裒以爲資。大慧以降，方歷訪其人續之，未艾也，竟余世而已。

釋氏詠史詩

《宋史・藝文志・釋氏》 僧世冲《釋氏詠史詩》三卷。

僧史

《宋史・藝文志・釋氏》 僧慧皎《僧史》二卷。

釋氏須知

《宋史・藝文志・釋氏》 僧道誠《釋氏須知》三卷。

釋氏通鑑

楊士奇等《文淵閣書目・寒字號》 《釋氏通鑑》。一部二册。

《釋氏通鑑》。一部六册。

《釋氏通鑑》。一部二册。

佛本行緣

楊士奇等《文淵閣書目・寒字號》 《佛本行緣》。一部二十册。

佛祖統紀

楊士奇等《文淵閣書目・寒字號》 《佛祖統紀》。一部一册。

釋道開《藏逸經書》 《佛祖統紀》。天台宗磐公作，南藏已收入。

倪燦《補遼金元藝文志・釋家》 志磐《佛祖統紀》五十四卷。

黃虞稷《千頃堂書目・釋家》 志磐《佛祖統紀》五十四卷。

《四庫全書總目提要・釋家》 《佛祖統紀》五十四卷。浙江巡撫採進本。宋僧志磐撰。志磐咸淳中住四明東湖。是書詳載天台一宗源流。其凡例稱，政和中僧元穎作《宗元録》，慶元中吴克己作《釋門正統》，嘉定間僧景遷因克己之書作《宗源録》，嘉熙初僧宗鑑又取《釋門正統》重修之。志磐以其皆未盡善，乃參取諸書，撰爲此編。以諸佛諸祖爲本紀八卷，以諸祖旁出爲世家二卷，以諸師作列傳十三卷，又作表二卷，志三十卷，全仿正史之例。大旨以教門爲正脉，而蓮社浄土及達摩、賢首、慈恩、灌頂、南山諸宗僅附見於志。齗齗然分門別户，不減儒家朱、陸之争。至所稱上稽釋迦示生之日，下距法智息化之年，一佛二十九祖通爲本紀，以繫正統。如帝王正寶位而傳大業。如謂已超方外，則不宜襲國史之名。如謂仍在寰中，則不宜擬帝王之號。雖自尊其教，然僭已甚矣。

錢大昕《補元史藝文志・釋道類》 志磐《佛祖統紀》五十四卷。

佛法大明四六

楊士奇等《文淵閣書目・寒字號》 《佛法大明四六》。一部四册。

佛家金湯編

楊士奇等《文淵閣書目・寒字號》 《佛家金湯編》。一部一册。

佛祖通載

楊士奇等《文淵閣書目・寒字號》 《佛祖通載》。一部十册。

《佛祖通載》。一部六册。

范邦甸等《天一閣書目・釋家》 《佛祖通載》二十二卷。宋嘉興路大中祥符禪寺住持華亭念常集。至正元年虞集序，松江佘山昭慶住持比邱覺岸序。

楞伽集注

《宋史・藝文志・釋氏》 張戒注《楞伽集注》八卷。

原人論解

楊士奇等《文淵閣書目・寒字號》《原人論解》。一部一册。

中吴集解

楊士奇等《文淵閣書目・寒字號》《中吴集解》。一部三册。

楞伽阿跋多羅寶經註解

范邦甸等《天一閣書目・釋家》《楞伽阿跋多羅寶經註解》四卷。藍絲闌鈔本。宋求那跋多羅奉詔譯。明天界善世禪寺釋宗泐演福講寺釋如玘奉詔同註，序如玘。識後云：「今經四卷，凡四品。總名爲佛語心而無别品之目。魏本十卷，分十八品。唐本七卷，分十品。後東都沙門寶臣註唐本，則取魏之餘八品，如次間入，亦成十八品。夫《楞伽》一經，乃諸佛所説心法。佛説此法，今一切菩薩入自心境，則知云佛語心品。明據一經大意而言之。其魏、唐二本，别分品目者，據經之節段而分之。使學者易曉，知文有總别，理無二致也。翰林學士承旨嘉議大夫知制誥兼修國史兼太子贊善大夫臣金華宋濂題後。」

妒經解

范邦甸等《天一閣書目・釋家》《妒經解》一卷。天竺國沙門般刺密帝譯。烏長國沙門彌伽釋迦譯語補。陀山開士耆闍海解。

肇論中吴集解

范邦甸等《天一閣書目・釋家》《肇論中吴集解》三卷。藍絲闌鈔本。釋僧肇法師著，宋嘉祐晉。

心賦原文注解

徐𤊹《徐氏家藏書目・子部・釋類》《心賦原文注解》五卷。

永明禪師心賦心訣

徐𤊹《徐氏家藏書目・子部・釋類》《永明禪師心賦心訣》二卷。延壽。

永嘉集注解

徐𤊹《徐氏家藏書目・子部・釋類》《永嘉集注解》二卷。

心經梗槩

徐𤊹《徐氏家藏書目・子部・釋類》《心經梗槩》一卷。傳燈。

心賦註解

徐𤊹《徐氏家藏書目・子部・釋類》《心賦註解》四卷。延壽注。

心學精藴

徐𤊹《徐氏家藏書目・子部・釋類》 《心學精藴》二卷。

八識頌解

徐𤊹《徐氏家藏書目・子部・釋類》 《八識頌解》一卷。元奘。

大乘百法明門論注

徐𤊹《徐氏家藏書目・子部・釋類》 《大乘百法明門論注》一卷。曾文饒。

八識規矩補註

徐𤊹《徐氏家藏書目・子部・釋類》 《八識規矩補註》一卷。普泰。

八識規矩補註

徐𤊹《徐氏家藏書目・子部・釋類》 《八識規矩補註》二卷。明沙門普泰注。

信心銘

鄭樵《通志・藝文略》 達磨《信心銘》一卷。

信心銘

鄭樵《通志・藝文略》 三祖《信心銘》一卷。

空王銘

鄭樵《通志・藝文略》 《空王銘》一卷。

古澗清師塔銘

楊士奇等《文淵閣書目・寒字號》 《古澗清師塔銘》。一部一册。

雲栖大師塔銘

黄虞稷《千頃堂書目・釋家》 《雲栖大師塔銘》一卷。

達觀大師塔銘

黄虞稷《千頃堂書目・釋家》 《達觀大師塔銘》一卷。

大雲和尚要法

錢東垣等輯《崇文總目・釋書》 《大雲和尚要法》一卷。釋惠海撰。

《宋史・藝文志・釋氏》《大雲和尚要法》一卷。惠海。

妙香丸子法

錢東垣等輯《崇文總目・釋書》《妙香丸子法》一卷。《宋志》不著撰人。

《宋史・藝文志・釋氏》《妙香丸子法》一卷。

佛教後代國王賞罰三寶法

《新唐書・藝文志・釋氏》僧玄琬《佛教後代國王賞罰三寶法》一卷。

懺悔罪法

《新唐書・藝文志・釋氏》《懺悔罪法》一卷。

鄭樵《通志・藝文略》《懺悔罪法》一卷。

無住和尚説法

《宋史・藝文志・釋氏》《無住和尚説法》二卷。僧鈍林集。

存想法

《宋史・藝文志・釋氏》僧菩提達磨《存想法》一卷。

請賓頭盧法

姚振宗《後漢藝文志・佛經》《請賓頭盧法》一卷。初出見《内典録》。《別録》云第一出。

呪賊呪法

姚振宗《後漢藝文志・佛經》《呪賊呪法》一卷。房云異出本，祐直云《呪賊》。

菩薩懺悔法

姚振宗《後漢藝文志・佛經》《菩薩懺悔法》一卷。

受菩薩戒次第十法

姚振宗《後漢藝文志・佛經》《受菩薩戒次第十法》一卷。

菩薩齋法

文廷式《補晉書藝文志・釋録》《菩薩齋法》一卷。

禪宗理性偈

錢東垣等輯《崇文總目・釋書》《禪宗理性偈》一卷。釋道瑾撰。

鄭樵《通志·藝文略》《禪宗理信偈》一卷。僧道觀撰。

《宋史·藝文志·釋氏》 道瑾《禪宗理性偈》一卷。

和澤禪師微訣

錢東垣等輯《崇文總目·釋書》《和澤禪師微訣》一卷。

鄭樵《通志·藝文略》《荷澤禪師微訣》一卷。

《宋史·藝文志·釋氏》《荷澤禪師微訣》一卷。

激勵道俗頌偈

《新唐書·藝文志·釋氏》《激勵道俗頌偈》一卷。

鄭樵《通志·藝文略》《激勵道俗頌偈》一卷。唐僧良價撰。

詩　偈

《新唐書·藝文志·釋氏》 龐蘊《詩偈》三卷。字道玄，衡州衡陽人，貞元初人，三百餘篇。

鄭樵《通志·藝文略》 龐蘊《詩偈》三卷。

音　訣

鄭樵《通志·藝文略》 郭迻《音訣》十卷。

達磨妙用訣

鄭樵《通志·藝文略》 達磨《妙用訣》一卷。

了迷破妄訣

鄭樵《通志·藝文略》《了迷破妄訣》一卷。

胎息訣

《宋史·藝文志·釋氏》 菩提達磨《胎息訣》一卷。

唯心訣

楊士奇等《文淵閣書目·寒字號》《唯心訣》。一部一册。

修心訣

徐𤊹《徐氏家藏書目·子部·釋類》《修心訣》一卷。高麗普照。

後出阿彌陀偈

徐𤊹《徐氏家藏書目·子部·釋類》《後出阿彌陀偈》一卷。

静坐要訣

徐𤊹《徐氏家藏書目・子部・釋類》《静坐要訣》一卷。袁黄。

雪關禪鏡偈

徐𤊹《徐氏家藏書目・子部・釋類》《雪關禪鏡偈》一卷。智誾。

浄土訣　三教品　李氏道古録

黄虞稷《千頃堂書目・釋家》李贄《浄土訣》一卷，又《三教品》一卷，又《李氏道古録》二。

彌陀偈

龔顯曾《金藝文志補録・釋家》《彌陀偈》。釋圓機。《歸潛志》云：「先子爲序之。」

梵音偈本

姚振宗《後漢藝文志・佛經》《梵音偈本》一卷。舊云胡音。

讚七佛偈

姚振宗《後漢藝文志・佛經》《讚七佛偈》一卷。

阿彌陀佛偈

姚振宗《後漢藝文志・佛經》《阿彌陀佛偈》一卷。初出。

龐居士歌

錢東垣等輯《崇文總目・釋書》《龐居士歌》一卷。龐藴撰。

鄭樵《通志・藝文略》《龐居士歌》一卷。唐居士。

范邦甸等《天一閣書目・釋家》《龐居士詩》一册。龐藴撰。

行道難歌

錢東垣等輯《崇文總目・釋書》《行道難歌》一卷。傅大士撰。

鄭樵《通志・藝文略》《行道難歌》一卷。梁傅大士撰。

《宋史・藝文志・釋氏》《行道難歌》一卷。

寶誌歌

鄭樵《通志・藝文略》《寶誌歌》一卷。

浮漚歌

鄭樵《通志·藝文略》《浮漚歌》一卷。

永嘉和尚證道歌

鄭樵《通志·藝文略》《永嘉和尚證道歌》一卷。靈運注。

《宋史·藝文志·釋氏》僧原白注《證道歌》一卷。

徐𤊹《徐氏家藏書目·子部·釋類》《證道歌》一卷。永嘉真覺。

無相歌

鄭樵《通志·藝文略》《無相歌》一卷。

頌證道歌

《宋史·藝文志·釋氏》《頌證道歌》一卷。篇首題正覺禪師撰。

感通賦

錢東垣等輯《崇文總目·釋書》《感通賦》一卷。釋延壽撰。

鄭樵《通志·藝文略》《感通賦》一卷。宋朝僧延壽撰。

《宋史·藝文志·釋氏》延壽《感通賦》一卷。

楊士奇等《文淵閣書目·寒字號》《感通賦》。一部一册。

心賦

鄭樵《通志·藝文略》《心賦》二卷。

智覺心賦

楊士奇等《文淵閣書目·寒字號》《智覺心賦》。一部一册。

智覺禪師賦

楊士奇等《文淵閣書目·寒字號》《智覺禪師賦》。一部一册。

智覺禪師心賦

楊士奇等《文淵閣書目·寒字號》《智覺禪師心賦》。一部一册。

范邦甸等《天一閣書目·釋家》《心賦》一卷。永明寺智覺禪師延壽述，寧遠軍節度使錢惟治序。

徐𤊹《徐氏家藏書目·子部·釋類》《智覺禪師心賦》一卷。阮自華寫刻。

注心賦

楊士奇等《文淵閣書目·寒字號》《注心賦》。一部一册。

七科義狀

錢東垣等輯《崇文總目・釋書》 《七科義狀》一卷。段立之問，釋悟達答。錫鬯按：《宋志》作釋神澈撰。

《新唐書・藝文志・釋氏》 《七科義狀》一卷。雲南國使段立之問，僧悟達答。

鄭樵《通志・藝文略》 《七科義狀》一卷。雲南使段立之問，唐僧悟達答。

《宋史・藝文志・釋氏》 神澈《七科義狀》一卷。

僧伽行狀

錢東垣等輯《崇文總目・釋書》 《僧伽行狀》一卷。辛崇撰。錫鬯按：《宋志》作「卒崇」，誤。

《新唐書・藝文志・釋氏》 辛崇《僧伽行狀》一卷。

鄭樵《通志・藝文略》 《僧伽行狀》一卷。辛崇撰。

《宋史・藝文志・釋氏》 辛崇《僧伽行狀》一卷。

蓮社十八賢行狀

鄭樵《通志・藝文略》 《蓮社十八賢行狀》一卷。

《宋史・藝文志・釋氏》 《蓮社十八賢行狀》一卷。

西峰行狀

鄭樵《通志・藝文略》 《西峰行狀》一卷。

伏虎行狀

《宋史・藝文志・釋氏》 朱士挺《伏虎行狀》一卷。

僧自嚴行狀

《宋史・藝文志・釋氏》 《僧自嚴行狀》一卷。陳嘉謨撰。

湘山事狀

楊士奇等《文淵閣書目・寒字號》 《湘山事狀》。一部四册。

范邦甸等《天一閣書目・釋家》 《湘山事狀》十二卷。宋蔣擢撰。知全州軍州事留元長序。

湘山寂照禪師事狀

徐𤊹《徐氏家藏書目・子部・釋類》 《湘山寂照禪師事狀》十二卷。

黄虞稷《千頃堂書目・釋家》 《湘山寂照禪師事狀》十二卷。

倪燦《宋史・藝文志補・釋家》 《湘山寂照禪師事狀》十二卷。

集古今佛道論衡

《新唐書・藝文志・釋氏》 《集古今佛道論衡》四卷。

鄭樵《通志・藝文略》 《集古今佛道論衡》四卷。唐僧道宣撰。

三教銓衡

《新唐書・藝文志・釋氏》《三教銓衡》十卷。

鄭樵《通志・藝文略》《三教銓衡》十卷。楊上善撰。

續古今佛道論衡

《新唐書・藝文志・釋氏》《續古今佛道論衡》一卷。

鄭樵《通志・藝文略》《續古今佛道論衡》一卷。唐僧智昇撰。

佛道論衡

《宋史・藝文志・釋氏》《佛道論衡》三卷。

禪源諸詮

《宋史・藝文志・釋氏》僧宗密《禪源諸詮》二卷。

徐㶿《徐氏家藏書目・子部・釋類》《禪源詮》四卷。唐宗密。

十誦比丘戒本

智昇《開元釋教録》《十誦比丘戒本》一卷。亦云《十誦波羅提木叉戒》。姚秦三藏鳩摩羅什譯。第三譯。三譯二闕。

十誦比丘戒　教授比丘二歲壇文

文廷式《補晉書藝文志・釋録》《十誦比丘戒本》一卷,《教授比丘二歲壇文》一卷。《出三藏集記》云:「晉簡文帝時西域沙門曇摩持誦賷梵本,竺佛念譯出。」《釋寶唱比丘尼傳》云晉咸康中,沙門僧建於月支國得僧祇尼羯磨及戒本。興平元年二月八日於洛陽譯出,外國沙門曇摩羯多爲立戒壇。

文廷式《補晉書藝文志・釋録》《十誦比丘戒本》一卷。

僧祇比丘戒本

智昇《開元釋教録》《僧祇比丘戒本》一卷。亦云《摩訶僧祇戒本》。東晉天竺三藏佛陁跋陁羅譯。第二譯,兩譯一闕。

文廷式《補晉書藝文志・釋録》《僧祇比丘戒本》一卷。

僧祇比丘尼戒本

智昇《開元釋教録》《僧祇比丘尼戒本》一卷。亦云《摩訶僧祇尼戒本》。東晉平陽沙門法顯共覺賢譯。單本。

十誦比丘尼戒本

智昇《開元釋教録》《十誦比丘尼戒本》一卷。亦云:《十誦比丘尼波羅提木叉戒本》。宋長干寺沙門釋法穎集出。

五分比丘戒本

智昇《開元釋教録》《根本説一切有部》。苾蒭尼戒經一卷。大唐三藏義浄譯。新編入録。《五分比丘戒本》一卷。亦云《彌沙塞戒本》。宋罽賓三藏佛陁什等譯。單本。上七經七卷同帙。

五分比丘尼戒本

智昇《開元釋教録》《五分比丘尼戒本》一卷。亦云《彌沙塞尼戒》。梁沙門釋明徽於建初寺集。出《寶昌録》，《拾遺》編入。

四分比丘戒本

智昇《開元釋教録》《四分比丘戒本》一卷。亦云《四分戒本》。大唐西太原寺沙門懷素依律集出。新編入録。

四分比丘尼戒本

智昇《開元釋教録》《四分比丘尼戒本》一卷。亦云《四分大唐西太原寺沙門懷素尼戒本》。依律集出，新編入録。

四分僧戒本

智昇《開元釋教録》《四分僧戒本》一卷。或云《曇無德戒本》或無「僧」字。姚秦罽賓三藏佛陁耶舍譯。單本。右此戒本初無稽首頌，有入堂等偈者是。其四分僧尼戒，乃有數本流行而皆不依正文，長生增減。今留姚秦耶舍譯本，及太原祖師依文纂者。餘皆簡棄不載録中。

解脱戒本

智昇《開元釋教録》《解脱戒本》一卷。出迦禁毗部。元魏婆羅門瞿曇般若流支譯。單本。

沙彌尼離戒文

智昇《開元釋教録》《沙彌尼離戒文》一卷，失譯。今附《東晉録》。

注戒本

《新唐書・藝文志・釋氏》 道宣又撰《注戒本》二卷。

鄭樵《通志・藝文略》《注戒本》二卷。唐僧道宣撰。又《疏》、《記》四卷。

四分戒本

徐𤊹《徐氏家藏書目・子部・釋類》《四分戒本》二卷。唐懷素集。

文廷式《補晉書藝文志・釋録》《曇無德戒本》一卷。《出三藏集記》云：「右四部凡六十九卷。晉安帝時罽賓三藏法師佛馱耶舍，以姚興弘始中於長安譯出。」《高僧傳》云：竺佛念譯爲秦言，道含筆受。

名僧録

《新唐書・藝文志・釋氏》 裴子野《名僧録》十五卷。

鄭樵《通志・藝文略》 《名僧録》十五卷。裴子野撰。

宗鏡録

晁公武《郡齋讀書志》 《宗鏡録》一百卷。袁本《前志》卷三下釋書類第七。 右皇朝僧延壽撰。延壽，姓王氏，餘杭人，法眼嫡孫也。建隆初，錢忠懿命居靈隱，以釋教東流，中夏學者不見大全，而天台、賢首、慈恩性相三宗又互相矛盾，乃立重閣，館三宗知法僧，更相詰難，至詖險處，以心宗旨要折衷之。因集方等祕經六十部，華、梵聖賢之語三百家，以佐三宗之義，成此書。學佛者傳誦焉。天台者，僧智顗也，解《法華經》；賢首者，僧法藏也，述《華嚴經》；慈恩者，僧玄奘也，譯《般若經》。

馬端臨《文獻通考・經籍考・釋氏》 《宗鏡録》一百卷。晁氏曰：「皇朝僧延壽撰。延壽姓王氏，餘杭人，法眼嫡孫也。建隆初，錢忠懿命居靈隱，以釋教東流，中夏學者不見大全，而天台、賢首、慈恩性相三宗又互相矛盾，乃立重閣，館三宗知法僧，更相詰難，至詖險處，以心宗旨要折衷之。因集方等祕經六十部，華、梵聖賢之語三百家，以佐三宗之義，成此書，學佛者傳誦焉。天台者，僧智顗也，解《法華經》。賢首者，僧法藏也，述《華嚴經》。慈恩者，僧玄奘也，譯《般若經》。」

《宋史・藝文志・釋氏》 僧延壽《宗鏡録》一百卷。

楊士奇等《文淵閣書目・寒字號》 《宗鏡録》。一部一百册。

徐𤊹《徐氏家藏書目・子部・釋類》 《宗鏡録》一百卷。永明《節要》三卷。

顧櫰三《補五代史藝文志・釋氏》 《宗鏡録》一百卷。

林間録

晁公武《郡齋讀書志》 《林間録》四卷。袁本《前志》卷三下釋書類第十八。 右皇朝僧德洪撰。記高僧嘉言善行，謝逸爲之序。然多寓言，如謂杜祁公、張安道皆致仕居睢陽之類，疎闊殊可笑。

陳振孫《直齋書録解題》 《林間録》十四卷。惠洪撰。

馬端臨《文獻通考・經籍考・釋氏》 《林間録》四卷。晁氏曰：「皇朝僧德洪撰。記高僧嘉言善行，謝逸爲之序。然多寓言，如謂杜祁公、張安道皆致仕居睢陽之類，疎闊殊可笑。」

楊士奇等《文淵閣書目・寒字號》 《林間録》。一部一册。

徐𤊹《徐氏家藏書目・子部・釋類》 《林間録》二卷。宋惠洪。

釋道開《藏逸經書》 《林間録》。宋寂音尊者作。已上三書，秀水楞嚴寺俱刊行。

《四庫全書總目提要・釋家》 《林間録》二卷，《後集》一卷。浙江巡撫採進本。 宋釋惠洪撰。晁公武《讀書志》稱是書所記皆高僧嘉言善行。然多訂贊寧《高僧傳》諸書之譌。又往往自立議論，發明禪理，不盡叙録舊事也。前有大觀元年謝逸序，稱惠洪與林間勝士抵掌清談，每得一事，隨即録之。本明上人以其所録析爲上下二帙，刻之於版。是其書乃惠洪劄記，而本明爲之編次者。《文獻通考》作四卷。以原序上下二帙之語證之，殆《通考》字誤歟。後集一卷，載惠洪所作贊偈銘三十一首，漁父詞六首。逸序未言及之，不知何人所附入也。惠洪頗有詩名，其所著作，多援引黄庭堅諸人爲重。然喜遊公卿間，初以醫術交結張商英，復往來郭天信之門。政和元年，張、郭得罪，遂連坐決配朱厓。又吴曾《能改齋漫録》記其作《上元宿嶽麓寺詩》有「十分春瘦緣何事，一掬鄉心未到家」句，爲蔡卞之妻所譏，有浪子和尚之目。則既役志於繁華，又溺情於綺語，於釋門戒律，實未精嚴。在彼教中未必據爲法器。又書中載杜衍、張詠同居睢陽事，晁公武《讀書志》嘗辨其疎。胡應麟《筆叢》亦稱其載杜衍呼張詠爲安道，安道乃張方平字，非詠之字。益證其所記之誣。蓋與所作《冷齋夜話》同一喜作妄語。然所作《石門文字禪》，釋家收入大藏。又普濟《五燈會元》亦多採此書。蓋惠洪雖僧律多疎，而聰明特絶，故於禪宗微義能得悟門。又素擅詞華，工於潤色。所述釋門典故，皆斐然可觀，亦殊勝粗鄙之語録。在佛氏書中，固猶爲有益文章者矣。

續燈録

《宋史・藝文志・釋氏》僧惟白《續燈録》三十卷。

勸善録

《宋史・藝文志》王敏中《勸善録》六卷。

普燈録

《宋史・藝文志・釋氏》《普燈録》三十卷。僧正受集。

楊士奇等《文淵閣書目・寒字號》《普燈録》。一部一册。

示現録

楊士奇等《文淵閣書目・寒字號》《示現録》。一部一册。

宛陵録

楊士奇等《文淵閣書目・寒字號》《宛陵録》。一部一册。

碧巖録

楊士奇等《文淵閣書目・寒字號》《碧巖録》。一部十六册。

宗鑑録

楊士奇等《文淵閣書目・寒字號》《宗鑑録》。一部一册。

奏對録

《宋史・藝文志・釋氏》《奏對録》一卷。佛照禪師淳熙間奏對之語。

四家録

范邦甸等《天一閣書目・釋家》《四家録》二卷。宋洪州黄龍山住持傳法沙門惠南編。

内外録

王圻《續文獻通考經籍考・釋家》《内外録》。僧孤峰德公著。大司徒楚國文公歐陽玄爲序。

悟證録

徐𤊹《徐氏家藏書目・子部・釋類》《悟證録》二卷。王士琦刻。

宏釋録

徐𤊹《徐氏家藏書目・子部・釋類》《宏釋録》三卷。元賢輯。

證心録

徐𤊹《徐氏家藏書目・子部・釋類》《證心録》二卷。論儒。

了心録

徐𤊹《徐氏家藏書目・子部・釋類》《了心録》二卷。論釋。

心燈録

釋道開《藏逸經書》《心燈録》。三玄素撰序。此書世甚少流行，宜購求之。

道餘録

釋道開《藏逸經書》《道餘録》。獨菴衍公所著。

錢謙益等《絳雲樓書目・子・釋家》《道餘録》釋道衍撰。多詆毀宋儒。

辨僞録

錢謙益等《絳雲樓書目・子・釋家》《辨僞録》五卷。

張金吾《愛日精廬藏書志・釋家》《辨僞録》五卷。明支那本。元雲峯禪寺沙門祥邁奉敕撰。辨《老君化胡成佛經》及《八十一圖》之僞。

轉因録

黃虞稷《千頃堂書目・釋家》《轉因録》四卷。

感通録

顧櫰三《補五代史藝文志・釋氏》《感通録》一卷。僧延壽撰。

潤文官録

錢東垣等輯《崇文總目・釋書》《潤文官録》一卷。《通志略》、《宋志》並不著撰人。

鄭樵《通志・藝文略》《潤文官録》一卷。

《宋史・藝文志・釋氏》《潤文官録》一卷。唐人。

釋門要録

錢東垣等輯《崇文總目・釋書》《釋門要録》五卷。《通志略》不著撰人。

鄭樵《通志・藝文略》《釋門要録》五卷。

大唐京師寺録

《新唐書・藝文志・釋氏》《大唐京師寺録》卷亡。

釋氏系録

《新唐書・藝文志・釋氏》 僧一行《釋氏系録》一卷。

内典目録

《新唐書・藝文志・釋氏》 王彦威《内典目録》十二卷。

鄭樵《通志・藝文略》 《内典目録》十二卷。唐王彦威撰。

雪峰廣録

陳振孫《直齋書録解題》 《雪峰廣録》二卷。唐真覺大師義存語。丞相王隨序之。隨及楊大年，皆號參禪有得者也。

馬端臨《文獻通考・經籍考・釋氏》 《雪峰廣録》二卷。陳氏曰：「唐真覺大師義存語。丞相王隨序之。隨及楊大年，皆號參禪有得者也。」

楊士奇等《文淵閣書目・寒字號》 《雪峰廣録》。一部一册。

釋門要録

《宋史・藝文志・釋氏》 《釋門要録》五卷。

景祐寶録

《宋史・藝文志・釋氏》 吕夷簡《景祐寶録》二十一卷。

寶林傳録

《宋史・藝文志・釋氏》 《寶林傳録》一卷。並不知作者。

中峰廣録

楊士奇等《文淵閣書目・寒字號》 《中峯廣録》。一部六册。

傳燈全録

楊士奇等《文淵閣書目・寒字號》 《傳燈全録》。一部一册。

山菴雜録

楊士奇等《文淵閣書目・寒字號》 《山菴雜録》。一部一册。

諸祖法録

楊士奇等《文淵閣書目・寒字號》 《諸祖法録》。一部一册。

雲門廣録

楊士奇等《文淵閣書目・寒字號》 《雲門廣録》。一部一册。

募緣雜録

范邦甸等《天一閣書目・釋家》《序讚文十篇》。藍絲闌鈔本。明太宗文皇帝御製。《募緣雜録》一卷。刊本。四明阿育王寺歷代碑銘記録。

天柱稿録

王圻《續文獻通考經籍考・佛家》《天柱稿録》。宋景濂曰：「佛心慈濟妙辨太師大同著並註。」

羅湖野録

楊士奇等《文淵閣書目・寒字號》《羅湖野録》。一部一册。

徐𤊹《徐氏家藏書目・子部・釋類》《羅湖野録》二卷。宋曉瑩。

釋道開《藏逸經書》《羅湖野録》。釋晚瑩述。于中甫處得來，號仲温，江西人。

《四庫全書總目提要・釋家》《羅湖野録》四卷。浙江鮑士恭家藏本。宋釋曉瑩撰。曉瑩字仲温，江西人。頗解吟咏。其南昌道中一律，載宋高僧詩選中。紹定閒釋紹嵩作《江浙紀行詩》，廣集唐宋名句，曉瑩亦與焉。則在當時亦能以詞翰著也。是書卷首有紹興乙亥自序，謂以倦遊歸憩羅湖之上，因追憶昔所聞見，録爲四卷。其中多載禪門公案，及機鋒語句。蓋亦《林閒録》之流。而緇徒故實，紀述頗詳。所載士大夫投贈往來篇什尤夥，遺聞逸事，多藉流傳，亦頗有資於談柄。末有《紹興庚辰後跋》一首，不署姓名。而跋中自稱曰「妙總」，則亦僧作也。近厲鶚撰《宋詩紀事》，多採此書。然如《普首座詩》，取其別衆絶句，而《山居一絶》，反不見録。則鶚所捃摭，尚未盡其菁華矣。

現果隨録

《四庫全書總目提要・釋家》《現果隨録》一卷。大學士英廉購進本。國朝僧戒顯撰。戒顯字悔堂，順治閒居杭州靈隱寺。是編凡九十一則，每則附以論斷。皆陳善惡之報，而大旨歸於持戒奉佛，懺除惡業。仍彼教之説而已。

景德傳燈録

錢東垣等輯《崇文總目・釋書》《景德傳鐙録》三十卷。釋道原撰。

鄭樵《通志・藝文略》《景德傳燈録》三十卷。宋朝僧道原纂。

晁公武《郡齋讀書志》《景德傳燈録》三十卷。袁本《前志》卷三下釋書類第十三。右皇朝僧道原編。其書披奕世祖圖，采諸方語録，由七佛以至法眼之嗣，凡五十二世，一千七百一人。獻於朝，詔楊億、李維、王曙同加裁定。億等潤色其文，是正差繆，遂盛行於世，爲禪學之源。夫禪學自達磨入中原，世傳一人，凡五傳至慧能，通謂之祖。慧能傳行思、懷讓，行思之後，有良价，號「洞下宗」；又有文偃，號「雲門宗」；又有文益，號「法眼宗」；懷讓之後有靈祐、慧寂，號「潙仰宗」；又有義玄，號「臨濟宗」。五宗學徒徧於海内，迄今數百年。「臨濟」、「雲門」、「洞下」，日愈益盛。嘗考其世，皆出唐末五代兵戈極亂之際。意者，亂世聰明賢豪之士，無所施其能，故憤世嫉邪，長往不返，而其名言至行，譬猶聯珠疊璧，雖山淵之高深，終不能掩覆其光彩，而必輝潤於外也。故人得而著之竹帛，罔有遺軼焉。

馬端臨《文獻通考・經籍考・釋氏》《景德傳録燈》三十卷。晁氏曰：皇朝道原編。其書披奕世祖圖，采諸方語録，由七佛以至法眼之嗣，凡五十二世，一千七百一人，獻於廟。詔楊億、李維、王曙同加栽定。億等潤色其文，考正差謬，遂盛行於世，爲禪學之源。夫禪學自達磨入中原，世傳一人，凡五傳至慧能，通謂之祖。慧能傳行思、懷讓。行思之後，有良价，號洞下宗；又有文偃，號雲門宗；又有文益，號法眼宗。懷讓之後，有靈祐、慧寂，號潙仰宗，又有義玄，號臨濟宗。五宗學徒，徧於海内，迄數百年。臨濟、雲門、洞下，日愈益盛。嘗考其世，皆出唐末、五代兵戈極亂之際。意者，亂世聰明賢豪之士，無所施其能，故憤世嫉邪，長往不返，而其名言至行，譬猶聯珠疊璧，雖山淵之高深，終不能掩覆其光彩，而必輝潤於外也。故人得而著之竹帛，罔有遺軼焉。

《宋史・藝文志・釋氏》 僧道原《景德傳燈録》三十卷。

楊士奇等《文淵閣書目・寒字號》 《景德傳燈録》。一部十册。

范邦甸等《天一閣書目・釋家》 《宋景德傳燈録》三十卷。吳僧道源纂。

感通決疑録

錢東垣等輯《崇文總目・釋書》 《感通決疑録》一卷。釋道宣撰。錫鬯按：《通志略》「感通」作「通感」。

鄭樵《通志・藝文略》 《通感決疑録》一卷。僧道宣撰。

《宋史・藝文志・釋氏》 道宣《通感決疑録》一卷。

開皇三寶録

錢東垣等輯《崇文總目・釋書》 《開皇三寶録》十四卷。費長房撰。原釋以下闕。見天一閣鈔本。錫鬯按：《唐志》作《歷代三寶記》三卷。《通志畧》不著撰人。

鄭樵《通志・藝文略》 《開皇三寶録》十四卷。

東夏三寶感通録

《新唐書・藝文志・釋氏》 《東夏三寶感通録》三卷。道宣。

大唐貞觀内典録

《新唐書・藝文志・釋氏》 《大唐貞觀内典録》十卷。道宣。

鄭樵《通志・藝文略》 《大唐貞觀内典録》十卷。

大唐内典録

《新唐書・藝文志・釋氏》 《大唐内典録》十卷。西明寺僧撰。

鄭樵《通志・藝文略》 《大唐内典録》十卷。西明寺僧撰。

沙門不敬録

《新唐書・藝文志・釋氏》 《沙門不敬録》六卷。龍朔人，并隋有二彦琮。

續大唐内典録

《新唐書・藝文志・釋氏》 《續大唐内典録》一卷。

鄭樵《通志・藝文略》 《續大唐内典録》一卷。唐僧智昇撰。

法眼前後録

鄭樵《通志・藝文略》 《法眼前後録》六卷。元則等編。

天聖廣燈録

晁公武《郡齋讀書志》 《天聖廣燈録》三十卷。袁本《前志》卷三下釋書類第十五。右皇朝李遵勗編。斷自釋迦以降。仁宗御製序。

馬端臨《文獻通考・經籍考・釋氏》 《天聖廣燈録》三十卷。晁氏曰：皇朝駙馬都尉李遵勗編。自釋迦以降。仕宗御製序。

《宋史·藝文志·釋氏》 李遵《天聖廣燈録》三十卷。

靖國續燈録

晁公武《郡齋讀書志》 《靖國續燈録》三十卷。袁本《後志》卷二釋書類第十一。右皇朝僧惟白編。惟白，靖國初住法雲寺，駙馬都尉張敦禮以其書上於朝，徽宗爲之序。分《正宗》、《對機》、《拈古》、《頌古》、《偈頌》五門。

馬端臨《文獻通考·經籍考·釋氏》 《建中靖國續燈録》三十卷。晁氏曰：「僧維白編。維白，靖國初住法雲寺。駙馬都尉張敦禮以其書上於朝，徽宗爲之序，分《正宗》、《對機》、《拈古》、《頌古》、《偈頌》五門。」

古塔主語録

晁公武《郡齋讀書志》 《古塔主語録》三卷。袁本《後志》卷二釋書類第十二。右皇朝僧道古撰。范文正喜之，嘗親爲疏，請説法，有句云「道行無玷，孤風絶攀」，時以爲非溢美也。

嘉泰普燈録

陳振孫《直齋書録解題》 《嘉泰普燈録》三十卷。僧正受編。三《録》大抵與《傳燈》相出入，接續機緣語句前後一律，先儒所謂遁辭也。然本初自謂直指人心，不立文字。今四《燈》總一百二十卷，數千萬言，乃正不離文字耳。

馬端臨《文獻通考·經籍考·釋氏》 《嘉泰普燈録》三十卷。陳氏曰：「僧正受編。三《録》大抵與《傳燈》相出入，接續機緣語句前後一律，先儒所謂遁辭也。然本初自謂直指人心，不立文字，今四《燈》總一百二十卷，數千萬言，乃正不離文字耳。」

楊士奇等《文淵閣書目·寒字號》 《嘉泰普燈録》。一部十册。

釋書品次録

晁公武《直齋書録解題》 《釋書品次録》一卷。

釋書品次録

馬端臨《文獻通考·經籍考·釋氏》 《釋書品次録》一卷。陳氏曰：「題唐僧從梵集。末有黎陽張翬跋，稱大定丁未，蓋虜中板本也。」

三寶感應録

《宋史·藝文志·釋氏》 《三寶感應録》三卷。

十答問語録

《宋史·藝文志·釋氏》 僧慧忠《十答問語録》一卷。

浄土簡要録

楊士奇等《文淵閣書目·寒字號》 《浄土簡要録》。一部一册。

慈心功德録

楊士奇等《文淵閣書目・寒字號》《慈心功德録》。一部一册。

馬祖四家録

楊士奇等《文淵閣書目・寒字號》《馬祖四家録》。一部一册。

佛法大明録

楊士奇等《文淵閣書目・寒字號》《佛法大明録》。一部四册。

雙林大士録

楊士奇等《文淵閣書目・寒字號》《雙林大士録》。一部一册。

仰山古梅録

楊士奇等《文淵閣書目・寒字號》《仰山古梅録》。一部一册。

慈悲功德録

楊士奇等《文淵閣書目・寒字號》《慈悲功德録》。一部一册。

補陀靈异録

徐𤊹《徐氏家藏書目・子部・釋類》《補陀靈异録》一卷。屠隆。

金閩祖師録

徐𤊹《徐氏家藏書目・子部・釋類》《金閩祖師録》三卷。林應起集。

金華分燈録

徐𤊹《徐氏家藏書目・子部・釋類》《金華分燈録》一卷。章有成。

至元心燈録

倪燦《補遼金元藝文志・釋家》《至元心燈録》。

黄虞稷《千頃堂書目・釋家》《至元心燈録》□卷。

錢大昕《補元史藝文志・釋道類》《心燈録》。至元間雲壑瑞禪師所撰。或作《至元心燈録》。

彌陀靈應録

黄虞稷《千頃堂書目・釋家》屠隆《彌陀靈應録》一卷。

法藏碎金録

《四庫全書總目提要・釋家》《法藏碎金録》十卷。內府藏本。宋晁迥撰。迥有《昭德新編》，已著録。迥受學於王禹偁，以文章典贍擅名，而性耽禪悅，喜究心於內典。是編乃天聖五年退居昭德里所作。皆融會佛理，隨筆記載，蓋亦宗門語録之類。其曰碎金，取《世説新語》「安石碎金義也。孫覿謂其宗向佛乘，以莊老儒書彙而爲一。蓋嘉祐、治平以前，濂洛之説未盛。儒者沿唐代餘風，大抵歸心釋教。以范仲淹之賢而手製疏文，請道古開壇説法，其他可知。迥作是書，蓋不足異。南宋初年，迥五世孫公武作《郡齋讀書志》，乃附載迥《道院集》後，列之別集門中，殊爲不類。殆二程以後，諸儒之辨漸明，公武既不敢削其祖宗之書，不著於録。又不肯列之釋氏，貽論者口實。進退維谷，故姑以附載回護之。觀其條下所列，僅叙迥仕履始末，行誼文章，而無一字及本書，其微意蓋可見矣。然自阮孝緒《七録》以後，釋氏之書久已自爲一類。歷朝史志，著録竝同。不必曲爲推崇，亦不必巧爲隱諱。今從陳振孫《書録解題》入之釋氏類中，存其實也。其書傳本頗稀。明嘉靖乙巳迥裔孫翰林院檢討瑮始從內閣録出，鋟版以行。改其名曰《迦談》，殊爲無謂。今仍從迥原名著於録焉。

黄丕烈《蕘圃藏書題識續録・子類》《法藏碎金録》十卷。明居敬堂刊本。余於而立之年，即喜收書。遇舊刻即收，實未知其書之有用與否也。後講宋元舊刻以及名人手録或精校本，遂置明刻不講，而前所收者併遺忘之矣。嘗記獲見錢遵王鈔本於友人所，爲《西溪叢語》，蓋鈔自鶺鳴館刻者。復徧訪刻本於他家，從張訒庵處借得之。而長孫秉剛謂書房中有此書，出視之，果鶺鳴館刻本。余之得於前而忘於後，可笑往往如是。頃坊友收濮院沈姓書，余檢得鈔本《法藏碎金録》有嘉靖字樣，知從明本出。索番餅六金，因憶向年曾蓄鈔本，已贈潘理齋農部。遂往借對勘，而理齋復有一十卷明刊本，一併借歸校之。適兒孫輩整理書籍，於舊藏中檢出一部，與坊收沈本無二。余本乃趙府居敬堂刊，真嘉靖本也。坊本猶從刻本影鈔者耳。事之可笑亦復如是。趙本舊藏季振宜家，可見明刻之書古亦珍祕。余向年無意得之，今日有意求之。而明刻之可貴，直至歷過宋元鈔校之後，方有味乎。其言之書囊無底談，未了山谷之言，豈虛語哉。庚辰十一月二十二日，復翁。余所贈理齋鈔本乃《法藏金液》上下卷。又係嘉靖時人摘録者。理、齋所藏十卷本似從趙本覆出，而每條於次行低一格，不與趙本同。末有晁氏後人官銜，最後當有明代年號，已割去不可辨識矣。復翁又識。

至元辨僞録

錢大昕《補元史藝文志・釋道類》 祥邁《至元辨僞録》五卷。大都路道者山雲峯寺僧。

潘祖蔭《滂喜齋藏書記》 元刻《至元辨僞録》五卷。題大都路道者山大雲峰禪寺沙門祥邁奉勅實録。撰前有張伯淳及邁自序。其大旨因道家排斥佛教，故作書辨之。蠻觸交争，楚固失矣，齊亦未爲得也。前有錢曾之印，遵王、季振宜藏書朱記，延令書目著録。又按祥邁序有云：「使大羅玉帝魂驚於九天之中，元始天尊膽落於三清之上。萬天教主羞赧難伸，九府洞仙慚惶無地。則其書鄙俗，本無可取。但自古二氏交争，如道笑録之類，頗傳於世。此本希見，録而存之。」

別録中僞妄亂真録第七

智昇《開元釋教録》 別録中《僞妄亂真録第七》。三百九十二部，一千五十五卷。僞經者，邪見所造，以亂真經者也。自大師韜影向二千年，魔教競興，正法衰損。自有頑愚之輩，惡見迷心，僞造諸經，誑惑流俗。邪言亂正，可不哀哉。今恐真僞相參，是非一槩，譬夫崐山寶玉與凡石而同流，贍部真金共鉛鐵而齊價。今爲件別，真僞可分，庶涇渭殊流，无貽後患。

示化實録

錢東垣等輯《崇文總目・釋書》 雲居和尚《示化實録》釋元偉撰。

鄭樵《通志・藝文略》 雲居和尚《示化實録》一卷。唐僧元偉撰。

無上秘密小録

錢東垣等輯《崇文總目・釋書》《無上秘密小録》五卷。魏德膋撰。錫鬯按：《宋志》「無上」作「無止」。

鄭樵《通志・藝文略》《無上秘密小録》五卷。宋朝魏德譽撰。

《宋史・藝文志・釋氏》魏德膋《無上秘密小録》五卷。

小參録

錢東垣等輯《崇文總目・釋書》釋迦山主《小參録》一卷。《通志畧》、《宋志》並不著撰人。

《宋史・藝文志・釋氏》楞伽山主《小參録》一卷。

國清道場百録

錢東垣等輯《崇文總目・釋書》《國清道場百録》一卷。釋灌頂撰，智顗修。錫鬯按：舊本脱「國」字，今據《宋志》校補。

鄭樵《通志・藝文略》《國清道場百録》一卷。隋僧灌頂纂。智者事迹。

《宋史・藝文志・釋氏》灌頂《國清道場百録》一卷。

《宋史・藝文志・釋氏》《國清道場百録》五卷。僧灌頂纂，僧智顗修。

開元内外經録

《新唐書・藝文志・釋氏》毋煚《開元内外經録》十卷。道、釋書二千五百餘部，九千五百餘卷。

鄭樵《通志・藝文略》《開元内外經録》十卷。毋煚撰。

楞伽山主小參録

鄭樵《通志・藝文略》《楞伽山主小參録》一卷。

雲居和尚示化實録

《宋史・藝文志・釋氏》《雲居和尚示化實録》一卷。

錢塘西湖浄社録

《宋史・藝文志・釋氏》僧省常《錢塘西湖浄社録》三卷。

四明尊者教行録

楊士奇等《文淵閣書目・寒字號》《四明尊者教行録》。一部一册。

光禪師奏對録

楊士奇等《文淵閣書目・寒字號》《光禪師奏對録》。一部一册。

如如三教大全語録

楊士奇等《文淵閣書目・寒字號》《如如三教大全語録》。一部一册。

戒闍梨示現録

楊士奇等《文淵閣書目・寒字號》《戒闍梨示現録》。一部一册。

善慧大士録

范邦甸等《天一閣書目・釋家》婺州雙林寺《善慧大士録》四卷。菩薩戒弟子國子進士樓穎撰。

四明尊者教行録

范邦甸等《天一閣書目・釋家》《四明尊者教行録》六卷。四明石芝沙門宗曉編。

景德傳燈續録

范邦甸等《天一閣書目・釋家》《景德傳燈續録》三十六卷。天聖中駙馬都尉李遵勗纂。

續傳燈録

釋道開《藏逸經書》《續傳燈録》。南藏已收。

錢謙益等《絳雲樓書目・子・釋家》《續傳燈録》三十卷。僧維白編，建中靖國初，在法雲寺。

黄虞稷《千頃堂書目・釋家》施沛《續傳燈録》□卷。字沛然，松江人。官南康府同知。

天目中峯和尚廣録

王圻《續文獻通考經籍考・釋家》《天目中峯和尚廣録》三十卷，釋明本著。《信心銘闢義解》一卷，《楞嚴經徵心辨見或問》一卷，《金剛般若義》一卷，《別傳覺心》一卷，《寒山詩》一百首，《幻住家訓》一篇，《山房夜話》二卷，《續集》二卷，《語録》十卷，《別録》十卷，總爲三十卷。

黄虞稷《千頃堂書目・釋家》《大明三藏聖教目録》四卷。

黄虞稷《千頃堂書目・釋家》明本《中峰和尚廣録》三十卷，又《中峰廣慧禪師一花五葉集》四卷，又《中峰懷浄土詩》一卷，又《庵事須知》一卷。

錢大昕《補元史藝文志・釋道類》明本《中峯和尚廣録》三十卷。

雲門匡真禪師廣録

潘祖蔭《滂喜齋藏書記》宋刻《雲門匡真禪師廣録》三卷。《真門人守堅集》首列熙甯丙辰權發遣兩浙轉運副使公事蘇澥序。上卷《對機》三百二十則。中卷《室中語要》一百八十五則，《垂示代語》二百九十則。下卷《勘辨》一百六十五則，《游方語録》三十一則。遺表、遺誡及雷岳行録，何希範請疏終焉。末附門人緣密述，頌八首。校勘者福州鼓山宗。《演雷録》云：「師諱文偃，姓張氏，蘇州嘉興人。以乾和七年己酉四月十日順寂。」何疏云：「師歸寂後十七載，感夢於雄武軍節度推官阮紹莊云。自南漢乾和七年己酉閲十七載，當爲宋乾德三年乙丑。而瞿汝稷《指月録》云：乾和七年四月十日示寂，迨乾德元年雄武軍節度阮紹莊夢師，蓋十七年矣。」是瞿用疏語用誤計三年爲元年也。每半葉十一行，行二十字。首葉有欽差處置邊務關防，季振宜藏書朱記。

參元語録

錢東垣等輯《崇文總目・釋書》《參元語録》十卷。釋神清撰。錫鬯按：**《新唐書・藝文志・釋氏》**神清《參元語録》十卷。

鄭樵《通志・藝文略》《參元語録》十卷。唐僧神清撰。《宋志》上有「北山」二字。

元中語録

錢東垣等輯《崇文總目・釋書》《元中語録》三卷。張雲撰。錫鬯按：《宋志》：「録」作「寶」。

北山語録

鄭樵《通志・藝文略》《北山語録》十卷。僧神清撰。

保寧語録

鄭樵《通志・藝文略》《保寧語録》一卷。

浄因語録

鄭樵《通志・藝文略》《浄因語録》一卷。

投子語録

鄭樵《通志・藝文略》《投子語録》一卷。

海會語録

鄭樵《通志・藝文略》《海會語録》二卷。

大慧語録

陳振孫《直齋書録解題》《大慧語録》四卷。僧宗杲語。其徒道謙所録，張魏公序之。

馬端臨《文獻通考・經籍考・釋氏》《大慧語録》四卷。陳氏曰：僧宗杲語，其徒道謙所録，張魏公序之。

楊士奇等《文淵閣書目・寒字號》《大慧語録》。一部一册。

龐藴語録

晁公武《郡齋讀書志》《龐藴語録》十卷。袁本前志卷三下釋書類第十二。右唐龐藴，襄陽人，與其妻子皆學佛。後人録其言成此書。

馬端臨《文獻通考・經籍考・釋氏》《龐公語録》十卷。晁氏曰：唐龐公，襄陽人，與其妻子皆學佛，後人録其言成此書。

《宋史・藝文志・釋氏》《龐藴語録》一卷。唐于頔編。

楊士奇等《文淵閣書目・寒字號》《龐藴語録》。一部一册。

宗杲語録

《宋史・藝文志・釋氏》 僧《宗杲語録》五卷。黃文昌撰。

禪菴語録

楊士奇等《文淵閣書目・寒字號》《禪菴語録》。一部一册。

盤山語録

楊士奇等《文淵閣書目・寒字號》《盤山語録》。一部一册。

真際語録

楊士奇等《文淵閣書目・寒字號》《真際語録》。一部一册。

宗門語録

楊士奇等《文淵閣書目・寒字號》《宗門語録》。一部一册。

藏室語録

楊士奇等《文淵閣書目・寒字號》《藏室語録》。一部一册。

圜悟語録

楊士奇等《文淵閣書目・寒字號》《圜悟語録》。一部一册。

楚石語録

楊士奇等《文淵閣書目・寒字號》《楚石語録》。一部一册。

應菴語録

楊士奇等《文淵閣書目・寒字號》《應菴語録》。一部一册。

優曇語録

楊士奇等《文淵閣書目・寒字號》《優曇語録》。一部一册。

普覺語録

楊士奇等《文淵閣書目・寒字號》《普覺語録》。一部一册。

靈巖語録

楊士奇等《文淵閣書目・寒字號》《靈巖語録》。一部一册。

山巖語録
楊士奇等《文淵閣書目·寒字號》《山巖語録》。一部一册。

雙林語録
楊士奇等《文淵閣書目·寒字號》《雙林語録》。一部一册。

南堂語録
楊士奇等《文淵閣書目·寒字號》《南堂語録》。一部一册。

横川語録
楊士奇等《文淵閣書目·寒字號·釋氏》《横川語録》。一部一册。

寂寥語録
楊士奇等《文淵閣書目·寒字號》《寂寥語録》。一部一册。

園菴語録
楊士奇等《文淵閣書目·寒字號》《園菴語録》。一部一册。

天目語録
楊士奇等《文淵閣書目·寒字號》《天目語録》。一部一册。

冐堂語録
楊士奇等《文淵閣書目·寒字號》《冐堂語録》。一部一册。

臨濟語録
楊士奇等《文淵閣書目·寒字號》《臨濟語録》。一部一册。

虚堂語録
楊士奇等《文淵閣書目·寒字號》《虚堂語録》。一部一册。

高峯語録
楊士奇等《文淵閣書目·寒字號》《高峯語録》。一部一册。

古林語録
楊士奇等《文淵閣書目·寒字號》《古林語録》。一部一册。

翠巖語録

楊士奇等《文淵閣書目·寒字號》《翠巖語録》。一部一册。

竺元語録

楊士奇等《文淵閣書目·寒字號》《竺元語録》。一部一册。

濟顛語録

楊士奇等《文淵閣書目·寒字號》《濟顛語録》。一部一册。

靈谷語録

楊士奇等《文淵閣書目·寒字號》《靈谷語録》。一部一册。

癡絶語録

楊士奇等《文淵閣書目·寒字號》《癡絶語録》。一部一册。

東山語録

楊士奇等《文淵閣書目·寒字號》《東山語録》。一部一册。

雪竇語録

楊士奇等《文淵閣書目·寒字號》《雪竇語録》。一部一册。

千巖語録

楊士奇等《文淵閣書目·寒字號》《千巖語録》。一部一册。

了菴語録

楊士奇等《文淵閣書目·寒字號》《了菴語録》。一部一册。

普庵語録

范邦甸等《天一閣書目·釋家》《普庵語録》四卷。明永樂二十一年御製序文。

四家語録

徐𤊹《徐氏家藏書目·子部·釋類》《四家語録》四卷。馬祖 百丈 黄檗 臨濟

三教語録

徐𤊹《徐氏家藏書目·子部·釋類》《三教語録》。

傑峰語録

徐𤊹《徐氏家藏書目・子部・釋類》《傑峰語録》八卷。衢州世愚。

天真語録

徐𤊹《徐氏家藏書目・子部・釋類》《天真語録》四卷。嗣昂集。

玉芝語録

徐𤊹《徐氏家藏書目・子部・釋類》《玉芝語録》六卷。祖覺等集。

慱山語録

徐𤊹《徐氏家藏書目・子部・釋類》《慱山語録》二十二卷。大艤。

元沙語録

徐𤊹《徐氏家藏書目・子部・釋類》《元沙語録》三卷。林宏衍刊。

高峰語録

徐𤊹《徐氏家藏書目・子部・釋類》《高峰語録》四卷。因師集賢。

雪峰語録

徐𤊹《徐氏家藏書目・子部・釋類》《雪峰語録》二卷。唐義存。

覺浪語録

徐𤊹《徐氏家藏書目・子部・釋類》《覺浪語録》二卷。

圓悟語録

錢謙益等《絳雲樓書目・子・釋家》《圓悟語録》十七卷。

雨軒語録

《明史・藝文志・釋家》溥洽《雨軒語録》五卷。

玉芝語録

《明史・藝文志・釋家》法聚《玉芝語録》六卷，《内語》二卷。

三會語録

《明史・藝文志・釋家》元瀞《三會語録》二卷。

龐居士語録

鄭樵《通志・藝文略》《龐居士語録》一卷。

秀禪師語録

鄭樵《通志・藝文略》《秀禪師語録》一卷。

懷和尚語録

鄭樵《通志・藝文略》《懷和尚語録》一卷。

住洞庭語録

鄭樵《通志・藝文略》雪竇明覺大師《住洞庭語録》一卷。

古塔主語録

馬端臨《文獻通考・經籍考・釋氏》《古塔主語録》三卷。晁氏曰：皇朝僧道古撰。范文正喜之，嘗親爲疏請説法，有句云「道行無玷，孤風絶攀」，時以爲非溢美也。

古禪師語録

楊士奇等《文淵閣書目・寒字號》《古禪師語録》。一部一册。

傳大士語録

徐𤊹《徐氏家藏書目・子部・釋類》《傳大士語録》四卷。清源序。

古尊宿語録

釋道開《藏逸經書》《古尊宿語録》四十八卷。《南藏》已收入。太倉王鳳州居士有宋本善。

雪村聚語録

倪燦《補遼金元藝文志・釋家》《雪村聚語録》。金壇人居句容崇明寺。

黄虞稷《千頃堂書目・釋家》《雪村聚語録》金壇人，居句容崇明寺。

錢大昕《補元史藝文志・釋道類》《雪村聚語録》。金壇人。

德山和尚語録

鄭樵《通志・藝文略》《德山和尚語録》一卷。

雲門和尚語録

鄭樵《通志・藝文略》《雲門和尚語録》一卷。

寶華軻和尚語録

鄭樵《通志・藝文略》《寶華軻和尚語録》一卷。

汾陽第二代語録

鄭樵《通志・藝文略》《汾陽第二代語録》一卷。

百丈常禪師語録

鄭樵《通志・藝文略》《百丈常禪師語録》一卷。

汾陽紹二和尚語録

鄭樵《通志・藝文略》《汾陽紹二和尚語録》一卷。

雲門正真大師對機語録

鄭樵《通志・藝文略》《雲門正真大師對機語録》二卷。

三角山和尚語録

鄭樵《通志・藝文略》《三角山和尚語録》一卷。

風穴沼和尚語録

鄭樵《通志・藝文略》《風穴沼和尚語録》二卷。

富沙信老投機語録

鄭樵《通志・藝文略》《富沙信老投機語録》一卷。

寶峰巖和尚語録

鄭樵《通志・藝文略》《寶峰巖和尚語録》三卷。

北山參元語録

《宋史・藝文志・釋氏》 僧神清《北山參元語録》十卷。

語　録

《宋史・藝文志・釋氏》《語録》二卷。松源和尚講解答問。

浄慧禪師語録

《宋史・藝文志・釋氏》《浄慧禪師語録》一卷。

行中和尚語録

楊士奇等《文淵閣書目·寒字號》《行中和尚語録》。一部三册。

三教語録大全

楊士奇等《文淵閣書目·寒字號》《三教語録大全》。一部一册。

雪竇洞庭語録

楊士奇等《文淵閣書目·寒字號》《雪竇洞庭語録》。一部一册。

如如居士語録

楊士奇等《文淵閣書目·寒字號》《如如居士語録》。一部一册。

圓悟禪師語録

楊士奇等《文淵閣書目·寒字號》《圓悟禪師語録》。一部二册。

明覺禪師語録

楊士奇等《文淵閣書目·寒字號》《明覺禪師語録》。一部二册。

仰山古梅和尚語録

楊士奇等《文淵閣書目·寒字號》《仰山古梅和尚語録》。一部一册。

福源石屋珙禪師語録

高儒《百川書志·佛家》《福源石屋珙禪師語録》一卷。宋常熟清珙著。

天如禪師語録

范邦甸等《天一閣書目·釋家》《天如禪師語録》十卷。每卷首有「東明山人」、「萬古同心之學」二圖章。小師善遇編，元危素序。

禪林清規四會語録

王圻《續文獻通考·經籍考·釋家》《禪林清規四會語録》，《蒲堂集》僧大訢著。

正嚴禪師語録

王圻《續文獻通考·經籍考·釋家》《正嚴禪師語録》。宋景濂曰：禪師在時，其弟子嗣詔嘗採其語，鋟梓以傳，後經兵火，皆爲灰燼。玆一菴隣上人以舊本重刻。其敷宣大法如雲雷迭興而九龍噴雨，如太醫製藥隨症而愈疾，如摩醯三眼光明洞照而無不至。

語　録

王圻《續文獻通考·經籍考·釋家》《語録》。長安僧順詳師著。

永嘉禪師語録

徐𤊹《徐氏家藏書目·子部·釋類》《永嘉禪師語録》一卷。廣沙門元覺。

普覺禪師語録

徐𤊹《徐氏家藏書目·子部·釋類》《普覺禪師語録》三十卷，《年譜》一卷，《武庫》一卷。

壽昌禪師語録續録

徐𤊹《徐氏家藏書目·子部·釋類》《壽昌禪師語録續録》四卷。

百丈清規語録

徐𤊹《徐氏家藏書目·子部·釋類》《百丈清規語録》十二卷。

石屋法語

徐𤊹《徐氏家藏書目·子部·釋類》《石屋法語》二卷。

古梅禪師語録

徐𤊹《徐氏家藏書目·子部·釋類》《古梅禪師語録》二卷。元廬山海弱。

湛然禪師語録

徐𤊹《徐氏家藏書目·子部·釋類》《湛然禪師語録》十六卷。澄。

鼓山無異大師語録

徐𤊹《徐氏家藏書目·子部·釋類》《鼓山無異大師語録》一卷。《頌古》一卷，《浄土百首》一卷。

永覺禪師語録

徐𤊹《徐氏家藏書目·子部·釋類》《永覺禪師語録》二卷。元賢。

雪竇禪師語録

徐𤊹《徐氏家藏書目·子部·釋類》《雪竇禪師語録》。

虎丘隆和尚語録

徐𤊹《徐氏家藏書目·子部·釋類》《虎丘隆和尚語録》一卷。

怒中和尚語録

徐𤊹《徐氏家藏書目・子部・釋類》《怒中和尚語録》六卷。元。

倪燦《補遼金元藝文志・釋家》《怒中和尚語録》六卷。

黄虞稷《千頃堂書目・釋家》《恕中和尚語録》六卷。

錢大昕《補元史藝文志・釋道類》《恕中和尚語録》六卷。

楚石禪師語録

徐𤊹《徐氏家藏書目・子部・釋類》《楚石禪師語録》二十卷。元慧辨，宋濂序。

《明史・藝文志・釋家》梵琦《楚石禪師語録》二十卷。

元叟端禪師語録

徐𤊹《徐氏家藏書目・子部・釋類》《元叟端禪師語録》八卷。元經山人，宋濂序。

倪燦《補遼金元藝文志・釋家》《元叟端禪師語録》八卷。

黄虞稷《千頃堂書目・釋家》《元叟端禪師語録》八卷。

錢大昕《補元史藝文志・釋道類》《元叟端禪師語録》八卷。

黄丕烈《蕘圃藏書題識續録・子類》《元叟和尚語録》不分卷。元刻本。去年夏得此元刻《元叟和尚語録》一册。久欲持贈吾與庵寒石師，因置亂帙中，尋而不獲已許之矣。頃往五峯展墓，道出支硎，順賀寒石法喜，抽此為贈，寒石亦相視一笑也。時嘉慶丙寅春正月十日，蕘翁黄丕烈記。

吴山端禪師語録

徐𤊹《徐氏家藏書目・子部・釋類》《吴山端禪師語録》二卷。宋。

雲菴浄禪師語録

徐𤊹《徐氏家藏書目・子部・釋類》《雲菴浄禪師語録》一卷。宋。

保福從展語録

徐𤊹《徐氏家藏書目・子部・釋類》《保福從展語録》一卷。

費隱禪師語録

徐𤊹《徐氏家藏書目・子部・釋類》《費隱禪師語録》七卷。

應菴和尚語録

徐𤊹《徐氏家藏書目・子部・釋類》《應菴和尚語録》十卷。宋。

黄檗密雲禪師語録

徐𤊹《徐氏家藏書目・子部・釋類》《黄檗密雲禪師語録》一卷。

普菴菩薩語録

徐𤊹《徐氏家藏書目·子部·釋類》 《普菴菩薩語録》四卷。

雜毒海

釋道開《藏逸經書》 《雜毒海》、《大珠禪師語録》。大慧禪師亦有《雜毒海》，乃與竹庵同頌古者也。又浙江衢州禪符寺有六十卷，乃宋僧編集古宿語，名《禪宗雜毒海》。

大慧禪師語録

錢謙益等《絳雲樓書目·子釋家》 《大慧禪師語録》三十卷。宗杲，南宋初人。張子韶之導。

克菴禪師語録

《明史·藝文志·釋家》 《克菴禪師語録》一卷。

語　録

倪燦《補遼金元藝文志·釋家》 《語録》一卷。名清珙，常熟人。

石屋和尚山居詩并當湖語録

倪燦《補遼金元藝文志·釋家》 至雲編《石屋和尚山居詩并當湖語録》二卷。

黄虞稷《千頃堂書目·釋家》 至雲編《石屋和尚山居詩並當湖語録》二卷，又《語録》一卷。名清珙，常熟人。

中峰和尚廣録

倪燦《補遼金元藝文志·釋家》 明本《中峰和尚廣録》三十卷。

海弜古梅禪師語録

倪燦《補遼金元藝文志·釋家》 《海弜古梅禪師語録》二卷。廣州僧。

黄虞稷《千頃堂書目·釋家》 《海弜古梅禪師語録》二卷。廣州僧。

錢大昕《補元史藝文志·釋道類》 《海弜古梅禪師語録》二卷。廬州僧。

石室語録

錢大昕《補元史藝文志·釋道類》 清珙《石室語録》一卷。常熟僧。

修多羅法門

《舊唐書·經籍志·道家類》 《修多羅法門》二十卷。郭瑜撰。

真祕訣

《宋史・藝文志・神仙類》《真祕訣》一卷。竇冠授達磨。

無生訣

張國祥《續道藏經目録・正一部》 槐字號計四卷。《無生訣》。一卷。

看經贊

錢東垣等輯《崇文總目・釋書》《看經讚》一卷。馬裔孫撰。

鄭樵《通志・藝文略》《省經贊》一卷。晉馬胤孫撰。

《宋史・藝文志・釋氏》 馬裔孫《看經贊》一卷。

顧櫰三《補五代史藝文志・釋氏》《看經贊》一卷。

法眼真贊

錢東垣等輯《崇文總目・釋書》《法眼真讚》一卷。《通志畧》，不著撰人。

鄭樵《通志・藝文略》《法眼真贊》一卷。

聖迹見在圖贊

《新唐書・藝文志・釋氏》《聖迹見在圖贊》二卷。

鄭樵《通志・藝文略》《聖迹見在圖讚》一卷。

佛化東漸圖贊

《新唐書・藝文志・釋氏》《佛化東漸圖贊》二卷。

鄭樵《通志・藝文略》《佛化東漸圖贊》二卷。

法眼禪師集真贊

《宋史・藝文志・釋氏》《法眼禪師集真贊》一卷。

佛一百八名贊

楊士奇等《文淵閣書目・寒字號》《佛一百八名贊》一部一册。

净土偈贊

楊士奇等《文淵閣書目・寒字號》《净土偈贊》一部一册。

上師觀祝讚

楊士奇等《文淵閣書目・寒字號》《上師觀祝讚》一部一册。

六祖大師法寶壇經贊

范邦甸等《天一閣書目・釋家》《六祖大師法寶壇經贊》一卷。宋明教大師契嵩述。

御製華嚴經贊

王圻《續文獻通考經籍考・佛家》《御製華嚴經贊》遼道宗製，咸雍四年二月頒行。

觀音讚

徐𤊹《徐氏家藏書目・子部・釋類》《觀音讚》一卷。

惟勁禪師讚誦

錢東垣等輯《崇文總目・釋書》《惟勁禪師讚誦》一卷。錫鬯按《通志畧》，「誦」作「頌」。《宋志》作「訟」，誤也。

鄭樵《通志・藝文略》《惟勁禪師贊頌》一卷。

《宋史・藝文志・釋氏》《惟勁禪師贊頌》一卷。

見道頌

錢東垣等輯《崇文總目・釋書》《見道頌》一卷。釋寶覺撰，寓言居士注。

雍熙禪頌

鄭樵《通志・藝文略》《雍熙禪頌》三卷。宋朝僧辨隆撰。

《宋史・藝文志・釋氏》建隆《雍熙禪頌》三卷。

錢東垣等輯《崇文總目・釋書》《雍熙禪頌》三卷。錫鬯按《通志畧》，釋辨隆撰。《宋志》作「建隆」。

淨慧偈頌

錢東垣等輯《崇文總目・釋書》《淨慧偈頌》一卷。錫鬯按：《宋志》「慧」作「惠」，「頌」作「訟」。又按以上原卷五十五。

鄭樵《通志・藝文略》《淨慧偈頌》一卷。

淨惠禪師偈頌

《宋史・藝文志・釋氏》《淨惠禪師偈頌》一卷。

四大頌

《新唐書・藝文志・釋氏》光仁《四大頌》一卷。

偈　頌

《新唐書・藝文志・釋氏》智閑《偈頌》一卷。二百餘篇。

鄭樵《通志・藝文略》《智閑偈頌》一卷。

見道頌

鄭樵《通志・藝文略》《見道頌》一卷。唐寶覺禪師撰，寓言居士注。

十六羅漢頌

鄭樵《通志・藝文略》《十六羅漢頌》一卷。

光仁四大頌

鄭樵《通志・藝文略》《光仁四大頌》一卷。

清居牧牛頌

鄭樵《通志・藝文略》《清居牧牛頌》一卷。

清涼大法眼禪師偈頌

鄭樵《通志・藝文略》《清涼大法眼禪師偈頌》一卷。

龍牙和尚頌

陳振孫《直齋書録解題・釋氏類》《龍牙和尚頌》一卷。

羅漢因果識見頌

陳振孫《直齋書録解題・釋氏類》《羅漢因果識見頌》一卷。天竺闍那多迦譯。首有范仲淹序，言宣撫河東，得於傳舍，《藏經》所未録者。十六羅漢爲比邱摩挐羅等說。

馬端臨《文獻通考・經籍考・釋氏》《羅漢因果識見頌》一卷。陳氏曰：天竺闍那多迦譯。首有范仲淹序，言宣撫河東，得於傳舍。藏經所未録者十六羅漢爲比邱摩挐羅等説。

寶覺禪師見道頌

《宋史・藝文志・釋氏》寶覺禪師《見道頌》一卷。寓言居士注。

羅漢頌

《宋史・藝文志・釋氏》僧闍那多迦譯《羅漢頌》一卷。

圓明頌

楊士奇等《文淵閣書目・寒字號》《圓明頌》。一部一册。

因果識見頌

楊士奇等《文淵閣書目・寒字號》《因果識見頌》。一部一册。

《因果識見頌》。一部一册。

南堂偈頌

楊士奇等《文淵閣書目・寒字號》《南堂偈頌》。一部一册。

勸世百頌

楊士奇等《文淵閣書目・寒字號》《勸世百頌》。一部一册。

諸祖歌頌

范邦甸等《天一閣書目・釋家》《諸祖歌頌》一卷。

内典博要

《隋書・經籍志・雜家》《内典博要》三十卷。

《新唐書・藝文志・釋氏》《内典博要》三十卷。虞孝敬。

鄭樵《通志・藝文略》《内典博要》三十卷。虞孝恭撰。

龍濟和尚語要

錢東垣等輯《崇文總目・釋書》《龍濟和尚語要》一卷。《通志畧》、《宋志》並不著撰人。

鄭樵《通志・藝文略》《龍濟和尚語要》一卷。

《宋史・藝文志・釋氏》《龍濟和尚語要》一卷。

高僧纂要

錢東垣等輯《崇文總目・釋書》《高僧纂要》五卷。釋覺旻撰。

鄭樵《通志・藝文略》《高僧纂要》五卷。僧覺昱撰。

《宋史・藝文志・釋氏》覺旻《高僧纂要》五卷。

漳洲羅漢和尚法要

錢東垣等輯《崇文總目・釋書》《漳洲羅漢和尚法要》三卷。錫鬯按：《通志畧》，弟子紹修撰。《宋志》作釋時琛。

鄭樵《通志・藝文略》漳洲羅漢《琛和尚法要》三卷。

《宋史・藝文志・釋氏》紹修《漳州羅漢和尚法要》三卷。持琛。

相傳雜語要

錢東垣等輯《崇文總目・釋書》《相傳雜語要》一卷。《通志畧》、《宋志》並不著撰人。

鄭樵《通志・藝文略》《相傳雜語要》一卷。

《宋史・藝文志・釋氏》《相傳雜語要》一卷。

僧齊寶禪要

錢東垣等輯《崇文總目・釋書》《僧齊寶禪要》三卷。錫鬯按：《宋志》「禪要」作「神要」。

傳心法要

《新唐書・藝文志・釋氏》希運《傳心法要》一卷。裴休集。

《宋史・藝文志・釋氏》裴休《傳心法要》一卷。

鄭樵《通志・藝文略》《希運傳心法要》一卷。

楊士奇等《文淵閣書目・寒字號》《傳心法要》。一部一册。

大乘經要

《新唐書・藝文志・釋氏》良價《大乘經要》一卷。

鄭樵《通志・藝文略》《大乘經要》一卷。釋良價撰。

經論纂要

《新唐書・藝文志・釋氏》駱子義《經論纂要》十卷。

鄭樵《通志・藝文略》《經論纂要》十卷。駱子義撰。

内典編要

錢東垣等輯《崇文總目・釋書》《内典編要》十卷。釋夢微撰。

鄭樵《通志・藝文略》《内典編要》十卷。僧夢微撰。

《宋史・藝文志・釋氏》夢微《内典編要》十卷。

法要

鄭樵《通志・藝文略》《法要》三卷。僧宗正撰。

釋氏會要

鄭樵《通志・藝文略》《釋氏會要》四十卷。野僧仁贊撰。

靈隱勝和尚法要

鄭樵《通志・藝文略》《靈隱勝和尚法要》五卷。

道院集要

陳振孫《直齋書録解題》《道院集要》三卷。户部尚書三槐王右敏仲撰。以晁迥《法藏碎金》、《耄智餘書》删重集粹，别爲此編。

馬端臨《文獻通考・經籍考・釋氏》《道院集要》三卷。陳氏曰：王古撰。以晁迥《法藏碎金》、《耄智餘書》，删重集碎，别爲此篇。

《宋史・藝文志・釋氏》《道院集要》三卷。不知作者。

楊士奇等《文淵閣書目・寒字號》《道院集要》。一部一册。

《四庫全書總目提要・釋家》《道院集要》三卷。兩淮馬裕家藏本。舊本題爲《道院集》，宋晁迥撰。《宋史・藝文志》載《道院集要》三卷，註曰不知作者。考晁公武《讀書志》載《道院别集》十五卷，稱五世祖文元公撰。文元即迥謚也。又别載《道院集要》三卷，稱元祐中侍從王古編。併載古序曰：「文元晁公，博觀内書，復勤於著述。其書曰《道院别集》，曰自擇增修百法，曰法藏碎金，曰隨因紀述，曰耄智餘書。余嘗徧閲之，以爲名理之妙，雖白樂天不逮也。輒删去重複，總集精粹以便觀覽。」則此書乃王古選録迥書，故名集要。此本以爲即道院集者，誤也。《文獻通考》列之别集門中，今檢其書，乃語録之流，實非文集。改隸釋家，庶不失其旨焉。

宗門統要

馬端臨《文獻通考・經籍考・釋氏》《宗門統要》十卷。陳氏曰：建溪僧宗永集。

《宋史・藝文志・釋氏》僧宗永《宗門統要》十卷。

楊士奇等《文淵閣書目・寒字號》《宗門統要》。一部十册。

續宗門統要

楊士奇等《文淵閣書目・寒字號》《續宗門統要》。一部三册。

神　要

《宋史・藝文志・釋氏》齊寶《神要》三卷。

語　要

《宋史・藝文志・釋氏》僧普願《語要》一卷。

語　要

《宋史・藝文志・釋氏》僧紹脩《語要》一卷。

諸經提要

《宋史・藝文志・釋氏》《諸經提要》二卷。

宗鏡録節要

楊士奇等《文淵閣書目・寒字號》《宗鏡録節要》。一部三册。

徐𤊹《徐氏家藏書目・子部・釋類》《宗鏡録節要》。

宗鏡會要

楊士奇等《文淵閣書目・寒字號》《宗鏡會要》。一部二册。

黄蘗心要

楊士奇等《文淵閣書目・寒字號》《黄蘗心要》。一部一册。

徐𤊹《徐氏家藏書目・子部・釋類》《黄蘗心要》一卷。

高峰節要

楊士奇等《文淵閣書目・寒字號》《高峯節要》。一部一册。

净土簡要

楊士奇等《文淵閣書目・寒字號》《净土簡要》。一部一册。

宗鏡節要

楊士奇等《文淵閣書目・寒字號》《宗鏡節要》。一部三册。

聯燈會要

楊士奇等《文淵閣書目・寒字號》《聯燈會要》。一部三册。

禪宗心要

楊士奇等《文淵閣書目·寒字號》《禪宗心要》。一部一册。

坐禪法要

楊士奇等《文淵閣書目·寒字號》《坐禪法要》。一部一册。

冥樞會要

楊士奇等《文淵閣書目·寒字號》《冥樞會要》。一部三册。

《冥樞會要》。一部三册。

釋道開《藏逸經書》宗鏡節録，近有多書。《冥樞會要》，未經覽閱。

五書撮要

楊士奇等《文淵閣書目·寒字號》《五書撮要》。一部二册。

正行節要

楊士奇等《文淵閣書目·寒字號》《正行節要》。一部一册。

宗鏡録撮要

范邦甸等《天一閣書目·釋家》《宗鏡録撮要》一卷。宋盧芥湛後序云：「永明壽禪師《宗鏡録》，文字浩博，學者望涯而返。東嘉曇賁上人百掇一二，名曰《撮要》。」

成佛心要

徐𤊹《徐氏家藏書目·子部·釋類》《成佛心要》二卷。道顧集。

大乘起信捷要

徐𤊹《徐氏家藏書目·子部·釋類》《大乘起信捷要》二卷。廬山沙門正遠注。

古德心要

徐𤊹《徐氏家藏書目·子部·釋類》《古德心要》二卷。

徑山節要

徐𤊹《徐氏家藏書目·子部·釋類》《徑山節要》一卷。明秀。

止觀坐禪法要

徐𤊹《徐氏家藏書目·子部·釋類》《止觀坐禪法要》一卷。智顗述，屠本畯刊。

奉法要

徐𤊹《徐氏家藏書目·子部·釋類》《奉法要》一卷。晉郄超。并上總名曰《大法城池》。

華嚴三要

徐𤊹《徐氏家藏書目·子部·釋類》《華嚴三要》三卷。旨歸，金獅子，還源觀。

一切義要

姚振宗《後漢藝文志·佛經》《一切義要》一卷。

禪法要

文廷式《補晉書藝文志·釋録》《禪法要》三卷。弘始九年重校正。《出三藏集記》云：右三十五部，凡二百九十四卷。晉安帝時，天竺沙門鳩摩羅什以僞秦姚興弘始三年至長安，於大寺及逍遥園譯出。

耶教部

論述

艾儒略《西學凡·教學》 教學操内心生死之權。人莫哀於心死，而身死次之。靈魂之體，原屬不滅，所謂内心先死者，全以道德有無分生死也。此等生死最大。有道德者則承天主之寵佑，享常生之真福；無道德者則觸犯天主之威命，致受身後之永殃。故教學者，古來教皇所定教中之法度者也。教皇親受天主之託，以代行其教。而代教化，王者職亦非輕。天下萬世之學術，全係於一人。所傳一差，猶如毒藥入心，又如敗種焦芽，終無活理。故教皇之道，古來所定，後來所從，至真至正，未有沿革之分。學此者，德行純篤，心地開明，專奉教皇之法。使凡奉教之國，同志而從，更無彼此兩般岐路。蓋此學與陡禄日亞之學，略有所分。彼細剖天教之義，而無一不明；此區處闡教之事，而無一不決。兩相羽翼，如左右手。故西土獨重此，以守教皇之法。其師比之醫師、法師，又大不同。亦要數年，傳習教理。曾從學斐録中來，其理易入。必凡事規條通達無礙，圓應不窮，而後考取焉。中式，則教主授以官爵。所任職事，皆奉自古教化王所定而行。

又《道學》 所謂道學者，西文曰陡禄日亞，乃超生出死之學。總括人學之精，加以天學之奥，將古今經典與諸聖人微論，立爲次第，節節相因，多方證析，以明其道。使天主教中義理，無不立解，大破羣疑，萬種異端，無不自露其邪而自消滅，萬民自然洗心，以歸一也。蓋文字雖精，義理雖透，度數人事雖明，若不加以天學，使人顯知萬有之始終，人類之本向，生死之大事，如螢光於太陽，萬不相及。他學總爲無根，不能滿適人心，以得其當然之至善，内外之真福也。故大西諸國，雖古來留心諸學，然而無不以陡禄日亞爲極爲大。如欲速成其學者，講師分席，旦暮更互闡發，亦必四年，庶幾有成。此種學問，古來聖聖所闡。其間有一大聖，名爲多瑪斯，著書甚博。又取前聖之言，括爲陡禄日亞略，所言最明、最簡、最確。而此後，學天學者悉皆稟仰，不能更贊一辭。今就略中之略提之，其爲書分三大支。第一支先論陡禄日亞之學，次論天主之本體。而論天主，則先定其有，次論天主之至一、至純、至全、至善，至無窮無變遷，而無所不在；無始無終，而無時不有。至靈無所不知，至真不容差謬。自主自專，至愛廣博，至公森嚴，無物不照護，而豫簡人類，以授天福也。次論天主雖爲至一，其中則有三位一體，而細詳其説。次論天主造成天地萬物之功。其間先論天神與其諸德諸能，爲靈明之體，通曉萬理，備純德之性，以敬事天主。次論天神所享之福與彼傲神被罰之苦。次論天主次第造成種種有形之物。終論人類與其形軀，靈性明悟，愛欲自專與其初性之正，一身之全福。其後獲罪犯命，失其性之正，而陷入諸苦。次論天主照護萬有，而萬物無不服其命。次論天神受命，主張有形之物，而照引保護，傳主命於人，以拒邪魔之害。次論人、物各傳其類，以充滿世界也。其第二支，論人之究竟歸向，與人生前身後之真福。次論助人真福、阻人真福者，全係善惡。次論人十一情之偏正，與各情之本向。詳其已然，詳其所以然，詳其調攝之法，詳其善惡之得失。次詳諸德之分，各德相比。次論四樞德與向主三德，次詳諸德之所以然與諸德之中正。其諸德必由天主默佑而成，則論主之七恩與真福八端，斯彼利多三多之十二實效焉。夫德惡相較，而後見德之爲美也。故次論罪過與其等第之相比，内外罪之所從染。次論原罪與他諸罪，身前死後身神之害與其小過之害。然諸罪既因逆命犯法而致，則講其治法。先講天主之法，併講人性當然之法，人立之法，教中古法，與諸誡十法，新經之法。與古相較而備論其所獨有者。次論守法避罪由天主寵佑而致，則論寵佑之體與其所以然及其諸效，而終結之以諸德之功。又詳論信望愛之德與智義勇節，及其相關諸德，相反諸罪。其第三支，蓋前既論人之諸罪，至是則論天主必宜降生救世。論天主在世化衆靈跡，及其受苦之故之效，與其復生升天，日後必來審判，及留七撒格辣孟多以赦人罪，以加佑於修行之力，使人終享身後真福。次將升天諸福與地獄諸苦細詳之。總之，凡人所能想，所能疑，關係於教者，莫不節節實詳其理，使人了然透徹於事物之本末始終，而快然去邪歸正也。但其節次目録，自有四本，包含三千六百題。每一題各有辯反解答，而大要略具於此矣。天學不得人學，無以爲入門；先資人學，不得天學，無以爲歸宿究竟。所以從師必須二學貫串，學乃有成。學成而試，分有二項。或爲教化主所任，以掌一方一國之教。或有既勤苦精究，於已上諸學更求入聖會涵育，以成純德，修身不已，雖文學自足聞達，乃反辭尊位重禄不居，離其父母骨肉，豐貲厚蓄不享，而甘居窮約，苦其身心，鏟滅名迹，以談道講學於萬國，以報上帝之恩。儻遇邪教異端，不靳盡力闢之，以扶正教，即致命不顧焉。其他古經新經，浩繁廣衍，所刊行於西土者，不可枚舉。而此六學之書集，乃是生人入道之所必由，何得託爲不立文字，謾作空空之談，以自誤而誤天下萬世哉？

張之洞《勸學篇・非攻教》 異教相攻，自周秦之閒已然。儒、墨相攻，老、儒相攻。莊，道也，而與他道家相攻。荀，儒也，而與他儒家相攻。唐則儒、釋相攻，後魏、北宋則老、釋相攻。儒之攻他教者，辨黑白；他教之相攻者，争盛衰。歐洲因争新教、舊教，連兵相殺數十年，乃教士各争權勢，藉以爲亂，非争是非也。至今日，而是非大明。我孔孟相傳大中至正之聖教，炳然如日月之中天。天理之純，人倫之至，即遠方殊俗，亦無有譏議之者。然則此時爲聖人之徒者，恐聖道之陵夷，思欲扶翼而張大之，要在修政，不在争教。此古今時勢之不同者也。中外大通以來，西教堂布滿中國。傳教既爲條約所准行，而焚毁教堂又爲明旨所申禁。比因山東盜殺教士一案，德國藉口，遂踞膠州，各國乘機要求，而中國事變日亟。有志之士，但當砥厲學問，激發忠義，明我中國尊親之大義，講我中國富强之要術。國勢日强，儒效日章，則彼教不過如佛寺道觀，聽其自然可也，何能爲害？

廣學會編《廣學會譯著新書總目・道學》 《四書解義適今》。英國亨利氏著。以基督教之理解，參入程朱各註間。《學庸》一本；價洋一角二分；《論語》一本；價洋二角五分；《孟子》二本，價洋五角。

又 《探道本原》。秀耀春先生著。爲宗教名家，博採窮搜，集多年之精力，故其詞意深奥。二本。價洋五分。

又 《司牧良規》。是書乃牧師傳道之良法，凡教友不可不閲，計十一章。一本。價洋三角。

又 《聖安五傳》。安五裴司登者，愛爾蘭弱女子也。此書全記安之事略。價洋一角二分。

又 《基督論理標準》。此書專述當日基督教人在世，當如何爲人之法，祗以《福音》所載，將馬太、馬可、路加三《音》同論之。計三章，十五節。一本。價洋二角。

又 《主僕談道》。二人議論《福音》真道。一本。價洋五分。

又 《太平洋傳道録》一册。價洋二角。

又 《晦極明生》。英季理斐先生著。採羅馬皇尼内逼迫教會事。文理官話兩種。每册價洋二角五分。

又 《述古導今録》。論創造古文，亞伯拉罕悟天理及猶太經等，凡十四章。英高葆真著，華曹曾涵、戴師鐸同述。一册。價洋一角二分。

又 《耶穌教入華》。一千九百十年聚大會於上海，有牧師五人參訂斯編，分别天主、耶穌二教規則相去不同之事。一本。價洋三分。

又 《證真秘訣》。此爲耶穌教學堂應讀之書，使其揣摩聖道。一本。價洋八分。

又 《格物探原》。英國韋廉臣著。論天地萬物各種生産製造，皆出於上帝。六卷，四册。價洋一元正。

又 《天倫詩》。孝提摩譯，任廷旭述。皆四言韻語。一册。價洋一角。

又 《和聲鳴盛》。英女士哈提氏原著，季理斐譯。以喻事演説真理。文理官話各一册。價洋一角二分。

又 《聖教真詮》。凡十二章。庫全英師母著。一册。價洋二角。

楊復等《浙江藏書樓乙編書目・雜誌》 《探道本源》一册。西國秀耀春著。廣學會鉛印本。

廣學會編《廣學會譯著新書總目・雜著》 《新世考》。高葆真著。一本。價洋一角五分。

又 《耶儒月旦》。王炳堃著。一册。價洋三角。

又 《基督教大旨》。英李提摩太譯，華蔡爾康、戴師鐸同述。刻下中國教堂林立，凡在官紳，宜手置一册。調查其教之大旨，始可洞悉一切。每册價洋二角。

又 《道原晰義》。仲均安著，張召棠述。價洋四分。

又 《祀先探原》。仲均安著。論祭祖之本原。一本。價洋二分。

《上海格致書院藏書樓書目・東西學書・雜著》 《祀先探原》。仲均安。一本。廣學會活印本。

《上海格致書院藏書樓書目・東西學書・道學》 《馬可講義》。德花之安。五卷。五本。木刊本。

又 《新舊約全書》。七卷。九本。香港華英書院印本。

又 《天道溯原》。美丁韙良。三卷。一本。美華書館。排印本。

綜述

二約釋義叢書

梁啓超《西學書目表・無可歸類之書》 《二約釋義叢書》。韋廉臣。廣學會本。三本。五角。以上二書，頗載西國古事，故存其目。

徐維則等《增版東西學書録・宗教》《二約釋義叢書》三册。廣學會本。英韋廉臣著。

耶穌教平説

梁啓超《西學書目表附録・讀西學書法》近日士夫，多有因言西學並詛西教者。懾於富强之威而盡棄其所據，亦由前此於中國書未經讀有心得也。亡友陳君通父，名千秋。著有《耶穌教平説》一書，未成而卒。其第四篇曰《泰西政事原於羅馬與耶穌無關考》，其第五篇曰《泰西藝學原於希臘與耶穌無關考》，可謂持平之論矣。

聖會史記

梁啓超《西學書目表・無可歸類之書》《聖會史記》。四本。

徐維則等《增版東西學書録・宗教》《聖會史記》四册。

舊約合參

徐維則等《增版東西學書録・宗教》《舊約合參》一卷。《滙報》本。章旌雲譯。於舊例一切要事，備舉大綱。略仿年表體裁，依次編録。顧補。

景教流行中國碑頌正詮

王韜《泰西著述考》陽瑪諾《景教碑詮》。

徐維則等《增版東西學書録・東西人舊譯著書》陽瑪諾《景教碑詮》。

徐維則等《增版東西學書録・東西人舊譯著書》艾儒略《景教碑頌注釋》。

七克

錢謙益《絳雲樓書目・天主教類》《七克》。

《四庫全書總目提要・雜家類存目二》《七克》七卷。兩江總督採進本。明西洋人龐迪我撰。書成於萬曆甲辰。其説以天主所禁，罪宗凡七：一謂驕傲，二謂嫉妒，三謂慳吝，四謂忿怒，五謂迷飲食，六謂迷色，七謂懈惰於善。迪我因作此書，發明其義。一曰伏傲，二曰平妒，三曰解貪，四曰熄忿，五曰塞饕，六曰坊淫，七曰策怠。其言出於儒、墨之間。就所論之一事言之，不爲無理。而皆歸本敬事天主以求福，則其謬在宗旨，不在詞説也。其論保守童身一條，載或人難以人俱守貞不婚，人類將滅。乃答以儻世人俱守貞，人類將滅，天主必有以處之，何煩過慮！其詞已遁。又謂生人之類，有生必有滅，亦始終成毁之常。若得以此終，以此毁，幸甚大願。則又詞窮理屈，不覺遁於釋氏矣，尚何闢佛之云乎？

天主實義

趙琦美《脈望館書目・大西人著述》《天主實義》二本。

錢謙益等《絳雲樓書目・天主教類》《天主實義》。

《四庫全書總目提要・雜家類存目二》《天主實義》二卷。兩江總督採進本。明利瑪竇撰。是書成於萬曆癸卯。凡八篇。首篇論天主始制天地萬物而主宰安養之；二篇解釋世人錯認天主；三篇論人魂不滅，大異禽獸；四篇辨釋鬼神及人魂異，論天下萬物不可謂之一體；五篇排辯輪迴六道戒殺生之謬，而明齋素之意在於正志；六篇解釋意不可滅，并論死後必有天堂地獄之賞罰；七篇論人性本善，併述天主門士之學；八篇總舉泰西俗尚，而論其傳道之士所以不娶之意，并釋天主降生西土來由。大旨主於使人尊信天主，以行其教。知儒教之不可攻，則附會六經中上帝之説以合於天主，而特攻釋氏以求勝。然天堂地獄之説與輪迴之説相去無幾，特小變釋氏之説，而本原則一耳。

王韜《泰西著述考》利瑪竇，字西泰。意大理亞國人。明萬曆九年辛巳至中國，先傳教於粤東諸郡，轉往江西，後寓金陵。二十八年庚子，同龐迪我齎方物進朝神宗，恩賚極厚，欽賜官職，固辭不受。蒙上眷注，始留京師，偕龐迪我僦屋以居，日用取給于光禄，遵上命也。至三十八年庚戌四月卒，御賜祭葬，墓在北京阜城門外滕公栅欄。有《行略》行世。所著各書：《天主實義》二卷。

畸人十篇

趙琦美《脈望館書目・大西人著述》《畸人論》一本。

《四庫全書總目提要・雜家類存目二》《畸人十篇》二卷，附《西琴曲意》一卷。兩江總督採進本。明利瑪竇撰。是書成於萬曆戊申。凡十篇，皆設爲問答以申彼教之説。一謂人壽既過，誤猶爲有；二謂人於今世，惟僑寓耳；三謂常念死候，利行爲祥；四謂常念死候，備死後審；五謂君子希言而欲無言；六謂齋素正旨非由戒殺；七謂自省自責，無爲爲尤；八謂善惡之報，在身之後；九謂妄詢未來，自速身凶；十謂富而貪吝，苦於貧窶。其言宏肆博辨，頗足動聽。大抵掇釋氏生死無常、罪福不爽之説，而不取其輪迴、戒殺、不娶之説，以附會於儒理，使人猝不可攻。較所作《天主實義》純涉支離荒誕者，立説較巧。以佛書比之，《天主實義》猶其禮懺，此則猶其談禪也。末附《西琴曲義》八章，乃萬曆庚子利瑪竇覲京師所獻。皆譯以華言，非其本旨。惟曲意僅存。以其旨與十論相發明，故附録書末焉。

王韜《泰西著述考》 利瑪竇《畸人十篇》二卷。

寰有詮

黄虞稷《千頃堂書目・道家類》 傅兆際《寰有詮》六卷。

《明史・藝文志・道家類》 傅兆際《寰有詮》六卷。

沈初等《浙江採集遺書總録・釋家類》《寰有詮》五卷。刊本。右明太僕卿仁和李之藻撰。之藻歸田後，與波爾杜曷、傅汎際繙譯内典，研論本始，摘取天、土、木、氣、火所名五大有者，而創譯之。

《四庫全書總目提要・雜家類存目二》《寰有銓》六卷。浙江汪啟淑家藏本。明西洋人溥汎際撰。書亦成於天啟中。其論皆宗天主。又有圜滿純體不壞等十五篇，總以闡明彼法。案歐邏巴人天文推算之密，工匠製作之巧，實逾前古。其議論夸詐迂怪，亦爲異端之尤。國朝節取其技能，而禁傳其學術，具存深意。其書本不足登册府之編，然如《寰有詮》之類《明史・藝文志》中已列其名。削而不論，轉慮惑誣，故著於録而闢斥之。又《明史》載其書於道家。今考所言，兼剽三教之理，而又舉三教全排之。變幻支離，莫可究詰，真雜學也。故存其目於雜家焉。

王韜《泰西著述考》 傅汎濟，字體齋。路西大尼亞國人。明天啟元年辛酉至，傳教浙江、陝西等處，復往廣東香山嶴，卒。墓在香山嶴。著有《寰有詮》六卷。

靈言蠡勺

《四庫全書總目提要・雜家類存目二》《靈言蠡勺》二卷。兩江總督採進本。明西洋人畢方濟撰，而徐光啟編録之。書成於天啟甲子。皆論亞尼瑪之學。亞尼瑪者，華言靈性也。凡四篇。一論亞尼瑪之體，二論亞尼瑪之能，三論亞尼瑪之尊，四論亞尼瑪所同美好之情，而總歸於敬事天主以求福。其實即釋氏覺性之説，而巧爲敷衍耳。明之季年，心學盛行。西士慧黠，因摭佛經而變幻之，以投時好。其説驟行，蓋由於此。所謂物必先腐而後蟲生，非盡持論之巧也。

梁啓超《西學書目表・通商以前西人譯著各書》 畢方濟《靈言蠡勺》一卷。天學初函本。四庫存目。

徐維則等《增版東西學書録・東西人舊譯著書》 畢方濟《靈言蠡勺》二卷。天學初函本。皆論亞尼瑪之學。亞尼瑪者，譯言靈性也。可知西人言心靈學，亦已久矣。

天主教要

趙琦美《脈望館書目・大西人著述》《天主教要》一本。

辨學遺牘

《四庫全書總目提要・雜家類存目二》《辨學遺牘》一卷。兩江總督採進本。

明利瑪竇撰。利瑪竇有《乾坤體義》,已著録。是編乃其與虞淳熙論釋氏書,及辨蓮池和尚《竹窗三筆》攻擊天主之説也。利瑪竇力排釋氏,故學佛者起而相争,利瑪竇又反脣相詰。各持一悠謬荒唐之説,以較勝負於不可究詰之地。不知佛教可闢,非天主教所可闢;天主教可闢,又非佛教所可闢。均所謂同浴而譏裸裎耳。

徐維則等《增版東西學書録・東西人舊譯著書》 利瑪竇《辨學遺牘》一卷。

天學初函本。此利氏排斥釋氏之作。於不可究詰之筆,窮言力闢,適見其多事也。利氏尚有《畸人十篇》、《天主實義》、《西琴曲意》、《二十五言》諸書,以其宗旨皆發明天主教,故删去之。又有傳汎際《寰有銓》六卷,其旨相同,亦屏不載。

西字奇蹟

王韜《泰西著述考》 利瑪竇《西字奇蹟》。

梁啓超《西學書目表・通商以前西人譯著各書》 利瑪竇《西字奇蹟》。

徐維則等《增版東西學書録・東西人舊譯著書》 利瑪竇《西字奇蹟》。

道統年表

廣學會編《廣學會譯著新書總目・史類》《道統年表》。英國仲均安著。取《萬國史鑑》,合成一表,古今相較,極爲便捷。大本一册。價洋三角五分。

缺一不可

廣學會編《廣學會譯著新書總目・道學》《缺一不可》。英高葆真著。論宗教有四不可缺。除基督教外,皆未完備。一册。價洋一角。

古籍目録分典

引用書目

説　明

一、本引用書目以一九一一年以前問世的書目爲限，大致按其成書年代先後排列。年代不詳者，則置於該朝代之末。
二、各書目著録内容依次爲：書名、作者、朝代、版本。
三、古籍叢書整理本，首次著録時標明出版社及出版時間；此后著録則僅標明某某叢書本，不再詳列其他出版事項。
四、本引用書目僅爲編纂過程中多所利用者，其他參據書目尚多，兹概從略。

《漢書·藝文志》，班固，漢，中華書局一九六二年點校本。
《抱朴子内篇·遐覽》，葛洪，晉，中華書局一九八六年《新編諸子集成》本。
《經典釋文序録》，陸德明，南北朝，中華書局一九八四年吴承仕《疏證》本。
《隋書·經籍志》，長孫無忌等，唐，中華書局一九七三年點校本。
《開元釋教録》，釋智升，唐，中華書局一九八四至一九九六年《中華大藏經》本。
《續開元釋教録》，釋圓照，唐，《中華大藏經》本。
《續貞元釋教録》，釋恒安，南唐，《中華大藏經》本。
《舊唐書·經籍志》，劉昫等，五代，中華書局一九七五年點校本。
《太平廣記引用書目》，李昉等，宋，中華書局一九六一年排印本。
《太平御覽經史圖書綱目》，李昉等，宋，中華書局一九六〇年影印本。
《崇文總目》，王堯臣等，宋，上海古籍出版社二〇〇二年《續修四庫全書》影印［清］錢東垣等《輯釋》本。
《大中祥符法寶録》，趙安仁等，宋，《中華大藏經》本。
《天聖釋教總録》，釋惟净等，宋，《中華大藏經》本。
《景祐新修法寶録》，吕夷簡等，宋，《中華大藏經》本。
《新唐書·藝文志》，歐陽修等，宋，中華書局一九七五年點校本。
《宛丘題跋》，張耒，宋，中華書局一九八五年《叢書集成初編》本。
《通志·藝文略》，鄭樵，宋，中華書局一九九五年王樹民點校本。
《郡齋讀書志》，晁公武，宋，上海古籍出版社一九九〇年整理本。
《容齋題跋》，洪邁，宋，《叢書集成初編》本。
《遂初堂書目》，尤袤，宋，中華書局二〇〇六年《宋元明清書目題跋叢刊》本。
《三朝北盟會編書目》，徐夢莘，宋，上海古籍出版社一九八七年影印本。
《史略》，高似孫，宋，《叢書集成初編》本。
《子略》，高似孫，宋，《叢書集成初編》本。
《直齋書録解題》，陳振孫，宋，上海古籍出版社一九八七年點校本。
《玉海藝文》，王應麟，宋，江蘇古籍出版社、上海書店一九八七年影印本。
《醉翁談録·舌耕叙引》，羅燁，宋，古典文學出版社一九五七年排印本。
《武林舊事·官本雜劇段數》，周密，宋，西湖書社一九八一年排印本。
《至元法寶勘同總録》，釋慶吉祥，元，《續修四庫全書》本。
《文獻通考·經籍考》，馬端臨，華東師大出版社一九八五年點校本。
《元西湖書院重整書目》，胡師安等，元，《宋元明清書目題跋叢刊》本。
《秘書監志》，王士點，元，商務印書館二〇〇五年影印文津閣《四庫全書》本。
《録鬼簿》，鐘嗣成，元，中國戲劇出版社一九八二年《中國古典戲曲論著集成》點校本。
《宋史·藝文志》，脱脱等，元，中華書局一九七七年點校本。
《青巖叢録》，王禕，明，《叢書集成初編》本。
《文淵閣書目》，楊士奇等，明，書目文獻出版社一九九四年《明代書目題跋叢刊》本。
《秘閣書目》，錢溥，明，齊魯書社一九九七年《四庫全書存目叢書》本。
《太和正音譜》，朱權，明，《中國古典戲曲論著集成》點校本。

《録鬼簿續編》，無名氏，明，《中國古典戲曲論著集成》點校本。
《曲品》，呂天成，明，《中國古典戲曲論著集成》點校本。
《南詞叙録》，徐渭，明，《中國古典戲曲論著集成》點校本。
《道藏闕經目録》，無名氏，明，文物出版社・上海書店一九八八年影印《道藏》本。
《藏逸經書》，釋道開，明，《宋元明清書目題跋叢刊》本。
《百川書志》，高儒，明，古典文學出版社一九五七年排印本。
《晁氏寶文堂書目》，晁瑮，明，古典文學出版社一九五七年排印本。
《明太學經籍志》，郭盤，明，《明代書目題跋叢刊》本。
《萬卷堂書目》，朱睦㮮，明，《明代書目題跋叢刊》本。
《脈望館書目》，趙琦美，明，《明代書目題跋叢刊》本。
《趙定宇書目》，趙用賢，明，古典文學出版社一九五七年點校本
《南廱志經籍考》，梅鷟，明，《明代書目題跋叢刊》本。
《南濠居士文跋》，都穆，明，《明代書目題跋叢刊》本。
《醫藏書目》，殷仲春，明，《宋元明清書目題跋叢刊》本。
《讀書後》，王世貞，明，《四庫全書》本。
《續文獻通考經籍考》，王圻，明，商務印書館一九五八年《十史藝文經籍志》本。
《國史經籍志》，焦竑，明，《四庫全書存目叢書》本。
《行人司重刻書目》，徐圖等，明，《明代書目題跋叢刊》本。
《徐氏家藏書目》，徐𤊹，明，《明代書目題跋叢刊》本。
《紅雨樓題跋》，徐𤊹，明，《明代書目題跋叢刊》本。
《澹生堂藏書目》，祁承㸁，明，《明代書目題跋叢刊》本。
《内閣藏書目録》，張萱等，明，《明代書目題跋叢刊》本。
《道藏目録詳注・附續道藏目録》，白雲霽，明，《明代書目題叢刊》本。
《内板經書紀略》，劉若愚，明，《明代書目題跋叢刊》本。
《西學凡》，[意]艾儒略，明，《續修四庫全書》本。
《遠山堂曲品》，祁彪佳，明，《中國古典戲曲論著集成》點校本。
《新傳奇品》，高奕，清，《中國古典戲曲論著集成》點校本。
《古人傳奇總目》，無名氏，清，《中國古典戲曲論著集成》點校本。
《遠山堂劇品》，祁彪佳，明，《中國古典戲曲論著集成》點校本。
《漢魏六朝百三家集題辭注》，張溥，明，人民文學出版社一九六三年殷孟倫校注本。

《大明釋教滙門標目》，釋寂曉，明，北京出版社一九九七年《四庫未收書緝刊》本。
《閲藏知津》，釋智旭，明，《續修四庫全書》本。
《汲古閣書跋》，毛晉，明，古典文學出版社一九五八年潘景鄭輯校本。
《天一閣書目》，范邦甸等，清，《續修四庫全書》本。
《絳雲樓書目》，錢謙益，清，《叢書集成初編》本。
《絳雲樓題跋》，錢謙益，清，古典文學出版社一九五八年潘景鄭輯校本。
《千頃堂書目》，黄虞稷，清，上海古籍出版社二〇〇六年瞿鳳起等整理本。
《讀書敏求記》，錢曾，清，《四庫全書存目叢書》本。
《述古堂藏書目》，錢曾，清，中國書店二〇〇八年《海王邨古籍書目題跋叢刊》本。
《傳是樓書目》，徐乾學，清，《海王邨古籍書目題跋叢刊》本。
《培林堂書目》，徐秉義，清，《海王邨古籍書目題跋叢刊》本。
《漁洋書跋》，王士禛，清，古典文學出版社一九五八年陳乃乾輯校本。
《明史藝文志》，張廷玉等，清，中華書局一九七四年點校本。
《繡谷亭薰習録》，吴焯，清，《宋元明清書目題跋叢刊》本。
《文選注引群書目録》，汪師韓，清，《續修四庫全書》本。
《勿庵歷算書記》，梅文鼎，清，《叢書集成初編》本。
《補遼史經籍志》，厲鶚，清，《十史藝文經籍志》本。
《宋史藝文志補》，倪燦，清，中華書局一九五六年《二十五史補編》本。
《補遼金元藝文志》，倪燦，清，《二十五史補編》本。
《補三史藝文志》，金門詔，清，《二十五史補編》本。
《補續漢書藝文志》，錢大昭，清，《二十五史補編》本。
《經義考》，朱彝尊，清，中華書局一九八九年《四部備要》重印本。
《國朝宫史書籍門》，乾隆敕編，清，《四庫全書》本。
《國朝宫史續編書籍門》，慶桂，清，《續修四庫全書》本。
《天禄琳琅書目》，于敏中等，清，《宋元明清書目題跋叢刊》本。
《天禄琳琅書目後編》，彭元瑞等，清，《宋元明清書目題跋叢刊》本。
《續通志圖譜略》，嵇璜等，清，商務印書館一九三六年《十通》影印本。
《清通志圖譜略》，嵇璜等，清，《十通》影印本。
《全毁抽毁書目》，英廉奏，清，商務印書館一九五七年排印本。
《禁毁書目》，軍機處奏，清，《續修四庫全書》本。

《浙江採集遺書總録》，沈初等，清，《海王邨古籍書目題跋叢刊》本。
《四庫提要》，永瑢等，清，中華書局一九六五年影印斷句本。
《經籍考》，盧文弨，清，《續修四庫全書》本。
《歷代石經略》，桂馥，清，《續修四庫全書》本。
《隋書經籍志考證》，章宗源，清，《二十五史補編》本。
《補遼史經籍志》，楊復吉，清，《十史藝文經籍志》本。
《補元史藝文志》，錢大昕，清，《二十五史補編》本。
《小學考》，謝啓昆，清，《續修四庫全書》本。
《平津館鑒藏書籍記》，孫星衍，清，《叢書集成初編》本。
《平津館鑒藏書籍記續編》，孫星衍，清，《叢書集成初編》本。
《平津館鑒藏書籍記補遺》，孫星衍，清，《叢書集成初編》本。
《廉石居藏書記内外編》，孫星衍，清，《叢書集成初編》本。
《四庫未收書目提要》，阮元，清，商務印書館一九五五年傅以禮重編排印本。
《經籍跋文》，陳鱣，清，《續修四庫全書》本。
《蕘圃藏書題識》，黄丕烈，清，《宋元明清書目題跋叢刊》本。
《蕘圃藏書題識續録》，黄丕烈，清，《宋元明清書目題跋叢刊》本。
《蕘圃藏書題識再續録》，黄丕烈，清，《宋元明清書目題跋叢刊》本。
《百宋一廛書録》，黄丕烈，清，《宋元明清書目題跋叢刊》本。
《蕘圃刻書題識》，黄丕烈，清，《宋元明清書目題跋叢刊》本。
《思適齋書跋》，顧廣圻，清，《宋元明清書目題跋叢刊》本。
《思適齋集外書跋輯存》，顧廣圻，清，北京圖書館出版社二〇〇二年《國家圖書館藏古籍題跋叢刊》本。
《補後漢書藝文志》，顧櫰三，清，《二十五史補編》本。
《補五代史藝文志》，顧櫰三，清，《二十五史補編》本。
《補後漢書藝文志》，侯康，清，《二十五史補編》本。
《補三國藝文志》，侯康，清，《二十五史補編》本。
《鄭堂讀書記》，周中孚，清，《國家圖書館藏古籍題跋叢刊》本。
《鄭堂讀書記補逸》，周中孚，清，《宋元明清書目題跋叢刊》本。
《曝書雜記》，錢泰吉，清，《國家圖書館藏古籍題跋叢刊》本。
《愛日精廬藏書志》，張金吾，清，《宋元明清書目題跋叢刊》本。
《愛日精廬藏書續志》，張金吾，清，《宋元明清書目題跋叢刊》本。
《拜經樓藏書題跋記》，吴壽暘，清，《宋元明清書目題跋叢刊》本。
《經籍舉要》，龍啓瑞，清，《叢書集成初編》本。
《玉函山房藏書簿録》，馬國翰，清，《宋元明清書目題跋叢刊》本。
《今樂考證》，姚燮，清，《中國古典戲曲論著集成》點校本。
《傳奇彙考標目》，無名氏，清，《中國古典戲曲論著集成》點校本。
《重訂曲海總目》，黄文暘，清，《中國古典戲曲論著集成》點校本。
《中國醫籍考》，[日]丹波元胤，清，人民衛生出版社一九五六年排印本。
《鐵琴銅劍樓藏書目録》，瞿鏞，清，《宋元明清書目題跋叢刊》本。
《東湖叢記》，蔣光煦，清，《國家圖書館藏古籍題跋叢刊》本
《開有益齋讀書志》，朱緒曾，清，《國家圖書館藏古籍題跋叢刊》本。
《煙嶼樓讀書志》，徐時棟，清，《續修四庫全書》本。
《補五代史藝文志》，宋祖駿，清，書目文獻出版社一九九六年《二十四史訂補》本。
《越縵堂讀書記》，李慈銘，清，上海書店出版社二〇〇〇年重編本。
《楹書隅録》，楊紹和，清，《宋元明清書目題跋叢刊》本。
《楹書隅録續編》，楊紹和，清，《宋元明清書目題跋叢刊》本。
《國朝文棷題辭》，平步青，清，《國家圖書館藏古籍題跋叢刊》本。
《書目答問》，張之洞，清，《續修四庫全書》本。
《勸學篇》，張之洞，清，《續修四庫全書》本。
《滂喜齋藏書記》，潘祖蔭，清，《宋元明清書目題跋叢刊》本。
《皕宋樓藏書志》，陸心源，清，《宋元明清書目題跋叢刊》本。
《皕宋樓藏書續志》，陸心源，清，《宋元明清書目題跋叢刊》本。
《譯書事略》，[英]傅蘭雅，清，光緒十七年《格致叢編》本。
《西學考略》，[美]丁韙良，清，《續修四庫全書》本。
《國朝未刊遺書志略》，朱記榮，清，上海書店出版社一九九五年《叢書集成續編》本。
《萬卷精華樓藏書記》，耿文光，清，山西人民出版社一九八六年影印《山右叢書初編》本。
《善本書室藏書志》，丁丙，清，《宋元明清書目題跋叢刊》本。
《八千卷樓書目》，丁仁，清，《續修四庫全書》本。

《補遼史藝文志》，黄任恒，清，《十史藝文經籍志》本。

《金藝文志補録》，龔顯曾，清，《十史藝文經籍志》本。

《補晉書藝文志》，丁國鈞，清，《二十五史補編》本。

《補晉書藝文志》，秦榮光，清，《二十五史補編》本。

《補後漢書藝文志考》，曾樸，清，《二十五史補編》本。

《補晉書經籍志》，吴士鑑，清，《二十五史補編》本。

《七略別録佚文》，姚振宗，清，《續修四庫全書》本。

《漢書藝文志條理》，姚振宗，清，《二十五史補編》本。

《漢書藝文志拾補》，姚振宗，清，《二十五史補編》本。

《後漢藝文志》，姚振宗，清，《二十五史補編》本。

《三國藝文志》，姚振宗，清，《二十五史補編》本。

《隋書經籍志考證》，姚振宗，清，《二十五史補編》本。

《遼史藝文志補證》，王仁俊，清，《十史藝文經籍志》本。

《西夏藝文志》，王仁俊，清，《二十五史補編》本。

《遼藝文志》，繆荃孫，清，《十史藝文經籍志》本。

《藝風藏書記》，繆荃孫，清，《宋元明清書目題跋叢刊》本。

《補南齊書經籍志》，黎世蘅，清，《二十四史訂補》本。

《新唐書藝文志注》，無名氏，清，《四庫未收書緝刊》本。

《補晉書藝文志六卷》，文廷式，清，《二十五史補編》本。

《隋書經籍志補》，張鵬一，清，《二十五史補編》本。

《古今算學書録》，劉鐸，清，光緒二十四年算學書局《古今算學叢書》本。

《算學考初編》，馮澂，清，國家圖書館藏原稿本。

《日本訪書志》，楊守敬，清，《續修四庫全書》本。

《日本訪書志補》，楊守敬，清，《續修四庫全書》本。

《華延年室題跋》，傅以禮，清，《國家圖書館藏古籍題跋叢刊》本。

《雁影齋題跋》，李希聖，清，《國家圖書館藏古籍題跋叢刊》本。

《道藏輯要子目初編續編》，賀龍驤，清，光緒三十二年《重刊道藏輯要》本。

《道門一切經總目》，賀龍驤，清，《重刊道藏輯要》本。

《三國志注所引書目》，沈家本，清，中國書店一九八五年《沈寄簃先生遺書》本。

《世説注所引書目》，沈家本，清，《沈寄簃先生遺書》本。

《續漢書志注所引書目》，沈家本，清，《沈寄簃先生遺書》本。

《泰西著述考》，王韜，清，北京圖書館出版社二〇〇三年《近代譯書目》本。

《東西學書録總叙》，沈桐生，清，光緒二十三年讀有用書齋刻本。

《西學書目表》，梁啓超，清，光緒二十四年上海大同譯書局《中西學門徑書七種》本。

《東籍月旦》，梁啓超，清，中華書局一九八九年《飲冰室合集》本。

《日本書目志》，康有爲，清，臺北宏業書局一九七六年《康南海先生遺著彙刊（十一）》本。

《桂學答問》，康有爲，清，中國人民大學出版社二〇〇七年《康有爲全集》本。

《通學書籍考》，顧述廬，清，光緒二十五年《通學齋叢書》排印本。

《增版東西學書録》，徐維則，清，《近代譯書目》本。

《西學書目答問》，趙惟熙，清，光緒二十七年貴陽學署刊本。

《譯書經眼録》，顧燮光，清，《近代譯書目》本。

《農務要書簡明目録》，[英] 傅蘭雅 王樹善，清，光緒二十七年上海製造局刊本。

《普通學書録》，黄慶澄，清，光緒杭州小學堂刻本。

《科學書目提要初編》，王景沂，清，光緒二十九年北洋官報局鉛印本。

《古越藏書樓書目》，徐樹蘭，清，北京圖書館出版社二〇〇八年《明清以來公藏書目彙刊》本。

《新學書目提要》，通雅齋，清，光緒三十年至三十一年廣雅書局鉛印本。

《浙江藏書樓乙編書目》，楊復等，清，《明清以來公藏書目彙刊》本。

《上海格致書院藏書樓書目》，格致書院，清，光緒三十三年格致書院刊本。

《科學書目提要》，無名氏，清，上海科學譯書局石印本。

《上海製造局譯印圖書目録》，上海製造局翻譯館，清，《近代譯書目》本。

《廣學會譯著新書總目》，廣學會，清，《近代譯書目》本。

《小説閑評》，寅半生，清，中華書局一九六〇年阿英《晚清文學叢鈔・小説戲曲研究卷》本。

《新小説品》，邱煒萲，清，《晚清文學叢鈔・小説戲曲研究卷》本。

《小説小話》，無名氏，清，《晚清文學叢鈔・小説戲曲研究卷》本。

《小説管窺録》，疑覺我，清，《晚清文學叢鈔・小説戲曲研究卷》本。

《觚葊漫筆》，觚葊，清，《晚清文學叢鈔・小説戲曲研究卷》本。

《小説叢話》，侗生，清，《晚清文學叢鈔·小説戲曲研究卷》本。
《説小説》，月月小説社，清，《晚清文學叢鈔·小説戲曲研究卷》本。
《丁未年小説界發行書目調查表》，東海覺我，清，上海書店二〇〇三年重印張静廬輯注《中國近代出版史料二編》本。
《江南製造局譯書提要》，陳洙，清，宣統元年鉛印本。
《郘亭知見傳本書目》，莫友芝，清，宣統元年北京鉛印本。
《增訂四庫簡明目録標注》，邵懿辰、邵章，清，上海古籍出版社一九七九年排印本。
《清續文獻通考經籍考》，劉錦藻，清，《十通》影印本。
《曲録》，王國維，清，上海古籍書店一九八三年影印《王國維遺書》本
《曲海總目提要》，董康，清，人民文學出版社一九五九年重排本。

《中華大典》辦公室

主　　任：于永湛
副 主 任：伍　傑
　　　　　姜學中
工作人員：
編　　審：趙含坤
　　　　　崔望雲
　　　　　馮寶志
　　　　　宋志英
　　　　　谷笑鵬
封面裝幀設計：章耀達

《中華大典·文獻目録典》出版工作委員會

主　任：何林夏
委　員：（按姓氏音序排列）

賓長初　蔡　楠　曹　磊　陳艾利　陳紅妮
陳美玲　鄧　宇　馮妍菲　郭洋辰　何艷君
黄　斌　黄珊虎　黄旭東　姜革文　金曉燕
雷回興　黎金飛　李　琳　李蘇瀾　劉春榮
劉洪勝　劉　涓　劉隆進　劉　曉　魯朝陽
陸施豆　羅凱之　馬豔超　孟建升　丘立軍
沈　明　湯文輝　唐曉娥　田　賀　王　專
向　靂　肖愛景　肖承清　徐良妍　徐　婷
楊春陽　余慧敏　虞勁松　曾　玲　張　佳
張　潔　張　曼　張少軍　章昕穎　趙　金
趙　艷　趙運仕　周　靜　周翊安　鄒旭勇

圖書在版編目（CIP）數據

中華大典．文獻目録典．古籍目録分典．子：全四册／《中華大典》工作委員會，《中華大典》編纂委員會編纂．桂林：廣西師範大學出版社，2016．11
ISBN 978-7-5495-9247-0

Ⅰ．①中… Ⅱ．①中…②中… Ⅲ．①百科全書—中國②古籍—目録學—中國 Ⅳ．①Z227②G257

中國版本圖書館 CIP 數據核字（2016）第 306948 號

中華大典・文獻目録典・古籍目録分典・子

編纂：《中華大典》工作委員會
《中華大典》編纂委員會
出版：廣西師範大學出版社
（廣西桂林市中華路 22 號　郵政編碼　541001）
發行：廣西師範大學出版社
（廣西桂林市中華路 22 號　郵政編碼　541001）
排版：南京展望文化發展有限公司
印刷：長沙鴻發印務實業有限公司印刷
（湖南省長沙縣黄花鎮黄壟村黄花工業園 3 號　郵政編碼　410137）
開本：787×1 092 毫米　1/16
印張：161.5　　字數：4 806 000
2016 年 11 月第 1 版　2016 年 11 月第 1 次印刷
書號：ISBN 978-7-5495-9247-0
定價：1600.00 圓（全四册）